운명! 그 물음에 답하다

地月 사주학과 운명 상담학
운명! 그 물음에 답하다

초판 1쇄 인쇄　2010년 3월 25일
초판 1쇄 발행　2010년 3월 30일

편저자 | 地月 최명진
펴낸이 | 金泰奉
펴낸곳 | 한솜미디어
등　록 | 제5-213호

편　집 | 박창서, 김주영, 김미란, 이혜정
마케팅 | 김영길, 김명준
홍　보 | 장승윤

주　소 | (우143-200) 서울시 광진구 구의동 243-22
전　화 | (02)454-0492
팩　스 | (02)454-0493
이메일　hansom@hansom.co.kr
홈페이지　www.hansom.co.kr

값 28,000원
ISBN 978-89-5959-229-6 (13150)

*잘못 만들어진 책은 구입하신 서점에서 친절하게 바꿔드립니다

地月 사주학과 운명 상담학
운명! 그 물음에 답하다

地月 최명진 編著

한솜미디어

| 이 책을 내면서 |

"육신통변(六神通變)의 새로운 이론을 소개하면서…"

이 책은 사주학의 핵심인 '육신통변론(六神通變論)'과 '운명 상담학(運命相談學)' 이렇게 두 편으로 만들어져 있다. 또한 여기에 소개되는 내용은 원저자가 따로 있음을 밝혀 둔다.

옥승혁 선생님께서 1970년대 중반에 〈四柱의 神秘〉라는 저서를 내신 적이 있다. 필자는 그분의 저서를 기본으로 이 책을 만들었다. 필자는 단지 통변(通變)상의 몇 가지를 첨가한 정도이며 편저자 정도 된다고 해도 과분한 대접을 받는다고 생각한다.

내용을 보면 때로는 중복된 부분의 내용도 있는데 이는 이해를 쉽게 하기 위해 편의상 그렇게 했다. 정독을 하면서 공부를 하다 보면 과연 일반 사주학과는 크게 다른 연구서라는 점을 알 수 있을 것이다.

필자는 워낙 부족함이 많은 사람이라 글로 쓰는 일이 미숙해 이 연구서를 내놓는 데 주저함이 많았다. 그러나 부족함에도 불구하고 많은 분들께서 책을 출판하라고 말씀해 주셔서 그동안 정리하고, 연구하고, 검증하여 타당성이나 신뢰도가 매우 유의미하다는 결론을 얻은 부분만을 선정해 만들었다.

이 책을 만드는 데 가장 영향을 많이 주신 분은 옥승혁 선생님이시고 그 다음으로는 변만리 선생님이시다. 또한 필자가 역학에 눈을 뜨는 데 처음 가르침을 주신 분은 안창선 선생님이고, 기초를 잡는 데 회초리를 드시고 가르쳐 주신 분은 慧雄 大宗師이시다. 그리고 아무리 가난하고 어려워도 필자가 공부하는 일에 대해 혼신의 힘을 기울여 도와준 아내 故 장의순과, 고난과 외로운 삶을 살아가시면서도 부족한 자식을 위해 부처님 전에 기도해 주신 어머님의 영가전(靈駕前)에 이 책을 바친다.

이 책은 옥 선생님의 사주학을 필자가 수정 보완하여 만들었으며, 필자가 그동안 공부했던 책들은 모두 참고가 되었다.

먼저 본서는 사주의 기초 과정을 공부하신 분들이 보실 수 있는 내용이다. 기존의 사주학적 입장과 다른 부분이 많이 나오는데 공부를 하다 보면 원리적인 면은 같다는 것을 알게 될 것이다. 왜냐하면 오행의 원리는 다를 수가 없기 때문이다. 그러나 사주학적 해석상의 차이점은 분명히 있다. 그러므로 일반 사주학으로 재단하는 것은 사양한다.

독자들은 이 책을 통해 육신통변의 아주 특이하면서도 다양한 통변의 묘미를 습득할 수 있을 것이며 사주통변의 새로운 세계를 알게 될 것이다.

필자는 원래 이 책의 내용이 강의를 통해서 학습되는 것이 원칙이라고 생각한다. 왜냐하면 워낙 글 쓰는 재주가 없고 표현 능력 부족으로 인해 공부하시는 분들에게 누가 되지 않을까 염려되기 때문이다.

　사주학은 고도의 전문성을 요하므로 아무나 공부할 수 있는 분야는 아니라는 생각이 필자의 소견이다.

　사주학은 인간의 운명을 보는 것과 아는 것으로 만족해 버리고 마는 학문이 아니다. 또한 사주학으로 인간의 운명을 모두 알 수는 없다. 어떠한 운명학도 인간의 운명을 다 알 수는 없다. 그러나 준비할 수 있게 도와줄 수는 있다. 미래의 운명을 다 알 수는 없지만 준비할 수 있게 도와줄 수 있다는 점에서 대단히 중요한 의미가 있는 것이다.

　인터넷 다음 카페인 〈옥문관 사주〉에서 '옥문관 사주학'이라는 이름으로 많은 내용들이 소개된 바 있으며 필자의 강의를 직접 받으신 분들도 있다. 후에 만남을 통해 대화와 질문과 토론의 시간을 갖기를 원한다.

庚寅年 立春에 탈고하며
地月 최명진 合掌

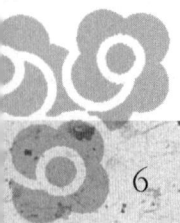

| 본문에 들어가기 전에 |

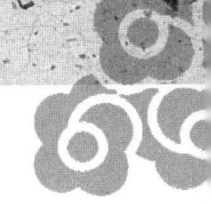

✔ 육신은 오행의 종속물이 아니다

'이게 무슨 소리인가? 오행이 있고 그에 의해서 육신을 분류하는데 무슨 황당한 소리인가?' 하고 의아스럽고 엉뚱한 소리로 들리시는 역학인들이 대다수일 것이다. 특히 명리학을 연구하시는 분들은 더욱 이상할 것이다.

오행이 없이는 육신은 존립할 수가 없다. 근거가 없는 것이며 존재할 수가 없다. 그렇다고 하여 오행의 종속물로만 존재하는 것은 아니라는 것이다. 또한 사주학이 오행사상의 종속물로 만들어진 학문도 아니다. 이는 그 많은 세월 동안 수많은 사주학자들이 지나쳐 버린 큰 문제 중의 하나이다.

육신은 오행을 떠나서는 존재할 수 없다. 그러면서도 독립적 능력과 작용을 가지고 있는 것이다. 그렇기 때문에 사주학이라는 학문이 이어져 올 수 있었던 것이기도 하다.

한 예를 들어 보겠다. 도로가 있고 신호등이 있다. 신호등은 도로가 없으면 존재하지 않았을 것이다. 그러나 신호등이 도로의 종속물로만 기능을 하는 것은 아니다. 신호 자체의 독립된 기능을 하고 있다. 신호에 의해서 오히려 도로의 기능을 수행하게 하는 능력까지도 가지고 있다. 그러므로 신호등이 도로로 인하여 생기었지만 도로의 종속물로만 존재하는 것은 아니라는 것이다. 이러한 맥락에서 육신도 오행에 의해 존재했지만 종속물로만 존재하는 것은 아니라는 것이다.

우리는 부모님에 의해 이 세상에 존재하게 되었다. 그러나 종속물이 아닌 것은 분명하다. 그런데 왜 사주학에서는 육신론을 오행에만 매달리어 영원한 종속물 노릇을 하는 것인가?

그 구체적 사실을 몇 가지 말씀드리자면 '신강신약론', '격국용신론'이 대표적인 것이다. 이 엄청난 오류가 그 오류를 근본으로 다양한 이론을 구사하여 십 년, 이십 년, 삼십 년 사주학을 하다 보면 그에 나름대로의 체계를 가지고 있게 된다. 때때로 이렇게도 저렇게도 이야기하고, 귀에 걸어놓고 보니 귀걸이가 분명하고 코에 걸어놓고 보니 코걸이가 분명해 보이는 오류를 뛰어넘지 못하고 지내는 것이 사주학 하시는 분들의 큰 고질병이 아닌가?

사주학을 연구하고 직업으로 하시는 분들의 아집과 독선은 자신을 위해서나 상담을 받는 분들에게 결코 바람직한 일이 아닐 것이다.

한참 잘 나가다가도 알쏭달쏭하고 이론은 분명한데 헛갈리는 이게 무슨 이유인가? 공부가 부족해서 그렇구나 하고 스스로 힘들어하고 답답할 때가 얼마나 여러 번 있었는가?

우리는 이 틀을 깨고 사주 통변의 정상에서 각자의 기량을 마음껏 펼칠 수 있는 '옥문관 사주학'에 귀를 기울여 보자. 반드시 상응한 결과가 있을 것이다.

신강신약론과 격국용신론의 가장 큰 병폐는 바로 오행에 너무 집착한다는 점과 왜곡된 오행관에 있다는 생각을 지울 수가 없다. 이제 오행론을 근간으로 하고 육신론 골격과 모든 운명의 작용을 해독하는 열쇠라는 전제 하에 필자의 옥문관 사주학에 들어오실 것을 권한다.

✔ 오행에는 육신의 특성이 들어 있다

오행에는 오행의 특성이 있는 것은 당연하다. 그러나 이 오행 중에 육신의 특성도 들어 있다는 것을 아는 이가 매우 적으며 그러한 이론 또한 과거에는 아주 희소하였다. 또한 소위 정통파라는 곳에서는 아예 취급을 하지 않은 것으로 알고 있다. 내용을 자세히 음미한다면 쉽게 이해가 되리라고 본다.
오행의 순서 없이 이에 대한 설명을 하겠다. 오행은 각기 육신의 특성을 가지고 있으며 그 작용력 또한 강력하다.

▎土는 정재(正財) 편재(偏財)의 특성을 가지고 있다
土라는 오행은 사계절에 고르게 나타나고 있으며 그 특성이 참으로 많은 것을 함유하고 있다. 그런데 이 土라는 오행은 육신론적으로 본다면 정재 편재의 특성을 빼놓을 수가 없다.
요즈음은 단순하게 돈과 여자라는 식의 이야기도 한다. 그러나 그것을 포함한 많은 의미를 가지고 있는 것이 재성의 특성이며 이는 오행상 土를 이야기할 수가 있는 것이다.
土를 가장 잘 이야기할 수 있는 것은 未土, 즉 6월의 土를 지적한다.
고서에 보면 오행의 병성(病星)을 토성(土星)이라고 한 부분이 있는데 많은 문제들이 이 土라는 오행에서 많이 발생하기 때문이다. 이를 미루어 보면 재성이라는 별도 문제의 별이라는 이야기가 된다. 이는 사주학을 조금만이라도 깊이 있게 공부하신 분들은 충분히 이해가 가는 부분일 것이다.
土는 중앙토라는 의미에서 알 수 있듯이 이 중앙이라는 의미가 인체의 중앙 부분, 즉 위장, 대장 등의 소화기관과 깊은 관련이 있는 것으로 한방

의학에서는 보고 있으며 이에 대한 많은 연구가 이루어져 있는 것으로 알고 있다. 사주학에서도 이를 수용하여 여러 이론들을 이야기하고 있다.

옥문관 사주학에서는 정재 편재성을 복부, 특히 위장, 대장 등과 관련이 있는 것으로 보고 있다. 우연히도 土의 한의학적 해석과 고전 사주학적 해석과 옥문관 사주학과 유사점이 많이 있게 되었다. 재성을 잘 살피면 복부 비만과의 문제점도 쉽게 알 수 있는 점이 참 의미가 있는 것이라고 필자는 생각한다.

21세기 의학계의 최대 쟁점 중의 하나가 비만과의 전쟁이라는 기사를 본 적이 있다. 이 비만과 재성과의 관계는 아주 밀접한 관련이 있다는 점에 주목할 필요가 있다.

필자는 확실하게 주장한다. "비만의 치료는 재성을 다스리는 것이다" 라고…. 수면(인성) 부족과 비만도 분명히 관련이 있을 것이라고 확신을 한다.

먹는 것, 소유하는 것, 즉 나의 돈, 나의 재산, 마누라, 아버지, 내가 어떻게 해 볼 수 있는 모든 것들, 이것이 재성이다. 그래서 재성은 옳고 옳지 않고의 시비를 분명히 하는 특성이 있으니 신경이 예민할 수밖에 없다. 따지고, 나누고, 분명히 하고, 결판을 내고, 변화를 시도하고, 개혁을 하고… 이게 모두 재성의 특징 중의 하나이다. 위장계통의 질환자, 또 먹는 것을 중히 여기는 많은 사람들이 이 재성과 밀접한 관계에 있다.

재성은 참으로 보수적이면서 개혁성이 있다.

土는 계절의 변화 때마다 그 자리를 잡고서 그 조절기능을 한다.

재성(土)은 비겁(木)을 보면 좋아하고 비겁(木)은 재성(土)을 보면 그 능력을 잘 나타내어 보인다.

재성(土)은 식상(火)을 보면 그 성장 확산의 기세를 순화시키고 조절한다. 식상(火)은 재성(土)을 보면 앞만 보고 달리던 기세를 잠시 늦추고 숨고르기를 한다.

관성(金)은 재성(土)을 보면 결실을 마무리하고 재성(土)을 극하기도 하고 성숙시키기도 하는 비겁(木)을 강력하게 조절하여 놓는다. 재성(土)은 관성(金)을 보면 어머니가 아이를 위해 할 수 있는 일을 다하는 것처럼 헌신적으로 관성을 조화롭게 도와준다.

인성(水)은 재성(土)을 보면 생명의 기를 보존하려는 土 때문에 한기가 조절을 받는다. 재성(土)은 인성(水)을 보면 가장 능력을 잘 발휘하는데 그것은 생명 잉태와 보존을 수행한다.

그러나 이 모든 것은 자연의 섭리요 질서이다. 이것이 지나치거나 부족하거나 하면 문제가 따른다. 인간은 다양한 적응을 하면서도 이 자연의 질서를 거스르거나 속이지를 못하고 이에 영향을 받으면서 살아가는 것이다. 사회의 많은 문화, 역사, 제도, 개인의 삶의 모습 등등은 이 원리를 떠나서 존재하지 못한다. 이것이 음양오행학적 인생관이며 자연관이요 사회관이다.

아직 많은 내용을 소개하지 못하지만 육신과 오행에 대한 이론은 기회가 되는 대로 더 많은 것을 소개할 예정이다.

▎水는 인수(印綬) 편인(印綬)의 특성을 가지고 있다

오행상의 水는 그 특성이나 작용, 상징성 등이 여러 가지로 나타나고 있으며 사주학에서도 여러 해석이 있다. 옥문관 사주학에서도 나름대로의 해석학적 의미가 있다.

水는 계절로는 겨울을 나타내고 있다. 하루 중에는 밤을 상징하고 그

중에서도 깊은 한밤중을 말한다. 휴식을 상징하기도 한다.

그런데 이 水의 오행은 부모의 별을 나타낸다. 생명을 탄생시킬 수 있는 근원을 水라고 하는 오행의 사상이 있는데 이는 참으로 자연의 법칙을 잘 표현한 부분이라고 본다. 그래서 옥문관 사주학에서는 水를 '인수 편인'이라는 이론을 펼치고 있다.

水는 생명의 근원을 간직하고 겨울을 지낸다. 그러다가 봄이 되면 그 생명의 힘이 탄생되고, 솟아나고, 활동을 한다. 인수 편인(부모)은 생명의 에너지를 간직하고 포용하고 있다가 때가 되면 탄생을 시킨다.

겨울은 水가 가장 왕성한 계절이다. 이 말은 水가 가장 많이 있다는 것으로 해석을 하여 물의 기운이 가장 강력하다는 이야기들을 많이 하는데 이는 다시 생각을 해야 할 부분이다.

물이 가장 왕성하고 풍부한 계절은 겨울이 아니고 여름이라고 해야 할 것이다. 겨울에 水가 왕성한 것은 물이 많다는 의미보다는 한기(寒氣)가 왕성하다고 해야 한다. 즉 생명이 발아, 탄생, 성장 등을 억제하고 있는 시기라고 하는 것이다. 그 이유는 추운 한기 때문에 겨울에는 보존이 중요하지 탄생이나 성장이 중요하지 않다고 음양오행사상에서는 보고 있기 때문이다. 그러므로 인고와 인내의 시간이 필요한 것이다.

그러니 인수 편인은 인내와 희생, 기다림의 특성이 있는 것이다. 그래야만이 때가 되었을 때 생명활동의 원활함을 지속할 수가 있기 때문이다. 그래서 인수 편인, 즉 부모의 별은 생명 탄생의 특성을 더 많이 간직하고 있는 여자, 즉 어머니를 상징할 때가 많다.

水는 木을 생한다. 즉 부모는 자식을 낳는다는 의미로 본다.

水는 火를 극한다. 이는 火, 즉 여름을 극한다는 말인데 너무 강력하고 왕성하게 火의 기운이 성장 확산시키는 것을 통제하는 의미도 있지만 근본 이유는 水를 많이 공급해야 火가 잘 성장과 확산을 하는 의미이다.

가을, 즉 金은 水를 생한다. 가을에는 金이 왕성하다. 즉 단단하게 한다는 의미와 다른 여러 의미가 있는데 단단하게 한다는 것은 그 안에 생명(水)을 잘 간직하고 보존하기 위한 것이다. 그러니 水 인성은 자식을 위해 참고, 희생하고, 인내하고, 오래오래 지켜보아야 하는 것이다.

남자보다 여자는 인성이 대체적으로 좋은 경우보다는 힘들고 어려운 경우가 훨씬 많다. 혹 다른 사주학에서 인수는 좋은 것이고 편인은 안 좋은 것으로 주장하는 경우가 많은데 이는 극히 드문 예에 불과하다. 인수, 편인은 꾸준하고 오래오래 참으면서 살아가야 그 결과가 좋다. 이것이 水의 특징이다.

인성의 결과 또는 능력 발휘는 비겁이 되고, 비겁의 무대는 식상, 식상의 무대는 재성, 재성의 무대는 관성, 관성의 무대는 인성이 된다. 그래서 중장년기의 인성 시기가 지나면 관성의 시기이다. 인성이 어떻게 하느냐가 관성, 즉 노후의 행불행을 만든다고 보는 것이다.

겨울 태생, 즉 10월, 11월 태생은 土가 운명성이 된다. 오직 土만이 水의 한기를 막아줄 수가 있는 것이다. 어떠한 경우라도 겨울 태생은 土가 운명성이 된다.

운명성은 불변의 법칙이기 때문에 전혀 혼란스러울 이유가 없으며 애매하다거나 보는 이에 따라 변하는 일반 사주학의 학설로 보려고 하면 안 된다. 겨울의 水가 왕성한 자연현상의 법칙이 변하지 않는 한 운명성의 법칙은 변할 수가 없다.

좀더 자세하고 구체적인 것은 강의를 통해서 소개하겠다. 문장 표현 능력이 부족한 둔재라서 강의를 통해야 어느 정도 소개가 될 것 같다.

오행의 사상이 처음에 어떻게 발생을 하였는지는 여러 가지 신화적 이야기도 있고 다른 여러 이야기가 전해지고 있어 구체적인 동기에 대한 정설은 잘 모르겠지만 참으로 다양하게 우리의 삶에 영향을 주었다는 사실에는 누구도 이의를 제기할 수 없을 것이다.

정치, 경제, 사회, 문화, 종교, 민속, 일반 서민으로부터 왕족이나 정치 세력, 학문, 의학 등등 이루 다 열거하기가 어려울 정도로 많은 분야에 지대한 영향을 주었는데 여기에는 반드시 좋은 영향만을 준 것은 아닐 것이다. 특히 역학이라는 분야에서 그 특징이 두드러진 현상이 아닌가 하는 의구심을 떨쳐버릴 수가 없다. 엉뚱한 데로 이야기가 흘러갔다.

金은 가을을 상징하면서 정관(正官) 편관(偏官)을 의미한다.

가을은 金이 가장 왕성한 계절이다. 모든 계절에는 오행의 특성과 그 강력한 기의 흐름이 작용하고 있다. 그런데 이 金이라는 오행의 에너지는 변화가 가장 큰 오행 중의 하나이다.

또 하나는 木이라는 오행이다. 네 계절 중에 변화가 없는 계절은 없지만 가장 큰 변화를 보여주는 것은 木과 金이라는 오행, 즉 봄과 가을이라고 본다. 즉 겨울에서 봄으로 왔을 때와 가을에서 겨울로 갈 때가 가장 변화가 크다고 보는 입장이다(이는 자연현상에 대한 상식적 진리의 세계관에 한해서이다).

가을은 성숙의 계절이라고 한다. 즉 완성의 의미도 내포하고 있다. 그러므로 가장 아름답고 가장 풍성한 것이다. 봄에 싹이 터서 성장과 번성을 해서 가을에는 결실을 맺는다. 그러니 가장 많은 것을 가지고 있는 계절이다. 그래서 이를 관성의 계절이라고 부를 수가 있는 것이다.

정관 편관은 완성의 의미도 가지고 있으며 최정상을 상징하기도 한다.

가을도 이와 같은 의미가 함유되어 있다. 기쁨과 풍성함, 여유 등이 가을을 상징하는 말이기도 하다. 이와 같이 가을과 정관 편관과 대비시켜 보면 많은 것을 알 수가 있다.

완성을 가장 잘 마무리시키는 것에는 서리가 있다. 자연은 참으로 그 질서가 완벽하다. 그러니 가을의 서리에 그 성장과 발전을 자랑하던 모든 것들이 성숙의 종결·마무리하는 金을 관성이라고 사주학에서는 말하는 것이다. 金이 관성이 되는 이유는 참으로 많으며 많은 설명이 요구되는데 이는 시간이 되는 대로 좋은 자료를 소개하도록 하겠다.

申월, 酉월, 즉 金이 가장 왕성한 계절에는 성숙과 보존의 자연법칙에 의해 火 오행만이 운명성이 된다.

▌火는 식신(食神) 상관(傷官)의 특성을 가지고 있다

오행상 火라는 것이 무엇인가? 가장 먼저 떠올리는 것은 대부분 불이며 또는 태양, 여름 등을 말할 수가 있다.

태양을 火라고도 하는데 이는 여러 의미가 포함되어 있는 아주 복합적이다. 가장 대표적인 것은 태양이 모든 생명의 원동력이라는 부분일 것이다. 태양이 없다면 모든 생명은 거의가 사멸될 것이다.

계절로는 여름, 즉 4월과 5월을 말한다. 1년 중 태양에너지를 가장 많이 쏟아낸다고 하는데 이는 지구과학자들이나 자연과학자들의 이야기이다.

오행론에서 火는 모든 종의 각자가 자신의 생명력을 가장 왕성하게 드러내는 작용, 성장의 절정기, 능력 발휘의 고조기라는 표현을 한다. 자연계 대부분의 종들은 이 시기에 가장 번창·확산·성장·발달을 한다. 이 모든 것이 火의 작용이라고 보는 것이 오행사상이다. 사주학에서 응용하는 음양오행사상은 그 해석상 방법이 다양한데 큰 틀은 거의 같다고 말해도 무리가 없을 것이다.

　태양의 계절, 뜨거운 사랑, 불같은 사랑, 사랑의 불길, 끝없는 전진, 희열의 순간, 계절의 여왕, 모든 생명의 그 무한한 번성 등은 아마도 여름이 아니면 결코 일어날 수 없는 일들이다. 이것이 火의 작용과 현상이다.

　그러면 식신 상관을 한번 생각해 보기 바란다. 이 火의 특성이 바로 식상의 특성이다. 능력이 있으면 끝을 모르고 전진·성장을 한다. 속된 말로 삼수갑산을 가더라도 한없는 능력을 발휘하려 한다.

　식상은 결과에 연연하지 않고 돌진하는 특성이 있으며 자신의 능력을 가장 잘 표현해 내는 별이다. 그래서 식상을 자손의 별이라고 한다. 그러면 능력 발휘에서 가장 희열을 느끼게 하는 일이 무엇일까?

　식상은 남녀의 성기로도 표현한다. 사랑을 나눌 때의 그 순간이 식상의 꽃이다라는 말도 있다. 그래서 식상이 여성의 매력 포인트를 찾는 별이라고 한다. 행복의 결실을 만드는 것은 관성이 아닌 식상의 조화라고 하는 데에는 관성을 조절하는 힘을 식상만이 가장 많이 가지고 있기 때문이다.

　식상을 서민 또는 백성이라고도 하는데 이는 정부와 권력을 유지시키는 원천이면서도 때로는 그 정부와 권력을 무너뜨리기도 하기 때문이다. 그러니 오행사상은 가장 민주적인 사상을 내포하고 있는 것이다.

　그냥 쉽게 읽어 주시고 동호인 여러분 나름대로 한번 의견을 주시면 감사하겠다. 많은 양의 내용이 있으나 그냥 큰 의미만 몇 마디 올렸다.

　이 원리에 의해서 巳월, 午월 출생자는 어떠한 경우라도 水가 운명성이 될 수밖에 없다. 옥 선생은 이를 '용신'이라는 용어를 썼는데 혼동이 너무 많아 필자는 '운명성'이라는 단어로 바꾸었다.

　아무리 비가 많이 오고 장마가 지고 물이 범람하여도 이때는 水가 운명성이 된다. 이것이 오행사상의 법칙인 것이다. 이 말은 자연계의 질서를 말하는 것이다.
　이 기본을 벗어난 어떠한 이론도 자연계의 질서가 바뀌지 않는 한 옥문관에는 없다.

▎木은 비견(比肩) 겁재(劫財)의 특성을 가지고 있다
　참으로 이상하게 생각하는 분들이 많을 것이다.
　'오행을 가지고 육신을 표출하는 것인데 무슨 오행 자체를 가지고 육신을 이야기하나?'
　그런데 잘 생각해 보기 바란다. 木오행이 왜 비견 겁재라는 말을 하는지….
　木은 1년의 시작점이 된다. 하루 중에도 寅卯시는 역시 시작점이라고 본다. 해가 동에서 떠서 서로 지는 것, 봄이 되면 만물이 준동을 하고 일체초목이 앞을 다투어 발아·성장을 시작한다. 이것이 바로 비견 겁재의 특성이다.
　비견은 그런대로 괜찮고, 겁재는 무법의 겁탈자 또는 재성을 파극하는 흉한 별이라는 이론도 많이 있다. 물론 그런 점도 분명히 있기는 하다. 봄과 木, 비견 겁재와 인생의 출발점, 이러한 것을 잘 생각해 본다면 木은 비겁에 해당되는 특성이 있다는 점을 이해할 수가 있을 것이다.
　어린 시절의 성장기에 성격 형성이나 습관 등 엄청난 영향을 받으며 일생 동안 이 특성은 그 위력을 발휘한다. 그러므로 속담에 '될성부른 나무는 떡잎부터 안다'라는 말도 생기었고, '어릴 때 배우지 않으면 나중에 후회한다'라든지 '봄에 씨 뿌리지 않으면 가을에 거두어 드릴 것이 없다'든지 하는 말이 있는 것이다.

비겁성은 어린 시절, 계절로는 봄을 의미한다. 인생의 기초, 학문의 기초, 시작의 기초를 의미한다.

木의 기운은 끝없는 성장, 솟아오르는 특성이 있는데 비겁도 이러한 특성이 있다. 그래서 寅, 卯월에 출생한 사람은 수천수만 모두가 이를 잘 조절할 수 있는 金이 운명성인 것이다.

木오행과 비겁과의 특성을 잘 헤아린다면 오행과 육신에 대한 안목이 훨씬 넓어질 것이다. 자세한 내용은 이 다음에 모임을 가지게 될 수 있으면 그때 소개를 하겠다.

▌야자시(夜子時), 조자시(朝子時)

원래 야자시니 조자시니 하는 것은 문제를 일으킨 적이 없었는데 해방 이후 사주학을 하시는 분들 중 몇몇 분이 이 문제를 이야기하면서 사용하기 시작했다. 근래에는 이를 두고 이론이 분분하며 가끔 뜨거운 논의가 되기도 하는 것으로 알고 있다. 그러나 분명한 것은 이는 논의의 대상이 될 수가 없을 뿐만 아니라 필자는 야자시니 조자시니 하는 것 자체가 문제가 있는 것이라고 본다.

사주학에서는 하루 시간을 12시로 나누었고 이는 오행의 깊은 사상이 내포되어 있다. 그러나 현재 일반적으로 사용하고 있는 하루의 시간은 24시로 되어 있고 이는 세계적으로 사용하고 있는 공통의 약속된 단위이다.

사주학의 하루 시간의 개념과 사용은 오행사상을 기본으로 분류해 놓은 것이며 일반 시간은 그것과는 무관한 것이다. 그런데 이를 혼합하여 사주학적 시간을 사용하려니 문제가 당연히 나타날 수밖에.

子시는(밤 11시부터 오전 1시, 일반 시간 기준) 하루의 시작을 표시하며 子시가 되면 날짜 경계선이 넘어가기에 새날의 시작으로 보는데 일반 시간과는 큰 차이가 있다.

일반적으로는 0시부터 날짜 변경을 사용하는데 사주학에서는 子시부터 날짜를 변경하여 사용한다. 그러다 보니 夜子時, 朝子時라는 신조어가 등장을 하여 학자에 따라 전혀 다른 사주를 보게 되는 경우가 허다하다. 이는 자시의 개념과 하루 시작의 개념에 혼선을 가져왔을 뿐만 아니라 궤변적 이론이나 주장들의 정당성을 제공하는 데 일조를 하게 되었다. 그러나 조금만 생각하면 문제가 될 수 없는 것이 문제가 되어 버렸다는 것을 알 수 있다.

시간의 개념과 사용하는 방법을 이해한다면 아무런 문제가 될 수 없는데 과거 몇몇 사주학을 하시는 분들의 그 대단한 아집과 고집으로 이러한 결과가 나타난 것이다. 그분들은 나름대로 새로운 이론을 내놓은 것이라고 강변을 하지만 이 부분은 새로운 이론의 개념과는 거리가 먼 문제이며 사실을 외면한 것이다. 그러니 '새로운 이론과 ○○'라고 하면서 자신이 저작자인 것으로 내놓은 책을 보면 고전의 책들을 보면서 정리한 수준이거나 해설을 한 수준을 넘지 못하고 있다.

각설하고 야자시, 조자시라는 것은 아무리 생각을 해 보아도 황당한 궤변 수준을 넘을 수가 없다. 기본에 충실하다 보면 모든 게 자명해지는바 후학들은 이를 경계로 삼아야 할 것이다.

1년의 시작 기점을 사주학에서는 입춘절기로 삼는다. 한 해의 시작을 입춘으로 시작하는데 그러면 음력으로 12월에 입춘이 들면, 즉 전년도 1월에 입춘이 들면 새로운 년도를 써야 된다는 이론으로 밀고나가도 된다는 것이 아주 웃기는 이야기 아닌가?

추운 겨울의 시기는 양력으로 12월, 1월, 2월이며 음력으로는 11월, 12

월, 1월이 된다. 그러면 1년에 겨울이 두 번이라고 하고, 어두운 밤이 하루에 두 번 있으니 하루 저녁이 아니라 두 번 저녁에, 전일 저녁, 오늘 저녁이라고 해야 하는가?

그런데 왜 야자시, 조자시는 이유가 되는지 참으로 슬픈 일이다.

자신의 아집으로 이러한 큰 문제를 일으킨 사람이 한국 명리학계의 큰 별이라는 칭호를 서슴없이 듣고 있는 것은 나름대로의 이유가 있을 것이다. 그를 추종하는 분들의 무슨 의미(?)가 있을 것이다. 그러나 그러한 점이 사회적으로 또 사주학 하는 분들에게 어떤 영향과 문제를 안겨주고 있는지 깊이 생각해 볼 문제라고 필자는 생각한다.

야자시, 조자시는 분명히 존재할 수가 없는 문제이다.

일본인 사주학자 아부태산의 저서에 보면 이 문제가 나온다. 필자가 확인한 바로는 처음으로 이것을 주장한 분으로 알고 있다.

그런데 이를 가문의 보도인 줄 알고 자신이 한 것처럼 평생 사용하고 책자를 통해 유포한 분이 계셨었다. 근거도 없고 시간에 대한 개념을 제대로 이해하지 못했던 사주학을 하시는 몇 분들의 아집의 산물에 불과하다고 말씀을 드린다.

이는 사주학에 깊이 있는 학문을 하신 변만리, 고성진, 옥승혁, 백운학 등등의 선배들께 직접 들은 이야기를 필자가 임의로 정리하여 올리는 것이다. 유독 이석영 선배는 끝까지 야자시, 조자시를 말씀했다. 대전의 박재완이라는 분은 필자가 직접 만날 인연이 없지는 않았으나 그분의 저서를 보고 만날 필요를 갖지 않아서 만난 적은 없다.

세월이 많이 변하여 모두가 옛사람이 되셨다.

이제 새삼스럽게 그분들과의 인연을 생각하니 만감이 교차되며 그나마 좋은 분의 도움으로 이러한 자리에서 이러한 글을 올릴 수 있다는 것이 다행이라는 생각이 든다. 다음에 좋은 인연이 될 때 이에 대한 구체적인 이야기를 할 수 있는 날이 오기를 기대해 본다.

| 옥문관(玉門關) 사주학의 특징 |

(1) 기존의 사주학과는 완전히 다른 독창적인 이론인 운명성(運命星), 보조운명성(補助運命星), 장애성(障碍星)을 한 치의 오차도 없이 볼 수 있으며 보는 이에 따라 달라질 수 있는 신강신약론과 격국용신론이 아니다. 수천 번을 보아도 운명성을 보는 방법은 달라질 수가 없다.

(2) 기존의 사주학은 사주상의 길흉, 화복, 부귀, 빈천 등에 한정되어 있으나 옥문관 사주학은 길흉화복과 부귀빈천을 알 수 있을 뿐만 아니라 보다 더 중요한 부분, 즉 어떻게 살아가는 것이 가장 바람직한 삶을 살아갈 수 있는가에 대한 정확한 길을 제시한다.

(3) 기존의 사주학을 능가하는 육신론으로 사주학의 핵심 중의 핵심이라고 하는 통변(通變)을 확고한 이론으로 정립되어 있어서 실제 임상을 하여 보면 그 진가를 바로 알게 될 것이다. 간지 통변은 5단계 통변이 있는데 여기서는 4단계 통변까지 발표를 했다. 5단계 통변은 4단계 통변을 이해하신 분에 한하여 직접 전수한다.

(4) 가능한 한 한자를 사용하지 않고자 노력했다.

(5) 운명성, 장애성, 보조운명성의 설명은 육신론 기초 안에 모두 들어 있다.

(6) 후편인 상담학은 사주학이 아닌 모든 역학 분야에 종사하고 연구 하시는 분들이 반드시 알아야 한다고 생각한다.

(7) 운명 상담학이라는 분야는 서울대학교의 이장호 교수님께서 허락을 해 주신 덕분으로 교수님 저서 '상담심리학 입문서'에서 발췌하여 운명 상담학이라는 이름이 만들어지게 되었다. 감사를 드리며 보다 많은 운명 상담학의 출현을 기대한다.

| 목차 |

- 이 책을 내면서 / 4
- 본문에 들어가기 전에 / 7
- 옥문관(玉門關) 사주학의 특징 / 22

제1장. 사주를 보는 순서

1. 사주를 보는 순서 / 33
2. 1년 신수를 보는 데 참고해야 할 사항 / 36
3. 지지장간(地支藏干)을 보는 방법 / 38

제2장. 운명성(運命星), 장애성(障碍星), 보조운명성(補助運命星)

1. 운명성(運命星) / 41
2. 장애성(障碍星) / 42
3. 보조운명성(補助運命星) / 43
4. 운명성, 장애성, 보조운명성을 정하는 방법 / 44
5. 사주학이란 무엇인가? 잘 맞히는 학문인가? / 55

제3장. 육친론(六親論)

1. 육친(六親)을 보는 방법 / 67

제4장. 일주론(日柱論)

1. 일주론 — 남자 편 / 81
2. 일주론 — 여자 편 / 89

제5장. 육신론(六神論)

1. 비견(比肩)과 겁재(劫財) / 99
   (1) 비견(比肩) 겁재론(劫財論) / 99
   (2) 비견(比肩) 겁재(劫財)와 남자의 운명 / 107
   (3) 비견(比肩) 겁재(劫財)와 여자의 운명 / 123

2. 식신(食神)과 상관(傷官) / 134
   (1) 식신(食神) 상관론(傷官論) / 134
   (2) 식신(食神) 상관(傷官)과 남자의 운명 / 144
   (3) 식신(食神) 상관(傷官)과 여자의 운명 / 160

3. 정재(正財)와 편재(偏財) / 178
   (1) 정재(正財) 편재론(偏財論) / 178
   (2) 정재(正財) 편재(偏財)와 남자의 운명 / 184
   (3) 정재(正財) 편재(偏財)와 여자의 운명 / 202

4. 정관(正官) 편관(偏官) / 216
   (1) 정관(正官) 편관론(偏官論) / 216
   (2) 정관(正官) 편관(偏官)과 남자의 운명 / 220

(3) 정관(正官) 편관(偏官)과 여자의 운명 / 233

5. 인수(印綬) 편인(偏印) / 249
   (1) 인수(印綬) 편인론(偏印論) / 249
   (2) 인수(印綬) 편인(偏印)과 남자의 운명 / 258
   (3) 인수(印綬) 편인(偏印)과 여자의 운명 / 268

제6장. 육신통변론(六神通變論)

1. 통변(通變)의 단계 / 281

2. 천간(天干) 비겁(比劫)과 지지육신(地支六神)과의 통변론(通變論) / 282
   ✔ 남자 편
   (1) 천간(天干) 비겁(比劫), 지지(地支) 비겁(比劫)인 남자 / 282
   (2) 천간(天干) 비겁(比劫), 지지(地支) 식상(食傷)인 남자 / 285
   (3) 천간(天干) 비겁(比劫), 지지(地支) 재성(財星)인 남자 / 290
   (4) 천간(天干) 비겁(比劫), 지지(地支) 관성(官星)인 남자 / 300
   (5) 천간(天干) 비겁(比劫), 지지(地支) 인성(印星)인 남자 / 306

   ✔ 여자 편
   (1) 천간(天干) 비겁(比劫), 지지(地支) 비겁(比劫)인 여자 / 311
   (2) 천간(天干) 비겁(比劫), 지지(地支) 식상(食傷)인 여자 / 313
   (3) 천간(天干) 비겁(比劫), 지지(地支) 재성(財星)인 여자 / 317
   (4) 천간(天干) 비겁(比劫), 지지(地支) 관성(官星)인 여자 / 327
   (5) 천간(天干) 비겁(比劫), 지지(地支) 인성(印星)인 여자 / 333

3. 천간(天干) 식상(食傷)과 지지육신(地支六神)과의 통변론(通變論) / 344
   ✔ 남자 편
   (1) 천간(天干) 식상(食傷), 지지(地支) 비겁(比劫)인 남자 / 344
   (2) 천간(天干) 식상(食傷), 지지(地支) 식상(食傷)인 남자 / 348
   (3) 천간(天干) 식상(食傷), 지지(地支) 재성(財星)인 남자 / 351
   (4) 천간(天干) 식상(食傷), 지지(地支) 관성(官星)인 남자 / 355
   (5) 천간(天干) 식상(食傷), 지지(地支) 인성(印星)인 남자 / 358

   ✔ 여자 편
   (1) 천간(天干) 식상(食傷), 지지(地支) 비겁(比劫)인 여자 / 370
   (2) 천간(天干) 식상(食傷), 지지(地支) 식상(食傷)인 여자 / 373
   (3) 천간(天干) 식상(食傷), 지지(地支) 재성(財星)인 여자 / 375
   (4) 천간(天干) 식상(食傷), 지지(地支) 관성(官星)인 여자 / 377
   (5) 천간(天干) 식상(食傷), 지지(地支) 인성(印星)인 여자 / 382

4. 천간(天干) 재성(財星)과 지지육신(地支六神)과의 통변론(通變論) / 402
   ✔ 남자 편
   (1) 천간(天干) 재성(財星), 지지(地支) 비겁(比劫)인 남자 / 402
   (2) 천간(天干) 재성(財星), 지지(地支) 식상(食傷)인 남자 / 405
   (3) 천간(天干) 재성(財星), 지지(地支) 재성(財星)인 남자 / 415
   (4) 천간(天干) 재성(財星), 지지(地支) 관성(官星)인 남자 / 419
   (5) 천간(天干) 재성(財星), 지지(地支) 인성(印星)인 남자 / 422

   ✔ 여자 편
   (1) 천간(天干) 재성(財星), 지지(地支) 비겁(比劫)인 여자 / 426

  (2) 천간(天干) 재성(財星), 지지(地支) 식상(食傷)인 여자 / 428
  (3) 천간(天干) 재성(財星), 지지(地支) 재성(財星)인 여자 / 436
  (4) 천간(天干) 재성(財星), 지지(地支) 관성(官星)인 여자 / 439
  (5) 천간(天干) 재성(財星), 지지(地支) 인성(印星)인 여자 / 441

5. 천간(天干) 관성(官星)과 지지육신(地支六神)과의 통변론(通變論) / 454
 ✔ 남자 편
  (1) 천간(天干) 관성(官星), 지지(地支) 비겁(比劫)인 남자 / 454
  (2) 천간(天干) 관성(官星), 지지(地支) 식상(食傷)인 남자 / 457
  (3) 천간(天干) 관성(官星), 지지(地支) 재성(財星)인 남자 / 459
  (4) 천간(天干) 관성(官星), 지지(地支) 관성(官星)인 남자 / 465
  (5) 천간(天干) 관성(官星), 지지(地支) 인성(印星)인 남자 / 466

 ✔ 여자 편
  (1) 천간(天干) 관성(官星), 지지(地支) 비겁(比劫)인 여자 / 469
  (2) 천간(天干) 관성(官星), 지지(地支) 식상(食傷)인 여자 / 472
  (3) 천간(天干) 관성(官星), 지지(地支) 재성(財星)인 여자 / 474
  (4) 천간(天干) 관성(官星), 지지(地支) 관성(官星)인 여자 / 479
  (5) 천간(天干) 관성(官星), 지지(地支) 인성(印星)인 여자 / 481

6. 천간(天干) 인성(印星)과 지지육신(地支六神)과의 통변론(通變論) / 490
 ✔ 남자 편
  (1) 천간(天干) 인성(印星), 지지(地支) 비겁(比劫)인 남자 / 490
  (2) 천간(天干) 인성(印星), 지지(地支) 식상(食傷)인 남자 / 495
  (3) 천간(天干) 인성(印星), 지지(地支) 재성(財星)인 남자 / 498

(4) 천간(天干) 인성(印星), 지지(地支) 관성(官星)인 남자 / 509
　　(5) 천간(天干) 인성(印星), 지지(地支) 인성(印星)인 남자 / 511

　✔ 여자 편
　　(1) 천간(天干) 인성(印星), 지지(地支) 비겁(比劫)인 여자 / 514
　　(2) 천간(天干) 인성(印星), 지지(地支) 식상(食傷)인 여자 / 516
　　(3) 천간(天干) 인성(印星), 지지(地支) 재성(財星)인 여자 / 519
　　(4) 천간(天干) 인성(印星), 지지(地支) 관성(官星)인 여자 / 523
　　(5) 천간(天干) 인성(印星), 지지(地支) 인성(印星)인 여자 / 528

제7장. 궁합론(宮合論)

1. 궁합론 / 543
　(1) 궁합의 정의 / 546
　(2) 궁합을 보는 방법 / 548

제8장. 사주학과 운명 상담학

1. 사주학과 운명 상담학 / 565

제9장. 운명 상담기법에 대한 기본적 관점

1. 운명 상담기법에 대한 기본적 관점 / 573

제10장. 운명 상담의 원리와 촉진적 관계

1. 운명 상담의 원리와 촉진적 관계 / 583
   (1) 운명 상담의 원리 / 583
   (2) 운명 상담의 촉진적 관계 / 588

제11장. 상담가의 준비

1. 상담가의 준비 / 607
   (1) 상담에 대한 준비 / 608
   (2) 상담 목표의 설정 / 621
   (3) 내방객의 요인 평가 / 630
   (4) 목표에의 접근방식과 내방객의 교육 / 636
   (5) 운명 상담의 주요 방법과 그 구체적인 활용법 / 640
   (6) 상담 시의 질문 / 660

■ 후기 / 670

제1장
사주를 보는 순서

사주를 볼 때는 그 사주의 주인공 위주로 보는 것이지만 인간 세상의 일은 상대적인 점이 많으므로 상대도 봐야 하는 것이다. 그러므로 본인 위주로 볼 때는 일간을 위주로 봐야 하지만 년간이나 월간의 육신을 볼 때 그 나타난 육신과 타(他) 육신과의 관계상의 길흉을 따져야 한다.

1 사주를 보는 순서

여기에 적힌 방법을 활용하면 사주를 보는 데 도움이 될 수 있을 것 같아 그 방법을 적어 본다.

> 1. 일주
> 2. 년간지
> 3. 월간지
> 4. 년간 대 월간
> 5. 년지, 월지, 일지(生剋), 시간지
> 6. 운명성(보조운명성)
> 7. 장애성
> 8. 초년, 중년, 말년, 대운
> 9. 년운
> 10. 월운

이상은 모두 일간을 위주로 보는 것을 말한다. 이를 간략하게 이야기한다면 년간의 육신과 일간과의 길흉, 월간과 일간(자신)과의 길흉, 년지·월지·일지의 육신과 일간(자신)과의 길흉을 참고해야 한다.

만약 초년운이라면 부모의 운이 자신에게 미치는 영향이 대단히 중요하므로 잘 살펴야 하고, 중년운이라면 배우자의 운을 많이 참고해야 하고, 말년운이라면 자녀의 운을 참고해야 할 것이다. 그러므로 년간, 월간에 어떤 육신이 나타났는가를 보고 다음으로 년지, 월지에 어느 육신이 나타났는가를 봐서 생극(生剋)의 조화를 적용하는 것이다.

예를 들어 아버지의 운을 보려면 남자일 경우 편인(偏印), 여자일 경우 인수(印綬)가 아버지의 별이므로 이를 보아야 하며, 이 별이 없으면 남자는 편재(偏財), 여자는 정재(正財)가 아버지가 되니 사주에 있나 없나를 살펴봐야 한다. 만약 이 별마저 없으면 대운에 있는지를 살펴야 하고, 이 역시 없으면 남자는 편인, 여자는 인수를 가상(假像)으로 띄워놓고 년간지, 월간지로 길흉을 보아야 한다. 다른 것도 이에 준해서 보면 되는 것이다.

좀더 자세히 이야기하자면 (사주를 보는 법은 다양해서 모두 다 이야기하려면 길어지고 복잡해지므로 큰 의미가 없는 것은 생략한다) 사주를 볼 때는 그 사주의 주인공 위주로 보는 것이지만 인간 세상의 일은 상대적인 점이 많으므로 상대도 봐야 하는 것이다. 그러므로 본인 위주로 볼 때는 일간을 위주로 봐야 하지만 년간이나 월간의 육신을 볼 때 그 나타난 육신과 타(他) 육신과의 관계상의 길흉을 따져야 한다.

일간을 위주로 년간년지의 생극을 보고, 월간월지의 생극을 보고, 년간월간의 생극을 보고, 년지월지의 생극을 보고, 월지일지의 생극을 보고, 일지시지의 생극을 보고, 시간시지의 생극을 보고, 시간과 월간과 생극을 보는 것이다. 때로는 일지와 년지와 생극을 보기도 하고, 시지와 년지와 생극을 보기도 하며 또 시간과 년간과 생극을 보기도 한다.

단, 년간과 월지, 월간과 년지, 년월간과 일지, 시간과 년월일지는 볼 수 없다. 그 이유는 지상의 물체는 직접 지하와 연결되어 그 영향을 주기도 하고 받기도 하지만 멀리 있는 지하와는 관련이 없을 뿐만 아니라 아무런 영향도 주고받지를 못하기 때문이다.

지상에 있는 물체와 지하에 있는 물체와는 서로 생극을 할 수 있다. 다시 말하자면 년간년지, 월간월지, 일간일지, 시간시지는 동주(同柱)로 지하의 영향을 받아 좋을 수도 그렇지 않을 수도 있는데 년과 월은 동주가 아니므로 직접적인 영향은 없는 것이다.

이는 절대적 기준은 아니며 공부의 깊이와 개인적 성향에 따라 응용과 그 통변은 다양할 수 있다.

2 1년 신수를 보는 데 참고해야 할 사항

① 12지지(地支)와 육합(六合)
子丑 合, 寅亥 合, 卯戌 合, 辰酉 合, 巳申 合, 午未 合.

② 天干合
甲己 合, 乙庚 合, 丙辛 合, 丁壬 合, 戊癸 合.

③ 冲(12지지 冲)
子午 冲, 丑未 冲, 寅申 冲, 卯酉 冲, 辰戌 冲, 巳亥 冲.

④ 三合
申子辰 三合, 巳酉丑 三合, 寅午戌 三合, 亥卯未 三合.

⑤ 地支 三刑
寅-巳, 巳-申, 申-寅, 丑-戌, 戌-未, 未-丑, 子-卯, 辰-辰, 午-午, 酉-酉, 亥-亥.

사주의 작용 중 그 오행과 육신은 강하고 약한 작용의 구분이 있다. 이러한 부분을 잘 살펴야 한다.
사주에 나타나 있지 않은 별도 정상적으로 작용을 하고 있다. 그러나 사주에 나타나 있는 것은 약하면 약한 작용을 하고 강하면 강한 작용을 하는 것이다. 사주에 있는 것은 대운, 년운, 월운에 의해 강하게 또는 약하게 작용을 하게 된다. 사주에 없는 별도 년운이나 월운에 나타나면 그 때는 그 작용을 강하게 하는 것이다. 그러므로 사주를 보면 년운, 월운의 해석이 많은 차이를 보인다.

같은 비겁(比劫)운일지라도 여자 사주에 식신(食神), 상관(傷官)이 있고 관성(官星)이 운명성인데 관성이 사주에 없을 경우 식상(食傷) 년운이나 월운이 와도 별로 나빠지지 않지만 운명성인 관성 년운이나 월운일 때 크게 나빠질 수가 있는 것이다.

> ┃地支
> 1. 旺하면 강하게 動한다.
> 2. 合해도 動한다.
> 3. 冲해도 動한다.
> 4. 刑해도 强하게 動한다.
>
> ┃天干
> 1. 旺하면 강하게 動한다.
> 2. 合해도 動한다

· 旺한 것은 자동적으로 旺한 것이다.
· 合한 것은 자의로 動한 것이다.
· 冲한 것은 타의에서 動한 것이다.
· 刑은 역시 자연적으로 강하게 動하는 것이다.

3 지지장간(地支藏干)을 보는 방법

옥문관 지지장간에 대해 살펴보자.

지지장간을 보는 법이 조금은 다를 수 있다. 이는 옥문관식 통변(通變)일 때만 의미가 있다. 다른 학파의 통변에서는 모순이 나타날 수 있으니 이를 분명하게 숙지하고 응용하기 바란다.

子―癸	丑―癸, 辛, 己	寅―戊, 丙, 甲
卯―乙	辰―乙, 癸, 戊	巳―戊, 庚, 丙
午―丙, 己, 丁	未―丁, 乙, 己	申―壬, 庚
酉―辛	戌―辛, 丁, 戊	亥―甲, 壬

제2장

운명성(運命星), 장애성(障碍星)
보조운명성(補助運命星)

이 운명성 이론이 '언제 잘살 수 있는가? 돈은 언제 버는가? 자손 덕은 있는가? 부모덕은 있는가?' 등등을 귀신처럼 맞히는 데 초점이 맞추어져 있는 기존 사주학하고 함께할 수 없는 이유가 있다. 사주학은 그렇게 물질주의에 편승한 저급한 학문이 아닌데 그동안 그쪽에 치우쳐 이어온 점은 대단히 잘못된 것이다.

1 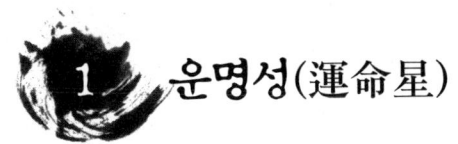 운명성(運命星)

　운명성이란 그 사주, 즉 그 사람이 가야 할 운명의 길을 말한다. 그러므로 운명성의 길을 가면 운명은 좋아진다. 이를 일반 사주학에서 말하는 용신의 개념으로 파악하는 경우가 많은데 전혀 그 의미가 다르다.
　운명성은 '어떻게 살아야 하는가?'에 대한 사주학적 인생의 길을 말하는 것이다.

2 장애성(障碍星)

장애성은 운명성의 길을 가는 데 장애를 주는 별이다.
운명성의 길을 가기보다 장애성의 길을 가는 것이 훨씬 쉽다.

3. 보조운명성(補助運命星)

운명성이 운명성의 길을 갈 수 있도록 도와주는 별이다.
보조성은 운명성에 준하는 정도의 작용을 한다.

4 운명성, 장애성, 보조운명성을 정하는 방법

■ 寅월, 卯월에 출생한 사람은 金이 운명성이다

어떠한 경우라 하여도 운명성은 金이 되며 다른 오행으로 대신할 수가 없다. 이 운명성은 옥문관 사주학, 즉 오행사상의 법칙이기 때문이다.

金이 운명성이기 때문에 금을 극(克)하는 火는 장애성이 된다. 그러니까 운명성을 극하는 오행이 장애성이 되는 것이다. 火 장애성이 있어 金 운명성을 극하는 경우에는 장애성인 火를 극하는 水가 보조운명성이 된다. 보조운명성은 운명성에 준한다(보조운명성의 작용력은 운명성에 준하기 때문에 내용상의 설명은 운명성 편을 참조하길 바란다).

만약 사주에 장애성인 火가 없는데 水만이 있을 경우에는 水가 장애성이 된다. 이렇게 되었을 경우 水 장애성을 극하는 土가 보조운명성이 되는 것이다. 이 부분을 잘 이해하여야 착오가 없다.

여기에서 이야기하는 내용은 고전 사주학이나 일반 사주학의 근본이 되고 뿌리가 되는 신강(身强), 신약(身弱)과 격국용신론과 신살론, 자연법, 물상론 등등의 이론과는 다른 음양오행학을 응용·해석하는 방법이다. 자체는 대동소이하지만 크게 다른 부분이 있기 때문에 혹시라도 그러한 이론을 기준으로 접근하려고 하지 말기를 부탁드린다.

나중에 직접 임상(臨床)을 해 보면 그 우열은 자연히 가려질 것이다. 천 명을 보나 만 명을 보나 운명성에 대한 법칙은 변하지를 않는다. 신강인지 신약인지, 어느 것이 용신이고 희신이지, 아리송하다든가 애매하다든가, 이렇게도 볼 수 있고 저렇게도 볼 수 있는 이론과는 그 차원이 다르다.

寅, 卯월은 木이 왕성하다. 즉 모든 생명이 솟아오르며 그 생명의 발현하는 기운이 가장 왕성하다. 어떠한 상황이라 하여도 木을 능가할 수 있는 오행은 없다.

봄이 되어 천지 만물이 준동하는 힘을 누가 막을 수가 있을까? 이때에는 오직 金의 기운만이 그 木의 힘을 조절하는 역할을 할 수가 있는 것이다.

火를 가지고 木의 기운을 빼어 준다(설기)라는 이야기들을 많이 하는데 이는 참으로 근사한 궤변에 불과하다. 봄에 火氣가 木의 기운을 누출시켜 木의 기운을 설기한다는 것은 꽃이 핀다든가 잎이 자라나서 木의 힘은 火로 전이되어 가는 것을 말하는 것이지 이는 설기하는 것이 아니다. 자연적인 현상이다. 오히려 寅, 卯월의 火는 木의 능력을 최적화해 주는 조건을 만들어 준다. 金의 기운만이 이를 조절할 수 있는 작용을 할 수가 있는 것이다.

寅, 卯월에는 아무리 金의 오행이 사주에 많다 하여도 木을 자유자재로 다룰 수는 없다. 왜냐하면 金의 단단함과 숙살지기(肅殺至氣)는 寅, 卯월에 그 힘이 한계가 있을 수밖에 없기 때문이다. 그래도 金만이 유일하게 운명성이 될 수밖에 없는 것은 음양오행사상으로 보는 사주학적 법칙이다. 구체적인 설명은 강의를 통해서 자세히 이야기하기로 하겠다.

오행에는 상생의 법칙이 있으며 또한 상극의 법칙이 있다. 상극이라면 대부분 좋지 않은 것, 생의 반대 개념으로 파악하는 경우가 많이 있다.

그러나 오행상생 상극설의 상극이라는 것은 말 그대로 극을 하는 것이 아니고 만물을 생성하려는 목적으로 작용을 하는 것이다. 그러니 극이라 하여 이를 좋지 않은 작용으로 알면 안 되는 것이다. 상극원리는 상생의 이면을 이야기한다고 보아도 된다.

　오행학적으로 寅, 卯월은 木이 왕성한 시기이다. 그렇다면 이 木은 무엇 때문에 왕성한 것인가? 무슨 목적이 있는가?

　이유와 목적이 있다고 보는 것이 음양오행의 사상에서 보는 세계관이다. 근원(씨앗, 수, 생명), 생장, 발전, 수렴의 순환법칙이 오행사상인데 木이 완성한 이유는 생명의 생장을 위해서이다. 여기에 그 목적이 있고 이유가 있는 것이다.

　그러기 위해서는 木은 木의 형태를 木이 왕한 시기에 잘 해야 한다. 그래야 火의 근원으로 작용을 잘 할 수가 있다. 木은 水에서, 火는 木에서 생하는 것이기 때문이다. 木이 木으로 잘 작용을 하고 火의 기를 조성하려면 金의 극을 받아야 가능하다.

　木氣에 의해 솟아오른 새싹, 새순이 얼마나 부드럽고 연약한가? 그대로 솟아오르기만 한다면 얼마 못 가서 지탱하지 못하고 쓰러지고 말며 火를 생하기는커녕 솟아오를 수도 없는 지경에 이르고 말 것이다. 金의 기가 자꾸 단단하게 해 주어야 한다. 이것이 金克木의 원리이다.

　그래야 표면이 단단하여지고, 새싹이 무너지지 않고, 지탱하면서 木의 형태를 보존할 수가 있는 것이다. 그래야 다음에 잎이 나고, 가지도 뻗고, 꽃도 피고, 열매도 맺을 수 있는 것이다. 그러므로 金의 극을 받지 않은 木은 존립할 수가 없는 것이다.

　그렇기 때문에 寅, 卯월생은 어떠한 사주 구조를 가지고 있다 하여도 金이 운명성이 되는 것이다. 이는 木이 木으로 그 역할을 잘 할 수 있게

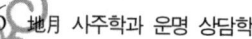

해 주는 절대 조건이기에 운명성이 되는 것이다.

사주를 사주라고만 보지 말고 생명이라고 보아야 한다. 이러한 사주(틀)의 생명은 어떻게 살아야 하는가에 대한 운명적 길을 제시하는 것이 운명성의 존재 이유인 것이다.

金이 운명성으로 작용을 잘 하면 木의 왕성함으로 인한 水의 기를 고갈시키는 일이 없으며, 火를 생하는 기를 튼튼하게 만들며, 土를 파극시키는 일도 없으니 생명이 정상적으로 생장·발전과 갈무리를 하게 되는 것은 당연한 일이다.

이 모든 작용의 핵이 金이 木을 극하는 작용이 관건이 되는 것이기에 寅, 卯월생은 金이 운명성이 될 수밖에 없는 것이다. 이것이 金이 운명성이 되는 간략한 설명이다.

■ 巳월, 午월에 출생한 사람은 水가 운명성이다

이때에는 火의 오행이 가장 왕성하다. 모든 생명이 있는 존재들은 이 시기에는 대단한 성장이나 확산 작용을 하게 된다. 가장 무성하여지는 시기 작용이 火의 작용이다. 그러므로 가장 절실하고 필요한 것은 오행상의 水가 되는 것이다. 또한 火의 왕성함을 조절할 수 있는 것은 오직 水만이 할 수 있는 것이다.

자연에서 물이 가장 많이 필요할 시기라는 점을 생각하면 이해가 되리라고 본다. 장마가 지고 물이 범람을 하여 많은 것들을 쓸어버리는 일이 있다 하여도 물은 필요하다.

水가 운명성인데 이때 土가 있어 水를 극하는 작용을 하면 이 土가 장애성이 된다. 土의 장애성으로 인하여 水가 운명성 작용을 제대로 할 수가 없는데 이때에는 土를 극하는 木이 보조운명성이 된다. 만약에 사주에

土 장애성이 없는데 木이 나타나 있으면 이때는 木이 장애성이 된다. 이러한 경우에는 木을 극하는 金이 보조운명성이 된다. 그러면 운명성이 운명성의 작용을 정상적으로 하게 된다.

자연에서 여름처럼 무성하게 번성하는 계절은 없다. 이는 火의 작용이 가장 왕성한 시기이기 때문이라고 하는 것이 음양오행사상의 입장이다. 木은 솟아오르는 힘이 가장 강하지만 火는 여기에 확산·번영하는 작용을 가장 강력하게 하는 것이다.

상식적인 입장에서 보면 당연히 물을 필요로 한다고 본다. 뿐만 아니라 여기에는 아주 깊은 의미와 목적이 들어 있다. 水의 작용은 단순한 물의 의미만을 이야기하는 것이 아니다. 이 水라는 의미 안에는 농축력, 응고력, 즉 생명의 씨앗을 잉태·보존·유지하는 의미가 아주 강력하다.

이 水의 작용이 없이는 종자가 생성·유지될 수가 없다. 발아·발생·성장(木)하고, 성장·확산(火)하여 그대로 이어간다면 나중에 아무것도 남아있지를 못하게 될 것이다. 한없이 자라고 한없이 확장만 할 수는 없는 노릇 아닌가?

水가 火의 강력한 확산 작용을 제어하면서 이면으로는 생명의 씨앗을 태동시키는 작용을 한다. 또한 만물의 생명수로 작용하면서 火의 지나침을 조절하여 주는 유일한 오행이 水라는 것이다. 水는 움츠리고, 응고시키고, 결집·농축시키는 작용력이 있다. 즉 확산을 조절하는 작용을 하고 있다고 보아야 한다. 그래야만이 火는 자신의 모양과 형태를 잘 유지하면서 역시 土를 생하는 원천력을 잘 만들 수 있는 것이다.

水의 운명성 작용으로 인하여 火를 火답게 하여 주고, 火가 木氣를 다 소진시키는 것을 막아주고, 土氣를 생하는 데 부족함이 없게 하여 주며, 金氣를 상하게 하지 못하게 할 수 있는 것이다. 그러므로 巳, 午월에는

水가 운명성이 되는 것이다.

▎申월, 酉월에 출생한 사람은 火가 운명성이다

이때에는 金이 왕성한 계절이다. 성숙의 계절이라고도 부른다.
이 시기에는 오직 火만이 성숙, 즉 金이 金작용을 제대로 할 수 있도록 해 준다. 가을의 햇볕이 좋아야 결실이 잘된다는 것은 지극히 당연한 일이다. 그러므로 오직 火만이 운명성이 되는 것이다.

이때에 水가 있어 火를 극하고 있으면 水가 장애성이 된다. 이러한 때에는 水 장애성을 극하는 土가 보조운명성이 된다. 만약에 사주에 水 장애성이 없는데 土가 있으면 이때에는 土가 장애성이 된다. 그리고 土를 극하는 木이 보조운명성이 된다. 특기할 사항은 申, 酉월에는 어떠한 경우라도 木은 보조운명성의 작용을 한다고 보아야 한다는 것이다.

구체적인 설명은 강의를 통해서 소개하겠다. 원리를 설명하자면 너무 길어져서 여기서는 생략한다.

金이 왕성한 때가 申, 酉월이다. 성장과 확산을 하는 목화 작용은 서서히 그 역할이 다하여짐은 물론 金氣의 작용으로 단단하여지고, 굳건하여지고, 성숙하여지며 결실을 맺는다. 이렇게 金氣가 강력하게 작용을 하는 이유는 만물을 살기(殺氣)로 종말을 고하게 하려 함이 아니고 생명을 잘 보존하고, 완성시키고, 씨앗(水)의 표면에 金氣로 단단하게 감싸놓으려고 金氣의 작용을 하는 것이다.

金이 金의 작용을 가장 이상적으로 할 수 있도록 하여 주는 것은 火이다. 즉 火의 기가 金의 강력함을 어느 정도 조절을 하여 주어야 만물이 이상적으로 성숙하고, 결실을 맺고, 갈무리를 잘 할 수가 있기 때문이다. 이러한 작용이 잘 이루어졌을 때 최후로 서리라는 강력한 金氣가 마지막을 장식하면 金은 金의 작용을 성실하게 완수하는 것이다.

　가을의 햇빛이 좋아야 곡식이 잘 익는다는 것은 지극히 상식적인 이야기이지만 여기에는 깊은 오행사상이 들어 있는 것이다.

　申, 酉월에 너무 더워(火) 혹 말라죽는 곡식들도 많이 있다. 그러니 이 경우에 水가 좋은 것 아니냐? 라는 반문이 있을 수 있다. 음양오행사상은 보편타당한 학문이다. 여기에 한 조각 특이한 부분을 잘라서 반론을 제기하는 것은 대단히 불합리한 것일 뿐이다. 늦은 가을에도 부분적으로 개나리가 피고 진달래꽃이 피는 일이 허다하다. 그렇다 하여 가을이 아니라거나 金의 작용이 아닌 木이나 火의 작용을 주목해야 한다고 하면 이는 보편타당한 이론이 아니고 특수한 사례라고 보아야 하는 것이다.

　申, 酉월에는 火가 金을 극하는 것이 절대조건이다. 火가 金을 극한다 하여 金이 파극을 당하는 것이 아니다. 가을의 火가 무슨 힘이 있어 金을 파극시킬까. 오히려 火가 金을 극하려다가 능멸을 당하지 않으면 다행일 것이다.

　火가 金을 극하는 것은 金이 金으로서의 역할을 잘 할 수 있도록 하는 작용을 할 뿐이다. 그렇기 때문에 申, 酉월에는 火가 운명성이 되는 것이다. 그렇기 때문에 金이 土(특히 未土)의 근원을 고갈시키지 않고, 木을 파극시키지 않으며, 水의 원기를 생하는 작용이 부드러우며 잘 감싸줄 수 있는 것이다.

　자연의 법칙, 즉 오행의 운행 법칙은 상생 상극이 결국 生生不息의 순환 원리로 밝혀놓은 것이다.

▎亥월, 子월에 출생한 사람은 土가 운명성이다

이 때에는 水가 왕성하다. 水가 旺하다고 하여 물이 많은 것으로 생각하면 안 된다. 물은 여름에 더 많이 보게 된다.

이 시기에는 생명의 기가 모두 움츠리고 있다. 나무도 그 생명의 힘을 뿌리에 감추고 봄을 기다란다. 여기서 水, 즉 한기를 막아줄 수 있는 것은 土 오행뿐이다.

그 이유는 水는 생명의 근원이라 水가 왕성한 겨울에 생명의 근원인 水는 단단하게 응고되어 그 생명의 기를 고요히 지키는데, 왕성한 水氣가 한기를 내뿜으니 자칫 생명의 원기를 손상시켜 생장결실의 근원이 사라질 수도 있기 때문이다. 이때에 土가 극을 해 주어야 한기도 막아 생명의 원기를 보존시켜 줄 수가 있는 것이다. 또한 土의 극이 있어야 水, 즉 생명 종자가 보존·유지되며 장차 木의 기를 발생하게 해 줄 수가 있는 것이다. 그러므로 土가 운명성이 된다.

土로써 한기를 막아 주는 것이 자연의 순리가 된다. 이때 土를 극하는 木이 나타나 있으면 木이 장애성이 된다. 장애성인 木을 극하여 주는 金이 보조운명성이 된다. 만약 사주에 장애성인 木이 나타나 있지 않았는데 金이 있으면 이때에는 金이 장애성이 된다. 이런 경우에는 金 장애성을 극하는 火가 보조운명성이 된다. 특기할 사항은 亥, 子월에는 火가 언제나 보조운명성의 작용을 하고 있다는 점이다.

▎辰월, 戌월, 丑월, 未월에 출생한 사람은 木이 운명성이다

이때에 출생한 사람은 木이 운명성이 된다.

土의 기가 가장 왕성한 시기에 태어난 사주는 木이 운명성이 된다. 이 때에 木을 극하는 金이 사주에 있으며 金은 장애성이 된다. 장애성인 金

을 극하는 火가 보조운명성이 된다. 만약 장애성 金이 사주에 없는데 火가 있으면 이때는 火가 장애성이 되고 이 火를 극하는 水가 보조운명성이 된다.

辰월, 戌월, 丑월, 未월은 각자 그 독특한 부분이 있으므로 다음 사항을 참조하시기 바란다.

· 辰월생은 金이 장애성으로 작용하는 경우가 아주 드물다. 그 이유는 3월의 土는 木의 기운을 내포하고 있기 때문이다.
· 未월생은 水가 보조운명성의 작용을 언제나 하고 있다. 그 이유는 6월의 土는 火氣를 내포하고 있기 때문이다.
· 戌월생은 火가 장애성 작용을 하기보다는 보조운명성의 작용을 더 많이 한다. 그 이유는 9월에는 金의 기운이 내포되어 있기 때문이다.
· 丑월생은 火, 土가 보조운명성 작용을 해 준다. 이유는 12월은 水氣가 내포되어 있기 때문이다.

궁금하거나 의문 사항은 질문을 해 주길 바란다.

✔ 운명성에 대한 보충 이야기

사주를 보면 운명성이 나타나 있는 사주도 있고, 지지장간(地支藏干)에 있는 사람도 있으며, 아예 사주에 전혀 나타나지 않은 사주도 있다. 사주에 나타나 있으면 운명성을 보는 것은 간단한 일이겠지만 사주에 전혀 나타나 있지 않았을 때는 어떻게 운명성을 보는가? 라는 문제가 애매할 수 있는데 이때 전혀 그럴 필요가 없다.

운명성이란 사주에 나타나 있든 나타나 있지 않든 전혀 상관없이 잡아야 한다. 즉 결정되어져 있기 때문에 사주에 없다고 운명성이 없거나 잡지 못하는 것이 아니다. 사주에 없을 때라도 운명성은 그대로 잡아서 보는 것이다. 사주에 없으니 운명성이 없다고 하면 안 된다. 가상으로 잡아야 한다. 어떠한 경우라도 운명성은 그대로 작용을 하는 것이며 변한다든가 바꾸어서 본다든가 할 수가 없는 것이다.

운명성을 일반 명리학의 용신에 준하여 보는 분들이 종종 있는데 운명성은 용신의 개념하고는 차이가 있다. 운명성 대운이나 년운이 왔다 하여 운명이 좋아진다거나 장애성 운이 왔다 하여 운명이 나빠진다거나 하는 것이 아니라는 것이다.

운에 대한 통변은 그 핵심이 육신이라는 점을 잊지 말기 바란다. 음양오행에서 출발은 하였으나 육신론을 응용하는 것이 가장 큰 비중을 차지하고 있다고 보는 것이 옥문관 사주학의 입장이다. 운명성은 변하지 않으며 사주에 나타나 있든 없든 간에 보아야 하는 것이다.

운명성 이론은 어떻게 타고났는가에 주목하는 것이 아니고 어떻게 살아가야 하는가에 주목을 하는 이론이며, 이것은 준비할 수 있도록 해 주는데 가장 중요한 역할을 하는 이론이다. 그렇기 때문에 일반 격국용신론하고 비교를 한다든가 그에 준하는 해석이나 통변을 한다면 큰 오류에 빠질 수 있다.

　우리가 어떠한 방법이나 신기, 비법, 비전 등의 방법을 모두 동원한다 해도 인간의 운명을 모두 다 알 수는 없다. 운명성 이론도 역시 마찬가지이다. 그러나 운명성 이론은 미래에 대한 준비를 할 수 있도록 해 준다. 이것이 운명성 이론의 핵심으로 기존 명리학과 다른 점이며 수많은 세월 동안 이어온 기존 사주학의 뿌리를 흔든 이론인 것이다.

　운명성 이론이 '언제 잘살 수 있는가? 돈은 언제 버는가? 자손 덕은 있는가? 부모덕은 있는가?' 등등을 귀신처럼 맞히는 데 초점이 맞추어져 있는 기존 사주학하고 함께할 수 없는 이유가 있다. 사주학은 그렇게 물질 주위에 편승한 저급한 학문이 아닌데 그동안 그쪽에 치우쳐 이어온 점은 대단히 잘못된 것이다.

　음양오행사상을 기본으로 한 사주학이 겨우 물질주의에 춤이나 추는 천박한 학문으로 남아 있어야 하겠는가?

　운명성 이론을 깊이 파악할수록 많은 것을 알게 됨은 물론이려니와 기존 사주학과의 엄청난 차이를 알게 될 것이다. 열심히 공부하시어 통변의 정상에 서기를 바란다.

5 사주학이란 무엇인가?
잘 맞히는 학문인가?

여러 경로를 통해서 사주학의 목적이나 의의에 대해서 말한 바가 있다.
"우리의 삶을 가장 바람직한 방향으로…."

그러면 과거로부터 오늘에 이르기까지 사주학의 역할이 무엇이었으며 어떠하였는가를 알아보고 '현재의 모습은 어떠한가? 왜 사주학이 사회에서 당당하게 자리 잡지 못하고 있는가? 앞으로 어떻게 해야 하겠는가? 사주학이 해야 할 일이 무엇인가?'에 대해서 한번 생각해 보는 시간을 가져야 한다는 생각에서 필자의 평소 생각과 소신을 몇 가지 적어 보도록 하겠다.

사주학이 출현하여 해 온 일이 주로 무엇이었는가? 그것은 주로 인간의 운명을 점치는 일이었다. 시대에 따라 다른 면이 있기는 하지만 운명을 점치는 일의 목적은 여러 가지로 나타나고 있다.

그중에서 대표적인 것을 말하자면 '결혼에 대한 문제, 직업에 대한 문제, 학업운에 관한 문제, 건강에 대한 문제, 재물(금전운)복이 어떠한가? 언제 잘살 수 있는가? 출세운은 어떠한가?' 등등이었으며 요즈음도 크게 다르지 않다. 즉 사주학은 인간의 길흉화복을 점치는 도구로 사용되어 왔으며 현재에도 그렇다. 이는 물질만능주의를 경계하고 우려하는 많은 분들의 경고를 생각해 볼 여지도 없이 그렇게 흐르고 있는 것이 현실이기도 하다.

여기에 사주학으로 밥을 먹고사는 술사들과 연구하는 분들 중에 기막힌 아이디어가 가끔 돌출해서 '어떤 인연을 만날 운명이다(남녀, 속칭 인연법), 어느 대학 무슨 과에 들어갈 팔자다, 언제 수명이 다한다, 돈은 얼마 정도 소유하게 된다(재산 정도), 출세는 어디까지 한다, 해외운이 있는데 어느 나라로 갈 운이다, 무슨 문제로 사주 보러 왔다' 등등 이러한 것을 '잘 맞힌다'라는 소문과 함께 이를 가르치는 곳도 있고, 이것을 배우려고 많은 돈을 쓰기도 하고, 또 이러한 문제를 잘 맞혀 유명해진 분들도 많이 있는 것으로 알고 있다.

어느 시대에서는 남녀 차별과 남존여비사상에 일조를 하기도 했으며 특정 사상(유교)의 부속물로 엄청난 사회적 문제를 안겨 주는 큰 오류를 범하기도 했다(여자는 음이라 하여 공부를 하지 못하게 학문의 자유를 제한하며, 외출 등에서도 극히 제약을 주었고, 어느 사주학에서는 여자 사주가 신강이면 음이 양을 이기는 의미라 하여 아주 좋지 않게 평하는 사주학도 있다).

대략 이 정도만 살펴보아도 사주학이 해 온 일이 너무나 문제가 많은 것을 알 수 있으며 천박하다고 하여 왜 사회의 구석에 있어야 했는지에 대한 답이 나오는 것 아닌가? 물질만능주의, 출세지상주의, 꿩 잡는 게 매라는 식, 어찌되었든 잘살고 보면 된다는 식으로 사주학이 해 온 일이나 또 그 많은 사주학 저서들이 이 범주를 벗어나지 못하고 있는 점은 분명하다.

다시 말하면 사주학이 지향하는 목적이나 의의는 운명을 잘 맞히면 되는 것이었다. 그러니 철학관을 찾는 이들도 당연히 그것 이외에는 필요로 하지 않게 되었다. 현실은 오히려 이런 부분을 잘 알아야 실력자로 인정을 받는 상황으로 되어 있다.

　현재 직업의 종류는 2만5천여 종이 넘는 것으로 필자는 알고 있다. 이 많은 직업 중에 '어떤 일을 할 팔자요, 운명이다'라고 딱 집어서 말을 해준다면 그것이 정말 정확하다고 생각하는가?

　사주학으로 어느 정도는 직업 분류를 할 수 있다. 그러나 수많은 직업 중 하나를 집어내어 이것이 네 팔자적 직업이라고 한다면 이는 매우 위험한 발상이며 이런 일을 하는 것은 대단히 큰 문제이다.

　사주로 직업을 정확하게 알 수 있는 방법은 없으나 그 유형을 알 수는 있다.

　활동을 많이 하는 특성을 타고난 사주의 소유자가 구청 공무원이라면 내근만 하는 것보다 외근도 겸하여 한다든가, 책상에 앉아서 하루 종일 근무하는 일보다는 활동량이 많은 일을 하는 것이 사주학적 직업 적성에 더 잘 맞는다고 할 수가 있다. 즉 직장에서 근무하는 직업을 갖게 되었을 경우 상담을 통하여 사주학적으로 보다 잘 어울리고 잘할 수 있으며 보람을 느낄 수 있는 일을 찾아 주는 것은 충분히 가능하다. 이런 유형의 사주 소유자가 '무슨 일을 하는 것이 좋은가'를 상담 받으러 왔을 경우 '직장인 타입인데 활동력이 많은 일을 택하는 것이 좋다, 사주의 특성상 잘 어울린다'라고 할 수는 있다.

　그러나 무슨 회사 또는 정부의 어느 부처 등등 무슨 부서의 어떤 일을 하는 것이 네 팔자에 나와 있다고 한다면 이는 문제가 있는 상담이라고 보는 것이다. 즉 사주로 직업의 세부 분류를 하여 알려주는 데는 한계가 있다. 직업의 세계를 모두 알고 있는 역학인도 없으려니와 듣지도 보지도 못한 직업의 일들이 너무나 많기 때문이다.

　사주로 알 수 있는 직업에 대한 이론이나 자료는 무척 많이 있는 것으로 알고 있다. 그러나 그 내용을 자세히 살펴보면 많은 문제점을 가지고 있다.

 사주에 '쇠'와 관련된 직업이 좋다라는 경우 현 사회에서 쇠와 관련된 직업은 일반인이 알지 못하는 분야까지 모으면 천여 종이 넘는다. 또 물과 관련된 직업 등등 모두가 마찬가지이다. 이는 신뢰성 있는 해답을 할 수가 없을 뿐만 아니라 너무도 무책임한 상황을 만드는 경우가 많다. 그리고 통계자료니 뭐니 하는 직업에 대한 사주학적 이론이라는 것들을 보면 '이러한 사주는 이러한 분야에 많더라' 하는 경우도 있다.

 현재 사람들이 종사하는 직업에서 비교적 만족을 표시하는 사람들은 30%가 넘지를 못한다. 적성에는 맞지 않지만 어쩔 수 없이 일을 하는 사람들이 많다. 이는 여러 가지 이유가 있을 것이다.

 이런 저런 상황을 보며 사주로 직업을 이야기하는 데는 그 한계를 알아야 할 뿐만 아니라 강물에 그물을 쳐 놓고 걸리는 고기를 가지고 정답인 것처럼 말하는 오류를 과감하게 버려야 한다.

 사주학적으로 직업의 예측이나 예시, 조언 등을 들을 경우에 그 사회적 책임의식이 확고한 역학인이 한 말이 아닌 이상 그 말에 귀를 기울이는 것은 참으로 위험한 일이 분명하다. 이는 필자가 30년 이상 사주학을 하면서 수많은 오류와 뼈아픈 후회를 수없이 반복하면서 내린 결론이다.

 한마디로 사주로 직업을 알 수 있는가? 이에 대한 객관적 신뢰도와 타당도는 30%를 넘어서지 못한다. 그러므로 사주로 직업을 이야기할 경우에는 한계를 알고 접근해야 하며 이를 응용할 경우 전문적 소양과 능력을 가진 분들만이 이를 응용해야 한다.

 사주학자들이 말한 '이것을 하면 좋다! 저것은 나쁘다'라는 말이 어느 개개인한테는 일생의 멍에가 되고 고난의 길을 가는 엄청난 결과를 초래

할 수 있다. 물론 이에 대한 법적·사회적 책임은 없다. 그러나 그냥 말해도 되는 건지에 대해서는 생각해 보아야 할 문제이다. 운명에 대한 부분은 농담이나 지나는 말로 하더라도 그 결과가 전혀 다를 수가 있기 때문이다.

사주학으로 직업에 대한 부분은 한정되어 있다는 것이 타당할 것이다. 예를 든다면 관리자형인가, 경영자형인가, 자유업인가, 직장인 타입인가, 활동을 많이 하는 일인가, 비교적 내근형인가, 도시형인가, 시골형인가 등등으로는 분명하게 분류 예측은 가능하다.

계단을 하나씩 오르는 타입, 한번에 여러 계단을 오르는 타입, 저축형 인간형, 순식간에 돈을 버는 타입 등등 이런 식으로는 직업이나 일에 대한 운명적 예측이나 그 일의 적성 여부의 정확한 예측도가 나타난다. 그러나 이러한 예측 능력을 가진 사주학자는 그리 많지 않을 것이다.

대부분 사주학을 하는 분들이 자신이 판결관이 된 것처럼 '너는 무슨 일이 잘맞아!'라는 식으로 무슨 도사처럼 이야기한다. 이는 너무나 무책임한 말이다. 사주학을 하면서 인간의 운명을 좌우지하는 사람이라도 된 것처럼, 자신이 무슨 도사가 된 것처럼 행동을 하기도 한다. 직업과 적성이라든가 어떤 일을 하는 것이 좋은가라는 부분에 대한 깊은 통찰이 있는지 의심이 들 때도 많이 있다.

필자는 글재주가 부족하여 여러 상황을 모두 적기에는 벅차다. 그러나 그냥 시중에 나와 있는 사주학 책자들처럼 그물 치는 식의 것이 아니고 검증과 임상을 거친 자료를 가지고 있다.

하지만 운명에 관한 것은 고도의 전문성이 요구되는 부분인데 그러한 자료를 일반인에 공개를 해야 한다는 것은 곤란한 일이다. 공개를 해 보아야 이를 참고할 만한 분들이 몇 분이나 있겠는가? 즉 사주로 직업을 이야기하는 것은 어려운 일인 것이다.

사주로 운명을 이야기할 경우 성인일 경우 직접 직업을 물어보고서 상담에 임하는 것이 순서이겠다. 사주로 무슨 일 하는 것을 알아맞히는 데 머리 쓸 일이 아니다. 어린 사람의 진로 문제일 경우 사주로 알 수 있는 부분만을 가지고 그 한계 내에서 상담이나 조언을 하는 것이 합리적일 것이다.

"어떻게 살아가야 제게 가장 잘 맞는 것입니까?"를 상담하는 이들은 정말 적은 수에 불과하다. "언제 잘살 수 있는가?" 이것이 궁금한 것이다.

"돈을 벌어서 잘살면…? 출세해서 사회적 지위가 좋아지면…? 그러면 아무 문제가 없나요? 그렇다면 달나라에 우주선이 가는 세상에 무슨 사주팔자 타령을 합니까? 그렇게 잘되었는데…."

아니다. 그게 아니다. 사주학이 물질만능주의에 편승하는 것이라면 당연히 천박하고 구석에서 지낼 수밖에 없다. 사주학이 그렇게 흘러가서는 안 되는 것이다.

사주학으로 타고난 운명을 알아보는 것도 당연히 중요한 일이다. 그러나 거기에 머물러서는 안 되는 것이다. 어떻게 살아가는 것이 그 사주에 가장 바람직한가를 정확하게 제시하고, 그 해결책은 사주학적 원리에 의해서 밝혀진 법칙을 최우선으로 삼아야 하는 것이다. 이 부분을 소홀히 하고서는 그저 잘 알아맞히는 점쟁이 수준으로 영원히 구석쟁이 학문으로 살아가야 할 수밖에 없다.

음양오행사상에서 출발한 사주학은 그리 작고 시시한 학문이 아니다. 사주학은 그렇게 시류에 편승하고 물질만능주의에 매력을 느끼는 사람들의 소유물이 아니다. 사주학은 궁극적으로 인격의 큰 완성을 향해 우리가 추구해야 할 학문이며 모든 사람들이 그렇게 되기를 바라고 이를 실천해야 할 사명이 있는 학문이다. 즉 옥문관 사주학은 사주학의 본래 사명인 보다 잘살 수 있고, 보람 있고, 후회 없이 바람직한 삶을 살아갈 수 있도록 도와주며 더 나아가서는 인격의 대 완성을 위한 길을 제시한 사주학이다.

공자라는 성인은 50대에 해야 할 일과 하지 말아야 할 일을 알았으며 하늘(命)이 정해 준 자신의 길을 알았다고 한다(운명의 길). 60대에는 세상의 소리, 사람의 소리를 부담 없이 그대로 들을 수 있었다고 한다. 70대가 되어서는 하는 일에 후회가 없었고, 막힘이 없이 행동하는 데 자연스럽게 되었다고 한다. 공자가 위대한 것은 학문이 깊어서일까?

사주학에 관심이 있으신 강호의 형제들이여!
님들은 사주학이 무엇이라고 생각을 하시는가?
어떤 마음가짐으로 사주학에 관심을 가지고 있는가?
천명을 알고 살아가는 지혜가 참으로 아쉽다.
분수를 알고 살아가는 지혜가 참으로 아쉽다.
족집게 도사가 정말 존재할까?
운명을 꿰뚫어 보는 사주학이 정말 존재할까?
인간의 질병을 모두 알 수 있고 치료할 수 있는 의학이 정말 존재할까?

어떠한 사상이나 기막힌 방법, 귀신이 울고 갈 재주를 지녔다 하여도 인간의 운명을 모두 알 수 있는 방법은 없다. 그러나 준비할 수 있도록 도와줄 수는 있다. 준비할 수 있다는 것이 대단히 중요하다. 미래를 준비 한다는 것, 운명을 알고 미래를 준비할 수 있도록 확실하게 도움을 준다는 점이 매우 중요하다.

　타고난 사주가 좋아질 수 있도록 할 수 있는 방법이 분명히 있다. 음양오행의 근본 원리에 의해서 타고난 사주를 바꾸는 절대적 방법은 있다. 우리는 이것을 향해서 긴 사주학 여행을 하려고 하는 것이다.

 ＊잠시 쉬어 가는 의자＊

의료분야에서 일을 하는 지인이 한 분 있다. 이 분이 얼마 전 이런 이야기를 필자에게 했다.

"현대 의학이 확진할 수 있는 질병의 수는 1만여 종에 이른다. 그런데 치료할 수 있는 것은 1천 종이 넘지를 못하고 있다."

필자는 이 이야기를 듣고 웃을 수밖에 없었다. 그냥 크게 웃었다. 아니, 10%의 치료능력도 가지고 있지 못한 것이 현대 의학의 현주소라는 말인가?

사주학자들은 과연 어떨까? 과연 1천여 종의 운명적 특징을 분류할 수 있는 이론을 가지고 있을까? 상담을 통하여 10% 정도의 운명적인 긍정적 변화를 가능케 할 수 있는가? 과연 언제나 오류 없이 50% 이상의 예측력을 가지고 있을까? 보통 70~80%의 예언능력을 이야기하는데 정말 사실일까?

한번 곰곰이 생각해 볼 일인 것이다.

제3장

육친론(六親論)

사주에 따라 직접적 육친법과 간접적 육친법을 보아야 하는데 때로는 혼용하여 보아야 하는 경우도 많다. 우선은 직접적 육친법으로 보는 것이 원칙이며, 직접적인 육친의 별이 없고 간접적인 육친이 사주에 나타나 있으면 그 별로 육친을 보고, 직접적 육친과 간접적 육친이 모두 없을 경우에는 직접적인 육친을 가상으로 띄워 놓고 그 상호작용을 살피어 육친 통변을 하는 것이다.

1. 육친(六親)을 보는 방법

육친을 보는 방법은 한 가지가 아니고 여러 방법들이 있다. 학자들 나름대로 그에 합당한 이론적 근거들이 있어 거기에 맞추어 보면 되는 일이겠으나 때로는 혼란스러울 때도 있고, 실제 일상에서 과연 이렇게 보아야 할 것인가 하는 의문이 들 때도 있다.

필자는 많은 명리서들의 일반적 이론이 있어서 그 방법을 사용하다가 옥 선생을 만나고 나서부터는 그 분의 이론을 사용하는데 지금까지 보아 온 많은 사례에서 가장 그 예측도가 높게 나타나고 있다.

옥 선생의 헌식적인 노력에 의해 완성된 이 이론이 세상에 나온 지 벌써 30년이 되는데 이를 아는 이는 그리 많지가 않다. 이는 필자가 변변치 못하여 세상에 많이 알리지를 못했다. 죄송한 마음이 앞선다.

옥 선생 말씀으로는 1970년도에 이 이론을 완성하셨다고 했다. 필자가 처음 이 이론을 알게 된 것은 75년도 무렵이다. 이 옥 선생의 육친론 중 직접적 육친론은 이 분이 처음 연구하여 완성시킨 것이기에 여기에서 이를 분명히 밝혀 두고자 한다.

옥 선생은 이 이론을 가장 자신 있게 설명하실 수 있다고 필자에게 여러 차례 말씀하셨다. 필자가 많은 임상 자료를 가지고 검증을 해 본 결과 '이 이상의 육친론은 아직 없다'라고 감히 단언을 한다.

다음의 육친론은 원 저자이신 옥 선생의 이론을 필자가 그대로 옮겨 적은 것이다.

- 자연계에는 음양이 있고 金, 木, 水, 火, 土도 오행이 있다.
- 금도 목도 화도 수도 토도 음양이 있다.
- 음양이란 한 예로 이야기하자면 암컷과 수컷이라는 것이다.
- 삼라만상은 음양이 있다고 본다.

음양오행사상 중에 인간의 운명을 다루는 학문 중 사주학에서는(물론 다른 학파에도 있다) 생아자(生我者)는 부모요, 극아자(克我者)는 관성(官星)이요, 비화자(比和者)는 형제자매요, 아생자(我生者)는 자손이요, 아극자(我剋者)는 처재(妻財)라고 했다.

이 원리는 주역하고 깊은 관련이 있다고 그 분은 말씀을 하셨다. 필자는 주역보다는 음양오행의 상생 상극의 원리에 의한 것이라고 보는 입장이다. 바로 이 원리를 기본으로 하여 옥승혁식 육친론을 창안한 것이다.

육친법 중에는 직접적인 육친법과 간접적인 육친법이 있다.

예를 들어 보자면, 남자의 경우 甲일주에 해당되는 사람인 경우 壬癸는 생아자로 나를 낳아준 오행이다. 그러므로 부모의 별이 되는 것이다(印綬, 偏印). 壬水는 나와 같은 양이요, 癸水는 음양이 다르다. 性이 같은 壬水는 아버지의 별이 되고, 성이 다른 癸水는 어머니의 별이 된다. 즉 편인이 아버지의 별이요, 인수가 어머니의 별이 된다.

이러한 방법으로 보는 것이 직접적인 육친법이다. 즉 아버지, 어머니가 나를 낳아주신 분이기에 사주학의 음양오행론상 인수, 편인이 부모의 별

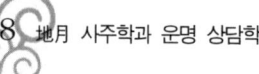

이 되는 것은 당연하다고 하겠다.

　다음으로는 간접적인 육친법이 있다. 이 간접적 육친법으로 사주를 보는 경우는 사주에 직접적인 육친의 별이 없을 경우와 사주 구성의 특성에 따라 간접적 육친법으로 보는 것이다.

　예를 들어 보자면, 남자의 경우 甲일주에 태어난 사람은 癸水가 인수, 즉 어머니의 별이 된다. 이때에 癸水 편인인 어머니의 별은 있는데 壬水 편인, 즉 아버지의 별이 없을 경우 어머니(계)의 별에서 어머니 남편의 별은 정관성, 즉 戊土가 (계수의) 정관성이 된다. 甲일주한테는 戊土가 편재성이지만 癸水 인수성한테는 정관성이 된다. 그러므로 편재성이 아버지의 별이 되는 것이다. 이러한 방법으로 보는 것을 간접적 육친법이라고 하는 것이다.

　또 壬水 편인이 아버지의 별이 되는데 癸水 인수성이 없으며 丁火가 있다면 丁火는 壬水의 정재성, 즉 壬水 아버지의 妻星이 된다. 이때에는 丁火가 어머니의 별이 된다. 즉 나에게는 상관이 되지만 아버지에게는 정재성이 된다. 그러므로 상관성을 어머니의 별로 사주를 보는 것이다. 이 또한 간접적 육친법이 된다.

　이렇게 직접적인 육친법과 간접적인 육친법으로 보면 대단히 정확한 통변을 할 수 있으며 그 적중률에 놀라움을 경험하게 될 것이다.

　사주를 볼 때에 직접적인 육친을 먼저 보고 직접적인 육친이 없을 때에는 간접적인 육친을 보아야 한다는 점을 명심해야 한다. 그러나 사주에 직접적인 육친도 간접적인 육친도 나타나 있지 않을 경우에는 직접적인 육친을 가상으로 띄워놓고 보아야 한다. 또한 직접적인 육친과 간접적인 육친이 함께 있을 경우 직접적인 육친을 우선 보아야 하는 것이 원칙이지만 사주의 구성상 간접적인 육친을 보아야 하는 경우도 종종 있다는 점을 간과해서는 안 된다.

▎직접적 육친법

◆ 남자, 甲일주의 경우
  · 壬=偏印   아버지 또는 부모, 사위
  · 癸=印綬   어머니 또는 부모, 사위
  · 甲=比肩   형제, 남자 형제, 친구, 동료
  · 乙=劫財   형제자매, 여자 형제, 친구, 동료
  · 丙=食神   자녀 아들
  · 丁=傷官   자녀 딸
  · 戊=偏財   처, 처남, 처재, 처의 형제자매, 손자 또는 손녀
  · 己=正財   처, 처의 형제자매, 손녀 또는 손자
  · 庚=偏官   할아버지 또는 외조부 며느리
  · 辛=正官   할머니 또는 외조모 며느리

위 예문을 보면 아마도 혼란스러울 수가 있는데 부연 설명을 하도록 하겠다.

甲일주에 壬水는 편인이므로 나를 生하는 별이면서 음양이 같기에 아버지가 되는 것이며, 癸水는 인수인데 나를 낳아준 별이면서 음양이 다르기에 어머니의 별이 되는 것이다. 이것이 직접적인 육친법이다.

옆에 보면 사위라고 되어 있는데 甲일주에 丁火 상관이 자녀의 별이면서 딸을 의미하는 별이기도 한다. 丁火의 정관 편관은 壬癸 水가 되는 것이므로 딸의 남편, 즉 사위가 되는 것이다. 그래서 사위로도 보는 것이다.

정관이 남편의 별이지만 정관이 없고 편관만 있을 경우에는 편관을 남편의 별로 보아야 하기 때문에 인수 편인을 사위로도 보는 것이다.

이러한 상황을 알고 보면 아주 간단한 것이 되어 모두 파악이 가능하리라고 본다.

▎간접적 육친법

◆ 남자, 甲일주의 경우
- 壬=偏印　　아버지
- 癸=印綬　　어머니
- 甲=比肩　　형제자매, 친구
- 乙=劫財　　형제자매, 친구
- 丙=食神　　할아버지, 장인, 사위
- 丁=傷官　　할머니, 장모, 어머니
- 戊=偏財　　아버지, 처, 처의 형제자매
- 己=正財　　처, 처의 형제자매, 아버지
- 庚=偏官　　아들
- 辛=正官　　딸

癸水 인수가 어머니, 어머니의 정관은 戊 편재이므로 편재가 아버지가 된다.

戊土 편재 아버지의 별에서 丙火는 편인이라, 할아버지 丁火는 인수라, 할머니 己土 정재, 처의 별에서 庚金은 상관이라, 아들 辛金은 식신이라, 딸, 즉 편관이 아들, 정관이 딸을 보는데 관성을 자녀의 별이라고 보기도

한다. 壬水 편인이 아버지의 별이라 壬水에서 정재는 丁火 상관이라 이를 어머니의 별로도 본다. 이렇게 보는 방법을 간접적 육친법이라고 한다.

이상은 남자의 사주를 볼 때, 육친법에 대한 직접적인 육친법과 간접적인 육친법에 대하여 그 예를 설명했다. 복잡할 것 같지만 조금만 신경을 써서 공부한다면 아주 간단하고 이론도 간결하다는 것을 알 수 있다.
다음으로는 여자 사주에 대한 육친법이 조금은 다르기 때문에 그에 대한 설명을 하겠다.

┃직접적 육친법

◆ 여자, 甲일주의 경우
 · 壬=偏印　　어머니
 · 癸=印綬　　아버지, 사위
 · 甲=比肩　　형제자매, 남자 형제, 친구
 · 乙=劫財　　형제자매, 여자 형제, 친구
 · 丙=食神　　자녀 딸
 · 丁=傷官　　자녀 아들
 · 戊=偏財　　손주, 손녀, 시어머니
 · 己=正財　　손주, 손자, 시아버지
 · 庚=偏官　　남편, 남편의 형제자매, 며느리, 할머니
 · 辛=正官　　남편, 할아버지, 며느리

壬水 편인이 어머니가 되는 것은 나를 생한 별 중 음양이 같으므로 어

머니가 되고 癸水 인수는 음양이 다르므로 인수가 아버지가 된다. 癸水 인수를 사위로 보는 것은 丙火 식신 딸의 남편이 癸水이므로 사위로 보는데 때로는 인수 편인, 즉 인성을 사위로 보기도 한다.

▎간접적 육친법

◆ 여자, 甲일주의 경우
- 壬=偏印   어머니, 딸
- 癸=印綬   아들
- 甲=比肩   형제자매
- 乙=劫財   형제자매, 시아버지
- 丙=食神   며느리, 어머니
- 丁=傷官
- 戊=偏財
- 己=正財   아버지, *사위
- 庚=偏官   남편의 형제자매, 남편
- 辛=正官   남편

丙火 식신이 어머니가 되는 경우는 癸水 인수가 아버지이므로 癸水의 정재는 丙火이므로 나에게 식신이 어머니의 별이 된다.

이상은 남녀를 구분하여 직접적 육친법과 간접적 육친법을 설명하였는데 각 일주는 이를 응용하면 모두 파악하는 것이 어렵지 않을 것이다. 복잡하게 생각하지 말고 천천히 생각하면서 숙지하기를 바란다.

더 많은 육친관계를 이야기하면 복잡하고 또 실제 상담에서 적용하는 예가 그리 많지를 않기에 비교적 간략하게 이야기하겠다. 혹 누락된 육친도 있겠으나 이는 크게 중요하지 않아서이기도 하고, 너무 복잡하면 혼란을 가져올 수가 있어 가능한 한 간략하게 서술했다.

사주에 따라 직접적 육친법과 간접적 육친법을 보아야 하는데 때로는 혼용하여 보아야 하는 경우도 많다. 우선은 직접적 육친법으로 보는 것이 원칙이며, 직접적인 육친의 별이 없고 간접적인 육친이 사주에 나타나 있으면 그 별로 육친을 보고, 직접적 육친과 간접적 육친이 모두 없을 경우에는 직접적인 육친을 가상으로 띄워 놓고 그 상호작용을 살피어 육친 통변을 하는 것이다. 직접적 육친과 간접적 육친의 별이 모두 나타나 있을 때에는 상호작용과 강약에 따라 때로는 직접적, 때로는 간접적 육친의 별로 그 통변을 하게 된다는 점을 잊지 말기를 바란다.

그러면 숙지하는 데 도움이 되도록 예를 들어보겠다.

[예 · 1, 남자 60세]

시	일	월	년
戊	己	壬	丁
辰	丑	子	亥

· 이 사주에서 년간 정화 편인은 직접적 육친법에 의하면 아버지의 별이 된다.
· 원칙적으로는 정화 편인을 아버지의 별로 보아야 하지만 간접적 육친법에 의한 아버지의 별이 강력하게 나타나 있으므로 재성, 그 중에서 편재성의 특성을 무시할 수 없는 경우에 해당된다. 그러므로 이때에는 월지의 子중 癸水인 편재를 아버지로 보아야 한다.
· 어머니는 년간의 정화 편인이, 癸水 아버지한테는 편재성이므로 이 정화 편인을 어머니의 별로 보아야 한다.

- 처는 월간 정재성이 있으니 당연히 처의 별이 되겠다.
- 자녀의 별은 일지 丑중 申金이 아들의 별이 되며 亥중의 甲木은 壬水 정재의 식신이 되므로 딸의 별이 된다. 그러므로 이 경우에는 丑중 申金과 亥중 甲木을 자녀의 별로 보아야 한다.

조금 복잡하게 설명이 되었을 수도 있다. 그러나 천천히 들여다본다면 그리 어렵지 않게 이해가 되리라고 생각한다.

[예·2, 남자]

시	일	월	년
戊	壬	甲	甲
申	子	戌	寅

- 이 사주의 경우 월지 장간의 戌중의 辛金 인수가 어머니이다. 시지의 申金이 편인이므로 직접적 육친법에 의해 아버지의 별이 된다. 그러면 월지장간의 辛金 인수가 어머니의 별, 시지 申金 편인이 아버지의 별이 되는데 월지장간, 즉 戌중에 정화 편관이 있고 년지 寅중에는 병화 정관이 있다.
- 년지 장간의 병화와 월지 장간의 정화가 시지 申金보다 작용하는 힘이 더 많은 것은 당연하다. 그러므로 년지 寅중 병화, 즉 편재성이 어머니의 정관성이 되므로 이를 아버지로 보아야 한다.
- 또 한 가지는 년간지와 월간의 甲木 식신성에 대한 부분을 반드시 참고해야 한다. 그 이유는 직접적 육친성인 아버지의 별 申金 편인성에서 甲木은 재성, 즉 처의 별이 되기 때문이다. 그러므로 甲木 식신을 어머니의 별로 보게 되는 경우가 있는데 이 사주의 경우에는 이를 약 30% 정도는 참고해야 한다.
- 처의 별은 월지 戌중 정화 정재성이 처의 별인데, 년지 寅중 병화 편재가 있어 사주에 정재 편재가 함께 있는 사주이다. 만약 재혼이나 결혼을 했던 여자하고 결혼을 한다면 년지 寅중 병화 편재성을 가지고 처의 운을 살펴야 한다. 그러나 보통은 월지 장간 정화 정재를 처의 별로 보고 운을 살펴야 한다.

- 자녀의 별은 甲木 식신을 보는데 년 월 모두 보아야 한다. 또 한 가지는 월지 장간 정화 정재성, 즉 처의 자손의 별인 戌土와 寅중의 戊土 관성도 자녀의 별로 보아야 한다는 것이다. 이는 처의 별에서 생하는 자녀의 별인 戌土 관성의 별이 미약하지 않고 강하게 작용을 하기 때문이다.

이렇게 직접적 육친과 갑접적 육친을 병행하여 보아야 하는 경우가 의외로 많다는 점을 알아야 한다.

[예 · 3, 남자]

시	일	월	년
乙	壬	庚	丙
巳	寅	子	辰

- 이 사주의 아버지는 직장인으로 성실하게 근무를 하다가 정년을 맞았고, 그 후 암으로 오랫동안 고생을 하다가 사별을 하였다. 그러므로 년간의 편재를 아버지로 보아야 하며 월간의 편인을 어머니로 보아야 실제 살아온 과정과 맞아 떨어진다. 이런 경우에는 아버지는 재성, 어머니는 인성이라는 방법이 가장 적절할 것이다.
- 처는 년간의 편재가 처의 별이다.
- 자녀는 寅중 甲木, 辰중의 乙木, 그리고 辰중 戊土도 자녀운을 보아야 한다(이는 간접적 육친).

이 사주의 육친을 보는 데는 아주 어려움이 많았던 경우였다. 년간의 병화 편재를 아버지로 보아야 할지, 아니면 월간의 편인을 아버지로 보아야 할지 어려웠다. 직접적 육친을 먼저 보는 것이 기본적 방법이지만 이렇게 두 개가 나란히 천간에 나타나 있으니 상담에서는 곤란함이 따를 수밖에 없었던 사례이다.

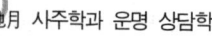

[예·4, 여자]

시	일	월	년
?	丁	戊	庚
?	卯	子	申

· 년간의 庚金이 강력하므로 당연히 아버지의 별이다(간접적 육친법).
· 일지 卯가 어머니의 별이 된다(직접적).
· 월지 子가 남편의 별, 월간 戊土가 자녀의 별, 일지 卯도 자녀의 별(간접적).

이 사주는 비교적 육친을 보는 데 어려움이 없는 경우였다. 시를 몰라도 사주를 전혀 보지 못하는 것은 아니라는 점도 알아 둘 필요가 있다.

[예·4]

時柱	日柱	月柱	年柱	
甲	己	壬	庚	坤
子	亥	午	寅	命

69	59	49	39	29	19	9	
乙	丙	丁	戊	己	庚	辛	大
亥	子	丑	寅	卯	辰	巳	運

· 월간 壬水 정재가 아버지, 월지 午火 편인이 어머니의 별이다.
· 년지 寅木 정관이 남편의 별인데 일지 亥중 甲木 정관도 참고해야 한다.
· 시간 甲木도 역시 참고해야 한다.
· 자녀의 별은 년간 庚金 상관, 월지 午火 인성도 참고해야 한다.

제4장

일주론(日柱論)

옥 선생의 일주론은 참으로 독특하면서 독창적이다. 그러면서도 음양오행의 기본 이론에 충실하였고, 육신통변의 원칙을 벗어나지 않았으며, 일주와 성격 또는 운세에 대한 설명이 명쾌하고 적중률 또한 다른 일주론보다 뛰어나다고 말할 수 있다. 일주 중 일지를 처로 본다는 기본 이론보다는 성격, 특히 타고난 성격 부분에 대해 새로운 개척을 하였다고 생각을 한다.

1. 일주론 — 남자 편

▎壬子, 甲寅, 乙卯, 庚申, 辛酉, 癸亥일에 태어난 남자의 운명

비교적 도량이 넓으며 사람이 화통하고 명랑하며 분위기에 잘 적응하고 좋은 인간관계를 가지려고 노력하는 장점이 있다(대인관계 능력이 좋다). 또한 자립 능력도 있어 자기 스스로도 일을 하거나 상업, 자영업 등을 해서라도 능히 살아갈 수 있는 능력이 있고, 그만한 두뇌를 소유하고 있다(사회활동 능력이 좋다). 그러므로 큰일을 해도 능히 성공을 할 수 있다고 본다(업무 수행능력이 좋다).

부부간에도 상부상조해 큰살림을 하거나 어려운 처지에 놓여도 그때의 환경에 따라 처신을 할 줄 알고, 타인에게 기분을 상하지 않게 하며 융화에 노력을 아끼지 않는다(인간관계를 잘할 수 있다). 기분파로 자신의 마음에 들면 나중 생각은 하지 않고 서슴없이 도와주고 인정을 베푼다. 마음이 너그러워 웬만해서는 잔소리를 하지 않고 웃으면서 상대의 기분을 이해하려고 한다. 사소한 과거사는 일체 따지지 않고 지내는 장점이 있다.

잘살 때는 친척, 친지까지 잘 도와주며, 못살아도 주위의 인심을 잃지 않고 지낸다. 운명적으로는 굴곡이 심한 편이다.

甲寅, 庚申, 癸亥일에 태어난 사람은 다소 쌀쌀하고 머리는 영리하며 판단력이 좋다. 자식의 애정은 어느 누구보다도 강하며 자식의 장래를 위해 신경을 많이 쓴다(지지장간의 식상이 있어서).

실천보다는 말이 앞서는 단점이 있어 무슨 일을 할 때 심사숙고하지 아니하고 허황된 욕심을 부릴 때도 있다. 무리한 사업을 하다가 실패해 돈을 손해 본다든가 큰 타격을 입는 경우가 있으니 주의를 해야 한다.

▎甲子, 丁卯, 癸酉일에 태어난 남자의 운명

인성의 특성을 소유한 성격이다. 인내심이 있고 성실하고 근면한 사람이며 인정이 많고 이해심도 많으며 참을성도 많다. 부모에게는 효심이 있고 형제나 친지간에도 원만하게 잘 지내며 근면성실하다.

자신보다는 부모, 형제, 자식, 처 등 가족을 먼저 생각하는 인간미가 있다. 내가 조금 더 힘이 들더라도 남을 생각하며 손해를 보더라도 이를 수용하며 인내할 줄 안다. 어른을 존경할 줄 알고 어려운 사람이나 힘든 사람을 보거나 하면 그냥 지나치지를 않고 살펴보고 도와주는 사람이다. 야박한 짓은 하지 못한다.

대개는 아들보다 딸이 많으며 아들은 출세를 못한다든가 똑똑한 아들은 아까운 나이에 잃어버린다든가 하는 경우가 있어 가슴에 한이 남을 수도 있다. 자식이 잘될 수 있도록 많은 사랑과 정성을 기울여야 하며 또 잘되기 위해 남다른 노력과 정성을 기울이는 사람이다. 그래도 자식의 출세를 보기가 쉽지 않은 운명적 요인이 있다.

딸이 있으면 결혼해 잘살고 사위도 잘된다. 딸의 덕을 볼 수 있는 운명이다.

▎丙寅, 己巳, 壬申, 乙亥, 戊午, 己未일에 태어난 남자의 운명

인정이 많고 성실하고 인내력과 희생심이 있으며 근면하고 활동력이 있다. 부모에게 효심이 있으며 형제간에도 우애가 있다. 여유가 있으면 결코 어려운 사람을 외면하지 않는 사람이다.

아무리 어려운 상황에 처해도 참고 견디며 이겨내는 의지력이 있지만 인생행로에는 다소간 기복이 있는 편이다. 잘살 때는 인정을 많이 베풀지만 본인이 힘들 때는 아무도 도와주는 사람이 없다. 마음이 착하고 성실하기에 남 좋은 일을 많이 한다.

특히 자녀를 위해서 많은 노력을 하며 애정을 가진다. 자식이 잘되게 하기 위해 엄청난 노력을 하지만 좋은 결과를 보지 못하고 허무한 일생을 보낼 수도 있다. 아들이 적은 편이고 딸을 낳아서 남 좋은 일을 많이 한다. 딸은 잘되나 아들은 그렇지 못하거나 본인이 살아 있을 때는 별로이나 죽은 후에는 잘될 수 있다.

▎乙丑, 甲戌, 壬午, 庚寅, 癸巳, 丙申, 己亥, 甲辰일에 태어난 남자의 운명

이 날에 태어난 사람은 계획성이 있고 판단력이 좋으며 경제력이 있을 운명이다. 집념도 강한 타입이라 무슨 일이든 한번 마음을 먹든지 계획을 세우면 칠전팔기를 해서라도 성취를 하는 정신력도 가지고 있는 사람이다. 그러나 계획이 잘못되거나 전망이 없거나 아니다 싶으면 그때는 미련이 있다 해도 단호히 정리하고 포기할 줄 아는 지혜도 가지고 있다. 이것이 장점이면서도 단점일 수 있다.

경우가 분명하고 옳고 그름을 분명히 해야 하며 경우에 어긋나는 일은 하지도 보지도 못하는 성격이 있어 다소 까다로운 부분도 있다. 바른말을 잘하는 타입이다. 그러나 경우에 없는 행동은 하지 않는다.

가정적인 사람이라 어떻게든 잘살아 보려고 노력하는 타입이다. 감정이 풍부하며 대개는 가정적인 사람이 많다.

▌戊戌, 戊辰, 己丑일에 태어난 남자의 운명

활동적이며 포부가 큰 사람이다. 꿈도 크고 마음이 커서 자신의 소신대로 계획을 세워 일을 진행하는 타입인데 때로는 쓸데없는 고집도 있는 편이다. 머리도 좋은 편이고 영리하며 판단력도 있어 실천력은 좋은데 때로는 행동보다 말이 앞서가는 경우가 있어 이 부분은 조금 유의를 하는 것이 좋다.

인간성이 좋으며 인간적인 의리를 지키고 사람을 대할 때 진심으로 대하며 인정을 베푸나 본인이 힘들 때는 도움을 주는 사람이 없다. 있으면 아끼지 않고 친지들에게 잘하고 베푸는 사람이다.

때로는 돈에 대한 경제적 관념이 적어서 나중 생각은 하지 않고 있으면 쓰고 보는 사람도 있는데 이런 부분은 개선을 요한다. 대개는 돈을 잘 모아서 어느 정도의 재산을 모아서 살아가는 사람이다.

부모의 도움을 받는 사람보다는 고향을 떠나 자수성가하는 사람이 많으며 돈을 벌어 집안을 일으키든가 가문을 빛낼 수 있는 사주이다. 자식에 대한 사랑이 대단하며 겉보다는 속으로 더 생각한다. 이상도 높고 정의심도 강한 편이다.

▌庚午, 辛未, 丙子, 戊寅, 己卯, 辛巳, 癸未, 甲申, 乙酉, 丁亥, 壬辰, 庚戌, 癸丑, 壬戌일에 태어난 남자의 운명

이 날에 태어난 사람은 조심성도 있고 자제력도 있으며 원만하게 인간관계를 가지려고 노력한다. 말보다는 실천을 중요하게 생각하며 대체로 말을 적게 하는 편이며 쓸데없는 오락 같은 것은 별로이고 높은 이상과 꿈을 가지고 있는 사람이다. 많은 노력과 성취력으로 남들보다 화려한 삶을 살고자 하는 타입이다.

격한 성격도 있어 욱하는 점도 있으나 겁이 있어 법을 어기는 일은 결코 하지 못하는 타입이다. 그러므로 큰 파란은 없는 편이나.

이런 사주가 대체적으로는 어느 정도의 생활은 하는데 더 잘살고 영화와 화려함을 원하기 때문에 웬만큼 살면 더 잘살려고 하는 욕심이 있는 편이다. 늘 부족한 느낌이 있어 자기 분수에 어긋나는 일을 하므로 오히려 실패해 고생을 하는 사람도 있다.

가정에서는 원만하게 지내려고 노력을 하기에 부인에게 일체 싫은 언행을 삼가는 편이다. 음식도 맛있게 잘 먹으며 타박도 하지 않고 사소한 일에는 신경을 쓰지 않는다.

대개 신경이 예민한 여성과 결혼을 하게 된다고 보는데 온순한 여자였다 할지라도 차츰 신경질을 내게 된다. 더러는 과묵하고 점잖기에, 또는 권위적이기에 아기자기한 잔재미가 적은 편이라 부인이 스트레스를 받는 경우도 있다. 경제적으로는 별 문제가 없고 지내기는 괜찮은데 이상하게 가정에 신경을 쓰지 않는 사람이 있으며 심하면 가정을 몰라라 하는 사람도 있다. 또는 신상에 장기성 질환이 있어 불안한 상태로 신경을 쓰는 사람도 있다. 그러니 자연히 부인은 신경을 많이 쓰게 되고 불만이 많아질 수 있다.

인덕을 보려고 하는 것은 아니지만 이 사주는 형제, 친지 등에게 할 도리를 다하지만 본인은 그 보답을 받지 못해 마음이 섭섭할 때가 있다.

■ 庚辰, 辛丑일에 태어난 남자의 운명

차분하면서도 신경이 예민한 타입이다. 성실하고 많은 문제에서 인내심이 많다. 그러다 보니 조금은 내성적인 성격이다.

부모한테도 잘하고 자식 사랑이 대단하며 자손의 미래를 위해서 많은 희생을 한다. 다소 신경이 예민한 점이 있으나 머리도 좋은 편이며 어떻게든 잘 살아보려고 노력을 아끼지 않는다.
　이해심도 많으며 무슨 일이든 열심히 하려고 한다. 드물게는 많은 인내를 하면서 살아가야 하는 사람도 있다.

▎戊子, 辛卯, 丁酉일에 태어난 남자의 운명
　조직력도 있고 계획성도 좋으며 경제적 관념도 좋다. 집념도 강한 편이면서 시대감각을 잘 파악해 행동할 줄 아는 감각이 있다. 그러므로 선견지명이 뛰어나고 예감력 같은 것도 있다.
　정열적이라 무슨 일이든 확실하고 속도감 있게 추진하는 특성이 있어 일이 잘 풀리면 오래오래 잘할 수가 있지만 아니다 싶으면 금방 싫증을 내고 포기하며 다른 일에 몰두한다. 쉽게 뜨거워지면 쉽게 식는다는 말이 있는데 이 사주에 해당된다. 그리고 일에 대한 몰두함이 대단해서 신경성 질환에 시달리는 수도 있으니 유의해야 한다.
　이성 관계에서도 너무 좋아하는 나머지 의처증을 가지게 되는 수도 있어 주의를 요한다. 그러나 대체로 경제적 안목이 있어 재복은 좋은 편이다.

▎甲午, 乙未, 壬寅, 辛亥, 戊申일에 태어난 남자의 운명
　생각이 세밀하고 민첩하며 사고력이 있고 연구, 창작 능력이 있는 운명이다. 판단력, 모험심, 배짱, 카리스마 같은 것이 있으며 애정적인 마음도 아주 많다. 연구·사고력이 있으므로 발명, 아이디어 작가 등으로 진출한다면 능력을 잘 나타낼 수 있다. 보통 사람일지라도 두뇌가 아주 좋은 사람이라고 보아도 틀림없다.
　인정이 많아 불쌍한 사람을 동정할 줄도 알고, 부당한 문제에 대한 대

항력이 대단하다. 약자 편에 서기를 좋아하는 사람이다. 정의감이 많으며 아부할 줄 모르고 깨끗하게 살기를 바라는 편이다. 그러므로 부정 같은 것을 아주 싫어한다. 책임의식이 강해 자신의 일은 밤을 새워서라도 완수하는 정신력의 소유자이다.

자녀에 대한 사랑이 대단해 겉으로 표현은 적게 해도 심중으로는 누구보다도 많이 생각한다. 표정은 냉정한 것처럼 보여도 안으로는 아주 따뜻한 인간미가 있는 사람이다.

■ 丁未, 丙午, 丙戌, 丁巳일에 태어난 남자의 운명

활력이 있는 운명으로 활동적이고 머리가 아주 좋으며 넓은 도량도 가지고 있다. 큰 뜻을 가지고 사나이답게 보람 있게 사회에서 이름 있는 사람으로 살아가려고 한다. 정의감이 강하고 정직하게 살아가는 사람이다.

상사에게 아부할 줄 모르고 자신에게 부여된 일은 반드시 책임을 완수하는 사람이다. 양심과 자존심이 강하기에 체면에 손상되지 않도록 아주 조심을 하는 타입이다. 그러므로 세심하고 예민한 점도 있다.

불쌍하다거나 억울하다고 보이면 자신의 일이 아니라도 동정하고 지지해 주는 의리가 있다. 인정이 많고 다정하며 한이 있어 불쌍한 장면이나 그런 사람을 보면 눈물이 앞서는 사람이다. 실천보다 말이 앞서는 경향이 있는데 이 점을 보완한다면 아주 좋은 운명이 된다.

■ 庚子, 癸卯, 己酉일에 태어난 남자의 운명

예민하고 세심하며 연구심도 있고 깊은 사고력과 창작력이 있다. 영리하고 지혜가 있으며 판단력과 애정심이 어느 누구보다도 많다. 정직하며 깨끗하게 살아가려고 하는 사람이다.

꿈이 많아 이상이 높고 그와 같이 되려고 노력도 많이 한다. 그러나 인생살이가 마음대로 되지를 않아서, 또는 현실이 늘 마음에 차지 않아서 우울하고 불평과 불만이 많이 있을 수가 있다.

의리를 중히 여기고 충의심이 있어 혁명가, 열사 등도 있다. 보통 사람일지라도 약자를 돕고 강자나 불의에 대항하는 정신력이 대단하다.

자식 사랑은 남보다 월등해 정성을 다하며 장차 큰 인물을 만들려고 노력도 하지만 뒷받침이 여의치 않아서 실망하는 예가 있기도 하다.

▎乙巳, 丁丑, 丙辰일에 태어난 남자의 운명

머리가 좋으며 천재적인 부분이 있을 수 있다. 세심하기에 신경이 조금은 예민하고 깊은 사고력과 연구심과 창작 능력이 있다. 정직하고 의리를 중히 여기며 결단력이 좋다. 운명적으로는 꿈이 많으며 이상은 좋은데 운은 그에 못 미치는 경우가 있다.

상대가 사랑하기를 바라지 않고 자신이 사랑할 수 있는 사람을 선택한다.

일을 해도 세밀하게 살피고 판단해 열심히 하지만 이상하게 계속 할 수가 없어 중도에 포기하는 경우도 있다. 그러나 쉽게 성공을 하는 사람도 많다. 대개는 일생 중에 직업 변동이 몇 번은 있는 운명이다.

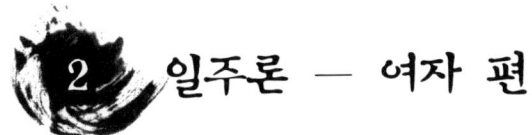

2 일주론 — 여자 편

┃甲子, 丁卯, 癸酉일에 태어난 여자의 운명

이 날에 태어난 사람은 인정이 많고 성실하며 부지런하고 참을성이 있는 사람이다. 부모에게 효성심이 있으며 친지간에도 웬만한 일은 이해하고 인정미가 있게 대하므로 주위 사람들로부터 사람 좋다는 호평을 듣게 된다.

가정에서 부부간에도 이해심이 많아서 양보하고 자신을 생각하기보다는 가족을 생각하는 관계로 자신이 늘 양보하고 희생하는 입장에 있는 경우가 많다. 입는 옷이나 치장에 관심을 적게 갖는 편이며 그럴 돈이 있으면 가정생활에 쓰는 타입이다.

남편이 온당치 못한 행동을 해도 이해하려고 하며 나의 운명인가 보다 하고 지내지만 그렇게 살자니 자연히 남편과 의견이 맞지 않는 경우가 많고 불평불만이 여러 차례 생긴다. 수차의 고비가 있겠으나 좀 지나면 좋아지겠지 하면서 체념하고 인내하면서 살아가는 여인이다. 인정이 많기 때문에 남편이든 어른이든 자녀든 간에 잘해 주고 하나라도 더 주려고 한다. 그러므로 자신의 실속은 적은 사람이다.

금전거래에서는 늘 손해를 볼 수 있으니 주의를 요한다. 천성이 착해서 손해를 보는 운명이다. 돈으로 어수룩한 행동을 할 수 있으니 유의하기를 바란다. 금전거래에서는 아주 분명해야 한다.

▎丙寅, 己巳, 壬申, 乙亥, 戊午, 己未일에 태어난 여자의 운명

이 날에 태어난 사람은 사람이 좋아 인정이 많으며 성실하고 인내하는 마음도 많다. 생활능력도 있어 스스로 일어설 수 있는 힘이 있는 사람이다.

윗사람을 공경하고 아랫사람을 사랑할 줄 알고 부모에게도 효심이 대단하다. 친지간에도 아주 우의를 돈독히 해서 사이좋게 지내려고 노력하면서 살아가는 사람이다. 마음이 넓고 화통(화끈)해서 분위기 적응력이나 분위기를 잘 이끄는 장점이 있다.

사치도 별로 안 하고 수수하면서 절약할 줄 알기에 현모양처 형이다. 자기 자신의 개인적 욕심이 적고 가족을 위해서 봉사하고 희생하는 타입이라 실속은 적은 편이다. 아끼고 아껴서 본인은 쓰지도 못하고 돈을 날리는 수가 있으니 이 점을 유의해야 한다. 남에게는 섭섭하게 하지 못하는 성격이며 무엇을 주어도 아주 풍족하게 주어야 자신이 편해지는 타입이라 누가 집에 오더라도 참으로 잘 대해 주고 먹을 거 아끼지 않고 잘 대해 준다. 그러는 타입이라 늘 희생을 하는 편이다.

대개는 남편을 잘 만나는 사람보다 잘 못 만나는 사람이 많고 그래서 고생을 하든가 자신이 생활전선에 나서든가 한다. 그래도 원망을 하지 아니하고 운명이려니 팔자려니 하면서 살아간다.

己巳일은 이 중에서도 유난히 팔자가 좋지 않아서 고생을 많이 하고 丙寅, 壬申일생은 참으려야 참기 어려운 일이 있어서 이혼을 하게 되는 경우가 많다. 그렇기 때문에 이러한 운명의 소유자는 중매결혼이 좋으며 잘 알아보고 결혼을 하는 것이 좋다.

가능한 한 자신의 실속을 차리고 살아간다면 운명은 아주 좋아진다.

▎乙丑, 甲戌, 壬午, 庚寅, 癸巳, 丙申, 己亥, 甲辰일에 태어난 여자의 운명
 이러한 운명의 소유자는 모든 일에 계획성이 있는 타입이다. 판단력이 좋고 경제력이 좋은 운이라 집념도 강하고, 한번 생각해서 이거다라는 판단이 서면 일을 추진하는 능력도 좋다.
 경우가 분명하고 흑백을 확실히 하는 성격이라 무슨 일이든 간에 경우에 어긋나거나 정도에 어긋나면 분명하게 하는 관계로 정의감이 많은 타입이다. 아내로서 할 일은 다하고 남편 역시 할 일은 다하기를 바라는 성격이라 만약 남편이 경우에 어긋나는 행동을 했을 경우에는 흑백을 분명히 하는 타입이다. 그러므로 다소 까다로운 점이 있다고 보아야 한다. 예민하다고 할 수 있다.
 가정 살림을 잘하는 사람이라 10원까지도 분명하게 따지고 아끼며, 쓸 때는 깨끗하게 쓰는 사람이라서 어떻게든 돈을 모아서 미래를 준비한다. 경우가 분명하기에 경우를 따지다가 보면 구설이 따르게 되고, 아주 심한 경우에는 행복을 박차고 불행한 길로 접어드는 경우도 있으니 마음을 크고 넓게 가질 필요가 있다. 그러면 대체로 행복한 일생을 살아갈 수가 있다.
 너무 경우를 따져 불행하게 되면 그때는 이미 늦은 후라 후회해도 소용이 없다. 이 점을 주의하면 여자로서는 참으로 좋은 운명이다.

▎戊戌, 丁巳, 丁未, 丙午, 戊辰, 丙戌, 己丑일에 태어난 여자의 운명
 성격이 화통하고 생활력도 있고 자립 능력도 있다. 밝고 명랑한 편이면서 세심해서 사람들에게 호감을 주고 호감을 산다. 주위 사람에게는 물론 남편에게도 잘하려고 노력을 하는 편이기 때문에 사람 나쁘다는 소리는 듣지 않는다. 인심을 잃지 않고 사람 좋다는 말을 듣고 사는 편이다.
 비록 없어서 생활이 어려워도 언젠가는 잘사는 날이 오겠지 하면서 지

내는 사람이다. 남편이 수입이 적으면 자신이라도 벌이에 나서서 상부상조 하는 사람이다. 돈보다 가정의 행복을 더 소중하게 생각하는 타입이다.

남편을 위해서는 아주 헌신적으로 잘하는 타입이 많다. 대부분은 남편을 잘 만나지만 혹자는 남편이 무능하든가 중간에 실패해 고생하는 사람도 있다.

그러나 평생 힘든 것이 아니고 반드시 잘살게 되는 운이 있기 때문에 잘 참아낼 것을 권한다. 그리고 잘살 때 힘들 것을 생각해 경제적으로 저축을 한다든가 부동산을 산다든가 할 것을 권한다. 혹은 스스로 일을 해서 대비하는 것도 좋은 방법이다.

있을 때 아끼라는 암시가 있는 사주이다. 돈 관리를 잘하는 것이 중요하다.

▌丙子, 己卯, 癸未, 乙酉, 庚午, 辛未, 戊寅, 辛巳, 甲申, 丁亥, 庚戌, 壬戌, 壬辰, 癸丑일에 태어난 여자의 운명

사람이 원만하고 양보심도 있으며 자기 고집을 버릴 줄 알며 남편, 자식에게 참 잘하는 타입이다. 사람을 존경할 줄도 아는 사람이다. 그러나 잘하고 양보하다가도 가끔 화가 나면 상대(남편)에게 콕 찌르는 말을 해서 감정을 상하게 하기도 한다.

잘하다가도 화가 나면 마음에 없는 말을 해서 상대의 마음을 상하게 하는 점이 있을 수 있다. 그로 인해 부부간에 충돌을 일으키는 수가 있으니 이 점은 유의를 해야 한다. 자신이 생각해도 하지 않아도 될 말을 했구나 하는 때가 종종 있다. 강한 듯하면서도 겁이 있는 편이며 남편 없는 마음이 허전해하거나 불안해하고, 남편이 나를 사랑하고 감싸주기를 바라는 사람이다.

출가 후에 시집은 잘되고 친정은 잘 안 되는 수가 있다. 친정이 잘되면 남편과 이별을 하는 경우가 종종 있나. 만약 생리사별(生離死別)을 하면 혼자 사는 경우는 드물고 대부분 재혼을 한다.

자기만족을 추구하고 남편에게 즐거움을 줄 줄 모르는 타입도 있다. 가급적 상부상조하고 사치나 화려함을 삼가한다면 좋은 운명이다.

庚午, 辛未, 戊寅, 辛巳, 甲申, 丁亥, 庚戌, 壬辰, 壬戌, 癸丑일생인 사람은 온순하고 인내심도 있어 남편에게 순종할 줄도 아는 사람이지만 때로는 어수룩하기도 하다.

▌庚辰, 辛丑일에 태어난 여자의 운명

영리하고 머리가 좋은 편이고, 꿈과 이상도 많은 편이며 세심하고 자상하며 인내심도 있으며 아주 성실한 면이 있다. 그러면서도 정열적인 면이 있어 자신의 마음에 맞든지 존경할 만하든지 정이 들면 심혈을 기울여 좋아하고 사랑한다.

일단 마음에 들지 않는 경우 어긋나면 그 점을 지적하든가 불평불만, 즉 스트레스를 많이 받는다. 그러나 운명이려니 팔자소관이려니 하고 희생적으로 마음을 달래며 어떻게든 살아보려고 노력을 많이 한다. 그러나 운명은 그렇지 않아서 늘 스트레스나 불만이 있어 답답한 심정으로 살아가는 경우가 있다.

꿈과 이상도 많은 편이라 늘 생각이 많다.

▌戊子, 辛卯, 丁酉일에 태어난 여자의 운명

금전운이 좋은 편이고 경제력이 있으며 계획성과 판단력을 가진 사람이다. 함부로 돈을 낭비하지 않으며 계획성 있게 가정을 꾸려 나간다. 경우가 밝아 자신도 경우에 어긋나는 행동을 하지 않으며 다른 사람이 그런다 하면 경우를 분명히 해서 따질 것은 따지는 타입이다.

　대개는 돈복을 타고나는 편이며 수중에 돈이 떨어지는 일이 드물며 낭비가 없기 때문에 경제적 여유를 가지게 된다. 혹 돈이 없든지 떨어지면 아주 신경을 많이 쓰는 사람이다.

　운명적으로는 참으려야 참을 수 없는 문제가 생애 중에 일어나든지 대단한 충격을 받을 일이 생기어 정신적으로 큰 시련을 겪을 수가 있고, 심한 사람은 신경성질환, 노이로제 등으로 고생을 하는 수가 있다. 집념이 강해 한번 마음을 먹으면 꼭 하는 경우도 있다. 무슨 일이 있으면 잠도 자지 않고 고민하는 관계로 두통이 있든가 빈혈로 고생할 수 있다.

▌甲午, 乙未, 庚子, 壬寅, 癸卯, 乙巳, 戊申, 己酉, 辛亥, 丁丑, 丙辰일에 태어난 여자의 운명

　머리가 영리하고 기억력도 남다르며 쌀쌀한 듯하면서도 인정미가 있고, 어릴 때의 일을 나이가 들어서도 기억하고 있을 정도의 머리가 있다. 정열적인 성격이면서 세심해 손재주가 있든지 창작 능력이 있든지 하며 무슨 일이든지 그 결과를 예측할 수 있는 능력도 있다고 본다.

　눈치도 빠르고 판단력이 좋으며 두뇌 회전이 빠르고 신경을 많이 쓰는 편이라 조금은 예민하다. 어려서 꿈이 많고 공상도 많이 하는 편이며 공부를 하면 할수록 이상도 높아진다. 혹 공부를 못해도 꿈과 이상이 높은 편이다.

　사랑을 받기보다는 사랑을 할 수 있는 사람을 만나면 대단한 정열을 가지고 상대를 사랑하지만 사랑할 수 없든가 존경할 수 없는 사람, 즉 별 관심이 없는 사람에게는 쌀쌀하게 대하는 편이고 마음에 맞지 않으면 대

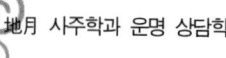

면하는 것도 별로 좋아하지 않는다. 자신은 불쌍하고 외롭고 쓸쓸하다고 생각을 하는 고로 불쌍한 사람이나 슬픈 드라마나 영화를 보면 눈물이 저절로 쏟아지는 다정다감한 사람이다.

정조관념도 대단해 홀로 된다면 재혼을 하지 않고도 살아간다. 그러나 문제점이 생기면 절대로 용납을 하지 않는다. 자녀에 대한 사랑은 대단해 혹 부부가 이혼을 하고자 해도 자식을 생각해 참고 지내기도 한다.

▎壬子, 甲寅, 乙卯, 庚申, 辛酉, 癸亥일에 태어난 여자의 운명

비교적 화통하고 명랑하며 분위기에 잘 어울리며 분위기를 살리는 장점이 있다. 자립 능력이 있으며 무슨 일을 해서라도 부부간에 상부상조하면서 살아간다. 큰살림이든 작은 살림이든 간에 그때그때의 환경에 적응해 처신할 줄 알고, 사람들에게 나쁜 인상을 주지 않고 융화를 잘하는 편이다. 그러나 운명의 길은 그리 순탄하지만은 않다. 굴곡이 있는 편이라고 본다.

여유가 있으면 일가친척한테도 잘하는 편이지만 자신이 어려울 때는 다른 사람의 도움을 받지 못한다. 그래도 인심을 잃고 살지는 않는다. 마음이 넓고 너그러워서 웬만해서는 잔소리를 하지 않는 편이며 좋은 인상으로 사람들을 대하는 편이다. 문제가 있어도 과거지사는 일체 재론하지 않는 대범함도 있다.

대개는 인물이 좋고 사치를 별로 좋아하지 않으며 수수하게 지내는 타입이다. 몸 관리에 신경을 쓰는 것이 좋다.

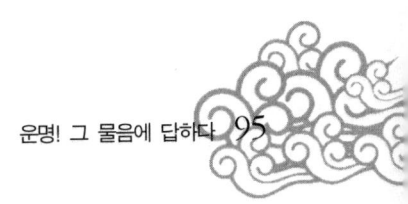

제5장

육신론(六神論)

정재성이나 편재성의 작용은 원칙적으로는 같지만 정재와 편재가 때로는 다른 의미를 간직하고 그 특징을 나타낼 때가 많다.

정재는 나의 노력과 활동으로 인한 정당한 수입과 금전을 의미하며 발전과 번영이라는 좋은 의미가 있다. 또한 안정감 있는 경제력을 의미한다. 또 시비가 분명하며 경우에 어긋나는 일은 결코 하지 않는 성격이며 그런 일을 하는 사람을 보면 아주 못마땅해 하며 서로 친하게 지내기가 어렵다.

1 비견(比肩)과 겁재(劫財)

(1) 비견(比肩) 겁재론(劫財論)

비겁은 오행이 나의 일간과 같은 경우를 말한다. 음양이 같고 오행이 같은 것을 비견이라고 하며 음양이 다른 것을 겁재라고 한다. 이를 통틀어 비겁이라고 하기도 한다. 그래서 그런지 확실히 비겁에서 비겁자가 많이 나온다. 젊음의 힘 자체를 비견 겁재라고 본다.

비겁은 언어를 상징하기도 한다. 특성은 언어 표현 능력이 좋다. 개성이 강하며 자존심이 매우 높은 경우가 많지만 전혀 반대의 성격을 가진 사람들도 간혹 있기 때문에 이 점을 잘 파악해야 한다.

자유, 독립성, 경쟁력, 활동력 등의 근원이 되는 별이다. 즉 모든 것의 기초에 해당되는 별이라고 칭하기도 한다. 그래서인지 비겁이 많은 사람이나 초년 대운이 비겁으로 되어진 사람들은 자신의 힘으로 인생을 개척해 나가라는 암시가 강하게 나타나고 있다. 즉 부모의 사랑이나 후원이 적을 수 있다는 것이다.

비교적 인기가 있는 사람이 많으며 인간관계를 잘할 수 있는 능력을 타고났다. 용기도 있고 자신감도 있어 보통 사람보다 많은 활동을 하라는 운명의 작용력이 있으며 많은 활동을 하는 만큼 운이 좋아지는 것이 비겁의 작용이다. 또 한편으로는 친구, 형제, 배우자 등과의 관계에서 스트레스를 많이 주고받을 수 있다.

가정적으로 편안하지 못하고 힘들게 살아가는 경우도 종종 있다. 그래서 이를 옥 선생은 역마성이라고 부를 수 있는 것이라고 했다. 많은 활동의 의미가 들어 있다는 것이다. 간혹 조용하고 침착하며 소극적으로 살아가는 사람도 있다.

놀기를 좋아한다고 해야 할까? 오락이나 운동, 취미생활, 주색잡기, 방종 등에도 두드러진 경우가 있는데 이는 경계해야 할 부분이다.

계절로는 봄을 나타낸다고 옥 선생은 말했는데 이는 모든 것의 기초가 되는 특성 때문에 그리 말한 것이라고 했다. 이는 시작이며 기초를 상징하기 때문일 것이다. 그래서 木은 비겁의 특성을 내포하고 있다고 보아야 하는 것이다.

시작이 반이다, 못된 송아지 엉덩이에서 뿔난다, 될성부른 나무는 떡잎부터 안다, 첫 단추를 잘 끼워야 마지막 단추가 맞는다 등등의 속담이 있는데 이는 모두 비겁과 木과 깊은 관련이 있는 언어라고 본다.

계절로는 봄에 해당된다. 하루의 날씨로는 바람을 상징하며 사회적으로는 교통, 외무, 국방 분야를 상징한다. 교통수단인 기차, 선박, 비행기, 자동차, 자전거, 경운기 등과 도로, 항로, 비행로와 기타 교통수단도 비겁에 해당된다.

인물로는 모든 남성을 상징하며 특히 청년, 장년을 상징한다. 가정에서도 남성을 나타낸다. 가옥으로는 기초공사 부분인 주춧돌, 기둥, 서까래, 벽을 상징한다. 인체의 건강 부분으로는 사지, 손과 발, 동맥, 장부는 간장을 말하며 중풍과 유행성질환, 부상을 나타낸다.

비겁은 자존심과 자아의식을 가장 많이 가지고 있는 별이다. 그러므로 비겁이 부드러움과 융통성을 보인다면 참으로 앞날의 운로가 밝다고 단언할 수 있다. 불필요한 고집(자존심)은 손해만을 불러온다는 점을 기억하기 바란다. 대체적으로 의리가 있고 예의도 바른편이며 사람들의 도움을 받아 성공하는 경우가 많다.

비겁 중에 겁재라는 이름에 걸맞게 비겁은 때때로 재물을 깨뜨리는 고약한 작용을 하기도 한다. 변만리 선생은 이 겁재를 '무법의 겁탈자'라는 표현을 했는데 매우 의미 있는 표현이라고 본다. 그리고 거의 모든 사주학 이론에 보면 군비쟁재(群比爭財)니 군겁쟁재(群劫爭財)니 해서 비겁이 많으면 재물을 파한다는 내용이 있는데 이는 수많은 임상과 경험에 의해 도출된 깊이 있는 해석이라고 본다.

비겁은 가끔 사람들이 놀랄 정도의 일을 해내는 무서운 저력도 가지고 있다. 그러나 비겁은 자유를 원해 구속을 싫어하는 특성이 있어 드물지만 사람을 무시한다든가, 윗사람을 존경하지 않는다든가, 때로는 오만하다거나 자신이 제일 잘난 줄로 알고 살아가는 그런 사람이 있다. 이는 하루빨리 정신수양이라도 해서 개선할 필요가 있다. 어려운 운에서 고전을 하게 되면 아무런 도움을 받지 못해 아주 외롭고 쓸쓸한 시절을 보내게 될 수도 있다.

▌사주에 비겁이 많을 때(왕성하거나 월지 비겁 포함)

이러한 유형의 사주에 관성(官星)이나 식상(食傷)이 없으면 독야청청이라 해서 고독할 수 있으며 외로울 수 있다. 그 이유는 여러 가지로 나타나기 때문에 다 열거할 수는 없다. 그러니 인간관계를 잘해야 하며 사람으로 인해 크게 시련을 겪을 수 있으니 조심하라는 것이다. 일생 중에 사람으로 인한 시련이 꼭 나타날 수 있으니 중요할 때 운을 꼭 체크할 필요가 있다.

언어능력이 좋으며 아주 시원시원한데 고집을 한번 부리면 황소고집이 있다. 즉 협동심이나 협조심이 적을 수 있다. 그러나 이러한 사주를 타고 났어도 명랑하고 활달하며 인간관계를 잘하고 원만한 성격을 지녔다면 아주 좋아진다. 언어능력이 좋은 사주는 자기표현 능력이 좋을 것이고, 많은 활동과 많은 사람을 상대해 인기 있고, 신망을 얻어 크게 성공할 수 있다.

위에서 말한 어려운 시련이 많이 나타나는 것은 자신의 생활 태도나 표현 능력, 습성 등의 문제일 것이다. 즉 인간관계에 문제가 있다고 본다. 화가 나든가 감정이 상하면 위아래도 없고, 눈에 보이는 게 없이 흥분을 하고, 아주 대단한 난폭함까지도 가지고 있다. 이것은 아마도 겁재의 특성일 것으로 본다.

아무리 힘든 역경이 있다 해도 전진을 멈추지 아니하고 앞으로 전진할 수 있으며 홀로 서기, 자립 등을 능히 해낼 수 있는 특성이 있다. 즉 홀로 서기를 하든 여럿이 힘을 모아 일어서든 힘차게 일어설 수 있는 강력한 운기를 타고났다고 본다.

이 별을 지닌 사람들은 거의 자신의 의견을 여러 사람 앞일지라도 당당하게 이야기할 수 있는 능력이 있으며 또 솔직하게 말할 수 있다. 그러면서도 때로는 타협하는 데 애를 먹기도 한다. 자존심이 강해서일 것이다.

비겁 중에 겁재의 특징은 좀 더 강력하고 터프하다는 것이다. 사주학상 흉한 별 중에서 가장 대표로 꼽히는 별이 겁재성이라는 점을 이해한다면 겁재의 특성은 자연히 알 수 있게 된다. 즉 나의 소유물이라고 할 수 있는 것은 모두 겁탈해 가는 특성을 가지고 있다는 것이다.

비견 겁재는 때로는 개성이 너무 강하다는 말을 듣기도 한다. 그러므로 의외로 고독에 빠지는 사람, 말수가 적은 사람, 사람을 잘 사귀지 못하는 사람들도 종종 보인다. 의외로 인간관계에서 미숙할 수 있다는 것이다. 사람을 잘 사귀지 못한다고 해야 할까? 부드러움과 융통성, 화합의 미덕을 갖출 필요가 있다. 자존심 때문에 손해를 보는 경우가 종종 있다.

그러나 비겁이 있는 사람들 중에는 의리가 강하고 경우가 분명하며 예의도 바르고, 친지나 동료 등의 도움으로 크게 성공하는 사람도 많이 있다. 자신이 왕성하고 강력한 기운을 타고난 만큼 다른 사람들을 생각하고 다른 사람들도 나와 같을 수 있다는 점을 인정하면서 살아간다면 크게 성공할 수 있는 좋은 운명의 소유자이다.

비겁이 강력한 사람, 겁재성이 뚜렷한 사람은 때로는 사람들이 깜짝 놀랄 정도로 대담하게 행동을 하는 경우가 종종 있다. 그러므로 비겁이 강력하게 작용하는 사람은 집 안에서 있는 것보다는 많이 움직이는 일이 좋다.

✔ 다른 육신과의 관계

┃비겁에 식상이 있으면서 간지(干支) 동주(同柱)로 있을 경우

자수성가의 운명이라고 본다. 즉 부모나 누구의 도움을 받아서 일을 하면 거의 실패를 하게 된다.

이러한 사주의 구조로 되어 있는 사람은 한때 힘든 고비를 겪게 되는데 부모의 덕을 보는 사람은 그 돈을 없애느라고 고생이고, 아무것도 없이 스스로 살아가는 사람은 돈을 버느라고 고생을 한다. 그러나 결과는 큰 차이가 있을 것이다. 한 사람은 돈을 없애느라고 고생이고 한 사람은 돈을 버느라고 고생을 하니 고생이라는 측면은 같지만 결과는 다르다는 것이다. 그러니 이러한 사주를 타고난 사람은 부모덕 없는 것을 오히려 감사하게 받아들이고 살아가는 것이 좋을 것이다.

사주의 천간에 한 개의 재성이 있는데 여러 개의 비겁이 극을 하면 한 그릇의 밥을 여러 명이 먹는 격이라고 해서 돈이 들어오면 바로 소비가 되는 특징이 있다고 본다.

▌비겁에 관성이 있다면

직장생활을 하는 것이 가장 좋다고 보는데 장기적으로만 있으면 반드시 좋은 결과를 보게 된다. 그러나 이러한 사주는 돈이나 재산의 관리는 부인에게 맡기는 것이 좋다. 아니면 땅이나 부동산에 깊이 묻어 두라는 것이다.

여자의 경우는 남편이 있어야 행복하다는 것인데 그래야 안정·안착이 된다. 하지만 그게 쉬운 일이 아니라는 것이 문제이다. 부부 해로는 남녀 공히 매우 어렵다는 것이다. 다만 사주에서 요구하는 길을 가는 사람은 시련이나 풍파를 면하는 경우가 많이 있다.

형제 자매간에 액운이 따르기도 한다.

▌사주의 년주, 월주, 일주, 시주에 비겁이 있을 때

이 부분과 앞으로 나오는 년, 월, 일, 시의 육신에 대한 내용은 일본의 마키 교쿠쇼 선생의 저서를 한국의 나무 전후수 선생이 번역하신 〈이 여자의 운명(명문당 출판사)〉이라는 책에서 인용하였다. 내용이 너무 잘 되어 있어 꼭 소개해 드려야겠다고 생각했던 부분이라 필자가 인용하여 소개를 한다.

마키 선생은 호문류의 명리학을 이어받으신 분이라고 알고 있다. 혹 인연이 된다면 필자의 5단 통변론을 꼭 전해드리고 깊이 있는 학문 교류가 이루어질 수 있기를 기원한다.

◆ 년주의 비겁

년주의 비겁은 독립을 한다든가, 부모와 떨어지게 된다든가, 즉 비겁이 년주에 있으면 조상과 인연이 멀다는 의미로 보기도 한다. 부모와의 관계에서 비겁이란 이별, 독립 등을 상징한다.

조혼의 가능성도 보인다. 일찍 결혼을 하면 그리 행복한 생활을 하기는 쉽지가 않다. 그러나 배우자와 많은 부분이 비슷한 경우라면 이렇게 볼 필요는 없다.

◆ 년주의 겁재

같은 작용이다. 그러나 다음 작용을 생각해 볼 필요가 있다.

가정적으로 늘 편안하지 않을 수 있다. 또 자신이 하고 싶은 일은 꼭 해야 직성이 풀린다.

년주의 겁재성은 이혼이라든가 이별 등등의 사정으로 인해 부모의 사이가 좋지 않은 집안의 자녀일 가능성이 참으로 높다. 말하자면 부모의 덕을 별로 보지 못하고 성장할 수 있다는 것이다. 또는 조실부모를 한다든가, 함께 산다 해도 부모의 덕이 없거나, 일찍이 집을 떠나 생활을 한다든가, 부모와 사이가 좋지 않은 경우가 대부분이다.

◆ 월주의 비겁

월주의 비겁은 좋아하고 싫어하는 것에 대한 태도가 분명하다. 이는 사람에 대해서도 마찬가지이다. 즉 감정에 매우 솔직하다는 것이다. 그러나 이것이 때로는 힘이 들 수 있다.

　월주의 비겁은 감정 조절을 잘하라는 암시가 있는데 이는 친구, 대인관계, 친지와의 관계에서 감정적 대응으로 인한 시비, 구설 등이 발생할 수 있으며 특히 부부간에 언쟁이 자주 생길 수 있다는 암시도 된다. 또 가정적으로 이상하게 늘 편안하지 못해서 힘든 삶을 살아가게 되는 경우가 많이 있다.

　월주에 겁재성이 있을 경우에는 직장인으로 장기 근무하는 데 많은 어려움이 있다는 암시도 있다. 자신의 일을 찾아 하는 것도 좋을 수 있다. 즉 자유스러운 일을 하는 것이 더 좋다는 것이다. 전문직이라든가 자격증을 가지고 사업을 한다든가 전문기술로 창업을 한다든가 하면 좋겠다.

　남녀 간에 이성 문제로 골머리가 아플 수 있으니 이 점은 유의해야 한다.

◆ 일주의 비겁

　일주의 비겁을 어느 학파에서는 일주에는 비견은 있어도 겁재는 없다고 보는 경우도 있다. 그런데 이 이론을 잘 음미해 보면 참으로 일리가 있다.

　일지의 비겁은 신의가 있고, 정의감도 있고, 경쟁의식도 있으며 또 지는 것을 싫어한다. 사소한 일에서 언쟁이 생겨도 지는 것을 싫어한다는 것이다. 성격상 원만하고 화통하면서도 완고한 점도 있고 융통성이 때로는 부족하기도 하다. 이 점을 개선한다면 참으로 좋은 성격으로 변한다. 사주나 대운에서 인성이 있으면 이런 성격은 더욱 두드러진다.

　여러 사람들과의 관계에서 그리 좋은 관계를 오래 지속하기는 어렵다. 또 가정에서도 자신의 고집을 꺾지 않는 특성도 있다. 여자일 경우는 더욱 강하게 나타난다고 본다.

◆ 시주의 비겁

시주에 있으면 자손과의 관계가 원만하지 못하다는 암시가 있으나 크게 신경 쓸 부분은 아니다. 시의 작용은 워낙 미미하기 때문이다.

자녀가 일찍 결혼을 한다든가 아니면 일찍 떠나 살게 되든가 한다. 심한 경우는 자녀와 인연이 아주 멀어지는 경우도 있다. 자녀 때문에 많은 신경을 쓰거나 재산을 날리기도 한다. 아니면 말년에 운이 좋지 않아서 힘든 시기를 보낼 수도 있다.

(2) 비견(比肩) 겁재(劫財)와 남자의 운명

비겁에 대한 부분을 위에 어느 정도는 기술했으나 남녀의 차이라는 것이 분명하게 있기 때문에 남자 편과 여자 편으로 분류해 비겁의 특성과 운명 작용에 대한 서술을 해 보겠다.

비견은 남자 형제, 겁재는 여자 형제를 본다. 그것은 같은 오행이면서 음양의 관계로 그렇게 분류를 해서 보는 것이다. 그러나 그 적중률은 그리 신통하지는 못한 것 같다. 형제자매, 동료, 친구 등등으로 보는데 가장 적합한 별인 것은 분명하다.

사주의 년간이나 월간에 비겁이 있으면 자수성가의 의미가 있으며 부모와 떨어져 살게 되는 암시가 있다. 대개는 부모와의 인연이 좋지 않은 것으로 본다.

비겁은 관성의 극을 받는 것이 좋다. 同柱가 아니고 좌우로 극을 하는 것이 좋다. 관성이 없으면 안정이 잘 안 된다.

일지에 있으면, 즉 甲寅, 乙卯, 丙午, 丁巳, 庚申, 辛酉, 癸亥, 壬子 등이

면 마음이 크고 도량이 넓다고 하는데 실제 임상에서는 그렇지 않은 경우도 많이 나타난다. 다만 남에게 굽히는 것을 잘 못한다. 절대로 마누라에게 굽히지 않는다고 하는데 사실인 것 같다. 그러면서도 기분파에 속해서 사람이 참으로 좋다.

재성이 있으면 여자가 잘 따르는 타입이다. 재성이 지지에 있으면 년지에 없고 일지에만 있어도 그렇다. 비겁과 재성이 동주에 있으면 무능해질 수 있다고 하는데 매우 의미 있는 부분이다.

비겁이 운명성이면 수행자의 운명을 타고났다고 하는데 이는 어쩌면 독야청청 하고자 하는 성격이 있어 그렇게 말하는 것이라고 본다.

비겁은 사주에 나타나려면 강력하게 나타나는 것이 좋다. 庚일주의 경우, 즉 경우는 좋지 않지만 庚申은 좋다. 대운에서도 강하게 들어오는 것이 좋다.

▌사주의 년월(干)에 비견이 있으면서 극을 받지 아니할 경우

위로 형이 있다고 보는데 만약 극을 당하면 장남 격이라 장남이든지 차남이라도 장남의 역할을 하게 된다. 심할 경우 위의 형이 병약하든지 단명하는 경우도 있다.

사주의 년간, 월간에 비겁이 있으면 용기가 있고 사교성도 좋은 사주이다. 친우를 좋아하며 교제도 좋아하는 타입이다. 활력이 넘치고 침착한 듯하면서도 그렇지 않은 경우가 더 많이 보인다. 뭔가 활동을 계속하는 타입이라는 말이다.

꿈도 강하고 크나큰 사상을 갖고 있다고 본다. 사람들과 사귀게 되면 친한 속도가 매우 빠르지만 멀어지면 옛정을 쉽게 잊어버린다는 점도 있다. 그러나 이곳에 비겁은 부모와의 인연이 다소 좋지 않은 경향이 있다.

비견 겁재가 천간에 있는데 지지에 관성이 있어 극을 하고 있으면 말을 잘하기도 하지만 언어에 뼈가 있다. 그리고 매사에 확신을 가져 호언장담을 잘한다. 무슨 일이든지 말로는 안 되는 일이 없다. 말은 잘하지만 실천력은 그에 미치지 못하는 경향이 있다. 드물게는 사람을 배신하거나 배신을 당하는 경우도 많이 본다.

형제자매에게 불행한 일이 있게 되고, 단명, 빈한, 외로운 입장에 처해지는 일이 있다. 형제자매 중에 방종이나 오락 등에 빠져 자신을 망치는 사람도 있다. 그러므로 주색을 멀리하고 항상 건강관리에 유의하며 지낸다면 아주 즐겁고 행복한 인생을 살아갈 수 있는 운명이다.

대개 이런 사주의 소유자 중에 교통사고로 사망, 부상당하는 경우가 많고 극심한 사람 중에는 암흑가의 보스, 타인을 살해하거나 자살자 등이 가끔 보인다. 형무소 생활을 한다든지 마약이나 알코올중독자 등도 있다. 그렇지 않으면 신상에 문제가 있든지 건강에 문제가 생겨서 고생을 많이 하는 사람도 있다. 아무런 문제없이 지내는 사람은 말년에 중풍에 걸릴 확률이 많으므로 각별한 주의를 요한다. 중풍으로 반신불수 된 사람 중에 가장 많이 나타나는 사주이다.

어찌되었든 술과 여색을 극히 조심하고, 언어 표현에 살이 있으니 말을 아끼고, 사람을 너무 믿지 말고 지낸다면 안락한 일생을 보낼 수 있는 사주이다. 이상하게 이런 사람의 언어에는 맞는 말인데 듣는 사람은 기분이 좋은 것이 아니라 기분이 안 좋아진다. 그러므로 언어 표현을 잘할 수 있는 방법을 숙달시킬 필요가 있다. 그러면 크게 발신하는 사주이기도 하다.

대개 언어능력이 좋고 인기가 좋다. 인기로 살아가는 직업에 적합하겠다.

┃사주에 비겁이 많을 때

　비겁이 많으면 부부간에 떨어져 산다든가 직업상 자주 떨어져 있거나 한 지붕에서도 떨어져 있거나 밤이 조용할 수 있는 운명이다. 비겁이 없으면 사람이 좀 그렇다고 하는데 쩨쩨한 사람이라고 본다. 재성이 있으면 주색잡기에 능하다는 말이 있다. 이런 점을 주의해야 한다. 비겁에 식상이 있으면 부모운이 좋지 않다.

　비견 겁재는 참으로 좋은 특성이 많다. 마음도, 성격도, 운도 활력이 있으며 무슨 일이든지 할 수 있다는 용기도 있다. 인간관계도 참으로 잘할 수 있는 특성이 있는 별이다.

　계절로 비유하자면 한여름의 태양과도 같고 나무로 말하자면 가장 만개해 무성할 때이다. 청년 시절을 의미하며 한낮의 활력 있을 때를 의미한다. 비겁은 봄을 상징하는데 해석상 이렇게 표현하는 것이다. 청년 시절이라 활력과 정력이 넘치며 사회활동을 하는 데 힘이 모자라 못하는 경우는 없는 강한 운기가 있다. 그러므로 이때 기초가 잘되어 사회 진출을 해서 활동을 한다면 대단한 성공을 이룰 수 있다.

　사주에 비견 겁재가 많은 사주는 늘 마음에 자신감이 있으며 대인관계 능력도 좋아 남녀노소를 불문하고 잘 사귀어 어울릴 수 있다. 타인에게 불쾌감을 주지 않고 사람 좋다는 인상을 준다. 그러다 보니 친우를 좋아하고, 술, 여자, 오락 등 잡기에 소질이 있고, 방종의 특성도 있다. 돈이 생기면 나중은 생각지도 아니하고 생기는 즉시 써 버리며 돈을 모으는 기회를 그냥 지나치는 경우가 허다하다.

　돈이 있을 때는 마음이 커져서 술이나 여자를 가까이 하고 엉뚱하게 써 버리는 수도 있으니 유의를 바란다. 그리고 없을 때는 용돈조차 없어서 쩔쩔 매는 일이 있다. 그래도 마음은 담대해서 기가 죽지 않고 큰소리를 탕탕 친다.

 이런 사주 가운데에는 극에서 극으로 치닫는 특성이 있어 대기업 회장, 사장, 저명인사 등이 많은데 반대로 아주 바닥에서 허덕이는 사람도 있다. 간혹 타인의 자본을 융통해 사업을 하여 크게 성공하는 사람도 있으나 사업 실패로 배신을 하기도 하며 자신이 배신을 당하기도 한다. 그러므로 사기성이 있는 사람도 있다는 말이다.

 마음은 늘 꿈이 있어 없어도 없는 티를 내지 않는다. 없어도 기가 죽지 않아서 무일푼으로 친지의 돈을 빌려서 사업을 하는데 실패하면 떼어먹고도 잘 지낼 수 있는 타입이다. 언제라도 벌 수 있다는 신념은 살아있어서 수중 무일푼이라도 기가 죽는 경우가 드물다.

 늘 바쁘게 움직이거나 해외 등으로 활동하는 직업이 맞으며 앉아서 일하는 사무원은 맞지 않고 장사를 해도 크게 하는 타입이다. 투기업, 운수업, 도매상 등에 적합하고 소개나 중개업, 외직, 외무 사원 등이 좋다. 운동이나 기자, 경찰 계통에도 많이 종사하는 것을 볼 수 있다.

 또한 가정에서는 민주적인 것 같으면서도 왕 노릇을 한다. 부인을 편안하게 해 주지는 못한다고 본다. 그러나 돈이 있으면 가정에서도 친지간에도 잘한다. 인정이 많아 잘 도와주는 타입이다.

▌사주 천간의 비겁이 극을 받지 않는 남자

 사주의 천간에 비견이나 겁재가 있는데 동주 지지에서 극을 하지 않거나 천간의 바로 옆에서 극을 하지 않을 경우를 말한다. 이러한 사주를 타고난 사람은 대인관계나 인간관계를 잘할 수 있을 뿐만 아니라 언어 구사력도 좋은 사람이다.

 어릴 때부터 주위 사람들에게서 귀여움을 받는다든가 사랑을 많이 받게 된다든가 한다. 학교에서 공부를 잘하든가 잘하는 것이 있어 주변의 부러움을 사기도 한다. 성장해서는 대인관계 능력이 좋아 사업을 하든 직장생활을 하든 간에 인정을 받게 된다. 무슨 일을 하든지 사람들이 잘 따르고 친밀감을 주며 인상 자체도 호인형, 호감형인 경우가 많다. 그러므로 외교, 외근 사업, 상업 분야에서 크게 성공을 한다. 즉 외교력이 있는 사주이다.

어른이든 연장자든 어린 사람이든 간에 잘 어울리며 융화력도 있으며 기분파에 속하는 사람이라 돈을 쓰기도 잘하고 노는 것도 아주 좋아한다. 그러기에 친구, 친지도 많고 또 인기도 좋아서 많은 사람들에게 좋은 인상을 주는 타입이다.

그렇기 때문에 이러한 운명의 소유자는 주색잡기 중 한 가지라도 좋아하면 안 된다. 왜냐하면 사람도 잘 따르지만 본인 자신도 노는 것을 사양할 줄 모르기 때문에 술, 여자, 오락, 투기 등을 좋아해 가정은 물론 사회적으로도 신용이 떨어져서 크게 곤란을 당할 수 있다. 그렇지 않으면 대부분 성공해 잘 지내는 경우가 많다. 특기나 잘하는 것이 있을 수 있는 사주이므로 그 특기를 살리면 더더욱 발전을 한다.

▎사주의 지지에 비겁이 있는 경우

이러한 구조의 사주에 천간이나 지지 옆에서 극을 하지 않을 경우에는 사람이 아주 명랑한 구석이 있으며 가정이나 친척 간에도 인정으로 잘 대하는 인간적인 면이 있는 사람이다. 비교적 원만하고 화목한 사이로 지내는 것을 원하는 사람이며 그런 분위기를 잘 만들 줄도 아는 사람이다. 즉 사람들에게 편안함을 줄 수 있는 사람이다.

언어 표현력도 좋은 편이다. 때로는 농담도 잘하며 돈이 있으면 쓸 때

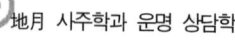

는 아낌없이 쓸 줄 알며 돈만 아는 그런 사람하고는 전혀 다른 면이 있는 인생의 멋을 아는 사람이다.

그런데 가정에서 부인에게는 독재자형으로 자신의 고집을 부리는 경우가 많이 있다. 이것은 아마도 비겁의 특성 때문일 것이다. 그러니 모든 사람들은 참으로 집에서 부인에게 잘해 줄 것이라 생각해서 부인 되는 사람이 남편을 잘 만났다고 할 것이지만 정작 부인은 은근히 골병들면서 살아가야 할 것이다.

단점이라고 보기에는 좀 그럴지 모르겠으나 실천보다는 말이 앞서는 경우가 있다. 이러한 점은 조금 주의가 필요하다.

내근이나 앉아서 하는 일보다는 활동을 많이 하는 일이 어울린다. 용기와 배짱도 있는 사람이라 자기의 자금이 없으면 타인의 자본을 융통해 사업을 해서 크게 성공을 하기도 하는데 이 사주의 특성 중 하나가 속성속패한다는 점이 있으므로 이를 늘 염두에 두고 운이 오를 때 반드시 내리막길을 위해 준비를 해야 한다.

이런 사람은 돈을 좀 벌면 친지 친척들에게 빌려 주거나 도와주는 등의 일로 많은 도움을 주기도 하지만 본인이 어려울 때에는 전혀 도움을 받지 못하는 타입이다. 이는 어쩌면 본인이 인간관계에서 어떤 문제점이 있어서일 것으로 생각된다.

대부분 이런 사주는 자수성가하고 부모의 재산을 받으면 백전백패하는 것을 명심해야 한다. 자신의 힘으로 성공하려고 하는 정신력도 매우 강한 타입이다. 가능한 한 집안에서 부인에게 양보하는 마음으로 살아간다면 참으로 좋은 운명의 소유자라고 볼 수 있다.

비겁이 많고 강력하면 활동을 많이 하고 많이 움직이라는 운명이다. 운동, 여행, 사회봉사 활동 등등. 이런 사주에 종종 여자가 바람나거나 도망

가는 경우도 있다. 또 건강에 주의하라는 운명이다. 장남이나 장녀가 아니라면 형제를 극하는 작용력이 있어 형이나 누나, 언니, 오빠를 극하는 작용도 한다는 것이다.

비겁이 많은 사람은 동향인, 동창생, 옛 친구 등등 동창모임이나 친목모임에 자주 가면 이곳에서 손재, 손해를 당하게 된다. 돈 잃고 사람 잃고 할 수 있다. 보증을 서 주거나 하면 손해를 보니 늘 조심하라는 것이다. 살아가는 데 늘 경쟁하듯이 살아가야 하고 배신, 사기, 방해자가 늘 따라 붙는다는 것이니 이런 점을 조심해야 한다. 쓸데없는 만용이나 고집은 실패하는 지름길이다. 직장인은 자리를 오래 하기 어렵다. 스스로 일어서는 것이 좋다.

비겁이 많으면 처자 액운, 남녀 모두 부친운이 좋지 않고 부부는 이별하게 된다. 그러나 비겁이 잘 활용되는 사주는 좋은 친구가 많이 있으며 인기도 좋으며 재복도 아주 좋다. 자신감 있고 또 하면 되는 운을 타고났다. 가는 곳마다 즐거운 일이 많고 귀인이 항상 따른다. 인정받고 신망을 받으며 건강도 좋고 사람답게 보람 있게 살아가는 운명이다.

년월일시의 비겁성에 대해서는 비겁론을 참조해야 한다. 비겁보다 겁재가 나쁘다는 것은 타당하지 않다. 다만 운의 작용상 비겁 중에 겁재가 강한 작용을 할 수 있다는 정도이며 또 겁재라는 이름에 걸맞은 특성이 있다는 정도이다. 그러나 겁재가 잘 활용되면 아주 크게 발신하는 것이다.

▍비견 겁재성이 운명성인 남자의 운명

비겁이 운명성으로 되어 있다는 것은 기본, 기초, 성장기의 기본 확립이 참으로 요구되는 사주이다. 즉 기초가 튼튼하고 잘되어야 성공한다는 운명의 소유자이다. 이 말은 이러한 것을 충족하는 데 어려움이 따를 수 있는 운명이라는 암시가 있다. 자의든 타의든 그럴 수 있다는 것이다.

사람이 천성이 착한 점이 있으며 자신이 아는 사람들과는 잘 지내려는 마음이 있고 형제나 친지 간에도 우애 있게 지내기를 바라는 사람이다. 대개는 가정적인 타입이 많으면서 사회성도 대단하다. 그러므로 이를 단정하기는 매우 어렵다. 두 가지 모두를 가지고 있는 사람이라고 할 수 있겠다.

자존심도 매우 강하며 남자이면서도 때로는 여성적인 점도 내포되어 있다. 그냥 남에게 주는 것도 받는 것도 싫어하는 면이 있으며 남에게 신세를 지면 늘 잊지 않는 점도 있는 사람이다. 남에게 돈을 빌렸을 때는 그 돈을 갚기 전에는 마음을 놓지 못하는 세심한 면도 있고 약속을 매우 중요시하는 타입이다.

드물게는 정신 나간 사람처럼 행동하기도 하고, 아주 이기적이고, 사람을 이용해서 돈을 벌고, 사람을 교묘하게 이용하는 아주 교활한 사람도 있다. 또 아주 드물지만 인정도 많고 농담도 좋아하는데 끈기는 조금 부족한 사람이 의외로 많이 나타난다. 독립정신은 있으나 실천력이 부족한 사람도 있고 사교적이지 않은 사람도 있다. 사주에 운명성이 없든가 아주 약하게 나타났을 때 이런 성향이 있다는 것이다.

그렇기 때문에 운명성이 비겁으로 되어 있는 사람은 자립능력이나 독립심을 강하게 갖고 과감하고 용기 있게 도전정신으로 매사에 임해야 하며 사회 활동을 해야 한다. 대인관계도 많이 갖도록 노력을 하고, 잘 어울리면서 쓸 때는 쓰고, 명랑하고 즐거운 마음으로 인간관계를 갖는다면 많은 돈을 벌 수 있으나 적극적이지 않고 소극적으로 행동하거나 생각만 하고 실행을 하지 않거나 적극적이지 않으면 큰 성공을 할 수 없다. 이는 일반적인 이야기가 아니고 비겁 운명성인 사람에게 경고성인 말이다.

직장인이라면 주인이나 사주(社主)는 큰 이익을 보는 사주이다. 그러니 당연히 본인도 좋아질 수밖에.

비겁이 운명성으로 되어 있는 사람들은 난세, 즉 변란, 혼란기, 사회적 소요기, 개인적으로 혼란기·시련기일 때에는 능력 발휘를 잘 못하는 특징이 있다. 평화기, 안정기, 개인적으로 큰 혼란이나 시련이 없을 때 크게 발신을 할 수 있는 운명이다.

또 드물게 건강의 상태가 안 좋을 때, 즉 어딘가 늘 아프거나 좋지 않을 때 돈이 잘 따르는 이상한 특성이 있다. 비실대던 사람이 건강이 좋아진 다면 그때부터는 금전운이 좋지 않다. 참으로 이상한 일이지만 임상에서 많이 본다.

가정적으로 결혼은 가능하면 천천히 하는 것이 좋다. 일찍 결혼하는 사람은 대부분 재혼을 하게 된다. 부부 갈등이 심하든가 떨어져 있을 때가 있다든가 남자가 밖으로 돈다든가 하는 경우가 있을 운명이므로 유의해야 한다. 어쨌든 간에 부부 갈등이나 풍파가 있을 수 있다고 본다. 아니면 건강상의 문제로 답답할 경우도 있다.

사람이 침착하고 착하고 인정도 많고 참으로 좋은데 이상하게 부인에게는 신경을 쓰게 만든다. 까다롭게 한다든지 신경이 예민하든지 해서 속을 썩이는 수도 있고, 부인 말은 듣지 않고 행동을 해서 속을 뒤집어 놓는다든지 하기도 한다. 어쨌든 간에 부인은 불편한 점을 감내하면서 살아가게 된다. 그렇기 때문에 마음을 너그럽게 갖고 지내면 참으로 가정이 편안하고 행복할 것이다.

돈을 쓸 때는 쓰고 돈을 벌 수 있는 찬스가 오면 이자 돈을 빌려서라도 용기 있게 밀고 나가면 성공의 고지에 이르는 사주의 소유자이다. 형제로 인해 도움을 받는 사람도 있지만 정반대의 사람도 종종 있다.

▌비겁이 장애성인 남자의 사주

비겁이 장애성인 사람은 생애 중에 친지, 형제, 가족 등으로부터 큰 시련을 겪을 수 있다는 암시가 있는 운명이다. 그 대상이 배우자일 경우도 있다. 성격이 참으로 좋아서 인정 많고 이해심 많으며 온순한 사람이 있다. 반면 성격이 강하고 부지런하고 활동적이며 매사에 집념이 강하고 앞만 보고 달리는 특성이 있어 크게 성공하는 사람도 있고, 웬만큼 살아도 더 잘살기 위해 대단한 집념으로 노력하는 사람도 있다. 드물게 외골수, 외고집을 부리는 사람, 아주 똑똑하면서도 때로는 맹한 부분이 있는 사람, 속이 좁아 밴댕이 속을 가진 사람도 있다. 이러한 운명을 타고난 사람은 돈에 관한 한 구두쇠로 살아가야 좋다는 운명적 암시가 있다.

어려운 환경에서 성장해 크게 성공하는 사람, 바닥에서 시작해 성공하는 사람, 즉 난세에 성공하는 타입이다. 난세나 혼란기, 줄을 잘 타서 큰 인물이 되는 수도 종종 있다. 어떠한 처지에 있더라도 기회가 오면 끝까지 도전해 성공할 수 있는 운명이며 실제 그런 사람도 많다.

그러나 부모의 덕으로 산다든가 큰 고생이나 시련 없이 사는 사람은 그냥 보통 사람으로 살아간다. 부모덕이라든가 기타 친지의 덕으로 살아간다든가 하는 사람은 이상하게 판단을 잘못해 크게 실패를 한다든가 좋았던 시절은 빠르게 지나가고 나이 들어 고생하는 사람도 있다. 이는 자수성가하라는 운명이기 때문이다.

돈이 모아지면 그때부터 구두쇠로 살아간다면 일생을 편안하게 살아갈 수 있다. 쓸데없는 고집을 부린다든가 만용을 부리면 추풍낙엽처럼 추락하는 수가 있으니 주의를 해야 한다. 대부분 돈이 좀 생기면 실속 없이 쓰는 사람, 투기성 있는 곳에 투자해 날리거나 오락이나 주색잡기 등에 돈을 낭비하기도 한다. 일생 이 점을 유의해야 한다.

인정상 도와주고 잘 대해 주지만 자신이 어려울 때는 아무도 도와주지 않는다. 즉 남에게 많은 도움을 주나 본인은 도움을 받지 못한다(이는 본인이 인간관계를 잘 못한다는 것이다). 돈과 여자를 행복하게 해 주는 데 부족하고 잘못할 수 있다는 것이니 이 점을 잘 생각해서 살아간다면 오히려 운이 좋아져서 크게 평안하다.

▌비겁이 초년 대운에 있을 때

비겁은 자유롭다는 의미가 강하다. 타인의 지배나 구속을 받지 아니하고 자기 소신껏 행동하는 특성이 있기 때문에 운명은 이러한 사람에게 그러한 길을 가게끔 만들어 준다.

초년은 어린 시절을 주로 지칭한다. 또 부모의 보호 아래 성장을 하고 공부도 하는 시기라고 본다. 어쩌면 인생의 기초를 잘 다지는 시기라고도 말할 수 있다. 그런데 이 시기에 비겁운으로 되어 있으면 자유롭게 자기 소신껏 타인의 구속이나 지배를 받지 아니한다는 작용을 하게 된다. 그러므로 자신이 원하는 대로 공부도 하고, 하고 싶은 것 다 해 보고 부족함이 없이 성장하는 사람도 있다. 그러나 그 숫자는 많지 않다.

내가 부모 곁을 떠나든가 부모가 나의 곁을 떠나든가 생활이 여유가 없거나 부모의 능력 부족으로 스스로 살아가야 하는 경우가 많은 것이다. 또는 가출하거나 문제아가 되어 많은 시련을 겪는 사람도 있다. 이러한 운에 든 사람의 사주에 인성이 있으면 부모의 운이 이때부터 약해져 힘든 시기를 보내거나 심하면 조실부모자도 있다. 그러나 대부분 주변 사람들에게는 평판이 좋고 미움을 사지 않는다.

비교적 건강한 체질을 타고났다고 본다. 그래야 스스로 일어설 수 있다. 참으로 자연의 섭리는 오묘하다.

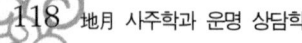

▎비겁이 중년 대운에 있을 때

사계절 중에 가장 화려하고 아마도 전성기가 여름이라는 데 이의가 없을 것이다. 오행사상에서는 사계절 중에 여름이 전성기의 시기라고 하는데 인생에서의 중년기도 전성기의 시기라고 분류를 한다. 그렇기 때문에 사주학에서는 중년을 매우 중요하게 취급을 한다. 인생에서 중요하지 않을 때야 없겠지만 중년기는 자신의 전성기 시기라고 못 박고 있다.

비겁은 강력한 추진력과 결코 밀리지 않는 힘을 가진 별이다. 그러한 별이 중년에 있으면 시기적으로 가장 운이 왕성하다고 본다. 정말 살맛나는 운이라는 것이다. 이 운에는 물질에 구애받지 않고 자기 소신대로 행동하면 무엇이든지 안 되는 일이 없을 것이다. 그런 정도의 운이라는 말이다.

군인, 경찰, 외교관, 정치가, 기자, 해외 유학, 무역 등 왕성한 활동을 필요로 하는 일에 좋으며 대개 이런 운에 그렇게 한다. 운수업, 운전기사 등에 종사하는 경우도 있다. 투기성이 있는 일에 종사하기도 한다. 도박, 경마, 주식 등에 종사하는 이도 있다.

대체로 집을 떠나 타 지역에서 활동하는 경우가 많이 있다. 이런 운에는 놀고먹는 사람, 주색에 빠진 사람도 있고, 돈을 써도 돈이 따르는 그런 운이다. 어찌되었든 돈에 구애받지 않고 살아갈 수 있는 운이라고 본다.

돈을 벌기도 잘하고, 쓰기도 잘하는 운이다. 그러나 이런 운이 항상 있는 것이 아니므로 이런 운에 장래를 생각해 미리미리 준비를 해야 한다. 그리고 이런 운에는 속성속패하는 경향이 매우 높다. 의외로 안 되는 일만 골라서 엄청난 에너지를 소비해 허덕이는 사람, 방종이나 주색잡기에 빠지는 사람도 종종 나타난다.

▋비겁이 말년 대운에 있을 때

사람의 성격을 타고난 것으로 보느냐 아니면 환경이나 상황에 따라 만들어지는 것으로 보느냐를 이야기하라면 이는 참으로 한마디로 말하기가 어려운 문제일 것이다. 그러나 사주학적으로 보면 타고난 부분이 더 많다는 말을 할 수밖에 없다.

말년 대운에 비겁인 사람이 아직 중년이나 초년에 있는 사람인 경우라도 말년 대운의 성격을 가지고 있는 것을 보면 그렇다. 또 대운이란 오지 않았어도, 또 지나간 것이라도 운명에 영향을 주고 있다는 점이다.

각설하고, 말년 대운이 비겁인 사람은 대체로 성격이 명랑하고 유머 감각도 풍부하다. 무슨 일을 해도 뒤끝을 깨끗하게 마무리하는 성격이다. 혹 섭섭한 문제가 있다 해도 시간이 지나면 흐르는 물에 몸을 씻듯이 스스로 정리를 한다. 그러나 고집을 부릴 땐 강력한 면도 있다. 쓸데없는 고집은 때로는 자신을 힘들게 한다.

그리고 대부분이 젊었을 때는 몸이 그리 건강하지 못하다가도 나이가 들어가면서 오히려 잔병치레도 적게 하고 건강이 좋아져 활동 능력이 좋아진다. 즉 나이가 들어도 활동을 할 수 있으며 노익장을 과시할 수 있다. 이는 나이 들어서도 활동을 할 운명이라는 말도 된다. 의지할 곳이 없든가, 그럴 수 없는 입장에 있다든가, 아니면 자신이 그리 하는 것이 싫어서 그러는 경우도 있다.

인간의 운명은 참으로 조화롭고 합리적이다. 이러한 운이 올 사람이 활동할 능력을 타고나 스스로 살아갈 수 있도록 되어 있는 것을 보면 운명의 힘이 두렵기까지 하다.

어찌 되었든 간에 말년 비겁운은 의지할 사람은 멀리 떠나가고 의지할 수 없는 사람은 옆에 있는 사주이다. 의지할 사람과 떨어져 살면서 도움을 받는다든가 하는 사람은 괜찮은 일이겠으나 그렇지 않은 사람은 자손이 없든가, 동서남북 사방 천지 돌아보아도 의지할 곳이 없어 스스로의 힘으로 어렵고 외로운 삶을 살아가는 운명이기도 하다.

생활보호 대상자로 급여를 받아 근근이 살아가는 사람, 무의탁 양로원에서 지내는 사람, 문전걸식을 하다시피 살아가는 사람, 산 목숨 어찌하지 못하고 죽지 못해 근근이 살아가는 사람 등등 참으로 많다. 생활은 그런대로 괜찮은데 천덕꾸러기로 살아가는 사람도 있다.

그러므로 아무리 자손이 많고 재산이 있다 해도 노후관리를 젊어서부터 잘할 것을 간곡히 부탁드린다. 즉 스스로 살아가라는 운명이다. 그러나 돈도 넉넉하고 자손도 좋아서 하고 싶은 거 다 하고 아무런 구애 없이 편안한 노후를 보내는 사람도 점점 늘어나는 추세이다.

▎비겁이 년운에 있을 때

이런 운에는 활동을 많이 할 수 있다. 운이 왕성해서 힘과 능력을 발휘할 수 있다는 운이다. 동료나 누군가를 도와준다든가 도움을 받는다든가 하는 귀인의 의미가 매우 강하다. 혁신·개혁의 의미도 있는 운이다. 자유, 독립, 여행, 가출의 의미도 있다. 가정으로는 형제자매를 의미한다. 또한 건강을 의미하기도 한다.

이런 운에는 직장인은 타인의 추천에 의해서 승진, 영전하기도 한다. 자영업, 사업자 등은 과거의 미온적인 방식을 버리고 용기를 내어 과거를 탈피하고 개혁을 하게 되는 운이기도 하다. 거래처도 날로 좋아지고 발전하는 운이다. 자기 자본이 적으면 타인의 자본을 융통해 더욱 활기 있게 활동하는 운이기도 하다. 또한 도와주는 사람도 있고, 하면 되는 운이기도 하다.

이런 운에 모험을 해서 성공하는 사람도 많이 있으나 반면에 타인의 권고나 충동에 의해서 피동적으로 행동하는 자는 반대로 타인에게 속아 넘어가든지 판단 착오로 재기 불능한 입장에 처해 진퇴양난의 곤경에 빠지는 자도 있다. 그러니 신규사업은 이런 운에 타인의 말만 듣지 말고 자신의 능력과 한계, 과거의 경험을 토대로 자신의 일을 용기 있게 추진하는 것이 좋다.

비겁은 활동의 특성이 있으니 활동을 하다 보면 좋은 결과가 온다. 또 동서 사방으로 활동을 하고, 해외도 가고, 이리저리 바쁘게 움직이다 보니 위험성이 따를 수 있다. 그러니 교통사고 등을 주의해야 한다. 건강이 안 좋아 심한 경우 사망에 이르는 경우도 있다. 또한 형제자매, 친한 친구가 그런 일을 당하는 수도 있다.

이런 운에는 건강이 조금만 이상해도 전문의를 찾아 전문적인 치료를 하는 것이 좋다. 만약 건강이 나빠지면 아주 심각한 경우에 이르기도 한다. 장기적인 질병에 시달리던 사람은 이런 운에 자유를 찾는다.

▎비겁이 월운에 있을 때

활동을 하라는 운이니 많이 움직일 수 있다. 타지로 가는 경우, 해외로 가는 경우, 가까운 사람이 도움을 청하는 경우도 있다.

생활이 어려운 사람은 타인의 도움이 있을 수 있고 운이 좋아지는 운이다. 여유가 있는 사람은 타인의 도움이나 부탁을 받을 수 있는데 보증이나 금전거래는 절대 금물이다. 빼앗기듯이 달아나는 수도 있다. 인기 직종에서 일을 하는 사람은 이런 운에는 인기도가 높아지는 운이기도 하다.

(3) 비견(比肩) 겁재(劫財)와 여자의 운명

비견은 여자 형제, 겁재는 남자 형제를 의미한다. 아주 친한 사람을 표시하기도 한다. 활동을 의미하고 자유를 의미한다.

여자인 경우 '여자가 너무 대담한 거 아니야!'에 해당되는 사람이다. '대단해! 와, 정말 여자이지만 남자보다 뒤질 게 없다'는 것이다. 그러므로 비겁은 때때로 개성이 너무 강하다는 말을 듣기도 한다. 이런 점이 상승작용해서 외로울 수도 있다. 그러나 당당하게 자기의 깃발을 휘날릴 수 있다는 점에서 현 시대의 요구에 오히려 더 좋을 수 있다고 본다.

부드러움을 겸한다면 참으로 좋은 특성을 가진 별이다. 사회활동을 하면서 살아가는 데는 아주 좋은 별이다. 과거에는 이 별을 너무 강하고 남자를 극할 수 있다고 해서 아주 좋지 않게 평하는 시대가 있었지만 지금은 전혀 문제될 것이 없다.

겁재라는 것은 이미 설명했지만 나의 소유를 깨뜨린다는 의미가 있는 것은 사실이다. 이 비겁의 별은 여성성이 조금 적다고도 본다. 그만큼 활동력이 있다고 보아야 한다. 앞서 이야기한 비겁이 많은 경우를 참조하기 바란다.

여자는 남편(관성)이 있어야 행복하다. 그래야만 안정이 되는데 그게 그리 쉬운 일이 아니라는 것이다. 부부가 해로하기 참으로 어렵다. 형제자매 액운도 따른다. 여자 사주에 비겁이 많고, 월지에 비겁이 함께 하든가 비겁이 왕성하면 시댁이 시들어가고 몰락하는 경우가 허다하다. 시부모와 사이가 좋지 않으며 시댁 친지들과도 그저 그렇다는 것이다. 부부운도 약해지고, 즉 악연을 만난다는 것이다.

사주의 비견이 년월에 있고 지지 관성이 있으면 이를 지극천(地剋天)이니 좌극(座剋)이라 하여 자매 가운데 공직자, 국가기관과 인연이 있는 어떤 일을 하는 사람이 있으며 크게 발신하는 자매가 있다. 그러나 한편으로는 일찍 죽든가 그렇지 않으면 불행한 삶을 살게 되고, 겁재가 그렇게 되면 남자 형제 중에 그러한 일이 있다는 것으로 본다. 어찌 되었든 형제자매 중에 단명한 형제가 있든지, 그렇지 않으면 하는 일이 잘 안 되든지, 불평불만이 많든지, 빈한하든지 하는 형제가 있게 되는 운명이다.

또한 비겁은 언어 표현을 의미하기도 한다. 그래서 비겁이 극을 받는 경우에 대체로 언어에 경솔한 점이 있다. 말도 잘하고 경우도 분명한데 가끔 속을 뒤집는 말을 한다든지, 남의 마음을 콕 찔러 버리는 말을 해서 문제를 일으킨다는 사주이다. 그러므로 언어 표현에 대한 부분을 잘 고려해야 한다. 이런 문제가 나중에 가정 파탄이라는 심각한 문제로까지 발전할 수 있다는 점을 명심하시기 바란다. 대개는 결혼 후 부부가 자주 다투는 경우가 많다.

▌비겁이 극을 받지 않을 때

비견이 년 월 중에 있고 극을 받지 않으면 위로 언니가 있고, 겁재가 그러하면 위로 오빠가 있다.

사주에 비겁이 많은 여자는 자립 능력도 있고 비교적 건강한 몸을 타고 난다. 이러한 여자는 사회활동을 하는 것이 좋다. 활동을 하면 할수록 건강하고 좋지만 집에 있으면 건강도 약해지고 기분까지도 우울하게 된다. 그래서 가정에 화기애애한 맛이 없다. 현대사회에서는 여자의 활동 분야나 영역이 넓어졌기 때문에 이런 사주가 아주 적합하리라고 본다.

이런 사주는 남편의 벌이가 좋으면 괜찮지만 그렇지 아니하면 직접 나서서 돈을 벌어 가정생활에 도움이 되도록 한다. 그러나 그리 신통하지는 못한 경우가 더 많다. 즉 생활 여유를 찾는 데는 시간이 필요한 운명이라고 본다. 마음이 넓고 이해심이 깊어 어지간한 일에는 잘 이겨내며 또 뒤끝이 없다. 활동적이기 때문에 부득이한 경우라면 자신도 나가서 벌 수 있다는 자신감이 있고 보니 돈을 쓰는 데도 좀 잘 쓰는 편이다. 즉 계획성과 절약심이 부족한 편이다. 있으면 아끼지 않고 쓰는 타입이라고 본다.

대개 이런 사주는 남편을 잘 만난다. 자신을 아껴 주는 사람과 결혼해서 부부가 잘 지낼 수 있다. 또한 마음이 너그러워 타인을 도와주기를 좋아하고, 손이 커서 음식을 해도 많이 해야 하고, 그래서 푸짐하게 차려 먹고 이웃에게도 잘 베푼다. 세칭 통이 큰 여자, 그릇이 큰 그릇이라는 말도 의미가 있는 표현이다. 언어 표현 능력도 좋아서 유머도 있고, 사람 좋다는 소리를 듣고, 사람도 잘 따르는 편이다.

▌사주나 대운의 천간에 비겁이 있으면

친지나 친구, 즉 아는 사람이 많고 '오라는 데는 없어도 갈 데는 많다'는 속언처럼 이런 사주가 이에 해당된다. 사람들에게 인기가 있고 대인관계 능력이 좋다는 말이다. 사람 상대를 잘하는 능력이 있고, 지혜와 재치가 있어 사람들이 싫어하는 말이나 행동을 잘 안 한다. 임기응변도 잘하고 재치도 있어 나쁜 인상을 주지 않는다.

성장기에도 귀여움을 많이 받으며, 공부를 잘하든가, 하는 짓이 예쁘든가, 예체능에 소질이 있다든가 등 무언가 잘하는 소질이 있을 사주이니 그 장점을 살려 성장시킨다면 크게 발신할 수 있는 사주이다.

성장 후 사회에 진출해서는 상업·공업 등의 기타 분야, 사람을 많이 상대하는 일에서 아주 좋은 결과를 본다. 특히 장사 계통, 사람 많이 상대하는 일에서 고객이 잘 따르고 단골이 많아져서 성공을 한다. 인간관계를 잘하고 교제력이 좋아서 반드시 성공을 한다. 언어 표현 능력이 좋아서 그러한 분야로 진출해도 아주 좋다.

▎사주나 대운의 지지에 비겁이 있는 여자의 사주

이런 여성은 가족이나 친지에게 너그럽게 대한다. 먹는 것이나 입는 것이 인색하지 않고 서로 도와가면서 산다. 조금도 그러한 일로 불평을 갖지 않으며 없으면 모르되 있으면 아끼지 않고 도와주는 장점이 있다.

반면 돈이 생기기 전에는 쓸 데가 많고, 돈이 있으면 친지들이 계속 문전성시로 찾아오고 뜯기는 일이 많다. 그러므로 저축이 되지 않고 깨진 독에 물 붓기이다. 금전관리 능력에 관심을 가져야 한다.

▎사주의 년주, 월주, 일주, 시주에 비겁이 있을 때

◆ 년주의 비겁

사주의 년주에 비겁이 있는 여인은 부모의 덕을 듬뿍 받는 일이 쉽지 않다. 부모와 일찍이 떨어지게 될 수 있다는 것이다. 독립을 한다든가, 공부나 일 때문에 떠나 있게 된다든가, 부모의 직업이나 일로 인해 함께하는 시간이 적다든가, 부모의 이혼이나 이별 등의 이유로 초년운이 약하다든가, 부모가 서로 사이가 좋지 않아서 그로 인한 많은 고민을 하면서 성장을 한다든가, 병약해 고생을 한다든가, 심하면 조실부모를 하는 경우도 있다. 또한 본인이 속을 많이 썩인다든가 등등 아무튼 여러 가지의 이런저런 사연으로 인해 그럴 수 있다는 것이다. 조혼하는 사람도 종종 있는데 이럴 경우 대부분 부부 사이가 그리 좋지 않다. 이혼이나 별거 등의 시련이 있다는 것이다. 또한 이러한 사주는 부모의 뜻을 따른다든가 하는 일이 아주 드물다. 아버지나 어머니 두 분 다 사이가 좋지 않다든가 한다.

년주는 부모궁(父母宮)이라는 의미가 강하다. 그러므로 부모의 운을 보기도 하며 부모와 나와의 관계를 보기도 하는 것이다. 이를 잘 음미한다면 비겁이 년주에 있을 경우의 운을 가늠하는 것이 그리 어려운 일은 아닐 것이다. 부모운이나 집안운은 월주 비겁도 이와 비슷한 해석을 한다. 월주도 부모와 형제의 운을 가늠할 수 있는 곳이기 때문이다.

◆ 월주의 비겁

월주에 비견이나 겁재성이 있는 여인은 참으로 사람이 좋다. 인상도 대체로 좋다. 개성이 조금 강한 점은 있지만 좋아하고 싫어하는 것이 아주 분명한 여성이다. 또 사람을 대할 때에도 이 점이 두드러진다고 볼 수 있다.

이익과 손해를 머리로 굴려서 계산해서 사람을 대하기보다는 인간적인 부분, 정, 감정에 의해 사람을 사귀는 성향이 많다. 참으로 인간적인 사람이라고 본다. 그런데 이러한 점들이 언제나 나를 편안하게 해 주는 것만은 아니다. 이러한 장점들이 때로는 삶을 힘들게 하기도 한다는 것이다.

부부간에, 형제자매 간에, 친구나 친지 등의 관계에서 스트레스를 많이 받으면서 살아간다는 것이다. 이러한 점을 조정할 필요가 있다. 사주학에서는 이 점을 경고하고 있다는 것을 잊지 말기를 바란다.

이런 사주가 생일이나 생시에 비겁이 있다면 가까운 사람들과 돈 문제로 심한 충돌이 발생하기도 한다. 이상하게 가정적으로 편치 않아서 힘든 삶을 살아가는 사람이 의외로 많이 보인다. 즉 가정이 편안하지만은 않다는 운명의 암시가 있다.

사회적으로는 직장에서 힘들거나 속상한 일이 생기어 상사나 동료 간에 상처를 주고받는 경우가 있을 수 있다. 또 직장을 자주 변동한다든가 직업을 바꾼다든가 하기도 한다. 직장인이라면 장기 근무보다는 단기 근무가 좋겠다. 가능하다면 자기 혼자 할 수 있는 일을 한다면 더 좋을 것이다. 결혼 후에라도 계속 사회활동을 하는 것이 좋은 운명이기도 하다.

태어난 생월에 강력한 비견이나 겁재가 있는 여인은 직장생활이나 사회생활 중에 잘못하면 유부남과 깊은 사랑에 빠지는 경우도 있다. 아주 조심하라는 것이다. 남자든 여자든 이성 문제로 집안에 풍파를 일으킬 요인을 가지고 있다는 점을 알아야 한다. 즉 조심하라는 것이다.

◆ 일주의 비겁

태어난 날의 지지가 비겁에 해당하는 여인은 신의가 있고 정의감도 있고 자존심도 강하다. 때로는 자신이 믿는 일에는 고집을 부리는 경우도 있다. 자기가 하고 싶은 일은 꼭 해야 직성이 풀린다는 점도 있다. 원만하고 화통하면서도 완고할 때가 있는데 이러한 점을 보완한다면 참으로 좋은 성격이며 좋은 인생을 살아갈 수 있다.

그러나 사주에서나 대운 중에 인성이 있으면 위에서 이야기한 성격이 더욱 잘 표현되어 인간관계, 특히 가족, 친지와의 사이가 멀어질 수 있다. 장기적으로 사람을 사귀지 못할 수 있다는 것이다. 사귀기도 잘하고 잊기도 잘한다. 하고 싶은 말은 담아 두지 않고 하고야 만다는 점도 있다.

가정에서 자기중심적으로 일하는 경우도 있다. 또 사회성이 좋아 사회활동을 하면 수입이 좋다. 남편보다도 더 잘 벌 수 있다는 운명이기도 하다. 그러나 사주에 관성이 있다면 이러한 점은 많이 수그러져 오히려 아주 좋은 모습으로 변할 수 있다. 아무리 어려운 시련이나 난관이 있다 해도 이를 극복해낼 수 있는 강인함이 있다. 이러한 점이 때로는 자신을 힘들게 하기도 한다는 점을 알아야 한다. 일복도 많이 타고난 사주이다. 올

드미스 중에 이런 사주가 종종 보인다.

◆ 시주의 비겁

시주의 시주에 비겁이 있는 사람은 말년운을 조심하라는 부분이 있는데 이는 돈 관리를 끝까지 잘해야 하며 어느 누구에게도 권한을 주거나 돈을 움직이면 안 된다는 것이다. 특히 자녀에게는 절대 금물이라는 것이다.

열심히 고생해서 모아 놓은 돈을 말년이 되어 생각지 않게 손실을 당할 수 있다. 말년의 인생살이가 고달프고 풍파를 많이 겪을 수 있다는 것이다. 말년에 불행한 일을 당할 수 있다는 암시가 있으므로 이 점은 항상 잊지 말 것을 부탁드린다.

자녀가 일찍이 결혼을 한다든가, 다른 이유로 나의 곁을 떠나 살게 된다든가, 아주 소식이 멀어진다든가 하기도 한다. 또 자녀로부터 외면을 당할 수도 있다. 외롭다는 것이다. 자녀로 인해 모아놓은 재산을 날리는 악운이 따르기도 한다. 또 자녀 때문에 신경을 많이 쓰게 된다. 사별의 재난이 있기도 하다. 시주의 비겁은 자녀운이나 말년운에 좋은 작용을 하는 경우가 참으로 드문 것 같다.

■ 비견 겁재성이 운명성인 여자의 운명

형제자매와 사이가 좋고, 서로 도와주며, 서로 동정하고 의지하며 살아간다. 비견 겁재가 나타나서 운명성이면 형제, 오빠 아니면 동생의 도움이 있다. 결혼 전 부모 밑에 있을 때 별로 고통이 없이 지내는 사람은 이상하게 출가하면 남편, 자식들로 인해 고통이 있게 된다(스트레스를 많이 받는다).

비겁은 활동을 의미하므로 활동을 하지 않으면 안 되는 입장에 놓이게 된다. 활동을 하면서 살아야지 가정에서 살림만 하면서 살아갈 팔자는 아니다. 살림만 하게 되면 생활에 불만이 늘 떠나지 않는다고 본다. 활동을 하면 돈도 생기고 살림도 좋아진다.

또한 비겁은 자유로이 자기 의지와 신념대로 살라는 암시가 있는 사주라서 일단 결혼을 하면 시댁의 생활에 적응해야 하는 데 어려운 점이 따르는 경우가 많이 있다. 여러 가지로 스트레스를 받는다고 보는데 많은 여성들이 결혼 후 시댁으로 인한 스트레스를 많이 받는다. 그러므로 혼자 살면 이러한 고통은 없겠으나 결혼을 하지 않고 사는 경우는 아주 드물기 때문에 남편, 자식, 시댁 등으로 인한 스트레스를 받고 살아가야 한다는 운명을 피하기 어렵다.

예를 들면 남편의 외도나 엉뚱한 짓으로 부부가 화목하지 못해 다툼이 많이 있고, 심한 경우 생이별, 사별 등의 시련을 겪는 수가 있으며, 자손 역시 성장해 부모에게 불효를 한다든지 아니면 이런저런 일로 신경을 쓰게 한다. 이런 사주이고 보니 혼자 살면 평생 행복하지만 결혼을 하면 즐거움보다는 스트레스를 더 많이 받는다고 본다.

▎비겁이 장애성인 여자의 운명

자신의 신념대로 행동을 한다. 비견이 장애성이 된 사람은 자매 때문에 신경을 쓰지 않으면 안 되고, 겁재가 장애성일 때는 남자 형제 때문에 신경을 쓰게 되는 경우가 있다고 본다. 또한 자신의 성격이 도와주기를 잘한다.

어려서 조실부모해 부득이 형제를 돌보아야 하는 경우, 결혼 후에도 부득이 도와주어야 하는 경우 등이 있다. 여하튼 친정 형제 때문에 고통을 받는다. 고통을 받으면서도 형제자매에 대한 정은 좋아서 도움을 주고, 별 큰 기대를 할 수 없는 줄을 알면서도 여전히 도와주어야 마음이 편하고 자신보다도 형제에게 더 잘한다. 이런 사주는 결혼을 하면 가급적 이러한 일을 하지 않아야 좋다. 해 봐야 나중에 돌아오는 것은 참으로 씁쓸할 뿐이다. 도량이 크고 아량이 넓어 주위 친지들에게도 인기가 있고, 가정 분위기도 부드럽게 만들어 가정에 화기가 가득하나 자기 장래와 자손을 생각해 경제적으로 지독하다 할 정도로 생활을 해야 한다. 그러면 말년에 행복한 생활을 할 수 있다. 인덕이 없는 사주므로 도와주어도 아무 소용이 없다는 점을 명심하시기 바란다.

▍비겁이 초년 대운에 있을 때

인기가 있어 타인으로부터 칭찬을 많이 받는 사주이다. 운동, 음악, 미술 등 어떤 특기가 있는 경우도 많이 있다. 특기를 잘 발전시켜서 성장하면 아주 좋은 운명이 될 수도 있다. 집을 떠나 공부하는 사람의 사주에 이런 사주가 많이 있다. 초년 대운 비겁은 년주나 월주의 비겁과 같은 작용을 하는 경우가 있다. 참고해 응용하기 바란다.

▍비겁이 중년 대운에 있을 때

성격이 화통하고 도량이 넓어 다소 불평이 있어도 내색을 하지 않고 화목에 노력을 아끼지 않는다. 친척이나 친지, 시댁, 시가 친척 등과 화목하고, 잘 도와주며 협조해 장남의 부인으로는 가장 적격이다. 가정에서는 물론 상업을 하면 인심이 좋고 교제력이 좋아 단시일 내로 고객이 늘어나고 장사가 번창하는 운명이다.

결혼하지 않은 사람은 명예가 사방에 떨치고, 결혼한 사람은 남편은 성실하고 돈을 잘 벌어 고생을 모르고, 타인을 도와가며 평안한 세월을 보낼 수 있는 사주이다. 자신이 직접 사회활동을 해서 돈을 많이 버는 사람도 있다. 여하튼 누가 벌든 의식에 구애 없이 쓰고 싶을 때 쓰고, 남을 도와가며 여유 있게 살아갈 수 있는 운명이다. 이런 여자를 장남 며느리로 삼으면 집안이 번성하고 화목하게 될 수 있는 운명의 소유자이다.

▌비겁이 말년 대운에 있을 때

누구에게도 구애받지 않고 자유로운 분위기 속에서 자신이 하고 싶은 일을 마음대로 하고 살 수 있는 운이다. 누구의 간섭도 받지 않고 살아가며 간섭을 싫어하는 성격의 소유자이다.

여자의 운명은 어디까지나 남자와 달라서 초년에는 부모에게 의지하고, 중년에는 결혼을 해서 남편을 내조해 출세시킴으로써 자신도 영화가 있게 마련이다. 말년에는 자손에게 희망을 걸고, 자손이 출세·성공함으로써 인간 생애의 가치를 얻고 또한 인생이 살아가는 근본적인 의미도 여기에 있다고 보는 것이다.

그러나 자기 마음대로 할 수 있는 운이라 함은 남편이 출세하고 돈 잘 벌고, 자손 역시 출세·성공해 효도하고 그야말로 복이 많아 하고 싶은 대로 할 수 있는 처지라야 가능한 것이다. 이런 사주는 가끔 그런 운명의 소유자가 있지만 대부분 남편 먼저 이별을 하고, 자식이 없든가, 있어도 의지할 입장이 아니든가, 남편은 따로 살고 자기 혼자 사는 경우 등등으로 홀로 활동을 하면서 살아가는 경우가 허다하다.

이 사주는 노후에 대한 준비를 철저히 해 놓아야 된다는 운명이다. 그렇지 못하면 동가식서가숙(東家食西家宿)으로 아무도 의지할 데 없이 참으로 외롭고 한 많은 노후를 보내는 경우에 처한다.

신체상으로는 이상하게 나이가 들어도 건강해서 일찍 죽지도 않고, 늙은 몸을 이끌고 살아가야 하니 참으로 답답한 노릇이다.

■ 비겁이 년운에 있을 때

갇혀 있던 새가 풀러나와 사유로이 날아갈 수 있는 운이다. 이런 운에는 가정에서 주부로서 살림이나 하던 사람이라도 사회활동으로 돈을 벌어 살림을 더 한층 좋게 하는 사람도 있고, 현재까지 남편이 돈을 벌지 못해 고생을 하던 사람도 남편이 돈을 잘 벌어 살림이 확 피는 경우도 있다. 가정에 우환이 있어 장기간 고생을 하던 사람은 병이 낫든가 아니면 사망을 해서 자유를 얻는 운이기도 하다.

미성년자나 결혼 전의 여자는 타인의 충동에 의해 집에 있기 싫어 집을 떠나는 경우가 있다. 여하튼 이 운에는 자기가 무엇을 하려고 계획하는 사람은 시작을 하면 안 되는 일 없이 잘되고, 인기가 있어 운이 좋아진다.

반면에 남편만 의지하던 사람, 잘살던 집안의 사람은 남편의 사업이 점차로 쇠락해 수입보다 지출이 많아지고 계속 적자를 면할 수 없다. 계속 지탱해 나갈수록 파산 지경에 도달할 운이니 이 운에는 남편이 신규사업은 하지 말도록 적극 말려야 한다. 이 운에는 가출하는 여성도 있다. 남편이 사망하는 경우도 있다.

■ 비겁이 월운에 있을 때

가정에서 돈으로 걱정을 하는 운이다. 돈이 있는 집은 타인으로부터 돈을 빌려 달라는 부탁이 올 수 있고 또는 쓰지 않으면 안 되는 입장에 처하게 된다. 어쨌든 다소간 돈의 출혈이 있을 운이다. 가난한 사람은 용돈이 궁할 정도로 돈이 돌지 않는 운이기도 하다.

멀리 여행하는 경우도 있다. 여행 시 교통사고나 도난을 주의하라는 운이다.

2. 식신(食神)과 상관(傷官)

(1) 식신(食神) 상관론(傷官論)

사주의 일주가 생하는 것을 식상이라고 한다. 일주의 천간, 즉 내 자신과 음양이 같은 것은 식신, 음양이 다른 것을 상관이라고 부른다. 이 식신 상관을 식상이라고 줄여서 부르기도 한다.

식상은 정의감, 총기, 총명, 불굴의 정신력, 투쟁력, 아이디어 발명, 창작, 정직, 천진난만, 절개, 정조, 지조, 눈물, 어린아이 같은 마음 등의 특성이 있다. 식신 상관이라는 이름에서 나타나고 있는 것처럼 먹는 것, 소유하는 것에 대단한 복을 부여받았다고 본다.

상관은 관(官)을 상하게 한다는 의미인데 여성은 남자를 극하는 것으로 보기도 하지만 남자를 기쁘게 해 준다는 의미도 강하다. 뭐라고 해도 남자를 극(녹여)하는 것은 상관인데 이는 식신도 마찬가지이다. 매력이 있는 여자라는 표현이 상관의 특징 중 하나이다. 남자에게는 능력이고 역시 매력이 있는 포인트이다.

식신은 식복을 표현하는 대표적인 별이다. 식상은 꿈과 이상이 많고 때로는 마음의 변화가 많다고도 한다. 생각이 많으며 무슨 생각할 일이 있으면 많은 생각으로 밤잠을 설치기도 한다. 또한 자존심도 강하고 속으로 정도 많다.

식상은 자신의 활동 무대라는 의미도 강하다. 즉 자신의 능력을 발휘하는 별이라고 할 수 있다. 자신의 역량을 최대한 발휘한 결정체는 무엇일까? 사주학에서는 자식을 이야기할 수 있다. 그러므로 식상을 자식의 별이라고 하는 것이다.

활동 능력을 발휘하는 기능을 가진 식상은 재물운을 좋게 하는 능력도 함께 가지고 있다. 무슨 일을 하게 되면 아주 열심히 하는 타입이다. 여러 고객을 상대하는 직업을 가졌을 때 다양한 사람들의 취향을 거스르지 아니하고 잘 대해 주는 특성도 있다. 포용력도 있어 의지하고 싶은 사람이며 본인도 의지하는 것을 좋아한다.

어린아이의 별이라는 칭호를 가지고 있는 것을 생각하면 많은 것을 추론할 수 있는데, 이 별의 특징은 어린아이와 같은 점이 있다. 이런 마음이 전혀 없는 사람은 없겠지만 이 식상이 있는 사람은 어느 때는 아주 똑똑하고 영악할 정도로 총명함을 보여주고, 일을 할 때도 대단하게 열정적으로 하지만 한순간 싫어지면 언제 이 일을 했나 싶을 정도로 싫어한다. 잘 울고 잘 웃고, 즉 감정의 폭이 넓은 사람이라고 할 수 있다.

이 식상을 가진 사람 중에 남의 부탁을 거절하지 못하는 단점이 있으므로 이로 인한 손해를 보게 되는 경우가 있으니 주의를 하시기 바란다.

식상이 여러 개 있는 여자는 슬픈 사랑, 맺어지기 어려운 사랑을 하게 되는 경우가 있을 수 있으므로 유의해야 한다. 인수, 편인은 식신 상관을 극한다는 점을 잘 살펴서 운의 흐름을 파악할 필요도 잊지 말아야 할 부분이다. 즉 부모와 아주 좋은 관계를 유지하는가 하면 아주 인연이 좋지 않은 사람도 의외로 많이 있다. 이는 인성과 식상의 극과 그 작용에 의한 것이라고 본다. 이는 전문적 관찰을 요구한다.

사주의 년주에 식신이나 상관이 있는 사람들 중에 부모의 사랑을 많이 받고 많은 덕을 보면서 성장하는 사람이 있는가 하면 과거에는 잘살던 집안이었는데 본인이 성장할 때는 몰락해 어려운 환경이거나, 부모 곁을 떠나든가, 부모가 떠나든가 하는 슬픈 암시가 있다. 심한 사람은 부모를 욕되게 하는 행동을 하는 경우도 있다.

상하의 인간관계에서 분쟁이나 언쟁이 일어나서 스트레스를 주고받는다. 인정도 많고 다정다감하며 인간적으로 대하면서 살아가는 사람임에는 틀림이 없지만 의견 대립이나 생각의 차이로 인한 문제가 본인을 힘들게 한다. 또한 전혀 의도된 바 없지만 다른 사람에게 상처를 주거나 자신이 상처를 받는 일이 생겨 힘들게 하는 경우가 있으니 이 또한 운명의 작용이라고밖에 달리 말을 할 수 없다.

식상이 사주의 한 기둥에 나타나 있으면 교통사고나 부상을 조심해야 하는 암시가 있다. 본인 가까운 사람에게 그런 일이 일어나기도 한다. 식신일 경우보다 상관일 경우 그 작용의 의미가 확실하게 나타나고 있다. 이는 고전적 사주학의 입장에서는 그 설명이 다양한데 검증상 문제가 있는 것 같고, 필자가 보기에는 식신보다 상관이 더 솔직하고 식상의 의미를 확실하게 표현하는 힘이 있는 게 아닌가 하는 생각을 버릴 수 없다.

사주의 생월, 즉 태어난 달의 간지에 식신이나 상관이 있으면 부자의 사주라 해서 재물운과 식복운이 좋다. 사람들이 인정해 주고 알아주는 위치에 오를 수 있는 강력한 힘을 가지고 있다. 여자의 경우 남편이 출세를 한다든가 하는 행운도 있다. 대부분 총명한 편이며 눈치도 대단히 빠르고 행동도 아주 민첩하다. 자존심도 매우 강하기 때문에 자기를 드러내는 명예심이나 경쟁에서 이겨야 하는 성취욕 등이 꽤나 높은 편이다.

때로는 단순해서(좋게 말하면 순수) 일의 처리나 결정에서 너무 쉽게 판단하고 나중에 후회를 하는 경우가 있는데, 이때에 이르러서도 본인의 실수나 너무 쉽게 행동한 것을 인정하기보다는 원망을 다른 곳으로 돌리고 자신은 빠져나가려는 성격도 있다. 즉 어린아이 같은 경솔함이 있다고 해야겠다.

멀리 보기보다는 가까운 것을 더 잘 보는 능력이 있기에 멀리 보아야 할 경우에는 조언을 구하는 지혜도 필요하다. 그런데 이 경우 감수성이 너무 많아서 누가 말을 해 주면 그대로 몽땅 받아들여 오히려 역효과가 나타나는 수 있으니 꼭 한두 번 더 생각해 보기 바란다.

식상은 불평불만의 특성이 늘 나타나는 아주 고약한 의미를 가진 별이기에 수양을 쌓는다면 참으로 좋을 것이다. 여자의 경우 가정에서 살림만 하면 잘살든 그렇지 않든 간에 불만이나 불평이 늘 따르는 경우가 많다. 아니면 컨디션이 별로라서 어딘가 늘 아프다고 하는 경우도 있다. 남편이 자신의 마음에 들지 않는다거나, 남편의 벌이가 신통치 않다거나, 아니면 남편이 별 볼일 없어 보인다거나 한다. 이런 여인은 자신이 평생 직업을 가진다거나 활동을 해야 운이 좋다. 부부간에 충돌이 많든가 이혼이 많든가 하는 암시가 있으니 유의를 해야 한다.

식신 상관이 년이든 월이든 있는 사람은 형제자매가 많거나 잘살아도 별 도움이 될 수 없다는 암시가 있다. 또한 형제자매 중에 운이 좋지 않은 불행한 사람이 나타나기도 한다. 식상에 관성이 있으면(특히 편관) 부지런하고 열심히 살아가려고 무척 노력을 하지만 그 노력이 물거품(헛수고)으로 끝나는 경우도 의외로 많이 나타난다.

사주의 시주에 식상이 있으면 자식과 같이 살지 말고 따로 살아가는 것이 좋다. 그 이유는 시주는 자손의 운이나 말년(아주 말년)의 운세를 파악하는 중요한 열쇠인데 여기에 식상이 있으면 자손의 운세는 괜찮지만 본인이 함께 있으면 인성과 식상이 만나는 경우라서 상극의 작용을 하기 때문이다.

식상은 국가의 기관으로는 법을 만드는 국회나 농림수산부, 보건사회부 등을 상징한다. 사회적으로는 생산업, 농업, 수산업, 영세업체, 하청업체 등을 말할 수 있다. 인물로는 근로자, 노동자(일용직), 농어민, 서민, 종업원, 청소년, 학생, 자선사업가, 의사, 종교지도자 등을 상징할 수 있다.

신체의 질병이나 해당되는 부분은 신장, 방광, 자궁, 생식기, 하체를 의미하며 이에 대한 질병을 알아볼 수도 있다. 가정에서는 어린이, 즉 자녀를 의미한다. 집으로는 부엌, 목욕탕, 화장실, 하수구, 뒷문(다용도실문 같은 것)을 상징한다. 원혼으로는 어린 사람, 젊은 사람의 혼백을 상징한다.

계절로는 여름을 상징하기도 하고 봄을 상징하기도 하는데 옥 선생은 여름이라고 못 박고 있다. 여기서도 그분의 의견을 존중하기 때문에 그 이론을 채택한다.

필자가 이 이론을 채택한 후 25년 넘게 임상과 연구를 하면서 참으로 타당하다는 생각을 하고 있다. 연령으로는 20세 미만을 말하는데 옥 선생은 25세를 이야기했다. 성장 발달의 과정에서 본다면 20세 정도가 합리적일 것으로 필자는 생각한다.

상관성은 식신보다는 좀 거칠다고 해야 할까? 편관성이나 겁재성과 같이 상관성도 그 길흉이 아주 두드러지게 나타난다고 보아야 한다. 개혁, 성향, 투쟁, 정신, 반항 기질과 단점 지적하기 등의 특징이 잘 표현되기도 하는데 이게 길보다는 흉일 때가 문제이다.

식상이 인성을 만나게 됐거나 만나고 있을 때나 한쪽이 너무 강력하든가 또 한쪽이 너무 미약하지 않고 힘의 조화를 잘 이루고 있으면, 쉽게 말해서 들어오는(인성) 수입과 나가는(식상) 지출이 밸런스가 맞는다고 보면 지식이 풍부(인성)하고 지혜(식상)가 뛰어나서 좋은 능력을 발휘한다.

사주에서 비겁이 재성을 극하고 있으면서 그 작용이 나쁜 작용을 하고 있을 경우에 식상이 있으면 식상이 중간에서 조절해 좋은 방향으로 작용을 하게 해 준다. 이를 비겁이 식상을 탐해 재성을 괴롭히지 않는다고 하는 것이다.

사주에 재성이 없어도 식상이 있어 작용을 잘해 주면 큰 재물을 소유할 수 있다고 본다. 식상은 재성을 생하게 해 주는 능력과 힘이 있어 그러한 것이다. 또 식상이 관성을 극하지만 재성이 있다면 이 역시 큰 장애거리가 아니다. 마찬가지로 식상이 재성을 탐하느라 관성을 극하지 않는다고 보는 것이다. 이를 탐생망극(貪生忘剋)이라고 부른다.

관성이 여러 개든가, 모여 있든가, 힘이 강할 때는 식상이 있어(적당하게) 극을 해 주면 명예와 영광이 따르는 운명이라고 본다. 그러나 식상이 강력하고 관성이 그러하지 못할 경우에는 재난의 별이라 하여 재난이 끊이지가 않는다고 본다. 즉 전쟁 시 부대의 선봉 역할을 하는 처지와 같아 늘 위험과 재난이 따른다는 것이다. 여자는 이별, 질병, 누명, 싸움, 다툼 등이 있고, 매를 맞고 살기도 하며 많은 시련이 따르는 운명이 된다.

식상이 강력하고 관성이 약하든가 식상 대 관성으로 되어 있으면 질서와 도리에 순종하고 복종해야 운이 좋아진다. 그런데 이러한 사주는 대부분이 그러하지 못하고, 세상에서 시련과 고생을 하기 위해 태어난 사람처럼 행동하고 또 그렇게 힘든 삶을 살아가는 사람이 된다. 관성이 좀더 약하면 관성 위주로 삶의 길을 살아가야 되는 것이다.

식상이 운명성인 사람은 자손 위주로 살아가야 한다. 그러는 것이 운을 좋게 하는 길인 것이다. 그렇기 때문에 관성이 강하게 있는 사람은 식상은 호신(護身), 호재(護財), 호명(護命)자로 자신의 의지처요, 삶의 뿌리 노릇을 하게 된다.

　식상이 강력한데 관성이 약하면 소중하고 사랑하는 사람이 먼저 이별의 강을 건너게 되고, 관성이 강하고 식상이 약하면 자식이 먼저 이별의 강을 건너게 된다는 것이다. 이 모든 것은 운명이요, 참으로 슬픈 일이지만 나 자신이 가는 길이라는 점도 알아야 하는 것이다. 식상이 운명성이면 자식을 앞세울 수 있다는 점을 잘 음미하기 바란다.

　그러나 식상이 힘이 있어 관성을 조절할 수 있으면 인물이 좋고, 인품이 있고, 중후하고 후덕하며, 인정이 많으며, 인간적인 면이 있으며, 머리도 아주 좋아 지혜가 있고 총명하며, 직감력도 있고, 창조성, 응용성, 표현성, 경영 능력 등이 있다. 또 아랫사람이나 부하직원을 잘 다룰 수 있는 능력이 있고 멀리까지 내다보는 지혜가 있는 사람이다.

　교육 분야, 사회사업 분야, 종교 등 봉사적인 부분에 잘 맞으며 자신이 손해를 본다고 해도 남들에게는 잘하는 사람이다. 그러나 경우에 어긋나거나 강한 힘을 쓰는 자 등에게는 결코 굴복하지 않으며 어렵고 힘든 사람의 입장에 늘 서는 사람이다. 언어 표현 능력이 좋으며 설득력도 뛰어나다.

　이런 사주는 아주 합리적이고 설득력 있게 대해야지 강압적이거나 힘으로 밀어붙이면 승복을 안 하는 자존심도 있는 사람이다. 경우에 어긋나는 일은 하지도 않지만 보지도 못하는 사람이다. 정열적인 점도 있고 자신의 마음에 들면 손해를 보더라도 믿고 밀어주고 좋아하는 특성이 있다. 그러면서도 때로는 가정에서 조금 인색한 부분도 있다. 이것은 식상이 잘 작용하고 있는 특성을 이야기하고 있는 것이다.

　자식을 키워도 공부도 잘하고 우수하며 사회운도 좋아 성공을 하는 자녀를 두는 사람이다. 또 사람을 가르치는 일, 교사 등의 일을 하면 박사 제자를 많이 두고, 권력을 잡는 제자를 둔다는 것이다. 또 작은 회사, 가 내공업 등을 운영하면서도 함께 일하던 사람들이 나중에 나보다 더 잘되고 꼭 도와준다. 즉 나와 인연이 있던 사람들은 살되고 잘 풀릴 수 있다는 것이다. 이것이 식상의 특성 중 매우 의미 있는 부분이다.

직업으로는 가르치는 일, 즉 교육 분야, 기술 분야, 언론 분야 등이 어울린다. 자유직업을 갖는다 해도 할 말은 다 하면서 살아간다. 교육, 기술, 언론 등은 말을 많이 할 수 있다는 특징 때문일 것이다. 다른 사람들이 보아도 그렇고 주위에서 보아도 속이 시원하다고 하는 말을 많이 들으면서 살아간다. 지식도 풍부하며 상식도 풍부하다. 또 능력 발휘도 잘할 수 있다.

식상에 관성이 잘 어울리면 처의 덕이 있는 남자이다. 또 식상에 관성은 나의 자녀는 그저 그렇고 남의 자손은 잘된다는 것인데 어쩌면 여자의 자녀를 말하고 있는지도 모른다. 관성은 처의 자손, 즉 간접적인 자손이라서 식상에 관성이면 이러한 의미가 있는 것이다. 또 남 좋은 일을 많이 하지만 나의 가정과 자손에게는 기쁘게 해 주는 능력이 적다는 의미로도 나타난다.

식상에 관성이 있는 여자는 남편궁이 그리 좋은 편이 아니다. 남자를 만나고부터 어려워지는 일이 많아지는데 남자가 외출을 많이 하거나 떨어져 있으면 오히려 좋은 경우가 있다. 부부가 함께 장사나 일을 할 경우에는 남자가 밖에 나가 있으면 장사가 잘되고 함께 있으면 잘 안 되는 기현상을 보이기도 한다. 그러나 자손은 잘되어 옛 이야기하면서 살아갈 수 있는 운명이므로 기대해도 좋다.

▎사주에 식상이 많을 때

사주에 식상이 여러 개 있거나 강력하거나 할 경우에는 인성이나 비겁의 월주가 아니고, 일지 또한 비겁이나 인성이 아니면 심사숙고하는 마음이 부족하다는 것이다. 깊이 생각하고 다시 한번 생각하는 마음이 있다면 아주 좋은 작용을 하겠다.

월지 식상도 일단은 이에 해당된다고 보아야 한다. 그러므로 말을 가볍게 하는 경향이 있는데 너무 단순하고, 솔직하고, 쉽게 일에 대한 결정을 하고, 쉽게 포기하고, 단념하고, 체념하는 경향 때문에 스트레스를 많이 받는 성격이라고 본다.

좋고 싫은 것이 금방 얼굴에 나타나며 생각이 의외로 깊지 못한 부분이 있어 말을 많이 한다든가, 쉽게 말을 한다든가, 생각이 깊지 못하거나, 때로는 농담도 심각하게 받아들인다든가, 속이 생각보다 넓지 못하다든가, 또 사람을 무시한다든가 하는 성향이 있다.

자신의 일보다 타인의 일에 관심이 많으며 열심히 해도 공은 나에게로 오지 않고 타인에게 간다는 암시도 있다. 자신의 마음에 드는 것만을 취하는 단점은 반드시 고쳐야 한다. 반항 기질, 반항심 같은 것이 있으며 그러다 보니 매사에 불만이 많을 수 있고, 좋고 싫고의 생각이 너무 자주 바뀌며 때로는 하극상의 성격도 있다. 차근차근 한 발씩 전진하는 일에 매력을 못 느끼니 출세·성공이 어렵고, 눈만 높아서 되지도 않을 일에 목을 매는 경우가 있으니 주의를 해야 한다.

성장 시기에 문제가 있는 사람이 있으며 일확천금, 투기성 범죄, 마약 밀수 등 비합리적 방법, 술에 찌든다든가, 엉뚱한 일만 저지르고 인생을 허덕이는 사람도 있다. 돈도 수입보다는 지출이 많을 수 있으니 절약하는 방법을 익혀야 하며 인정도 많고 착하고 좋은데 이것이, 즉 정에 약한 것이 흠일 수도 있다. 여자를 배신한다든가 여자한테 크게 상처를 입는다든가 할 수 있으니 주의하기 바란다.

'열두 가지 재주를 가진 사람이 조석이 간데없다'는 속담처럼 생각도 많고 재주도 많은데 늘 허덕일 수 있으니 주의 바란다. 재치도 있고 임기응변도 잘하는데 때로는 잔머리를 굴린다든가 책임 의식이 부족하다든가 하다. 마음을 깊고 무겁게 갖는 노력이 참으로 요구되는 사주이니 이 점을 명심하고 또 명심해야 한다.

헛된 욕심이나 고집을 부리지 말고 주어진 삶을 수용하고 받아들이면서 살아간다면 틀림없이 좋을 것이다. 매사에 순응하면서 살아가야 한다는 운명의 경고가 있다.

남자는 처의 덕을 볼 수 있다는 운명인데 그걸 감사할 줄 모르는 게 문제이다. 또 가정적으로 할머니가 두 분일 수 있는데 이는 식상이 많으면 재성(아버지 인성)이 나에게는 식상이라 그러한 것이다. 장모가 두 분인 경우도 있는데 이 또한 같은 의미인 것이다.

대부분이 자손 대에서는 잘 풀려 집안을 일으킨다는 의미도 있다. 이는 식상은 자손의 별인데 자손의 입장에서는 비겁이 되어 그러한 것이다. 식상은 관성을 조절하는데 이는 나의 자손이 잘되어 나에게 기쁨(관성)을 주기에 그렇다.

반면 정반대의 의미도 있다. 관성이 자손도 되는데 식상이 극을 해서 자손운이 막혀 버리는 경우도 있는 것이다. 이는 그 길흉의 변화를 잘 살펴야 될 부분이다. 즉 자손으로 인해 근심이 떠날 때가 없다는 의미도 되고 심한 사람은 자손이 없는 경우도 있다.

식상은 재성을 생한다. 그러나 너무 많으면 답답해져서 처가 오히려 부실하든가 불만이 있든가 할 수 있다. 또 자신이 다른 여자를 많이 보는 경우도 있다. 이는 식상이 재성에서 모든 것을 풀어내야 하는데 그게 잘 안 되니 다른 여자한테 눈을 돌린다는 것이다. 배짱이나 용기는 참 좋은

데 불필요한 배짱을 부리면 소용없다.

　식상이 년주나 월주에 있으면 부모, 조상운에 문제가 있다는 것인데 조실부모의 가능성도 있다. 일지 식상은 부부궁에 문제가 있다는 것이고, 시주 식상은 자녀의 운에 문제가 있다고 본다. 그러나 이는 식상이 어떠한 작용을 하는가에 따라 달라질 수 있는 것이다. 장애성일 때 흉한 작용을 한다고 본다.

　식상은 불안, 초조, 반발의 의미도 있다. 식상에 재성이 있는데 어지러울 정도로 널려 있으면 일생을 허송세월로 보내는 경우도 허다하다.

(2) 식신(食神) 상관(傷官)과 남자 운명

　식상은 자신의 능력을 발휘하는 무대로 볼 수 있다. 자신의 능력을 가장 잘 나타내 보여주는 곳은 사주학의 입장에서는 자손을 이야기한다. 그래서 식상을 자식의 별이라고 하는 것이다.

　식신은 아들과 장인을, 상관은 딸과 장모를 의미하기도 하며 또 식상은 자손, 장인, 장모를 나타내기도 하는데 이는 매우 의미가 있어 많은 부분을 알 수 있다. 그래서 식신이 다른 별의 극을 받고 있으면 아들이 적다든가, 장인이 먼저 돌아가신다든가, 불행한 삶을 살아간다든가 하게 되는 경우가 있으며 드물게는 크게 발전해 이름을 날리는 경우도 있기는 하다.

　상관이 다른 별의 극을 받고 있으면 딸이 적거나, 장모가 먼저 돌아가시든가, 불행하다든가 하기도 하다. 이와는 반대로 생을 받고 있으면 아들이 많거나 장인이 장수하든가, 상관이 생을 받으면 딸이 많거나 장모가 장수한다고 보는데 이는 그 부분의 별이 생을 받기에 좋은 작용을 많이 한다고 보는 것이 틀림없다.

　식상은 눈물의 별이라는 칭호를 받고 있는 별이다. 어린이의 칭호도 있다. 그래서인지 인정이 많고 동정심이 있으며, 불굴의 정신으로 많은 역경을 이겨나가는 강인한 정신력의 소유자이기도 하며, 어린이의 별답게 자주 변화를 요구하며, 아부할 줄도 모르고 자신의 신념대로 행동을 하는 특징이 있다.

　어린이는 눈치를 보지도 않고 자신의 생각을 그대로 표현하는 특성이 있는 것처럼 이런 사주는 그런 특징이 있다. 하고 싶은 것도 많고, 해 보고 싶은 것도 많으나 그것이 뜻대로 되지 않아 많은 스트레스를 받는 사람도 있다.

　식상을 난세의 별이라고 부르기도 하는데 이는 무슨 일이든 간에 쉽게 이루어지는 것이 아니라 남보다 머리도 더 써야 하고, 힘든 과정도 더 많이 겪으면서 정상에 도달하라는 운명의 암시가 있기 때문일 것이다.

　부정부패를 아주 싫어하며 자신에게 부여된 일은 반드시 완결을 지어야 마음이 편한 성격도 있다. 사주에 식상이 많은 사람은 이러한 특성이 잘 나타난다.

　사주에 식상이 많은 사람에 대해서 좀 더 이야기해 보도록 하겠다.

　식상은 어린이의 특성이 있다고 했는데, 그런 특성을 가진 식상이 많이 나타나 있는 사주는 그 마음이 순진하고 천진한 구석이 있어 똑똑하고, 재주나 능력이 충분하면서도 사회 물정을 잘 모르거나 어수룩할 수 있다. 그러므로 무슨 일이나 계획을 갖게 되면 미래에 대한 기대가 크고, 그에 대한 꿈과 희망이 부풀어 꼭 이뤄지는 것으로 믿으며, 계획을 짤 때도 참으로 많은 생각을 하면서 지낸다. 그러나 그 일이 생각대로 되지 않으면 급속히 싫어하게 되며 이루지 못한 일에 대한 미련도 쉽게 버리지만 상처도 매우 크게 받는다.

　어린이의 특성이란 여러 가지 유추할 수 있지만 가장 중요한 것은 삶의 과정에서 보면 배움의 시기라고 사주학에서는 못 박고 있다. 그렇기 때문에 머리가 좋고 두뇌의 회전이 빠르면서 아주 명석하고, 예능, 연구, 판단력 등이 뛰어나며 탁월한 재능을 타고난 경우가 많이 있다. 그러므로 학문에 몰두하는 학생의 모습이 식상의 특징이기도 하다.

　눈치도 빠르고 예감력이나 추리력 등이 좋으며 어떤 사물이나 문제에 대한 것을 파악하고 그 옳고 그름을 순간에 포착·판단하는 능력도 있다고 보는 것이다. 그러므로 이러한 특성을 잘 살리면 대단한 능력을 발휘해 크게 발신을 하기도 한다.

　꿈도 많고, 이상도 매우 높으면서 아부성이 거의 없어 타인으로부터 지시를 받거나 간섭을 당하는 것을 좋아하지 않으며 자신이 해야 할 일은 확실하게 해내는 면이 있다. 그러니 부정부패 같은 것은 하지도 아니하고, 남이 하는 것도 그냥 지나치지 못하는 면도 가지고 있다. 그러므로 정직하고 강인한 점이 두드러진다.

　도전 정신이 있고 모험심도 있어 위험하거나 힘들어 보이는 일도 능히 해내는 점이 있으며, 인정이 많고 정이 많아서 참으로 인간적인 면이 있기도 하다. 어려운 사람이나 힘든 사람이 도움을 청하면 거절을 못하는 인정미가 있는 사람이다.

　옛사람이 말하기를 정이 많으면 한도 많다고 하는데 이 말은 이런 유형의 사주에 적절한 말이 되는 경우가 너무 많이 있다. 그래서일까? 눈물이 많고 또한 눈물이 날 정도의 어려운 시련이나 불행과 불만이 생겨 삶을 힘들게 하거나, 본인의 성격 문제로 그러한 경우 등이 있는 운명의 소유자라고 한다. 이는 이런 사주에 항상 따라다니는 말이 된다. 그러므로 인생살이에 이상하게 불평이나 불만이 많다. 또한 인간관계에서 자기 마음에 잘 맞으면 잘 대해 주고 표정도 밝고 모든 게 신나는 일만 있는 것 같아 참으로 좋아하고 즐거워하지만 자기 마음에 맞지 않거나 심사가 뒤틀리면 얼굴에 금방 나타나고 싫은 감정을 그대로 드러낸다. 즉 참는 힘이 의외로 많지 않다고 보는데 이는 대부분이 그렇다.

만약에 자신에게 어떤 감정이나 분함이 생기는 일이 있으면 그런 어려운 감정을 일으키게 해 준 사람을 평생 잊지 않고 언젠가 한 번 두고 보자는 그런 마음이 있다. 그러니 어린이와 같은 마음이 있다고 하는 것이다. 철부지 같기도 하고, 어린애 같기도 하고, 순진하고 착실하면서도 이러한 점이 있다는 것이다. 그러나 이러한 유형의 사주에서 혁명적인 인물, 큰 정치인, 사상가, 사업가, 전문적인 수공업자 등으로 크게 발신해 성공을 하는 경우도 종종 있다.

신의를 소중하게 여기는 성격의 소유자라서 많은 시련과 고난을 극복하고 일어서는 사람도 있다. 난세의 영웅이라는 칭호에서 알 수 있듯이 시련을 극복한 연후에 성공한다는 암시가 강하므로 인생행로는 순탄하지 않은 길을 걸어가게 된다. 그러나 평안한 가문에서 성장을 한다든가 비교적 순탄한 길을 가는 사람은 자신의 환경이나 처지에 만족하지 아니하고 늘 불평불만이 있게 된다.

아부하는 것 같은 행동을 아주 싫어하기에 그런 상황에 처할 수 있는 일은 적성에 잘 맞지 않다. 그러므로 학자, 교수, 연구자, 발명가, 생산업, 자영업 등 눈치를 적게 보고 아부할 일이 적은 분야에 종사하는 것이 차라리 살아가는 데 훨씬 좋다.

난세에 태어나서 혁명적인 일이나 개혁적인 일에 가담해 발신을 하기도 하지만 그런 경우는 흔치 않기에 잘 보아야 한다. 아마도 부정이 없는 사회, 정직한 사람이 출세하는 사회, 기회주의자들이 판을 치지 않는 사회가 오면 이러한 사주를 타고난 사람이 가장 좋은 위치에 있게 될 것이다. 그러므로 사업주나 경영자는 이러한 사주의 소유자나 이런 유형의 인물을 많이 채용하면 좋은 결과를 얻을 것이 틀림없다. 이런 운명의 소유자는 지시나 간섭보다는 민주적이고 합리적으로 운영을 하는 곳에 있으면 눈치가 빠르고 세심하며 책임감이 강하기에 스스로 알아서 주어진 일을 잘한다.

여러 가지 이야기를 했는데 아무리 많은 내용을 서술해도 오히려 부족함이 더할 것이지만 대략 서술해 보았다.

이러한 운명의 소유자들은 운명이 요구하는 길을 잘 가면 좋은 인생의 길이 열려 있지만 그렇지 않을 경우에는 이상하게 직업 안정이 잘 되지 않고 허송세월을 하게 되는 경우도 있을 수 있다. 이 점을 잘 생각해 자신의 할 일, 주어진 운명의 길에 순응해 살아가는 지혜가 절실히 요구된다.

┃사주의 년주, 월주, 일주, 시주에 식상이 있을 때

◆ 년주의 식상

년주의 간지가 식신으로 되어 있으면 부모덕이나 조상덕이 있다고 호문학파에서는 보고 있는데 그 적중률이 의미가 있다. 그러나 타(他)주에서 극을 하고 있으면 과거에는 좋았지만 현재는 기울어진 상태로 나타난다. 즉 집안이 어려울 때 태어날 수 있다고 보는 것이다.

년주에 상관성이 있으면 외아들, 외동딸일 경우라도 부모와 떨어질 가능성이 많다. 부모와 이별의 암시가 있다는 것이다. 또 부모의 유산이나 덕으로 무슨 일을 하면 모두 털어 버린다는 운명이므로 그런 일이 없는 것이 좋다. 스스로 살아가야 좋다는 것이다. 부모의 생각과는 전혀 다른 방향으로 간다는 의미도 있고, 윗사람이나 부모와 의견충돌이 있다는 것이다. 다른 사람에게 상처를 준다든가 자신이 상처를 받는다든가 하는 슬픈 일을 겪을 수도 있다.

상관이 사주의 한 기둥에 모두 있으면 늘 교통사고라든가 부상을 주의해야 한다. 그러나 인성을 만나면 이러한 작용은 많이 소멸된다.

◆ 월주의 식상

월주에 식신이 있으면 먹을 복, 입을 복, 재물복을 두루 잘 타고났다고 본다. 자신이 활동을 하면 한 만큼의 소득이 반드시 따른다는 행운성이라고 본다.

상관성이 있는 경우 식신과 같은 부분이 있으면서도 총명하고 눈치가 아주 빠르고 민첩하다. 그런데 자신을 나타내고자 하는 현시욕이 강해 늘 불평불만이 따를 수 있다.

◆ 일주의 식상

일주의 식상 최대의 단점이라면 끈기가 부족하다는 점이다. 이 점이 문제없다면 아주 좋다. 일하기를 좋아하고 부지런하고 노력하라는 사주인데 실제 그러한 성격과 특징을 가지고 있다면 좋은 사주임에 틀림없다. 여기에 재성이 사주에 있다면 상업 분야에 아주 좋은 능력을 가지고 있다. 일지 식상은 생각은 대단한데 실천해서 결과를 보는 데 끈기가 부족할 수 있다. 이 점을 보완해야 운이 트인다.

사주의 어디에 있든 간에 식상에 관성이 나타나 있을 경우 그 사람은 아주 활동력이 풍부한 사람일 것이다. 머리도 좋고 예리한 면이 있는데 정확한 판단을 하는 일에 때로는 부족하다는 것을 알아야 한다.

일지에 식상이 있는데 다른 기둥에 인성이 있으면 건강에 조심하고 고단한 삶을 살아가야 할지도 모른다.

◆ 시주의 식상

시주의 식신이 간지에 있으면 생애를 통해 중병을 앓는 일이 없다는 것으로 비교적 건강하게 살아갈 수 있다. 또 자녀의 운도 좋다.

이곳에 상관성은 말년이 고독하다는 암시가 있다. 자식이 있어도 나이 들어 의지할 만한 여건이 되지 못하든가 자녀, 며느리, 사위 등과 갈등이나 의견 차이로 그리 좋지 않다는 것이다. 가능하면 며느리와 함께 살지 않는 것이 좋다.

▋식상이 운명성인 남자의 운명

사주의 틀이 이러한 구조를 가지고 태어난 운명의 소유자는 우선 다음의 사항을 알아야 한다.

첫째, 자녀의 운에 대한 것을 이야기하고자 하는데 그것은 식상이 운명성이라 식상 특성 중 하나가 자녀의 운명에 대한 많은 의미를 내포하고 있기 때문이다.

일단 운명성이 식상인 경우에는 대부분 자손이 귀하다는 운명을 가지고 있다. 이 말은 자손이 귀하게 된다는 점도 있지만 자손의 운이 약하다는 의미도 함께 가지게 된다. 대부분이 아들의 수가 적고 딸의 수는 높은 비율로 나타난다. 요즘에는 저출산이 사회문제가 되고 있어서 큰 의미는 없겠지만 어찌 됐거나 이러한 암시가 강하다는 점은 알아야 한다.

둘째, 식상은 투쟁과 모험과 도전을 통해 성공을 한다는 특성이 가장 많이 있는 것이기에 위험스럽게 보이는 일이나 어려워 보이는 일일지라도 도전하여 극복하고 싸워 이기라는 운명의 명령이 있다. 그러한 입장이나 처지에 놓이게 되면 과감하게 모험을 걸어 승부를 내라는 것이다. 그리하면 성공하는 확률이 매우 높아지기 때문이다.

대체적으로 이러한 운명의 소유자는 원만하게 지내기를 좋아하고 현실 안주형, 심하게 표현하면 무사안일주의자로 본다. 그러므로 식상이 사주에 많이 있는 사람과는 정반대의 성격이나 행동을 가지게 되어 있다. 그리고 운명성이 사주에 나타나 있으면 발전하려고 많은 노력을 하는 경우가 많고 처나 처가의 덕을 많이 보게 되기도 한다. 즉 여자(처)의 덕을 보는 운명이라고 본다. 자식을 보고 미래를 보고 열심히 살아가라는 운명이다.

시련을 극복하자! 시련을 많이 겪어야 성공한다.

▌식상이 장애성일 때

작은 것에 행복을 느끼면서 살아가는 것은 아름답고 소중한 것이다.

꿈도 많고 생각도 많이 하는 타입이다. 매사에 조심성이 많으면서도 단순하게 일을 추진한다든가 결정하여 나중에 후회를 하는 경우가 많다.

어린아이들처럼 무슨 이야기를 하면 순진하게 잘 듣고 받아들이면서도 의심을 하는 경우가 있으며 이상하게 현재와 미래를 생각하고 또 생각해 행동을 하면서도 때로는 아주 쉽게 결정을 내려 후회하기도 하는 면이 있다. 아마도 다혈질이라는 칭호가 붙어 있어서일 것이다.

자존심이 매우 강해서 실수하는 일을 하지 않으려고 무척 노력을 하다 보니 신경을 많이 쓰는 사람이다. 신경이 예민한 편이며 신경질적인 사람도 많이 있다. 자존심과 열등감을 동시에 가지고 있는 사람이 많아서 남에게 지는 것을 아주 싫어한다.

　살이 많이 찐 사람보다는 마른 사람이 많은 편인데 요즈음은 영양 상태들이 좋아서인지 그러한 차이는 줄어드는 것 같다. 채식을 좋아하는 것이 육식을 좋아하는 것보다 운이나 건강에 매우 큰 작용을 하는 운명적 암시가 있다.

　마음이 크다고 해야 하나? 작은 일이나 사업보다는 큰일이나 신나는 일, 유행이나 시세의 흐름에서 좋은 것, 잘 나가는 것을 좋아하며 남의 지시나 명령에 복종해야 하는 일은 오래 하지 못하는 성격일 수 있으니 이러한 점을 참고하여 진로나 직업을 선택하는 것이 좋다. 자신이 그러한 일에 얼마든지 순응할 수 있다면 크게 발신을 한다. 그러므로 일반 직장인이나 소시민일 경우에는 불만이나 불평이 늘 떠나지 않을 수 있으니 이 점을 늘 경계해야 한다.

　사소한 의복을 입는데도 자기 마음에 들어야지 그렇지 않으면 불평이요 불만이다. 그러니 불만을 가지고 살아가는 성격이 있는 것으로 본다. 인간관계에서도 자신의 마음에 들면 참으로 잘 대해 주고 친하게 지내지만 마음에 들지 않으면 상대를 하지 않으려 하고 싫은 표현을 해야 직성이 풀린다. 외로워질 수 있으니 이러한 점은 개선을 하도록 노력할 필요가 있다. 그래서 이러한 운명의 소유자들 중에 외로움을 잘 타는 사람이 꽤 나타나고 있다. 이러한 운명을 타고난 사람은 마음의 수양이 요구되며 신앙생활을 통해 마음을 조절할 수 있는 소양을 갖추도록 하는 것도 아주 좋다. 또한 일상생활에서도 위를 바라보지 말고 아래를 보면서 살아간다면 운의 개척이 참으로 빠르게 나타난다. 작은 것에 만족을 하고 가난하더라도 그에 연연하지 말고 자신 있게 살아갈 수 있는 정신의 힘을 가질 것을 권한다.

대기업가, 사업가 등으로 크게 성공해서 대단한 명예와 부를 누리는 사람도 가끔 있지만 없으면서도 있는 체를 하며 허세를 부린다든가 하지 말고 살아갈 것도 권한다. 한때는 늘 허덕이는 것처럼 힘들게 불만이 따르는 길을 가야 한다는 운명적 암시가 있으니 비록 어렵고 힘들더라도 자신감을 가지고 살아간다면 반드시 좋은 운이 기다리고 있을 것이다.

늘 불행한 일이 생겨 힘든 인생을 살아가는 사람도 더러 있으며 아주 심한 경우에는 삶을 포기하는 사람도 있는데 이는 아주 극히 드문 현상이다. 생활 안정이 늦은 사람도 많이 있다. 이러한 것을 잘 참으라는 운명이기도 하다. 졸부 기질이 있는 사람도 있다.

▌천간의 식상이 극을 받지 않을 때

다음으로는 사주의 천간에 식상이 있으며 다른 별의 극을 받고 있지 않는 경우에 대해 논하여 보겠다.

식상! 이 별이 천간에 있다는 것만으로 이 사람은 인생을 충분히 즐기고 멋있게 살아갈 수 있는 소질을 타고난 것이라고 본다. 인상이 좋고 표정이나 느낌이 참으로 좋은 면을 타고난 사람이다. 그런데 식상은 식상의 기질이 나타나야 한다.

사람이 좋을 때는 한없이 좋지만 한번 틀어지면 언제 그랬던가 싶을 정도로 냉정해지고 쌀쌀해진다. 좋아할 때는 한없이 좋아하지만 포기하면 참으로 금방 식어버리는 점이 있다. 이걸 변덕이 많다고 하면 본인은 싫어하겠지만 그런 특성이 있는 것은 어쩔 수 없는 사실이다.

자신의 마음에 들면 잘 대해 주고 좋지만 심사가 뒤틀리든지 생활이나 능력이 조금 낫다고 티를 낸다든지 하면 아예 상대를 하지 않는다. 그래서 인상은 참으로 좋아 보이지만 의외로 까다로운 점이 있다고 본다. 그러나 일단 한번 사귀고 나면 참으로 인간성이 좋고 속마음이 착한 사람이다.

어린아이처럼 순수하고 순진한 면도 있고, 철이 없어 보이기도 하지만 신의가 있고 우정을 나눌 수 있는 사람이다. 그러다가도 일단 싫다든지 경우에 어긋나는 행동을 한다든가 하면 평생을 두고 보지 않을 정도로 냉정한 면이 있다.

자존심이 매우 강한 편이어서 없어도 기는 죽지 않는다. 이 부분이 강하면 오히려 운의 흐름을 나쁘게 할 수 있으니 잘 조절을 할 필요가 있겠다.

사소한 일에 너무 크게 흥분을 한다거나 불필요하게 신경을 많이 쓰는 경우가 있는데 이러한 점은 반드시 고쳐야 한다. 별일이 아닌데도 양보를 하지 않는다든가 하는 경우가 더러 있다는 것이다. 혹 부채나 사소한 외상이 있으면 자신이 약속한 날이나 그 전에 해결을 하는 타입이다. 공짜를 바라지도, 주지도, 받지도 않는 것이 편한 타입이다.

예체능, 특수 분야, 교육, 의학, 사법 등에서 크게 발신하는 사람도 있고 인기인으로 살아갈 수도 있다. 그러나 많은 사람들의 경우에는 인생행로가 그리 순탄하지 못하다. 일생 중에 시련과 고생을 몇 번은 겪어야 한다는 운명의 경고가 있다.

정도 많고 한도 많고 눈물도 많다. 식상은 불행의 별이요, 기구한 별이요, 눈물의 별이다. 이 말은 나의 지인이며 선배였던 변만리 선생한테 자주 들었던 생각이 난다

그렇다. 식상에게는 이러한 특성이 언제든지 나타날 수 있는 가능성을 가지고 있다고 보아도 틀림이 없다. 그래서인지 남들이 보아도 안됐다고 할 수 있을 정도의 시련을 언젠가는 겪어야 하는 운명의 소유자이다. 그러므로 참으로 정에 약하다. 그러니 눈물도 많고 한도 많을 것이다.

예를 들면 일찍이 부모와 이별을 한다든가, 계부나 계모 밑에서 성장을

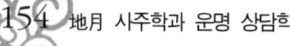

한다든가, 아니면 몸에 이상이 있어 고생을 한다든가, 심하면 장애·불구의 고난을 감수해야 한다든가, 부모는 좋은데 본인이 문제를 일으켜 고생을 자초한다든가, 아니면 성격상의 부적응이나 불만으로 문제가 있다든가 한다.

직업을 잘 선택하면 많은 시련을 피해갈 수 있다. 예를 들면 교육자, 의사, 약사, 사회사업가, 종교가 등은 행복한 삶을 살아갈 수 있는데 그 외에는 이상하게 안정이 늦거나 직업 변동이 많거나 어찌 됐거나 생활 안정이 늦어진다. 그러니 불만이고, 힘들게 살아가는 경우가 많다.

대개는 미남형이 많다. 자신의 단점은 털끝 하나 못 건드리게 하고 타인의 단점은 예리하게 지적하는 특징도 있다.

▌지지의 식상이 극을 받지 않을 때

반대로 사주의 지지에 식신 상관이 있으면서 다른 별의 극을 받지 않고 있을 경우에 대해서 알아보기로 한다.

우선 식상이라는 별은 어디에 있든 간에 아주 외향적인 것 같으면서도 내성적인 면을 많이 가지고 있는 매력적인 별이다. 그런데 사주의 지지에 식상이 있다면 그러한 특성이 더욱 잘 나타날 수 있겠다.

머리가 좋고 총명하며 때로는 영악하다는 말을 듣기도 한다. 또 이상과 꿈이 참으로 다양하고 많다. 성격은 세심하고 찬찬하고 꼼꼼한 면이 있다고 본다. 그러면서 내성적인 성격이 많이 보인다.

사람이 참으로 좋고 인정이 많다. 그래서 어려운 입장에 있거나 그런 현장을 보면 그냥 지나치지 못한다. 어린아이가 무슨 부탁을 하면 거절을 못하는 참으로 인간성이 좋은 사람이다. 다른 사람의 아픔을 함께 할 수 있는 그런 사람이다. 그러니 연민의 정이 있는 사람이요, 인정이 있는 사람이요, 어린아이처럼 순수함이 있는 사람이라고 하는 것이다. 비극적인 드라마나 영화, 순정만화를 보면서도 눈물을 흘리는 그런 사람이 많다.

　내성적인 점이 있어 무슨 일이든지 생각을 많이 한다. 생각을 하고 또 해서 틀림없다는 생각이나 확신이 들어야 일을 시작하는 타입이라고 할 수 있다. 즉 여간해서 실수를 하지 않는 사람이다. 실수나 실패를 대비해서 미리 대비책을 강구하는 성격의 소유자이다. 이게 좋은 건지 나쁜 건지 알 수 없다. 신경이 예민한 것이라고 할 수밖에….

　이런 사주에는 기업가, 학자, 교수 등이 많다. 연구, 작가, 창작, 창조, 제조, 생산 등에 걸출한 인물도 많이 있다.

　자신의 생각이 맞으면, 즉 자기 기준에 맞으면 잘 대해 주고 힘을 실어 주지만 마음에 들지 않든지 경우에 어긋나면 다시 보기 싫어하는 점이 있다. 인간관계에서 자신이 능력 있고 힘이 있을 때는 좋으나 어려운 입장에 처하면 남의 도움을 받지 못한다. 인덕이 적다고 할까. 즉 힘들 때는 외로워진다는 것이니 이 점은 본인이 평소 인간관계를 잘하라는 경고이다.

　약하고 어렵고 힘든 사람은 잘 도와주는 아주 인정미 있는 사람이지만 거들먹거린다거나 있는 체하고 힘 있다고 자랑하는 사람들과는 잘 지내다가도 경우에 어긋난 행동을 하거나 자존심을 건드리는 행동을 하면 참지 못하는 성격이 있어서 용서한다든가 타협을 한다든가 하는 경우가 매우 드물다. 즉 대단한 자존심이 있는 사람이라는 것이다. 강한 것과 대결을 하면 대단한 힘을 발휘해 능히 정복할 수 있는 정신력의 소유자이기도 하다.

　아랫사람에 대한 애정이 많은 사람이라고 하는데 이는 자식에 대한 깊은 애정을 말하는 것이다. 이러한 운명을 타고난 사람들 사주에는 자식에 대해 신경을 많이 쓰거나 자식으로 인한 고뇌가 있다. 그러나 말년운이 좋다면 신경 쓸 일은 아니다.

청렴결백형이라 이런 사람이 국가나 사회에서 중요한 일을 한다면 부정이나 뇌물을 모르고 일을 할 수 있어 참으로 좋을 것이다. 자신의 책임은 밤낮을 가리지 않고 완수하는 책임의식이 강한 성격이다.

▮식상이 초년 대운에 있을 때

초년 대운에 식상이 들어 있는 사람들은 대부분 머리가 좋은 편이다. 천재적인 사람도 있다. 또 두뇌의 회전이 아주 빠르며 한 번 보면 바로 기억할 수 있는 능력도 있는 사람이다. 눈치도 아주 빠르다. 그리고 무언가 잘하는 것이 있을 사주라서 일찍이 부모나 주변에서 이를 알아서 그 분야로 나갈 수 있도록 해 준다면 아주 좋을 것이다. 그러므로 부모의 사랑도 많이 받을 수 있다.

식상의 특성상 천진하고 꿈도 많다. 그러나 불평과 불만도 함께 공존을 한다. 불만이 있는 성격일 경우가 제일 많다. 불행한 환경이라는 의미도 있으므로 어린 시절 불미스러운 상황이 전개되는 경우도 있다.

부모와의 관계에서 문제가 있든가, 주위환경이 마음에 들지 않든가, 잘해 줘도 못해 줘도 자신의 마음이 맞지 않아서 불만일 수 있다. 그래서인지 신경이 예민한 사람이 많고 신경질적인 요인이 잠재되어 있는 사람이 많다. 어쨌든 간에 초년 대운이 식상인 삶은 대부분이 초년운에 뭔가 불만적인 요소가 있었다고 보는 것이다.

▮식상이 중년 대운에 있을 때

원래 머리가 좋든가 총명하든가 하며 아니면 중년기에도 두뇌의 쇠퇴가 없이 머리가 잘 돌아가며 어떤 일이나 문제에 대한 습득 능력이나 파악 능력이 좋은 사람이다. 비교적 자신이 허락하는 한에서는 솔직담백하며 정직하게 살려고 노력하는 사람이다.

아부나 꼬리를 흔드는 일 같은 것을 잘 못하니 타인의 수하 노릇이나 직장인으로는 많은 스트레스를 받으면서 살아간다. 그래도 책임 소재를 분명히 하며 주어진 일은 반드시 완수하고자 하는 정신이 강하다. 그렇기 때문에 일을 못한다는 말은 듣지 않는다.

교육 분야, 의학자, 발명, 생산, 운수업 등의 분야가 좋을 것으로 본다. 역학인으로 종사해도 능력이 좋은 편이며 기도나 부적 등에 뛰어난 능력을 가지고 있다. 예체능 분야도 매우 좋은 것으로 나타나고 있다. 그러므로 이런 사주의 소유자는 어려서 특기나 적성을 살려 직업을 선택해 살아간다면 일생이 편안할 수도 있는 사주이므로 어릴 때 잘 키워야 한다.

늦어도 30세 전에는 직업에 안착을 해야 되는 사주이다. 그렇지 않으면 위로 솟아오르지도 아래로 떨어지지도 않는 격이라 늘 허덕이면서 살아갈 수도 있다. 이상하게 불만스러운 상황이 생겨 자신을 힘들게 하는 경우가 종종 있으나 운명의 소치려니 하면서 지내다 보면 반드시 좋은 운이 도래한다.

▌식상이 말년 대운에 있을 때

일생을 초년 중년 말년으로 삼등분을 해서 볼 때 대부분의 사람들은 중년을 가장 왕성한 시기로 보며 활동도 제일 많이 하는 시기라고 본다. 실제로도 그러하다. 그런데 말년 대운이 식상으로 되어 있는 사람은 중년기에 활동을 많이 해서 돈을 벌어 자식을 키우고, 고생 안 시키고 잘 살아갈 수 있도록 하기 위해 엄청난 희생과 노력을 하는 운명의 소유자이다. 즉 자식에 대한 애정이 많아서 자식을 위해서라면 무슨 일이든지 할 수 있는 그런 사람이다.

　열심히 앞을 향해 전진하면서 살아온 사람이다. 식상은 자식의 별이며 자식의 운을 알 수 있는 별이다. 특히 말년의 식상은 자식의 운이라고 해도 될 정도이다. 그러므로 자손들은 자신의 소신대로 희망하는 대로 일을 하는 경우가 많다. 출세·성공을 하는 사람도 있겠으나 걱정을 하지 않으면 안 되는 자손도 있다. 그러나 걱정을 한다고 해서 해결되는 그런 운은 아니다. 그저 그 상황에 순응하고 운명의 소치려니, 인연이 그런가 보다 하고 지내는 것이 좋다.

　대체적으로 말년 식상은 운이 나쁜 사람보다는 좋은 사람이 많다. 그러나 스트레스는 자주 받으면서 살아가는 운명이다. 건강관리 잘하고 지내면 안락한 말년을 보낼 수 있다.

▌식상이 년운에 있을 때

　새로운 사업, 직업, 직장을 가지는 사람은 앞으로 발전할 수 있는 운이 있다. 식상은 두뇌의 활동력이나 명석함이 좋아지는 운이다. 그러므로 이런 운에는 판단력이 좋아져서 마음으로 되겠지 하는 사람은 반드시 잘되는 것이다. 그러나 그동안 사업을 하던 사람은 이 운에 견디기 어려운 일이 생기고 순탄치 못한 경우가 많다. 일마다 장애가 생긴다든지 마가 끼어서 마음이 불안하고 좋지 않은 일도 보게 될 수 있다. 남자의 운에 관성운이나 식상운에 부도가 속출하는 일이 많이 있다는 점을 유의해야 한다. 이것을 더 정확하게 보려면 부인의 운을 참고하면 잘 알 수 있다.

　직장인은 직장에서 동료나 어떤 사람이 나를 비방한다든지 악성 루머를 퍼뜨린다든지 하는 경우도 있고, 시비 구설에 말리는 수도 있고, 좌천 당하는 경우도 있으므로 유의해야 한다. 그러나 가급적 참고 인내하면 자연히 명예가 회복되고 더 좋아지는 결과를 볼 것이다. 이런 운에는 스트레스를 많이 받는다. 잘 되도 그렇고 나빠도 그런 운이다.

가정적으로는 자손으로 인한 걱정이 생기든지 시험 보는 자손은 불합격이라는 고배를 마시는 경우가 있어 애를 태우는 수도 있다. 여하튼 이 운에는 집에 들어와도 밖에 나가도 평안하지는 못하다는 운이다. 설상가상으로 집안에 우환이 생겨 걱정을 하는 수도 있다. 모든 것이 운명이려니 하고 다음 운을 기다리면 반드시 호전된다.

▎식상이 월운에 있을 때

매사가 순조롭지는 못하다는 운이며 자녀나 가정에 대해 신경을 쓴다든지 할 수 있는 운이다. 이런 운에 별일 없이 지내다가 생각지도 않던 손해를 보는 경우도 있다. 도둑, 화재, 교통사고, 사기, 질병 등으로 의외의 손재에 주의할 필요가 있다.

(3) 식신(食神) 상관(傷官)과 여자의 운명

남자의 식상과 여자의 식상은 의미가 다른 경우가 많이 있다. 이 점을 유의하면서 알아보기로 하자.

식신은 딸이요, 상관은 아들이 된다. 식신이 장생(長生)이면 딸이 많고, 상관이 장생이면 아들이 많은 것으로 나타난다. 식신이 있고 극이 있으면 딸이 적고, 상관이 있고 극이 있으면 아들이 적다. 대체적으로 그렇다는 의미이다. 사실 임상 경험에 의하면 식상은 그냥 자녀의 운을 알아보는 정도가 가장 합리적인 것으로 나타난다.

식상은 어린이를 의미한다. 즉 어린이와 같은 마음, 태도, 어린이를 대할 때의 심정 등을 상징한다. 이를 잘 음미한다면 식상에 대한 많은 부분을 파악할 수 있으리라 생각된다. 식상은 어린이를 상징하고 어린이와 같은 마음을 의미하며 또 어린이를 대하는 심리상태를 상징한다. 그러므로 천진스럽고 나이가 들어서도 순수하며 어린이들처럼 꿈이 많다.

계절로는 여름을 상징한다. 무한한 성장과 발전과 엄청난 에너지를 발산하고 또 소지하는 능력이 있다. 또한 봄의 성분도 많이 내포하고 있다. 성숙과 완성을 위한 엄청난 노력을 해야 하는 사명을 타고났다고 본다.

자신의 능력을 발휘할 때는 무서운 저력을 보인다. 그러나 포기를 하게 될 때는 한순간에 포기하는 냉정함도 있다. 자신의 능력을 발휘하는 특성을 가지고 있기에 소비, 확산, 성장, 외향성, 드러남, 화려함, 특이한 분야의 몰두 등의 암시가 있다. 그러다 보니 불평불만이 많을 수 있으며 매사에 이유가 많다든가 조금만 힘이 들면 포기를 하는 다른 이면도 있다.

변화를 좋아하고 울기도 잘하고 웃기도 잘한다. 즉 심하게 표현하면 변덕이 있다는 것이다. 그리고 식상은 불행, 눈물을 상징하기도 하기 때문에 가슴에 한이 쌓여 있는 사람이 의외로 많다. 그러니 외로움, 고독에 빠져 있는 사람도 많다.

속전속결을 좋아하는 별인데 오래오래 할 수 있는 힘만 있으면 크게 발신한다. 자신이 하고 싶은 일은 꼭 해야 직성이 풀리는 타입이 많다. 앞뒤 안 가리고 덤비다가 크게 후회하는 경우도 있는데, 식상은 자신의 잘못을 쉽게 인정하지 않는 특성도 있다는 점을 기억해야 한다.

사회 현상이나 사람들의 단점, 문제점이 있는 부분을 정확하게 지적하는 타입인데 자신의 잘못을 누가 지적하면 강력한 저항을 한다. 누가 자존심을 건드리면 평생 잊지 않는 무서운 점도 있다.

어린이의 마음 상태를 가장 많이 가지고 있는 별이 식상이다. 그러므로 이를 잘 살펴 식상의 특성을 파악해야 한다. 식상이 힘을 발휘하면 국가의 사회질서, 권위 등의 힘을 바꿀 수도 있는 무서운 저력이 있다. 개혁의 정신이 있다는 것이다. 그러나 드물지만 보수적이고 권위적이고 예민함도 보인다.

경우가 분명해야 하고 쉽게 사람들한테 속마음을 안 보이지만 한번 보이면 참으로 잘한다. 그러다가 경우에 어긋나든가 싫어지면 두 번 다시 보기조차 싫어한다. 좋으면 참으로 얼굴이 밝아 보이지만 싫으면 금방 얼굴에 나타난다. 즉 자신의 감정을 속인다거나 위장하는 재주는 없는 편이다.

꿈과 이상이 높고 늘 많은 생각을 한다. 즉 생각이 많은 타입이라는 것이다. 그러면서도 변덕이 많고 질투심도 대단하다. 그러니 울기도 잘하고 웃기도 잘한다. 식상이 많으면 이러한 특성은 강화되고 적으면 적게 나타나는 것이다.

대체로 머리가 비상하고 총명하며 매력이 있다. 인물이 좋든가 아니면 사람을 끌어들이는 매력이 있다. 공상을 너무 많이 하는 사람도 있어 과대망상에 빠지는 사람도 있다. 무언가 바라는 꿈이 많으면 욕구불만에 빠질 수도 있다는 점을 알아야 한다. 그러한 점이 매사에 불만적인 성격을 조장하는 요인이 될 수도 있다.

열등감도 많지만 우월감도 많다. 자존심도 대단하다. 무슨 일을 해도 남들이 해 주는 것은 마음에 들지 아니하고 눈에 차지가 않아 그런 것들도 스트레스가 된다. 그러므로 인간관계에서 자연히 외로움을 느낄 수 있다. 그리고 번잡한 것보다 조용한 것을 좋아하는 타입이다. 늘 생각이 많고 꿈이 많고 때로는 공상도 많이 하므로 늘 신경을 많이 쓰고 또한 신경질이 있다고 본다.

유아일 때 부모의 사랑을 받을 수 있는 사주인데 성장하면서 여러 난관이랄까 시련이랄까 하는 고비가 있다. 어떤 사람은 몸이 허약하든가 신병이 있어 고비가 있고, 이러한 데서 오는 열등감 같은 것으로 인해 신경이 아주 예민한 사람, 기타 다른 이유로 인해 신경이 예민한 경우 등이 있다. 어찌 됐거나 부모가 근심을 하지 않으면 안 되는 입장에 놓일 수 있다. 아무런 문제없이 잘 지내는 사람은 항상 무엇인가 불만이 있어 늘 신경질을 내는 경우도 있다.

이런 일 저런 일도 없이 성장한 여성은 부모 슬하에서 행복하게 성장한 배경에 도취되어 자신만만하고, 미래에 대한 꿈과 이상이 대단히 커서 성취할 수 없는 꿈과 희망을 가지고 지내다가 결혼 시 배우자 선택에 신경을 많이 쓴다. 결혼을 하면 남자는 순진하고 소박한 사람을 만나는 경우가 많아서 자신보다 무능해 보이는 남자를 만났다고 후회를 하게 된다. 이러한 점 때문에 또 부모가 걱정을 하게 되는 경우에 처하기도 한다. 여하튼간에 부모가 한 번은 크게 걱정을 해야 한다는 암시가 매우 강하니 유의하기 바란다.

결혼 후 불만이 많아서 부모 걱정을 시키고, 불행한 삶을 살거나 생리사별해 부모 근심을 가중시키는 경우도 허다하다. 본인도 눈물로 세월을 보낼 수 있으니 주의 바란다. 비록 어려운 처지에 있게 되더라도 정조관념이 강하고 자식에 대한 애정도 강해 재혼을 망설이며 어려운 시련을 당하기도 한다.

감정이 풍부하면서도 예민하고 질투심도 심해서 남편 된 자가 조금만 늦게 귀가해도 마음을 못 놓고 걱정을 한다. 자손을 키우는 데도 자기 마음에 들게 키우려고 무던히 노력을 한다. 조금도 마음을 놓지 못하고 신경을 쓰다 보니 예민해짐은 물론 히스테리나 노이로제에 걸리기 쉬우니 조심하기 바란다. 신경성 질환으로 시달리는 사람도 꽤 있다.

어찌 됐거나 식상이 많은 여인은 일생 중에 불행이 따를 수 있으니 이 또한 운명의 소치이다. 하나가 좋으면 하나가 안 좋고 한 고비 넘기면 또 고비가 있어 시련이 있는 운명이다. 궁합이 좋고 해로할 수 있는 배필을 만나서 가급적 자기 기분대로 하지 말고, 신경질을 부리지 말고, 인내하고, 신앙생활도 하면서 지낸다면 행복한 일생을 보낼 수 있다는 운명의 경고를 늘 생각하기 바란다.

식신과 상관의 작용은 거의 같지만 그러면서도 조금 다른 점에 대해 일본 호문학파의 독특한 이론이 참으로 유용해 보여서 소개한다.

식신성은 모든 사람에게 좋은 인상을 주는 별이다. 포근함, 친절함, 인정미 있어 보임 등의 의미가 강하다. 아주 여성적인 매력(섹시함)이 있으며 마른 사람보다는 보기 좋은 사람이 많다. 사람을 잘 사귀고 무슨 일을 해도 열심히 잘할 수 있다는 별이다. 융통성도 있으며 상업 능력을 타고났다고 본다. 남편을 도와 크게 성공을 하기도 한다. 자신이 주인이 돼도 아주 잘한다. 남편과 자녀들에게 아주 중요한 존재이다.

이 식신성에 문제점이 하나 있는데 이는 잘 거절을 하지 못한다는 점이다. 여러 의미로 사람이 너무 좋아서 탈이라고 해야 할까. 때로는 우유부단함이 있는데 이러한 점이 자신과 일을 그르칠 수 있으니 이 점을 조심해야 한다. 그러나 식신이 두 개 이상이면 상관의 특징을 보이며 남녀 간의 이성 문제로 손해를 보는 수도 있다. 특히 결혼 전에 이성 문제로 힘든 시기를 보내는 경우도 있다. 인연이 없는데도 집착을 보이기도 한다. 이러한 운의 흐름에 걸려들지 않도록 조심해야 한다.

상관성은 육신 중에 가장 매력이 많은 별이다. 또 남자들의 마음을 혼

들어 놓을 수 있는 대단한 특성을 가진 별이다. 이상하게 남자들의 마음을 끌어낭기는 매력이 있다. 고서에 보면 남자를 녹이는 별로 상관성을 능가하는 별은 없다고 했는데 참으로 그렇다.

인물도 좋고 매력도, 섹시함도, 재치도 다 갖추고 있다. 이렇게 여성으로서는 참으로 기막히게 좋은 점을 타고났지만 이성운이나 남편운이나 자녀운은 그리 좋게 타고나지 못해 시련과 기복이 있다는 것이다.

상관성이 있는 사람은 남자든 여자든 간에 대체로 허영심이 많고 때로는 잔머리·잔재주를 부려 스스로 문제를 만든다든가 문제 속으로 빠져 버린다. 비판 정신도 강하고 반항적 성격도 있다. 아주 얌전해 보이고 여성스러워 보이면서 전혀 다른 면이 있다는 것이다. 직장생활도 한 직장에 꾸준하게 오래 근무하면 좋은데 그러지 못하고 자주 바꾸든가 바뀌게 되든가 한다. 상관이 있는 사주에 정관이 나타나 있으면 이는 그리 좋지 않다. 특히 이성운이 좋지 않다. 그러나 인수성이나 편인성이 있으면 상관의 흉한 작용은 모두 사라지고 좋은 부분만 작용하는 특이함이 있다.

▎사주의 년주, 월주, 일주, 시주에 식신이 있을 때

◆ 년주의 식신

간지 모두 식신성이면 부모덕이나 조상의 음덕이 있는 사주로 본다. 성장 환경이 비교적 좋다는 것이다. 그러나 다른 별의 극을 받는다든가 년주 중 간이나 지에 하나의 식신이 있는데 바로 극을 하거나 하면 과거에는 좋았을지 몰라도 현재는 그리 좋은 것이 아니라고 본다. 이는 성장 시기를 말하는 것으로 집안이 어려워질 때나 기울어졌을 때 출생을 하는 경우도 많다.

◆ 년주의 상관

외동딸일지라도 부모 곁을 떠난다는 암시가 있다. 부모가 내 곁을 떠나거나 본인이 떠나거나 한다는 것이다. 즉 부모와 슬픈 인연이라는 말이 된다. 또 부모의 재산을 가지고 무슨 일을 한다거나 부모의 대를 잇는다면 모두 없애며 망가뜨린다는 것이니 이런 일은 없어야겠다. 년주의 상관이 간지에 있으면 그 액운은 더 많고 심하다. 그러나 인성이 나타나면 많이 줄어든다.

◆ 월주의 식신

태어난 달에 식신성이 있는데 다른 기둥에 정관성이 있는 여자는 아주 크게 될 수 있는 강력한 운을 타고났다. 부자로 살아갈 수 있을 뿐만 아니라 많은 사람을 거느릴 수도 있다. 남편운이 좋아지는 사주라 출세할 수 있으며 많은 복을 타고난 사주이다.

월주의 상관은 머리가 좋으며 아주 총명하다. 재치덩어리이기도 하다. 그런데 자기를 알아주고 인정해 주어야지 그렇지 않으면 금방 얼굴에 그 표정이 나타난다. 이런 사주는 사회활동을 하는 것이 좋다. 집안에서 살림만 하면 욕구불만, 아픔 등의 문제가 발생한다. 남편을 들들 볶는다는 의미도 있다. 상관이 월주에 있는 사람은 무슨 일이든 일을 하는 것이 좋다. 또 남편의 운은 그리 신통치를 못하다.

상관성이 월주에 있는 사람은 장사를 하든 직장생활을 하든 일을 하는 것이 좋으며 집안에 있다 해도 거의 모든 일을 도맡아 하게 된다. 월의 상관은 형제자매로 인한 고뇌가 있을 수 있다는 것도 있다. 월주 상관은 자수성가의 별이라고도 부른다.

◆ 일주의 식상

일을 많이 하라는 운명이다. 일복을 타고났다는 것이다. 또 부지런하게 노력하는 타입이기도 하다. 정반대의 여성도 종종 있기는 하다. 용두사미 격으로 생각은 많은데 일의 매듭을 보기가 어렵다는 점도 있다.

일지 식상이 다른 기둥에도 식상이 있다든지 또 편인이나 인수가 있으면 고단하게 살아간다는 의미도 있으며 건강도 주의해야 한다. 또 자녀운이 좋지 않은 경우가 종종 있다.

◆ 시주의 식상

식신은 특히 간지가 식신이면 무병장수형이라고 본다. 자손 복이 많고 좋은 어머니 노릇을 한다는 의미가 강하다.

상관은 말년이 외롭다는 암시가 있다. 자식과 떨어져 사는 것이 좋다는 것이다. 또 나이 들어 의지할 만한 마땅한 곳이 없는 경우도 있다. 부모 자녀 간에 갈등도 있을 운이다. 며느리와 같이 살지 말 것을 권한다.

▎천간의 식상이 극을 받지 않을 때

대부분 인상이 좋다. 아주 매력 있는 여인의 대표적인 사주이다. 그러면서도 첫 느낌은 쌀쌀하게 보인다. 냉정하고 머리가 영리해서 똑 소리가 나는 타입이다. 이런 사주는 연애결혼보다 중매결혼을 하는 경우가 많은데 요즘은 시대가 시대인지라 이 말은 별 의미가 없다. 까다로운 점이 있어 남자와 잘 사귀기가 쉽지 않기 때문이라고 본다.

인물로는 처음부터 예쁜 여자도 있으나 대개는 나이가 들면서 더욱 아름다워지는 특성을 타고난 운명의 소유자이다. 늘 예절이 바르고, 몸을 검소하게 하며, 청결 단정하게 하며, 정숙해서 함부로 대하지 못하게 하는 카리스마 같은 것이 있는 사주이다. 귀부인 격이라는 사주를 말한다.

사귀고 보면 다정다감하고 일단 마음이 서로 맞으면 제 살을 베어 주어도 아까워하지 않을 정도의 정열가이지만 마음에서 싫어지면 두 번 다시 상대하지 않으려 하고 만나는 것조차도 싫어하는 점이 있다. 외적으로는 쌀쌀해 보여도 참으로 다정다감하고, 결혼 후에는 남편에게 성실성 있게 잘해 주지만 애교를 부릴 줄 모르고, 아랫사람에게는 진실로 잘해 주고 자식 사랑은 끔찍할 정도이다.

▌지지의 식상이 극을 받지 않을 때

비교적 번잡한 것보다 조용한 것을 좋아하는 타입이다. 가정 살림은 물론 모든 일에 심사숙고해 남들이 예측하지 못하는 부분까지 간파하는 센스와 사고력이 있어 연구, 서예, 작가, 시 등에 소질이 있을 수 있는 운명의 소유자이다. 보통 사람일지라도 가정주부로 음식, 의복 등에 감각이 뛰어나서 맛을 잘 내고 의복도 잘 어울리게 입는다고 본다. 머리가 좋고 창조력도 있다.

사람을 사랑하면 아주 전심전력으로 사랑에 몰두하는 성격이라 질투심도 많고, 불평불만이 따르고, 늘 부족하다는 생각을 하는 경향이 있다. 또한 이상이 강해서 성취가 안 되면 불만이 따르고 그러다 보니 눈물이 마르지 않는다. 그러므로 인생행로는 순탄하지 못해서 불행이 많이 따른다고 본다. 정도 많고 한도 많아 눈물이 많다고 하는 운명의 소유자이다.

남편을 잘 만나면 자손의 걱정이 따르고, 자식이 좋으면 남편에게 불행이 생겨 눈물이 흐를 수밖에 없는 운명이다. 가정적으로 어딘가 그늘이 드리워져 있다고 보는 것이 타당하겠다.

▮ 식상이 운명성인 여자의 운명

식상은 자식, 자궁을 상징한다. 식상이 운명성으로 되어 있는 여자는 정조를 지키면 행복이 온다라는 운명적 경고가 있는데 이는 한 우물을 파라는 의미이다. 여성에게 자궁은 여러 가지 의미를 시사한다.

이런 여인은 이성에 대해서 나를 행복하게 할지 불행하게 할지를 냉정하고 침착하게 판단해야 한다. 나를 행복하게 해 줄 사람은 선택을 안 하고, 그저 좋아 보이니까 불행하게 해 줄 사람을 선택하는 어리석음을 범할 수 있다는 것이다. 한 번 잘못 선택하면 불행한 일생을 살아갈 수밖에 없다. 이 점을 깊이 통찰해야 한다.

식상이 운명성인 여자는 자식이 있어야 행복한 운명이 된다. 자식이 없는 행복이 어디 있을까만, 특히 이 사주의 소유자는 자식을 기대해야 하는 것이다. 남편을 잘 만나서 행복한 생활을 하는 여성도 더러 있지만 대부분이 비교적 불행해서 눈물로 일생을 보내는 경우가 많이 있다.

예를 들어 남자들의 감언이설에 넘어가 정식 결혼도 하지 않고 동거를 하는 경우, 정식 결혼을 한 여자는 자식이 없어 남편이 바람을 피우는 경우, 양지에서 남편을 보지 않고 음지에서 바라보고 사는 경우, 남편과 자식 다 있고 생활이 괜찮은데 다른 남자가 생긴 경우, 감당하기 힘든 입장에서 이러지도 저러지도 못하는 경우 등이 있다.

운명성이 식상으로 된 여인은 자궁이 좋아야 행복하다고 되어 있으나 남편, 자식, 자궁 중 하나는 좋지 않을 수 있으니 주의하고, 자궁병도 조심해야 한다. 즉 자궁으로 하는 일에 문제가 있을 수 있다는 것이다. 이 부분이 부족하다는 것이니 이것을 알고 보완·개선하고 노력한다면 운명은 전혀 다르게 변한다.

운명성이란 타고난 사주를 말하는 부분은 많지 않다. 어떻게 살아가야 하는가를 알려주는 운명적 명령이다. 그러므로 이 사주학은 어떤 팔자라는 것을 보는 부분보다 어떻게 살아가는 것이 가장 좋은가를 알아보는 전문적 과정이라고 해도 지나친 말이 아니다.

▎식상이 장애성인 여자의 운명

가정에서 살림만 하지 말고 활동을 하라는 운명이다. 많이 활동하고 살아가야 하는 운명이라는 것이다. 성격이 예민한 편이며 까다로운 점이 있는 타입이 많다. 세심하고 꼼꼼하며 깔끔해서 예민한 성격의 소유자라고 본다. 그러면서 인정이 많고, 마음이 대범하고, 남자 못지않은 능력을 가지고 있다. 그러나 드물게 아주 내성적이고 조용하며 밖에 나가는 것도 싫어하고 사람들을 많이 만나는 것도 좋아하지 않는 사람도 있다.

운명학상 남편을 잘 만나 행복한 여성이 간혹 있으나 성격 관계로 남편을 존경하지 아니하고 항상 불평과 불만을 털어놓기 때문에 가정에 파란이 생길 우려가 있으니 유의해야 한다. 어떤 여인은 결혼 후 남편은 좋으나 자식이 생기고 나서 남편은 불귀의 객이 되고 자식 생각으로 평생을 재혼도 못하고 홀로 전 생애를 자식을 위해 모든 것을 포기하고 외롭고 쓸쓸하게 한 많은 생을 살아가는 여인도 있다. 어찌 됐거나 이런 운명의 여인은 불행한 운을 타고 인간 세상에 태어났으니 운명이려니 팔자소관이려니 하고 지내야 한다.

남편과 사이가 좋고 자식이 있으면 있어서, 없으면 없어서 시련이 따르고, 자식을 두면 남편이 저 세상으로 가서 자식을 위해 살아가지만 나이 들어서 효도는커녕 불효나 하지 않으면 다행이라고 하는 운명이다. 거의 수많은 여성들이 자식 때문에 시련과 고난이 많은 것으로 나타나고 있다. 자식이 많으면 많아서 걱정, 없으면 없어서 걱정, 아니면 속을 썩이든지 불효를 해서 걱정을 한다. 그러나 현재 아무런 불편이나 문제없이 지나는 사람이 있다면 앞으로 자식으로 인한 큰 시련이 있을 것을 염두에 두고 미리미리 준비하고 가급적 자손과 떨어져서 지내는 것이 좋다. 그러면 행복한 생을 살아갈 수 있다. 그리고 성격에 문제가 좀 있으니 가급적 인내하는 수양을 하고 신앙생활을 하며 산다면 크게 이롭다.

▎식상에 대한 단상(斷想)

식상에 관성이 있을 때 여자는 이별, 싸움하기, 매 맞으며 사는 등의 시련을 조심해야 한다. 식상이 많거나 월지 식상은 유산을 조심해야 하며 인공유산이든 자연유산이든 유산을 하는 경우가 있다.

이런 사주에 사주가 좋지 않은 사람(식상이 관성을 극하는 경우 포함)은 자녀를 낳아 기르다가 남편을 잃어버리는 경우가 있다. 성이 다른 자녀를 두는 경우도 있고, 측실이거나 재취로 사는 경우도 있다. 대체로 자녀의 덕이 적은 사람이 많으며 자식으로 인한 고뇌가 따른다. 속담에 '부모덕 없으면 남편 덕도 없고, 남편 덕 없으면 자식 덕도 없다'라는 말이 있는데 이에 해당되는 경우라고 본다. 자살하는 여자, 음독하는 여자도 드물게 나타나고 있다.

식상이 많든가 왕성하든가 한 여자는 직업을 활인 직업, 즉 의학, 교육, 사회사업, 종교 등이 좋다. 그러면 많은 액운이 사라진다. 잘못되면 직업여성, 암흑가의 여인으로 전락하는 수도 있다. 비서직도 좋다. 식상, 자궁, 유방은 깊은 관련이 있는 것이니 식상의 흐름을 잘 파악하여 통변하면 되는 것이다.

식상에 재성이 있으면 여자는 음식 솜씨가 남다르다고 한다. 손맛이 살아 있다고 보는 것이다. 재복이 비교적 좋은데 돈에 너무 집착하면 오히려 재난이 생긴다고 본다.

　식상에 관성이 있으면 결혼 전 임신, 처녀 임신, 과부 임신, 비밀 임신을 주의해야 하는 암시도 있다. 출산 시 병원 신세를 진다는 것인데 이는 산액이 있다는 의미 정도이다. 요즘은 거의 대부분 병원에서 출산하니 부분을 잘 구분해야 한다. 식상이 많거나 강력해서 관성이 견디지 못할 것 같아도 재성이 있다면 천 가지 근심 중에 900가지를 덜어낸다 하는데 이는 식상, 생재, 재생관이라 그러하다. 그러나 대운이나 년운에서 관성을 만나면 이때는 잠시의 여유도 없이 관성과 식상이 정면충돌을 한다.

　식상이 년주나 월주에 있으면 부모, 조상궁에 근심이라 했으며 일지 식상은 부부간에 풍파가 있고, 시주 식상은 자손궁의 풍파라 했다. 이는 식상이 장애성일 경우 더욱 두드러진다.

　식상은 불안, 초조한 마음, 반발하는 마음의 특성이 있다. 이러한 식상도 좋게 작용을 하면 하는 일마다 능력 발휘가 잘되고 결과가 아주 좋으며 남편이나 자식, 재물, 사회운 등이 아주 순조로우며 잘 되어지고 좋아진다.

　식상에 재성이 어지러울 정도로 널려 있다면 일생을 허송세월하는 경우가 많다.

▍식상이 초년 대운에 있을 때

　식상은 표현을 잘 나타내 보이며 또 자신의 능력을 가장 잘 드러내 보이는 무대라고도 볼 수 있다. 또 식상은 어린아이라는 의미도 있다. 계절로 비유하자면 여름을 의미하는데 한없는 성장, 확산의 의미가 매우 강하다.

　초년 대운의 식상운이 식상의 특성이나 성향이 가장 잘 드러날 수 있는 시기라는 점에서 매우 의미가 있다고 해석할 수 있는데 이러한 해석이나 추론이 실제 그 사람의 운과 일치해야 한다는 점이 문제이다. 그러나 거의 같은 의미의 운로를 보이는 것으로 나타나는 것을 보면 이 식상의 초년운의 작용에 대한 사주학적 예측 방법은 매우 의미가 있으며 많은 도움도 될 수 있을 것으로 생각한다. 이는 일반론적이며 개인차는 실제 사주를 가지고 다른 것과의 상호작용에 대한 부분을 참고해서 판단하는 것이 원칙이라고 하겠다.

불평불만이 있는 운이라고 보는데 성장 과정에서 무엇이든 간에 불만이 따를 수 있는 운명이라고 본다. 예를 들어 부모와의 관계에서 물질적인 고난이 따르지 않는 사람은 주위환경이 자기에게 부족함이 없어 아무런 불평이나 불만이 없을 것 같으나 천성적으로 불만스러운 사주이고 보니 스스로 불만을 갖게 된다. 내성적인 것 같으면서도 잘해 줘도 불만, 못해 줘도 불만인 성격을 소유할 수 있는 것이다. 즉 자기 만족을 모르는 타입이라고 해야 한다. 무엇인가 불만스러운 마음을 가지고 성장을 한다.

반면 가정적으로 좋지 않아서 아버지가 외도를 한다든가 어머니가 그렇다든가, 계모나 계부 밑에서 성장을 한다든가 불행스러운 성장기를 거치는 운명의 암시가 있다. 또는 병마에 시달린다든가 불구, 장기성 질환, 조실부모 등등 몸의 결함으로 열등감을 갖는다든가 한다. 간혹 좋은 환경, 좋은 조건에서 성장하는 사람도 있기는 하지만 대부분 불행하거나 불만스러운 성장기를 지나게 된다.

▍식상이 중년 대운에 있을 때

머리가 좋으며 영리하고 똑똑하다. 한 번 보면 금방 알아차리는 예리한 통찰력 같은 것이 천성적으로 있다. 판단력과 사고력도 뛰어나다고 본다. 어릴 때나 처녀 시절에는 미래에 대한 꿈과 이상이 높고 크며 행운의 파라다이스를 상상하면서 지낸다. 그러나 일단 결혼을 하고 보면 그 꿈은 한순간 사라지고 천길 낭떠러지로 떨어지는 그런 마음이 들게 된다. 점차로 현실을 부정하고 불만스러운 환경을 원망하며 자존심 강한 성격으로 현실 적응을 잘하지 못하게 되는 수가 많이 있다. 그러니 자연히 열등감과 자신의 불행함을 대단히 괴로워하며 불평과 불만으로 신경과민이 되어 버린다. 그래서 신경질을 잘 낸다. 비록 남편이 잘하고 사랑을 하나 자신에게는 마음에 차지 않아 외로워하고, 불행하다고 느끼면서 살아간다. 그리고 시댁이 이상하게 잘 안 되어 형제자매 등에게 신경 쓸 일이 생기고, 친정 형제가 못살아 마음에 불편이 따르든지 한다.

심하면 남편이 외도를 하거나 바람을 피워 고통을 주든지, 아니면 일찍 세상을 떠나 사별하고 눈물로 한 많은 세월을 지내든지, 남자가 있어도 남자 구실을 제대로 못하든지 마음에 들지 않아서 스트레스를 많이 받는다. 또한 남자가 너무 착해서 무능해 보이고 대외적인 활동력이 부족해 그런 점이 불만일 수가 있고, 성격이 너무 까다롭거나 괴팍해 비위를 맞추기가 어려워서 힘이 들든가 하는 각양각색의 운명적 시련을 겪는다. 어찌 됐든 간에 결혼생활에 한이 많은 운명이라고 본다.

어떤 여인은 자식을 낳지 못해 고민하는 경우, 아들이 없고 딸만 있어서 고민을 하는 경우 등등으로 운명학상 중년 대운이 식상으로 되어 있는 여자의 사주가 가장 불길하고 안 좋은 것으로 본다. 사주를 보아 중년 대운이 식상이 되어 있는 여인은 아무리 인물이 출중해도 남자는 부인으로 삼지 말라는 경고가 있을 정도로 불길한 운명으로 본다. 드물게는 잘살고 아무런 문제없는 여성도 간혹 있지만 이는 아주 드문 현상으로 나타난다.

▎식상이 말년 대운에 있을 때

이런 사주의 소유자는 자식에 대한 걱정, 남편에 대한 시련이 있다는 운명이다(중년 식상보다는 좋다). 어느 누구보다 정조관념이 강하다고 하는데 이는 자식에 대한 사랑이 누구보다 강하나는 의미로 보면 된다. 모정이 강한 여인이라고 해야겠다. 그러므로 자식에 대한 걱정이나 염려도 많이 하고 신경을 남달리 쓴다(그래도 잘되는 자식이 있다고 한다). 또 사소한 일일지라도 자녀에 대한 걱정이 있으면 잠도 자지 못하고 신경을 쓰는 타입이다. 대개 신경이 예민해 사소한 일에도 신경을 많이 쓰는 사람이라고 본다. 그러므로 신경을 많이 쓰다 보니 몸이 늘 무겁고 아프며 어디 뚜렷한 병도 없는데 늘 몸이 안 좋다. 신경성 질환이라고 한다. 수시로 몸이 나른하기도 하고 피곤하고 머리도 아프고 힘이 없어 늘 원기가 부족한 것처럼 느낀다.

그러나 의지력은 강하고 강단이 좋아서 무슨 일이든 눈앞에 있으면 그 일을 끝마무리하는 성격이다. 아파서 끙끙거리면서도 할 일을 해내고 마는 강인한 정신력과 책임의식, 애정의식이 있다. 누워서 끙끙 앓으며 시원치 않은 몸일지라도 자기 할 일은 다하는 성격이다.

대개 이런 사주는 자식의 수가 많지 않은 타입이다. 만일 자식이 많은 사람은 각각 흩어져서 사는 것이 좋다. 또 그런 경우가 많다. 외국에 거주하든지 멀리 떨어져 살든지 하는 경우가 있다. 식상이 말년에 있는 여인은 자식과 떨어져서 사는 것이 더 편할 것으로 본다. 외로운 말년을 보낼 수 있다.

▌식상이 년운에 있을 때

식상이 해당 년도로 결혼 전의 여성은 모든 것이 자신의 마음먹은 대로 되지 않아 스트레스를 많이 받는 경우가 많다. 환경이 여의치 않든지, 환경이 좋으면 이성 간 교제로 마음고생을 하든지 초조하든지 속을 태우게 될 수 있다고 본다.

나이가 들어 연만(年滿)한 여성일지라도 이런 운에는 결혼을 삼가는 것이 좋다. 만약 이 운에 결혼을 하면 장차 행복하기보다는 힘들고 불행한 과정이 펼쳐질 수 있기 때문이다. 다시 말해서 이 운에 결혼을 하면 남편, 자식 둘 중에 하나는 불행해진다는 강한 암시가 있기 때문이다.

대개는 연애 중에 있거나 맺지 못할 사람과 교제를 하는 경우가 많다. 그러므로 마음을 굳게 먹고 더 이상의 인연을 맺지 말고 깨끗하게 정리하고 다음 재성운이나 관성운에 결혼을 하면 행복한 삶을 살아갈 수 있다.

기혼자는 이러한 운에 오면 무슨 걱정이든 생길 수 있다. 아무 일이 없으면 마음으로라도 불만이 생기고 괜히 남편과 거리감이 생긴다. 예를 들면 남편의 사업이 잘 안 돼서 유지가 잘 안 된다든지, 우환이 생겨서 걱정을 하게 된다든지 하며, 직장인은 실직, 타지로의 좌천 등 불상사가 생길 수도 있으며, 현직에 그냥 있는 분은 스트레스를 많이 받는다.

취직을 원하는 이는 마음에 안 드는 곳은 되고, 마음에 드는 곳은 구하기가 어렵다고 본다. 장래성이 없는 곳이든지 마음에 들지 않는 곳은 된다. 그러나 타국에 가는 자는, 즉 남편과 헤어져 살라는 운이므로 도리어 크게 발전하는 수도 있다.

보통 가정주부, 즉 보통 사람들인 경우 이 운에 필시 어려운 시련이 따를 수 있으므로 주의를 요한다. 정신적 고통이 생기든가 불행한 일이 생기든가 설상가상 어려운 일이 겹치는 수도 있다. 그리고 금전대차 등은 절대로 하면 안 된다. 신용보증 같은 것도 서 주면 안 되는 운이다. 그런 일을 하면 크게 손해를 보게 된다.

나이가 노년에 들어 있는 분들은 자손 문제, 자손의 일로 신경을 쓰게 되든가 걱정을 하게 되는 운이다. 또 입시시험이나 취직시험을 보는 자손

이 있으면 마음먹은 대로 안 될 수 있는 운이기 때문에 가급적 선택을 잘해서 진학이나 입사를 하도록 하는 것이 좋다.

이런 운에는 몸수를 유의하는 것이 좋다. 사소한 감기라도 병원이나 한의원을 찾아가서 전문적 치료를 받는 것이 좋다. 심한 경우 홀로 되는 사람도 있는 운이다.

▎식상이 월운에 있을 때

가정에 근심걱정이 있는 운이라고 본다.

남편의 일이 제대로 안 돼서 걱정을 하든가, 자식에 대한 걱정을 하든가, 그 외에 우환이 생기든가, 실물 등 재난을 주의하고, 시비, 구설수도 조심해야 하며 스트레스를 받는 운이다.

3 정재(正財)와 편재(偏財)

(1) 정재(正財) 편재론(偏財論)

정재 편재는 오행상 내가 극을 하는 별이다. 음양이 같은 것을 극했을 때 편재라고 하며, 음양이 다른 것을 극했을 때 정재라고 한다. 이를 재성이라고 부르기도 한다.

재성은 원칙론자, 정의파, 도덕론자, 솔직한 자, 매사에 분명한 자, 즉 건실하고 성실하며 비교적 상식적인 삶을 사는 타입이라고 본다. 특성은 매사에 분명한 것을 좋아하고 단정하며, 깔끔해 보이며, 기획력과 판단력이 좋으며, 경제에 탁월한 능력을 가지고 있다고 본다.

국가적으로는 상공, 은행, 경제, 기획 등을 나타내며 사회는 시장, 상가를 의미한다. 계절은 사계절을 나타내며 날씨로는 쾌청한 날을 상징한다. 가장 정확한 상징적 계절은 6월, 즉 미월이 재성의 특징을 잘 나타낸다. 그래서 관성은 재성을 보호하고 결과를 만들어 주는 별이라는 고서의 글도 있다.

신체의 질환으로는 위장, 대장, 복부질환을 나타낸다. 가정은 장롱, 금고를 상징하고, 연령으로는 모든 여성을 나타낸다.

정재는 장기 저축형으로 성공하는 타입이다.

편재는 변화와 융통 등으로 한 시기에 크게 발신하는 의미가 내포되어 있다. 그런데 편재는 돈이 좀 있으면 사람이 많이 따라서 가까운 사람한테 손해를 크게 보는 경우가 종종 있으니 주의 바란다.

흔히 식상이 있으면 머리가 좋다고 하는데 식상보다는 재성이 머리가 더 좋을 수가 있다. 식상은 자신의 능력을 가장 잘 나타내는 특성이 있는데, 재성은 식상의 능력을 가장 잘 나타내는 특성이 있기 때문이다.

재성이 남자한테는 아버지의 별이 되는 수가 있는데 이는 참으로 의미 있는 이론이다. 인성을 부모의 별, 특히 어머니의 별이라고 보는 경우가 많다. 그러므로 인성은 어머니의 사랑을 나타내며 재성은 아버지의 사랑을 나타낸다. 즉 재성은 여성을 사랑할 때 무조건적인 사랑으로 착각하지만 그 실상은 조건적 사랑이라는 점을 알아야 한다.

정재성이나 편재성의 작용은 원칙적으로는 같지만 정재와 편재가 때로는 다른 의미를 간직하고 그 특징을 나타낼 때가 많이 있기에 이에 대한 이야기를 조금 하겠다.

정재는 나의 노력과 활동으로 인한 정당한 수입과 금전을 의미하며 발전과 번영이라는 좋은 의미가 있다. 또한 안정감 있는 경제력을 의미한다. 또 시비가 분명하며 경우에 어긋나는 일은 결코 하지 않는 성격이며 그런 일을 하는 사람을 보면 아주 못마땅해 하며 서로 친하게 지내기가 어렵다. 그런 행동을 하는 모습을 보는 것조차 힘들어한다. 본인 자신은 결코 그런 일을 못한다.

아주 상식적이고 정직, 성실하며 개방적이면서도 보수적인 면이 있는 사람이다. 즉 양면 모두 잘 어울리는 타입이라고 한다. 때로는 까다로운 것 같으면서도 너그러운 사람이다. 용모도 단정한 사람이 훨씬 많다.

일확천금을 바라기보다는 열심히 노력하고 성실하게 차근차근 한 계단

씩 올라가는 타입이다. 정재성이 있는 사람은 만약 장사를 하는 경우라면 보통 일반적인 장사를 하는 것이 좋다. 특이한 장사라든가 별난 분야의 일은 실패를 하든가 고전을 하게 된다. 즉 위험스러운 일은 하지 않는 것이 좋다.

편재성은 알차게 모여지는 재물보다는 출입이 많은 돈이라든가, 차근차근 모아지는 돈이라기보다는 갑자기 단시일 내에 모아지는 돈이라는 의미를 가지고 있는 경우가 많다. 또 장사를 한다면 특이한 장사, 색다른 장사 같은 것에서 아주 재미를 볼 수 있다. 장사하는 방법이 그럴 수도 있다.

이 편재성이 사주에 하나 정도만 있으면 이는 정재성의 의미가 강하다고 본다. 여러 개가 있다든가, 정편재가 있다든가, 정재일지라도 여러 개가 있을 때 이러한 판단을 하는 것이다. 또 편재성은 일을 할 때는 아주 열심히 잘한다. 명랑하고 농담도 잘하고 유머 감각도 있다. 또 놀기도 좋아하며 노는 데 주저하지 않는다. 그러나 자신이 하기 싫은 일인 경우는 잘하지 못하고 능률도 오르지 않는다. 하기 싫은 게 많다는 의미도 된다. 아마 게으름을 피울 때는 둘째가라면 서러울 정도이다.

이 편재의 특성이 강한 사람은 아내를 두고 간간이 바람을 피우기도 한다. 마누라를 무서워(?)하고 사랑하면서도 바람기가 있다는 것이다.

정재보다는 편재가 인정이 더 있다고 보는 경향이 있다. 인간적인 면이 많이 포함되어 있는 별이기 때문이다. 어려운 사람이나 그러한 처지에 있는 사람이나 그러한 일을 보면 도와주고자 하는 마음이 강하다. 누구나 그런 마음이 없는 사람이 있겠는가만 이 경우는 그런 점이 두드러진다는 것이다.

융통성도 많으며 많은 사람들과 친하게 지낼 수 있는 능력이 있다. 구속된다든가 매어 있다든가 하는 삶에는 익숙하지 못하다고 보는데 이런 경우가 의외로 많다. 사유분방한 삶이 어울리는 타입이라고 본다. 사소한 일이나 예의에 구애받지 않고 인간미가 있는 사람이다.

편재성은 시장이라는 의미로도 표현되기도 한다. 이는 많은 사람을 알고 만난다는 의미도 되겠다. 그러니 놀기 좋아하고, 술 좋아하고, 오락, 도박 등에 눈을 돌려 낭패스러운 생을 보내는 경우도 있으니 주의를 요한다.

이 편재성은 사주에 관성이 있어 상호작용을 해야 편재의 특성을 살릴 수가 있다. 그렇지 아니하면 편재의 특성은 그 능력을 발휘하는 데 곤란함을 보여준다. 즉 편재성은 관성의 도움을 절실하게 바란다는 것이다. 그래야만 편재의 능력이 잘 드러난다. 그렇지 않으면 편재의 특성은 드러나지 않는다.

사주에 편재성이 많이 있는 경우 이런 사람은 감정이 풍부하고 감수성도 아주 예민하다. 그런데 기분에 따라 많은 영향을 받는 타입이다. 허세도 좀 있고 기분에 좌우되어 일을 결정하기도 한다. 이런 점에 유의를 한다면 아주 좋다. 또 돈이 좀 있거나 경제력이 좋아지면 주위 사람들에게 이용을 당하는 경우가 있으니 주의를 바란다.

✔ 다른 육신과의 관계

재성이 인성을 만났을 경우 재성도 부모(아버지)를 의미할 때가 있으며 인성도 부모를 상징한다. 그런데 이러한 경우에는 같은 부모의 별이 만나서 극을 하고 있는 모양새가 되므로 부모와의 인연이 좋지만은 않다는 것이다. 즉 멀어진다는 의미가 있는데 이는 깊이 음미해 볼 일이다.

또 아버지와 어머니 사이가 그리 좋다고는 보지 않는다. 이상하게 이런 경우 부모 사이가 화합보다는 불화의 의미가 강하게 나타나고 있다. 또 나를 도와주는 사람이 많지 않다는 것이다. 학업을 중단하는 경우, 하고 싶은 공부를 다 하지 못하는 경우도 많으며 부모와 떨어져서 공부를 하는 경우도 많다. 아니면 부모가 늘 바빠서 함께 하는 시간이 적은 경우도 있다. 또 여자(처)로 인해 돈을 벌게 되는 경우도 종종 있으며 결혼을 하고 돈이 모여지는 경우도 있다. 이와는 아주 다른 의미로 여자(처)로 인해 크게 힘이 든 경우도 있으며 처 때문에 부모 마음에 큰 상처나 한을 심어 주기도 하는 경우가 있다. 또 한편으로는 여자에게 신세지고 살아가는 사람도 있다.

재성이 인성을 극하는 경우, 그 작용이 좋지 않게 흐를 경우에는 모든 일이 나쁜 쪽으로 나타난다는 점을 잘 파악해야 한다. 그러나 인성이 아주 강하거나 많거나 월지 인성이거나 한 경우에는 재성의 극이 아주 좋은 작용을 해서 나 자신(일주)과 식상을 보호해 주고 도와주고 좋은 작용을 한다. 재성이 많을 때 인성보다는 비겁이 좋다는 것이다. 그 이유는 비겁은 재성을 극할 수 있기 때문이다. 그러나 인성은 재성을 극하지 못한다는 점을 알아야 하겠다.

재성이 비겁을 만날 경우에도 그 작용이 적당하게 조절되어 있어야지 비겁이 많다든가 월지 비겁이라면 이 경우에 재성이 있으면 재성은 아버지의 별이기도 하기 때문에 아버지를 극한다고 보는 것이다. 또 처, 처제, 여자, 돈, 판단력, 선택, 능력 등을 극해 재성의 기능을 약하게 하므로 배신을 한다든가 배신을 당하든가 부부 이별, 의처증, 의부증 등을 조심해야 하고 돈을 아무리 벌어도 이상하게 돈이 모여지지가 않는다.

일은 벌여 놓고 마무리가 잘 안 된다든가 그럴 능력이 부족하다든가 해서 일마다 용두사미 격이 되는 수가 많다. 또는 아주 무능력한 경우도 있다. 또 인인패사(因人敗事)라 친지, 친구, 형제자매 등으로 인한 시련이 따른다고 본다.

그런데 이러한 경우라 해도 식신이나 상관이 있다면 전혀 다른 판단을 하게 된다. 이 식상이라는 별이 중간 역할을 잘해 주므로 이러한 흉운을 순화시켜 주고 길한 운으로 작용하게 해 준다. 또는 관성이 있어 비겁을 억제하고 재성을 보호해 주어 재성이 잘 작용할 수 있도록 해 준다. 즉 재성은 식상이나 관성을 잘 만나야 재성 특유의 능력을 잘 발휘한다고 보는 것이다. 재성은 식상을 보면 뿌리의 힘을 보장받는다는 것으로 가장 좋은 특성 중 하나로 보는 것이다.

이러한 구조의 사주는 힘을 크게 들이지 않아도 돈을 벌 수 있으며 또 돈이 잘 따른다고 본다. 이런 사주를 가진 사람은 실패를 해도 금방 다시 일어나서 전보다 더 잘살게 된다는 것이다. 머리를 써도 돈이 되는 머리를 쓴다는 사주이다.

어쩌면 인생의 목적을 돈에 두는 경우가 있다는 것인데 보통 사람들보다 더 잘 벌고 출세도 빠르게 하고, 즉 빨리 벌고 빨리 쓰고 속전속결, 속전속패에 능한 사주이다. 때에 따라서는 아주 큰 계획, 거창한 계획을 가지고 남보다 앞서가는 경향이 있어 사람들로부터 웃기는 사람이라는 말을 듣기도 하는데 지나고 보면 이 사람 말이 맞는 것이 된다.

때로는 수많은 사람들에게 존경의 대상이 되기도 한다. 또 한편으로는 인정이 너무 많아서 큰일을 못하는 사람, 열두 가지 재주를 가진 사람이 조석이 간데없다는 속담처럼 재주는 있는데 한 가지도 잘하는 게 없는 사람, 너무 아는 게 많아 그게 흠이 되어 운이 막히는 사람, 하는 짓마다 안 되는 것에 손을 대어 고생을 하는 사람도 많다.

사주팔자란 그 작용이 좋은 면과 반대의 측면이 항상 함께 흐르는 것인데 어느 것을 잡느냐가 아주 중요하다. 이것은 선택의 문제이다.

이러한 사주 구조에서는 인성이 있어 식상을 조절하면 아주 길한 명이라 크게 발신한다고 본다. 이때 재성을 또 만나면 크게 발신하는 큰 인물이 되기도 한다. 한 시대를 풍미하는 영웅이나 거물로 성장할 수 있다. 입지적인 사람으로 만인의 존경을 받는 자리에 있는 경우도 있다. 아무리 어려운 상황이라 해도 이를 극복하는 능력이 있으며 그러한 지모와 덕을 갖추고 있다. 재성에 식상에 또 재성이 있을 경우 그렇다는 것이다. 여기에 인성이 식상을 잘 조절해 준다면 그렇다는 것이다.

부모님의 운도 비교적 좋았을 것이며 능력이 있는 분이고, 크게 성공하신 분일 것이다. 본인 또한 그러하다. 부모든 본인이든 한쪽은 분명히 그렇다. 둘 다 그런 경우도 많다. 경제 분야, 경영 등에 특히 좋다는 것이다. 여자와의 인연 또한 좋으며 덕을 보며 자손도 아주 귀한 자손을 둔다는 운명이다. 아버지도 똑똑하고 총명하고 활동력이 좋았을 것이다.

(2) 정재(正財) 편재(偏財)와 남자의 운명

정재는 아내, 편재는 첩, 애인, 재취처, 처남 등으로 분류하기도 한다. 그러나 일단은 재성에 모두 포함된다고 볼 필요가 있다. 정재는 정당한 재물, 노력의 대가로 평가하고, 편재는 요행 재물, 행운 재물 등으로 판단하는 경우가 많이 있다.

이 세상을 살아가는 모든 남성치고 금전, 재물, 즉 돈에 욕심이 없는 사람이 과연 몇 명이나 될까? 또 여자를 싫어하는 남성이 얼마나 될까?

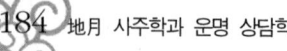

속담에 '황금에 사심이 안 들어갈 수 없고 미인에게 매력을 느끼지 않는 사람 없다'는 말이 있는데 이는 참으로 동서고금을 통해 변하지 않는 말이라고 본다. 그러나 이를 너무 탐하면 성공은 고사하고 자칫 몰락의 길로 갈 수도 있다는 경고성 말이라고 생각된다.

돈 때문에, 여자 때문에 얼마나 많은 남자들이 고뇌하고, 울고 웃고, 자존심이 무너졌는가. 참으로 슬픈 일이다. 그러나 이와는 반대로 돈과 여자로 인해 얼마나 많은 기쁨을 누리며 행복에 빠져드는가. 또 돈 때문에 부귀영화를 누리고, 돈이면 귀신도 산다는 말이 실감날 정도로 지내는 사람도 많이 있다.

왜 이런 말을 하는지 사주학을 배우면서 스스로 느끼게 될 것이다. 정편재는 돈과 여인을 대하는 남성의 태도에서 많은 것을 알아낼 수가 있다. 돈과 여인 앞에서는 아무리 성인군자라고 하는 사람들도 이성을 잃어버리고 흔들리며 인내(인수 편인)를 하지 못한다고 본다.

재성을 소유하기 위해서는 용기도 있어야 하고, 배짱도 있어야 하고, 능력(기초)도 있어야 하며, 때로는 도둑(겁재 특성)의 마음도 있어야 하고, 말도 잘해야(비견 겁재) 하겠다. 그러므로 돈과 여인을 얻기 위해서는 용기와 말재주(비견 겁재)가 있어야 하며, 청결해야 하고, 의복도 잘 입고(관성), 부티가 나 보여야 하겠다. 속담에 '잘 입은 거지는 얻어먹어도 못 입은 거지는 굶는다'는 말은 아주 의미 있는 말이다. 그렇게 해야만 여인들도 따르게 되고 돈도 잘 따르기 마련이다.

또 금전거래가 분명해야 멋있고 신용 있는 남자라고 하듯이 매사에 분명하고 신의와 신용이 있어야 되겠다. 그러므로 정편재는 경우가 분명하고, 청결하고, 이론이 정연하다고 보는 것이다.

다음으로는 일단 자기 수중에 들어오면 다시는 타인에게 빼앗기지 않으려고 해야 하며 엄중한 감시가 필요하다. 자기 수중에 들어온 여자는 보호할 필요가 있고 의무도 있으니 여러 방면으로 신경을 써야 한다. 그러므로 예민한 성격이 있게 되는 것이다. 신경이 예민한 부분이 있다고 본다. 분명히 하는 성격의 소유자라서 결단력도 강하다. 고로 정편재는 물욕이 강하고 여자와 의식주를 확보하는 정신이 강하다고 보는 것이다.

또한 청렴결백한 것을 좋아하고 자신도 그런 편이며 이론이 정연하고 논리적이다. 그러므로 성격이 까다로운 면이 보인다. 결단력이 있고, 말이 많고, 신경질적이고, 인내심이 부족해서 속에 넣어두지 못하고 할 말은 해야 직성이 풀리는 타입이다.

정재가 장생이면 처음 만난 여자가 장수해 부부 해로할 수 있고, 경제적인 어려움이 없이 잘 지낼 수 있으며 일단 돈이 수중에 들어오면 관리를 잘해 축재를 한다.

편재가 장생이면 처음 만난 여자보다 재취 여자가 장수한다. 30 후의 여자는 처음 여자라도 괜찮다(본인 포함). 그러나 조혼자는 반드시 재혼해 해로한다고 본다. 편재는 요행재라 노력 이외의 재물이 따르는 경우가 많고 일단 들어오면 날로 번창한다.

정재가 천간에 있고 지지에 비겁이 있으면 물질적인 혜택은 있으나 저축할 수 없도록 소비가 많다. 장남이든지 아니면 친지 등이 많은 사람들에게 이런 사주가 많이 있다. 또한 처음 만난 여자가 수차의 어려운 고비를 당하든가 생이별이나 사별 등의 시련이 있는데 처제가 불행하든가 단명하면 이런 액운을 넘길 수도 있다. 축재는 잘 안 되더라도 평생 쓸 돈은 들어오는 사주이다.

이런 사주에 장남으로서 형제를 잘 도와 상부상조하는 자는 금전이 잘 따르나 장남이라도 형제가 있어 화합을 하지 않으면 큰돈을 벌 수 없다.

즉 돈을 버는 능력은 있는데 관리능력은 부족한 편이라고 본다.

또한 정편재는 복부로도 보기 때문에 개복 수술을 요하는 질병을 조심해야 한다. 재성을 극하는 경우에도 이에 해당한다.

장생이란 12운성의 장생이 아니고, 예를 든다면 庚辛일주는 천간의 甲乙이 재성이 되는데 甲子, 乙亥, 甲寅, 乙卯로 구성되어 있는 경우가 장생이 된다. 즉 재성을 생하든가 같은 오행이든가 하면 이를 장생이라고 하는 것이다.

▌사주에 재성이 많을 때

돈과 여자가 많이 있는 모양을 가지고 있는 사주 구조이다. 돈과 여성이 많으면 욕심이 생기고 이에 대한 집념도 있다. 무슨 일을 할 때에 자신의 마음에 들든지 꼭 해야 되겠다는 생각이 들면 물불을 가리지 않고 오직 목적을 달성하기 위해 앞만 보고 전진을 한다. 주위의 말이나 의견은 전혀 듣지 않고 자기 신념대로 행동하는 특성이 있다. 좋다는 생각이 들면 물불을 안 가리고 덤벼들다가도 하루아침에 포기하든지 생각을 바꾸어서 과연 허영심 많은 이 사람이 하던 일이 그 일이었던가 싶을 정도로 태도를 바꾼다.

두 번 다시 보기 싫고 생각하는 것도 싫어한다. 단호히 버릴 것은 버리고 새로운 일을 향해 행동한다. 그러므로 결단력은 좋으나 인내력(장기성)은 부족해 일생 동안 직업 변동을 여러 번 하는 경우가 허다하다.

시대감각이 빠르고 기회 포착을 잘해 순조로이 성공을 하는 사람도 있으나 대개는 의지나 인내력이 약해 술이나 도박을 좋아하고, 돈을 축내고, 부인을 괴롭히고 폭행을 하는 사람도 있다. 그러므로 과욕을 삼가고, 쓸데없는 허영심 같은 것을 부리지 않고, 경거망동을 하지 않으면 전화위복이 되어 잘살 수 있는 사주이다.

혹자는 일정한 직업을 구하지 못하고 직업 변동이 잦아 고생을 하는 수가 있다. 또한 가정에서도 부부나 자녀 관계도 여러 가지로 안 좋을 수가 있으며 부부간에도 이별을 하고 재혼을 하는 수도 있다.

자기 것은 아끼고 남의 것을 공짜로 바라지 않는 장점도 있다. 노력을 아끼는 경우가 있어 일하기를 싫어하든가 게을러 삶을 힘들게 하는 경우도 있다. 그러나 비겁이 하나라도 있으면 전혀 다르다.

사주에 재성이 너무 많거나 강력해서 조절이 안 되는 경우는 조실부모하는 운명이라고 본다. 아니면 출산에 문제가 있었다는 것인데 이는 드문 경우이다. 악처를 만나서 고생한다는 의미도 있다. 또 내가 태어나고부터 집안이 기운다는 암시가 있으니 이를 복이 없는 팔자라고 하는 것이다. 이상하게 성사되는 일이 적으며 제갈공명과 한신의 재주를 지녔어도 좋은 결과를 얻기가 힘든 사주이다.

주색잡기를 아주 조심해야 한다. 이로 인해 바닥 인생을 살아가는 경우도 있다. 거짓말을 밥 먹듯 하는 사람이나 사기를 치는 사람도 종종 있다.

참으로 고독하고 외로운 사주라고 본다. 조실부모를 한다든가 다른 부모를 만나게 된다든가 한다.

재성이 많은데 이를 잘 제어하든가 조절하지 못하면 이는 다스리고 관리하는 데 문제가 있는 형상이라서 '그림 속의 미인이요, 그림의 떡'이라 눈앞에 놓고도 빼앗기며, 다된 일에 코 빠뜨리고, 내 것이라는 것은 없으며, 내세울 것 하나 없으니 답답함이 늘 따르는 격이다.

가난이 원수로다. 자존심을 내세울 수 없다는 것이 얼마나 한스러운 일일까. 한이 많은 사주이다.

마음만 앞서고 생각만 앞서나 마음뿐이요, 욕심뿐이라 되는 일은 거의 없다. 내 자신이 극을 하고, 제어하고, 다스리고, 지휘해야 하는데 그러하지 못하고 재성의 강한 힘에 끌려 다니는 격이라 이러한 것이니 답답할 뿐이다. 장수는 장수이나 패장이니 외로운 영웅이다. 그러니 마음에 맺힌 게 많아지며 그러다 보니 술을 좋아하는 사람, 오락 등을 좋아하는 사람, 여자에 빠져 있는 사람 등등으로 인해 아주 망가지는 사람도 많다.

착하고 인상도 좋으면서도 욱하는 성격이 있게 되고, 인성 또한 재성의 힘에 밀려 인성의 작용을 제대로 하지 못하게 되니 이 또한 문제이다. 상황 판단력이라든가 일에 대한 길흉이나 감각적 판단력이 문제가 있어 늘 좋은 쪽의 선택을 하는 데 주저하게 되는 것이다.

여자로 인한 풍파나 재난이 반복된다든가, 아니면 여자와 인연이 아주 적어 걱정이라든가, 여자를 만나면 재성이 힘을 받아 더욱 답답한 입장에 처한다든가, 여자에게 꽉 잡혀서 기를 펴지 못하고 산다든가 하는 경우가 있다. 이러한 운의 작용은 외부에서 오거나 누가 주는 것이 아니라 내 팔자의 작용이 문제요, 자신의 행동이나 처신이 문제인 것이니 이를 하루라도 빨리 파악하거나 알아차려야 운을 바꿀 수가 있는 것이다.

정편 재성은 관성을 생하는 것이다. 그러므로 처와 자식(관성)으로 인해 운이 답답하든가 막혀서 외면을 당하다든가 꼴이 더욱 우습게 된다든가 하는 경우도 있다. 또 때로는 꽃밭에서 사는 사람이나 여기에서 헤어나지 못하는 사람, 여자가 벌어서 살아가는 사람도 더러는 있다.

재성이 많은데 비견이나 겁재가 하나이면 부부가 의견이 너무 안 맞는다든가, 성격이 안 맞는다든가, 아니면 여자의 힘이 너무 강하다든가 해서 스트레스를 많이 받고 살아가기도 한다.

재성은 사주에 많은데 비겁이 너무 힘이 약하면 내가 재성을 잘 관리하고 운영하는 것이 아니라 재성이 나를 휘두르고, 나를 견제하고, 나를 재성이 마음대로 하는 격이라서 돈의 노예처럼 구두쇠, 자린고비 등으로 무섭게 돈을 모으는 사람, 또 돈을 벌어도 일생을 돈 돈 돈 하면서 살아가는 사람도 있다. 또 외화내곤(外華內困)해서 겉은 화려하고 번지르르하나 속은 비어 있고 가진 것이 없는 경우도 있다.

늘 돈에 쫓기면서 살아가는 사람, 여자한테 늘 불만이 있고 불만 속에서 살아가는 사람, 자신의 기량을 한 번 제대로 펼치지 못하고 살아가는 사람, 돈 때문에 자존심을 버리고 살아가는 사람, 골 빠지게 일을 해도 모여지는 것은 없는 사람, 일이 너무 없어 고민하는 사람, 고객이 없어 답답한 사람, 돈이 모여지면 몸이 아픈 사람, 재난 풍파가 일어나는 사람, 건강하면 가난하고 돈이 줄고 없어지고 몸이 아프든가 시원치 못하면 돈이 따르는 사람 등이 있다.

재성은 돈과 여인을 상징한다. 인생살이에서 재성이라고 하는 별의 역할은 참으로 대단하며 정말 중요하다. 그러나 이 재성이 때로는 재난과 고뇌의 별로 둔갑을 한다. 어느 별이나 마찬가지겠지만 특히 그렇다.

이 돈이라는 것은 들어온다든가 모여질 때는 참으로 좋은데 나간다든가 줄어든다든가 손해를 본다든가 하면 사람을 아주 힘들게 한다. 또 정상적으로 모은 돈이라면 나갈 때도 순조로우나 그렇지 아니한 돈은 들어올 때는 좋지만 결과적으로 큰 재난을 안겨 주기도 한다. 그러므로 돈이라는 것은 자신의 팔자에 타고난 만큼만 모으고 살아가야 하며 멈추게 한다면 이는 오히려 재난으로 이어진다는 점을 잊지 말아야 한다.

사주에 재성이 없어도 잘사는 것은 식상이 좋은 작용을 하기 때문인 경우가 허다하다. 즉 식상 생재하는 이치 때문이다. 사주에 재성이 많은 사람은 아무리 좋아도 생애 중에 한 번 또는 여러 번의 재난이 따른다는 것을 기억해야 한다. 그렇지 않으면 고질적인 질병으로 고생을 한다. 이러한 재성은 비겁의 강력함을 좋아한다. 재성이 비겁보다 강력하면 늘 허덕인다고 보는 것이다. 즉 인생살이가 벅차다는 것이다.

　재성이 관성을 보게 되면 재산을 자손들에게 물려준다고 보는데 이는 재성이 관성을 생하기 때문에 이러한 판단을 할 수 있는 것이다. 또 여자가 남자를 잘 도와주고 내조를 가장 잘할 수 있다는 것이다. 그러나 일주가 재성을 감당할 수 있어야지 그렇지 못한 경우에는 참으로 일생을 허덕이면서 살아갈 수밖에 없다. 그렇기 때문에 비겁과 재성, 재성과 관성의 관계를 잘 살펴야 하는 것이다.

　년주 재성은 연상의 여인과 인연이 있다고 보며 조상, 즉 조부나 아버지가 잘 살았다고 보며, 월주 재성은 부친을 의미한다고 보는데 부친이 의외로 완고한 점이 있는 분이며 크게 성공을 하는 경우도 종종 있다. 또 월주 인성도 드물게는 연상의 여인과 인연이 있다고 보기도 한다(월 천간일 경우). 일지의 재성은 돈이 떨어지는 일이 없다고 보기도 한다. 또 중년에 대부분이 성공을 한다. 시주의 재성은 자손이 성공을 한다고 본다. 또 말년의 재복이 좋다는 것이다.

　재성과 인성이 동주하면 아버지, 어머니가 해로하기 참으로 어렵다는 것이다. 해로한다면 많은 고뇌가 있었을 것이다. 재성과 관성이 동주하면 총각 때 임신을 하는 경우도 있다고 한다.

　재성과 식상이 동주하면 처덕을 보는 사주이고 처가와 잘 지낼 수 있다고 본다. 식상은 처가인데 재성과 함께 있으니 가깝다고 보는 것이다. 재성이 모여 운집해 있다면 처갓집이 부자든가 아주 가난하든가 몰락하기 쉬우며 부부 해로하기가 참으로 어렵다. 아니면 많은 시련과 액운, 질병 등의 시련이 따른다. 그러나 재성이 좋은 작용을 하면 출세, 성공, 부자 팔자는 틀림없다고 본다. 어느 분야로 진출을 해도 정상의 자리에 이른다.

재성운이 관성운보다 오히려 더 좋은 경우가 허다하다. 여자가 잘 따를 수 있으며 처와 자녀에게 좋은 일이 많이 생긴다는 운이다. 건강도 아주 좋으며 속도 좋아 무얼 먹어도 잘 소화시킨다. 매사에 늘 자신감이 넘치며 기상이 좋고 쾌남아이며 인물 또한 좋다. 돈도 잘 따르고, 공부도 아주 잘 하고, 가운이 좋아 부친이 크게 성공을 하는 경우도 있다.

그러나 사주의 재성이 좋지 않게 작용을 하면 하는 일마다 장애가 있고 잘 안되고 막힘이 많으며 먹는 것마다 체하는 격이다. 들어오는 돈보다 나가는 돈이 많은 격이라 들어오기가 무섭게 나간다. 머리는 좋아서 회전도 빠르고 계산도 잘하나 늘 잘못된 계산을 한다는 암시가 강하다. 그래서 결국은 나만 손해 본다는 운명이다. 그러니 하나를 얻으면 셋을 잃는다는 격이다.

가난하게 지내면 많이 다르겠지만 욕심도 있고, 판단 착오가 빈번해 손해를 보며 배신하거나 배신당하는 운명이다. 사기수를 조심하라는 명조이다. 혹 직장인은 뇌물을 먹는다든가 무얼 잘못 먹어 퇴출당하기도 하는데 그러면 가정불화가 심해진다. 또 여자로 인해 고생한다는 암시가 있으니 부부 이별을 당할 팔자라고 본다. 그러니 이보다 더 나쁜 팔자가 있을까.

성장기에 학업운도 약한 편이라 학업 중단이 많이 나오나 자력으로 공부하면 가능하다. 조실부모를 한다든가 부모와 떨어져 있다든가 하는 운이다. 드문 일이지만 공부를 아주 잘하는 사람도 있기는 하다. 단 丙丁일주만은 부자가 된다고 하는 고전의 해석이 있는데 매우 유의미한 것으로 임상되고 있다(재성 월주에 일주가 강력하지 못할 때).

편재성을 가지고 있는 남자는 관성을 지니면 참으로 여자 복이 많다고 본다. 어떤 식으로든 간에 여자의 덕을 본다는 것이다. 여자를 만나고 나서야 운이 트이는 사람도 있다.

■ 사주의 년주, 월주, 일주, 시주에 재성이 있을 때

◆ 년주의 재성

정재성인 경우 대개는 집안이 괜찮다고 본다. 만약에 년주의 간지가 정재성에 정관성이라면 조부모나 부모가 좋은 운을 가지고 있다. 그러나 년주 중 겁재가 있으면 이러한 판단을 하면 안 된다. 부모의 재산이나 명예를 이어받았다 해도 당대에 모두 날아가 버린다.

편재성일 경우 부모 곁을 떠난다는 운명이다. 부모와 떨어질 가능성이 많다는 것이다. 자수성가의 의미가 있기도 한다.

◆ 월주의 재성

정재성일 경우 친구, 친지, 형제자매 등의 도움으로 돈을 벌 수 있는 운을 타고났다고 본다. 또는 배우자의 덕으로 그럴 수도 있다고 보는 것이다. 무슨 일이든 간에 일을 할 경우 가까운 사람이나 친지, 형제, 동료 등의 도움을 받든가 힘을 빌려 일을 하면 성공하기가 아주 쉽다는 것이다. 그런 경우 운이 많이 좋아진다는 것이다. 또 동업을 해도 실패를 적게 한다는 운명의 소유자이다.

이 생월의 간지가 정재성인데 다른 곳에 식신성이나 편재성이 함께 있다면 대단한 재복을 타고났다고 본다. 월주의 정재성이나 다른 기둥에 인성이 있다면 머리를 잘 써서 크게 발신할 수 있는 사주이다.

편재 월주는 내 수중에는 돈이 없다 해도 남의 돈을 잘 이용해 성공을 할 수 있는 사람이다. 투기성이 있다든가 다소 위험이 따르는 일에서도 성공을 하는 경우가 많이 있다. 그러나 때로는 능력은 있는데 잔머리를 써서 인생을 살아가는 조금은 이상한 인생관을 가진 사람들이 더러 있다.

◆ 일지의 재성

투기성이 있거나 위험 부담이 있는 일에 손을 대면 백전백패하는 운명이고 보니 이런 일은 결코 하지 말아야 하겠다. 대부분이 경제적이며 절약형이고, 돈에 대한 집착도 있는 사주이다. 즉 불필요한 소비는 잘 안 하는 사람이라는 의미이다. 그런데 비겁의 극을 받고 있게 되면 아무리 열심히 성실하게 노력하면서 살아가도 돈이 잘 모아지지 않는다. 안타까운 일이다.

일지의 편재가 비겁의 극을 받고 있는 경우 투기성 있는 일은 손대지 말 것을 부탁드린다. 도박, 바람피우는 일, 허황된 생각 등은 금물이다. 본인 자신은 그런 인생을 살아가지 않는다고 하겠지만 사실을 직시해야 한다.

일지 편재성이나 사주에 비겁이 있는 사람은 투기성 사업에 손대면 실패는 따 놓은 당상이다. 또 한 가지는 일지 편재성은 다른 것에 식상이 있을 때 보증서는 일, 돈거래는 아주 조심해야 한다. 늘 유의할 것이 있는데 이는 바람을 피우는 일이다.

◆ 시주의 재성

비록 어릴 때나 젊을 때 돈으로 고생을 하고 힘이 든 생활을 했다 할지라도 중년 이후 운이 좋아져서 반드시 돈 고생은 면하며 말년운이 좋다.

자녀도 잘되어 덕을 본다는 것이다. 부모와 인연이 멀어져 있다 해도 비교적 괜찮은 인생을 지내게 된다. 고진감래격의 팔자라고 한다.

▌재성이 운명성인 남자의 운명

좋은 여자를 만나서 좋은 가정을 꾸리고 살아갈 수 있는 운명이다. 즉 여자를 만나야 운이 좋아진다는 의미도 있는 것이다. 여자가 있어야 팔자가 트인다 할 수 있다. 그러므로 부인을 아끼고 사랑하며 부인이라면 끔벅 하라는 것이다.

가정 일과 경제권은 모두 부인에게 주고, 큰일이나 작은 일이나 부인과 상의해서 살아가면 평생 안락하고 부족감을 느끼지 않고 여유 있는 생활을 할 수가 있다. 돈과 여자를 무서워하라는 의미도 있는데 이 말은 돈과 여자를 귀하고 소중하게 생각하라는 의미이다. 돈은 구두쇠형으로 운용을 해야 한다는 것이다.

독단적으로 처리하고 부인 의견을 무시하는 사람은 결국 돈을 모으지 못하게 된다. 재성이 운명성으로 된 사람은 돈과 여자를 아끼고 귀중하게 여기며 살아가라는 운명의 명령이 있기 때문이다. 왜 그러냐 하면 사주학상 이 부분이 약하게 되어 있기 때문이다.

돈과 여자를 행복하게 해 주는 능력이 부족하다는 점도 운명적인 것이다. 때문에 근면하고 부지런해서 열심히 돈을 버는데 자기는 제대로 쓰지도 못하면서 일가나 친지들이 사정을 하면 거절을 하지 못하고 도와주는 경우가 있기도 하고, 아니면 엉뚱하게 소비할 일이 많아진다. 돈을 버는 능력은 좋지만 관리를 잘하는 능력은 부족할 수 있다. 이 점을 기억하고 살아가라.

씀씀이가 심해서 돈을 모으지 못하는 수도 있고 안 써도 될 돈을 쓰는 경우도 있다. 소비가 과해 문제가 되는 경우가 많다. 그러므로 욕심을 가지고 경우를 분명히 하여 보증이나 돈을 빌려 주는 행동 같은 것은 절대로 하지 말아야 한다.

대개 이런 사주는 젊은 시절에는 돈이 잘 따라서 무난하게 지내지만 말년이 되어 돈에 대한 욕심도 생기고, 돈을 어떻게 써야 하는지 알 만한 때가 되면 돈이 들어오지 않아서 고생을 하게 된다. 그러므로 돈을 아껴서 쓰고, 돈에 대한 권리는 어떠한 경우에도 다른 사람에게는 주지 말고 재정권을 사망 시까지 가지고 있어야 한다. 만일 그러하지 않고 지낸다면 돈이 정말 필요한 말년에는 아무리 후회를 해도 그때는 이미 때가 늦어 참으로 답답한 생활을 하게 된다.

고집을 버릴 줄 아는 지혜도 필요하겠다. 때로는 벽창호에 가까울 정도의 고집을 부리는 사람도 종종 본다. 어떤 때는 속이 좁아서 밴댕이 속이 아닌가 싶을 정도의 사람들도 꽤 있다. 또 사람은 참 좋고 호인인데 아주 답답하고 속이 꽉 막혀서 고집을 부리는 사람도 있다. 이런 점이 보완되어 있는 사람이면 틀림없이 잘사는 사람이다. 대체로 잘사는 사람이 더 많고 가난한 사람은 드물다는 것이다. 무골호인형도 많이 있고 찔러도 피한 방울 안 나오는 타입도 많이 나온다.

▎재성이 장애성일 때

돈과 여자가 장애성이라는 말이 된다. 내가 소유하는 것, 관리하는 것, 보호하는 것 등이 장애성이라는 것이다.

여성이 유혹을 하면 이를 물리치지 못하고 현혹되어 버린다. 일단 마음에 들면 전심전력으로 열정을 기울인다. 그러나 여자는 나를 정말로 좋아하고 사랑하는 것이 아니고 나의 경제력이나 기타 무엇인가를 얻고자 하는 것이므로 더욱 매력을 풍기기 때문에 아주 풍당 빠져 버린다. 이런 사주의 소유자에게 접근해 만족을 느끼면 대단한 교태를 부리나 그렇지 않을 때에는 언제 알았는가 싶을 정도로 변하는 여인을 일생 중에 만나서 곤경에 처할 수가 있다는 운명적 암시가 있음을 명심해야 한다.

이런 사주는 무슨 일을 할 때 처음에는 대단히 열심히 하고 의욕이 대단하지만 오래오래 하기가 매우 어렵다. 그 이유는 끈기나 인내심이 많은 것 같아도 사실은 그렇지 않고, 격정적이고 폭발적인 성격이 있으며 인내심이 강하지 못하기 때문이다. 그래서 일이나 인간관계에서 좋은 결말이 나는 경우가 흔치 않다.

 인정도 많고 사람들에게 친절하고 좋은 인상을 주는 경우가 많다. 천진스러운 데가 있고 순수한 점도 있으며 참으로 소박하게 살아가기를 원하는 사람도 많이 있다. 그러나 자신에 대한 만족이 없고 부리지 않아야 할 욕심이 강하다. 재물에 욕심을 내지 말고 살아가라는 운명인데 그렇지 못하다. 말로는 안 그런 것 같지만 속마음은 금전에 대한 애착이 강하다. 질투심도 만만치 않다고 본다. 그러나 직장인은 매우 드물다고 보는데 그 이유는 자기가 하는 일에 비해 보수가 적다고 생각하기 때문이며 일이나 자신에 대한 불만의 표현이기도 하다. 대개는 자유업, 자영업, 즉 상업이나 사업을 한다.

 만약 부모의 재산이 있으면 부모의 재산을 이용해서 사업을 하는데 처음에는 정신없이 열심히 하지만 불과 몇 년 안 가거나 수개월 정도에 자기 생각대로 되지 않아서 권태를 느끼고 업종을 바꾸어 다시 사업을 하는데 역시 신통하지 않을 수 있다.

 이런 사주는 혼란기, 격변기에는 크게 성공해서 부귀와 명예를 누리는 사람이 있으며 비상한 방법으로 성공하는 경우도 더러는 있으나 안정된 사회에서는 좀처럼 성공하기가 쉽지 않다. 그러므로 다소 자기 마음에 들지 않고 부족하고 불만스러운 부분이 있더라도 그냥 참고 인내하고 희생하면서 살아가자는 각오로 여자를 멀리하고 근면하게 살아간다면 중산층으로 살아갈 수 있는 운명이다.

 돈이 좀 모이면 이상하게 여자나 기타 오락, 도박 등 엉뚱하게 돈을 쓸 유혹이 따르니 이 부분은 평생 조심해야 한다. 여자 문제로 말썽을 일으키는 사주 중에 속한 경우이다. 또한 부모의 속을 썩이는 경우도 많이 있다. 부모 속을 썩이는 것은 여러 가지 의미로 해석을 해야 한다. 아니면 신병 등으로 고생을 하기도 한다.

▎천간의 재성이 극을 받지 않을 때

대개는 미남형이고 남성적인 면이 돋보여 여자들에게 인기가 있다. 금전운이 좋아서 돈이 잘 따르는 운명이다. 옷을 잘 입으며 입는 옷마다 깨끗해 보이고 깔끔해 보여 부티가 나는 타입이다.

이론에 밝으며 논리가 정연한다. 이런 사주가 공부를 많이 했을 경우에는 법관이나 변호사 같은 일에 종사하면 좋을 것이다. 옳고 그름을 분명히 하는 성격이라서 조금은 예민한 면도 있다. 비록 많이 배우지 못한 사람일지라도 언어 표현이나 이론적 표현이 아주 좋은 편이다. 말로는 당할 자가 없다는 말이 있을 정도라고 보아도 된다.

고집이나 자존심이 강해 한 번 주장을 하면 양보가 거의 없다. 벽도 창문이라면 창문이 되는 경우가 있을 정도이다.

의복도 깔끔하게 잘 입고 면모도 깨끗하게 보이며 매너 있게 행동하므로 누가 보아도 여유 있는 생활을 하는 사람으로 보기 때문에 여성들로부터 호감을 받는다. 동시에 돈이 잘 따라서 돈에 고통을 잘 안 받고 금전 융통도 잘되는 편이다. 상황 판단력이 좋아 사람들에게 속을 일도 적고 행동 또한 뒤끝이 깨끗한 편이다. 남이라도 경우에 어긋나는 억울한 장면을 보면 서슴지 않고 시비를 가리고 개입을 하는 성격도 있다. 그래서 불필요한 시비가 따르는 수도 있다.

▌지지의 재성이 극을 받지 않을 때

가정적인 타입이다. 자기 자신을 위해서는 전혀 돈을 쓰지 않는다 해도 과언이 아닐 정도로 검소하다고 본다. 가정적인 것은 참으로 좋은 일이다. 특히 여자한테는 더없이 좋은 일이겠지만 집안이 지저분하다든지 정리 정돈이 잘 안 되어 있는 경우에는 그냥 적당히 지나치지 못하고 꼭 이야기를 한다. 그렇기 때문에 혹 그 부인은 자기 남편이 까다로워 마음을 놓을 수가 없다고 불평할 수가 있다.

또한 마음으로는 돈을 잘 벌어서 남부럽지 않게 잘살고자 하는 마음은 있으나 현실은 만족할 만큼 돈이 따르지 않으니 생활에 불만이 따르고, 무슨 일을 할 때는 열성적으로 하나 장기적으로 하지 못하고 권태를 느끼니 생활에 불만이 따를 수밖에 없다. 이런 점을 개선한다면 아주 좋은 생활을 할 수 있다.

▌재성이 초년 대운에 있을 때

공부에 흥미가 붙으면 밤낮을 가리지 않고 쉬지도 않고 열심이다. 그러나 취미에 안 맞든지 하기가 싫어지면 공부를 하지 않아서 부모의 마음을 답답하게 할 수 있는 타입이다.

부모덕에 공부를 제대로 하는 경우도 있으나 대개는 조실부모하든가, 부모가 운이 없어 가정 형편이 넉넉지 못해 빈곤한 가운데 성장하는 경우도 있고, 일찍부터 생활 전선에 뛰어들어 사는 경우도 있고, 어려서 질병으로 부모에게 걱정을 끼치는 경우도 있고, 어찌 되었든 부모가 나쁘거나 부모가 걱정을 해야 하는 운명이다. 공부를 잘하면 몸에 대한 걱정이 따르거나 공부를 안 하면 안 해서 걱정이 따른다. 부모와 떨어져서 성장하거나 할머니, 외할머니, 가정부나 놀이방 등에서 성장을 하면 이런 액운이 사라질 수도 있다고 본다. 그러나 현시대에는 학업운이 없다고 보는 데는 문제가 있다고 본다. 초년 대운 재성운을 좋다고는 보지 않는 것이 원칙이지만 의외로 요즈음은 좋은 사람들이 많이 보인다.

▌재성이 중년 대운에 있을 때

돈에 대한 관심과 중요성을 잘 알아서 아주 경제적으로 요령 있게 쓰고 모으며 살아간다면 대단히 좋은 운세이다. 시대감각에 맞는 사업이나 일을 선택해 반드시 성공의 고지에 오를 수 있는 운세라고 본다. 그러나 소비가 심하고, 장기적인 계획을 세우지 않고 변동을 한다든지 무모한 일에 투자를 하면 오히려 고통을 자초해 고생할 수 있는 운이다.

이런 운에는 공직, 직장에 충실하든가 아는 사업이나 일에 몰두하면서 살아간다면 아주 좋은 말년을 보낼 수 있으나 호색(여자), 오락, 도박 등을 좋아하면 한때는 좋으나 나중에 후회스러운 삶이 기다리고 있게 되므로 유의해야 한다. 대개는 좋은 사람이 안 좋은 사람보다 많이 있다.

▌재성이 말년 대운에 있을 때

대개는 자손이 많고, 자손들이 비교적 성실하고 잘 풀려나가는 운이다. 며느리 또한 착하고 효심이 있는 사람이 들어와 가운이 번성한다. 자손이 불효하거나 일찍 사망하는 불행한 일이 없이 비교적 안락한 말년을 보낼 수가 있다. 대개 초년운이 안 좋아서 힘든 삶을 살았던 사람이 말년운이 좋아서 참으로 보람 있는 말년을 보낼 수가 있는 운세를 타고났다.

▌재성이 년운에 있을 때

재성 년운은 참으로 묘한 작용을 한다. 평소에 금전에 대한 애착이 적던 사람은 이런 운에는 강한 필요성을 갖게 되는 작용을 한다. 그리고 그동안 어렵고 힘든 운을 지내온 사람은 이 재성운에는 차츰차츰 운이 호전되어 막혔던 일들이 풀리고 돈도 들어오게 된다. 즉 오름세의 운으로 변한다는 운이며 긴 터널을 지나 밝고 넓은 길로 달리는 자동차와 같은 운이다. 나도 살아보아야겠다는 각오로 하면 안 되는 일이 없다.

그러나 그동안 운이 좋아서 돈도 벌고 괜찮았던 사람은 이 운을 시작으로 점점 안 좋은 운으로 내리막길을 달릴 수가 있다. 그러므로 소비를 줄이고 매사를 조심하고 금전거래를 분명히 해야 한다. 금전 대출 시는 담보나 기타 확실한 것을 잡은 다음에나 거래를 해야 하며 만약 쉽게 돈을 움직인다면 크게 낭패를 볼 수가 있고, 심하면 금전 문제로 관재구설로까지 비화될 수 있다. 또한 재성운은 돈과 여자가 움직인다는 운이기 때문에 여자 문제를 주의하고, 부인의 건강에도 신경을 써야 하며 만약 사소한 감기나 소화불량이더라도 철저히 치료를 해야 한다.

변동·변화가 따르며 개혁의 의미가 있으므로 이사운도 있고 무엇인가 변화를 시도할 수 있다. 그러나 잘되던 사업을 변경·확대·투자를 하는 경우가 있는데 좀더 참지 않고 변화를 시도한다면 매우 주의를 요한다. 이런 사람은 대개 크게 실패하여 수습하기가 어려운 운이 수년 동안 기다리고 있기 때문이다.

재성 년운에는 참지 못한다는 의미도 있다. 또한 판단 착오를 할 수도 있다. 자신은 잘 생각해서 판단하고 결정을 했지만 결국은 잘못 판단해 크게 실패를 할 수가 있다. 심하면 패가망신을 한다는 운이기도 하다. 이 재성운에 돈을 움직여야 할 문제가 발생하기 쉬운데 극히 조심하라는 경고가 강하게 있다는 점을 상기해야 한다. 젊은 사람은 여자가 생기든가 결혼을 한다. 병으로 고생하던 사람은 병을 치료할 수 있는 기회가 오거나 아주 병과 함께 생을 마감하는 수도 있다.

▎재성이 월운에 있을 때

사람들과 시비 구설이 있을 수도 있으니 가급적 언행을 신중히 할 필요가 있는 운이다. 그리고 참으라는 운이니 좀 답답하더라도 참고 양보할 줄 아는 지혜가 필요하다. 돈이 많이 들어올 수도 있는 운이며 돈 때문에 아주 힘든 경우도 있다. 운이 극에서 극으로 작용하는 경우라고 본다.
여자관계를 주의해야 한다.

(3) 정재(正財) 편재(偏財)와 여자의 운명

재성이라는 것은 남자와 여자의 운명에서 그 작용하는 기능이 다른 육신과 마찬가지로 매우 다른 양상을 보여주고 있다.

정재성은 금전을 상징하는 의미가 강하므로 이 별이 있으면 돈이 따르는 운명이라고 보아야 한다.

재성이 많든가 동주 재성이면 결혼하기 전에 남자와 사귄다든가, 살림을 한다든가, 초혼에 실패를 한다든가(적중률이 아주 미미하다), 아니면 재취 자리든가, 남자가 속을 많이 썩인다고 본다(정편재 혼잡일 때). 아무 문제없이 살아가는 사람도 종종 있으나 스트레스만은 면할 길이 없다고 본다.

사주에 재성이 너무 많으면 일찍이 부모 곁을 떠난다든가 고향을 떠나 타향살이를 한다든가 조실부모를 한다든가 하고, 출생 시 문제(힘든 일)가 있었다든가 하며, 자신이 출산할 때도 같은 경우가 있을 수 있다. 아들만 있든가 딸만 있든가 자녀가 없든가 하며 심하면 속 썩이는 남편을 만난다는 것이다. 이 경우를 복이 없는 사람이라고 하며 외롭다거나 고독한 사주이기도 한다.

여자이지만 주색잡기를 조심하고, 사기 당하거나 사기 치는 사람도 더러 있다. 속담에 '제 것 주고 뺨 맞는다'는 말이 있으며, '홍도야 울지 마라'라는 노랫말도 있는데 자신이 남자를 출세시키고 도와주고 밀어주고도 배신 당하는 것이라 이 부분을 항상 조심해야 한다. 시댁이 답답하든가 몰락을 하든가 시댁으로 인해 스트레스를 받는다든가 하는 운명이기도 하다.

여자에게 재성은 아무래도 모성애가 들어 있다고 보아야 한다. 남편이라 할지라도(관성을 생하기에) 보살펴 주고 도와주고 감싸 주고자 하는 마음이 있어 힘들게 하는 줄 알면서도 잘해 주는 특성이 있는 것이다. 용모도 잘생기고 단정하고 깔끔하며 남편을 잘 도우며 알게 모르게 음으로 양으로 도움을 주는 여인이다. 살림도 잘하고 아끼고 절약하지만 쓸 때는 아주 과감하게 잘 쓴다. 일확천금을 꿈꾸기보다는 차근차근 올라가는 타입이다(정재성에 이런 특성이 더 많다).

재성, 특히 편재성은 하기 좋은 일이나 해야 할 일은 아주 잘하는데 마음에 맞지 않거나 하기 싫은 일은 아주 안 하는 타입이다. 편재성은 인간미가 있으며 인정이 많다. 정재보다 편재가 더 융통성이나 이해심이 많다고 하는데 큰 차이는 없으나 분명 그런 성향은 구분이 되는 것으로 봐야 한다. 년월일시의 재성은 남자 편을 참조하기 바란다.

재성은 시댁, 시부모를 의미하기도 한다. 그 이유는 남편의 별인 관성(정관)을 생하는 별이므로 그러한 판단을 하는 것이다. 정재는 시부모 중에 시아버지를 상징하며 금전을 의미한다.

정재가 장생이면 시부모가 장수하나 특히 시아버지가 장수하며, 편재가 장생이면 마찬가지로 시부모가 장수하나 특히 시어머니가 장수한다. 정재가 천간에 있고 지지에 비겁이 있어 극을 하면 시아버지는 단명하지 않으면 상처(喪妻)를 하는 가정 곤란을 많이 받는 사람이다. 편재가 천간에 있고 지지에 비겁이 있으면 시어머니가 일찍 단명하든가 그렇지 않으면 청춘과부가 되며(힘든 시련이 있다는 정도), 천간에 정재가 있고 지지에 정관 편관이 있으면 시아버지는 장수하나 시어머니가 일찍 떠나가고 고독한 노년을 보내게 된다.

✔ 다른 육신과의 관계

정편재가 천간에 있고 지지에 비겁이 있으면 욕심이 많으며 돈을 벌기 위해 수단 방법을 가리지 않는다. 예를 들어 고리대금을 하는 여성은 대개 이런 사주 유형에 속한다. 즉 돈을 버는 일이라든가 돈이라면 대단한 집착을 가질 수 있다는 것이다.

성격도 문제가 있는 경우가 많다. 정편재는 금전을 대하는 태도, 시부모가 자부를 대하는 심정과 태도를 의미하는데 금전을 대하는 것은 남자 편에 기록된 대로 성인군자라도 인내와 성실성이 한계를 드러내고 물욕에 눈이 어두워지는 것이 인간 전체에 해당될 수도 있는 원인이 된다.

시부모가 자부를 대하는 태도는 아무래도 엄격하고 까다롭다고 보는데 이와 같은 특성이 나타나 있게 된다. 나이 든 시부모가 어린 며느리를 볼 때 어린아이 같아 마음에 들지 않으며 마음을 놓지 못하게 행동을 하는 경우가 허다한 것이 현실이라고 보는데 신경을 많이 쓰기 때문에 늘 걱정이 많다. 까다롭고 인내심이 부족해 할 말은 꼭 해야 직성이 풀리는 타입이다. 그러므로 때로는 타인들과 언쟁이 있게 되고 시비 구설을 일으키기도 한다. 매사에 경우가 너무 분명한 것을 원하는 타입이라 그럴 수도 있다는 말이다.

사주에 정편재가 많으면 일찍이 부모와 이별을 하든가 그렇지 않으면 일찍이 부모를 떠나 타향 생활을 하게 된다. 요즈음은 거의 부모와 많이 떨어져 지내므로 해당되지 않는 경우도 많다. 심한 경우에는 부모나 조상을 더럽히는 행동을 하는 경우도 있다. 예를 들어 결혼을 하여 남편을 배반하든가 처녀 시절에 부모의 반대를 듣지 않고 동거를 하든가 여하튼 부모가 속을 많이 썩는 행동을 하는 경우도 많이 있다.

정편재가 장생(식상)이면 평생 돈 걱정을 하지 않는다고 한다. 정편재가 좌극(座剋)이면 요행재가 따른다. 물욕이 강할 뿐만 아니라 수단 방법을 안 가린다. 그러므로 노력 외에 돈이 따르게 된다. 돈이 잘 들어올 때는 예상외로 큰돈이 따르기도 한다.

재성은 정상적이 아닌 것에 대해 아주 싫어하고 원칙을 중요시하는 사람이다. 그러나 아주 개방적이고 자신의 행동 한계를 분명히 하는 사람이다. 특히 정재는 알뜰하고 저축형이며 살림도 잘하고 사회성도 좋은 사람이다. 경우가 분명한 것을 좋아하는 사람이다 보니 가끔 바른말을 해서 주변 사람들로부터 의외로 까다롭다는 말을 듣기도 한다. 이러한 타입들이 위장 질환을 가진 경우가 많은 것을 보아도 알 수가 있다.

편재는 조금은 화려한 것, 나서기, 명예심 등이 정재보다는 더 나타나는 것으로 보여진다. 그러므로 재성이 있는 사람은 허세나 허영심이 없는 편이지만 만약 이러한 심리가 작용을 한다면 아주 험난한 인생, 즉 실패한 인생을 살아갈 수도 있다는 점을 명심해야 한다.

▌재성이 운명성인 여자의 운명

재성이 운명성일 때 미인이 많이 나온다. 일생 동안 명심하고 주의하고 지켜 나가야 할 일은 돈의 관리와 판단을 잘해야 한다. 그러면 행복한 삶을 살아갈 수 있다. 돈이란 누구나 필요하고 귀중하며 부귀와 행불행을 좌우할 정도의 힘을 소유하고 있는 경우가 허다하다. 이는 아마도 수많은 사람에게 적용되는 것이라고 본다.

그런데 이런 사주에게 왜 돈 관리를 잘하라고 하며 판단을 잘하라고 하는 것일까. 그것은 그 부분에 대해서 잘못 할 수 있는 요인이 운명성에 나타나 있기 때문이다.

이런 사주는 마음이 참으로 인정이 있고 착하며 인간미가 있다. 때로는 고집을 부리기도 하며 똑똑하면서도 맹할 때가 있다. 그리고 잘 속는다는 암시도 있다.

이런 운명의 소유자는 돈에 대한 욕심보다는 인정이 더 많아서 친척이나 친지는 물론 주위 사람들에게까지도 인정을 베풀어 남 좋은 일을 많이 한다. 자신을 위해서는 안 쓰고 안 먹고 열심히 돈을 모아도 타인에게 돈을 쓰게 되는 경우가 일생에 여러 번 있을 수 있다. 그러나 고맙다는 인사도 듣지 못한다.

이런 사람은 누가 어려움을 호소하면 거절하지 못하고 인정에 못 이겨서 돈정을 잘한다. 그래서 자신은 어려움에 처해져 힘이 들 때도 있다. 다시는 그러지 않을 거라고 다짐하지만 또 현실에 부딪치면 반복한다. 자신의 단점인 줄을 알면서도 천성이라서 고치지 못한다.

운명적으로는 대개가 시부모가 좋으며 시댁의 사랑을 받는 경우가 제일 많다. 결혼할 때 시부모가 건재한 장남에게 결혼을 하면 시부모의 사랑을 많이 받는다. 그만큼 본인이 잘하기 때문이며 이것은 운명이다. 그런데 운명적으로는 남편 덕이 많은 사람보다 적은 사람이 많으며 자기 스스로 돈을 벌어야 하는 입장에 놓이게 되기도 한다.

이상하게 남자의 운이 시들어 가는 경우도 있다. 이는 극단적인 경우이고 대개는 경제적인 어려움을 모르고 살아간다. 즉 재복이 많다는 의미이다. 남편도 비교적 잘 만나며 잘 풀리는 운명적인 암시가 강하다.

재성은 결단력을 가지고 시비를 분명히 하며, 아니라는 판단이 서면 정에 얽매이지 말고 일도양단 하듯이 매사를 분명히 하라는 것이므로 이를 늘 염두에 두고 살아가야 한다. 일생 중에 이런 상황을 반드시 몇 번은 부딪치게 된다.

사주학에서 운명성에 대한 강력한 표현은 매우 중요하며 이를 따르고 실천하는 사람은 행복한 삶을 유지할 수 있다는 사실을 명심해야 한다. 이는 운명의 명령이라고 본다.

이를 무시하거나 사주라는 게 별거냐 하는 식이거나 사주학은 미신이라고 규정한 교육 현실을 들어 우습게 보는 경우도 있지만 이는 참으로 무지하고 무식한 경우라고 단언한다. 그렇게 말하는 사람 치고 인생을 제대로 살아가는 사람을 아직 보지 못했다. 가을이 오면 머지않아 겨울이 올 것은 분명한데 나는 괜찮다고 고집한다면 이는 참으로 무지한 사람이라는 비난을 면치 못할 것이다

재성이 운명성으로 되어 있는 사람은 돈에 관심이나 욕심이 없을 때는 돈의 궁함도 모르고 돈이 잘 따른다. 돈이 있을 때는 사람들에게도 인정을 잘 베풀어 인심을 얻기는 하지만 막상 돈이 필요하고 돈에 대한 애착이 생겨 있을 때에는 돈이 들어오지 않고 돈으로 인한 고통이 따르게 된다. 그러므로 돈을 아껴 쓰고 구두쇠처럼 지독하다는 말을 듣더라도 돈을 모아야 한다.

예를 들어 결혼해 사는데 남편의 직업이나 수입이 별로라서 생계가 곤란하면 자신이 직업전선에 뛰어들어 소득은 생활에 쓰고, 남편 친지들에게 좋은 일을 하면서 살아가지만 나이 들어 늙고 경제력도 부족해 힘이 들 때에는 타인들의 도움을 받지 못한다.

또는 능력 있고 좋은 남편을 만나서 사는 여자 중에 이런 사주가 간혹 있는데 대개 이런 여성은 남편이 외도를 한다거나 바람을 피운다거나 하며 부부간에 깊은 정도 부족하여 의외로 외로운 시간을 보내는 여성이 많이 있다. 이상한 일이다. 인물도 좋고 마음도 착하고 그런데 말이다.

어찌 되었든 간에 이런 여자의 운명은 그때그때의 상황을 잘 살펴서 미래에 대한 비전이 없거나 아니다 싶으면 미련을 두지 말고 과감한 결단을 내려야 하며 그러는 것이 운을 좋게 하고 행복을 소유할 수 있는 길이다. 만약 이런 상황에서 이혼을 했을 시는 재혼에 미련을 두지 말고 독신으로 살아가는 것이 좋다.

이런 사주가 부부가 합심해 상업을 한다든지 자영업으로 돈을 벌어서 노후에는 많은 돈을 가지고 안락한 생활을 하는 경우도 꽤 많이 있다. 그러나 많은 재산을 자손에게 물려준다면 크게 낭패를 보게 된다.

이런 사주에서 자손에게 돈을 물려주는 것은 자손을 힘들게 하는 결과만 있게 되므로 어떠한 상황이라도 자손에게는 돈을 물려주지 말아야 한다. 왜냐하면 자손들은 자기 임의대로 일을 벌여서 재산을 탕진하느라고 고생을 하며 돈이 모두 없어진 후에 살아가려니 차라리 처음부터 무일푼으로 시작하는 것보다 오히려 더 안 좋은 입장이라고 보기 때문이다.

말년에 돈에 대한 권한을 절대로 자손한테 주면 안 된다. 죽은 후에는 상관이 없겠으나 살아있는 한은 안 된다. 이것은 운명의 경고이다. 그러면 비교적 안락한 말년을 보낼 수가 있다.

▎재성이 장애성인 여자의 운명

시부모, 시댁으로 인해 자신의 운명이 아주 나빠질 수도 있다는 암시가 있는 운명의 소유자이다(50% 정도). 그 이유는 재성이 운명에서 장애성으로 나타나 있기 때문이다. 장애성이란 글자 그대로 장애를 표현한다고 보면 되는 것이다. 또한 인내심이나 희생심, 오래오래 해야 하는 것들에 대해 부족한 점이 있어서 스스로 자신을 힘든 운명의 상황으로 몰아가는 경우도 있다. 즉, 굴러온 복과 들어오는 복을 외면하고 답답하고 한심한 입장에 놓일 수도 있다는 운명적 암시도 있다.

시집살이가 심해서 살 수 없는 사람도 있고, 남편을 보면 도저히 살 수 없는데도 시부모가 너무 좋아 정에 이끌려서 이러지도 저러지도 못하고 사는 경우도 있다. 혹자는 남편도 좋고 경제력도 좋으며 아무런 문제가 없는 경우인데도 도대체 뭐가 부족한 건지 남들이 보면 이해가 안 되는 정도인데도 성격 차이라거나 기분에 맞지 않아서 모든 것을 버리고 집을 나와서 지내는 경우도 있다. 즉 결단이 너무 지나쳐서 참을성이 없고 까다롭기 때문에 이와 같은 입장에 놓이게 된다.

이런 사주의 소유자는 대개가 이론에 밝고 말을 잘하며 리더십도 있어서 튀어 보이는 사람들이 많다. 너무 이론적이거나 똑똑해서 시비 결단력이 강해서 사람들로부터 소외당할 수도 있다. 그러므로 침묵을 지키고 잔소리를 적게 하고 짜증을 내지 않으면 평생 잘 살아갈 수가 있다.

때로는 너무 격정적이기 때문에 자신이 하고자 할 때쯤 서슴지 않고 해내는 성격이라서 처녀 시절에 주위의 반대를 무릅쓰고 자신이 하고 싶은 대로 하는 경우도 있다. 그러나 조금만 마음에 안 들든지 힘이 들면 이혼을 감행할 수도 있는 성격이다. 그래서 스스로 불행한 길을 가는 경우도 있다.

격정적인 성격이기 때문에 정신병, 노이로제, 히스테리, 무당 등의 사람들이 많다. 노후에는 정신병, 뇌진탕, 노망, 치매 등으로 가출하여 객사, 자살 등의 위험도 있다.

▎천간의 재성이 극을 받지 않을 때

냉정하고 냉철하며 특히 이성 간에 아주 냉정한 표정으로 대한다. 사리가 분명하고 명확하며 정의를 주장하는 성격의 소유자이다.

의복이나 장식물까지도 세련되고 시대감각에 잘 맞추며 철따라 나이 따라 의복도 아주 알맞게 입는 능력이 있다. 단정하고 깔끔한 타입이라고 보면 된다. 행동 면에서도 청결하고 깨끗하다. 그러므로 부티가 나고 귀티가 나는 여성이라고 한다. 함부로 농을 하거나 할 수 없는 어떤 카리스마적 요소가 있는 타입이라 이성 간에 교제가 어려우나 일단 마음에 들면 대단한 정열을 가지고 열렬히 사랑하고 몰두한다.

천부적으로 복을 타고났기 때문에 주택난으로 많은 어려움을 겪는 현 사회에서도 좁은 집에선 살지 않는다. 예를 들어 빈한한 가정에서 성장했어도 본인이 태어나면서부터 가운이 일어나서 어려움을 벗어나며 가난한 남자를 만나서 결혼을 하면 수년 이래로 집을 사고 생활이 좋아지는 운을 타고났다. 보기에도 부티가 나며 돈이 없을 때라도 주위에 말만 하면 융통이 잘된다. 이런 여성을 부인으로 삼은 남자는 어느 정도의 출세는 보장되었다고 해도 무리가 없다.

▎지지의 재성이 극을 받지 않을 때

거의가 가정적이고 아주 경제적인 여성이다. 매사를 사전에 계획성이 있어서 수입과 지출의 균형을 잘 이루어 나가는 사람이다. 먼 장래에 대한 구상과 계획까지도 하고 있는 여성인 경우가 많다. 소비를 적게 하고 저축을 하며 한 푼 두 푼 모아 재산을 형성해 나가는 타입이다. 외빈내부격이라 겉은 별거 아닌 것 같아도 속은 알부자이다. 이런 여성은 월급 생활자의 부인으로 아주 적격이라고 본다.

가정에서도 청결하고 아주 세심하게 살림을 잘 꾸려 나가는 장점이 있다. 그러나 돈을 꼭 써야 할 일이 있으면 과감하게 쓰는 타입이지만 불필요한 돈은 아주 검소하고 절약하는 현명함이 있는 여성이다. 그러므로 때로는 냉정하다는 말도 듣게 된다. 남편 된 사람은 이런 여성과 사는 경우 돈에 대한 관리를 모두 부인에게 맡기는 것이 더 좋다.

▎사주에 재성이 전혀 없을 때

한마디로 물욕이 적다고 해야 할 것이다. 시대감각에 민감하지 못한 경우도 많다. 계획성이나 치밀함이 부족한 여성들이 이런 경우가 많다. 장래에 대한 계획력이 적고 경제적 계획도 적어 그냥 현실에 순응하면서 살아간다. 돈에 대한 개념이 별로 없을 때에는 그런대로 잘 지내지만 어느 계기에 도달해 돈의 필요성이 절실하고, 돈으로 곤란을 당해 돈을 벌려고 하면 그때는 돈이 잘 따르지 않는다. 그러므로 이런 사주의 소유자는 평소 준비를 잘 해놓아야 한다. 매우 중요한 부분이다.

남자의 경우 직장생활자는 그런대로 중류 정도의 생활을 할 수 있으나 기타 사업이나 상공업자는 재복이 없어 큰 기대는 하지 말고, 월급생활 정도만 생각하면서 살아간다면 괜찮다. 받을 복이 적은 사주이다.

▎재성이 초년 대운에 있을 때

부모 밑에 있으면서 부모가 부유한 사람이 매우 적은 편이라고 본다.

대부분의 사람은 부모의 덕이 적은 경우이거나 부모의 덕이 약해 초년 고생을 하는 경우가 많다. 부모의 생활이 넉넉지 못해 공부를 제대로 못하거나 기타 사정으로 학업을 끝까지 마치지 못하는 수가 많이 있다. 그러나 드물게는 학업 능력이 뛰어나서 공부도 잘하고 부모 사랑도 많이 받으면서 성장하는 사람도 간혹 보았다.

대개 성년 전부터 직업전선에 뛰어들어 일을 하는 경우도 있고, 그렇지 않으면 신체가 허약하든가 질병으로 고생을 하든가 기타 사정으로 공부를 하지 못하는 경우도 있고, 부모의 능력은 있는데 아무리 해도 공부를 하기 싫어하는 경우도 있어서 부모가 걱정을 많이 하게 되는 수도 있다.

어찌 되었든 간에 초년 재성운은 부모에게는 안 좋은 운이라고 본다. 심한 사람은 조실부모를 하는 사람도 있다. 할머니가 키우는 경우도 있고 일찍이 가출하여 부모 속을 애타게 하는 사람도 있다.

▎재성이 중년 대운에 있을 때

가정적이며 살림을 잘하는 여성이라고 보면 틀림없을 것이다. 결혼할 당시에 생활 여유가 없던 사람일지라도 점차로 살림이 늘어 불과 수년 이래로 집을 사고 남편의 일이 순조롭게 풀려서 집안이 풍성해진다. 이런 사주를 받을 복이 많은 사주라고 하는 것이다. 남자의 운이 약하더라도 이 여자의 운으로 재수가 좋아지며 성공을 하게 된다.

이런 사주를 가진 여자를 부인으로 삼은 사람은 부인을 사랑하고 잘 대우하는 것이 좋다. 만약 돈을 좀 벌었다고 술이나 먹고 바람이나 피운다면 여자는 추호도 용납하지 않고 단호히 이혼을 한다. 그러니까 부당한 일이나 정직하지 않은 일은 아주 싫어하며 그런 일은 하지도 않고 보지도 못하는 강직한 면도 있다.

남자의 사주가 좋으나 여자의 사주가 받을 복이 없으면 일이 잘 풀려나 가다가 중도에 좌절을 겪는다. 풍파가 자주 생겨 힘든 인생을 살아가게 되는 경우도 많이 있다. 그러나 이렇게 받을 복이 많은 여자를 만난 경우에는 장가가기 전에 가난했어도 결혼 후에는 점차로 일이 잘되어서 발전을 하게 되는 것이다. 또한 내조의 덕이 많아서 가정 내외의 일을 빈틈없이 처리하기 때문에 가정이 원만하고 행운이 따른다.

그러나 이 사주의 여성은 정의감이 강하고 경우가 워낙 분명해서 눈에 거슬리는 일이나 문제가 있으면 참고 견디지 못하고 따지고, 흑백을 분명하게 하는 관계로 드물게는 순간적인 과오나 실수, 오해 등으로 인해 부부가 서로 이별을 하는 경우가 있는데 세월이 흐른 후에 후회를 하는 경우도 있다. 대부분 이런 사주의 여성은 비교적 성실하고 원만한 남자를 만나는 운명이므로 일시적인 실수나 과오가 발생하더라도 이를 인내하고 이해하는 방향으로 해결할 것을 강력하게 권한다. 그러면 반드시 좋아지며 행복한 삶을 살아갈 것이다.

자존심이 매우 강한 면이 있는데 이는 본인에게 장점이자 단점이라는 점도 알아둘 필요가 있다. 부부간이나 친지 간, 특히 자손에게 너무 흑백 논리를 내세워 따지지 말 것을 명심하기 바란다.

▎재성이 말년 대운에 있을 때

고진감래 격이며 대기만성 격의 운명을 타고난 여자이다. '젊어서 고생은 돈을 주고도 산다'는 옛말이 있는데 이런 여성을 두고 하는 말일 것이다. 중년까지는 힘들고 어려운 시절을 보내는 경우가 있지만 이를 참고 이겨내면 반드시 말년은 행복한 시절을 보내게 되는 운명이다. 이런 사주의 여성은 대부분이 원만하고 가정적인 타입이라고 본다.

자손이 많이 있을 운명이고 손자들도 많이 볼 수 있는 운명의 소유자이다. 자손들 또한 불효하거나 안 좋은 경우가 드물고, 며느리 또한 잘 들어와서 나를 친부모처럼 잘 대해 준다. 재물이 쌓여 있고 남편, 자손이 잘되어 평안한 말년을 보낼 수가 있는 운명의 소유자이다.

여자의 사주가 최소한 이 정도는 되어야 복 있는 사주라고 말할 수가 있다. 이런 여성과 결혼을 하면 젊어서 고생한 보람을 말년에 톡톡히 느끼면서 살아간다.

▋재성이 년운에 있을 때

재성운을 변동·변화의 운이라고 본다. 결혼한 여자는 이사·변동 등의 운이고 개혁의 운이다. 수년 동안 운이 안 풀려서 힘들고 어려웠던 사람은 이런 운에 정리할 부동산이 있으면 팔아 정리를 하고, 기타 여러 상황으로 답답한 문제들이 정리되고 해소되는 운이며, 실직자는 직장이 되고, 질병으로 고통을 받던 사람은 병으로부터 해방되는 운이다. 그리하여 새해부터는 일이 순조롭게 풀리어 행복을 누릴 수 있는 운이다. 만일 부채가 있는 사람이라면 집을 팔아서라도 해결을 해야 운이 풀린다. 해결을 하지 않으면 시비 구설이 따를 수 있는 운이다.

미혼자는 결혼을 할 수 있는 운이고 이성 교제를 해 오던 사람은 과감하게 정리를 하든가 결혼을 하든가 하는 운이며 그렇게 함으로써 운이 풀리는 운이다. 그리고 부모님이 계신 분은 부모님 건강이 안 좋을 수도 있으며 심하면 상복을 입을 수도 있다.

과거를 청산하고 새출발을 하는 운이라고 보는 것이 중요하다. 단, 그동안 운이 좋았던 사람은 재성운에 운이 크게 시들어진다.

▎재성이 월운에 있을 때

　대개는 재수가 좋은 운이다. 사업가는 재수가 좋아지고 수입이 생기며 가정까지도 화기가 넘치는 운이다. 지난달에 불평불만이 있던 사람은 이 달에는 모두 해결되는 운이기도 한다.

　자연히 해소되지 않을 것 같으면 어떻게 해서라도 이 달에 해결을 하는 것이 좋다. 그러면 앞으로의 운이 순조로워지게 된다.

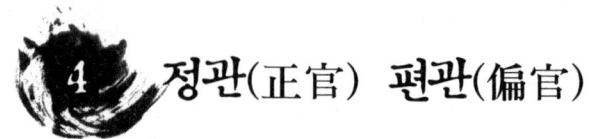
4 정관(正官) 편관(偏官)

(1) 정관(正官) 편관론(偏官論)

정관 편관이란 오행으로는 나 자신을 극하는 오행을 육신으로 표출한 것을 말한다. 나를 극하는 오행 중 음양이 다른 것을 정관이라고 하고, 음양이 같은 것을 편관이라고 한다.

크게는 사회, 국가의 중추신경과 같은 중요한 것을 표현한다. 국가 공무원 각 청사, 회사, 기업, 법원, 법무부, 내무부 등을 말하며 법, 도덕, 질서의 의미가 강하고, 이러한 것을 지탱하는 능력을 정편관의 힘으로 표현하기도 한다. 지도자, 집권자, 부서의 장, 회장, 사장, 부장, 주인공, 조직의 머리 부분 등을 관성의 특성이라고 한다. 가정에서는 가장, 조부, 노인을 나타낸다.

관성 중에 정관은 좋은 의미를 더 많이 가지고 있으며 편관은 적게 가지고 있다는 해석도 매우 의미가 있다. 손윗사람이라는 의미도 있으며 기본적으로 조직의 정당한 힘, 지도자, 지배자, 통치자, 규율, 질서, 명예, 행복 등의 특성을 가지고 있다고 본다.

어떤 분야든 간에 정상적인 길을 걸어갈 수 있다는 의미를 가장 많이 담고 있는 별을 정관이나 편관이라고 본다. 남자는 정관성이 있으면 대부분이 사회 진출이나 출세의 운로가 막힘이 없다. 탄탄대로를 걸어간다는 말이 어울리는 사람이다.

계절로는 가을을 상징한다. 가장 풍요롭고, 가득하고, 빛이 나고, 무르익어 완숙기라고 칭하는 계절은 가을뿐이다. 그래서 관성은 가을에 비유하며 또 그러한 작용을 하고 있는 것이다. 이를 본다면 관성과 오행, 육신 등의 관계는 참으로 그 이치가 잘 배합되어 있다.

인생의 시기로는 노인 세대, 노년기를 말하고 있다. 하루 중에는 申시와 酉시를 말한다. 신체의 건강 문제로는 혈압, 빈혈, 심장, 소장 등을 말한다. 이외에도 많은 내용이 있겠지만 필자는 의학 전문가가 아니라서 더 자세한 말을 하지는 못하겠다.

나타나는 형태의 특성은 가문이나 집안의 예의를 잘 지킨다, 성덕군자 타입이다, 함부로 행동하지 않는다, 서두르지 않는다는 마음 특성이 있다. 행복, 만족감, 자신이나 주변에게 편안함을 줄 수 있는 사람, 명예가 좋아지는 사람, 인상이 좋고(얼굴), 평안하고, 도덕성이 높고 원만하며, 억제심, 즉 자신을 잘 조절할 수 있는 능력을 타고났다는 것이다. 정도를 가는 힘 등으로 표현되며 때로는 무사안일주의에 빠진다든가, 급한 게 없다든가, 나태함이나 게으름이 있다든가 하는 점도 있다.

직업으로는 공직이 가장 좋은 것으로 본다. 대기업, 큰 회사도 좋겠다. 그러니까 직장인의 전형적인 타입이라는 의미이며 그러한 분야 등에 종사하면 아주 좋다는 것이다. 어느 분야에 종사해도 머리 노릇을 하는 강력한 힘이 있는 운명의 별이다.

남자에게는 때로 자녀의 별로 보는 경우도 많이 있다. 그 이유는 아내의 별인 재성이 생을 해 주는 관계로 그러하다.

가을의 황금 들녘, 노을, 황혼, 성숙, 완성, 정상 등의 의미가 강하다.

경영 능력, 지도 능력, 조직 능력, 집권자로의 능력(크든 작든), 명예와 승리의 월계관을 쓰고 있는 자 등으로 표현한다.

여성에게는 관성을 행복의 별이라고 말한다. 남자들에게는 가장 이상적인 길을 걸어가도록 해 주고, 여성에게는 아주 이상적인 신랑감을 만나게 해 주는 역할을 관성이 하고 있기 때문이다. 그래서 관성을 행복의 별이라고 하는 것이다.

편관은 역마의 별, 나그네의 별이라는 칭호가 있는데 매우 의미 깊은 말인 것 같다. 파란만장한 인생을 살아가는 분들에게 많이 나타나는 것을 보면 아무리 좋아도 편관은 고독의 특성이 작용하는 것 같다.

편관성은 정관성과 거의 비슷하다. 그러나 그중에 강렬함, 권력의 힘, 무력, 사법권, 투쟁, 야당성 기질, 비판 정신, 경쟁심 등과 반골 기질도 있어 논쟁을 하면 대단한 저력을 발휘(?)하기도 한다. 절제력 혹은 자기 컨트롤을 잘할 수 있도록 노력을 해야 할 필요가 있다. 술이나 도박 등을 주의해야 하고, 바람도 안 피우는 것이 좋겠다.

관성이 식상의 극을 당하지 않으면서 년간 월간, 년간지 월간지 이런 식으로 나타나 있으면 대단히 좋은 운을 타고난 것으로 본다. 어느 분야, 어느 곳에서 일을 해도 최정상의 자리에 오를 수 있는 강력한 길운을 타고났다고 본다. 여인에게는 극귀의 운을 타고났다고 본다.

강력하지 못한 관성은 관성 대운이나 년운에 힘을 얻어 도약을 한다. 그러나 관성이 강력하면 비겁 대운이나 년운, 인성 대운이나 년운에 운이 열린다고 본다. 그러나 관성이 사주에 많이 있어 정편관이 혼란스럽게 있다면 오히려 운의 흐름이 빛 좋은 개살구라 오히려 운이 불운 쪽으로 기울어진다. 가난한 집에 태어난다든가, 자신이 태어나고부터 가운이 기울어 어렵게 된다든가, 건강에 문제가 나타난다든가 한다. 드물게는 고아원 출신자도 있는데 이는 전쟁 당시에는 많이 나타나지만 현시대에는 적용 범위가 아주 희박하다고 본다. 고질병이 있든가 장애 요인이 있든가 하기도 한다. 여러 가지의 시련이 따른다고 보는 것이 타당할 것이다.

성장해 결혼을 하면 남자의 경우 재성이 여자의 별이므로 재성이 관성을 생하기에 관성의 불길한 점이 상승해 액운을 벗어나기는 어렵다. 또 이렇게 관성이 혼란스럽게 많으면 일복을 타고났다고 본다. 그 이유는 비견 겁재는 팔과 다리를 상징하는데 정편관은 비견 겁재를 극하는바, 즉 팔다리가 편할 날이 없다는 것이 된다. 그러므로 일복이 많다고 하는 것이다. 어렵고 힘든 일은 도맡아 하는 격이요, 사람 좋다는 소리는 많이 듣지만 실속이 없이 수고만 한다는 것이다. 공은 다른 사람한테 넘어가고 좋은 기회도 남들에게 가고 나는 늘 허덕인다는 것이다.

돈도 들어오면 쓸 일이 많아서 모여지지 않는다. 성실하고 열심히 살아가는 서민이라고 보아도 된다. 고생 고생해서 돈을 모아 놓으면 한순간 사라질 수가 있고 아니면 불의의 재난, 병마, 사고 등으로 세상을 등질 수도 있다는 것이다. 늘 돈에 몰려서 허덕이면서 살아가는 사람도 의외로 많이 있다. 열심히 해 주고 뒤로 밀려난다는 암시도 있으니 실속 없는 일에 힘들이고 공들일 필요가 없다는 점을 명심해야 한다. 가정적으로는 처나 자녀의 덕이 있다고 보기 어렵다. 아니면 왕따 신세가 되기도 한다.

관성이 비겁을 극하지만 사주에 인성이 있으면 관생인(官生印) 인생, 비겁으로 상생으로 인해 극을 심하게 할 수도 없고 받지도 않는다. 관성이 식상을 만나면 극을 당하는데 그러나 관성이 많을 경우에는 아주 좋은 운으로 변화돼 버린다. 적당한 극이 과다한 관성을 정리해 주고 조화를 맞추어 주는 격이 되므로 그러한 것이다.

식상이 많고 관성이 적어 힘에서 밀리면 관성의 작용력은 아주 미미해지게 된다. 이럴 때 운이 흉운으로 작용을 하게 된다면 비명횡사와 같은 큰 액운을 조심해야 한다. 그러나 이때에 재성이 있으면 완충 역할을 해 주므로 모든 재난의 뿌리를 소멸시켜 준다.

정관성이 년주에 있으면 부모 조상, 공직이든 직장에서 이름 내고 월주 정관도 마찬가지라고 본다. 그러나 편관성이 있다면 좋은 사람보다는 부모 와 인연이 멀어지는 사람이 더 많은 것으로 나타난다. 고향을 떠나는 사람 도 있다. 비겁이 미약하게 있거나 인성이 그러하면 환경이 그리 좋은 편이 아니라고 본다. 고향을 떠난다든가 타향살이를 한다든가 하는 운명이다.

일지의 편관성은 부부간에 대체로 슬픈 이별이 있다고 본다. 시주의 관 성은 자손이 좋아진다라는 의미가 강하다.

(2) 정관(正官) 편관(偏官)과 남자의 운명

정관 편관은 그 사람의 명예나 인간관계에서 원만한 관계를 지속할 수 있는 능력 등을 말한다. 사회적 능력, 나의 능력 발휘 등을 알 수 있는 가장 중요한 척도를 관성에서 알 수 있다.

▎사주에 관성이 한 개 이상 있는 경우

관성이 하나 이상인 사람이 못생긴 사람 없다는 말이 있다. 풍기는 인 상이 좋고, 말을 할 때 잘 가려서 듣고 싫은 말은 잘 안 한다는 것이다. 행동 면에서도 원만해 보이는 것은 당연하다.

남자의 사주에서 정관의 작용은 가장 이상적인 인생행로를 걸어갈 수 있는 작용을 해 주는 성분이라고 본다. 편관은 조금 그 질이 떨어진다고

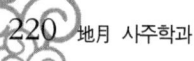

보기도 한다.

편관은 나그네의 칭호를 가지고 있는데 이는 외로움을 잘 탄다든가, 때로는 고독에 빠진다든가, 아주 격정적인 사랑에 빠진다든가 하는 특성이 있다. 또 편관성은 아주 신의를 소중하게 생각하는 사람이다. 권위나 권력을 좋아하면서도 억압받는다든가 권위로 힘을 보인다든가 하는 것에 대해 저항정신이 아주 강하다.

대화를 좋아하면서도 논쟁이나 말싸움에 잘 빠져드는 점도 있으며 주색잡기 등에도 일가견이 있다는 것으로 본다. 그러나 본인 자신은 아주 절제력이 많은 사람으로 생각을 한다. 정에는 아주 약해 정에 얽매이면 헤맬 수도 있으니 주의를 요하기도 한다.

사주의 천간과 지지에 편관 동주로 되어 있는 사람은 때에 따라서는 아주 대담하고 과감해서 아무리 위험한 난관에 부딪쳐도 이를 극복해 나가는 능력을 타고났다. 이 편관성도 식신의 적당한 극을 받으면 정관보다도 오히려 더 좋은 운으로 흘러 크게 발신을 한다.

남자의 사주에 관성이 아주 많이 있으며 비겁이 없든가 아주 적다든가, 인성이 없거나 희미하다면 이상하게 자식을 낳으면서 운이 막히기 시작한다. 이는 관성은 자식으로도 보는바, 관성이 많은 데다 자녀까지 출생해 관성의 기를 강화시키는 꼴이 되어 운이 막히는 것이다. 돈이 줄어든다든가, 직장의 변동이 생긴다든가, 실직을 한다든가, 건강에 문제가 생긴다든가 하는 경우가 종종 있다. 이러한 경우에 자식을 낳고 일이 안 풀린다는 말을 할 수가 있다. 또 이상하게 자식한테 정이 잘 안 가기도 한다. 이럴 경우 혹 운명을 상담해 주시는 분들이 자식이 나빠서 그러하다는 말을 하는 경우가 있는데 이는 아주 잘못된 견해이다. 그것은 본인의 운명이 그러한 것이지 자식이 나빠서 그러한 것은 아니다. 운이 그렇게 흐르는 것이 아닌가? 그런데 소위 운명을 상담한다는 분들이 이상한 말을 해서 오히려 가족 간에 갈등을 조장하는 사례가 종종 있는데 이는 아주 경계해야 할 일이다.

관성은 명예를 존중하고, 주변 관리나 자기 관리를 잘하는 능력이 있고, 주변 사람들로부터 인정을 받아 삶의 질을 높일 수 있다. 가정과 가족에게 가급적 스트레스를 주지 않으려고 노력하고 평화적으로 모든 일을 하는 타입이다. 지위를 가지고 있어도 겸손할 줄 알고 양보할 줄도 알며 사회적 위치가 상류층, 중산층에 오르게 되어 비교적 안정된 생활을 하게 되는 운명적 암시가 매우 높은 사주이다. 공직이나 기업체에 근무하면 대체로 남보다 승진, 월급 등이 빨리 오르고 정상적으로 그 분야의 머리 자리에 올라 명예가 드러나는 운명을 타고났다. 부와 명예가 있는 사주라는 의미이다. 가정적으로도 행복한 삶을 살아갈 수 있는데 아기자기한 맛이 적어서 부인이 그러한 점에 불만일 수도 있고(현대인은 많이 좋아짐) 애정 표현이 부족해 부인이 불만일 수 있다.

편관이 많으면 그 특성은 더 강하게 나타나는데 권위심이 강하고 고독이 따르며, 나그네(역마살)의 별이라 이동이 많거나 직업상 많이 이동을 하는 경우가 있고, 토론이나 논쟁을 좋아하는 경우도 있다. 고서에 보면 싸우기를 좋아한다고 되어 있다. 편관은 욱하는 성격도 내포돼 있는 것으로 검증되었다.

그렇다고 정관성은 좋은데 편관성은 나쁘다는 식의 고전 해석은 여기서는 금물이다. 특성상 그런 경향이 있는 것뿐이지 정관성과 근본은 크게 다르지 않다.

▌사주에 관성이 많을 때

대체로 너그럽고, 자기 고집을 오래 부리지 않으며 웬만하면 만족해하는 성격이라 원만 타협형이라고 한다.

비가 올 때 급히 뛰어 비를 피하는 성격은 아니며 그냥 비가 와서 그냥 맞았다고 한다. 무사 안일주의라고 하면 표현이 지나친 것인지 모르겠으나 그러한 점이 있는 사람이라고 본다. 악착같이 하는 점이 적은 편이고 자립 능력, 독립심 같은 것이 적은 편이며 현재에 만족하는 사람이다.

대개는 형제가 적거나 없고 형제가 있어도 도움이 되지는 않는다. 조실 부모하든지 외로운 성장기를 지나 온 경우도 있다. 또는 천리타향이나 이국땅에서 살아가는 경우도 있다.

이런 경우를 관성이 왕성하다고 하는데 자기의 자존심을 너무 세우지 않고 보수적이면서 원만한 성격이라서 공무원, 직장인, 보좌역 등의 분야에서 성실하게 열심히 살아가는 타입이다. 인덕도 있고 능력도 인정받아 크게 입신출세하는 수도 많이 있다. 공직이나 군인, 사법 계통, 경찰, 기업 등에서는 좋으나 자영업, 상업 분야에서는 크게 발전하는 경우가 흔하지는 않다. 때로는 서민으로 노동에 의해 살아가는 사람도 있다. 관성이 너무 많으면 인생행로가 파란만장할 수가 있다. 특히 편관성이 여러 개라면 이 점을 조심해야 한다.

▌사주에 관성이 전혀 없을 때

명예심이 적은 편이며 아첨하거나 아부하는 성격이 아니라서 관직이나 직장생활에서는 크게 발전이 안 되는 편이다. 일시적으로 있는 것은 좋다. 평생직장이라면 중간 그룹에서 만족해야만 하는 경우라고 본다. 이런 사주에서 크게 입신양명하는 경우가 있는데 이는 비상 체제나 특이한 경우에 해당된다. 이러한 사주는 자유직업, 예체능 등 적성을 찾아 그 분야에서 일하고 능력을 발휘하는 것이 더욱 좋다.

사주의 천간이나 지지에 관성이 있는데 식상이 극을 하지 않고 비겁과 교전을 하지 않고 있는 사주의 운명적 작용과 현상이다(운에서 년간지 월간지가 일간지 시간지보다 강력하게 작용한다).

▮천간 관성이 극을 받고 있지 않을 때

이 말은 천간에 관성이 있는데 바로 옆 천간이 극을 하지 않는 경우와 관성이 있는 지지가 천간 관성을 극하지 않는 경우를 말하는 것이다.

사회의 인간관계에서 예의 바르고, 양보하고, 친화력이 아주 좋다. 덕망 있는 지도자형으로 불리기도 한다. 좋은 것이나 싫은 것을 수용하기도 하고 배척하기도 하는데 이를 조절할 수 있는 능력이 있다고 본다.

귀티 나고 부티 나는 타입이라 옷을 입어도 잘 어울린다는 사람들이 이에 속한다고 보면 틀림없을 것이다. 사생활도 깨끗하고 함부로 낭비하지도 않고 방종하지도 않는다.

▮사주 지지의 관성이 극을 받지 않고 있을 때

아주 가정적인 타입이다. 아내와 자녀, 부모 형제, 친우, 처가 등에 비교적 잘해 주려고 무척 노력하고 열심히 사는 타입으로 참으로 인간성이 좋은 사람이다. 그러나 본인이 어렵거나 힘이 들 때는 도움을 받지 못하는 서글픔이 있다. 아내가 살림을 주관하는 경우가 많은데 때로는 잘 살펴볼 필요가 있다는 점도 유의하시기 바란다.

■ 사주의 년주, 월주, 일주, 시주에 관성이 있을 때

◆ 년주의 관성

사주의 년주에 정관은 부모나 윗사람, 상사, 친지 등의 도움을 받을 수 있는 행운의 별이라고 본다.

그러나 편관성이라면 의미가 조금 다르다. 나그네의 별이라는 것이다. 즉 외로울 수 있다는 것이다. 아무리 강해 보여도 외로움을 많이 타는 사람이 틀림없다. 다른 기둥에서 극을 하고 있다면 작용력은 당연히 줄어든다.

◆ 월주의 관성

공부를 많이 했든 적게 했든 간에 아주 상식이 풍부하고 지식도 풍부한 사람이다. 정관성일 경우 특히 강조되어지고 있다. 인상도 좋으며 어떠한 경우라 해도 자신에게 주어진 일을 잘 해낼 수 있는 복이 따르는 별이다.

사주학상 정관은 월주에 있는 것을 정관의 역할이 가장 이상적인 것으로 본다. 일생을 통해 행운이 늘 따른다는 것으로 본다.

월주의 정관은 천간의 정관보다 지지의 정관은 더 좋게 보는 것이다. 왜냐하면 그 힘이 가장 강력하기 때문이다. 그런데 만약에 편관성이 월주에 있다면 정관성만큼 좋다는 의미는 없다. 이는 옥 선생은 그렇지 않다고 했지만 일본의 호문류의 사주학에서는 구분을 한바 임상 경험상 일본 호문류의 이론이 더 타당한 것으로 나타나고 있다. 그래서 필자도 그의 이론을 채택하고 있다. 즉 시련을 겪을 수 있다는 것이다.

월주의 편관은 파란만장한 인생을 살아갈 수도 있다는 것이다. 또 남녀 구분 없이 누구도 해내지 못하는 일을 해낸다든가 지도자의 길을 걸어가는 경우도 있다. 그러나 외로운 시련만은 겪는다는 것이다.

만약 사주의 흐름이 나쁜 방향으로 간다면 많은 시련과 고난의 길을 걸어갈 수밖에 없다. 때에 따라서는 도덕이고 뭐고 없이 격렬한 인생을 살아갈 수도 있다. 조금은 별난 인생을 살아간다는 암시가 있다는 것이다. 그래도 관성의 특성상 발전의 여력은 언제나 있다.

◆ 일지의 관성

직감력이나 예감력이 있는 경우가 많다. 사람들의 감정이나 기분을 잘 간파하는 장점도 있다. 또 비평가적 기질, 남다른 까다로운 점이 있기도 하며 그렇기 때문에 사람들과 아주 잘 어울리는 타입은 아니다.

아주 온순한 사람도 있는데 마찬가지로 사람을 잘 사귀는 편은 아니다. 부드러운 성격은 아니라는 것이다. 그러나 사주의 구성에 따라 이런 점은 많은 변화가 나타난다.

관성은 사주에 식상이나 인성이 있을 경우 많은 변화가 나타나므로 잘 살펴야 한다. 아무리 나쁜 관성의 작용력을 보이는 경우라도 인성이나 식상이 있다면 그런 해석은 경계해야 한다는 점을 잊지 말기를 바란다. 인성이나 식상이 있으면 상호작용에 의해 길성화(吉星化)된다는 점을 염두에 두면 된다.

◆ 시주의 관성

사주의 시주에 관성은 자녀들 중에 잘되는 자녀가 있다는 것이다. 정관성일 경우 자녀의 효도를 많이 받는다. 그 자녀는 많은 사람을 상대하는 중요한 위치에 있게 된다는 것이다. 물론 본인 자신도 그러하다.

그러나 시간이든 시지든 극을 하는 별이 있다면 이런 의미는 사라진다. 편관성일 경우 이상하게 자녀의 운을 좋게 표현하지 않는다. 자녀의 운이 그리 좋은 편이 아니라는 것이다. 자녀를 둔다 해도 그 수가 그리 많지는 않다는 것이다.

외아들, 외동딸일 경우가 많다. 자녀가 있다 해도 그 자녀가 효자, 효녀는 아니라고 본다. 즉 나이 들어 자녀에게 의지하기가 힘들다고 본다. 이는 편관의 특성이 나그네 역마성의 특성이 들어 있어 이러한 해석을 하고 있다고 본다. 그러나 일단은 관성의 특성이라는 것이 있으므로 그리 실망을 할 일은 아니라고 본다.

▍관성이 운명성일 때

운명성이란 타고난 운명의 길 중에 그 사주가 가야 할 길을 말한다. 그러나 운명성의 길을 가고 있는 사람은 그리 흔하다고는 볼 수 없다.

직장인으로 열심히 근무한다면 좋아지는 운명이며 공직이나 공기업 등이라면 일반 직장보다 더 좋아지는 운명이다. 그 이유는 관성이 운명성이라서 공공기관의 성격이 많을수록 좋아진다는 것이 관성 운명성의 특성 중의 하나이기 때문이다. 그래서 공직, 기업 등 큰 조직에서 일을 하면 성공할 수 있는 운명의 소유자로 보는 것이다.

매사에 원만, 성실을 요구하며 명예를 존중하고 정도를 걸으며 방종하지 말고 성실하게 살아가야 한다는 운명의 큰 명령이 있다. 관성이 운명성이 되는 것은 태어난 달의 지지가 비견 겁재월이기 때문이다. 방종이란 여러 의미가 있다.

비겁은 실속 없는 활동을 의미하기도 한다. 또 청년·장년 시대를 말할 뿐만 아니라 사회활동을 많이 하는 기간을 의미한다. 월지가 비겁이면 이러한 의미와 특성이 많은 것으로 보기 때문에 왕성한 혈기와 넘치는 기상이 잘 발산된다면 대단히 좋은 것이지만 정도가 지나쳐서 방종으로 흐를 수도 있으며 좋은 것을 모두 망쳐 버리는 수도 있다.

술을 좋아한다든지 오락이나 도박, 운동, 취미 등이 정상적인 생활을 할 수 없을 정도로 된다면 문제가 되겠다. 그러면 자신은 물론 자신과 관계된 가족이나 주위 친지까지 생활에 지장을 줄 수도 있다. 그렇기 때문에 관성이 운명성이 되는 것이다. 비겁을 잘 다스릴 수 있는 별은 관성이 가장 적절하기 때문이다.

아무리 여름에 무성하게 자라서 하늘 높이 솟아오르더라도 가을이 오면 그 성장 과정을 멈추고 성숙의 길로 접어드는 자연에서 그 힌트를 얻어 원리를 만든 것이 오행학이다. 그리고 그 원리를 기본 사상으로 육신의 법칙을 만들어 인간의 운명을 알 수 있는 방법을 도출한 것이며 여기에서 운명성이라는 것은, 즉 가야 할 운명의 길을 보여주고 있는 것이다.

그러므로 관성이 운명성이 되어 있으면 불필요한 낭비를 삼가야 하고 술이나 도박, 게임 등을 가까이 하지 말며, 직장을 구하면 꾸준하게 오래 오래 근무하는 것이 좋고, 매사에 원만함을 잃지 않도록 주의하면서 살아간다면 행복한 삶을 살아갈 수 있다. 그렇지 않으면 경제적으로도 힘이 들고 심하면 질병으로 고통을 당하는 경우도 매우 많다. 특히 관성인 운명성이 사주에 나타나지 않으면 이러한 특성이 더 강하게 나타날 수 있으니 이러한 경우는 더더욱 운명성의 길을 가도록 노력이 필요하다.

▎관성 운명성이 천간에 있을 때

운명성인 관성이 사주의 천간에 나타나 있으면 이 경우는 운명성의 길을 잘 갈 수 있는 사주라고 보아야 한다. 지지나 옆에서 식상이 극을 한다면 의미는 퇴색되겠지만 천간이 관성이면 그 관성의 작용은 분명하게 나타나기 때문에 운명성인 관성이 천간에 있으면 그 길을 잘 갈 수 있는 힘을 타고났다고 보는 것이다(이 부분은 모든 각 육신론의 운명성에 응용해야 하는 중요한 부분이다).

원만하고 성실하며 조직 사회에서 크게 능력을 발휘할 수 있으며 지도자의 자질이 있는 사주이다. 혹 술자리를 가져도 도를 지나치는 경우가 없으며 적절하게 자기 관리를 하는 타입이다. 절제력이나 자제력이 있어서 공직 사회에서 근무하면 가장 좋으며 일반 직장도 좋다.

▌관성 운명성이 지지에 있을 때

운명성인 관성이 사주의 지지에 나타나 있으면(지지는 가정과 내면적인 일을 많이 나타내고 있다), 즉 천간은 사회적 운을 많이 나타내고 드러나 보여 나도 알고 남들도 알 수 있는 부분이고, 지지는 가정의 일, 내적인 일을 주로 알아보게 되는 것이므로 자신은 알아도 타인이 모를 수가 있는 부분이다. 이를 염두에 두시고 보는 것이 훨씬 도움이 될 것이다.

그렇기 때문에 운명성인 관성이 사주의 지지에만 있으면 밖에 일을 안에다 말하지 않는 경우가 많고, 밖에서 있는 일로 인해 집안까지 들여와 속을 썩이는 경우가 많지 않다는 것이라고 보는 것이다. 내성적인 성격이며 표현력에서 과묵형에 속하다 보니 그럴 수도 있다.

부인은 이런 사람하고 사는 것이 더 행복하다고 말한다. 가정을 원만하게 이끄는 타입이기에 여자는 편하겠다. 가정에 행복과 원만함, 화기애애함을 유지하고자 노력하고 웬만해서는 간섭을 적게 한다. 즉 가정에 행복을 불어넣어 줄 수 있는 운명적 요인이 있는 것이다. 그러니 지지 관성이 운명성인 남자는 전형적인 가정적 타입이라고 본다.

사회의 출세를 위해 가정을 소홀히 하는 일은 못하는 사람이다. 그러니 출세욕과 사회적 이름을 낸다든가 과시욕이 많은 여자에게는 어쩌면 작아 보이는 남자일 수도 있겠다. 그러면 부부 갈등의 원인이 되어 불화가 잦아진다. 사랑을 위해 왕관을 포기할 수 있는 타입, 왕관을 위해 사랑을 포기하는 타입은 아니다.

▎관성이 장애성일 때

월지가 재성으로 되어 있는 사주의 90%가 관성이 장애성으로 작용을 한다. 아주 개방적인 듯하면서도 보수적인 면이 강하고, 명예심도 있고 권위적인 면이 있어 아주 민주적인 것 같으면서도 그러하다.

준법정신이 강하고 적극적인 점보다 많이 생각하고 소극적인 면이 있어 어떤 일을 시작함에 좋은 기회를 놓치는 경우가 있다. 그러므로 관직, 일반 직장인으로 생활하면 비교적 무난한 인생을 살아갈 수가 있으나 상업이나 사업, 기타 직종에 종사하는 경우에는 풍파를 겪는 경우가 많이 있다. 초년에 직업 선택을 잘해야 하며 꾸준하게 노력하는 데 소홀하지 말아야 한다.

이런 사주에서 치료가 잘 안 되는 질병으로 고생하는 경우가 많이 있다. 어찌 됐든 건강관리에 유의할 필요가 있는 사주이다. 그 이유는 자신을 극하는 관성이 장애성이기 때문이다. 교통사고, 부상, 성인병, 중풍 등을 주의해야 하며 운동을 꼭 해야 하는 사주이다. 이런 사주 중에 식성이 의외로 까다로운 사람이 있는 것을 많이 보았다. 좋은 음식, 고급 음식, 고 영양을 섭취하는 사람도 많이 있다.

관성이 장애성이라고 해서 운명이 장애가 많이 있다는 의미는 아니다. 이는 사주를 보는 방법 중에 들어 있는 것을 이야기하는 것이지 장애성이 좋지 않은 사주라는 의미는 아니라는 점을 유념하시기 바란다.

관성이 많든지 강력하게 나타난 사람은 연애결혼보다는 중매결혼이 좋다고 본다. 관성이 있으면 인물도 좋고 원만한 타입인데 연애하는 능력은 좋은 편이 아니다. 그래서 중매결혼이 좋다는 것이다. 더러는 여자한테 속아서 고생하는 경우도 있다.

▎관성이 초년 대운에 있을 때

장남으로 태어났다면 형제가 많지 않은 것이 좋다. 간혹 동생이 하나 있든지 아니면 외아들이다. 만약 위로 형이 있는 경우에는 막내일 경우가 많으며 막내인 것이 좋다. 어쨌든 초년 대운이 관성인 경우는 형제가 많지 않은 것이 좋다.

드물게는 고아원 출신자도 있고 조부모, 외조부모, 유모, 파출부 등 타인의 손에서 양육되는 경우도 있다. 부상, 교통사고, 물, 불 등을 주의해야 한다. 잔 상처로 놀라는 경우도 있다.

초년 대운의 관성은 그리 좋은 운은 아니라고 본다. 초년 대운은 시기적으로는 식상의 시기요, 비겁의 시기에 해당되는 것인데 관성 대운으로 되면 어린 시절의 성장기에는 식상과 관성이 정면충돌을 하게 되어 좋지 않으며 또 비겁, 즉 기초를 잘 닦고 건강하게 성장을 해야 하고 활동력도 충만해야 하는데 관성이 나타나 있으면 이런 점들이 제약을 받게 된다. 그렇기 때문에 초년의 관성 대운을 그리 좋게 평하지 않는 것이다. 부자유스러운 조건이 생길 수 있다는 것이기도 하다

▎관성이 중년 대운에 있을 때

성격이 원만하고 온순한 점이 있으며, 인품이 좋고 인상도 좋으며, 품위가 있으며, 사회적으로 인정을 받으며, 가정 또한 행복한 삶을 꾸려 가는 좋은 운세이다. 공무원, 기업 등에서 일을 하면 크게 발전한다. 그러나

무사안일한 사람도 있는데 그러면 서민으로 살아가게 된다. 개중에는 아주 바쁘게 엄청난 일을 하면서 살아가는 사람도 있다.

비견 겁재는 팔과 다리를 의미하며 팔다리가 행복을 느낀다는 의미도 있는데 이는 편안하다기보다는 바삐 움직여 기쁨을 누린다는 의미도 있는 것이다. 중년 대운 관성에 인간성 안 좋은 사람이 없다는 것이다.

▮ 관성이 말년 대운에 있을 때

관성은 인생의 꽃으로도 표현되며 얼굴로도 표현된다. 그러니 관성이 말년 대운에 있는 사람은 얼굴이 좋다. 나이가 들어도 건강하며 혈색이 좋고, 안정된 경제력과 명예를 누리면서 보낼 수 있는 운명이다. 유재유권(有財有權)이라는 운명이다. 말 그대로 부귀겸전할 수 있는 좋은 운명이다.

자녀가 출세를 한다든가 성실하다든가 비교적 잘되고, 부모한테 잘하는 자녀가 있어 좋을 것이다. 또 며느리도 비교적 좋은 사람을 보게 되며 시부모에게도 잘한다는 운명이다. 평안한 노년기를 보낼 수 있는 운명을 타고났다고 본다. 말년 대운 관성에서 고생하는 사람은 그리 많지가 않다.

▮ 관성이 년운에 있을 때

공직, 직장에 근무하는 경우에는 승진·영전할 수 있는 운이다. 시험 보려는 분은 시험에 합격할 수 있으며 선거나 선출 등의 일에서는 당선·추대될 수 있는 운이다. 대단히 좋은 운세라고 볼 수 있다.

그러나 상업, 자유업, 소규모 개인사업 등에서는 생각처럼 일이 풀리지 못하는 운세이다. 오히려 억제 당하는 운세이다. 심하면 부도, 사업 실패, 거래처가 줄어들고 계속 유지할 수 없을 정도로 답답할 수도 있다. 도움을 받기도 어렵고 자꾸 막히고 배신, 사기 등으로 크게 낭패를 보는 경우도 있다. 이런 운에는 절대로 사업 확장을 하지 말며 변동도 자제하고 현상 유지에 힘쓰고 잘 넘기면 다음 운에 크게 발전한다.

가정에서도 낭비를 억제하고 최대한 절약하면서 지낼 것을 권한다. 그러나 취직을 원하는 경우에는 좋은 자리를 구할 수 있다.

▌관성이 월운에 있을 때

관성이 월에 들어오면 공직이나 직장인은 좋으며 기쁨이 있을 수가 있다. 기타 직업, 즉 자유업, 사업 등은 막히는 운이다.

교통사고, 질병, 관재, 구설 조심, 갑자기 닥치는 횡액을 조심하라는 암시도 있다.

(3) 정관(正官) 편관(偏官)과 여자의 운명

정관의 특성은 윗사람, 지도자, 지배자, 통치자, 도덕, 명예, 질서 등 참으로 많은 이름이 붙어 다니는 별이기도 하다.

여자에게는 행복의 별이라는 의미가 매우 강조되는 별이기도 하다. 남편을 의미하며 그러기에 사주에 정관이 있으면 '남편 복이 있다'라는 말을 하기도 한다. 그러나 이 정관이 여러 개가 있으면 그 의미는 아주 줄어들며 편관의 부정적 특성으로 변질된다는 것이다. 말하자면 좋다가 말아 버린 격이 되는 것이다.

정관성은 좋은 남편을 만난다는 의미가 강하다. 가정을 소중하게 생각하고 가정적이면서 사회적으로도 아주 유능하고 괜찮은 남자라는 것이다. 그래서 행복의 별이라는 칭호를 받는 것이다.

여자 사주에 정관성이 있고 다른 별의 극을 받지 않는다든가 극을 받는다 해도 재성이나 인성이 순화·억제 작용을 해 주면 직장인, 공직자 등으로 활동을 아주 잘할 수 있다. 남자라면 더욱 좋겠다. 현실 여건상 남자가 사회활동에서는 유리하기 때문이다.

여자의 관성, 특히 정관성은 아주 귀중하게 여긴다. 그만큼 좋은 의미와 중요한 작용을 한다는 말이 된다. 왕성하지 못한 관성은 관성 대운이나 년운에 그 힘을 얻어 능력을 발휘하겠다. 그러나 관성이 왕성하다면 비겁이나 인성 대운 년운에 발전을 하게 된다.

또한 관성이 여러 개 있어 혼탁한 모습을 보이면 운은 아주 좋지 않은 방향으로 흐른다. 출생을 해서 건강이 좋지 않다든가 남의 손(할머니, 놀이방) 등에서 자란다든가 조실부모를 한다든가 등의 답답한 운으로 흐르게 되며 건강하던 사람이 결혼을 하고부터 이상하게 건강이 좋지 않다든가 하기도 한다. 일부종사하기 매우 힘들며 혹 재혼이나 개가를 한다 해도 남편 덕은 없는 것으로 본다. '관살(官煞) 혼잡'이라고 해서 남편 덕이 있는 사람보다 없는 사람이 훨씬 많다는 것이다. 아주 운이 좋지 않은 사람은 매를 맞고 사는 여자도 있다.

돈 주고 몸 주고 고생한다는 말이 있는데 이런 사주에 적용되는 것 같다. 또 결혼도 하기 싫은 결혼을 한다든가 할 수 없이 한다든가 하기도 한다. 결혼 시 문제가 있을 수 있다는 것이다. 때로는 남자한테 강간을 당하기도 한다. 이성 문제로 누명을 쓰는 여자도 있다. 늘 몸이 아프다든가 만성적 두통에 고생하는 사람은 신경통 등도 조심하라는 것이다. 드물지만 정신적인 부분에 문제가 있기도 하다.

시부모와 사이가 좋지 않은 여자도 있고 아들보다 딸이 많은 사주요, 첫아기로 아들을 낳으면 남자 운이 막히는 수도 있다. 그러니 첫아이를 아들 낳으면 반드시 기도를 많이 해 주라는 것이다. 또 기생 팔자라고 해서 이성 문제, 부부 문제 등의 시련 풍파가 따르니 조심해야 한다.

인생살이가 고난이 자주 따르든가 시련 고비가 있든가 고생을 좀 해야 한다. 이런 점을 미리미리 알아서 흉함을 피하고 길함을 취하는 지혜가 필요하다. 그러나 식상을 만나면 흉함이 일시에 해소돼 길함으로 변화해 관성의 좋은 점이 운으로 작용을 하게 된다.

여자는 관성(남편)이 있을 때 식상(자식)은 나를 보호해 주고 지켜 주는 작용을 하지만 관성이 없을 경우에는 나만 힘들게 한다. 남편이 있을 때 자식은 의지처가 되나 남편이 없을 때 자식은 나를 힘들게 하는 것으로 본다. 아주 드물지만 자식만 보고 살아가는 경우는 다르겠다. 비겁이나 인성이 미약한데 관성이 강력하면 환경이 좋은 편은 아니라는 것이다. 또 고향을 떠난다는 암시도 있다.

생일의 지지에 관성은 아무리 좋은 남자를 만난다 해도 스트레스를 많이 받게 된다. 사주의 년주의 관성은 나이 많은 남편을 만난다고 하지만 식상이 있다면 오히려 연하일 수도 있다. 또 시주의 관성은 연하의 남자를 만난다는 것인데 인성이 있다면 연상이 된다.

✔ 다른 육신과의 관계

관성이 식상의 공격을 받으면 남편운이 나쁘거나 이별, 비명횡사를 조심하고 아니면 무능하거나, 본인 자신이 가계를 꾸려 가야 한다. 비겁이나 식상의 극을 받거나 극을 하면 이별이라는 시련을 조심하라는 것이다. 한 남자와 일생을 함께 하기란 참으로 어렵다는 것이다.

정관성이 하나가 있으면서 재성이나 인성이 함께 있으면 자신이 활동을 하는 사람이라면 사회적으로 크게 이름을 날릴 수 있으며 또 그러한 남자를 만난다는 것이며 반드시 남편이 출세라는 월계관을 머리에 쓰게 될 것이다. 즉 남편의 운이 아주 좋다는 것이다. 특히 정관과 재성이 동주하면 더더욱 그렇다. 남편의 성공과 금전의 넉넉함을 함께 누릴 수 있다는 것이다.

▎사주에 관성이 많을 때

관성이 많은 여성은 자아의 고집이 많지 않고 상대를 편안하게 해 주는 타입이다. 남편만 알고 사는 여성이라면 아주 좋은 사주이다. 부지런히 움직이라는 것인데 게으르기 때문인지 아니면 많이 움직여야 운이 좋아진다는 의미인지 둘 중의 하나일 것이다.

이런 타입은 이성의 유혹이 따르는 운명의 소유자라고 하는데 그 이유는 일부종사하는 경우가 드물기 때문이다. 가정에서 살림만 하는 경우보다 사회활동을 하는 경우에는 더욱 조심할 필요가 있다. 왜냐하면 유혹에 약하다는 암시가 있기 때문이다. 분위기에 약하다고나 할까. 일부종사하기 어렵다는 암시도 강하다. 처음 남자와 이별하고 재혼하는 여성, 남편을 두고 외도하는 여성, 남편 자식 두고 바람나서 도주하는 여성 등 호색다음한 사주라 경계를 요하는 운명의 소유자이다.

인물도 대개는 좋고 매력이 있으며 많은 남성의 유혹이 따르는 경우가 많다. 또 인물이 수수해도 옷을 입거나 화장을 하면 매력이 넘치는 타입이기 때문에 유혹이 따른다고 본다. 자신이 유혹을 기다리는 경우도 있다. 화려한 차림을 피하고 단정하고 검소하게 지낸다면 아주 행복한 일생을 보낼 수도 있다. 관성은 행복의 별이기 때문이다.

행복의 별을 모든 사람이 소유하려고 하기 때문에 관성이 많으면 오히려 고난이나 시련을 겪을 수 있는 것이라고 본다. 대개는 연애결혼을 하며 이상하게 자손궁이 약해 자손으로 시련을 겪는 경우가 많이 있다. 여기에 식상이 있어 극을 하면 자궁병으로 고생하는 자, 자궁의 문제로 임신이 잘 안 되는 경우, 출산을 해도 그 자손이 약해 병원 출입을 자주 하는 경우가 있다.

▌천간의 관성이 극을 받지 않을 때

사주의 천간에 정관만 있고 극이 없으면 초혼을 하여 해로하게 된다. 아주 좋은 운명의 작용이라고 본다.

사주 천간에 편관이 있고 극이 없으면 재취 자리나 늦게 결혼하는 사람을 만나서 결혼하는 것이 좋다. 본인이 늦게 결혼하든가 처녀로서 총각을 만나면 액운이 따른다는 암시가 있다. 일찍 결혼하는 것보다는 늦게 하는 것이 훨씬 좋다.

관성은 늘 이성의 유혹을 주의해야 한다. 정관성보다 편관성이 이 부분은 더욱 주의를 요한다. 더 강렬한 작용을 한다고 보기 때문이다.

화려한 옷차림이나 액세서리 치장, 밝은 화장 등을 가급적 하지 않는 것이 좋다. 본인의 운세를 깎아 내리는 작용을 할 수 있기 때문이다. 정반대의 여성도 가끔은 볼 수 있다.

▌지지의 관성이 극을 받지 않을 때

비교적 가정적이고 친정은 물론 시가 사람, 남편의 친지들에게도 친절하고 진심으로 잘 대하는 타입이다. 남편의 사랑도 많이 받고 가족과 친지들로부터도 칭송을 듣고 살아갈 수 있는 타입의 사주이다.

■ 사주의 년주, 월주, 일주, 시주에 정관이 있을 때

◆ 년주의 정관

사주의 년주에 정관이 있으면 부모나 윗사람의 도움을 받을 수 있는 운을 타고났다고 본다. 또 남편도 좋은 사람을 만난다는 것이다. 혹 나이 차이가 나는 남편을 만나도 행복한 삶을 살아갈 수 있는 운명이라는 것이다. 그러나 다른 곳에서 극을 하고 있다면 작용력은 많이 줄어든다.

◆ 월주의 정관

인상이 좋다. 교양미도 있고 지식도 풍부한 사람이다. 또 자신에게 주어진 일을 잘해 나갈 수 있다는 것이다. 사주학에서는 월주의 정관을 가장 좋다고 보며 특히 지지의 정관을 그렇게 보고 있다.

대체로 인물이 좋거나 피부가 좋든가 한다. 남편복도 있는 사람이 아주 많다. 비록 넉넉하지 못한 살림을 한다 해도 그러하다는 것이다. 꼼꼼하고 세심한 사람이 많으며 그러면서도 융통성은 조금 적은 편이기도 한다.

이와는 정반대로 덜렁거린다든가 게으르다든가 이해심이나 너그러움이 많아서 손해를 보기도 한다. 만약 게으르거나 무사 안일한 사람이라면 크게 경계해야 하며 반드시 고쳐야 한다.

◆ 시주의 정관

자녀들 중에 남들이 알아주는 괜찮은 인물을 낳아 키울 수 있다. 그 사람은 여러 사람을 지도한다든가 이끌어갈 수 있는 장점을 타고났다는 것이다. 본인이든 자녀든 그렇다는 것이다. 그러나 같은 동주에서 극을 한다면 의미는 많이 줄어들겠다.

편관에 대해 이야기해 보겠다. 일반 사주학에서는 편관을 아주 흉한 별로 취급하고 있다. 그러나 옥문관 사주학에서는 원칙적으로 정관이든 편관이든 관성이라는 이름 하에 같은 맥락에서 판단하고 있다. 그러나 조금 다른 부분이 있다는 것을 도외시할 수가 없는 경우가 있기에 그 내용을 살펴본다.

이 편관이라는 별이 있으면 신의를 아주 중요하게 여기는 사람이라고 본다. 권력의 권위를 아주 싫어하면서도 본인이 권위적인 사람인 경우가 너무 많다. 또 이야기하기를 싫어하지 않는데 때로는 논쟁으로 비화되어 언쟁을 하기도 한다. 고서에 보면 싸우기를 좋아한다고 되어 있는데 이는 경우를 분명하게 하기를 좋아하기 때문에 이런 말을 듣게 됐을 것으로 추정을 한다. 술을 좋아한다든가 놀기를 좋아한다든가 오락 등 주색잡기를 좋아할 수가 있다는 것이다. 강하고 과격한 것 같으면서도 아주 정에 약한 사람이다. 그래서 외강내유의 타입이라고 본다. 정에 약한 사람이라 이성 간에 사랑에 빠지게 되면 아주 깊이 빠져 버리는 경우도 종종 있다. 즉 이런저런 문제를 일으킬 잠재력이 있는 별이라고 보면 되겠다. 그리고 절제력이 조금은 적은 편이다. 자신은 그런 줄을 모르겠지만 그렇게 보인다는 것이다.

사주에 편관이 있는 사람은 정관과 같은 해석을 한다. 다만 그 작용에서 길함보다 흉함의 작용력에서 정관보다는 강하다는 것이다.

사주의 기둥 중에서 천간 지지가 편관으로 되어 있는 경우에는 때로는 아주 대담하고 모험적인 일이나 위험한 일도 과감하게 도전하는 타입이다. 즉 결단력이 좋으며 모험심과 호기심이 만만치가 않다는 것이다. 차분한 듯하면서도 욱한다거나 폭발하는 성격도 가지고 있는 것이 편관성의 특성 중 하나이다.

사주에 인수나 식신이 있으면 정관성으로 변화하여 아주 좋은 작용을 한다. 그러나 인수성이나 식신성이 없으면 자신의 과격한 듯한 성격을 잘 조절할 필요가 있다. 비판정신이 강하고, 때로는 괴팍한 성격도 있고, 화를 잘 내고(관성이 비겁을 극하면 간장에 무리가 있다 하여 욱하는 성격이 있다), 일을 할 때는 속전속결하고자 하며 급하게 처리를 하고자 한다. 그러한 것이 단점일 수 있다.

이 편관성이 강력하게 자리를 잡고 있으면 상식을 넘는 일을 하는 경우가 있다. 그리하여 크게 발신을 하는 경우도 있다. 그러니 이를 두고 파란만장한 인생을 살아간다고 하는 것이다. 남편이든 애인이든 간에 여러 사연이 있을 수 있다. 이성으로 인한 액운이 있다는 것이다. 상황은 여러 가지이므로 일일이 열거하지는 않는다.

사주에 편관성이 있는 여자는 자의든 타의든 간에 여러 남자와 인연이 있을 수 있다고 본다. 연애할 기회도 많다. 사주에 편관성을 가지고 있는 여자가 비겁이나 식상을 가지고 있으면 이성관계가 복잡하든가 시련이 많든가 많은 남자를 만날 수도 있다는 것이다. 이를 조심하라고 하고 싶다. 그러나 바람을 많이 피우고 싶은 여자는 관계가 없겠다.

◆ 년주의 편관

년주에 그것도 천간 지지에 편관성이 있는 사람은 나그네, 즉 고독의 특징이 있다. 외로움을 많이 타는 사람임에 틀림없다. 한때는 결혼에 이르지 못하는 사랑을 한다는 암시도 있다. 결혼을 한 유부녀라 할지라도 남편 이외의 남자와 깊은 사랑에 빠질 가능성이 있다는 점을 유의해야 한다. 즉 슬픈 사랑을 할 수 있다. 또는 남자의 경험이 많은 여성이 될 수도 있다는 것이다.

◆ 월주의 편관

이러한 운명의 소유자는 아무리 좋은 입장에서 살아간다 해도 한때 잠시라도 외롭고 힘든 과정을 겪어야 한다는 것이다. 대부분의 여성들이 그런 것 같다. 때로는 외로운 입장에서 힘든 시기를 보낸다든가, 비련의 주인공으로 답답한 시기를 보낸다든가, 이상한 인연으로 답답한 시기를 보낸다든가, 어쩌면 파란만장한 시기를 보낼 수 있다. 일생을 그렇게 보내는 여성도 있다.

아주 열렬한 사랑에 빠지는 수도 있다. 일반 상식을 뛰어넘는 사랑도 한다는 것이다. 또 자유분방한 인생을 살아가는 경우도 종종 있다. 사랑을 하면 불같이 할 수 있다. 때로는 도덕이고 뭐고 없이 사랑을 하기도 한다. 그러나 누구도 해내지 못할 일도 능히 잘하여 크게 입신출세를 하는 경우도 있다. 별난 인생, 별난 성공을 하는 경우도 있다.

◆ 일주의 편관

일주의 편관성은 즉흥적이면서 직감력도 아주 뛰어난 사람이다. 또 사람들이 감정이나 기분을 파악하는 데 아주 좋은 능력을 가지고 있다.

비판의식이나 저항의식이 남다르게 강할 수가 있다. 그러므로 사람들과 잘 어울리는 데 조금 힘들 수 있다. 즉 부드러운 성격은 아니라는 것이다. 조금 까다롭다고 할 수 있다. 그러나 사주의 구성에 따라 이런 의미는 변화될 수 있는 것이다. 인생을 살아가는 데 힘든 일이 자주 일어난다는 암시도 있다. 자신의 실력이나 기량을 다 펴지 못한다든가 마음먹은 대로 되지 않아서 늘 인생이 불평불만일 수 있다.

사주의 다른 곳에 식신이나 인수가 있다면 어려운 입장에 있다 해도 마음을 잘 조절하고 운이 따라 주어 잘 넘길 수 있다는 운명이다. 그렇게 되면 남편운이나 자손의 운이 좋아서 행복한 인생을 살아갈 수가 있다. 그러니 일주의 편관성일지라도 다른 곳에 인수나 식신이라는 별이 있다면 아주 좋은 작용과 좋은 정관으로 변화해서 그러하다는 것이다.

그러나 그러한 별이 사주에 없다면 편관성의 기질이 고스란히 나타난다고 보면 거의 틀림없다. 인수가 있으면 그 작용이 순화되고 식상이 있으면 통제가 잘된다는 점이 매우 중요하다.

◆ 시주의 편관

시주의 편관성은 대체로 자녀운이 약한 것으로 판단을 한다. 정관은 좋은 것으로 보는데 편관은 조금 다른 판단을 한다.

대체로 자녀의 운이 약하고, 자식을 낳을 운도 약하고 그 수가 적다는 것이다. 외아들 외동딸이 많다. 또 자녀가 여럿이면 시련이 많다는 것이다. 자손은 나중에 효도하기가 쉽지 않다는 암시도 있다. 나이 들어 자식을 의지하기 어렵다는 것이다. 그러니 편관이라 하여도 인성이나 식상이 조절을 하면 전혀 문제될 일은 아니라고 본다.

여자에게는 정관은 남편이고, 편관은 남편, 재취 남편, 내연의 남성, 애인, 시누이, 며느리로도 본다. 시누이로 보는 것은 남편의 형제자매 성에 해당되기 때문이다. 며느리로 보는 것은 아들의 아내에 해당되기 때문이다.

관성은 남자에게는 대부분 사회운을 보는 데 많이 활용을 한다. 그러나 여성들에게는 행복의 별이자 또 남편의 별이 된다. 그러므로 필자의 사주학에서는 여성의 행복의 제일 조건을 남편과의 관계를 보고 이야기를 한다. 요즈음 여성들은 남편보다는 자식에게 더 행복의 조건을 거는 경향도 많이 나타나고 있다. 물론 사회적인 출세나 자기 자신의 활동 능력과 목적하는 바의 계획 등을 보는 데도 관성을 살펴본다. 그러나 여자인 경우에는 아무래도 남편과의 관계를 관성으로 중요시하지 않을 수가 없다. 이 부분이 남존여비의 사상이나 유교적 관습에 의한 부분이 없다라고는 못 하겠지만 현재 수많은 여성의 삶의 현장을 보건데 아직도 이 이론은 타당하며 앞으로도 이를 도외시할 수는 없을 것이다.

사주의 천간에 정관이 있고 지지에 식상이 있어 극을 하고 있으면 그 여인은 초혼으로 일생을 마치기가 매우 어려울 것이다. 부부 해로하기가 무척 어렵고 만일 해로하는 경우라면 그 남편은 사회적으로 출세하고는 인연이 먼 경우가 많다. 사주에 편관이 있으면 이런 사주의 여인은 일찍 결혼하는 것보다 늦게 하는 경우가 더 좋으며, 남자의 나이가 많은 사람이나 재취 자리도 좋을 것이다.

정편관이 사주의 천간에 있고 지지에 식상이 있는 사주의 여성 중에는 직업여성도 많이 있는 편이다. 속칭 물장사를 하면 좋다는 유형의 사주이다. 어떤 형태로는 활동을 해야 하는 팔자이다. 만약 그렇지 아니하고 가정에서 살림만 하는 경우 부부 해로가 어려우며 매우 힘든 삶을 살게 되며 경제적인 어려움도 겪는다고 본다. 또는 신상에 질병이 생겨 고생을 하는 경우도 있고 하니 이런 점을 유의하시면 좋은 운명은 좋은 쪽으로 작용할 수도 있다. 혹 친척이나 형제가 없는 사람을 만나는 수도 있는데 이런 경우 큰 불행은 면하나 부부 생활에 늘 불평불만이 있다고 본다. 대개는 견디다 못해 이혼을 하는 경우가 많다. 심한 경우에는 남편 이외의 남성을 알게 되어 엄청난 고통을 당하는 경우도 있으니 각별한 주의를 요망한다.

▮관성이 운명성일 때

결혼을 해야만 행복이 찾아드는 사주라고 한다. 남편이 잘났든지, 여자를 끔찍이 위해 주든지, 어찌 됐든 사회적으로도 출세할 수 있는 점이 많은 남편을 만날 수 있으며 가정적으로도 아주 착실한 남자를 만나는 운명의 소유자이다. 정관이 운명성으로 되어 있으면 이에 해당된다.

편관이 운명성이면 재취 자리를 선택하든지 늦게 결혼하는 것이 좋다. 그러면 행복한 결혼생활을 할 수 있다. 관성의 극을 많이 강하게 받고 있어야 좋은 운명이라는 점도 알아야 한다.

관성이 운명성인데 사주에 없는 여성의 운명을 말하겠다.

결혼을 하면 비교적 괜찮은 남편을 만나 비교적 행복한 생활을 할 수 있다. 관성 대운이나 년운이 약하게 나타날 때는 어려움이 따르고 심한 경우는 부부 이별의 시련도 겪는다. 질병, 횡액, 관재수, 재물의 손실 등으로 시련을 겪게 된다. 그러나 강력하게 관성이 나타나면 좋은 운으로 발전한다.

대체로 생애 중에 부부, 자녀 등 가정의 운이 큰 파도를 만날 수 있다는 점에 주목해야 한다. 남편을 존경하지 않는 여인은 언젠가는 자신이 쓸쓸한 삶을 살아가게 될 수도 있다는 것을 알아야 한다. 열심히 힘들게 일하며 남편을 보살피면서 살아가는 여인도 세상에는 많이 있는 것이다. 그래도 어떤 마음가짐으로 살아가는가에 따라서 행복과 불행의 길을 각각 살게 되는 것이다.

관성이 운명성인 여자는 너무 많은 것을 바라지 말고 살아가야 한다. 남자의 그늘에 있을 때가 그렇지 않을 때보다 낫다는 점을 일찍 알아야 한다. 부드러움이 강함을 이긴다는 말은 관성 운명성인 여자에게 아주 적절한 말일 것이다.

▌관성이 장애성일 때

정관성이 장애성인 경우에는 첫 결혼에 남편이 좋지 못해 많은 시련이 따를 수 있다. 편관성이 장애성인 경우에는 처음 결혼해서 남편의 사랑을 받을 수 있는데 반드시 조혼을 해야 한다. 이 부분이 아주 중요하다. 즉 관성, 그중에서도 편관성이 장애성이면 일찍 결혼을 해야 좋은 것이다. 조혼을 하면 좋은데 만혼을 하면 불행하다는 운명이다. 그러나 시누이나 시댁 식구들로 인한 애로는 있다. 만약 초혼해서 실패했을 경우 재혼은 하지 않는 것이 좋다. 재혼을 하면 초혼 때보다 더 불행해진다는 운명이다. 그러므로 재혼을 하지 말고 그냥 사는 것이 좋다. 조혼을 할 경우에도 가급적 군식구가 없는 곳으로 가는 것이 좋다.

편관은 며느리로도 보는바 자식으로 인한 고통도 있고, 특히 자부(子婦)가 들어오고 나서 고부간에 사이가 아주 안 좋아질 수도 있다. 그러므로 자부와 함께 살지 않고 따로 살면 피차간에 서로 편안하다.

■ 관성이 장애성이고 사주에 없을 때

아무 문제없이 결혼생활을 잘할 수 있다. 그러나 관성 대운이나 년운에는 남편으로 인해 고통이 있든지 신수가 안 좋아 몸이 아프든지 해서 고통이 있다. 심하면 남편 이외의 남성으로부터 유혹을 받게 되고 가정이 파탄하게 되는 경우도 있다. 구설수도 주의할 필요가 있다.

■ 관성이 초년 대운에 있을 때

막내 격이라고 해서 이런 사주의 소유자는 아래로 동생이 없는 것이 좋고 밑으로 하나 이상은 좋지 않은 경우가 많다. 성장할 때 건강에 유의하고 특히 부상, 수술의 액운이 따르니 조심하기 바란다.

젊은 부부 사이에 이런 사주의 딸을 낳았을 경우에 대개 부부 사이가 벌어지든지 안 좋은 일이 생긴다. 어머니의 건강에 이상이 생기는 수도 있다. 외할머니든 친할머니든, 다른 사람의 보살핌으로 성장하는 경우도 있다. 요즘은 놀이방이나 탁아소에서 성장하다시피 하는 경우도 있다. 그러면 좋은 운명으로 변한다. 옛날 같으면 절에다가 이름을 올리고 기도와 정성을 많이 드리라고 했는데 이것은 현시대에도 필요하다. 부모가 누구인지 모르고 성장하는 경우도 더러 있다.

▮관성이 중년 대운에 있을 때

정편관은 남편의 별이며 행복의 별이다. 이 별이 중년에 있으면 남편의 운이 가장 좋아진다. 또 그러한 남편을 만나게 된다. 자신의 운세도 아주 좋은 운이다. 행복이 보장된다는 의미가 있는 운명이다. 남편의 운이 좋아 경제적으로도 좋아지고 남편이 하는 일이 잘되고 사회적 이름도 드러나고 가정적으로도 모든 일이 비교적 뜻대로 된다는 운이다. 결혼 시 아무것도 없이 살림을 시작해도 수년 이내에 집도 사고 저축도 하여 복 받은 집이라는 말을 듣게 된다.

이런 사주 소유자는 이상하게 별 볼일 없어 보이는 남자를 만나도 남자의 운이 좋아져서 중산층의 생활을 하게 된다. 대개는 인물이 좋은데 혹 인물이 별로더라도 받을 복이 많은 사주이다. 남성들은 이런 사주의 여성을 보면 무조건 결혼을 하는 것이 좋다. 왜냐하면 운을 받쳐 주기 때문이며 남편의 운세가 좋아지는 사주를 갖고 있기 때문이다.

천재지변이나 변란이 아니고서는 생애 중에 불행하거나 안 좋은 일을 보지 않는다는 운명이다. 그러나 일단 결혼 후에는 친정은 운이 쇠락한다. 잘살던 집안은 운이 약화되고, 남자 형제가 하는 일이 잘 안되고 여형제도 마찬가지이다. 심한 경우에는 부부풍파도 겪는다. 어찌 됐든 친정운이 강하지는 않다. 이런 사주의 여성은 성격도 참 좋다.

■ 관성이 말년 대운에 있을 때

고진감래의 운명을 타고났다. 많은 자손을 둘 수 있는 운명의 암시가 있으며 손자들도 많다는 사주이다. 출산율 저하로 많은 변수가 있을 수 있다.

대개 자손들이 성실하고 원만하며 효심도 많고, 며느리나 사위들까지도 잘 만나서 젊은 시절에 고생한 보람을 말년에 재담으로 이야기하면서 지낼 수 있는 사주이다. 힘들었던 젊은 시절을 생각하면 '아! 나에게도 이런 좋은 시절이 있구나' 하고 행복한 삶을 살아간다. 남편이 장수하고, 자식이 잘돼 효도하고, 자식의 흉사를 보지 않으니 말년 팔자가 늘어졌다고 한다.

여자 사주는 중년 관성이 제일 좋고, 말년 관성이 그 다음이다. 성격도 좋고 복도 있는 사주이니 이런 경우에는 궁합에 연연할 필요가 없다.

■ 관성이 년운에 있을 때

미혼자는 좋은 배우자를 만나 결혼할 수 있는 운이다. 결혼 후에도 행복한 생활을 할 수 있다. 남편이 사업가나 자영업자라면 확장·발전하는 운이다. 비록 현재는 힘들더라도 앞으로 크게 운이 트여 발전한다. 이런 운에는 남편이 하고자 하는 일을 적극적으로 밀어 줄 필요가 있다.

그러나 이 운에는 친정은 운이 약하며 걱정이 생기고, 심한 자는 형제 중에 불행하게 되는 수도 있다. 또한 자신의 건강도 주의해야 한다. 이런 운에 건강에 이상이 오면 수명을 다하는 수도 있다. 여자 관년운에 급작스럽게 수명이 다하는 경우가 있다.

나이 든 분은 아들이 장가드는 운이다. 단 여자가 사업을 하는 경우는 운이 침체될 수 있다. 신규사업도 불리하며 창업도 불리한 운이다.

▎관성이 월운에 있을 때

　월운이 관성인 여자의 운명은 대체적으로 년운과 비슷하다. 특히 신병 주의, 교통사고 주의, 장거리 여행 주의, 대중교통, 즉 기차, 버스 등을 이용해야 한다.

　임신 중인 여성은 이 달에 절대로 유산을 시키면 안 된다. 출산도 이 달이면 건강에 유의해야 한다.

5 인수(印綬) 편인(偏印)

(1) 인수(印綬) 편인론(偏印論)

　인수 편인은 나를 생해 주는 오행을 말하는 것이다. 이를 줄여서 인성이라고 표현하기도 한다. 인수는 정직하다면 편인은 정직하지만 인수보다 순발력이 좋다. 인수성은 명예라든가 사회적으로 어느 정도 괜찮은 입장에서 안정적 생활을 할 수 있다는 암시가 강하며 학문 분야에서 더욱더 발전할 수 있다는 암시도 있다. 편인성은 인수성과 거의 같으면서도 그 작용력이 인수보다 더욱 강렬하다는 특성이 있다. 아이디어나 생각이 인수보다 더욱 독특하다고 할 수 있다.

　인수성은 순종·순응의 의미가 많은데 편인성은 지시, 통제, 복종보다는 자유분방한 의미가 있다. 그러므로 개혁성이라는 칭호를 가지고 있다.

　인수가 부드럽다면 편인은 그러면서도 까다로운 부분이 있다. 인수는 어머니의 사랑이지만 편인은 아버지의 사랑이라는 의미가 들어 있다.

　편인성은 마음에 드는 일을 할 때는 대단한 집중력과 응집력이 있는데 마음에 들지 않으면 금방 싫증을 내는 점이 있다. 좋다, 싫다에 대한 태도가 매우 분명한 특징이 있는 점이 인수성과는 다른 부분이라고 본다.

　인성은 재성을 보면 세심한 관찰을 요구한다. 그 구체적인 통변은 전문가 과정에서 다양하고 폭넓은 통변의 묘미를 소개하기로 하겠다.

인수가 쌀농사를 짓는다면 편인은 쌀농사를 지은 후 그 쌀로 떡도 만들고, 현미도 만들고, 다른 특정한 상품을 만들 수 있는 능력이 있다. 인수는 평탄한 길을 걸어간다면 편인은 조금은 험한 길을 걸어간다. 이런 식으로 인수와 편인의 특성이 조금은 차이가 있다. 그러나 근본적으로는 인수나 편인이나 크게 다를 것은 없다.

인성의 특징은 어떤 지위나 위치를 확보했으면 그 상황을 오래오래 유지·발전시켜 갈 수 있는 점이라고 본다. 연구심이 있으며 어떤 한 가지 일에 몰입했을 경우 비상한 능력과 대단한 집중력을 발휘한다.

대체적으로 인상이 좋으며 사람들에게 친근감을 주는 타입이 많다. 그러면서도 대담한 면이 있으며 의외로 까다로운 부분을 가지고 있는 사람도 있다. 좋아하고 싫어하는 부분에 너무 분명하게 구분하여 좋은 부분에는 몰두하지만 싫은 경우 아예 거들떠도 보지 않는다. 그러니 인상과는 너무나 다른 느낌을 받기도 한다. 아주 여성적으로 보이면서도 의외로 남성적 기질이 있는 여자도 있다.

인성은 조직을 이끌어 가는 데 뛰어난 능력이 있는 특성이 있다. 그러므로 인성을 조직 관리형이라는 칭호를 붙이기도 한다. 그리고 인성은 오래오래 하는 일, 장기적인 분야 등에서 좋은 결과를 이끌어 내는 장점이 있으나 단기전에는 약하다는 단점도 있다.

인성이 여러 개 있을 경우 머리도 좋고 인상도 좋지만 때로는 답답한 사람이라는 소리를 듣기도 한다. 인성이 사주의 일주에 있으면 대개 남녀 문제, 부부 문제에서 불만스러움을 안고 살아가는 경우가 의외로 많이 있는 것을 발견한다.

편인성은 카리스마가 있는 별이라고 부르기도 한다. 개성이 강하고 개혁성이 있다는 것이다. 독창성도 있고, 예체능에도 소질이 있다고 본다. 편인을 역마성에 비유하는 경우가 종종 있는데 이는 멀리 떠나서 생활을 하는 경우가 있기 때문일 것이다.

인성의 특성은 성실, 희생, 봉사, 인내, 근면이라는 말이 가장 잘 어울리는 표현이라고 본다. 대부분이 성실한 사람이고 인내심도 좋으며 조직을 관리하거나 조직적인 일을 잘 수행할 수 있는 능력이 있다. 포용하는 마음도 넉넉하고 희생정신도 있다.

이러한 인성이 관성과 함께 있으면 공직자나 큰 회사 등에 잘 어울리고 오래오래 근무를 해야 좋다. 그러면 이름도 나고 보람도 있다는 것이다. 즉 이는 관성이 인성을 생한다는 의미 때문에 그러하다.

인성은 학문의 별이라 공부를 많이 하면 이름이 난다는 의미도 있는데 이는 인성을 잘하면 관성이 좋아진다는 의미이다. 또 인성에 재성으로 되어 있다면 자영업이나 자기 사업을 할 때는 주의를 하라는 암시가 있다. 왜냐하면 문서(인성)를 깨뜨리는 작용력이 있어서 잘못하면 크게 실패를 하기 때문이다. 그러나 인성도 왕성하고 재성도 왕성하다면 큰돈을 버는 운명이라고 판단을 한다. 재벌급 사주라는 것이다.

인성이 식상을 만나고 있으면 많이 주고 적게 받는다는 의미도 있는데, 즉 인생살이에서 늘 손해를 보는 경우가 있다는 정도이다. 그러나 적게 배워 크게 사용한다는 의미도 있으니 속담에 '뒷글 배워 말글로 쓴다'라는 말이 어울린다. 인성이 왕성하고 식상도 왕성하다면 큰 학자, 연구직, 교수 등에 어울리는 사람이라고 본다.

인성이 왕성하면 어머니가 살림을 주도할 가능성이 있으며 심한 경우는 부부 이별도 하고 아버지의 운이 약해진다는 의미도 있다. 이는 인성이 어머니이고 재성이 아버지일 경우인데 재성인 아버지가 인성(재성의 재성)에 빠지는 작용력이 있어 그럴 수 있는 것이다. 이 말은 인성이 장애성이거나 그에 가까운 경우일 것이다.

인성이 극을 받거나 약하게 있을 경우 인내력, 지구력, 끈기 등이 조금 부족한데 이 경우는 생각을 많이 하는 사람이며 시작은 좋은데 끝을 맺는 데는 어려움이 따른다는 것이다. 그러나 속전속결하는 일에서는 크게 좋다. 장기적인 일이 아닌 경우는 좋다고 보아야 하는 것이다. 즉 장기성이 있는 일에는 잘 맞지가 않다는 의미이다. 그러는 중에도 아주 끈질기고 꾸준히 할 수 있는 성격이라면 크게 성공을 하는 특이함도 있다.

사람이 똑똑하고 심성도 좋은데 의심하는 마음이 있고 또 속기도 잘한다. 자립정신은 강한데 의지하는 것도 좋아한다. 이런 사람은 옆에서 지원하는 사람이 있든가 힘을 실어 준다면 아주 열심히 잘하는 사람이다.

심사숙고를 하는 것은 좋은데 생각만 많이 하다가 만 경우도 있고 결단력, 실행력이 조금은 부족해 기회를 놓치는 경우도 있다. 어떤 사람은 평생을 살면서 자신의 능력이나 포부를 한 번도 펴지 못하는 사람도 있다. 그러니 누군가가 도움을 준다든가 힘이 되어 준다든가 종교의 힘을 받는다든가 하면 좋아진다.

주체의식은 강한데 중심을 잡고 일관성 있게 나가기가 어려우며 환경에 많이 휘둘린다는 것이다. 좋은 세월 다 보내고 일을 매듭짓지 못하고 세월을 보내는 경우도 있다. 일을 무서워한다고 해야 할까. 자신감이 있다가도 금방 식어버린다는 것이다.

사회적으로 표현을 하면 모든 교육에 관한 부분과 통신, 종교, 건설, 문화공보부, 각급 학교, 공업 분야 등을 나타낸다. 엔지니어도 많다. 기성세대, 부모세대, 공무원, 회사의 중견급 간부, 노인에 가까운 세대, 부모 등을 상징한다.

가정에서는 부모의 별이다. 때로는 어머니의 별로만 표시하기도 한다. 인체의 머리를 상징하기도 한다. 그러므로 의학적 표현을 빌리자면 머리의 질병, 장기로는 폐장, 몸의 피부, 정신질환 등을 말한다. 그러므로 인성이 극을 받는 사람은 담배가 매우 좋지 않다. 이런 사람이 담배를 끊으면 얼굴색이 금방 좋아지는 것을 알 수 있다. 스태미나도 좋아진다. 건물이나 집으로는 울타리(인체의 피부), 지붕(머리)을 상징한다.

계절로는 겨울을 나타낸다. 하루 중에는 밤, 즉 10시부터 새벽 3시 정도까지 나타낸다. 그래서 인성이 많으면 밤이 길다는 말이 있는데 이는 참으로 의미 있는 말이다. 특히 여성의 경우 밤이 외롭다는 의미인데 통변은 여러 의미로 할 수 있다. 연령대로는 모든 부모 세대, 대략 40대 후반부터 50대를 말한다.

이상 인성에 대한 기초를 간략하게 살펴보았다. 다음으로 남녀 구분으로 조금 깊이 알아보도록 하겠다. 들어가기 전에 참고할 내용을 살펴보자.

■ 사주의 년주, 월주, 일주, 시주에 인성이 있을 때

◆ 년주의 인성

사주의 년주에 인수성이 있는 사람은 할아버지, 할머니 같은 부모님이라는 의미가 있다. 이는 년주를 할머니나 할아버지로 보는 자리라는 의미 때문에 이러한 해석이 가능한 것이겠다.

년주의 인수는 부모님이 비교적 교양이 있다든가 집안이 괜찮은 것이라는 의미가 있다. 그러나 년간이든 년지든 간에 인수성이 극을 당하고 있으면 부모로부터 물려받은 것이 있다면 모두 사라진다는 것이다.

또 인수성이 하나가 아니고 두 개 이상일 경우에는 어머니든 아버지든 부모와의 인연은 깊다고 보며 또 다른 측면으로는 부모가 많은 격이라 할머니나 다른 사람에 의해 양육될 수도 있다는 것이다. 사랑을 많이 받든가 아주 착하고 선량하면서도 야무진 부분이 적어 조금은 나약한 성격이기도 하다. 나약한 것은 무능과도 연결되는 부분이다.

또 이상하게 운이 시든다는 암시도 있다. 그런데 이 자리에 편인성이 있다면 고향을 등진다는 암시가 있다. 즉 독립을 한다든가 부모 곁을 떠나 성공을 한다는 것이다. 특수한 일, 기술, 학문, 예능 등에서 크게 성공을 할 수 있다고 본다.

편인성이 년주에 있는 사람은 직장생활을 한다 해도 한 직장에서 오래 근무한다고 보지 않는다. 부서 이동이나 자리 옮김, 직장 변동이 자주 있다든가 이사를 자주 하는 경향이 매우 높다. 즉 직업 변동이나 집의 이동이 여러 번 있을 운명이라는 것이다. 그러므로 조금 부담스러운 상황이 있다 해도 직장을 그만둔다든가 하는 일은 없는 것이 좋겠다. 분명하게 좋은 의미로의 직장 변동이야 당연한 것이다.

이상하게 사람을 깊이 사귀지 못한다는 것이다. 그러므로 편인성을 고독의 별이라고 하는 것이다.

◆ 월주의 인성

월주의 인성은 아버지든 어머니든 어떤 의미로든 간에 똑똑하다는 의미가 있다. 사주의 월주에 인수성이 있으면 대체로 부모와의 인연을 좋다고 본다. 이렇게 좋다는 것이 꼭 재산상속을 받는 것만을 의미하는 것이 아니고 여러 가지 의미로 생각해야 한다.

부모 곁을 떠나거나 하는 일이 적은 편이고 대개는 함께 살거나 아니면

가까운 데서 살면서 자주 보살핀다는 의미도 있다. 부모의 사랑도 많이 받는 편이라고 본다. 그러나 새성이 있어 극을 받는다든가 식상이 있어 극을 하게 되면 어릴 때 집안 사정이 여의치 못하다든가 힘든 시기를 보낼 수도 있다. 또 이 월주에 편인성이 있으면 머리가 특별나게 좋다든가 직관력이나 예지력 등이 있다. 그리고 배우자(특히 남편)가 무능하든가 별 도움이 안 되든가 아니면 자신이 그러하든가 한 경우가 의외로 많이 있다.

직장인보다는 자유직업이 어울리는 타입이다. 직장인이나 규칙, 규정에 얽매인 생활은 그리 장기적이지 못하다. 장기적인 일에는 취약함이 있다는 의미도 있는데 그래서일까. 부부 인연도 한 번으로 끝나는 경우보다는 바뀌는 경우가 많이 있다.

태어난 달의 지지가 인성인데 극을 받거나 극을 당하거나 하게 되면 형제 수가 적든 많든 간에 부모 곁을 떠나 생활하게 되는 경우가 많으며 고향과도 인연이 멀어질 수 있다. 아니면 조실부모를 하는 경우도 있다. 그러나 다른 기둥에 관성이 있어서 조화를 이루면 이러한 판단을 하지 않는다.

고서에 보면 인수월생이 다른 기둥에 정관성이 있으면 생각보다 훨씬 좋은 팔자라는 기록이 있다. 즉 아무리 어려운 상황이라 하더라도 행운의 여신은 내 편으로 작용을 해 준다는 것이다.

◆ 일주의 인성

일지의 인성을 말하는데 일지의 인성은 부인과 부모(모친이든 부친이든 한 분하고만, 대부분 모친이 더 심하다) 사이가 좋지 않으며 조실부모를 하는 경우도 있다. 다른 어머니를 보는 수도 있다(아버지). 일지의 인수성이 문제가 되는 것은 일지처의 자리로 보는 경우가 있는데 이 자리에 인성이 있으면 보이지 않게 극을 한다는 것이다. 그래서 이러한 판단을 하는 것이다.

일지 인성은 감수성이 풍부하다. 대부분 어려서 병약하든가 어머니의 젖이 부족하든가 다른 사람의 양육을 받는다(할머니, 보모, 놀이방 등). 머리도 좋고 인정미도 많은데 게으름을 피우는 경우가 더러 있다. 부지런하다면 참 좋겠다. 어려운 문제나 난관에 봉착하면 이를 극복하기보다는 피해 간다든가 좌절한다든가 포기한다는 점이 있다. 성취욕이나 강력한 전진 능력이 억제당하고 있기 쉽다는 것이다.

이성 친구와도 좋은 결실을 맺는데 어려움이 따를 수 있다. 이것도 저것도 아닌 관계가 지속되기도 한다. 헤어지고 나서도 또 계속 만나기도 한다. 드문 경우지만 지나칠 정도로 신경을 써서 신경성 노이로제 같은 증세를 보이기도 한다. 그러므로 일지 인성은 폭넓은 인간관계를 가지고 넓은 이해심을 가지라는 것이다.

또 일지 인성은 보통 사람들이 흉내 낼 수도 없는 특별한 독창적인 아이디어와 능력을 가지고 일을 해낼 수도 있으며 예술성, 독창성, 창조성 등등으로 의외의 큰 성취를 하기도 한다.

남자든 여자든 간에 일지 인성은 연인이든 다른 관계든 간에 이성 관계가 불만스럽다든가 부부 문제가 때때로 힘든 과정이 있다. 이러한 경우 한 가지 일에 몰두한다든가 인내하고 오래오래 참으면서 산다면 이를 극복할 수도 있다.

◆ 시주의 인성

시지가 인성이면 부모를 모시기 힘들며 때로는(더러) 나보다 어린 어머니가 있기도 한다. 이런 때는 아버지가 바람을 피웠다는 이야기이다.

일주나 시주에 인성은 늦공부가 트이는 경우가 많이 있고 또 늦게 공부

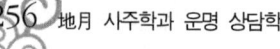

해 성공을 하는 운이다. 만학지명(晚學之命)이라 한다.

　시주에 인수성이 있다면 자녀에 대한 애정이 남다르다. 자녀의 공부에 아주 신경을 쓴다. 아무리 힘이 들더라도 자식을 위하는 일이라면 무슨 일이고 다 할 수 있다는 것이다. 또 노후의 운이 좋으며 자녀가 크게 발전을 한다는 것이다.

　어머니가 살림의 주도권을 가지게 되는 경우가 많다고 보기도 한다. 특히 편인성이 되면 어머니가 생활의 모든 것을 다 주도하고 어머니의 힘으로 가정을 꾸려 나가는 경우가 많다. 아버지는 생활 전선의 활동에 어떤 문제점이 있다는 것이다. 소극적이라든가 아주 폭력적이라든가 무능하다든가 주색잡기에 몰두한다든가 엉뚱한 일에 집착하여 어머니의 역할이 커질 수밖에 없다든가 아니면 나약해서 어머니가 주도권을 행사한다.

　그러나 시의 천간이 아니고 지지에 있다면 상황은 많이 달라질 수 있다. 이 경우 위의 해석은 포함되지만 그보다는 부모 자식 간의 갈등이라든가 하는 문제가 더 크다고 본다. 즉 자신이 자녀와 갈등을 겪게 된다든가 성장 후에라도 심한 스트레스에 빠질 수 있다는 것이다.

　이상의 년주부터 시주까지의 내용은 남녀 구분 없이 이야기했다. 남녀의 내용을 구분해 기술하는 것이 원칙이나 충분히 선별해 보실 수 있다는 생각 하에 그리했다.

　이 내용의 일부분은 일본 사주 학파 중 호문류의 육신론을 인용·참고했다. 감사의 말씀을 전할 길은 없지만 공부에 도움이 되는 부분에 대해 언젠가는 은혜를 갚을 수 있는 기회가 있기를 기대한다. 그쪽에 인연이 닿는다면 옥문관 사주학의 통변 자료를 제공해 드리고 싶다.

(2) 인수(印綬) 편인(偏印)과 남자의 운명

인수는 어머니, 편인은 아버지가 된다. 또한 외가, 외숙으로 보기도 한다.
인성은 부모의 별이다. 부모의 별이라는 칭호를 생각하면 인성의 의미가 잘 드러날 수 있다. 부모가 되려면 어느 정도 나이도 들어야겠지만 자녀를 잘 가르치고 키우는 과정이란 참으로 많은 인내와 희생을 감내해야 하는 일 중에 가장 큰일이라고 사주학은 보고 있다.

부모의 특성을 또 한편으로는 학문성이라고도 칭한다. 부모의 길을 잘 생각하면 인성의 특징이 잘 드러난다고 본다. 또 공부하는 사람, 학문하는 사람의 심정을 잘 알게 되면 인성의 특성을 알게 된다는 말도 있다. 그러한 특성과 의미를 고스란히 간직하고 있는 인성을 사주학에서는 이해심이 많고 희생정신이 많으며 인내심이 많은 별이라고 한다.

자연계의 삼라만상 가운데 자식을 위하는 것은 꼭 사람에 한해서 이야기하는 것은 아닐 것이다. 그 모든 부모의 행동 양식은 인성이라는 별로서 설명이 가능하다. 자애롭고 이해심이 많을 수밖에 없는 것이 인성의 본성이다.

부모는 자식을 위해서 물심양면으로 엄청난 희생과 인내를 한다. 그러자니 자연히 신경을 많이 쓰게 되고 그로 인한 신경성 질환을 갖는 경우도 있게 된다. 힘들고 어려운 운에 처해도 참고 이겨내는 저력이 있으며 그러한 가운데서도 열심히 노력해 자신은 먹지도 입지도 않으면서 자식, 기타 다른 사람을 위해서 소비를 하게 된다. 이해심이 많은 경우는 참으로 넓지만 또 나의 자식만을 생각하는 부모의 심정은 어떤 면으로는 아주 답답하고 편협하고 앞의 일만을 생각하는 단순함도 있는 것이겠다.

이 인성의 특징 중 하나는 무슨 일이든 장기적인 일에 좋다는 것이다.

속전속결에는 그 작용력이 좋은 편이 아니고 장기적인 것, 대기만성 등의 일에 아주 유리한 고시를 점령할 수 있는 특성을 소유하고 있는 별이다. 또 어떤 명예라든가 지위, 직책 등이 오래오래 유지될 수 있다.

흔히 인성의 년운에 변동운이라는 것이 일반 사주학의 기록에는 자주 등장을 하는데 이는 인성의 특징을 잘못 파악하고 있는 큰 오류 중의 하나라고 분명하게 말할 수 있다.

인성 년운에는 변동을 한다면 반드시 장기적인 일, 계획이 수반하는 것에 한한다. 그러하면 운이 좋은 방향으로 흐르지만 그렇지 아니하고 단기적인 일이라든가 구체적인 계획이 부족한 일의 변동은 얼마 가지 않아서 후회를 하게 된다. 이러한 부분이 필자의 옥문관 사주학과 일반 사주학과 크게 다른 점이다.

인덕이 적은 운명이라고 하는데 적절한 표현은 아닌 것 같다. 그러므로 인성은 때로는 사람들에게 속는 경우도 있으니 주의를 요한다. 즉 거래, 특히 금전거래는 주의를 요한다. 인정상 돈거래를 하면 손해를 본다는 별이다. 또 인성은 노인을 상징하기도 하는데 이 인성의 작용이 강력한 경우 정력이 일찍이 약화되는 수도 있다.

흔하게 쓰이는 말로 법이 없어도 살아갈 수 있는 좋은 사람이라는 말이 있는데 바로 이러한 사주를 가진 사람을 그렇게 표현할 수 있겠다. 즉 호인형이라는 칭호를 자주 듣게 되는 사람이다.

그런데 이러한 운명의 소유자 중에는 신경성 질환을 앓게 되는 사람이 많이 있으며 자주 두통을 호소하는 사람도 있다. 아주 다급한 일이나 심한 갈등을 겪는다든가 신경을 많이 쓰는 일이 있으면 멍하다는 말을 하는 경우도 있다. 정력이 강하지 않은 경우도 많이 보았다.

인성은 장기적인 일이나 학문, 연구, 시험 등의 부분에서 아주 좋은 의미로 보아야 한다. 특히 인수성은 인상이 부드러우면서 호인형이 많고, 편인성은 의외로 카리스마가 있다.

편인성은 좋지 않고 인수성은 좋은 별이라는 편견을 이제는 버려야 한다. 수천 년이나 수백 년 동안 편인성은 엄청난 괄시를 받았는데 이는 아주 잘못되었고, 양반 상놈 타령하는 그 잘난 유학사상이 지배하던 시대의 불합리한 이론적 배경을 가진 사주학의 큰 오류요 잘못인 것이다.

편인은 어떤 일에 집중력을 발휘할 때는 어느 누구도 당할 수 없을 정도로 대단한 면이 있다. 다만 장기적인 힘이 적을 뿐이다. 그리고 인수가 보수성이라면 편인은 개혁성의 별이 된다. 이러한 부분은 큰 차이를 보여준다고 할 수 있다.

이것이 남자의 인성에 대한 대략적인 설명이다. 이외에도 많은 설명을 할 수 있으나 너무 말이 많으면 본질이 흐려질 수가 있기에 대략적으로만 기록을 한다.

▍사주에 인성이 많을 때

대체적으로 인상이 좋으며 사람이 좋다. 이해심이 많으며 인내심도 있고 비교적 정직하며 성실한 사람이다. 그러나 드물게는 금전에 대한 감각이 부적절하며 의외로 꽁생원 기질도 있다. 머리 좋고, 인물 좋고, 사람 좋은데 순발력은 조금 떨어진다는 의미가 있다.

고집을 부리면 아주 답답할 정도로 고집을 부려서 가족을 피곤하게 해주는 사람도 많다. 사람은 좋은데도 그렇다. 드물지만 약 10% 정도가 벽창호에 가까운 사람이 있는 것으로 나타나고 있다. 특히 월지의 인성이 이러한 경향을 가지고 있는 것으로 나타나고 있다.

사람은 착하고 근면성실한데 현실적 감각이 조금은 떨어지는 경우가 종종 있기 때문에 어리석은 면이 있다는 것이다. 고지식하다는 의미하고 일맥상통하기도 한다. 그래서 사람들한테 이용을 당하는 경우가 있을 운명이 있으니 이 점은 유의할 필요가 있다.

매사에 결단력이 적은 편이기에 대부분 타인의 의견을 따르는 경우가 많다. 즉 자신의 주장을 내세우기보다는 다른 사람의 의견을 따르고 존중해 주는 사람이라는 의미이다. 그렇기 때문에 어느 직업을 잡아도 좋으나 나쁘나 변동 없이 평생을 꾸준하게 일을 하는 노력파요 일편단심형이다.

조심성이 있기에 절대로 법에 어긋나는 일은 하지 못한다. 그러므로 직장인으로는 주인 입장에서는 좋겠지만 조금은 고지식한 점이 있어 답답할 때가 있다. 직장에서 사람 좋고 성실하다는 평을 듣는 편이기에 이러한 사람은 일찍이 직업을 잡아서 그 일을 꾸준하게 오래오래 하는 것이 좋다. 큰 출세는 없다 하더라도 근면성실한 사람이기에 중산층으로 잘살 수 있는 운명을 타고났다.

대개는 부인도 좋은 사람을 만나서(살림꾼) 무난하게 살아간다. 가능하면 부인의 의견을 따라서 살아간다면 평안한 일생을 살아갈 수 있다.

또 인성은 외가의 운세를 볼 수가 있다. 인성을 어머니의 별로 보기 때문에 어머니의 형제를 상징하기도 한다. 그러므로 인성이 많으면 이상하게 외가가 인연이 멀어져 있게 되는 경우가 많고 심한 경우 외가가 몰락의 길을 가기도 한다.

인성은 식상을 극하는 원리에 의해서 처가 덕이 적으며 그 이유는 식상이 재성의 인성이므로 처가의 운세를 볼 수가 있는 것이다. 결혼하기 전에 장인, 장모가 없든가 결혼 후 수년 이내로 장인, 장모가 돌아가든가 사업 실패 등의 어려운 입장에 처하게 된다.

인성이 많은 사람은 자식을 늦게 두는 경우가 많다는 고서의 내용은 참으로 의미가 있는 것이다. 그러므로 대부분 딸이 많다든가, 자식을 늦게 둔다든가, 일찍 둔 자녀는 신경을 여러모로 쓰게 한다든가, 아주 심한 경우 자녀로 인해 여러 가지 많은 시련을 겪는다든가 한다. 이러한 사람은 일찍이 자녀에 대한 종교적 기도로, 현실적으로는 운명학적 조언과 상담을 받아 이에 대한 많은 주의를 기울일 필요가 있다. 자녀의 덕이 적은 팔자라는 의미이다. 그러나 말년 대운이 재성으로 되어 있다면 자녀의 덕이 많고 그의 자녀가 크게 발신을 한다.

▌천간의 인성이 극을 받지 않을 때

이는 지지에서 바로 극을 하는 경우에만 해당되는 경우이다. 좌우로의 극은 그 위력이 반감해 있기에 크게 극작용을 하지 않는다. 이 경우에 그렇다는 것이다.

사주에서 천간은 주로 사회성, 외적인 부분, 잘 드러난 부분을 표현한다. 지지는 내적, 가정적, 잘 드러나지 않는 부분, 인위적 노력이나 변화에 의해 변할 수 있는 부분을 표현한다. 그러므로 주로 천간에 대한 설명을 더 많이 하게 된다.

이러한 운명의 소유자는 대체적으로 사람이 좋고 인상도 좋은 편이다. 사람이 순수하며 행동도 성실하게 하는 타입이다. 사람을 대하는 예의가 원만하고 무질서한 행동을 하지 않는다. 남을 속인다든지 지독하다든지 할 줄 모르며 자신의 힘과 능력을 가지고 열심히 살며 이웃이나 어려운 사람을 결코 외면하지 않는다. 그래서 친지나 친척을 위해 많은 도움을 주나 본인이 어려운 처지에 놓이게 되면 그들로부터 도움을 받지 못한다.

아무리 어렵고 마음에 맞지 않아도 참고 인내할 줄 아는 능력이 있는 사람이다. 때때로 현실 상황에 민첩하지 못한 점이 있기 때문에 타인한테 이용당할 수도 있기 때문에 유의할 필요가 있다. 이 부분에 대한 준비만 있으면 반드시 성공하는 타입이다.

▌지지의 인성이 극을 받지 않을 때

대부분 가정적인 타입이다. 가족과 형제, 친지들까지도 참으로 인간적으로 잘 대하는 타입이다. 다소 섭섭한 점이 있더라도 싫어하는 표현을 하지 않고 대하는 장점이 있다. 이해력이 많아서 웬만한 것은 잘 참고 이해한다. 자기의 욕심이 적어 자기 것이 있으면 나중이야 어찌 됐든 타인을 도와주는 희생적인 면이 있어 남의 어려움은 잘 도와주나 자신이 어려울 때는 타인의 도움을 받지 못한다. 이 점을 유의해야 한다. 그래도 비교적 복이 있어 무난한 인생을 살아간다.

▌인성이 운명성일 때

인성을 운명성으로 타고났으면 부모의 사랑을 많이 받고 성장한다고 본다. 형제가 많더라도 부모가 유독 자신만을 더 사랑하고 위해 주는 경우가 있다. 부모가 마음을 놓지 못하고 신경을 쓰게 하는 경우도 있다. 아마도 일생 동안 부모의 정을 잊지 못할 것이다. 많으나 적으나 부모의 유산을 받는 경우도 더러 있다. 또 공부를 많이 하는 사람도 더러는 있다. 인성이 운명성일 때 사주에 있는 경우 이 점이 강조된다.

그러나 없는 경우에는 그 특성은 반감된다고 본다. 대개 조실부모하는 사람, 본인이 건강에 문제가 있든지 아니면 부모와 떨어져 있든지 어찌 됐든 간에 부모와 인연이 멀어질 수 있다고 본다. 운명상 이러한 사주는 포부와 꿈과 이상이 많고 두뇌도 좋으며 특이한 재능이 있는 경우가 많으며 운명적으로는 늘 현실에 답답해하는 경우도 많이 있다.

어떻게든 출세하고자 하는 의욕은 많다고 본다. 그러나 인생행로는 그리 순탄하지는 못하다. 자신의 의지대로 순조롭지만은 않다. 항상 불평불만이 따른다. 그러므로 인성이 운명성이 되어 있는 경우에는 세상살이에 많이 인내하고, 이해하고, 희생하며, 성실하게 꾸준한 노력을 하면서 살아가야 한다는 점을 알아야 한다.

직업을 잡으면 천직으로 알고 농부가 더운 날에도 땀을 흘리면서 힘든 일을 꾸준히 하는 것과 같이 해야 한다. 그러면 반드시 성공의 열매를 획득할 것이다. 어찌 됐든 간에 인성이 운명성이면 인생살이가 순탄하지만은 않다. 일생 중에 여러 차례의 시련을 겪으면서 살아가게 된다.

돈과 여자를 행복하게 하는 능력이 부족하다고 한다. 이 말은 돈에 대한 개념도 포함이 된다. 대개 가정적인데도 그러한 현상이 나타난다. 이것을 운명이라고 하는 것이다.

직업에 대한 불평불만이 있는 사람, 직업 변동을 여러 번 하는 사람, 현재의 생활보다 더 나아지려는 집착, 부인에 대한 불만, 자녀에 대한 불만, 자녀로 인한 고통·고뇌 등 심한 경우에는 관재 구설 등으로 고생을 하는 경우도 있다. 늘 자신에 대한 만족이 없어 이 세상이 자기의 생각대로 되지 않고 불만이다 보니 무작정 떠나고 싶을 때도 있으며 더러는 방탕에 빠져 몰락의 길을 가는 경우도 있어 죽고 싶은 심정으로 살아가는 경우도 있다.

공부를 하면 한 대로 못했으면 못한 대로 불만이 따른다. 그러므로 세상사에 많은 인내와 희생정신을 가지고 살아가야 좋다.

경제적으로 크게 문제가 없는데도 돈 돈 돈 하는 사람도 있다. 돈에 대한 집착이 강한 타입도 꽤 많이 있다. 아주 심각하게 말을 하면서도 그 말에 책임질 줄 모르는, 즉 금방 뜨거웠다가 금방 식어버리는 사람도 있다.

■ 인성이 장애성일 때

착하다는 것, 사람 좋다는 것이 무능으로 이어질 수 있는 운명이다. 마음이 착실하고, 자애롭고, 인내심이 많고, 이해심이 많기 때문에 이러한 점이 자신을 힘들게 하는 경우가 있을 운명이다. 인내심, 이해심, 희생심이 많은 것은 좋으나 자신의 실속을 못 차리고 살아서 성공을 하기는 어려운 것이 현실이다.

일반적으로는 인내심이 있고 잘 참으면 잘했다고 하며 그래야 한다고 한다. 그러나 개개인의 사주에서는 그러한 것이 전혀 다르게 작용하는 경우가 있다. 참아서 불행해지는 운명도 있는 것이다. 인생살이에는 굴곡이 있는 것이다. 좋을 때는 상관이 없겠으나 나쁠 때는 과감한 개혁을 해야 한다. 그런데 이 사주는 그렇지 못해 계속 순종을 하다 보니 더욱 힘들어지는 것이다. 그래서 고생을 하는 것이다.

어떠한 난관을 극복하는 장점은 있으나 어리석은 점이 있어 이 점이 인생에 장애로 나타날 수도 있다. 직업도 장기성이나 안전성이 부족한 것을 선택하는 경우도 많이 있다. 더러는 여색을 좋아하여 과다한 성생활로 정력이 일찍 약해질 수도 있다. 주색으로 인생의 낙오자가 되는 경우도 있으니 유의 바란다.

인성 장애성인 사람 중에 의외로 부자가 많다. 또 돈에 대한 애착이 있는 편이다. 그런데 종종 마음이 항상 들떠 있는 사람, 안정감이 적은 사람, 언어에 대한 책임이 적은 사람이 있으니 잘 파악해야 한다.

■ 인성이 초년 대운에 있을 때

장남이 많다고 하는데 장남격인 경우가 많은 것은 사실이다. 여기에 인성이 운명성인 경우 일찍이 안정된 생활 터전을 갖게 되지만 그 외에는 자수성가한다.

운명성인 사람은 부모덕으로 무난히 대학을 나온다고 본다. 그러나 대개는 고학을 하는 정도의 노력으로 학업이나 기술 등을 배워 사회에 진출하는 경우가 있다. 성격이 온순하고 성실하여 부모에게 걱정을 끼치지 않는다.

■ 인성이 중년 대운에 있을 때

비록 장남이 아니라도 장남 격으로 부모형제를 도와가며 사는 경향이 있다. 사람이 성실하고 이해심이 많고 부지런하며 원만하여 참으로 사람이 좋다라는 평을 듣고 산다. 직업으로는 공무원, 회사원이 많고 기술직, 농업 등 대체로 안정감 있는(직업 종류가 너무 많아 알 수 없는 경우가 많다) 직업을 택하는 경우가 많다. 인생의 출발은 출생부터이겠으나 인생에서 자기 시대, 자신의 시작은 중년이라고 볼 수 있다. 그러므로 중년 대운을 보아 일생을 결정하고 또한 중년의 대운은 평생 작용을 한다. 그러니 성격 역시 중년 대운의 영향이 제일 강하다.

만일 사주에 인성이 없어도 중년 대운에 인성운이면 역시 인간성이 인성의 특성으로 작용하는 것이다. 이러한 점이 옥문관 특유의 사주학이다.

부지런한 사람이 많으며 또한 이리저리 일도 많으며 늘 바쁘게 살아가는 사람이다. 일복이 많은 사람이라고 할 수 있다. 그러나 비교적 운이 좋아 대체로 성공하는 사람이라고 본다. 고진감래 격, 언젠가는 성공한다는 운명, 성실하게 열심히 살아 운을 열어 가는 사람이다.

▮ 인성이 말년 대운에 있을 때

인생의 말년은 실제로는 인성의 시기에 해당된다. 그래서 인성은 일명 부모의 별, 노인의 별이라는 칭호도 있는 것이다. 그런데 이 시기에 인성 대운에 해당된다면 이것이 문제이다. 인성 시기가 되는데 인성 대운이 되는 것은 비견 겁재와 같은 작용을 하는 경우에 해당되기 때문이다. 그러니 늘 활동을 해야 하는 운명이 되는 것이다. 즉 활동을 하면서 살아가라는 운명의 소유자이다.

노인이 돼서도 편안함을 누리지 못하고 자기 스스로 활동 노력으로 살아가야 한다. 가족을 위해 활동을 해야 한다든지 의지할 곳이 마땅하지 못해 외롭게 살아간다든지 한다.

사람이 늙으면 자연히 기력도 쇠약해지고 활동력이나 사회적응력 등 모든 것이 쇠퇴하는 것은 자연적인 현상이다. 그러니 이때는 일선에서 은퇴해 안락한 여생을 보내는 것이 좋으며 자식에게 의지한다든지, 누군가의 보살핌이 필요할 때이다. 그러나 이러한 운이 오게 되면 그럴 수 없는 입장에 놓이게 된다.

자식에게 매사를 미루기에는 자식이 어리든가 장성한 자녀가 있다 해도 그럴 수 없는 입장에 있으며, 자녀가 안정이 안 되어 있든지 속을 썩이든지, 반대로 잘사는 자손이 있으면 멀리 떨어져 있든가, 자식이 부모를 보살피지 않든가, 자신이 활동을 하지 않으면 안 되는 처지에 놓이게 된다.

대개는 자식의 수가 적고 많아야 한두 명의 자녀를 두며 심한 경우는 자식이 허약하든지 병약해서 활동은 고사하고 부모가 돌보아야 하는 수가 있다. 또는 자식이 문제를 일으켜 부모를 괴롭히거나 하는 수도 있다. 이러한 점을 명심하며 노후를 미리미리 준비해야 한다. 가급적 자식하고 함께 있지 말고 따로 사는 것이 좋다.

┃인성이 년운에 있을 때

어릴 시절, 즉 초년기에는 부모와 관련되는 일이 생긴다. 즉 부모의 사업 성공, 실패, 신병 관계 등이며 본인은 진학 시험 같은 일이 있으며 대개는 합격을 한다.

중년기에 있는 사람은 일을 열심히 하고 활동을 하는 운으로 성실하게 노력을 하면 대단히 좋은 운이다. 이런 운에는 현재까지 하던 일을 계속하면 결과가 좋으나 변동하면 오히려 크게 손해를 보는 수가 있다.

특히 다른 사람의 말을 듣고 행동을 하면 반드시 장애, 시비·구설, 골치 아픈 문제 등이 따르니 주의하고 남에게 속기 쉬운 운이므로 주의를 해야 한다. 그러므로 매사를 참고 지내는 것이 좋으며 참지 못해 쓸데없는 고생을 사서 하는 일이 없기를 바란다. 심하면 시비·구설수가 따르기도 한다. 장기적인 계획 하에 변동을 하는 것은 좋으나 단기적 변동은 좋지가 않다. 나이가 많이 드신 분은 자녀들 문제로 근심을 하는 수가 있다. 장성한 딸이 있으면 시집을 가면 좋은 운이다.

┃인성이 월운에 있을 때

월운에 인성이면 스트레스 주의, 많이 참아야 하는 운이다. 어떠한 경우라도 참고 지내면 좋다.

(3) 인수(印綬) 편인(偏印)과 여자의 운명

인수는 아버지와 사위, 편인은 어머니와 외가를 나타내며 자신의 머리(두뇌), 학업, 문서 등을 알아볼 수 있는 특성을 가진 별이다.

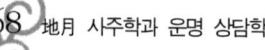

인성은 마음이 좋아서 어수룩한 면도 있는데 그래서 여자한테는 자녀의 별이라고 부르기도 하는 것이다. 즉 어머니는 자녀한테 어리석은 일도 서슴없이 할 수 있다는 것으로 보기 때문이다.

또한 음양오행의 원리상 관성이 남편의 별이 되고, 관성인 남편의 별이 생하는 것이 인성이기 때문에 여성한테 인성은 자녀의 별을 상징할 때가 많이 있는 것이다. 그러면서 또 한편으로 인성은 자녀의 별을 보는 직접적인 식상을 극하는 별이기도 하다.

이 두 별의 관계를 잘 이해하고 파악한다면 자녀운을 알아보는 데 대단한 적중력을 갖추게 된다. 물론 이는 전문성을 갖춘 후의 일이다.

어머니는 자녀한테 어리석게도 모든 것을 주기에 때로 인성(특히 편인)은 반골, 즉 개혁성을 가지고 있기도 하다. 그래서인지 인성은 지지에서 극을 하지 말아야 하는데 극을 하면 어른을 존경할 줄 모르고 부지런하지 못한 경우도 많다. 옛것을 무시하고 무엇이든지 제멋대로인 경우도 종종 있다. 부모에게 물질적 효도를 하지만 정신적 불효를 하기도 한다.

인성이 천간에 있고 극이 없으면 부드러운 사람이다. 그러나 년간에 인성, 월간에 재성이면 인상은 좋은데 까다롭고 신경질적인 사람이다. 년간 재성, 월간 인성이면 정반대의 사람이다.

▎사주에 인성이 많을 때

인성이 사주에 많은 여성은 비록 여자로 태어났으나 부모나 조상으로부터 많은 관심과 사랑을 받고 자란다. 인성은 부모를 상징하는 별이기도 하다. 그러므로 인성이 많은 사주는 부모가 많은 격으로 어려서 다른 사람의 보살핌을 받는 경우가 있다. 할머니, 외할머니 등등. 요즈음은 놀이방도 이에 해당되고, 우유를 먹고 자라는 경우도 이에 해당되겠다.

학업운도 좋으며 공부도 잘하는 편이다. 인성이 많으면 식신 상관을 극하기 때문에 자궁, 비뇨기, 하체가 약한 경우가 있으므로 관리를 잘할 필요가 있다. 인성이 있고 다른 천간에 재성이 있어 극이 되어 있으면 경우가 분명하고 외강내유형이다. 그러므로 사람들에게 쌀쌀하게 보이는 경향이 있다.

첫인상은 참으로 좋아 보이지만 의외로 까다롭고 매사에 경우를 분명히 따진다. 시비가 분명한 성격이고 차분한 것 같으면서도 욱하는 성격이 있어 할 말은 꼭 해야 되는 성격이 있다. 그러므로 때로는 말이 많다는 말을 듣기도 한다. 의외로 반대의 타입도 있다. 남녀 간의 이성관계에서는 쌀쌀하고 까다로워 연애하기가 쉽지 않다. 그러나 의외로 단순하고 대담한 면도 있다. 외모가 좋고 단정하며 깨끗한 타입이 많다.

▍천간의 인성이 극을 받지 않을 때

비교적 성실하고 온순하며 참으로 심성이 착하고 곱다. 그래서 때로는 멍청하게 보일 수도 있다. 순종형이고 심성이 고와 세상살이에서는 타인에게 이용당할 수도 있으니 주의를 해야 한다. 자기의 실속을 잘 챙길 필요가 있다.

▍지지의 인성이 극을 받지 않을 때

가정에서나 밖에서나 양보심이 있고 자신이 손해를 보더라도 거절을 못하는 때가 있다. 남편, 자식에게는 물론이고 친지한테도 참으로 잘한다. 자신은 쓰지 못하고 갖지 못해도 가족을 위해서는 아낌없이 베푸는 심성을 가지고 있다. 본인은 그렇게 모두에게 잘 대하지만 본인이 어려울 때에는 도움을 받지 못한다. 인덕이 적은 편이라고 하는 경우이다.

어려운 사람이나 답답한 사람이 와서 도움을 청하면 거절을 못한다. 그래서 손해를 많이 보는 편이다. 다시는 그러지 않겠다고 하지만 누가 또 어려움을 호소하면 또 거절을 못하고 도와주나 나중에 돌아오는 것은 별로이다. 세월이 흘러 노년에 이르러서 자신이 돈을 벌지 못할 때는 후회를 많이 하게 되니 젊은 시절에 꼭 돈을 모아서 노후를 준비하기 바란다. 마음을 굳게 먹고 자신과 가족 위주로 살아간다면, 즉 실속을 차려서 살아간다면 아주 좋은 운명이며 노후가 편안하다.

▍천간의 인수가 지지의 재성으로부터 극을 받을 때

인수가 천간에 있고 지지에 정재 편재가 있어 극을 하고 있으면 아버지의 운명이 좋지 않다. 고생을 많이 하든가 조실부모 하든가 한다. 또한 사위도 운이 약해서 고생이 많든가 조사(早死)하는 수도 있다.

▍천간의 편인이 지지의 재성으로부터 극을 받을 때

편인에 지지 재성으로 극을 하면 어머니의 운명이 안 좋아서 고생을 많이 한다. 젊어서 혼자되어 힘든 세월을 사는 경우도 있다.

본인 자신도 성실하고 착실하며 인정이 있어 사람들을 잘 도와주는데 가정에서는 이상하게 성실함도 양보심도 적으며 자기의 고집대로 하는 경우가 있다. 그리하여 종종 가정에 불행을 남기고 타인에게까지도 불편을 주어 비난을 받는 경우가 있다. 심한 경우에는 정신이 이상하다 할 정도로 행동을 하든가 그런 식으로 살아가는 사람도 있다. 자신의 분수를 모르는 경우도 많다. 참으로 잘 살펴보아야 할 부분이다.

인성이 좌생(座生)이든가 극을 받지 않으면 부모의 운이 전성기일 때 태어났고 부모가 장수한다. 대부분 딸이 많고 딸이 출가하면 사위 또한 성공을 한다. 성격도 온순해 인정이 많으므로 현모양처형으로 본다.

■ 지지의 인성이 지지의 재성으로부터 극을 받을 때

끈기가 부족하다고 본다. 꾸준히 하는 일이 쉽지 않다. 반드시 보완해야 하는 부분이다. 무슨 일이든지 이상하게 시간이 지나면 이유가 많고 불만이 생긴다. 참을성이 많은 듯하지만 사실은 그렇지 못하다.

친지나 인간관계에서도 이해타산이 강하기 때문에 친목을 이루기가 어렵다. 그러나 경우가 분명하고 천성이 착하므로 경우에 어긋나는 일은 하지도 못하고 보지도 못한다. 그렇기 때문에 가정 살림은 계획적이고 경제적이며 알뜰히 하는 좋은 점이 있으나 조금 급한 점이 단점이라고 할 수 있다.

■ 인성이 운명성인 여자의 운명

비교적 머리(두뇌)가 좋고 판단력과 사고력이 강해서 천재적인 두뇌의 소유자가 많이 있으며 순발력이 좋다. 의외로 과격하고 다혈질인 사람도 있다. 참으로 인내심이 많은 사람이 있다. 그러나 끈기라든가 인내심이 적은 사람이 더 많이 있다.

대체로 성장 시까지 부모의 덕이 많아서 특별히 아버지나 어머니의 사랑을 많이 받고 성장을 하게 된다. 그러므로 자존심이 아주 강한 경우가 많이 있다. 부모에 대한 애정은 좋으나 슬픈 시련을 당할 수도 있다.

또한 부모와 인연이 적어 조실부모하든지 안 좋은 환경으로 인해 많은 불만과 스트레스를 받고 성장하는 경우도 있다. 그래도 부모의 사랑만큼은 많이 받았다고 볼 수 있다. 본인은 그렇지 않다고 하겠으나 이는 그 자신의 성격 탓일 것이다. 결론을 말하자면 아무리 부모가 잘해 주어도 자신은 불만이 있게 된다. 인성이 운명성인 경우 거의 대부분 이러한 특징이 있다.

생각과 꿈이 많고 이상이 높으나 얼마 가지 않아서 그 꿈이나 생각이 바뀐다. 심하게 표현을 하자면 변덕이 심하다고 말할 수 있다. 의외로 까다롭고 자주 변한다. 천성은 착한데 참으로 스트레스를 스스로 많이 만들어 속을 끓이는 점이 있다.

꿈과 이상이 높아서 결혼 전까지는 미래에 대한 꿈이 크다. 그러나 결혼 전의 꿈은 결혼 후에 180도 바뀐다. 꿈과 현실의 차이가 심하기 때문이며 생각처럼 행복한 생활을 하기가 참으로 쉽지 않기 때문이다. 그러므로 인성이 운명성으로 되어 있으면 많은 인내를 해야 한다고 보는 것이다. 인내, 성실, 희생, 봉사라는 운명의 명령이라고 말할 수 있다.

매사를 잘 참고 인내하며 극복하면 반드시 고진감래 격으로 좋은 때가 기다리고 있다. 어떠한 어려움이 있더라도 참고 또 참기를 바란다.

원래 참을성도 꽤 많은데 꼭 참지 못할 일이 생기는 것이 이 운명의 고뇌이다. 만일 부부간에 참지 못하고 서로 이별을 하게 되면 젊은 시절에는 그런대로 지내지만 나이 들어서는 참으로 외로운 삶을 살아가야 할지도 모른다. 후회와 통한의 눈물을 흘리게 된다는 운명의 경고가 있다. 왜냐하면 인성이 운명성이기 때문이다. 꽃이 피었다가 열매를 맺고 질 때가 되면 지는 것이 자연의 순리인데 이 경우에는 지지 못하는 꽃과 같이 참으로 보기 안 좋은 그런 운명에 처할 수도 있다.

현대의 여성 중 97% 정도는 대개가 불행하게 되어 한스러운 인생을 살아가는 삶이 많고, 부부가 이별하여 혼자 사는 여성, 이별은 안 해도 참으로 어렵고 힘든 삶을 살아가는 여성, 남편이나 자식 등의 문제로 이러지도 저러지도 못하고 사는 여성, 심한 경우에는 남편이나 자식과 헤어져서 재혼을 하여 더 힘든 인생을 사는 여성, 팔자 타령하면서 사는 여성이 있다. 그러므로 처음에 만난 남편과 헤어지지 말고 고비를 잘 넘겨서 지내는 것이 재혼이나 혼자 사는 것보다는 더 좋으니 잘 참아서 편안한 말년을 보내기를 부탁한다.

인성이 운명성이면 사람은 똑똑한데 운명적으로는 길보다는 흉이 많다. 중매결혼이 좋은데 연애결혼이 대부분이다. 인성이 운명성이면 운명은 좋지 않은 경우가 많은데 잘 참으면 좋아진다. 그러면 말년에 자녀의 덕을 본다. 인성 운명성은 성생활을 많이 참아야 한다는 암시도 있다. 인성은 학문이나 문서를 상징하므로 자녀 교육을 많이 시켜야 한다는 운명의 암시가 있다.

운명성인 인성이 사주에 있는 사람은 인성 년운이 좋지 않다. 대운보다 년운이 더 나쁘게 나타난다. 운명성인 인성이 사주에 없는 사람은 재성운이 나쁘다. 재성은 인성을 극하는 작용을 하기 때문이다. 사주에 인성이 없더라도 재성은 인성을 극하는 작용을 하고 있게 된다. 인성 운명성은 신앙을 가지고 있는 것이 좋다고 되어 있는데 그 이유는 강의 때 이야기하도록 하겠다.

▎인성이 장애성일 때

세상의 일반적인 경우 잘 참는 것이 덕목 중에 하나라고 한다. 옛말에 '참는 사람이 이기는 것'이고, 속담에는 '참을 인 자 세 번이면 살인도 면한다'는 말이 있다. 그러나 운명에는 이런 말이 적용되지 않는 경우가 있다.

사주학에서는 일반적 도덕규범이 그대로 적용되지 않는 경우가 흔히 있다. 그런 경우 중의 하나가 바로 인성이 장애성으로 되어 있는 사주의 소유자이다. 이 운명의 소유자는 참고 사는 것이 금물이다. 희생심이 있는 것은 좋으나 그것은 정당한 때에 해당되는 것이다. 인정이 있는 것도 좋으나 그것도 때가 있는 법이다. 이 경우 희생하고 인정이 많은 것이 도리어 불행해지는 사주이다.

　인성(부모)으로 인해 자신의 장래가 좋지 못해지는 운명이다. 이런 사주의 소유자 중에는 부모의 사랑을 많이 받은 경우도 있고 정반대로 부모를 위해, 가족을 위해 고생하는 사람이 있다. 자신을 희생해 나이가 들어도 결혼도 하지 않고 돈을 벌어 자신은 쓰지도 먹지도 못하고 부모나 가족을 위해서 희생을 하는 경우도 많다. 좋은 일을 많이 하는 사주이다.

　자신의 인생은 생각지 않고 이렇게 사는 여성도 있고 심하면 서비스 직종에 종사하면서 가족을 위해 사는 여성도 있다. 현대판 심청이가 있다면 아마도 이런 사주일 것이다. 인성은 인내, 봉사, 희생정신이 있기 때문에 사람들의 감언이설에 속아서 그렇게 되는 경우도 있다.

　이성 간에도 자신을 위해 주는 듯하면 심신을 다 바쳐서 잘한다. 그러므로 연애결혼을 하면 대개 후회를 하게 되며 심하면 속아서 결혼을 하는 경우도 더러 있다. 그러므로 가급적 연애결혼은 삼가야 한다. 왜냐하면 사람(이성)을 보는 안목이 조금은 부족하기 때문이다. 만약 연애결혼을 할 경우 상대방을 잘 알아보고서 결정을 해야 한다.

　어떤 여성은 기혼 남자 혹은 처자가 있는 남성과 살거나 평생을 결혼도 하지 않고 어두운 그늘에서 살아가는 삶도 있다. 불행을 알면서도 참고 견디며 타인에게 잘 속아 넘어가고, 속아도 운명이려니 팔자려니 하고 체념하면서 사는 여성도 있다. 그러므로 현실을 잘 파악해서 결단성 있게 행동을 해야 하며 아니다 싶으면 과감히 행동으로 옮겨 인생을 개혁하는 심정으로 산다면 오히려 좋은 운명으로 변한다.

　또한 자식이 병약하고, 허약한 자식을 낳거나 유산, 난산 등을 조심하고, 심한 경우는 불임, 자녀가 없는 경우도 있다.

　부모가 나쁜 소리(강의 때 설명)를 해서 부모 때문에 나쁘다. 심청이의 경우도 그런 경우다. 그래도 장애성 쪽이 좋다. 인성 장애성은 그것이 나쁘다는 것이 아니다.

▎인성이 초년 대운에 있을 때

장녀, 외동딸, 맏며느리 격의 사주이다. 대체로 부모의 관심과 사랑을 많이 받고 성장을 한다. 학업운도 비교적 좋으며 초년운이 좋은 사주이다. 만약 빈한한 가정에 태어났으면 부모에게 효도를 하는 운명이다. 또한 형제를 잘 보살피는 경우도 있다.

초년운 중에 인성운이 가장 좋은 것으로 본다.

▎인성이 중년 대운에 있을 때

장녀의 운명이다. 만약 장녀가 아니더라도 장녀의 역할을 한다. 또한 장남한테 시집갈 확률이 높으며 그렇지 않더라도 맏며느리 역할을 하게 된다. 성격이 좋으며 온순하고 성실하며 사람 좋다는 소리를 많이 듣고 산다. 인내력도 좋아서 아무리 어려워도 잘 이겨낼 수 있는 사주이다. 고진감래 격으로 한때의 힘든 고비가 있더라도 잘 참아 말년운이 좋아서 자식들이 효도하고, 부귀를 누리며, 부부 해로하고, 자손 창성하는 좋은 운명이라고 할 수 있다.

일복이 많아서 잠시도 한가하지 못한 운이라 뭔가 바쁘게 산다. 일을 해서 돈을 버는 사람, 집안일이 많아서 늘 바쁜 사람이 많으며 자신을 위해서는 치장을 한다든지 여가를 즐긴다든지 하기는 쉽지가 않다. 남편, 자식, 친지를 위해 많은 고생을 한다. 그래서 옛말에 '일복이 많다'는 말이 이런 사주의 여인에게 해당된다고 보는 것이다.

남편 대신 돈벌이를 한다든지 남편의 벌이가 시원치 않아서 부득이 생활 전선에 있는 사람도 있다. 가정을 위해 살다 보니 자신을 돌볼 시간이나 여유가 없는 경우도 있다. 여름의 땀이 가을의 수확이라는 농부의 생활이 운명으로는 이런 사주에게 적용된다고 보는 것이다.

드물게 참지 못하고 부부가 이별하는 경우도 있는데 만약 그러면 말년이 의외로 힘들고 어렵게 된다.

▍인성이 말년 대운에 있을 때

자기주장이 강한 성격이다. 자신의 주장을 굽히지 않는 경향이 있는데 대개는 그러다가도 나중에는 양보하고 인내한다. 용두사미 격의 성격인 경우가 많다는 말이다.

운명으로는 대개 초년이나 중년에는 의식에 큰 걱정 없이 지내나 말년에 이르러서는 오히려 모든 것이 부족하여 편안하고 행복함이 적고 힘들고 어려운 생활을 하는 경우가 많이 있다. 또한 아들이 적고 딸이 많은 사주이다. 딸은 출가하여 잘사는데 아들은 그렇지 못하다. 아들이 효심이 있으면 정반대의 며느리를 보아 시부모를 무시하고 보살피지 않는 경우도 많다. 그러므로 시대의 상황에 따르지 않으면 힘든 말년을 보낼 수도 있다.

대개는 아들보다 딸 덕이 많다. 딸은 출가하면 의외로 사위를 잘 만나서 사회적으로 출세를 하든가 재력이 약하더라도 의식주에는 걱정이 없는 생활을 한다.

아들로 인해 고통이 많고, 불량하든가 불행한 아들은 성장을 하나 효심 있고, 똑똑한 아들은 단명하는 수도 있다. 각별한 신경을 써야 한다. 그러나 늦게 낳는 아들은 무난하다. 그러므로 일찍 둔 아들은 결혼 후 따로 분가 시켜야 하고 늦게 둔 아들이 있으면 그 아들과 사는 것이 좋다. 자녀와 떨어져서 사는 것도 좋다.

말년 대운 인성운이면 말년이 좋은 경우가 많지 않다. 즉 자손운이 약하다는 말이 되기도 한다.

▌인성이 년운에 있을 때

년운이 인성운인 여성은 조금은 인내하면서 지내는 운이다. 아무리 재수가 좋아 수입이 좋은 경우라도 뭔가 답답해 인내를 해야 하는 운이다.

예를 들어 남편이 하는 일이 여의치 않아 답답하든지, 직장에서 많은 스트레스를 받아 걱정을 하게 된다든지, 사소한 문제로 시비 구설에 오른다든지 등등 심한 경우 참을래야 참을 수 없는 고통을 받게 되는 수도 있다. 잘 참아내면 후반기에 가서는 좋아지는 운세이다. 너무 답답한 경우에는 변동을 하면 이런 고비를 넘겨 오히려 좋아지는 수도 있다.

또한 자녀 문제로 걱정을 하거나 신경을 많이 쓰게 되기도 한다. 결혼한 딸이 있으면 사위와 관계되는 문제가 발생하기도 한다. 성년한 딸이 있어 출가시키면 좋은 운이기도 하다. 부모님이 계시면 건강이 안 좋아진다든지 심하면 이별을 하는 수도 있다. 이사수도 있는 운세이다.

▌인성이 월운에 있을 때

월운이 인성인 운세는 이사·변동의 운이다. 부동산의 매매운이기도 하다. 집안을 수리하든가 변화를 주는 것도 좋겠다. 혹시 해결이 잘 안되어 답답했던 문제는 이 달에 조금 손해를 보더라도 해결을 하는 것도 좋다.

시집 갈 딸이 있으면 좋은 혼처가 나타난다.

인성운은 아무리 좋아도 답답한 부분이 조금은 있게 마련이니 이를 운명이 그렇구나 하고 지내는 것이 좋다.

제 **6** 장

육신통변론(六神通變論)

모든 육신은 그 길흉을 단정해서 말하기가 참으로 어렵다. 어떤 육신이든 좋은 작용과 나쁜 작용이 늘 공존하는데 사주에 따라 어느 부분이 더 작용을 하는가를 분별하는 일이 통변의 능력일 것이다.

1. 통변(通變)의 단계

① 1단계 통변
나(日干)와 干支六神과의 通變

② 2단계 통변
干支에서 天干六神과 地支六神과의 通變

③ 3단계 통변
나(日干)와 支干에서 地支六神과 天干六神과의 通變

④ 4단계 통변
支干에서 地支六神과 天干六神과의 通變

⑤ 5단계 통변
4단계 통변을 공부하여 통변 능력이 있는 분에 한해 5단계 통변을 전수한다.

년간지, 월간지, 대운간지, 일간지, 시간지, 년운간지, 월운간지 모두 통변은 가능하나 주로 년간지, 월간지, 시간지, 대운간지를 본다.
　이 중에서 년간지, 월간지가 가장 중요하다.

2. 천간(天干) 비겁(比劫)과 지지육신(地支六神)과의 통변론(通變論)

✔ 남자 편

(1) 천간(天干) 비겁(比劫), 지지(地支) 비겁(比劫)인 남자

친지, 친구 등에게 신의가 있고 사소한 이해를 따지지 않으며 의리를 중히 여기는 타입이다. 이러한 점이 성공으로 가는 중요한 요인이 되는데 그와는 반대로 이러한 점 때문에 크게 손해를 보는 경우도 더러 있다.

인기 직업이 어울리는 타입이며 언어능력이 있는 사주이므로 이를 활용한다면 발전할 수 있다. 협동·협력하는 일에서 발전한다는 의미도 있다. 그러나 이 작용이 흉한 방향으로 흐른다면 형제 액운이 나타나고 형제, 친구 등으로 인해 어려운 입장이 되기도 한다. 친구, 친지한테 속기 쉽고 군식구가 많은 격이며 열심히 일을 해도 공은 다른 사람한테 넘어가는 운이기도 한다.

운은 강한 운세이므로 적게 쓰고 적게 먹고 아끼면 어느 정도의 생활을 유지한다. 늘 위를 보지 말고 아래를 보면서 살아간다면 운은 좋아진다. 이러한 운명의 소유자는 형제나 친지, 동료 간에 우의가 있고, 상호 협조하고, 좋은 일이나 안 좋은 일이나 정신적으로 돕고 밀어주고, 물질을 떠

나 의리를 지키는 성격의 소유자라고 본다.

  친구 사이에는 네 것, 내 것이 없을 정도로 지내는 타입이다. 그러므로 이 친구, 저 친구 다 좋아할 것 같으나 사실은 다르다. 허심탄회하고 성격도 비슷하고 동지애를 느낄 수 있는 사람을 사귀면서 지내고자 하니 그리 친우가 많다고는 할 수가 없다. 한 번 사귀면 형제 이상으로 친숙하게 지내는 타입이다.

  오락을 좋아하는 사람, 등산·낚시 등의 취미가 있을 수 있고, 놀 때는 놀고 돈을 쓸 때는 쓰기도 잘한다. 음주를 좋아하는 사람은 절제가 필요하다. 돈을 벌기도 잘하지만 소비도 만만치 않을 수가 있다.

  운세는 좋은 운세가 강하게 작용을 하지만 방종을 하면 걷잡을 수 없이 되어 버리는 수가 있으니 유의를 해야 한다. 자신의 분수를 지켜 나간다면 아주 좋은 인생을 살아갈 수 있는 운을 타고났다.

▍비겁에 비겁 예문

천간	戊己日	戊戊己己	庚申日	庚辛	壬癸	壬癸	甲乙	甲乙	丙丁	丙丁
지지		辰戌丑未		申未		子亥		寅卯		午巳

◆ **1단계 통변 : 비견 겁재에 비견 겁재이다**

· 활동하고 또 활동한다. 그렇게 하라는 운명이다. 그래야 운이 좋아진다는 것이다. 주어진 환경이나 조건에 순응하면서 살아가면 좋은 운이라는 말이다.

· 유랑(집시) 생활, 타향(해외 등) 생활을 많이 한다. 많이 움직이고 많이 돌아다니라는 운명이다. 그러나 활동한 만큼 크게 발전이 되지는 않는다.

· 戊己일주 기미에서 천간 비견, 지지 비견인데 바로 일간에서 비겁 대 비겁이

된다.
- 모든 일에 기초를 준비하고 확인하라.

이렇게 일반적으로 보는 것을 1단계 통변이라고 한다.

◆ 2단계 통변 : 비견 겁재인데 또 비견 겁재이다. 간에서 지지
- 계속 바삐 움직이게 되는 운명이다. 그러니 쉽게 안정이 안 된다.
- 타주에서 관성이 극을 해야 한다. 그래야 안정이 된다.
- 천간 비겁에서 지지를 보아 비겁이 된다. 비겁이 비겁을 보았다고 보는 것이다.

이렇게 보는 것이 2단계 통변이 된다.

◆ 3단계 통변
- 활동을 해도 돈이 모여지지 않는다.
- 지지는 반드시 인위적 작용을 살펴야 하는데 지지 비겁이니 부지런히, 열심히 자신의 능력껏 활동하는 특성이 있다.
- 천간이 역시 비겁이라 돈과는 인연이 그리 많지가 못하다는 것이다. 왜냐하면 비겁은 재성을 극하는 작용을 하기 때문에 돈을 모으기가 보통 사람들보다 많은 노력이 요구된다. 그러니 돈이 잘 모아지지 않는다고 보는 것이다.
- 일간에서 기미를 보면 지지 비겁, 천간 비겁이다.
- 일간 대 지지, 일간 대 천간, 즉 지지 비겁, 천간 비겁

이렇게 보는 것이 3단계 통변이다.

◆ 4단계 통변
- 활동을 하면 인기가 있다. 그러므로 친구를 잘 사귀고, 마음이 담대하고 화통

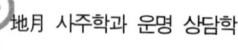

하고 좋은 사주도 많다.
- 여자의 경우 집에서 살림만 하게 되면 씀씀이가 많고 밖에 나가 활동을 해야 된다. 그러나 비겁은 빈손이라는 의미가 있으니 재물운이 넉넉하지는 못하다고 보아야 한다.
- 戊己일주의 경우 己未의 未는 지지장간에 乙木이 관성이라 남녀 다같이 좋다.
- 乙자만 좋고, 辛, 壬, 甲, 丙, 己, 戊 이상은 戊戌, 己丑, 癸亥, 甲寅, 丙午, 丁巳 인데 나쁜 친구(지장간 상관이라)를 사귀고 재수도 없고, 동업도 나쁘고, 오래 사귀면 점점 재수가 없다. 돈을 줘도 재수가 없다.
- 남에게 좋은 일을 해도 식상이라 좋은 소리 못 듣는다. 즉 인덕이 없다. 남자보다 여자가 더 나쁘다.
- 지지에서 천간을 본다. 지지 비겁에서 천간을 보는데 역시 비겁이다. 즉 비겁 대 비겁이 된다.

이렇게 보는 것이 4단계 통변이다.

(2) 천간(天干) 비겁(比劫), 지지(地支) 식상(食傷)인 남자

일단 이런 사주는 활동력이 왕성한 사주로 본다. 자신의 능력 발휘를 아주 잘할 수 있는 사주이다.

옛말을 빌리면 역마살이 있다는 말이 어울린다. 또 위험스러운 일을 한다거나 그러한 장소를 많이 가게 된다. 잘 돌아다닐 때가 제일 좋을 때라고 본다. 어릴 때는 부지런한 것인지 극성스러운 건지 모르겠으나 은근히 부모의 마음을 태우는 면이 있다고 본다. 건강이나 성격상의 문제 등을 주의해야 한다. 즉 부상이나 상처를 주의하라는 의미이겠다.

성장을 해서는 많이 돌아다닐 수도 있다. 그러한 때가 제일 좋다고 하는 운명이다. 때문에 여러 차례 위험한 고비를 넘기는 경우도 있다. 위험한 직업을 가지는 경우 출세도 빠르지만 부상의 염려도 있다. 군인, 경찰, 소방관, 운전기사, 항해사, 항공사 등등.

언어 표현에 살이 끼었다는 사주이고 보니 말을 조심해야 한다. 왜냐하면 타인의 잘못이나 단점은 하나도 그냥 넘기지 못하면서 본인의 단점은 털끝 하나 건드리지 못하게 하는 점이 있기 때문이다.

형제간에나 친우 간에도 금이 가기 쉬운 운명이다. 대개는 이복형제가 있는 경우가 많고(요즈음은 적용에 문제가 있다고 봄) 그렇지 않다 하더라도 아무리 형제간에 잘 지내려고 해도 사이가 멀어질 수가 있다.

일찍 사별하는 형제가 있을 수도 있고, 멀리 떨어져서 소식 없이 지내는 형제가 있을 수 있고, 장애 등이 발생하는 형제가 있을 수 있다. 본인도 부상을 주의해야 한다(특히 수족 부상). 어쨌든 본인으로 인해 타인을 불행하게 할 수가 있으니 이 점을 깊이 생각해야 한다.

비겁에 식상이라서 자식 같은 형제가 있는 경우도 있다. 즉 나이 차이가 많이 나는 경우라고 보면 된다. 아니면 돌봐 주어야 하는 형제인 경우도 있다. 또 형제 중에는 문제나 불행 등의 시련이 있는 사람도 있으며 아주 재주가 있든가 능력이 있든가 하는 형제가 있을 수 있다. 형제 중에 부상·사고를 조심하고, 여형제 중에 운이 나빠 부부간에 풍파를 겪는 수도 있다. 또 형제로 인해 늘 마음이 편치 않은 경우도 있다.

또한 다른 성을 가진 자식을 보는 경우도 있다. 부부 이별, 무자, 재혼 등의 시련이 나타날 수 있는 운명이다. 비겁과 식상의 상호관계를 잘 관찰하면 알 수 있을 것이다.

비겁과 식상 예문

천간	甲乙	甲乙	丙丁	丙丁丙丁	戊己	戊己	庚申	庚辛	壬癸	壬癸
지지		午巳		戌未辰丑		申酉		子亥		寅卯

◆ **1단계 통변 : 일간에서 보면 비겁에 식상**

- 비겁에 식상이라서 형제(비겁)간에 불만(식상)이 있을 수 있고, 형제 중에 불행한 사람이 있다.
- 친구를 사귀어도 자신보다 못한 사람을 사귄다거나 불행해지는 친구를 사귈 수 있다(친구로 인하여 나빠질 수 있다).
- 자신보다 나은 사람한테 구부리다가 볼일 다 보면 무시하고 단점을 물고 늘어진다.
- 아무리 순진해 보여도 인간성을 잘 살펴야 한다. 지금 아무리 의가 두터워도 결국에 가서는 불목이 된다.
- 형제간에 단명자도 있다.
- 이런 사주의 동업은 실패한다. 돈도 빌리지 말며, 재수 있는 사람 돈은 갚기도 좋으니 좋다.
- 제 자신은 의리를 지키려고 하지만 상대방이 의리를 지키지 않는다.
- 合은 면전복배(面前腹背), 冲은 솔직, 合은 꿍꿍이가 있다.

[예·1, 박정희 사주]

시	일	월	년
戊	庚	辛	丁
寅	申	亥	巳

- 만약 청년기에 사주를 보러 왔다면 첫째로 친구를 잘 사귀라고 해야 한다.

[예 · 2]

천간	甲	乙
지지		巳(丙, 庚)

· 丙, 庚이 있으니 반드시 여형제(누이)가 과부 팔자이다. 심하면 여형제가 무더기로 팔자가 사나운 경우가 있다(년에는 큰누이, 월에는 작은 누이 등).

[예 · 3]

천간	乙	乙
지지		巳

· 교도소 생활을 한다.
· 어릴 때 건들건들해서 나쁘다.
· 관재가 있는 사주라고 하면 된다.
· 火剋金(지장간)해서 그렇다.

[예 · 4]

천간	乙	庚丙
지지	卯	寅戌

· 여자사주는 남편 잘 만났으나 자식 낳고 이혼한다.
· 대체로 비겁이 나쁘다. 특히 천간에 있으면 아주 나쁘다.
· 비겁은 바람이다.
· 남자 사주는 비겁이 좋으나 관성이 있어야 더 좋다.
· 관이 있어야 지출이 없다.
· 비겁이 지지에 있으면 관성도 지지에 있어야만 좋다. 천간에 있으면 관도 천간에 있어야 한다.
· 이런 사주는 의리는 있지만 자존심이 강하다.

◆ 2단계 통변 : 직접 비겁에 식상
- 남자 형제는 일이 잘 안 되고, 여자 형제는 팔자가 사납다(과부 등).
- 비겁에 식상이다. 즉 비겁(활동 형제)에 식상이라 불만·불행의 운명적 암시가 강력하다.
- 드물게 비겁 식상이라 능력을 최고로 발휘한다는 의미가 있으니 크게 발신하는 경우가 있는데 아주 드문 일이다.

◆ 3단계 통변 : 일간에서 식상에 비겁
- 지지 식상, 천간 비겁이니 청소년이고 자식이라 어린 사람(어린이, 식상)한테 인기(비겁)가 있다.
- 잘해 주기 때문에 아주 잘해 준다.
- 특수한 기술이 있으며 머리가 좋아 재주가 비상하다.
- 식상은 사고력, 창작력.
- 甲乙일주가 乙巳(丙庚戊)가 있으면 아들 있는 여자하고 간통해서 관재수 가능성이 있다(土가 여자, 金이 여자의 자식). 丙丁일주가 丁丑(癸辛己)을 보아도 같다.
- 丙戌(丁辛戊)은 여자를 좋아한다. 비겁에 재성이 암장되어 그렇다.
- 본인이 바람을 피우는 경우와 형제 중에 있는 경우도 있다.

◆ 4단계 통변 : 식상에 비겁이니 식상에서는 비겁이 인성이다
- 식상에 비겁인데 식상에서는 인성이 되므로 식상에 인성이라고 보아야 한다는 점을 알아야 한다(식신 상관을 하려면 비견 겁재를 잘해야 한다는 것). 그리하면 대기만성, 결과가 좋다.
- 문서상 좋은 결과를 본다.
- 자식은 문서의 이익이 있다.
- 아들이 성실하고, 장래가 촉망되고, 잘살며 부모에게 효성이 지극하다.
- 여자(딸)는 인수니까 성실하지만 팔자가 세다. 고생이 많다.
- 여자가 어질고 착하면 남자에게 배신을 당한다.

(3) 천간(天干) 비겁(比劫), 지지(地支) 재성(財星)인 남자

이러한 운명의 소유자는 자수성가를 해야 좋은 운명이다. 만약 이런 사주가 부모의 유산이나 도움 또는 다른 사람의 도움을 받아서 무슨 일을 하면 거의 크게 실패하고 만다.

무일푼으로 시작하는 사람은 돈을 버느라고 고생도 하고 시련도 있으나 나중에 많은 돈도 벌고 잘살 수 있겠다. 그러나 그렇지 않고 부모의 돈으로 일을 하면 돈을 버리느라고 고생을 하며 나중은 오히려 고생을 하게 되는 특성이 있다. 그래서 부모가 잘살거나 형제가 잘살아서 그 덕을 보면 출세를 못한다고 본다. 주는 대로 낭비하든가 사업을 하면 실패하고 만다. 그러므로 가난한 집에 태어나서 자수성가하면 성공을 할 수가 있다.

이런 사주는 기초를 튼튼히 하고 능력을 가진 후에 그를 바탕으로 점진적으로 일을 발전·확대시키면 반드시 성공한다. 그러나 별 비전이나 능력 없이 타인의 돈을 빌려서 사업을 하면 거의 실패하는 운이다. 왜냐하면 기초를 튼튼히 해서 빈손으로 바닥부터 올라가라는 운명이기 때문이다. 기초 없이 능력도 갖추지 않고 모래 위에 집을 지어 봐야 그것은 허사일 뿐만 아니라 언젠가는 일장춘몽으로 천길 낭떠러지로 떨어지는 신세가 되고 말기 때문이다.

대개 이러한 사주는 연예계로 진출하는 사람, 언론계로 진출하는 사람이 많다. 크게 이름을 떨치기도 하고 그밖에 제과, 음식업 등을 경영하면 큰돈을 버는 사람도 있다. 운수사업, 운전기사, 많이 돌아다니는 직업, 해외 무역 등도 잘 어울리는 직업이다.

이 사주의 운명에는 어느 정도 출세하여 그것으로 만족하면 아무런 문제가 없다. 그러나 어느 정도 자리를 잡으면 마음이 부풀어 큰돈을 벌려고 무모하게 시도하다가(사실은 무모한 줄을 전혀 모르지만) 크게 실패하여 심하면 패가망신하는 수가 있으니 과욕을 삼가고, 급하게 서두르지 말고 적당한 선에서 만족을 하고 살아간다면 일생이 편안하다.

형제의 덕으로 금전상 이익을 보는 수도 있다. 돈이 들어오면 금방 나가는 운명의 암시가 있다. 또 처녀장가 들면 부부 해로 못한다는 점도 있다. 아니면 마누라가 바람이 나는 경우도 있다. 친인척간에 정을 통하는 경우도 있다(극소수).

이런 사주를 가진 자녀가 있는 부모는 자립정신과 자수성가할 수 있는 기틀을 어려서부터 길러 주는 것이 자녀를 위하는 길임을 꼭 명심하기 바란다.

▌비겁에 재성(남, 녀) 예문

천간	甲乙	甲甲乙乙	丙丁	丙丁	戊己	戊己	庚申	庚辛	壬癸	午巳
지지		辰戌丑未		申酉		子亥		寅卯		壬癸

◆ 1단계 통변

· 비겁은 여자도 활동을 해야 한다.
· 여자는 시댁이 잘 안 된다. 비겁에 재성이니 비겁이 재성을 극해 시댁의 운이 나빠진다. 재성을 시댁으로 보기 때문이다. 재성을 시댁으로 보는 이유는 재성은 관성의 인성이기 때문이다.
· 우선 천간에 비겁이요, 지지 재성이므로 첫째로 이 부분을 보아야 한다. 그러므로 1단계 통변은 매우 중요하다. 비겁은 재성을 극한다는 가장 기본적 통변이 1단계 통변에 해당된다.
· 본인은 시댁을 위해 많은 일을 했다고 생각을 하겠다. 실제 그런 여자도 있다.

- 비겁에 재성이니 여자도 활동해 돈을 벌어라. 그러면 좋아진다. 사회활동을 해야 돈이 생긴다. 즉 비겁에 재성은 대외적 활동을 하는 것이 좋다는 운명이라고 보아야 한다.
- 비견 겁재 하면 정재 편재가 된다. 비견 겁재를 해야 정재 편재가 유지된다.

◆ 2단계 통변
- 비겁에서 재를 보니 형제가 재를 깔고 있으니까 형제 중 잘사는 사람이 있다.
- 자수성가하라. 그러면 크게 돈을 번다(천극지).
- 부잣집은 완전 실패, 부모 돈으로 사업하면 백전백패한다는 것이다. 아버지 돈은 다 날아간다는 의미가 있다.
- 비겁이 재를 극해서 재성 아버지, 즉 부모 재물은 극을 당하고 있어서 그러하다.

◆ 3단계 통변
- 재성에 비겁이다.
- 정재 편재하려면 먼저 비겁의 길을 잘해야 한다.
- 이런 자식은 재산을 물려주지 않아야 좋다. 물려주면 거의 실패(부모 재산을 깨뜨린다)한다.
- 비겁은 활동, 말로 벌어먹어라.
- 교역(영업)능력을 길러야 좋다(먹는장사, 소모품 장사가 유리. 왜냐하면 비겁이 재를 극하니까).

[예 · 1]

천간	甲乙	甲	
지지		辰	
		辰戌	戊 (간접 부친)

- 癸(辰중 癸水)가 어머니이다.

· 자식이 부모에게 불효.
· 형이나 누나가 생기고부터는 아버지가 일이 잘 안된다. 아버지가 무능하든가, 하는 일이 그저 그렇다.
· 직장인으로 꾸준하게 근무하면 그런대로 괜찮다.

[예 · 2]

천간	甲乙	甲乙
지지		丑

· 딸을 낳고부터는 아버지가 잘 안 된다. 그렇지 않으면 딸이 나쁘다.
· 甲일주는 丑중 辛金이 딸, 辛金이 丑 편재, 아버지의 官인 乙木을 극한다.
· 癸가 母, 여자는 나가서 장사를 해야 한다. 활동해야 한다(식상 관성의 여자는 활동해야 한다).
· 이런 사주는 적수공권으로 돈을 벌어야 한다. 자수성가가 제일 좋다.
· 천간 비겁은 잘될 때는 아주 잘되나 실패할 때는 하루아침에 무너진다.
· 속성속패.
· 천간에 있으면 甲乙은 木이라 바람을 잘 타니까 실패가 크다.
· 이런 사주는 생각에는 잘될 것 같은데 잘 안 된다. 말로는 뭐든 다 한다.
· 대운에 官이 있으면 비겁이 약해지니까 나쁘다.
· 정재 편재에 비겁이라 빈손으로 토대를 굳히면 장사가 되나 돈 가지고 하면 실패한다(완전 실패).
· 특히 아버지 말을 안 듣는 경우가 있다. 아버지와 사이가 좋지 않은 경우가 많다.
· 甲일주에 甲辰월이면 마누라에게 잡혀서 산다.
· 비겁이 운명성이다. 활동을 해야 돈을 번다. 그런데 운명성이 되면 대체로 마누라에게 잡혀서 불길하다.

◆ 4단계 통변
· 지지에서 천간이 관성이 된다.
· 행복이다. 부인되는 사람은 행복하다는 것이다.
· 지지의 장간으로 봐서 극이 있으면 부침이 많다.

[예 · 3]

천간	戊己	戊己
지지		子亥

· 지지장간에 甲木(亥중 甲木).
· 부인은 항상 불평불만이 있다.

[예 · 4]

천간	甲乙	甲甲
지지		戌辰

◆ 1단계 통변
· 乙일주로 甲戌 여형제는 남편운이 나쁘며 초혼에 실패한다.
· 甲에서 乙丑도 여형제가 나쁘다.
· 甲戌 乙丑 주의, 나쁘다.
· 아무리 잘살아도 이러한 시련은 당한다.
· 甲戌 乙丑일생 여자는 팔자가 나쁘다(시련이 있다).
· 년월에 있으면 형제간에 많이 그렇다.
· 남자도 甲戌, 乙丑일생은 부모 재산으로 사업하면 완전 실패, 남자는 자수성가 해야 한다. 그러면 오히려 성공한다.
· 여자의 경우 돈 있는 집안으로 시집가면 거의 몰락한다(시댁이). 활동을 해야 한다.

- 남편 자식도 시댁 식구로 볼 경우가 많다.
- 이런 여자는 부잣집으로 시집가면 안 된다. 돈 없는 집에 시집가라. 이런 여자는 시가가 잘살면 망한다. 그러나 못살아도 운명이 그리 좋은 것은 아니다. 남자 사주가 무능하면 괜찮다.
- 이런 사주는 시부모를 무시한다. 왜냐하면 재(시댁)를 극하기 때문이다(집안을 일으키는 사람도 있다).

◆ 2단계 통변
- 형제간에 우애가 좋다.
- 여자는 남편이 무능해진다.
- 시집 식구와는 불화.
- 여자가 남자같이 활동을 해야 한다.
- 비겁(활동) 재성(여자)

◆ 3단계 통변
- 재하면 비겁.
- 돈에 쪼들린다. 돈을 벌어도 모아지지가 않는다.
- 활동을 안 하면 몸이 아프다.
- 일지에 있으면 재를 깔고 앉아서 살림을 알뜰하게 한다.

[예·5, 실제 사례]

천간	庚	辛	辛
지지	辰	卯	巳

- 여자의 사주인데 남자는 돈을 많이 벌었다. 그러나 여자는 수술을 세 번이나 했다.
- 이런 여자는 활동(장사 등)을 해야 한다. 그런데 활동을 안 해서 몸이 아프다. 장사(활동)를 안 하면 운동이라든가 기타 활동을 많이 하라.

· 甲일주 乙丑은 안 좋다.
· 예로 乙일주 甲戌은 남편운이 나쁘다.
· 壬일생 癸巳, 이런 사주도 남편이 안된다.
· 부모의 말을 복종하면 희망, 발전이 있다(巳중 戊庚丙).
· 사주에 인성이 중요한 작용을 하고 있을 때(운명성, 보조성 등) 인성은 부모 말을 듣지 않으면 일평생 눈물을 흘릴 수 있다.
· 인성 대 식상은 자식이 없을 수 있고 있어도 종신을 못한다.

[예·6]

천간	甲	甲
지지		戌

· 甲戌 하나만 있어도 형제자매가 반드시 아주 나쁘다.
· 본인 출생 후 아버지의 운세가 나빠졌든가 사망(불행, 단명)한다. 아버지가 壬(편인)으로 볼 때 戌이 官인데 官이 극을 당하므로 아버지의 운이 쇠퇴해진다 (戊土 편재는 아버지 戌중 申金이 상관, 천간 甲木이 편관이니 식상 대 관성이라 아버지 운이 좋지 않다).
· 甲戌(丁辛)은 丁이 辛을 극하니 식상이 관성을 극하고 있어 좋지 않다. 고로 부모덕이 없다.
· 어떤 사주든 비겁 대 재성은 어떤 모습으로든 불행한 시련을 겪는다.
· 식상 관성, 관성 식상은 단명, 불행사, 운의 쇠퇴, 몰락의 암시가 있다.
· 식상이 관성을 극하면 부모의 덕이 적다.
· 심도 있는 통변을 하라(내 입장, 부모 입장 등등).

[예·7]

천간	甲	甲	甲
지지		戌	

· 비 대 재인데 甲년에는 甲戌밖에 없다.

· 빈손으로 돈을 벌어야 한다.
· 비겁 대 재성은 자수성가해야 한다.
· 부모가 잘살면 부모 재산은 거의가 실패한다.
· 남자는 대개 속성속패한다.
· 비겁에 재라 돈을 가지고 장사하면 실패한다.
· 월을 먼저 본다. 운명성이 있으니까.

[예 · 8]

천간	甲	甲	甲
지지		戌	子

· 甲에서 戌은 아버지이다.
· 편재가 아버지이다.
· 子가 없다 해도 甲일에서 甲戌은 부모덕이 없거나 단명하거나 이별한다.

[예 · 9]

천간	甲	甲	甲
지지	戌	戌	戌(丁辛)

· 丁이 辛을 극해서 좋지 못하다.
· 식상 대 관성
· 아버지가 나쁘다.
· 甲木 비겁이 극을 하고 있고 申金 甲木은 식상이 관성을 극하고 있다.
· 丁辛은 관이 재(災)다(부분 참고사항).
· 편재는 아버지, 여자는 정재가 아버지.
· 여자 사주에서 정관을 아버지로 보는 경우가 아주 드물게 있다(변만리 사주학 중에 이런 이론이 있어 임상해 본바 의미 있는 이론은 아닌 것으로 본다).
· 甲일생의 甲辰은 조실부모한다.
· 편재가 아버지다.

- 첫째는 부모덕이 없다.
- 천간 년월일 다 있으면 형제는 재를 깔고 있으니 형제는 잘산다.
- 남자의 경우 편재는 좋지가 않다. 시련이 있는 것이다.
- 편재성에서 큰 부자가 많이 나온다. 그러나 인생행로는 결코 좋은 것만은 아니다. 편재를 역마라고 부른 이유가 있는 것이다.

[예·10]

천간	壬	壬	庚
지지	子	午	午

- 庚(여명)은 어머니, 午는 간접적 아버지. 둘 다 나쁘다.
- 부모 중 1명이 일찍 사망하거나 아버지, 어머니 사이가 아주 좋지 않다. 재성 인성, 인성 재성의 특징이다.

[예·11]

천간	甲	甲甲
지지		戌申

- 甲申은 비겁에 관성이다.
- 직장생활을 하면 인기가 있다.
- 이 경우는 甲戌은 보지 않고 甲申만 본다.
- 甲戌은 적수공권인데 甲戌은 보지 않는다. 이 사주는 직장생활을 해야 한다.
- 戌중 辛이 있어 甲申의 작용이 강력하다고 보는 것이다(申中壬水).

[예·12]

천간	甲	甲甲
지지	申	戌申

- 일지에 申이 있으면 겁이 많아서 직장생활이며 장사는 못한다.

- 부인이 고생이다.
- 戌은 申을 생하고 9월은 甲木이 약하다.
- 申이 강해서 직장생활이 좋다. 甲戌은 장사해도 된다.
- 甲申은 직장생활을 한다. 甲申이 장사하면 기복이 심하다.

[예 · 13]

천간	甲	甲己
지지		戌未

- 재성이 천간에 있어 돈이 많다.
- 재성은 지지보다 천간에 있어야 좋다.
- 己土 재가 옆에 있어 돈이 많이 생긴다.

[예 · 14]

천간	甲	乙甲
지지	子	亥子

- 己土 정재(부인)에서는 재와 관이라 좋다(흔히 나쁘다고 하는데 잘 보아야 한다).
- 丙火 아들에서는 아버지(甲木)가 관(亥子 水가 관)이라 좋다.
- 비겁 대 인성은 길, 乙亥는 길, 甲戌이면 흉.

[예 · 15]

천간	甲	乙己己
지지	子	亥未丑

- 상기 사주와 같이 잘산다.
- 己未나 己丑이나 甲子와 같다.
- 관이 있어야 투쟁력이 생기고 대성한다.

[예 · 16]

천간	甲	乙甲
지지	午	亥子

· 일지 午는 딸인데 잘산다.
· 여자는 친정살이하는 팔자다(가능성).
· 甲子, 乙亥는 환경이다.
· 부모의 덕이 많다.
· 午에서 子와 亥는 관성이다.
· 午는 상관이라 대범하지는 못하다. 세심하다(원만 타협형).
· 남자는 사람이 진실하고 검소하고 처자밖에 모른다.
· 午중(丁은 아들 己는 갑의 처) 비겁 대 인성이라 착한 친우와는 잘 어울리지만 상관 午는 약하니까 사람이 소심해서 큰사람이 못 된다.
· 비견은 말은 잘하지만 투쟁력도 약하고 공부도 안 한다.
· 관이 있어야 재주 있고 이름을 나타낼 수 있다.

(4) 천간(天干) 비겁(比劫), 지지(地支) 관성(官星)인 남자

세상에는 영웅이라는 말을 듣는 부류의 사람들이 있다. 이들은 대범해 보이고 권위가 있어 보이고 카리스마가 있다. 사람들에게 친숙한 느낌을 주면서 많은 사람을 이끌어 가는 능력이 있다.

지휘관, 지휘자, 두령, 두목, 국가기관의 중추적 인물, 중단 없이 전진을 하는 사람 등 수많은 분야에서 많은 능력을 나타내는 사람들이 있는데 이런 유형의 사주에서 많이 나타나고 있다. 비겁에 관성의 특성이 조화롭게 잘 발달되어서이다. 그러나 이런 사람들은 인생행로에 많은 기복이 있다.

이러한 운명의 소유자는 대중을 즐겁게 해 줄 수 있는 능력을 타고났다고 보는데 사실 그런 경우가 많다. 남들을 기쁘게 해 줄 수 있는 일을 한다든가 그러한 능력을 가지고 있든가 아니면 각계각층의 많은 사람을 상대하는 일을 하든가 그러한 사업을 한다. 교제력, 즉 인간관계를 잘할 수 있는 사람이다. 사람들의 구미에 맞춰 때와 장소에 요령 있게 처세를 하고 배려를 할 줄 알기 때문에 연예계로 진출을 하면 크게 이름을 날리고, 건설이나 건축업도 출세를 할 수 있다. 여하튼 간에 많은 사람을 좋게 하면서 이익을 보는 운명적 암시가 강하다. 투기사업 등도 좋겠다.

조금만 여유가 생기면 좋은 차를 타고 다니는 타입이다. 다시 말해 교통에 편안함을 추구하는 타입이다. 오라는 데도 많고 갈 데도 많으니 옛말에 역마가 있다는 표현도 어울리는 타입이다. 그러므로 교통사고의 위험도 있는 것이다. 이런 사주는 부상이나 사고를 유의하라는 암시가 강하게 나타나 있는 편에 속한다.

속성속패의 의미가 있어 성공도 잘하지만 실패도 빠르게 진행되는 타입에 속한다. 성공과 실패를 여러 차례 반복하는 사람도 꽤 있다. 대개는 40세 전, 즉 일찍 돈을 벌어 40세 전후에 실패하는 사람이 많다.

형제나 친지간에 참으로 잘해 주나 그들한테 도움은 받지 못한다. 즉 인덕이 적은 편인 셈이다.

부인은 알뜰해 남편을 잘 받든다. 어떻게 하면 잘해 주나 행복하게 해 주나를 생각하는 여인을 만나는 사주이다. 즉 마누라가 속을 썩이는 일은 없는 사주이다. 그러나 부인 입장에서는 늘 불안하든가 신뢰를 할 수 없게 하는 경우가 있으며 운명적으로 부부 해로가 참으로 어렵다고 본다. 만약 해로한다면 엄청난 시련을 잘 극복한 사람이다.

이런 사주 중에 크게 부상을 당하든가 남에게 주든가 하는 암시가 있으니 교통사고를 늘 유의하고, 형제 중에 일찍 세상을 떠나든지 아니면 아주 멀리 떨어져 살든지 하는 수가 있다. 큰 욕심을 부리지 않고 착실하게 돈을 아끼면 비교적 좋은 말년을 보낼 수가 있는 사주이니 있을 때 재산 관리를 잘할 것을 권한다.

형제 중에 비명횡사 액운이 있는 사람도 있으며 아주 멀리 떨어져 사는 경우도 있다. 또한 형제 중에 공직자, 사회적 이름을 내는 형제가 있으며 가까운 사람 중에 국가기관하고 인연 있는 사람이 있다. 형제간에 큰 불편함이 나타나는 사람도 있다. 형제 사이가 좋지 않은 경우이다. 못되고 깡패 같은 형제가 있기도 하다. 형제, 친구와 일을 하면 손해가 따르니 조심하라는 점도 있다. 반면 좋은 사람은 형제로 인해 출세하고 돈을 벌기도 한다.

부부간에 해로하기가 어려우니 이를 조심해야 한다. 말에 공격적인 점이 있으니 이를 잘 조절할 필요가 있다. 좋은 말, 기쁜 말을 많이 해서 운을 좋게 만들기 바란다.

▮비겁 대 관성 예문

천간	甲乙	甲乙	丙丁	丙丁	戊己	戊己	庚申	庚申	壬癸	壬壬癸癸
지지		申酉		子亥		寅卯		午巳		辰戌丑未

◆ 1단계 통변
- 비겁은 활동을 하면 기쁨(관성)이 된다.
- 성취하는 바가 있다(기초를 잘 닦아야 좋다).
- 독립을 하면 관(억압, 막힘)이 된다. 자유 활동은 나쁘다.
- 독단은 안 된다. 관은 안 되는 것(통제)이다. 관이 비겁을 극하니까.

- 형제간이나 친우 간이나 관에 있는 사람이 있다.
- 대중을 상대해야 관이니까 많은 사람을 기쁘게 해 주고 또 기쁨이 있다.
- 교제력이 참 좋다. 그 대신 길게 끌지 않는다. 잘 잊고 잘 사귄다. 사람을 다루는 데는 자유자재다.
- 비겁하면 관이다. 그래서 투자하면 안 된다.
- 비겁은 기초를 튼튼히 해야 한다. 능력을 키워라.
- 교통 등 수차 위험한 고비를 넘는다.
- 택시보다 버스를 타고 다녀라. 교통사고 위험이 있다.
- 친구를 많이 사귀다 보니 술친구, 노름친구 등을 주의해야 한다.
- 관하다, 즉 객사 죽음이 많다. 비명횡사한다는 것이다.
- 천간을 지지가 극하는 것은 모두 해당된다. 지극천(地克天)이기 때문에.
- 혈압, 중풍 등을 주의해라.
- 甲일생 戊己 부인으로는 甲申, 乙酉는 천간은 관이요, 지지는 식상이라서 항상 불안하다. 그래서 남편을 못 믿는다.
- 이런 사주를 가진 남자는 결혼을 여러 번 하는 수 있다(가능성).

[예 · 1]

천간	甲乙	甲
지지		申

- 甲일주 己는 부인, 甲은 관성, 申은 상관.
- 40대 이후 庚辛년에는 고혈압, 교통사고, 음주, 오락, 불행한 일 등을 조심해라. 비겁은 팔과 다리, 즉 활동의 의미. 이를 관성이 극을 하니까.

◆ 2단계 통변
- 친우나 형제 중에 공직자가 있다.
- 현재 친우 중에 불행이 있다. 비겁이 관을 보고 있으므로.

◆ 3단계 통변
- 관에 비겁.
- 직장생활 중 인기가 있다. 공직, 대·소기업이 그래서 좋다. 즉 관성의 길이 좋다는 것인데 관성을 하려면 비겁을 하라.
- 기초를 잘 닦고 준비를 잘하여 활동을 하라는 것이다. 그러면 관성이 빛을 발한다. 즉 사회적 지위를 갖게 되고 운이 좋아지는 운명이 된다.

◆ 4단계 통변 : 관에서 재성이 된다
- 회사 사장은 재가 있다. 자손은 재가 있다.
- 관(기업주), 관성은 자손으로도 본다.
- 이런 사주는 천간을 극하는 년운에 크게 실패한다.
- 친우나 형제간에 도움을 주나 자신은 받을 복이 없어서 손해다.
- 이 사주는 대중적이므로 버스와 택시를 타지 마라.
- 자가운전 주의. 관이 비겁을 극하기 때문에 그러하다.
- 여자의 경우 말을 잘하고 노래도 잘한다. 그래서 부부간 싸울 때는 폭행을 당하는 경우가 많이 있다.
- 여자는 남편이 다른 여자에게 인기가 있다. 그리고 바람기가 많은 남자(남편)라야 돈이 생긴다. 바람기가 없으면, 즉 자기 부인만 상대하면 무능해진다.
- 여자는 서비스 계통에 종사할 사주다. 자기가 종업원으로 있을 때는 장사가 잘 되나 본인이 직접 장사를 하면 사업 실패다(중요).
- 남자들한테는 인기가 좋다.
- 1단계 남녀 다같이 형제 가운데 불행한 사람이 있다.
- 비명에 가거나 단명한 사람이 있다. 여자의 경우 甲일생으로서 乙酉는 친정 남형제가 그렇다.
- 유부남에게 인기가 있다.
- 각 간지 중 지지장간에서 천간을 생하면 다소 좋은 편이다.
- 壬癸일 남자의 경우 癸未 유부녀가 따른다. 지지에 丁火가 있어서.

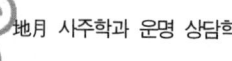

▍비겁 대 관성 예문

[예 · 1]

천간	辛	壬辛
지지	丑	寅巳

· 비겁 대 관성은 결혼생활이 오래 가지 못한다. 오래 살면 남자가 죽는다.
· 남자는 이상하게 운이 나빠진다.
· 여자는 식상 대 관성이 나쁘다(寅이 재성(여자), 辛巳는 식상 대 관성).
· 이 사주는 꾸준히 오래오래 직장(공무원)생활을 해야 한다.
· 土년만 길하다. 土만이 나를 살린다는 것이다.
· 비겁에 관이 나쁘다. 같이 오래 살면 하나가 죽는다(辛金이 운명성 지지, 巳火 장애성, 월간 壬水 장애성, 土가 보조운명성. 土가 유일하게 운명성을 지켜줄 수 있다). 그러므로 꾸준히(인성) 오래오래(인성) 해야 운이 좋아진다.

[예 · 2, 실제 사례]

천간	癸	丙戊
지지	未	辰子

· 丙火 부인은 戊子가 식상 대 관성이라 못산다.
· 35세에 결혼했다. 그러나 未중 장간의 乙이 나쁘다. 여러 번 동거하고 이혼하고를 반복했다.
· 남자(남편)가 성질이 못됐다(남자의 성격 부분은 이는 이런 사주라 꼭 그런 것이 아니고 이 여자의 삶이 그랬다는 것). 재에 관은 좋은데 辰中에 식상이 있어서 그렇다(대체로 남자 성격이 좀 그렇다).
· 비겁 대 관성은 가정 파란.
· 직장은 공무원이 제일 좋다. 큰 부자가 되기 어렵다.
· 년에 식상, 월간에 관성인 여자는 성력 태강(太强) 요주의.

[예 · 3, 실제 사례]

천간	癸	辛辛
지지	丑	卯巳

· 남자와 이혼 후 유부남과 동거하고 있다.
· 戊土가 남편인데 戊에서 辛은 상관, 卯는 관이라 남자의 정력이 굉장히 강해 결혼 전에 정조를 잃었다(년에 식상, 월간에 관성인 여자는 성력 太强 요주의).
· 재가 있고 인성이 있으면 인성을 치는 년운 주의(재성운).

[예 · 4]

천간	甲	戊辛
지지	子	戌未

· 土년 흉, 재가 있고 인성이 있는 사람은 재년 주의.
· 본부인 사별, 戊戌은 재혼녀.
· 甲子년은 일생에 단 한 번밖에 없다. 대길이다. 다른 사주도 마찬가지다.
· 건강 조심.
· 재가 대단히 강성하니 극을 하는 운은 흉.
· 이런 식으로 사주에 강력한 육신이 있을 경우 이를 극하는 운은 좋은 작용보다는 흉한 작용을 많이 하는 것으로 나타나고 있다. 강력한 육신과 같은 운도 좋지 않다.

(5) 천간(天干) 비겁(比劫), 지지(地支) 인성(印星)인 남자

근면 성실, 노다공소(勞多功少). 사주 중에 년간지나 월간지, 대운간지 중에 이런 배열이 되어 있는 경우 성실하고 열심히 또 꾸준하게 살아가는 타입이라고 본다. 이는 비겁의 활동능력과 인성의 부지런함, 성실함이 같은 기둥에 있어 상호작용의 특성이 그렇게 나타나 있기 때문이다.

그런데 아주 성실하고 열심히 일을 하면서 살지만 자신이 노력한 만큼의 성과나 소득이 모여 있지는 않다는 것이다. 그 이유는 인성이 열심히 하지만 비겁의 특성이 빈손을 만드는 작용을 하기 때문에 결과적으로 실속이 적다라는 해석을 하는 것이다.

인간관계는 우리가 세상을 살아가는 동안 참으로 중요하다. 또 인간관계에서 그 사람의 특징이라든가 사람 됨됨이를 알게 되며 이로 인해서 서로 관계를 맺고 살아가는 것이다. 이러한 사주를 타고난 사람은 참으로 인간관계를 따듯하게 하는 타입이라고 본다. 가족관계는 물론이고 대인관계, 즉 친구라든가 친지, 직장, 일하는 사업장, 동향인 모임, 학교 동창, 선후배, 상사, 아랫사람 등 모든 사람들과의 인간관계에서 진실한 마음으로 대하고자 하는 욕구가 강하다는 것이다.

사람을 대할 경우 늘 성의를 가지고 진지한 마음으로 대하고 교분을 갖는다고 본다. 원래 성실하고 천성이 솔직하고 착한 사람이라서 이해를 계산해서 사람을 사귄다든가 하는 일은 오히려 서투르다는 것이다.

내 자신이 조금은 손해를 보는 것 같아도 개의치 않고 좋은 관계를 유지할 수 있는 장점을 타고났다. 또 자신이 그렇게 살아가려고 노력도 많이 하는 사람이다. 친구나 친지를 사귀어도 성실하고 인간적인 사람을 사귀는 사람이라 생각보다는 친구나 친지가 많지를 않다(물론 예외도 있겠지만).

이러한 타입은 이상하게 물질적, 금전적 혜택이 풍부하지 못한 점이 운명에 나타나고 있다. 이러한 점을 일찍 파악해 금전관리나 경제적인 면에 많은 노력을 기울여야 금전운이 좋아진다.

효도하는 마음도 타고났기 때문에 부모를 위해 많은 노력을 하는 사람이다. 이러한 사주의 특징 중 한 가지가 젊을 때 나이 든 사람과 잘 어울릴 수 있다는 것이다. 나이 든 사람한테 신임을 받는다든가 그분들의 눈에 믿음이 가는 젊은 사람으로 보여진다는 것이다. 그만큼 신용이 있어 보이고 사람 됨됨이가 좋다는 말이다. 반면 나이가 들어서는 젊은 사람들하고 잘 어울릴 수 있다는 것이다. 나이가 들어서는 오히려 동안을 유지할 수 있는 특성을 가지고 있는 사주이다. 젊을 때는 나이 든 사람과 잘 어울리고 나이 들어서는 젊은 사람과 잘 어울리는 타입이다. 어릴 때는 어른스럽고 나이 들어서는 젊어 보이는 사람이다.

서예나 글, 시, 예능 등에 소질이 있는 경우가 많으며 그림 등 특수한 소질이 있는 경우가 있다. 특히 감정이 풍부해서 문장 구성이나 깊은 사고력, 예지력도 뛰어나 작가, 시, 소설, 사상 등에 진출하면 좋으며 공부를 많이 못하였다 하더라도 타인을 감복시킬 수 있는 언어 능력이나 생활철학을 가지고 있다고 본다. 감격도 잘하고 감정이 풍부하여 불쌍하든가 감동적인 장면을 보면 자신도 모르게 동화되어 눈물을 흘리는 인간미도 있다. 아주 냉정한 듯하면서도 정감이 있고 감정이 있어 시를 좋아하고, 애절하고 의미 있는 노래나 슬픈 노래를 더 좋아하는 타입이다.

친한 친지나 가족에게 인간적으로 잘 대하고 열심히 살지만 이용을 당하는 수도 있고 결과적으로 실속이 별로 없는 경우가 많다. 더러는 자신이 부모 역할을 하거나 형제가 부모 역할을 하는 경우도 있는 것이다. 독학을 하면 도움을 많이 받을 수 있는 사주이기도 하다. 처음은 힘들고 장애가 있다 해도 나중은 좋아진다는 운이다.

형제 중에 교육 등에 종사하는 사람이 있거나 자신이 그러한 일을 하거나 할 수 있는 운이기도 한다. 동업이나 창업이 좋고 친구, 형제, 친지 등과 힘을 합쳐 일을 하면 크게 발신한다는 운이기도 하다. 친구나 형제 덕으로 성공을 하는 경우도 있다. 그러나 이 특성이 나쁘게 작용을 하면 형제 때문에 답답하고 힘이 들며 내가 오히려 도움을 준다는 것이다. 공동투자·동업하면 백전백패 한다는 것이다.

　부모 때문에 힘이 들고 고생하며 형제나 친지들 때문에 운이 막히고 손해 보고 답답한 경우도 있다. 형제 때문에 장애가 많은 운이기도 하다는 것이다. 운이란 항상 그 길흉이 공존하는 것이다. 운이 어느 방향으로 작용을 하는가를 잘 살펴서 통변을 해야 한다.

▎비겁과 인성 예문

[예·1, 남자]

천간	甲乙日	甲乙
지지		子亥

· 형제나 친구 친지에게 진실하고 성실히 대한다. 즉 사람이 참 좋다는 것이다.
· 사회(형제) 지지(인수)가 있으므로 성실한 사람이다.
· 근면성실한 사람이라서 형제들도 마음씨 좋고 부지런하지만 여자인 경우는 남편 덕이 그리 많다고 볼 수는 없다.
· 남자는 부지런하고 부모에게 효도심이 있는 사주이다.
· 여자는 아무리 좋아 봐야 결과는 별수 없다는 것이다. 즉 결과를 말하면 남편의 복이 많지가 않다는 것이다. 여자는 고생이 많다.
· 甲일주에 子가 인성이니 본인은 부지런하고, 아들(丙)은 子水가 관성이라 기쁨을 준다. 자식이 잘된다는 의미이기도 한다.

[예·2]

천간	甲乙	甲	乙
지지		子	亥

◆ 1단계 통변(기본 통변)
   = 甲乙일간에서 천간을 보고, 천간에서 지지를 본다
  · 甲乙에서 甲乙 형제 지지(인성) 성실, 고로 형제에게 진실하게 대한다고 보는 것이다.
  · 비겁에 인성.

◆ 2단계 통변 : 甲에서 子, 乙에서 亥
  · 형이나 동생 중에 성실한 형제가 있다.
  · 부모가 자식을 친구처럼 대하고 자식은 부모가 친구 같은 느낌을 받는다.
  · 비겁에 인성.

◆ 3단계 통변 : 甲乙일간에서 다시 보는데 子에서 甲, 亥에서 乙을 본다
  · 젊을 때는 조숙해서 나이 든 사람한테 인기가 있고 또 본인도 나이 든 사람하고 잘 어울린다.
  · 나이 들어서는 젊은이들을 좋아한다.
  · 나이 들어서는 도리어 젊어진다. 그래서 부모는 자녀를 친구같이 대하고, 자식은 부모가 친구 같은 느낌을 받는다.
  · 내가 근면하나 소득은 적은 편이다. 인성에 비겁이라서.
  · 비겁은 남자다. 비겁은 돈이 없다. 그래서 무조건 관성이 극을 해야 한다.

◆ 4단계 통변 : 子에서 甲, 亥에서 乙을 본다
  · 子 어머니는 甲이 상관이다. 그래서 아버지는 일이 잘 안 된다. 즉 어머니는 불행하다.
  · 인성에 비겁, 결과는 식상. 인수 편인을 잘해 봐야 결과는 식상(불행 불만)
  · 남자에게 인수는 어머니.
  · 인성에 비겁은 글을 잘 쓴다. 문서에 인기가 있다.
  · 연구, 학문 등 예능에 소질이 있거나 무언가 특기가 있다. 언어능력, 외국어,

말로 하는 직업 등.
- 마음이 착해서 부모에게 효도한다. 말이라도 부모에게 잘한다.
- 본인이 효자가 아니래도 형제자매 중에 효자가 있다. 또 잘사는 사람이 있다.
- 인성에 비겁은 무척 열심히 살아가지만 일한 만큼의 소득은 되지 않는다.
- 젊어서는 나이 먹은 사람 같고, 나이 들어서는 젊은 사람 같은 점이 있다.
- 비겁은 부모 돈으로 장사나 사업 등을 하면 거의 실패한다.
- 4번 항목의 어머니가 불행한 삶을 살았을 가능성이 많다.
- 아버지의 일이 성공하기 어렵다. 성공해도 나중은 그저 그렇다. 대개는 힘든 삶을 살아간다는 것이다. 어머니를 고생시킨다. 아니면 속을 썩이든가.

4단계 통변을 하는 방법이 정확하게 기록되어 있다. 이 예문을 참고하여 1단계부터 4단계까지의 통변에 대한 파악과 숙달을 하기 바란다.

4단계 통변이 들어 있는 간지론과 그렇지 않은 경우도 있으므로 필요에 따라 통변을 응용하기 바란다.

✔ 여자 편

(1) 천간(天干) 비겁(比劫), 지지(地支) 비겁(比劫)인 여자

형제자매, 친지 간에 우애가 있고 사람들에게 인기가 있을 운명이라고 한다. 교제력, 즉 인간관계를 잘할 수가 있는 운명이다. 그러나 사람을 사귀어도 이해타산을 떠나 순수한 우정을 나눌 수 있는 사람을 원하기 때문에 그리 많은 친우를 가지고 있지는 않다고 본다. 일단 사귀었다 하면 물심양면으로 서로 돕고 친형제 이상으로 잘 지낸다.

언어능력이 있는 운명이니 그런 분야로 진출하는 것도 좋겠다. 그러니 인기 직업이 좋고 출세할 수 있고 언어 능력이 있는 사주이고 보니 이를 활용한다면 좋다. 협동, 동업 등에서 성공을 하기도 하지만 이러한 일로 인해 실패하기도 하는 쌍곡선이 있는 운명이다.

▍비겁과 비겁 예문

천간	戊己	戊戊己己	庚辛	庚辛	壬癸	壬癸	甲乙	甲乙	丙丁	丙丁
지지		辰戌丑未		申未		子亥		寅卯		午巳

· 활동하고 활동한다. 많이 움직이는 운명, 역마의 특징이 있는 것이다.
· 이동, 이사를 많이 한다. 객지생활을 많이 한다(해외 등).
· 크게 발전이 없고 안정이 잘 안 된다. 관성이 극을 해야 안정이 된다.
· 활동을 해 봐야 돈이 모여지지가 않는다. 활동을 하면 인기가 있다.
· 비겁은 빈손이다. 그 대신 친구를 잘 사귀고 마음이 담대하고 화통하고 좋은 사주도 많다.
· 여자의 경우 집에서 살림만 하게 되면 씀씀이가 많고 밖에 나가 활동을 해야 된다.
· 未는 지장간에 乙관성이라 남녀 다같이 좋다.
· 乙자만 좋다. 辛, 壬, 甲, 丙, 己, 戊, 戊戊, 己丑, 庚申, 癸亥, 甲寅, 丙午, 丁巳 인데 이상은 나쁜 친구(지장간 상관)를 사귀기 때문에 재수도 없고, 동업도 나쁘고, 오래 사귀면 점점 재수가 없다(식상 때문에).
· 돈을 줘도 재수가 없다.
· 남에게 좋은 일을 해도 식상이라 좋은 소리를 못 듣는다. 즉 인덕이 없다.
· 남자보다 여자가 더 나쁘다.

남자 편을 참고하기 바란다.

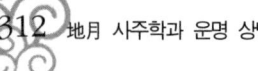

(2) 천간(天干) 비겁(比劫), 지지(地支) 식상(食傷)인 여자

이러한 운명을 타고난 여자는 사회성이 좋고 교제성이 있고 언어에 소질이 있으나 바른말을 잘하는 것이 흠이다. 말을 조금만 신중하게 한다면 대단히 매력적인 사람이라는 말을 듣는다.

그리고 형제간이나 이웃 간에도 정의(情義)로 대하려고 하지만 도리어 그것이 상대에게 불평을 불러일으키는 결과가 되는 수도 있다. 그렇게 남들에게 잘하지만 남들이 좋게 생각하지는 않는다. 그렇기 때문에 형제간에도 사이가 벌어져서 오고가는 일이 드물어질 수 있다. 형제간에 불행이 있고 말을 조심하고 교통사고를 주의해야 하는 운명이다. 형제 중에 교육, 사회사업, 종교 등에 종사하는 경우가 있을 수 있다.

다른 성을 가진 자식을 돌보는 경우도 있다(드물다). 즉 부부 이별 등으로 그런 일이 있을 수 있겠다. 임신하고 결혼하는 사람도 있다. 아주 드문 일이지만 다른 사람의 아기를 임신하고 결혼하는 극단적인 경우도 있다.

┃비겁 대 식상 예문

천간	甲乙	甲乙	丙丁	丙	丁	戊己	戊己	庚辛	庚辛	壬癸	壬癸
지지		午巳		辰戌	丑未		申酉		子亥		寅卯

◆ 1단계 통변
 · 남편은 미남을 만난다.
 · 남편의 별 관성에서는 재성에 관성이라서 그렇다.

[예 · 1]

천간	甲乙	甲乙
지지		午巳

- 남편이 미남이다. 특히 乙巳는 다른 여인(유부녀 혹 과부)이 庚辛인 남편을 좋아한다. 그래서 남편이 바람을 피울 수 있다.
- 남자 형제(친정)가 잘 안 된다. 여자 형제도 나쁘다. 서로 의리도 상한다.
- 여자 형제(乙일생 乙巳)는 과부가 있다.
- 남편은 일이 안 된다. 공무원 생활을 해야 한다.
- 재수가 없는 사주라 돈을 꾸지도 말고 꿔주지도 마라.
- 동업도 흉하다.

◆ 2단계 통변
- 비겁 대 식상

[예 · 2]

천간	壬癸	壬
지지		寅

- 비겁은 활동, 언어. 식상은 불만. 그래서 활동을 해도 불만이다.
- 비겁 대 식상.

◆ 3단계 통변
- 식상 대 비겁은 형제 불목, 형제 불행, 친우 불행, 형제 불구, 이복형제, 동업 상대자 전부 불행, 금전거래 전부 흉, 말을 해도 살이 있다.
- 비평가, 운동선수, 깡패, 나쁜 친구 주의.
- 교사가 좋다. 그러나 활동을 해도 소득이 없다.
- 여자는 친정하고 불목이다(적중이 근래에는 자꾸 떨어진다).

· 돈거래로 형제가 비명에 간다(이 부분은 임상 사례다. 참고만 하라).

[예 · 3]

천간	壬癸	壬丁
지지		寅未

· 壬에 재성은 丁火, 寅에 재성은 未土.
· 여자는 비겁년에 흉, 재년은 길.
· 寅은 아들, 아들의 재물은 평생 재물이다.

[예 · 4]

천간	甲	甲辛	甲	甲丙
지지		午未		午戌

· 둘 다 길명.
· 식상은 재성을 보면 긍정적 작용을 많이 한다.
· 식상생재(食傷生財)라 재가 길.
· 식상 비겁이 생하면 흉, 인성이 극을 하면 길하다. 대체로 그렇다는 것이다.

[예 · 5]

천간	乙	庚丙
지지	亥	寅寅

· 식상이 생을 많이 받으니 흉명이다.
· 년천간, 丙火, 상관이 지지, 寅中 甲木의 생을 받고 있는데 또 寅木, 亥中 甲木이 지지에 있어 생하는 데 힘을 실어 주고 있다. 이러면 좋지 않은 운명이 된다. 즉 식상이 힘을 잘 받으면 이는 시련과 고생이 강화되는 모습으로 봐야 하는 것이다. 이럴 때에는 인성이 극을 하여 주면 좋아진다. 천간에서.

[예 · 6]

천간	癸	戊丙
지지	亥	寅寅

· 길한 운명.
· 세력을 형성하여 강한 것은 극이 오히려 흉.
· 寅인 木이 세력을 형성하였다. 水가 도와주니 힘이 강화되어진다.
· 이 경우 극을 하여 보아야 서로 교전만 할뿐 이익은 없다고 본다. 이럴 때에는 寅木 식상의 장점을 최대한 살려야 좋아진다.
· 관이나 재는 천간에 나타나야 좋다.
· 여자 재년은 길, 남자 재년은 흉.

[예 · 7]

천간	癸	壬戊
지지	卯	寅戌

· 아들의 재물, 딸의 재물. 큰 부자다.
· 상관이 관을 극하면 큰 부자가 될 수 있다(좌우에서).

[예 · 8, 남명]

천간	乙	庚丁
지지	卯	戌未

· 戌이 처, 丁은 아들, 未는 손자, 丁은 사위(庚, 金을 딸로 보았으므로). 未는 길.
· 乙 남편은 戌은 재, 庚은 관, 여자의 관은 기쁨.
· 戌에서 乙卯가 관이라 기쁨이다.
· 본인 영감은 丁, 아들에게 未(재)가 있어 구두쇠다.
· 사위들, 아들들이 형편없다.
· 남자는 재에 관이 있으면 바람을 피우지 않는다.

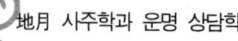

- 아내 덕이 많다.
- 丁 아들, 사위는 戌, 未중 丁이 있고 戌未가 상관이라 바람둥이.
- 일도 안 된다.

◆ 4단계 통변

천간	甲乙	甲乙	丙丁	丙	丁	戊己	戊己	庚辛	庚辛	壬癸	壬癸
지지		午巳		辰戌	丑未		申酉		子亥		寅卯

- 지지 식상, 천간 비겁인데 지지에서 천간이 인성이 된다.
- 난관을 이겨내고 장기적으로 꾸준히 노력을 하면 좋은 결과를 얻을 수가 있다고 본다. 그러나 매사에 불만이요, 불평이요, 힘들어하고 이상하게 힘든 일들만 생기고 하여 많은 노력과 힘을 들여 살아가지만 결과는 항상 많이 참고 손해 보는 결과를 맛볼 수가 있다는 운명이다.
- 乙巳(庚), 丙辰(癸), 丁丑(癸), 壬寅(戊), 부부운이 문제가 있다고 본다. 형제자매의 운도 문제가 나타날 수가 있다고 본다. 그러나 자녀가 성장하면 자손은 돈을 잘 벌어 잘살 수가 있다.
- 乙巳, 丙戌, 丁丑, 戊申, 申亥, 壬寅은 금전운이 좋다고 본다.
- 식상에 비겁이 인성으로 그 결과를 보여주는데 이것이 4단계 통변의 핵심 부분이다.

(3) 천간(天干) 비겁(比劫), 지지(地支) 재성(財星)인 여자

이런 사주는 활동 능력이 뛰어나다. 자립 능력, 빈손으로 성공할 수 있는 강력한 운기를 타고났다. 형제나 친지간에도 우애가 있어 서로 도와가며 살려는 사람이다. 사회성이 좋아 대인관계에서 사교력이나 교제력이 있어 일을 해도 사람이 잘 따르고 단골이 잡히며 장사를 하면 돈을 잘 벌 수 있다. 운명적으로는 가정에서는 경제권을 쥐고 제 마음대로 가사를 처리하며(좋은 의미로) 일가친척까지도 환영해 주고 화목(노력)하게 산다. 이런 사주는 옛말로 하자면 부잣집 맏며느리감이다(긍정적 측면).

　대개는 남편만이 벌어서는 힘이 들며 돈이 모여지지 않아서 항상 경제적인 곤란을 받는다. 그러나 자신이 활동을 하면 집도 장만하고 여유 있는 생활을 할 수 있다. 다시 말해서 편안하게 집에서 살림이나 할 팔자가 아니고 활동을 하면서 돈을 벌면서 살아가라는 운명이다. 드물게는 여자가 잘 벌면 남자가 무능해지든가 벌이가 시원치 않는 기현상이 생기기도 한다. 인인성사(人因成事)라 사람과 도모하는 일에서 성공할 수 있는 운명이다. 그러나 그 반대의 경우도 있다. 여하튼 활동을 하면 돈이 따르는 사주이다.

▎비겁에 재성(남, 녀) 예문

천간	甲乙	甲甲乙乙	丙丁	丙丁	戊己	戊己	庚申	庚辛	壬癸	壬癸
지지		辰戌丑未		申酉		子亥		寅卯		午巳

◆ 1단계 통변
　· 비겁은 여자는 시댁이 잘 안 되고, 활동을 해야 한다. 비겁에 재성이니 비겁이 재성을 극해 시집의 운이 나빠진다. 재성을 시댁으로 보기 때문이다.
　· 우선 천간에 비겁이요, 지지 재성이므로 첫째로 이 부분을 보아야 한다. 그러므로 1단계 통변은 매우 중요하다. 비겁은 재성을 극한다는 가장 기본적 통변이 1단계 통변에 해당된다.
　· 본인은 시댁을 위해 많은 일을 했다고 생각을 하겠다. 실제 그런 여자도 있다.
　· 비겁에 재성이니 여자도 활동해 돈을 벌어라. 그러면 좋아진다.

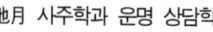

◆ 2단계 통변
- 비겁에서 재를 보니 형제가 재를 깔고 있으니까 형제 중 잘사는 사람이 있다.
- 자수성가하라. 그러면 크게 돈을 번다(천극지).
- 부잣집은 완전 실패. 부모 돈으로 사업하면 백전백패한다는 것이다.
- 비겁이 재를 극해서 재성 아버지, 즉 부모 재물은 극을 당하고 있어서 그러하다.
- 본인(여자)이 활동하여 집안을 꾸려 나간다.
- 돈을 벌든 살림을 하든 책임이 많은 사주이다.

◆ 3단계 통변
- 재성에 비겁이다.
- 정재 편재하려면 먼저 비겁의 길을 잘해야 한다.
- 이런 자식은 재산을 물려주지 않아야 좋다. 물려주면 거의 실패(부모 재산을 깨뜨린다)한다.
- 비겁은 활동, 말로 벌어먹어라.
- 교역(영업) 능력을 길러야 좋다(먹는장사, 소모품 장사가 유리. 왜냐하면 비겁이 재를 극하니까).

[예 · 1]

천간	甲乙	甲	
지지		辰	
		辰戌	戌 (간접 부친)

- 癸(辰중 癸水)가 어머니이다.
- 자식이 부모에게 불효한다.
- 형이나 누나가 생기고부터는 아버지가 일이 잘 안 된다. 아버지가 무능하든가 하는 일이 그저 그렇다는 것이다. 직장인으로 꾸준하게 근무하면 그런대로 괜찮다.

[예 · 2]

천간	甲乙	乙
지지		丑

· 딸을 낳고부터는 아버지가 잘 안 된다. 그렇지 않으면 딸이 나쁘다.
· 甲일주는 丑중 辛金이 딸, 辛金이 丑 편재 아버지의 관인 乙木을 극한다.
· 癸가 母
· 여자는 나가서 장사를 하거나 활동해야 한다(식상 관성의 여자는 활동해야 한다).
· 이런 사주는 적수공권으로 돈을 벌어야 한다. 자수성가가 제일 좋다.
· 천간 비겁은 잘될 때는 아주 잘되나 실패할 때는 하루아침에 무너진다. 속성속패.
· 천간에 있으면 甲乙은 木이라 바람을 잘 타니까 실패가 크다.
· 이런 사주는 생각에는 잘될 것 같은데 잘 안 된다. 말로는 뭐든 다 한다.
· 대운에 관이 있으면 비겁이 약해지니까 나쁘다.

◆ 4단계 통변

· 정재 편재에 비겁
· 빈손으로 토대를 굳히면 장사가 되나 돈을 가지고 하면 실패(완전 실패).
· 아버지 말을 안 듣는 경우가 있다. 아버지와 사이가 좋지 않은 경우 많다.
· 甲일주에 甲辰월이면 마누라에게 잡혀서 산다.
· 비겁이 운명성이다. 활동을 해야 돈을 번다. 그런데 운명성이 되면 대체로 마누라에게 잡혀서 불길.
· 지지에서 천간이 관성이 된다.
· 행복이다. 부인 되는 사람은 행복하다는 것이다.
· 지지의 장간으로 봐서 극이 있으면 부침이 많다.

[예 · 3]

천간	戊己	戊己
지지		子亥

- 지지장간에 甲木(亥중 甲木).
- 부인은 항상 불평불만이 있다.

[예 · 4]

천간	乙甲	甲甲
지지		戌辰

◆ 1단계 통변
- 乙일주로 甲戌 여형제는 남편운이 나쁘며 초혼에 실패한다.
- 甲에서 乙丑도 여형제가 나쁘다.
- 甲戌 乙丑 주의, 나쁘다.
- 아무리 잘살아도 이러한 시련은 당한다.
- 甲戌 乙丑일생 여자는 팔자가 나쁘다(시련이 있다). 년월에 있으면 형제간에 많이 그렇다.
- 남자도 甲戌, 乙丑일생은 부모 재산으로 하면 완전 실패한다. 남자는 자수성가 해야 한다. 그러면 오히려 성공한다.
- 여자의 경우 돈 있는 집안으로 시집가면 거의 몰락한다(시댁이).
- 활동을 해야 한다.
- 남편 자식도 시댁 식구로 볼 경우가 많다. 이런 여자는 부잣집으로 시집가면 안 된다.
- 돈 없는 집에 시집가라. 이런 여자는 시가가 잘살면 망한다. 그러나 못 살아도 운명이 그리 좋은 것은 아니다. 남자 사주가 무능하면 괜찮다.
- 이런 사주는 시부모를 무시한다. 왜냐하면 재(시댁)를 극하니까(집안을 일으키는 사람도 있다).

◆ 2단계 통변
- 형제간에 우애가 좋다.

- 여자는 남편이 무능해진다.
- 시집 식구와는 불화.
- 여자가 남자같이 활동을 해야 한다.
- 비겁(활동) 재성(여자).

◆ 3단계 통변

- 재하면 비겁.
- 돈에 쪼들린다. 돈을 벌어도 모이지가 않는다.
- 활동을 안 하면 몸이 아프다.
- 일지에 있으면 재를 깔고 앉아서 살림을 알뜰하게 한다.

◆ 4단계 통변

- 재성에 비겁이나 재성이 관성을 보고 있다. 그러므로 기쁨이다.
- 甲戌은 지지, 申金이 식상이라.
- 부부 해로에 문제가 있다. 또 형제자매 중에 그러하다.
- 비겁, 즉 활동·행동을 잘하면 관성이 된다.

[예·5, 실제 사례]

천간	庚	辛辛
지지	辰	卯巳

- 여자 사주인데 남자는 돈을 많이 벌었다. 그러나 여자는 수술을 세 번이나 했다.
- 이런 여자는 활동(장사 등)을 해야 한다. 그런데 활동을 안 해서 몸이 아프다. 장사(활동)를 안 하면 운동이라든가 기타 활동을 많이 하라.
- 甲일주 乙丑은 안 좋다.
- 예로 乙일주 甲戌은 남편운이 나쁘다.
- 壬일생 癸巳, 이런 사주도 남편이 안 된다.
- 부모의 말을 복종하면 희망, 발전이 있다(巳중 戊庚丙).

· 사주에 인성이 중요한 작용을 하고 있을 때(운명성, 보조성 등) 인성은 부모 말을 듣지 않으면 일평생 눈물을 흘릴 수 있다.
· 인성 대 식상은 자식이 없을 수 있고 있어도 종신을 못한다.
· 乙일주 甲戌은 남편 운이 나쁘다.
· 壬일생 癸巳, 이런 사주도 남편이 안 된다.
· 부모의 말을 복종하면 희망, 발전이 있다(巳 중 戊庚丙).
· 사주에 인성이 중요한 작용을 하고 있을 때 운명성 보조성 등 인성은 부모 말을 듣지 않으면 일평생 눈물을 흘릴 수 있다.
· 인성 대 식상은 자식이 없을 수 있고 있어도 종신을 못한다.

[예 · 6]

천간	甲	甲
지지		戌

· 甲戌이 하나만 있어도 형제자매는 반드시 아주 나쁘다.
· 본인 출생 후 아버지 운세가 나빠졌든가 사망(불행, 단명)한다.
· 아버지가 壬(편인)으로 볼 때 戌이 관인데 관이 극을 당하므로 아버지의 운이 쇠퇴해진다.
· 甲戌(丁辛)은 丁이 辛을 극하니 식상이 관성을 극하고 있어 좋지 않다. 고로 부모덕이 없다.
· 어느 사주든 비겁 대 재성은 어떤 모습으로든 불행한 시련을 겪는다.
· 식상 관성, 관성 식상은 단명, 불행사, 운의 쇠퇴, 몰락의 암시가 있다.
· 식상이 관성을 극하면 부모의 덕이 적다.
· 심층 있는 통변을 하라(내 입장, 부모 입장 등등).

[예 · 7]

천간	甲	甲	甲
지지		戌	

- 비 대 재인데 甲년에는 甲戌밖에 없다.
- 빈손으로 돈을 벌어야 한다.
- 비겁 대 재성은 자수성가해야 한다.
- 부모가 잘살면 부모 재산은 거의가 실패한다.
- 남자는 대개 속성속패한다.
- 비겁에 재라 돈을 가지고 장사하면 실패한다.
- 월을 먼저 본다. 운명성이 있으니까.

[예·8]

천간	甲	甲	甲
지지		戌	子

- 甲에서 戌은 아버지이다.
- 편재가 아버지이다.
- 子가 없다 해도 甲일에서 甲戌은 부모덕이 없거나 단명하거나 이별한다.

[예·9]

천간	甲	甲	甲
지지	戌	戌	戌(丁辛)

- 丁이 辛을 극해서 좋지 못하다.
- 아버지가 나쁘다. 丁 辛은 관재다.
- 편재는 아버지, 여자는 정재가 아버지.
- 여자 사주에서 정관을 아버지로 보는 경우가 아주 드물게 있다(변만리 사주학 중에 이런 이론이 있어 임상해 본바 의미 있는 이론은 아닌 것으로 본다).
- 甲일생의 甲辰은 조실부모한다.
- 편재가 아버지다.
- 첫째는 부모덕이 없다.
- 천간 년월일 다 있으면 형제는 재를 깔고 있으니 형제는 잘산다.

· 남자의 경우 편재는 좋지가 않다. 시련이 있는 것이다.
· 편재성에서 큰 부자가 많이 나온다. 그러나 인생행로는 결코 좋은 것만은 아니다. 편재를 역마라고 부른 이유가 있는 것이다.

[예 · 10]

천간	壬	壬	庚
지지	子	午	午

· 庚(여명)은 어머니, 午는 간접적 아버지. 둘 다 나쁘다.
· 부모 중 한 명이 일찍 사망하거나 아버지, 어머니의 사이가 아주 좋지 않다.
· 재성 인성, 인성 재성의 특징이다.

[예 · 11]

천간		甲	甲甲
지지			戌申

· 甲申은 비겁에 관성이다.
· 직장생활을 하면 인기가 있다.
· 甲戌보다 甲申에 중점을 두고 본다.
· 甲戌은 적수공권인데 甲戌은 보지 않는다(보아야 할 때도 있다).
· 이 사주의 경우 甲申을 중점적으로 통변해야 한다.
· 戌중 辛이 있어 甲申의 작용이 강력하다고 보는 것이다(申中壬水).

[예 · 12]

천간		甲	甲甲
지지		申	戌申

· 일지에 申이 있으면 직장생활이 잘 어울리는 사주라 사업이나 장사는 별로이다. 만약 사업이나 장사를 하면 기복이 심하다.

· 부인이 고생이다.
· 戌은 申을 생하고 9월은 甲木이 약하다.
· 申이 강해서 직장생활이 좋다. 甲戌은 장사해도 된다.
· 甲申은 직장생활을 한다. 甲申이 장사하면 기복이 심하다.

[예·13]

천간	甲	甲己
지지		戌未

· 재성이 천간에 있어 돈이 많다.
· 재성은 지지보다 천간에 있어야 좋다.
· 己土 재가 옆에 있어 돈이 많이 생긴다.

[예·14]

천간	甲	乙甲
지지	子	亥子

· 己土 정재(부인)에서는 재와 관이라 좋다(흔히 나쁘다고 하는데 잘 보아야 한다).
· 丙火 아들에서는 아버지(甲木)가 관(亥子 水가 관)이라 좋다.
· 비겁 대 인성은 길, 乙亥는 길, 甲戌이면 흉.

[예·15]

천간	甲	乙己己
지지	子	亥未丑

· 상기 사주와 같이 잘산다.
· 己未나 己丑이나 甲子와 같다.
· 관이 있어야 투쟁력이 생기고 대성한다.

[예 · 16]

천간	甲	乙甲
지지	午	亥子

· 일지 午는 딸인데 잘산다.
· 딸은 친정살이하는 팔자다(가능성). 친정과 더 가깝게 지낸다는 정도로 보아도 된다.
· 甲子, 乙亥는 환경이다.
· 부모덕이 많다.
· 午에서 子와 亥는 관성이다.
· 午는 상관이라 대범하지는 못하다. 세심하다(원만 타협형).
· 남자는 사람이 진실하고 검소하고 처자밖에 모른다.
· 午중(丙은 아들, 己는 甲의 마누라) 비겁 대 인성이라 착한 친우와는 잘 어울리지만 상관 午는 강하지 못하고 약하니까 사람이 소심해서 큰사람이 못 된다.
· 비견은 말도 잘하지만 투쟁력도 약하고 공부도 안 한다.
· 관이 있어야 재주 있고 이름을 나타낼 수 있다.

(4) 천간(天干) 비겁(比劫), 지지(地支) 관성(官星)인 여자

이런 유형의 사주는 사회활동 능력이 좋은 사람인 경우가 아주 많이 있다. 적응력이 좋고 교제력이 있으며 인기도 좋다. 인기와 관련된 일을 하면 크게 발신할 수도 있는 사주이다. 특히 어떤 특기가 있을 수 있는 운명적 특성이 있다고 본다. 자신의 특성을 살리면 성공도 하고 행복한 삶을 살아갈 수 있는 운명이기도 하다.

어려서부터 사람들의 눈에 띄는 특기가 있을 수 있는데 운동을 좋아하거나 예능에 소질이 있거나 공부를 잘하든가 하는 사주이다. 여하튼 사람들의 칭찬을 받고 자라는 운명이다. 성장해서 문예·연예계로 진출하면 인기가 있을 수 있다. 아니면 기술로 나가도 좋다. 돈과 명예를 함께 얻을 수도 있는 운명이다. 이렇게 사회적 운은 아주 강력하고도 좋은 사주이다.

그러나 결혼을 하면 거의가 실패를 한다. 차라리 재취 자리로 결혼을 하는 것이 좋다. 그렇지 않으면 첩 꼴을 보든가 자신이 그런 신세로 전락하는 수가 있다(전에는 이런 일들이 많았지만 요즈음은 매우 드물어지는 추세인데 부부간에 시련이 있는 것은 마찬가지이다).

운명적으로 활동을 해야지 집에서 살림만 할 팔자는 아니다. 즉 가정적인 행복은 작은 편인 셈이다. 이 꼴 저 꼴 보기 싫으면 혼자 사는 것도 좋다. 평소에 말이 별로 없다가도 한 번 화가 나면 사람의 간을 뒤집어 놓는 말을 한다. 즉 정 떨어지는 말을 한다는 의미이다. 말을 하고서 금방 후회를 한다. 무의식중에 한 말이지만 남이 듣기에 기분을 상하게 하는 말을 한다는 의미이다. 그러니 그 말로 인해 제 운명을 아주 안 좋게 하는 수가 있으니 이 점을 유의해야 하고 특히 남편에게 말을 조심해야 한다. 심하면 자신이 가련한 신세가 되는 수가 있다. 즉 언어에 살이 있는 운명이다. 이를 유의하면 좋은 운명이다.

대개 남편으로 인해 많은 시련을 겪는 수가 있다. 동기간 또는 동성연애를 조심하라는 암시도 있다(아주 적지만 임상에서 확인되는 부분이다). 또한 아주 친한 사람으로부터 배신당하는 경우가 있을 수 있으므로 주의해야 한다. 아니면 자신이 배신을 하기도 한다.

친지나 친구에게 남자를 소개해 주는 경우 친구 애인을 빼앗기도 하지만 빼앗기기도 한다. 아는 사람한테 자신의 남자를 빼앗길 수 있는 것이다. 어찌 됐든 부부 해로가 쉽지 않은 사람이다. 해로한다면 많은 시련을 극복한 사람일 것이다.

비겁은 관성이 있어야 돈이 모여진다는 점도 있다. 반드시 관성이 있어야 좋다는 점을 유념하기 바란다.

▌비겁 대 관성 예문

천간	甲乙	甲乙	丙丁	丙丁	戊己	戊己	庚辛	庚辛	壬癸	壬癸
지지		申酉		子亥		寅卯		午巳		辰戌丑未

- 비견 겁재는 부지런히 활동을 하면 지지 관성이라 관이 따르게 되어 있다. 그런데 독립을 하여 활동을 하면 관성이 통제역할을 한다. 그러므로 자유 활동은 나쁘다는 것이다.
- 독단적인 일, 사업 등은 막힌다. 관성은 독단, 독립, 자유 등에 브레이크 역할을 한다는 점을 이해하면 이해가 될 것이다.
- 형제, 친지, 친구 중에 공직에 있는 사람이 있다고 본다.
- 대중(비겁)을 상대해야 비겁에 관성이니 많은 사람(비겁)에게 기쁨을 주고 또 자신에게 기쁨이 있다.
- 교제력 또는 대인관계가 아주 좋은데 이 부분이 장기적이지를 않다.
- 잘 잊고 잘 사귀고, 쉽게 뜨겁고 쉽게 식고, 강렬하다가도 순간에 식어버리고 무슨 일이든 길게 끌지 않고 빨리 해결해야 하며 길게 끄는 일에는 실속이 적다고 본다. 단기전에는 아주 좋은데 장기전에는 약하다는 것이다.
- 사업투자, 자유업, 자영업 등 독립은 안 된다. 투기사업도 안 된다. 그러면 관성이 제동을 거는 작용을 하게 된다.
- 비겁은 기초를 튼튼히 잘해 놓아야 성공을 한다는 점을 늘 잊지 말아야 한다.
- 비겁에 관성이니 교통사고, 부상, 수술 등 위험한 고비를 넘기는 시련이 따른다. 대중교통을 이용하고, 자가용을 조심해야 한다.
- 친구를 많이 사귀다 보니 노는 것을 좋아할 수 있는데 이런 점을 주의해야 운이 트인다.

- 비겁에 관이니 또 관에 비겁이니 의외의 횡액으로 명을 마치는 경우가 많다. 객사 죽음이 제일 많다고 보기도 하는데 이 점을 유의할 필요가 있다.
- 천간을 지지가 극하는 것은 모두 해당된다.
- 地克天이기 때문에 혈압, 중풍 등을 주의하라.
- 甲일생 戊己 부인으로 봐서는 甲申乙酉는 천간은 관이요, 지지는 식상이라 그래서 항상 불안하다. 그래서 남편이 못 믿는다. 이런 사주를 가진 남자는 결혼을 여러 번 할 수도 있다.

[예 · 1]

천간	甲乙	甲
지지		申

◆ 1단계 통변
- 己는 부인, 申은 부인으로 봐서 상관, 申에서 甲은 재성인데 40대 이후 庚申년에는 요주의.
- 고혈압, 교통사고, 음주, 오락 조심

◆ 2단계 통변
- 친우 가운데나 형제 가운데 공직 생활자가 있다.

◆ 3단계 통변
- 관에 비견 겁재다.
- 직장생활 중 인기가 있다. 대기업, 중소기업은 그래서 좋다.

◆ 4단계 통변
- 회사 사장은 재가 있다.
- 자손은 재가 있다.

· 이 사주는 天干훼하는 년에 크게 실패한다.
· 친우나 형제간에 도움을 주나 자신이 받을 복은 없어서 손해다.
· 남창(男娼) 사주라고도 한다.
· 이 사주는 대중적이므로 버스 타고 택시 타지 마라.
· 자가운전 주의. 비견 겁재에 관이기 때문에 그러하다.
· 여자의 경우 말을 잘하고 노래도 잘한다. 그래서 부부간 싸울 때는 많이 맞는 경우도 있다.
· 여자의 남편이 다른 여자에게 인기가 있다. 그리고 바람기가 많은 남자라야 돈이 생긴다. 바람기가 없으면, 즉 자기부인만 상대하면 무능해진다.
· 여자는 서비스 분야에 종사할 수 있는 사주이다. 자기가 종업원으로 있을 때는 장사가 잘되나 본인이 직접 장사를 하면 사업이 실패한다.
· 3단계 통변 : 남자들한테는 인기가 좋다.
· 1단계 통변 : 남녀 다 같이 형제 가운데 불행한 사람이 있다. 비명에 가거나 단명한 사람이 있다. 여자의 경우 甲일생으로서 乙酉는 친정 남형제가 그렇다.
· 유부남에게 인기가 있다.
· 각 간지 중 지지장간에서 천간을 생하면 다소 좋은 편이다.
· 壬癸인 남자의 경우 癸未 유부녀가 잘 따른다(지지에 丁火가 있어서).

[예·2]

천간	辛	壬辛
지지	丑	寅巳

· 비겁 대 관성은 결혼생활이 오래 가지 않는다. 오래 살면 남자가 죽는다.
· 남자는 운이 나쁘다. 여자는 식상 대 관성이 나쁘다.
· 이 사주는 꾸준히 오래오래 직장(공무원)생활을 해야 한다.
· 土년만 길하다.
· 비겁에 관이 나쁘다.
· 같이 오래 살면 하나가 죽는다.

[예·3, 실제 사례]

천간	癸	丙戊
지지	未	辰子

· 丙火 부인은 戊子가 식상 대 관성이라 못 산다.
· 35세에 결혼했다. 그러나 未중 장간의 乙이 나쁘다. 여러 번 동거하고 이혼하고를 반복했다.
· 남자(남편)가 성질이 못됐다(남자의 성격 부분은 이는 이런 사주라 꼭 그런 것이 아니고 이 여자의 삶이 그랬다는 것). 재에 관은 좋은데 辰중에 식상이 있어서 그렇다(대체로 남자 성격이 좀 그렇다).
· 비겁 대 관성은 가정 파란.
· 직장은 겨우 밥 먹는다. 공무원이 제일 좋다.
· 큰 부자 되기 어렵다.
· 년에 식상, 월간에 관성인 여자는 성력 태강 요주의.

[예·4, 실제 사례]

천간	癸	辛辛
지지	丑	卯巳

· 남자와 이혼 후 유부남과 동거하고 있다.
· 戊土가 남편인데 戊에서 辛은 상관, 卯는 관이라 운이 별로이다.
· 남자의 성이 굉장히 강해 결혼 전에 정조를 잃었다(참조 수준).
· 재가 있고 인성이 있으면 인성을 극하는 년운 주의.

[예·5, 실제 사례]

천간	甲	戊辛
지지	子	戌未

· 土년 흉, 재가 있고 인성이 있는 사람은 재년 주의.

· 본부인 사별, 戊戌은 재혼녀.
· 甲子년은 일생에 단 한 번밖에 없다. 대길이다. 다른 사주도 마찬가지다.
· 건강 조심.
· 재가 강성하니 극을 하는 운은 흉.

(5) 천간(天干) 비겁(比劫), 지지(地支) 인성(印星)인 여자

참으로 인정이 많고 솔직하게 살려고 노력하는 사람이다. 형제자매에게 진실하고 성의껏 대하고 힘이 될 수 있다면 서슴없이 힘을 실어 주는 사람이다. 친지나 이웃들에게도 좋게 대하고 인정 있게 대한다.

사람들과 교제를 하는데도 성실하게 대하고 자신이 성실하니 남들도 그럴 것으로 믿고 사귀다가 손해를 보기도 한다. 아무리 똑똑해도 사람을 보는 눈이 어둡다는 것이다. 그건 어리석어서가 아니고 순수한 면이 있기에 그러는 것이다. 그러나 인생행로는 외로움이 따를 수 있는 운명이기에 아무리 잘 대해도 나중에 돌아오는 것은 참으로 씁쓸한 것이 되니 이 또한 운명의 소치이다. 노력한 것보다 소득이 적다는 운명이다.

내가 부모 역할을 하는 경우가 있을 수 있겠으며 형제가 그러는 경우가 있을 수 있다고 본다. 즉 부모 같은 형제가 있든가 본인이 그렇거나 한다.

독학을 하면 많은 도움을 받을 수도 있는 사주이다(요즈음은 워낙 생활수준이 좋아져서 이는 잘 맞지 않기도 하다). 처음은 답답해도 나중은 좋아지는 운이며 대기만성형이라고 보는 것이다. 또 나이 들어서도 열심히 활동을 하라는 운이기도 하다.

친구 친지 등으로 인해 이익도 있으나 아주 손해를 보기도 한다는 운명의 소유자이다. 이는 길성인가 흉성인가를 잘 분별하면 알 수 있다.

비겁 대 인성 예문

천간	甲乙	甲乙	丙丁	丙丁
지지		子亥		寅卯

· 형제 사이가 좋다. 성실(인성)히 대한다.
· 친구도 진실(인성)한 친구(비겁)를 사귄다. 비겁에 인성이라 그러한 것이다.
· 甲일생 여자가 乙亥면 남자(겁재) 형제가 부지런하고 성실(인성)해서 잘산다.
· 甲에서 亥는 어머니(편인)가 복 있는 팔자가 아니고 시련이 있는 팔자일 것이다.
· 부모에게 효도하고 부모 사랑도 많이 받는다.
· 지지의 음양이 다르므로 판단이 다르다.
· 비겁(형제)은 무조건 극을 당해야 좋다.
· 여자 甲일생, 甲子 아버지, 乙亥 어머니. 어머니는 팔자가 불행, 아버지는 일이 잘 안 된다(인성에 비겁은 인성 자신이 식상을 보기 때문이다. 3단 통변하면 원리가 바로 이해된다).

[예 · 1]

천간	庚辛	庚庚辛辛
지지		辰戌丑未

· 庚辰인 여자는 간통이 있다. 적중률은 미미하다. 이론상 그렇다는 것이다.
· 庚辰일생은 부모의 속을 썩인다(결혼 실패, 사업 부진, 직업 변동 등의 엉뚱한 일을 해서). 辰중의 재성과 인성이 서로 극을 하는데 이로 인한 문제이다.
· 庚일생이 庚辰이 있으면 유부녀와 간통(乙癸가 지장간에 있어 乙은 욕심, 癸는 불평불만)한다.
· 庚戌(丁辛) 丁이 辛을 극해 담이 약하다.
· 우월감이 있다.
· 丁 때문에 형제 단명. 丁이 문제다.
· 庚戌이 년월주에 있으면 낙상 주의, 중년 교통사고 등 인생에 파란곡절이 있다.

- 형제 중에 단명이나 빈명(貧命), 소년 시절 낙상, 장년에 교통사고, 말년에 중풍, 사업은 부침이 많다.
- 甲乙일생 甲子 乙亥중 甲일주 乙亥는 여형제가 성실하고 亥중 甲木으로 마음이 너그럽다.
- 庚辛일주 庚戌이 있으면 여자의 경우 유부남이 잘 따른다.
- 남편이 바람(가능성)을 피운다.
- 庚辛일주 여자 庚戌(丁辛戌), 丁火는 남자, 戌(戊)은 자식.
- 庚은 여자 자신은 유부남이 잘 따르고 남편은 유부녀와 바람날 수 있다.
- 비겁은 활동이고 丁火가 극을 하니까 인물이 좋다.
- 비겁에 관성인 여자 치고 못생긴 여자 없다.
- 辛일생 辛丑(癸辛己) 土인성은 성실하고 부지런하다. 비겁은 노력하는데 상관 때문에 불평불만이 있다. 형제 중에 그럴 수도 있다. 못 사는 형제가 있게 된다.
- 사람은 성실하다.
- 상관은 건달, 불평불만, 정의파.
- 년에 있으면 형이 사람은 진실한데 돈이 없다. 본인이 돈 없는 친구를 사귀어서 곤란할 때가 있다.
- 여자도 마찬가지이다. 여자 형제는 친정이 그렇다.
- 여자의 경우 庚일생, 辛丑이 있으면 남자 형제가 사람은 성실한데 돈이 없다.
- 辛일주 辛未(乙丁기) 辛未일은 부모덕이 없다.
- 丁火가 있어 형제가 적다.
- 부모가 잘살면 부모에게 불효. 乙木이 己土를 극하니까.
- 辛未가 년이나 월에 있으면 언니가 성실하고 가정적이다.
- 庚辰은 형제가 많다.
- 辛未는 유부녀가 잘 따른다. 유부녀가 좋아한다.
- 庚戌과 辛未는 유부남이 잘 따른다.
- 辛未 庚戌은 火가 비겁을 극해서 형제가 적다.
- 辛丑은 돈(癸辛)이 없다.
- 庚辰일생 乙이 있어 구두쇠로 돈이 있다.

✔ 년간 대 월간 육신론

▮년간 비겁과 월간 육신과의 운명 — 남자

① 년간 비겁, 월간 비겁인 남자

사회성이 좋으며 교제력도 좋고 인기도 많은 사주이다. 사람들에게 호감을 주고 인상도 좋아서 많은 사람이 잘 따를 수 있는 운명의 소유자이다. 형제나 친지간에도 우애가 좋고 사람을 대할 때 신의로 대한다.

언어능력이 좋든가 특기가 있을 사주이므로 그 능력을 살려서 일을 하면, 즉 사람을 많이 상대하는 일을 하면 단골도 잘 잡히고 빠른 시일 안에 돈을 벌 수 있다. 어학능력이 있는 사주이므로 방송, 언론, 교육, 외교, 항공, 원양어선, 운전기사 등도 좋다. 소비성향이 강한 업종, 요식업 등도 잘 맞는다. 많은 활동을 하는 일도 좋다. 역마의 특성이 있다. 많이 돌아다니는 일, 활동이 많은 일 등도 좋다.

② 년간 비겁, 월간 식상인 남자

사회성이 좋고 교제력도 있고 활동적인 사람이다. 어릴 때는 부지런한 편이라 몸에 부상을 당하는 경우도 있다. 성장해서라도 흉터가 있을 운이 있으므로 주의를 해야 한다.

직업은 기술직, 운전기사, 항공사, 선원, 군인, 소방관 등 다소 위험이 따르는 일이 좋다. 정치가도 더러 있는데 야당이 잘 맞는다. 위험이 따르는 일을 할 때가 운세가 좋고 인생의 전성기일 수가 있다.

형제간에는 아무리 사이가 좋아도 나중에는 멀어질 수가 있으니 주의를 해야 한다. 그리고 언어 표현에 조금 신중을 기할 필요가 있다.

③ 년간 비겁, 월간 재성인 남자

　대개가 미남형이며 여자들한테 인기가 좋다. 언어 표현 능력이 좋고 활동적이기 때문에 아주 인기가 좋다. 교제력이 좋으며 특히 여성들한테 인기가 있을 운명이라 직업도 여자를 많이 상대하는 직업을 잡으면 좋다. 정치인, 출판업, 연예인, 아나운서, 기자 등의 일이 좋다. 장사나 사업을 해도 여자를 주 고객으로 하는 일이 좋다. 여자가 잘 따르는 사주이므로 여자관계는 잘해야 한다. 아니면 바람둥이가 될 수도 있기 때문이다.

④ 년간 비겁, 월간 관성인 남자

　이러한 운명은 언어능력이 좋다. 그러나 말을 신중하게 해야 할 필요가 있다. 대개는 과묵한 편이지만 한번 말을 했다 하면 상대의 마음을 상하게 하는 말을 할 때가 있을 수 있다. 음악 계통, 연예인 등을 직업으로 하면 크게 이름을 날릴 수 있다. 즉 인기와 관련 있는 일을 하면 좋다는 말이다.

　형제 중에 잘사는 사람이 있는 경우가 많다. 그리고 자신은 사람들에게 잘해 주고 도와주며 친밀하고 원만하게 잘 지내고자 하지만 자신이 어려울 때는 도와주는 사람이 없으니 이 부분을 잘 생각해서 살아가야 한다.

　사회활동에서도 다른 사람보다 인기가 있어 승진도 빠르고 좋다. 그러나 아주 결정적일 때 다른 사람에게 좋은 기회가 돌아가는 경우가 있다. 즉 좋은 기회를 놓칠 수 있다는 말이다.

⑤ 년간 비겁, 월간 인성인 남자

　이러한 운명의 소유자는 사람들에게 인정도 받고 인기도 있으며 사회성도 좋고 교제력도 있다. 사람들을 설득할 수 있는 언어능력이 있다고 본다.

부모는 다른 형제에게도 잘하지만 본인에게 더 기대를 많이 한다. 즉 부모의 사랑을 유난히 많이 받을 수 있는 운명이다. 좋은 조건일 때 이 특성은 강화되고 안 좋은 환경일 때는 반감되겠다.

예능이나 문장력에 소질이 있을 수 있으며 공무원이든 직장인이든 간에 서무를 맡아보면 일을 아주 잘할 수 있다. 출세도 빠르다. 교육자, 종교가, 공무원 등의 직업이 좋다.

친우를 사귀어도 진실된 사람을 사귀고 본인이 진실하고 성실하며 분명한 성격이므로 다른 사람들도 그런 줄 알았다가 손해를 보는 경우도 있으니 주의를 해야 한다.

▎비견 겁재성 남자, 몇 가지 이야기

- 비겁은 관성이 극을 해야 좋다. 관이 없으면 안착이 안 된다.
- 비겁은 관성이 무조건 극을 해야 좋다. 많으면 처와 떨어져 산다. 없으면 쩨쩨하다.
- 재가 있으면 술을 좋아하고 주색잡기를 좋아한다. 요주의!
- 일지에 있으면 甲寅, 乙卯, 丙午, 丁巳 등 마음이 크다. 남에게 굽히기를 싫어한다. 기분파다. 심대하다. 절대 마누라에게 굽히지 않는다.
- 천간에 있으면 말을 잘하고 인기인이다. 운명가, 돈을 잘 번다.
- 식상이 있으면 부모운이 불길하다.
- 재성이 있으면 여자가 잘 따른다.
- 재성이 지지에 있으면 년에 없고 일지에만 있어도 타향살이를 해야 좋다.
- 비겁과 재성이 같이 있으면 무능해질 수도 있다(운명성이면 나쁘다).

그러나 庚일 寅월 辛년생은 좋다.
- 비겁 운명성이면 출가할 팔자이다. 남녀 동일.
- 비겁이 사주에 있으려면 강하게 나타나야 한다.
- 庚午는 나쁘고 庚申은 좋다.
- 운명성은 형제 덕이 있다. 장애성의 경우 형제 덕이 없다.
- 독재적인 성격의 소유자이다. 너무 지나치게 방종적이다.
- 甲일생 亥, 子월 土 운명성인데 甲乙이 비겁이 장애성이다.
- 대운 초년 비겁은 나쁘다.
- 주중에 甲일생 壬이 있으면 父가 고생이 많다.
- 주중에 甲일생 癸가 있으면 어머니가 힘든 삶을 살아간다(과부일 수도 있다). 비겁이 있는 경우를 말하는 것이다.
- 중년 대운이 제일 좋다. 대운도 강하게 들어와야 좋다.
- 말년 대운 사고무친. 지지가 천간을 치면 나쁘다.

▎년간 비겁과 월간 육신론의 여자

① 년간 비겁, 월간 비겁인 여자

이러한 사주는 형제나 친지간에 우애가 있고 인상 또한 귀여운 상이라 호감을 주는 인상이다. 명랑하든가 말을 잘하거나 예체능에 재능이 있거나 남달리 특출한 재능이 있어서 사람들에게 인기가 있을 운명이다. 사회성이 좋으며 사람들이 잘 따르고 본인 또한 잘 어울린다. 그러니 어릴 때 특기를 잘 살리면 크게 성공할 수가 있다.

집안에서 살림하는 것보다 밖에서 활동을 하는 것이 더 좋다. 결혼은 중매보다 연애결혼을 하는 사람이 더 많으며 연애를 하면 인물을 따지므로 인물 보고 결혼했다가 후회를 하는 경우가 종종 있으니 되도록 잘 살펴보고 결혼하기를 바란다.

② 년간 비겁, 월간 식상인 여자

이러한 운명을 타고난 여인은 명랑하고 귀여운 인상이 많다. 어릴 때는 부모에게 귀여움을 많이 받고 학우들 간에도 인기가 좋으며 무엇을 가르쳐도 잘하기 때문에 사람들에게 인기가 좋다. 그러나 성장해서 결혼 상대를 잘 만나기는 하지만 소극적이거나 큰 발전이 안 되어 본인이 내조를 해야 한다. 즉 사회활동을 하는 경우가 많다는 말이다.

다시 말하자면 남편은 처를 잘 만나지만 본인은 남편 덕이 적은 편이라는 말이다. 그러나 자녀가 성실하여 고생 끝에 낙이 있듯이 노후는 자녀의 덕으로 평안하고 행복하게 된다.

친정과는 사이가 좋지 않을 수 있고 불평이 있을 수 있다.

③ 년간 비겁, 월간 재성인 여자

이런 사주는 명랑하고 경우가 분명하다. 그리고 재주가 있든가 특기가 있을 수 있다. 노래나 무용, 예체능에 재주가 있을 수 있다. 여하튼 간에 사람들에게 인기가 있고 귀여움을 받을 수 있다. 그러므로 그 특기를 살려 사회생활을 하면 인기와 명예를 얻을 수 있다. 직업으로는 연예인, 아나운서 등이 좋다.

결혼해서는 여자가 주도하는 경우가 많고 그리하면 집안이 늘어나고 여유로운 생활을 할 수가 있다. 그러니 가정에서 살림만 하고 살아가는 사주는 아니다. 가급적이면 자신이 활동을 하고 그래야 재수도 좋고 모든 것이 순조롭다. 늦게는 자녀가 잘되고 출세할 수 있는 운명이다.

④ 년간 비겁, 월간 관성인 여자

이러한 운명의 소유자는 인상이 밝고 명랑하며 언어 표현 능력도 좋으며 노래, 무용, 운동 등에 소질이 있다. 그러한 방면으로 진출하면 많은 발전을 할 수 있다. 아주 화려한 시절을 보낼 수 있다. 다시 말해서 사람들을 즐겁게 해 주는 능력이나 황홀하게 해 주는 능력이 있다.

그러나 결혼에 있어서는 미남이든가, 결혼 전에 다른 여자와 동거를 했다든가, 상처를 했든가 한 남자와 결혼하게 되는 수가 있다. 그렇지 않고 총각, 처녀로 결혼을 하면 나중에 삼각관계가 있을 운이다. 그러나 남자가 여성을 가까이 하지 않고 돈벌이에만 열중하면 돈을 많이 벌 수 있다. 잘되는 형제가 있을 수 있고 또는 형제 중에 액운에 시달리는 수도 있다.

⑤ 년간 비겁, 월간 인성인 여자

밝고 명랑하며 성실하고 근면하다. 부모에게 효심이 있고 부모의 마음을 편하게 해 주려고 노력하는 사람이다. 형제나 친우 간에도 잘하려고 노력을 한다. 인정으로 대하며 이해심도 많다.

활동력이 있어 결혼 후에 내조도 잘하거니와 어려우면 자신이 활동을 해서라도 생계를 도우며 살아가면서도 불평하지 않고 이해하고 인내하며 살아간다. 인정이 많아서 없어도 남을 도와주며 살지만 남의 도움은 별로 없다. 인덕이 적다는 말이 된다.

문학이나 예능에 소질이 있으며 남달리 문장능력이 좋을 수도 있다.

■ 비겁성 여자, 몇 가지 이야기
- 비겁이 있으면 남자의 기질이 있다.
- 남자가 정재 편재가 있으면 여자의 기질이 있다.

- 여자는 집에 있으면 안 된다. 활동가다. 팔자가 세다.
- 반드시 여자는 비겁에 관성이 있어야 한다. 그래야 돈이 모인다. 활동력이 있다.
- 일지 비겁의 경우 화통하다, 심대하다, 관대하다.
- 천간, 특히 년간에 있으면 활동가다. 사회에 나가서 생활한다.
- 지지의 경우 마음속으로 사회에 나가고 싶어 한다.
- 월지 비겁은 저축이 안 된다. 년에 재성이 있어도 월지에서 방해가 되므로….
- 운명성이 비겁이 된 자는 활동해야 된다.
- 남편도 잘못 만나고, 자식도 잘 안 된다.

[예·1]

천간	戊	丁乙
지지	申	亥丑

- 안 좋은 사주.
- 친정 때문에 속 썩는다. 친정(부모 형제)에 안 좋은 일이 있다는 말이다.
- 초년 비겁 대운은 남녀 공히 부모운이 나쁘다. 심하면 조실부모한다.
- 공부는 잘한다. 모두 칭찬한다.
- 중년 대운 비겁은 남편으로부터는 재성이다.
- 남자가 벌든 여자가 벌든 잘산다.
- 말년 대운 비겁은 사고무친(四顧無親)이다.

[예·2]

천간	甲	己壬
지지		酉戌

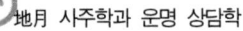

- 乙甲癸壬辛庚
- 卯寅丑子亥戌
- 자식 한 명은 정신 이상.
- 壬이 나이 많아서 인수는 戌의 재로 살아야 하는 운명, 이런 명은 자식이 꼭 안 좋게 된다.
- 남자는 비겁년에 사업이 잘 된다. 분수를 지켜라. 단, 조심조심.
- 사주에 비겁이 있고 재성이 있는 사람은 비겁년이 길년.
- 사주에 비겁이 없고 재성이 있는 사람은 비겁년에 불길.
- 비겁 운명성은 관대운이 최악.
- 여자의 비겁운은 남편운이 나쁘다.
- 사주에 관성이 많으면 비겁년에 가출하거나 바람난다.

3 천간(天干) 식상(食傷)과 지지육신(地支六神)과의 통변론(通變論)

✔ 남자 편

(1) 천간(天干) 식상(食傷), 지지(地支) 비겁(比劫)인 남자

이런 사주의 소유자는 아랫사람(자손, 후배, 부하직원)에게 인기가 있는 타입이라고 본다. 없으면 모르되 있으면 참으로 잘한다. 그리고 잘하려고 무척 노력을 한다. 그래서 자손이나 아랫사람으로 인해 손해를 보거나 답답한 상황에 있을 가능성이 있다.

자신보다 어린 사람을 친구로 두는 경우가 많으며 회사나 생활 전선에서 자신보다 못했던 손아랫사람이 나를 능가하는 일이 있어 이로 인해 스트레스를 받는 경우가 있다. 따라서 수하, 제자, 자녀들이 자신보다 나아지고 좋아지는 좋은 운의 작용이 있다. 때로는 나를 배신하는 사람도 있으며 내가 다른 사람을 배신하는 경우도 있다.

식상에 비겁인 사람은 수입보다는 지출이 많은 경우가 있는데 이 부분은 빨리 개선을 하는 것이 좋다. 그렇지 않으면 늘 허덕이는 기분으로 살아가야 한다는 것이다. 자손의 문제로 고뇌를 하는 운도 있다.

나의 좋은 아이디어나 좋은 기회를 다른 사람에게 빼앗길 수 있는 점도

알고 있어야 한다. 자신의 것을 잘 지키는 것도 삶의 지혜 중의 하나이다. 그러니 금전거래는 삼가는 것이 좋다. 돈을 빌려준다든가 하면 받아내기가 쉽지 않을 운이 있으니 이 점을 명심하시기 바란다.

어떤 의미로는 내 돈을 쓰는 사람은 운이 막힌다는 것이다. 즉 사람들에게 불행을 안겨줄 수도 있으니 이런 부분에 대한 깊은 성찰이 필요하다. 이상하게 되지도 않을 일에 온 정력을 쏟아내어 좌절을 맛보기도 한다.

자식에 대한 사랑이 남다르다. 잘해 주지만 줄 복은 있어도 받을 복이 없어서 자식들이 출세 성공하기가 쉽지 않은 사주이다. 속 썩이지 않으면 잘하는 것이라고 생각하는 것이 좋다.

또한 본인은 눈썰미가 좋아 특수한 기술이 있거나 특기가 있어 남들에게 인기가 있을 수 있으며 자식과 같은 사람에게 인기가 있는 운명이므로 학교 교사, 소아과 의사, 문구, 완구, 어린이와 젊은 계층을 상대하는 일을 하면 아주 좋다.

형제의 불평불만이 있을 수 있는 운명의 소유자이므로 형제가 없거나 이복형제, 외아들, 형제가 있어도 사이가 좋지 않거나 언젠가는 사이가 벌어질 수 있으니 유의해야 한다. 또한 형제가 멀리 떨어지거나 약간의 액운, 아주 사별을 하는 수도 있고 질병이나 신체 결함이 생기는 수도 있다.

친구를 사귈 때 정의와 의리로 대해도 상대방이 의리를 벗어나는 행위를 하는 것 같아 불만일 수가 있고 결국 멀어질 수 있다. 사실은 본인이 문제라고 하는 것이 정확하겠다.

몸에 흉터가 있게 되는 운명이다. 심한 경우는 부상을 크게 입는 수가 있다. 소소한 흉터가 많이 생길 수 있는 사주이다. 그러므로 위험한 직업은 삼가고 운전기사, 오토바이 등은 아주 조심해야 한다.

부모 재산으로 일을 하면 모두 탕진해 버리는 사주이다.

일지 식상 옆에 인성이면 부부가 눈물을 흘리게 된다는 암시도 있다(경험). 자식 같은 연인이 있어 신경을 많이 쓰게 되기도 한다.

▌식상 대 비겁 예문

천간	壬癸	甲乙	甲乙	丙丁	丙丁	戊己	戊己	庚庚辛辛	庚辛	壬癸
지지		子亥		寅卯		午巳		辰戌丑未		申酉

◆ 1단계 통변
- 식상에 비겁이다.
- 아들딸이(갑을) 비견 겁재(해자)한다.
- 친구처럼 대한다. 어린 사람한테 인기 있다.
- 장인장모에게 인기 있다.
- 청장년에게 인기 있다.
- 공장 주인이면 종업원에게 인기 있다.
- 창작, 제작, 공장 같은 것을 하면 잘된다.
- 식상이 많다.
- 아들딸이 많다 보면(비견 겁재라서) 돈을 많이 쓴다.

◆ 2단계 통변
- 아들들이 모두 성실하다.
- 甲에서 子가 인수이니까 아들이 많으면 좋고, 하나면 속을 썩인다.

◆ 3단계 통변
- 비겁에 식상이다.
- 형제나 자매에게 불평불만이다. 단명하거나 서로 불목.

[예·1, 실제 사례]

천간	癸	甲甲
지지	酉	戌子

· 酉는 아버지인데 일지에 깔고 있으니 본인이 모시고 있다.
· 甲子의 子는 배다른 형제.
· 식상에 관이 있으면 섹스를 좋아한다.
· 의사 직업이 좋다. 소아과는 더 좋다.
· 아버지의 부인이 두 사람, 본인도 처가 둘, 장인장모가 둘, 어머니가 둘, 딸도 있다.
· 甲子의 子는 딸, 癸 아버지(酉)와 참 친하고 성실하고 희생하나 남편하고는 불행이다.
· 원래 교육자인데 중간에 한의사가 돼서 수억을 벌었으나 딸들은 골칫거리다.

[예·2 실제 사례]

천간	壬	丙丁
지지		寅卯

· 본처와는 딸만 있고 丙寅은 아들이 있다(후처나 첩 丙寅).

[예·3 실제 사례]

천간	丁	丙乙
지지	酉	戌卯

· 丙戌 본처의 딸만 있어서 酉의 후처가 아들이 많아서 시에 丑, 未가 있어야 좋다.
· 酉의 후처는 乙卯가 재가 되니 돈이 많다.
· 참고로 운명성이 없는 사주는 운명성 년운에 불행이다.

[예 · 4]

천간	丁	乙戊
지지	未	卯戌

· 乙卯는 부모인데 작년 辛酉년은 부모를 극하니까 불행.
· 재가 운명성인데 재년에 부상당했다. 본인이 병원에 입원했다.
· 비겁 대 재성은 자수성가하라.
· 비겁은 활동능력, 언어, 대중 대화(상대) 기술, 실력, 토대.
· 이런 자식은 절대 도와주면 안 된다.
· 甲辰일주 癸는 어머니, 어머니가 아들(甲)을 낳고서 辰 아버지의 일이 잘 안 된다. 혹은 무능, 단명. 그로 인해 모친(癸) 팔자가 사납다.
· 아버지 말을 안 듣는다.
· 甲이 辰을 극하니까 아버지는 무능.

◆ 4단계 통변

· 여자는 집에서 살림만 하면 재물이 없어지고 나가서 활동을 하면 돈을 번다.
· 남자 사주가 길이면 여자는 나가서 바람을 쏘여야 건강이 좋다.
· 남자 사주가 흉이면 여자가 나가서 활동하면 건강에는 좋다.

(2) 천간(天干) 식상(食傷), 지지(地支) 식상(食傷)인 남자

이런 사주의 구성을 타고난 운명의 소유자는 대부분이 내성적(내향성)인 성격의 소유자이다. 얌전하고 차분하게 보이지만 정의감이 대단하다. 정의를 위하거나 진정 해야 할 일을 위해서는 목숨도 아끼지 않고, 어떠한 난관이나 시련이 있다 하여도 이를 두려워하지 않고 시도하고 도전한다. 어떤 점에서는 대단한 정신력의 소유자이다. 그러면서도 세심하고 깔끔하고 빈틈이 없이 세부적인 것까지도 잘 살피는 자상함이 있다.

진실의 길, 진리의 길, 정말 해야 하는 일, 인간이 가야 할 길, 자신에게 부여된 길을 가고자 도전하고 극복한다면 크게 발신하고, 그 이름 석자를 청사에 남기는 경우도 있다. 그러한 삶을 살아가자니 그 얼마나 힘들고 외롭고 고달픈 길일까? 그러나 반대의 투쟁을 하면 오명을 남길 수도 있는 운명이다.

아주 세심하고 섬세한 면이 있으므로 세공업에 진출해도 좋고 발명을 하든가 연구가, 과학자, 의학자로 명성을 얻을 수 있는 특수한 두뇌를 소유했다. 정치인도 있으나 대개는 야당인이고, 비판하는 언어 표현은 남보다 월등하다고 본다. 이 점은 좋은 것이 아니겠다. 비록 정의를 주장해도 때로는 잘못할 수 있는데 그럴 때는 형벌의 시련이 따른다. 그러니까 이 사주는 본인의 엄청난 노력과 지혜의 결과로 좋은 것이지만 시련은 남보다 훨씬 크게 온다. 남들이 보아도 참으로 안됐다고 할 정도로 인간적인 시련을 겪을 수가 있다는 말이다.

선의의 경쟁을 해서 이길 수도 있는 사주라 그만한 기초를 닦아야 하겠다. 이러한 운명은 크게도 될 수 있고 아주 적게도 될 수 있는 운명이라 극에서 극으로 달릴 수 있다.

자식에 대한 사랑은 대단하다. 그러나 드물게는 자식을 불행하게 만들 수가 있으니 몸가짐을 잘해서 자녀로부터 불평을 듣지 않도록 하기 바란다.

이러한 사주의 소유자는 대부분이 부부간에 풍파가 있다. 즉 여자로 인한 시련이나 재난이 있을 수 있다. 부인이 아닌 다른 여자로부터 자녀를 두는 예도 있는데 과거에는 많았지만 요즈음은 아주 드물게 나타나고 있다.

또 학업 운에 장애가 있을 운이라 전학이나 학업 중단, 늦공부 등의 운도 보인다.

무슨 일을 하면 아주 금방 빠져드나 또 금방 체념하고, 포기도 잘한다. 잔재주나 잔머리로 인해 자신이 힘들어지는 경우도 있으니 이 점을 주의하라고 경고를 주고 있다. 돈을 벌어도 지출이 많아 늘 허덕일 수 있으니 이 점을 잘 하시기 바란다.

할머니도 그러하고 자손도 그러한 경우가 있다. 대부분 잘살든 못 살든 힘든 삶을 살아가야 한다는 점이 있다. 인생살이에 한이 많다는 것이다. 장인, 장모, 할아버지, 할머니도 그러하다. 어머니 또한 그러하다.

반면, 장인 장모가 매우 활동적인 경우가 많다. 장인 장모 운이 너무 강력해 부담스러울 수 있다.

▎식상 대 식상 예문

[예·1]

천간	丙丁	戊戊己己
지지		辰戌丑未

· 시련은 언제나 내 운명의 좋은 벗이 되리라.
· 무슨 일이든 간에 쉽게 이루어지기보다는 늘 난관이 있어 이를 극복해야 한다는 것이 이러한 사주의 운명이다.
· 10% 정도의 여자는 이런 경우 남자를 어떻게 만나느냐에 따라서 좋은 운명도 있다.
· 식상 대 식상은 불행이다. 모든 일이 불평불만이다.
· 성격 자체가 투쟁(언쟁 토론)을 좋아하고 꼭 그런 환경이 된다.
· 불만이라 고생이다. 고생에 고생하는 격이다.
· 상기 丙丁일 戊戌 己丑은 辛金이 재가 되므로 좋아진다.

[예·2]

천간	癸	乙壬
지지	卯	卯子

· 활동을 아무리 해도 빈털터리 사주다.
· 이런 사주는 庚辛金이 있으면 좋아지는 사주다.
· 식상은 극을 해야 좋아진다.
· 金이 있으면 여자의 경우 삶의 투쟁력이 강해진다. 그리고 희생함으로써 남편을 훌륭하게 성공시킨다.
· 여자의 경우 여자는 장사를 하고 남편은 월급생활이나 혹은 놀아도 여자가 노력함으로써 남편이 성공한다. 드물게 불구자도 있다.
· 여성은 성(性)도 강하다.

[예·3, 여자 사주]

천간	庚	癸癸
지지	子	亥巳

· 너무 비참한 인생이다.
· 인체 형상이 완전 장애자이다.

(3) 천간(天干) 식상(食傷), 지지(地支) 재성(財星)인 남자

이러한 운명의 소유자는 머리가 아주 영리하다. 식상의 작용이 아주 두드러지는 경우라서 머리가 좋다고 보는 것이다. 특수한 기술, 특별한 기술(예체능 등)로 사회에 진출하면 성공할 수 있다. 돈도 많이 벌 수 있다. 또한 무슨 일을 하든지 과감하게 도전을 하면 안 되는 일이 없을 정도로 풀려 나간다. 법에 저촉이 되는 일도 하면 잘될 수 있는 운명이다.

의사, 약사, 한의사, 치과 등에 종사하면 명의 소리를 듣는다. 특히 어린 사람을 상대하면 아주 잘된다.

교육계, 운동, 서점, 문구 등의 일도 좋다. 또는 자식과 같은 사람, 불행한 사람을 많이 고용하는 일, 이용하는 일, 즉 화류계, 요정, 카바레, 술집 등을 하면 이익이 많고 큰 성공을 할 수 있다. 일반 기술직도 좋으며 다소 법에 저촉되기 쉬운 일일수록 재수가 좋다는 운명의 암시가 있다.

그러나 운명적으로는 어머니가 팔자가 별로여서 초년부터 고생을 많이 하거나 아버지와 생리사별을 하거나 사이가 좋지 않다(어머니를 식상으로 보았을 경우 관성 대 식상이 되므로). 장인 장모 역시 비슷한 경우가 많다.

이 부분의 통변은 매우 수준이 있어야 이해가 될 것이다. 왜냐하면 식상을 어머니로 보는 경우가 종종 있기 때문에 이러한 의미 있는 통변을 하는 것을 유의해야 이해가 될 것이다.

부인은 인자하고 이해심이 있는 여성을 만난다. 그러나 사람이 너무 좋은 것이 불만이요 불평이며, 더구나 아기자기한 맛이 적고 애교 없는 것이 불만일 수 있다. 그래서 외도를 한다든지 자꾸 밖으로 돈다든지 하는 수도 있다. 그러나 부인은 잘 참고 산다. 참고 살려고 무진 애를 쓴다는 말이다.

식상은 어머니의 별이 되기도 한다. 그 이유는 편인이 아버지의 별이므로 식상이 어머니의 별이 될 수 있는 것이다. 그러니 아버지의 돈보다는 어머니의 돈이 많다고 볼 수 있다. 할머니, 장인, 장모도 마찬가지의 통변 적용이 가능하다.

또 말만 잘하면 돈이 생긴다는 의미도 있으니 이 점을 유의해야 한다. 능력 발휘 중 언어 표현 능력을 제일 잘하는 것은 비겁인데 이 언어 표현이든 능력 발휘든 식상의 작용도 그에 못지않다. 그러므로 말 잘하면 돈이 생긴다는 점은 매우 의미가 있다고 본다.

처가의 덕으로 잘 풀리는 경우도 있고 어머니의 도움으로 잘되는 경우도 있다. 또 식상은 아랫사람을 의미하기도 하므로 아랫사람의 돈으로 일을 하는 경우도 있다.

이런 사주는 대체로 머리가 좋고 직감력이나 예감능력이 아주 좋다. 재치, 순발력이 좋다. 그러나 조금은 무게 있게 행동할 필요는 있다.

남들보다 돈이 더 잘 따른다는 운이고 보니 잘 벌고 잘 쓴다. 들어오기도 잘하고 나가기도 잘한다. 또 자손이 출세를 한다든가 돈을 잘 번다든가 자손의 돈을 쓰고 살 수 있다든가 한다. 이는 그만큼 인기도 있다는 말도 된다. 재산이 잘 늘어나며 투자를 하면 이익이 많아서 재미를 보는 운이기도 하다. 재주는 곰이 부리고 돈은 내가 챙긴다는 운이니 재복이 좋은 팔자이다. 자식 낳고부터 늘어나는 사람도 있다. 그러나 한편으로는 자식 낳고 아주 폭삭 망하는 사람도 있다.

식상에 재성은 인성에서는 재성에 관성이라 자식 낳고 운이 좋아진다는 것인데 다른 측면으로는 부모 재산을 받으면 몽땅 날린다는 점도 있다. 왜 그러한가? 재성이 인성을 극하고 인성이 식상을 극하니 부모의 돈으로 부모를 극하는 격이라 부모 돈은 다 날려 버린다는 것이다

▎식상 대 재성 예문

천간	壬癸	甲	乙	甲乙	丙	丙	丁	丁
지지		午	巳		辰	戌	丑	未
		午(丁丙己)	巳(庚丙戊)		乙癸	丁辛	辛癸	乙丁

천간	丙丁	戊己	戊己	庚辛	庚辛	壬癸
지지		申酉		子亥 (亥중 甲木을 辛金이 충극)		寅卯 (寅중 丙火)

◆ 1단계 통변

· 식상 하면 재가 따른다.
· 식상에 맞는 직업(소아과 의사, 불쌍한 사람 상대 등)에 종사하면 제일 좋다.
· 아들딸 낳고부터 돈이 생긴다.
· 제일 밑바닥에서 시작해서 성장시키면 돈이 생긴다.

◆ 2단계 통변

· 딸의 팔자가 사납다. 딸은 부부풍파가 있다.
· 甲일주 丙戌은 아들을 낳고부터는 돈이 생겨서 좋으나 아들은 커서 상처(이별) 한다(戊중 申金이 재성, 정화가 극을 하니까 자식은 부부운에 문제가 있다).
· 乙일주 丙辰은 딸을 낳고서 재수는 좋으나 딸은 시집가서 남편이 죽는다(생리 사별).
· 甲일주 丁丑도 딸은 팔자가 사납다.
· 辛金이 亥중 甲甲木을 극한다.
· 甲乙일생 丙辰, 丙戌, 丁丑 등은 부모는 재물은 좋으나 아들딸은 커서 홀아비 나 과부가 된다.

◆ 3단계 통변

· 정재 편재는 식신 상관이다.
· 己부인(甲일주의 경우 己土가 부인)에게 성격상 불평불만이라 그래서 작은 마 누라를 두게 된다.
· 섹스 불만으로 마누라에게 불만이다. 심하면 여자가 죽는다.

◆ 4단계 통변

- 여자가 인성을 가지고 있어 늙은이같이 행동하니까 재미가 없다.
- 간에 지는 상관이라 섹스다. 한 예로 乙亥는 일지가 인수라 섹스는 재미가 없다.
- 여자가 인수니까 나이 많은 여자고, 식상은 어린애 같은데 서로 맞지 않다.
- 식신은 장인, 상관은 장모이니까 장인장모하고 같이 산다. 상관 대 재라 마누라가 시집오고도 친정살이한다.
- 식신 아들하고 어머니하고 짝이 되고 아버지와는 등진다.
- 상관 딸은 시집가고도 친정살이한다. 즉 처가살이하는 사주다.
- 자신이 못 살면 처가 덕을 보고 자신이 잘살면 처가를 돕는다.
- 동주니까 붙어 있다.
- 식상 아들이 커서 활동을 하게 될 때는 어머니가 50세 전후에 식상이 지지장간의 아버지를 극하니까 父, 즉 남편이 죽는다(여자 사주일 경우 식상이 관성을 극하게 된다. 자식이 장성하면 거의 그렇다).

(4) 천간(天干) 식상(食傷), 지지(地支) 관성(官星)인 남자

이러한 사주는 대단히 강력한 운세가 작용을 한다고 보아야 한다. 그러므로 군인 경찰, 검사, 판사, 의사 등의 직업을 가지면 아주 좋겠다.

자손이나 아랫사람으로 인해 크게 손해를 볼 수 있으니 주의해야 한다. 자식이 속을 썩이거나 힘든 과정을 겪는다. 식상이 관성을 극하니 아랫사람, 자손 등이 나의 행복과 좋은 것들을 망가뜨린다는 점이 있다.

처가의 덕을 보는 사람도 있으며 처가의 후광으로 출세·성공을 하는 사람도 있다. 공직자의 자손을 두게 되는 경우도 있으며 자손이 비명에 갈 수도 있는 양면성을 가지고 있다.

자신이 자식 때문에 이름나고 체면이 서는 일도 있다. 그런가 하면 자손으로 인해 근심걱정 떠날 새 없고 아주 골치 아픈 자식을 두기도 한다.

이런 사주는 투쟁을 하듯이 열심히 모험심을 가지고 살아간다면 명예를 얻을 뿐만 아니라 행복할 수 있는 사주이다. 안전제일주의, 그저 무난하게 편안하게 지내고자 한다면 오히려 운이 꼬이고 시련과 고생이 따를 수가 있다.

의사, 약사, 교육자 등 사람을 지도하고 가르치고 이끌어 줄 수 있는 직업을 가지면 편안하게 명예와 행복을 소유할 수 있는 운명의 소유자이다. 그러나 만약 법에 저촉될 수 있는 일을 하면 오히려 자신이 법의 제재를 받아 관재를 당한다. 그러나 이익은 많이 볼 수도 있다.

이러한 사주 중에는 우국지사, 충의열사, 독립운동가 등이 있어 나중에 이름은 남기지만 본인 자신은 파란만장한 삶을 살아간다.

보통 사람 중에는 생산업, 제조업, 그중에서도 위험이 따르는 일이나 기계를 다루는 일 등에 종사하는 경우도 있고, 부상 위험이 있는 사업을 하여 직원이 다치는 일이 있기도 해서 돈을 벌기는 하지만 늘 불안함이 따르게 된다. 많이 돌아다니는 일을 하기도 하며 운수사업, 운전기사들이 많다. 드물게는 거리의 불량배도 있다.

다시 말해서 옳은 투쟁을 하면 이름을 날릴 수가 있으나 나쁘게 투쟁을 하면 평생 불행하고 안 좋은 이름을 남길 수 있다. 그러므로 이런 사주는 어릴 때 진로를 잘 정해 줘야 한다. 의사, 공업, 교육, 사법 계통 등이 좋다.

▎식상 대 관성 예문

천간	壬癸	甲甲乙乙	甲乙	丙丁	丙丁	戊己	戊己	庚辛	庚辛	壬癸
지지		辰戌丑未		申酉		子亥		寅卯		午巳

- 식상은 자식, 영리, 정의, 눈물, 성(性), 불굴, 발명, 모험.
- 관성은 행복, 도덕, 평안, 명예, 억제, 사치 등.

◆ 1단계 통변
- 투쟁(식상)을 하면 관성이 온다. 죽기 살기로 해야 한다.
- 싸우기만 하면 좋다.
- 초년 고생, 말년 행복. 초년 행복, 말년 불행.
- 뜨뜻미지근하면 안 된다.
- 조상을 욕보이는 행동을 하는 수도 있다.
- 식상하면 관성이 된다.
- 부모덕 있으면 나쁘고 덕이 없으면 좋다.
- 고생하면 성공하는 사주다.
- 성이 강하다.
- 관을 무시한다. 극에서 극이라서.

◆ 2단계 통변
- 식상이 재를 깔고 있다.
- 천간에서 재가 관인데 아들이 걸린다.
- 부모가 잘살면 부모에게 불효하고, 부모가 못 살면 자식이 고생하나 부모에게 효도한다.
- 甲戌, 乙未는 지지에 재를 깔고 있으니 부모에게 불효하고 처자에게 잘해 준다.
- 대운에 있어도 작용력이 있다.
- 내가 잘살면 식상이 관성을 깨뜨리고 내가 못 살면 자식이 관성을 보호해 준다.

◆ 3단계 통변
- 관성하면 식상이다.
- 명예를 얻으려면 식상하라(도전하라).

[예 · 1, 남자]

천간	癸	戊甲
지지	巳	辰辰

· 딸 때문에 좋다.
· 운명성은 甲木인데 甲辰이 딸인데 딸의 도움으로 생활한다.
· 巳는 부인인데 巳로 보아서 辰은 상관이라서 부인은 불평불만으로 살았다.
· 관이 있어 공부는 대학을 나왔다.
· 甲은 딸인데 운명성이 되므로 좋다.
· 운명성이 있어서 이 사주가 살았다. 운명성은 주중에 없는 것도 괜찮은데 주중에 있으면 훨씬 좋다.

(5) 천간(天干) 식상(食傷), 지지(地支) 인성(印星)인 남자

이런 사주를 타고난 사람은 아주 머리가 영리하다. 천재적인 머리를 타고났다고 해도 과언이 아닐 정도이다. 또 배우고자 하는 마음이 대단해서 더 많은 것을 알려고 노력한다. 그러나 공부를 하는 데는 많은 장애나 난관을 겪게 되는 수도 있다.

어떻게 해서라도 자식들은 고생을 안 시키고 어려움을 겪지 않게 하려고 대단한 노력을 한다. 한마디로 자식 사랑이 대단한 것이다. 어떻게 해서라도 자식들을 고생 안 시키고 착하고 올바르게 키우는가를 생각하면서 살아가는 사람이다. 그리고 본인이 무언가 불우하고 불리한 환경이나 조건에서 성장했기에 어려운 사람을 많이 도와준다. 도와주고 동정하는 마음이 있다는 말이다.

재성을 아버지로 보았을 경우 식상은 할머니로 보아야 하는 것인데 할머니가 어머니의 역할을 하게 되는 경우가 있다. 즉 할머니 같은 어머니요, 실제 어머니가 아닌 사람의 양육을 받기도 한다는 것이다. 아버지, 어머니가 나를 낳고 키우는데 무언가 장애가 있었다는 것이다. 또 다른 측면은 재성은 처의 별이니 식상은 장인장모, 즉 처가로 보아야 하는 것인데 장모가 어머니 같고 장인이 아버지 같은 역할을 하는 경우가 있다. 이러한 관점에서 처가의 덕을 본다는 것이다.

또 조부모나 처가의 사람 중에 교육 쪽에 종사하는 사람이 있을 수 있다고도 본다. 처음보다 여러 번 보면 볼수록 괜찮은 사람이요, 오래오래 친분을 유지할 수 있는 좋은 사람이다.

인성은 수입을 의미하고 식상은 지출을 의미하는데 이것이 동시에 이뤄지는 격이니 들어오면 곧바로 나간다는 의미이므로 모으는 일에 신경을 써야 한다. 노력한 만큼 그 대가가 반드시 나타나는 사주라 식복, 재복 모두 좋다는 것이다. 처음은 미약하나 나중은 크게 이롭다는 것이니 처음에는 힘들고 어렵지만 나이 들어 반드시 안정이 되는 사주이다.

아랫사람들에게 인기 있고 또 그들을 도와주고 이름을 날릴 수 있다. 자손이 잘되고 공부도 잘하고 남겨 줄 재산도 있고 자손이 일찍 성공하는 사주이다. 다른 점은 자식 걱정이 많고, 자식으로 인해 참으려야 참기 어려운 시련이 따르기도 한다. 자식으로 인해 피눈물을 흘리기도 한다.

가르치는 직업도 좋고, 배우면서 돈 버는 일도 좋다는 것인데 교육 쪽이 잘 어울리는 사주라고 보면 된다. 직업으로는 의사, 그중에서도 소아과, 약사, 교육자 등에 적합하고 사회사업이나 자선사업에 나서면 진실로 사람을 대하고 인의로 행동을 하기 때문에 칭송을 많이 듣게 된다.

다시 말해서 저는 아무리 힘들어도 자손은 평안하게 살도록 하려고 노력을 하는 사람이다. 그러다 보니 일가친척들에게도 잘하며 많이 뜯기는 것이 있게 된다.

공장, 술집 등등 불우한 사람을 상대하는 직업으로 성공을 하는 사람도 있다. 그러나 인덕은 별로인 편이다.

▌식상 대 인성 예문

천간	壬癸	甲乙	甲乙	丙丁	丙丁	戊己	戊己	庚辛	庚辛	壬壬癸癸
지지		申酉		子亥		寅卯		午巳		辰戌丑未

◆ 1단계 통변
- 남을 위해 좋은 일을 하는 데 적합하다.
- 식상은 불우한 사람.
- 인성은 이끌거나 선도한다.
- 참고로 종교인은 인성에 재성이 있으면 이상한 행동을 한다.
- 마음은 항상 착하다.

◆ 2단계 통변
- 아들과 딸들을 위해서 온갖 고생을 하면서 희생을 한다(혹자는 아들 때문에 속을 썩는다. 딸은 과부다).
- 남을 위해서 희생을 한다.
- 未는 운명적으로 남자는 악화되고 여자는 좋아진다.
- 어릴 때 어른답고 희망을 가지고 있다.
- 화수미제이다.
- 식상은 사고력, 공상이다.
- 남을 도와주어도 받지를 못한다.

◆ 3단계 통변
- 아버지, 어머니에게 불만이다. 그래서 본인은 부모에게는 불만이 있으나 자식에게는 고생을 안 시키려고 애쓰는 감정이 있다.
- 누구보다도 눈물이 많다.
- 두뇌는 비상하게 좋다. 추리를 잘한다. 천재이다.
- 고집은 항우요, 변덕이 심하다.
- 참고로 회장, 사장 등 브레인 자리에 있는 사람은 지능이 높아 생산도 특별한 것을 만들어 돈을 많이 번다.

[예 · 1]

천간	壬癸甲乙
지지	子亥申酉

- 나쁘다. 비겁이 있어 인성을 악화시킨다. 누기(漏氣)되니까….

[예 · 2]

천간	壬癸甲乙
지지	午巳申酉

- 재성은 인성을 극하니까 나쁘다.

[예 · 3]

천간	壬癸甲乙
지지	申酉申酉

- 수십억 재산이 있다.
- 아이들이 성장함으로써 부자가 된다.
- 이런 사주는 아들을 많이 낳을수록 좋다.

[예·4, 실제 사례]

천간	乙	庚丙
지지	亥	寅寅

· 부인 사주.
· 庚申년 8천만 원 실패.
· 庚寅의 庚은 남자인데 寅은 재다. 재를 깔고 있으면 질투가 심하다. 의처증이 심하다.
· 庚남편은 인재가 多해 미남형이다.
· 이 사주는 丙상관이 庚을 극하니까 남편과 이혼.
· 丙은 아들 그리고 딸도 된다. 딸도 팔자가 나쁘다.

식상 대 인성 예문

[예·1]

천간	甲	丙丙
지지	子	子子

· 丙이 아들은 子가 관이다. 그래서 아들은 평생 좋다.

[예·2]

천간	乙	丙丙
지지	亥	子子

· 이것은 딸이다.
· 딸이 출가하면 불길, 아들을 먼저 낳고 딸을 낳으면 길하다.
· 딸은 비겁에 관성이 되니 불길하다.

[예 · 3]

천간	戊	辛庚
지지	午	巳午

· 庚은 아들, 辛은 딸.
· 평생 길하다.
· 아들이 커가면서 더 재물이 생긴다.
· 지출이(자식 위해) 많을수록 수입이 는다.
· 자식이 클수록 재산이 생긴다.
· 대기업일수록 재가 많다.
· 밑에서 위를 극하면 좋다(아주 드물다).
· 옆에서 극해도 길, 제일 좋다. 그러나 위에서 밑을 극하면 흉(이런 사례도 있다는 것이다).

[예 · 4]

천간	癸	戊辛
지지	未	戌酉

· 未가 亥였으면 더욱 좋았을 것이다.
· 이 사주는 잘사나 본인 건강이 문제다.
· 멀리 떨어져 살아야 한다. 죽기 쉽다.

[예 · 5]

천간	甲	壬丙
지지	子	子子

· 위의 사주보다 더 잘산다.

[예·6]

천간	乙	壬丙
지지	亥	子子

· 식상은 극을 해야 좋아한다. 그러니까 자식은 관이라 기쁨이다.

[예·7, 실제 사례]

천간	辛	丁己
지지	巳	丑巳

· 여자인데 소아마비는 巳가 辛을 극해서다.
· 己는 火가 있어 자식 때문에 애를 많이 써야 된다.
· 관이 있을 때는 인성이 없어야 차라리 좋다.
· 巳가 관인데 巳에서 보면 己土가 식상이 되어 불만이 된다.
· 재성 운명성이라 첫째는 잘 판단해야 한다.
· 돈 가지고 살아야 하는 사주이다. 남편과 자식 몰래 돈을 꼭 갖고 있어라(강의 중에 나온 이야기를 그대로 적었으니 착오 없이 읽어 주시기 바란다).
· 인성 대 관성, 식상 대 관성.
· 사주에 없는 것은 대운에서 보아라.

[예·8, 실제 사례]

천간	癸	庚乙
지지	卯	辰未

· 다방 레지 사주인데 乙未가 있어 초혼에 실패한다.
· 아버지 같은 분과 인연이 있다.
· 壬戌년 庚戌월에 상대가 나타날 수 있는데 이 해 3월 甲辰월에 유부남이 생겼다.
· 庚金이 아버지, 사위, 아버지는 딸 낳고 辰 관이 되기 때문에 잘살게 되고 癸 딸은(본인) 卯가 상관이라서 본인 사주는 안 좋다.

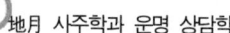

- 식상 운명성에 庚 장애성 인수 있어 잘 속아 넘어간다.
- 운명성은 정조를 지키며 살아야 하는데 그렇게 하지 못하며 장애성의 길을 가게 된다. 그래서 불행한 삶을 살아가게 되는 것이다.
- 여자는 운명성이든 장애성이든 식상은 나쁘다. 이런 사주는 부모 말씀에 복종하고 결혼은 20년 이상 차이가 나는 남자와 살아야 된다.
- 식상은 장애성이든 운명성이든 흉함이 따른다.

[예·9, 실제 사례]

천간	乙	庚癸
지지	丑	申未

- 78년도인가 戊午년에 상담을 한 분.
- 戊가 癸를 극하고 午가 未와 합을 해서 癸를 치고 인수(癸)가 머리에 충격을 받았다. 머리 수술을 했다.
- 첫 부인이 아들과 시어머니하고 시골에 따로 있다.
- 서울에서 다른 여자하고 동거하고 있다.

[예·10]

천간	癸	庚己
지지	酉	子亥

- 운명성은 官인데 土官이 비겁을 쳐서 좋은데 이 경우 천간에 있어 지지 비겁을 제대로 칠 수가 없다. 무용지물에 가깝다.
- 비겁은 천간에 있어야 인기가 있다.
- 식상은 남자를 자세히 살펴보라.
- 자식을 보고서 산다. 또 유부남하고 연애한다.
- 인성 장애성은 어리석다.
- 인성 대 식상은 잘 속는다.

[예·11]

천간	戊	癸 乙
지지	辰	未 丑

· 비겁이 많은 사주는 상처수가 있다고 하나 未辰중에 乙木관이 있기 때문에 안정이 되고 癸부인으로 봐서 乙이 딸인데 辰未중 乙木이 있어 딸이 많다.
· 딸은 관이라 좋다.
· 乙관으로 봐서 丑(辛金관) 未辰은 비겁으로 해서 직장생활이다.
· 癸부인은 관이 많고 식상도 많아 불만이다.

[예·12]

천간	戊	辛 丙
지지	午	卯 寅

· 위 사주의 부인
· 식상 운명성이 주중에 있는데 장애성이 나타나서 극을 해 주니까 본인은 죽지 않는다.
· 申은 아들인데 아들 낳고 卯를 극해서 크게 건강이 나빠진다.
· 식상 운명성은 주중에 나타나지 않는 것이 좋다.
· 壬戌년 丙午월에 부친 사망, 庚戌월에 딸 결혼.
· 남편이 철도국장인데 辛酉년 8월에 사직. 식상에 관은 남편 직장인 또는 공무원이다.
· 비겁에는 꼭 관이 있어야 된다.

[예·13]

천간	庚	乙 乙
지지	戌	酉 亥

· 위 사주의 자식

· 비겁에는 관이 있어야 된다.
· 식상에는 인성이 있어야 된다.
· 乙은 부인, 亥는 아들인데 아들에서 乙酉는 식상 대 인성이라 마음씨가 착하다.
· 庚戌의 戌은 아버지인데 관이 있어 부모덕이 있다.
· 인수가 있을 때는 식상이 있어야 된다.
· 乙巳가 훨씬 낫다. 巳가 있으면 자식은 나쁘다.
· 인수가 있는 사주는 비겁이 없어야 된다.
· 乙酉에는 丁火가 있어야 마누라 덕을 본다.
· 丁火는 관이다. 마누라, 즉 재성에 관이 있어야 처덕이 있다. 이 사주는 처에게 잘해 주지만 처덕은 없다.
· 壬辰일주 주의. 특히 여자 壬辰일생은 사주를 볼 것도 없다. 남녀 다 나쁘다.

[예·14, 여자]

천간	壬	丁	壬
지지	午	未	辰(乙癸)

대운	癸甲乙丙
	卯辰巳午

· 관성 대 재성이라 남자가 벌어주어 먹고 산다.
· 재가 있는 여자는 바람을 잘 피우지 않는다.
· 천간에 비겁, 지지에 관이 있으면 교통사고, 낙상 주의.
· 지극천이라 암장관이 있으므로 주의.
· 辰中戊土
· 년 월만 본다.
· 일진의 지극천은 무방하다.

[예 · 15]

천간	丙	甲
지지	子	子

· 아버지 기쁨.
· 子가 좋다.
· 관 대 인이라 장기 직장인이 좋다.
· 甲 父가 子印이라 아버지 甲은 성실 노력이라 子는 희생 노력.
· 甲寅은 寅中 병화가 비겁인데 인기만 있고 재물은 별로다. 인수는 비겁이 있는 것이 나쁘다.
· 甲申은 申中 壬水가 관이다. 丙火는 식상(아들) 때문에 기쁨이 없다. 속을 썩인다. 불구수도 있다(식상(土)이 관을 극하니까).
· 甲午는 丙에서 비겁 방종이라 甲 아버지는 믿지 않는다.
· 甲辰은 자식의 재(갑에서 보면). 자식 낳고 부자 되나 까다로운 성격이다. 재산을 물려주지 않는다. 辰이 甲子의 子를 극해서 나쁘다.

[예 · 16]

천간	丙	甲	癸
지지		子	

· 공무원을 해야 된다.
· 癸는 관이라 인생의 처음 출발(시작)은 관에서 하면 좋다.
· 개인 사업은 망한다. 관이 있어 평사원으로는 입사하지 않는다.
· 사주의 년에 관이 있으면 좋다.
· 癸 밑에 巳火가 있으면 주인이 까다롭다.
· 甲 아버지로서는 巳는 자식인데 癸에서 巳를 극해서 아들이 죽든가 丙일주에서 형이라 巳中 戊藏干을 극해서 성생활 중지, 결국 아버지가 죽는 수가 있다.
· 甲 아버지가 오래 살면 아들이 많이 죽는다.
· 癸 밑에 亥水가 있으면 甲에서 癸는 어머니인데 어머니 때문에 속을 썩는다.

오래 살아서 똥오줌을 싸든가 해서.
· 甲에서 亥는 인수라 노력으로 丙 본인은 좋다.
· 癸(조모, 관, 주인)는 亥가 비겁이라 고생이 더 많다.
· 亥중 甲 장간이라(아들 낳고 남편하고 불만 등) 여자는 癸水가 남편 亥중 甲木은 남편의 별에 식상이라 관을 친다.
· 甲 아버지에서는 성실, 근면, 노력.
· 癸 밑에 酉가 들어오면 甲~癸~酉.
· 甲 아버지의 癸 어머니의 酉, 어머니의 인성이라 성실, 노력, 酉가 丙 본인으로부터(癸는 官) 재라 酉財라 직장에서도 좋다.
· 酉는 丙으로부터는 재라 부인이라 부인이 癸官, 즉 丙 본인으로부터 재관이라.
· 丙이 미남이라, 부인은 현모양처다.
· 酉는 子가 상관에서 甲財라 상관 대 재성은 머리가 비상하고 좋다.
· 丑은 癸를 극해서 丑은 겨울이라 癸가 많이 극을 해서 癸 인수 머릴 극해서 미친 짓을 한다.
· 아버지는 어머니에게 재를 하니 걱정을 끼치고 丙 본인은 甲子가 공무원인데 癸丑이라 불만으로 직장생활을 퇴직한다. 丑이 癸를 극해서.
· 丑 딸은 子, 癸, 財, 甲, 官이라 잘산다.
· 丁일주는 아들이 잘된다. 고시합격 등 거물이 된다.
· 卯는 丙 본인은 좋다. 甲 본인은 비겁이다. 평범하다.
· 卯는 丙 본인으로부터는 어머니다.
· 癸는 딸, 며느리, 조모.
· 卯에 있으니까 딸에게 가 있는 격이라 팔자가 나쁘다.
· 卯가 식상이니까 식상은 불행하다.
· 정관은 조모, 며느리, 딸.
· 丙일주에 甲子는 나이 많은 남자에게 시집간다.
· 甲은 어머니, 딸은 관이라 잘산다.
· 인성 대 관성.
· 남편하고 살려면 무척 많이 참아야 한다.

✔ 여자 편

(1) 천간(天干) 식상(食傷), 지지(地支) 비겁(比劫)인 여자

　열심히 움직여도 힘들 때가 종종 있는 운명의 소유자이다. 이러한 운명을 타고난 사람은 정조관념이 강하다. 즉 자존심이 강하다.
　자식에 대한 사랑은 어느 누구보다 대단하다. 자신의 몸은 가루가 되는 한이 있더라도, 때로는 서러운 꼴을 당하더라도 자식을 위해서는 모든 것을 희생할 각오가 있는 사람이다. 남편한테도 성심껏 알뜰히 보살핀다.
　그러나 대체적으로 이상하게 친정 형제와 멀어질 수 있다. 보통 사는 사람이면 괜찮지만 좀 잘살든가 아니면 아주 서민으로 산다면 그 특성이 두드러진다. 다시 말해 형제가 있어도 없는 거나 마찬가지인 것이다. 형제자매 중에 불행이 따른다는 운명이라 일찍 사별을 하든가 무능하든가 장애가 있든가 멀리서 소식이 없이 지내든가 한다. 그러니 친정 형제와 금전거래는 절대로 하지 말라는 운명이다.
　자식으로 인해 남편이 재난을 당할 수 있으며 부부간에도 심각한 갈등이 있을 수 있으니 조심해야 한다. 하는 일마다 안돼 힘들 수도 있다. 형제, 친지가 불행하거나 불평불만이 따를 수 있다(50% 적중률). 부모 재산으로 무슨 일을 하면 모두 털어 버리는 격이니 자수성가해야 좋은 사주이다.
　일지에 식상이고 바로 옆에 인성이 있으면 부부간에 눈물을 뿌린다는 것이다. 아주 심한 경우 자식 같은 연인을 만나 고생하기도 한다.
　자식에 대한 애정은 남다르나 그로 인한 재난을 대비하라는 점이 있다.
　인생의 결과는 늘 불만이 남는다는 암시가 있다. 그러므로 인생을 긍정적으로 살아가는 지혜가 필요하다.

식상에 비겁 예문

천간	壬癸	甲乙	甲乙	丙丁	丙丁	戊己	戊己	庚辛	庚辛	申酉
지지		子亥		寅卯		午巳		辰戌丑未		壬癸

◆ 1단계 통변
- 아들딸이 비견 겁재한다. 친구처럼 대한다.
- 애들한테 인기 있고, 청장년에게 인기 있다.
- 장인장모에게 인기 있다.
- 공장 주인이면 종업원에게 인기가 있다. 공장 같은 것을 하면 잘된다.
- 식상이 많다.
- 아들딸이 많다 보면 (비겁이라) 돈을 많이 쓴다.

◆ 2단계 통변
- 아들들이 모두 성실하다.
- 甲에서 子가 인수이니까 아들이 많으면 좋고 하나면 속을 썩인다.

◆ 3단계 통변
- 비겁에 식상이다.
- 형제나 자매에게 불평불만이다.
- 단명, 서로 불목.

[예 · 1]

천간	癸	甲甲
지지	酉	戌子

- 酉는 아버지인데 일지에 깔고 있으니 본인이 모시고 있다.

· 甲子의 子가 배다른 형제가 있을 수 있다.
· 식상에 관이 있으면 섹스를 좋아한다.
· 직업은 의사가 좋다. 소아과가 더 좋다.
· 아버지의 부인이 두 사람, 본인도 처가 둘, 장인장모가 둘, 어머니가 둘, 딸도 있다.
· 甲子의 子는 딸, 癸의 아버지(酉)와 참 친하고, 성실하고 희생적이나 남편하고는 불행이다.
· 원래 교육자인데 중간에 한의사를 해서 수억 벌었으나 딸들은 골칫거리다.

[예·2]

천간	壬	丙丁
지지		寅卯

· 본처와는 딸만 있고 丙寅은 아들이 있다(후처나 첩 丙寅).

[예·3]

천간	丁	丙乙
지지	酉	戌卯

· 丙戌 본처의 딸만 있어서 酉의 후처가 아들이 많다.
· 시에 丑未가 있어야 한다.
· 酉의 후처는 乙卯가 재가 되니 돈이 많다.
· 참고) 운명성이 없는 사주는 운명성 년운에 불행이다.

[예·4]

천간	丁	乙戊
지지	未	卯戌

· 乙卯는 부모인데 지난 辛酉년은 부모를 극하니까 불행 재가 운명성인데 재년

에 부상이다. 본인이 병원에 입원했다.
- 비겁 대 재성은 자수성가하라.
- 비겁은 활동 능력, 언어, 대중과 대화 기술, 실력의 토대(土臺).
- 이런 자식은 절대 도와주면 안 된다.
- 甲辰일주 癸는 어머니, 어머니가 甲 아들을 낳고서 辰 아버지가 일이 잘 안 된다. 혹은 무능, 단명. 그로 인해 계수 모친이 팔자가 사납다.
- 아버지 말을 안 듣는다. 갑이 진을 극하니까. 아버지 무능.
- 재하면 비겁이다.
- 辛酉年 운은 재성재성이다. 재성에서 비겁.
- 비겁 대 재성.
- 여자는 집에서 살림만 하면 재물이 없어지고 여자가 나가서 활동하면 돈을 번다.
- 남자 사주가 좋으면 여자는 나가서 바람을 쏘여야 건강이 좋다.
- 남자 사주가 흉이면 여자가 나가서 활동하면 건강에 좋다.

(2) 천간(天干) 식상(食傷), 지지(地支) 식상(食傷)인 여자

이러한 운명을 타고난 여인은 영리하고 얌전하고 냉정한 성격의 소유자라고 본다. 겉으로는 연약한 듯하여도 안으로는 강한 면이 숨어 있다. 냉정해 보이기에 좀처럼 마음을 열지 않는다. 경우가 분명해 경우에 어긋나는 행동은 결코 하지 않으며 그런 행동을 하는 사람을 보기조차 싫어한다.

아무리 좋다고 해도 제 마음에 차지 않으면 소용이 없다. 그러다가 존경할 수 있고 제 마음에 드는 사람이 나타나면 그때는 정열적으로 사랑을 한다. 온 생명을 다 주어도 아깝지 않을 정도로 헌신적으로 사랑을 한다. 그만큼 자존심도 강하고 질투심도 많다고 보아야겠다.

자신의 것을 몽땅 주어도 아까워하지 않는다. 그러나 한 번 싫어지면 두 번 다시 보기조차 싫어한다. 그러면서도 정에는 아주 약한 점이 있다. 친구를 사귀어도 마찬가지이다.

어릴 때나 성장해서 결혼 전에는 꿈과 이상이 많고 생각도 많다. 신데렐라를 꿈꾸기도 하고 백마 탄 왕자를 꿈꾸기도 한다. 그러나 운명학상 제가 좋아하는 사람은 멀리 가고 좋아하지 않는 사람과 결혼을 하게 되는 경우가 많다. 그러니까 저를 행복하게 해 줄 사람은 싫어하고 나를 힘들게 할 사람을 좋아하게 된다는 것이다. 그래서 모든 것이 불만이요 항상 명랑한 것처럼 보이지만 자세히 보면 어딘가 쓸쓸해 보인다든지 어두워 보이는 점이 있다.

대개 인물이 좋고 남성들에게 인기가 아주 좋다. 매력이 있는 여성, 섹시한 여성으로 보인다는 것이다. 이런 구조의 사주는 남들이 보아도 안 되었다 할 정도의 시련과 불행을 당한다. 운명은 이 사람을 편안하게 놓아두지를 않는다는 것이다.

▌식상 대 식상 예문

[예 · 1]

천간	丙丁	戊戊己己
지지		辰戌丑未

- 10% 정도의 여자는 이런 경우 남자를 어떻게 만나느냐에 따라서 좋은 운명도 있다.
- 식상 대 식상은 불행이다. 모든 일이 불평불만이다.
- 성격 자체가 투쟁(언쟁 토론)을 좋아하고 꼭 그런 환경이 된다. 또 불만이고 고생이다. 고생에 고생하는 격이다.
- 아무리 활동을 해도 나중에는 빈털터리 사주이다.

· 상기 丙丁일 戊戌己丑은 辛金이 재가 되므로 좋아진다.

[예 · 2]

천간	癸	乙壬
지지	卯	卯子

· 이런 사주는 庚辛金이 있으면 좋아지는 사주다.
· 식상은 극을 해야 좋아진다.
· 여자의 경우 투쟁력이 강해진다. 그리고 희생함으로써 남편을 훌륭하게 성공시킨다.
· 여자의 경우 여자는 장사를 하고 남편은 월급생활이나 혹은 놀아도 여자가 노력함으로써 남편이 성공한다. 혹 불구자도 있다.
· 여성은 성도 강하다.

[예 · 3, 여자]

천간	庚	癸癸
지지	子	亥巳

· 너무 비참한 인생이다. 인체 형상이 완전 장애자이다.
· 관성이 너무 극을 당하고 있다. 그러니 행복의 조건이 모두 박살난다.

(3) 천간(天干) 식상(食傷), 지지(地支) 재성(財星)인 여자

이러한 사주의 구조를 타고난 사람은 자식에 대한 애정이 대단하다. 자식이라면 끔벅 한다는 것이다. 자녀에 대해서 너무 깊이 개입을 하는 것이 오히려 문제가 되는 수도 있다는 점을 알아야 한다. 자식의 앞날을 위해서 대단한 노력을 기울인다. 자녀들은 대개가 똑똑하여 공부도 잘하고 재능이 좋아서 좋은 학교, 좋은 직장을 갖게 된다.

본인도 재주가 있고 눈썰미가 좋아서 가부간에 대한 판단을 잘하고 기능이나 능력이 좋고 손재주가 좋아서 아무 일이든 간에 손으로 하는 일은 아주 잘할 수 있다. 감각 능력이 아주 뛰어난 경우가 많이 있다. 음식도 손맛이 살아 있는 사람이다. 다른 사람이 만든 음식보다 맛을 더 잘 내는 천부적인 능력을 타고났다고 보는 것이다.

운명상으로 자손이 잘되어 편안한 말년을 보낼 수 있다. 또한 재복이 많아 가난한 팔자는 아니라는 것이다. 그러나 한편으로 흉한 작용을 하게 되면 자식 낳고 망하는 경우가 있다. 또 이런 사주는 반드시 자수성가해야 좋다. 부모 돈으로 일하면 털어먹는다.

사주는 그 길성 흉성을 잘 가려내야 하는 것이다. 이것이 가장 어려운 부분이기도 하다. 지금도 가끔은 이 부분에서 깊이 생각해야 하는 경우가 더러 있다.

여자의 경우 마찬가지로 딸, 아들 낳고 재수가 좋다. 직업은 남자와 같이 약사, 의사 등이 좋다

[예 · 1]

천간	甲乙	丙	丁
지지		戌	丑

◆ 3단계 통변
- 재성에 식상
- 시집가서 시댁에 아무리 잘해 주어도 좋은 소리 못 듣는다. 성격이 잘 안 맞으

니까. 마음이 나빠서 그런 것이 아닌데도 그러하다.
- 결혼해서 얼마나 사느냐가 문제다. 남편이 극히 약해져서 여자 나이 한 50정도 되면 남편은 죽는다.
- 아들이 커서 장간의 관을 극하니까 아들이 사회활동을 하면 천간이 자식이다
- 재에 식상이다.
- 시집 식구 때문에 불만이 많다. 아무리 잘해 주어도 좋은 소리 못 듣는다.
- 식상 대 재성은 지지장간에 관성이 있어 천간에 자식이 성장 활동 시는 관성을 상관이 극을 해서 비실비실 시들어 죽게 된다. 즉 남편의 운이 시든다.

(4) 천간(天干) 식상(食傷), 지지(地支) 관성(官星)인 여자

다정유한(多情有恨). 정이 많으면 한이 있다. 한이 있으니 눈물이 많겠다. 묻노니 정이란 정녕 무엇인가.

필자는 많은 사람의 운명을 상담하면서 가끔 혼자 마음이 아플 때가 있다. 왜 착하고 마음씨가 고운 그런 사람이 그 많은 시련과 고난을 당해야 하는 것인가. 왜 사람들은 운명성의 길을 가지 않아서 시련을 자초하는 것일까. 참으로 운명이라고 하는 것을 우리가 어디까지 알 수 있을까.

이러한 운명을 타고난 여인은 다른 육신(오행)의 극을 받고 있지 않으면 참으로 영리하고 이해력과 순발력이 좋다. 예절도 바르고 분명하며 바르게 살려고 애를 많이 쓴다. 그러나 운명은 무척 사람을 힘들게 한다. 좋은 날보다 힘들고 어려운 날들이 많은 사람이다. 일생 동안 시련의 눈물을 흘릴 수도 있는 사람이다.

결혼을 해서 몇 년이나 행복할는지, 그것은 아마도 손가락 안에 들 것이다. 남편을 잘 만나 행복하면 그 남자는 아주 먼 곳으로 떠나가게 되고

잘못 만나면 밤낮으로 나를 힘들게 한다. 무능하든가 성격이 고약하여 고통을 주고, 여러 가지 형태로 사람을 힘들게 하면서 눈물을 흘리게 하며 오래 살기는 하지만 그 힘든 고통과 시련은 말로 다할 수가 없다.

그밖에도 때때로 힘들게 하는 일들이 있으며 대개는 부부가 해로를 못하고 이별의 시련을 겪는다. 열에 여덟은 부부가 해로를 못한다. 그러는 가운데도 자식을 보고, 미래를 보고, 말년을 생각해서 그 고통을 참고 살아야 하는 것이니, 이는 전생에 무슨 큰 죄가 있기에 이런 시련을 주는지 참으로 안타까울 뿐이다.

그러나 운명이라는 것은 좋은 때가 있으면 나쁜 때도 있고 흉하고 안 좋은 때가 있으면 또 좋은 시절이 오는 것이니 힘들고 어렵더라도 참고 인내하면서 자신을 지키고, 자식을 위해서 이 시련을 이겨 나간다면 반드시 좋은 시절이 올 것을 자신한다. 그러니 자식을 키우려면 줄잡아 30년은 걸린다고 본다면 그 세월은 참고 살아가라는 운명이고 보니 참으로 한이 많고 서러운 눈물을 많이 흘려야 할 것이다. 이 세월은 하늘도 모르고 땅도 모르고 나를 낳아 주신 부모도 모른다. 본인이 아니고는 그 세월을 어찌 알겠는가?

아마도 옛날 한석봉의 어머니가 떡 장사를 하여 자식을 훌륭하게 키워 성공을 시켰다는데 아마 그도 이러한 사주였을 것이다. 이 사주의 특징은 자식을 똑똑하고 훌륭하게 키우는 운명의 특성이 있으니 어떠한 어려움이 있더라도 포기하지 말고 굳세게 살아갈 것을 권한다. 한편으로는 자식으로 인해 병이 들거나 한이 맺힐 수 있는 사주이다.

나보다 어린 남자를 사귀어 그로 인해 힘들게 되는 수가 있으니 주의하기 바란다. 돈 주고 몸 주고 배신당한다는 운도 있다. 자식으로 인해 정인이 생길 수도 있다는 것이다.

그러나 사주가 좋으면 남편과 자식이 잘 어울리고 사이가 좋으며 출세하고 성공한다. 그러나 대부분이 그렇지는 않다. 남편과 자식으로 인해 눈물을 흘리며 남편, 자식이 등을 돌린다는 것이다. 비상한 수단으로는 크게 잘사는 사람도 있다.

여자의 경우 식상이 좋으면 관성이 나쁘다. 자식 낳고부터(성장) 남편이 무능하든지 죽든지 나쁘다. 여자가 성이 너무 강하다.

[예·1]

천간	壬	甲壬
지지	子	辰午

· 여자의 성이 굉장히 강하다.
· 아들 둘 낳고 남편이 죽었다.
· 남편이 죽고 낳은 자식은 잘된다. 그러나 자식들은 고생을 해야 잘되고 호강하면 잘 안 된다.

◆ 3단계 통변
· 남편에 대해서 불평불만이다.
· 식상에 관성이니까 관성을 대할 때 불만으로 대한다. 이것이 식상 대 관성의 특성이다.

[예·2, 여자]

천간	癸	甲庚
지지		辰辰

· 갑부다.
· 자식 좋고 남편은 辰辰이 두 개 있으니 활동이 강력해야 하며 남편도 성이 강

해지고 사회활동도 강해진다.
- 식상은 알뜰하고 남편 뒷바라지도 잘해 주고 또 투지력도 있고 강단이 있다.
- 辰에 庚金이 있어 좋아지는 사주다.
- 庚金이 木 식상을 잘 조절하고 있다.

◆ 4단계 통변
- 辰에서 甲을 보면 관이라 무능해진다. 사주상에서 관을 무능으로 보는 경우도 있다. 편안하고 행복하니까 무능할 수 있다는 것이다.
- 甲辰, 乙未는 乙木이 암장되어 있어 성이 강하다. 성이 강해지면서 남편은 무능해진다.

[예·3, 여명]

천간	壬	甲
지지		戌(辛丁)

- 딸의 남편이 무능하므로 딸의 사주가 나쁘다.

[예·4, 남명]

천간	壬	甲
지지		戌(辛丁)

- 아들은 파란곡절이 많다.
- 丁火 식상이 관성 辛金을 극함.

[예·5, 남명]

천간	癸	乙
지지		丑(癸辛)

- 아들의 실패수가 있다.

- 여자 사주의 壬癸일주에 甲辰 甲戌은 남편도 나쁘지만 자식까지 나빠진다(앞 장을 잘 보라).
- 여자 壬癸일주 甲辰 乙未는 남편만 나쁘다
- 甲乙일주 丙申(壬) 자식 불행인데 자식이 2~3명이면 한 명은 꼭 그렇다.

[예·6]

천간	丙	己
지지		亥(甲)

- 자식은 불행인데 하나면 괜찮고 2~3명이면 한 명은 불행하다.

[예·7]

천간	戊己	庚
지지		寅(丙)

- 위와 동일

[예·8]

천간	庚辛	壬癸
지지		午巳(己戊)

- 위와 동일

[예·9]

천간	壬	壬
지지		午(己)

- 壬일주에 壬午(己) 여자인데 자신은 다른 남자와 연애를 하고 남편은 다른 여자와 연애를 한다.

[예·10]

천간	壬	甲壬
지지	子	辰午

· 비겁에 재성인데 남편에게 다른 여자가 있으면 죽지는 않는다.
· 甲辰은 남편이 죽는다.
· 癸巳나 壬午는 잘 보고 깊이 보아야 보인다.
· 巳(丙庚戊) 午(丁己丙)

(5) 천간(天干) 식상(食傷), 지지(地支) 인성(印星)인 여자

이러한 유형의 사주는 머리가 좋다. 영리하며 총기도 좋다. 재치도 있어 어려운 일이나 문제도 잘 풀어나갈 수 있는 소질이 있다. 그러므로 때로는 답답할 때도 종종 있다. 어려운 일을 잘 헤쳐 나가는 능력을 가진 대신 그만큼 그러한 문제에 부딪치는 일이 있다는 것이다.

운명상으로는 계모가 있든가 그렇지 않으면 아버지가 외도를 하든가 무능해서 어머니를 고생시키게 되고 그렇지 아니하면 본인이 결혼을 해서는 결혼생활에 한(시련)이 많다. 두 가지 모두 갖추는 시련도 있다.

어떤 사람은 시집살이에 한이 많은 경우도 있고 어떤 경우는 동생이나 부모를 봉양하고 가르치고 해야 하는 경우도 있다. 여하튼 군식구를 항상 거느려야 하는 힘든 과정을 겪게 된다. 그러나 대개 살기는 괜찮은 편이고 잘사는 사람이 많다.

자식 수는 적게 낳아서 착하고 올바르게 키우려고 무진 애를 쓴다. 자식 출세를 위해서 많은 노력을 하는 사람이다. 그러다 보니 자식이 훌륭하게 되는 사람도 있다. 더러는 자식으로 인한 고뇌가 심한 경우도 있다.

어쨌든 간에 자식으로 인한 고뇌를 많이 한다는 운명이다.

좋은 면이든 안 좋은 면이든 간에 아들이 없는 사람도 간혹 있다. 아들만 있거나 딸만 있거나 한다. 자식으로 인한 큰 시련은 피하기 어렵다. 또 자식이 참혹한 일을 당하기도 한다. 자식 때문에 피눈물을 흘린다는 암시가 있으니 이 점을 미리미리 주의해야 한다.

식상에 인성을 하면 시집가면 직계 외 군식구가 많이 따른다. 남의 식구를 많이 도와주게 된다. 시부모 똥오줌까지 받아낸다. 남을 돕는 사주라 그렇다. 그러니 고생이 많다(식상 어려운 사람, 불만 세력을 인성이 도와주어야 하니).

소아과 의사, 교원, 불우한 사람을 상대하는 것이 좋다.

남자는 식상이 좋은데 여자는 아주 나쁘다.

▌식상 대 인성 예문

[예 · 1]

천간	乙	丁癸
지지	卯	巳亥

· 3대가 잘산다.
· 癸亥는 인성, 丁巳는 식상, 卯는 비겁.
· 여자의 경우 일복이 많다고 하는 타입이다.
· 식상이 운명성이 된 경우 절제를 지켜라.
· 고집이 세다, 남자와 같다(성격이).
· 군식구가 없으면 남자가 바람을 피운다.
· 머리는 비상하고 남을 위해서 좋은 일을 하고는 인사를 못 듣고 불평불만이다.
· 운명성의 경우 결혼을 하기 전에 연애를 하며 일평생 결혼식을 올리지 않는

경우도 있다.
- 식상이 있어도 본인 성이 강한 것이 아니고 상대방이 강해서 그렇다.
- 식상이 극을 당하니까 성이 강하지 않다. 운명성이 아니면 덜하다.
- 남녀를 막론하고 머리가 좋다.
- 자식을 위해서 애를 많이 쓴다.

[예 · 2]

천간	庚辛	壬壬癸癸
지지		辰戌丑未

- 장인장모, 아들, 딸 등에 인성이 유함으로써 머리가 썩는다.
- 아들이 불구자이거나 딸이 과부가 될 수 있다.

[예 · 3]

천간	甲	丙丙
지지	子	子子

- 丙이 아들은 子가 관이다. 그래서 아들은 평생 좋다.
- 그러나 부부운에는 시련이 있다.

[예 · 4]

천간	乙	丙丙
지지	亥	子子

- 이것은 딸이다.
- 딸이 출가하면 불길.
- 아들을 먼저 낳고 딸을 낳으면 길.
- 부부운이 남자보다 더욱 좋지 않다. 비겁에 관성이라서 그렇다.

[예·5]

천간	戊	辛庚
지지	午	巳午

· 庚은 아들, 辛은 딸, 평생 길하다.
· 아들이 커가면서 더 재물이 생긴다. 지출이(자식 위해) 많을수록 수입이 는다. 자식이 클수록 재산이 생긴다. 대기업일수록 재가 많다.
· 밑에서 위를 극하면 좋다. 옆에서 극해도 길하다. 제일 좋다. 그러나 위에서 밑을 극하면 흉하다(드문 경우이다).

[예·6]

천간	癸	戊辛
지지	未	戌酉

· 未가 亥였으면 더욱 좋았을 것이다.
· 이 사주는 잘사나 본인 건강이 문제다.
· 자식과 멀리 떨어져 살아야 한다. 죽기 쉽다.

[예·7]

천간	甲	壬丙
지지	子	子子

· 위의 사주보다 더 잘산다.

[예·8]

천간	乙	壬丙
지지	亥	子子

· 식상은 극을 해야 좋아한다. 그러니까 자식은 관이라 기쁨이다.

[예·9, 실제 사례]

천간	辛	丁	己
지지	巳	丑	巳

· 여자인데 소아마비는 巳가 辛을 극해서다.
· 己는 火가 있어 자식 때문에 애를 많이 써야 된다.
· 관이 있을 때는 인성이 없어야 차라리 좋다.
· 巳가 관인데 巳에서 보면 己土가 식상이 되어 불만이 된다.
· 재성 운명성이라 첫째는 잘 판단해야 하고 돈을 가지고 살아야 하는 사주이다.
· 남편과 자식 몰래 돈을 꼭 갖고 있어라.

▌인성 대 관성, 식상 대 관성 예문(사주에 없는 것은 대운에서 보아라)

[예·1, 실제 사례]

천간	癸	庚	乙
지지	卯	辰	未

· 다방 레지 사주인데 乙未가 있어 초혼에 실패한다.
· 아버지 같은 분과 인연이 있다.
· 壬戌년 庚戌월에 상대가 나타날 수 있는데 이 해 3월 甲辰월에 유부남이 생겼다.
· 庚金이 아버지, 사위, 아버지는 딸 낳고 辰 관이 되기 때문에 잘살게 되고 癸 딸은(본인) 卯가 상관이라서 본인 사주는 안 좋다.
· 식상 운명성에 庚 장애성 인수 있어 잘 속아 넘어간다. 인성은 원래 잘 속아 넘어가는 별이다. 식상을 만나면 특히….
· 운명성은 정조를 지키며 살아야 하는데 그렇게 하지 못하며 장애성의 길을 가게 된다. 그래서 불행한 삶을 살아가게 되는 것이다.
· 여자는 운명성이든 장애성이든 식상은 나쁘다.
· 이런 사주는 부모 말씀에 복종하고 결혼은 20년 이상 차이가 나는 남자와 살

아야 된다.
· 식상은 장애성이든 운명성이든 흉함이 따른다.

[예·2, 실제 사례]

천간	乙	庚癸
지지	丑	申未

· 78년도인가 戊午년에 상담을 한 분.
· 戊가 癸를 극하고 午가 未와 합을 해서 癸를 치고 인수(癸)가 머리에 충격을 받았다. 머리 수술을 했다.
· 첫 부인이 아들하고 시어머니하고 시골에 따로 있다.
· 서울에서 다른 여자하고 동거하고 있다.

[예·3]

천간	癸	庚己
지지	酉	子亥

· 운명성은 鴴인데 土관이 비겁을 쳐서 좋은데 이 경우 천간에 있어 지지 비겁을 제대로 칠 수가 없다. 무용지물에 가깝다.
· 비겁은 천간에 있어야 인기가 있다.
· 식상은 남자를 자세히 살펴보라.
· 자식을 보고서 산다. 또 유부남하고 연애한다.
· 인성 장애성은 어리석다.
· 인성 대 식상은 잘 속는다.

[예·4]

천간	戊	癸乙
지지	辰	未丑

- 비겁이 많은 사주는 상처수가 있다 하나 未辰중에 乙木관이 있기 때문에 안정이 되고 癸부인으로 봐서 乙이 딸인데 辰未中 乙木이 있어 딸이 많다.
- 딸은 관이라 좋다.
- 乙관으로 봐서 丑未辰은 비겁으로 해서 직장생활이다.
- 癸부인은 관이 많고 상관도 많아 불만이다.

[예·5]

천간	戊	辛丙
지지	午	卯寅

- 위 사주의 부인
- 식상 운명성이 주중에 있는데 장애성이 나타나서 극을 해 주니까 본인은 죽지 않는다.
- 申은 아들인데 아들 낳고 卯를 극해서 크게 건강이 나빠진다.
- 식상 운명성은 주중에 나타나지 않는 것이 좋다.
- 壬戌년 丙午월에 부친 사망, 庚戌월에 딸 결혼.
- 남편이 철도국장인데 辛酉년 8월에 사직. 식상에 관은 남편, 직장인 또는 공무원이다.
- 비겁에는 꼭 관이 있어야 된다. 식상에 관은 남편이 관성을 보는 격이니 그러하다.

[예·6]

천간	庚	乙乙
지지	戌	酉亥

- 비겁에는 관이 있어야 된다.
- 식상에는 인성이 있어야 된다.
- 乙은 부인, 亥는 아들인데 아들에서 乙酉는 식상 대 인성이라 마음씨가 착하다.
- 庚戌의 戌은 아버지인데 관이 있어 부모덕이 있다.

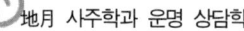

· 인수가 있을 때는 식상이 있어야 된다.
· 乙巳가 훨씬 낫다. 巳가 있으면 자식은 나쁘다.
· 인수가 있는 사주는 비겁이 없어야 된다.
· 乙酉에는 丁火가 있어야 마누라 덕을 본다.
· 丁火는 관이다. 마누라, 즉 재성에 관이 있어야 처덕이 있다. 이 사주는 처에게 잘해 주지만 처덕은 없다.
· 壬辰일주 주의. 특히 여자 壬辰일생은 사주 볼 것도 없다. 남녀 다 나쁘다.

[예 · 7, 여자]

천간	壬	丁壬
지지	午	未辰(乙癸)

· 대운 癸甲乙丙, 卯辰巳午
· 관성 대 재성이라 남자가 벌어주고 먹고산다.
· 재가 있는 여자는 바람을 잘 피우지 않는다.
· 천간에 비겁, 지지에 관이 있으면 교통사고, 낙상 주의.
· 지극천이라 암장관이 있으므로 주의

[예 · 8, 지극천]

천간	甲乙	甲乙	丙丁
지지		申酉	

· 丙丁丙丁辛辛
· 子丑子亥未巳
· 년 월만 본다.
· 일진의 지극천은 무방하다.

[예 · 9]

천간	丙	甲
지지	子	子

· 아버지 기쁨.
· 子가 좋다.
· 관 대 인이라 장기 직장인이 좋다.
· 甲 父가 子印이라 아버지 갑자는 성실 노력이라 子는 희생 노력.
· 寅이라면 寅中 병화가 비겁인데 인기만 있고 재물은 별로다. 인수는 비겁이 있는 것이 나쁘다.
· 申이라면 申中 壬水가 관이다. 丙火는 식상(아들) 때문에 기쁨이 없다. 속을 썩인다. 불구수도 있다(식상(土)이 관을 극하니까).
· 午라면 丙에서 비겁 방종이라 甲 아버지는 믿지 않는다.
· 辰日이면 자식의 재(갑에서 보면). 자식 낳고 부자 되나 까다로운 성격이다. 재산을 물려주지 않는다. 辰이 갑자의 子를 극해서 나쁘다.

[예 · 10]

천간	丙	甲癸
지지		子

· 공무원을 해야 된다.
· 癸는 관이라 인생의 처음 출발(시작)은 관에서 하면 좋다.
· 개인 사업은 망한다. 관이 있어 평사원으로는 입사하지 않는다.
· 사주의 년에 관이 있으면 좋다.
· 癸 밑에 巳火가 있으면 주인이 까다롭다.
· 甲 아버지로서는 巳는 자식인데 癸에서 巳를 극해서 아들이 죽든가 丙일주에서 형이라 巳中 戊藏干을 극해서 성생활 중지, 결국 아버지가 죽는 수가 있다.
· 甲 아버지가 오래 살면 아들이 많이 죽는다.
· 癸 밑에 亥水가 있으면 甲에서 癸는 어머니인데 어머니 때문에 속을 썩는다.

오래 살아서 똥오줌을 싸든가 해서.
· 甲에서 亥는 인수라 노력으로 丙 본인은 좋다.
· 癸(조모, 관, 주인)는 亥가 비겁이라 고생이 더 많다.
· 亥중 甲 장간이라(아들 낳고 남편하고 불만 등) 여자는 癸水가 남편 亥중 甲木은 남편의 별에 식상이라 관을 친다.
· 甲 아버지에서는 성실, 근면, 노력.
· 癸 밑에 酉가 들어오면 甲~癸~酉.
· 甲 아버지의 癸 어머니의 酉, 어머니의 인성이라 성실, 노력, 酉가 丙 본인으로부터(癸는 官) 재라 酉財라 직장에서도 좋다.
· 酉는 丙으로부터는 재라 부인이라 부인이 癸官, 즉 丙 본인으로부터 재관이라.
· 丙이 미남이라, 부인은 현모양처다.
· 酉는 子가 상관에서 甲財라 상관 대 재성은 머리가 비상하고 좋다.
· 丑은 癸를 극해서 丑은 겨울이라 癸가 많이 극을 해서, 癸 인수 머릴 극해서 미친 짓을 한다.
· 아버지는 어머니에게 재를 하니 걱정을 끼치고 丙 본인은 甲子가 공무원인데 癸丑이라 불만으로 직장생활을 퇴직한다. 丑이 癸를 극해서.
· 丑 딸은 子, 癸, 財, 甲, 官이라 잘산다.
· 丁일주는 아들이 잘된다. 고시합격 등 거물이 된다.
· 卯는 丙 본인은 좋다. 甲 본인은 비겁이다. 평평하다.
· 卯는 丙 본인으로부터는 어머니다.
· 癸는 딸, 며느리, 조모.
· 卯에 있으니까 딸에게 가 있는 격이라 팔자가 나쁘다.
· 卯가 식상이니까 식상은 불행하다.
· 정관은 조모, 며느리, 딸.
· 丙일주에 甲子는 나이 많은 남자에게 시집간다.
· 甲은 어머니, 딸은 관이라 잘산다.
· 인성 대 관성.
· 남편하고 살려면 무척 많이 참아야 한다.

✔ 년간 대 월간 육신론

▌년간 식상과 월간 육신과의 운명 (남자)

① 년간 식상과 월간 비겁인 남자

이런 운명의 소유자는 머리가 영리하다. 공부에 몰두하면 아주 우수한 성적을 낼 수 있는 사주이다. 남달리 잘하는 것이 있어 주위에 칭찬을 받는다. 모험심이 있고 투쟁을 좋아하며 시합 같은 것에 강하다. 운동이나 경쟁이 많은 분야에 진출하면 크게 성공할 수 있는 사주이다. 기술 분야로 나가도 능력 발휘를 잘하여 좋은 결과가 있다. 재치 있고 눈치가 빠르며 사고 능력도 좋아서 특수 분야 연구 등에 종사해도 크게 발신을 한다.

② 년간 식상과 월간 식상인 남자

이런 사주는 나를 낳아준 어머니 말고 또 어머니가 있을 수도 있고, 결혼해서 자녀를 낳고 이혼하든가 또 다른 여인을 보아 자녀를 두든가 할 수도 있다. 이복 자녀를 두는 경우를 말한다. 대개는 불우한 초년을 지내는 사람 가운데 이런 사주가 꽤 많이 있다.

영리하고 정신력이 있기에 어려운 가운데서도 앞날을 개척하려고 무척 노력을 한다. 의사, 약사, 교육자 등이 좋고 기술, 세공 분야도 좋다. 남달리 특수한 것을 개발해 인기를 얻는 수도 있다. 문구점, 서점, 운동구, 완구, 제과점 등도 좋다.

③ 년간 식상과 월간 재성인 남자

이러한 운명을 타고난 사람은 눈치와 재치가 뛰어나다. 무에서 유를 만들어 낼 수 있다고 할 정도로 창조력과 사고력이 있다.

재주가 있어서 남들이 생각하지 못하는 점도 생각하여 그대로 밀고 나가서 성공하는 경우가 많다. 안 될 일도 싸워서 밀고 나가 될 수 있게 하는 운세가 있다. 한 번 판단이 섰으면 수단과 방법을 가리지 않고 추진을 하면 잘되고 잘살 수가 있다.

과감한 투쟁에 의한 재물이 있으니 법에 조금 저촉되는 일도 밀고 나가면 좋아진다. 저축을 많이 할 수 있는 일은 더욱 좋다. 어린 사람을 상대하는 일이나 천한 직업도 좋다.

④ 년간 식상과 월간 관성인 남자

이러한 운명을 타고난 사람은 도전과 모험, 투쟁에 의해서 성공할 수 있는 운명의 소유자이다. 머리가 좋고 창작 능력이 있어 이 부분을 잘 살리고 키우면 부귀는 물론 명예, 행복까지도 누릴 수 있다.

어려서는 운동 등에 재능이 있고 그 분야로 진출해도 크게 성공을 한다. 사법계로 진출해도 좋다. 고시 공부를 해서 합격할 수 있는 운명이다. 건설 분야도 좋고 교육 분야도 좋다.

⑤ 년간 식상과 월간 인성인 남자

이러한 운명의 소유자는 머리가 비상하고 좋으며 아주 영리하다. 사고력이 좋아 한 번 보면 알아차릴 정도이다. 추리력이 좋아서 무엇을 연구해도 남보다 특수하게 발전시킬 수 있다.

그러나 성년이 되어서는 어릴 때 그 총명함은 어디로 가고 안타까울 지경이다. 그만큼 인생살이에 시련과 고달픔이 많았다는 것이다. 처음에는 의욕 있게 시작을 하지만 양보하는 성격으로 매듭을 잘못 지을 수 있다.

초지일관하면 반드시 출세·성공을 하는 운명이다.

　교육자, 의사, 사회사업, 기술자가 좋다.

▎식상 남자, 이런 저런 이야기
- 장인장모, 남자는 처가
- 정의감, 투지력, 불굴의 정신, 희망, 사고력, 불평불만, 정조, 절개, 눈물, 성, 불행, 청소년, 연구, 발명, 창작, 아부심무(阿附心無), 영리, 큰 인물감, 장군감, 고집, 공상, 상상.
- 난세의 영웅, 사주에 없으면 투쟁력이 없고 현실에 타협.
- 일지에 유하면 다른 곳에 있는 것보다 강하다(마음뿐이지만).
- 고생이 많을수록 성공한다.
- 년간에 있으면 투쟁력이 강하다.
- 관성이 꼭 있어야 한다(월간이나 월지에).
- 년간에 식상, 월간지에 관성이 있으면 운동가로 크게 성공할 수 있다.
- 고시에 합격하는 사주.
- 의사, 약사, 사상가, 철학가.
- 지지, 특히 월지에 있으면 제일 현실적이고 주위환경에 영향을 받는다.
- 식상에 키가 작은 사람은 독종이다.
- 운명성의 경우 첫째 투지력을 가져라, 불굴의 정신력을 가져라, 위험을 가져라.
- 申, 酉월은 일반적으로 관성의 달이다(寅卯辰은 비겁, 巳午未는 식상, 亥子丑은 인성의 달).
- 식신은 아들, 장인, 조카, 상관은 딸, 장모, 모친.

[예·1]

천간	甲	丁	甲
지지	戌	卯	申

· 丁巳년 7월에 사표를 냈다.
· 조부가 잘나고 잘살았다.
· 상관이 있으면 관 생활 중에도 특수 관이다.
· 상관이 있어야 좋다(특수 관이니까).
· 申년에 앞으로 조심해야 할 것이다. 丁이 申을 극하니까.
· 운명성의 경우 자식을 낳으면 참 좋다. 나중에 자식 덕을 본다.

[예·2]

천간	癸	申	申
지지	未	丑	酉

· 충을 해야 자식을 생한다.
· 대운은 충이 무하여 무자식.

[예·3]

천간	癸	壬	丙
지지	未	丑	子

· 운명성(식상)이 사주 중에 식상이 없는 것보다 있는 것이 더 못산다.
· 다른 것(육친)은 극이 있으면 나쁘다.
· 식신 상관은 극이 있어야 좋다.
· 인수 편인이 극을 해야 좋아진다.
· 장애성이 식상은 자식이 원수다.

[예·4]

천간	己	辛	辛
지지		卯	酉

· 성이 굉장히 왕성하다.
· 현재 못산다. 자식은 잘산다.

[예·5]

천간	戊	己	乙
지지	申	卯	丑

· 잘사는 사주이다. 그러나 자식은 나쁘다
· 장애성 식상은 잘사나 못사나 나쁘다.
· 초년 대운 불평불만, 깡패, 불량.
· 중년 대운 식상, 파란곡절 많다.
· 정의롭게 산다.
· 청소년 상대, 불우자 상대 등의 직업은 좋다
· 말년 식상은 좋다. 본인은 불평불만이 있어도 좋다. 자식은 잘된다.
· 년운 식상 직장인이 가장 좋다.
· 庚일주는 壬戌년에 처가, 장인장모 복을 입을 수도 있다.

[예·6]

천간	乙	壬	壬
지지	巳	寅	午

· 재혼인
· 초년 머리 영리함, 커가면서 멍청함
· 壬午는 성생활을 안 한다. 그래서 생사이별임.
· 丙子는 결혼 전에 정조 바침.

· 여자 식상은 관을 극하기 때문에 나쁘다.
· 주중에 관성이 있으면 나쁘다.

[예 · 7]

천간	己	甲	甲
지지	未	戌	申

· 남자가 사업 파탄, 교통사고.
· 이 여자는 마담이다.

▮년간 식상과 월간 육신과의 운명 (여자)

① 년간 식상, 월간 비겁인 여자

이러한 운명은 머리가 아주 영리하다. 천재적인 능력이 있다고 한다. 눈썰미가 아주 좋아서 한 번 보면 무엇이든 간에 알아차리고 해낼 수가 있다. 이상이 아주 높으며 깔끔하고 깨끗하여 웬만해서는 자신의 마음에 차지를 않고 마땅치 않게 보인다. 자기의 마음에 안 맞거나 경우에 어긋나 보이면 아무리 잘살고 대단하다 하더라도 눈에 차지를 않는다.

결혼에 있어서는 공직이나 직장인과 결혼하여 정성껏 하며 제 살을 베어 주어도 아까워하지 않을 정도로 잘한다. 그리고 활동력이 좋아서 돈도 잘 벌어 남편한테 잘해 주며 열심히 살아간다. 머리를 잘 써서 크게 성공하는 사람도 많다.

② 년간 식상, 월간 식상인 여자

이러한 운명의 소유자는 머리가 좋고 아주 영리하다. 나이가 들어도 애띠어 보이고 상냥하고 예쁜 타입이다. 자존심이 아주 강하고 남에게 지기 싫어한다. 정열적이라서 한 번 사랑을 하면 물심양면으로 대단한 사랑을 한다. 그러나 한 번 싫어지면 두 번 다시 보기조차 싫어한다. 아주 냉정한 면도 있다.

결혼 시 직장인을 만나면 그런대로 원만하고 행복하게 살아가지만(사업가나 자영업자도 기술을 가지고 충실하게 하면) 일반 상업이나 사업자는 일이 잘 안 되든가 실패를 하든가 자신감을 잃어 재기할 수 없는 처지에 빠지는 수가 있어 부득이 자신이 활동을 하지 않으면 안 되는 처지에 있을 수도 있다. 그러면서도 자식을 보고 나중을 생각해서 열심히 살다 보면 늦게는 자식이 잘되어 늦팔자가 좋아진다.

③ 년간 식상, 월간 재성인 여자

이러한 사주의 소유자는 영리하면서도 판단력과 결단력이 있다. 눈치도 빠르고 눈썰미가 좋아서 예감이나 예측력이 있는 사람이다.

대개는 부모의 운이 약한 사람이 많고, 공부를 많이 하는 데는 어려움이 따르는 운명이다. 만약 기술이나 기능을 익히면 남보다 빠르게 익히고 습득하며 능력 발휘도 잘한다.

젊어서는 힘들고 고생을 하다가도 중년부터는 점점 운이 좋아져서 결혼 후에는 시부모를 잘 모시고 인자하여 나중에 며느리한테도 잘한다. 대개는 장남한테 시집을 가고 없는 집안으로 갔어도 차차로 늘어나서 잘살게 되는 운명이다.

④ 년간 식상, 월간 관성인 여자

이러한 운명의 소유자는 총명하고 영리하다. 꿈과 이상도 많고 희망도 높게 가지고 살아가는 타입이다. 자존심이 강하며 남보다 뭐든지 잘해야 직성이 풀린다. 그래서 잘살기를 바라고 노력도 많이 한다.

현재 다른 사람보다 잘살아도 그에 만족하지를 않고 더 잘살기 위해서 노력을 하며 욕심을 부린다. 욕심을 부려 엉뚱한 짓으로 자신을 망칠 수도 있고 타인에게까지 피해를 주는 경우도 많이 있다.

자신의 마음에 들면 유부남이라도 빼앗아서 살 수 있는 과감한 면도 있다. 또 돈놀이를 하는 사람도 있는데 많은 사람에게 피해를 줄 수 있으니 유의해야 한다. 다시 말해서 제 스스로 행복하게도 하지만 스스로 불행하게도 한다는 운명이다.

이상하게 성적 능력이 뛰어난 여성도 있으며 더러는 직업여성도 있다. 인생행로에 기복이 많이 따르기도 한다. 이 모든 것이 본인의 선택에 의해서 나타나는 특성이 있는 사주이다.

⑤ 년간 식상, 월간 인성인 여자

이러한 사주는 총명하고 머리도 영리하며 사고력도 좋아서 무엇이든지 잘할 수 있는 사주이다. 연구·발전할 수 있는 운명이다. 그러므로 어릴 때 부모의 사랑도 많이 받을 수가 있는 운명이다. 그것은 그만큼 자신이 잘하는 것이 있다는 말이 된다. 공부를 잘하든가 뭔가 잘하는 것이 있었다는 말이겠다.

무엇인가가 주위 환경이 좋지를 아니해서 불평불만이 잠시도 떠나지 않는다고 본다. 시부모를 모시든가 시누이나 시동생의 뒷바라지를 하든가 그렇지 않으면 남편이 속을 썩이는 일이 생긴다. 그러므로 어릴 때의 총명함도 점차 없어지고 어리석게 되고 항상 불평이나 불만이 따른다.

청춘을 지나 늙어서는 자녀가 잘되어 안락한 생활을 한다.

식상 여자, 이런 저런 이야기

[예·1]

천간	乙	丙	甲
지지	卯	寅	戌

· 일지에 관성이 無하므로 괜찮다.
· 아들이 많다. 丙이 아들을 전부 생한다.
· 아들이 많은 사주에 아들 하나면 불구자가 된다.
· 庚申 申酉년은 괜찮다.
· 庚午 庚寅 庚戌 申巳 乙巳 丁巳 극이 있으면 나쁘다.
· 甲午는 일주 식상으로 전신전력으로 남편에게 잘한다. 다른 데 관성이 있으면 남편이 나쁘다.
· 천간에 식상이 있으면 참 예쁘다. 약간 쓸쓸하고 해서 더 예쁘다.
· 남자들도 미남을 만난다. 그러므로 남편 또한 바람을 잘 피운다. 그래서 불행하다.
· 식상 운명성은 정조와 절개를 지켜라. 결혼 전에 절대로 정조를 지켜라.
· 식상 운명성은 자식은 잘된다. 자식을 보고 살아라. 먼 후일을 보고 살아라.
· 식상 운명성 여자는 대부분은 정조를 안 지키고 연애를 한다. 수절하지 못한다.
· 식상 장애성은 자식 때문에 정조를 지킨다. 그러나 자식은 잘 안된다. 수절을 잘한다.
· 여자 대운 초년은 남자와 같다.
· 중년 식상은 가장 나쁘다. 심한 분은 남편이 죽는다. 과부가 많다
· 여자 중년 대운 식상인 여자를 부인으로 삼지 마라.

[예·2]

천간	己	甲	丁
지지	未	辰	亥

- 큰 부잣집에서 출가, 庚申 申酉년 운에 몰락.
- 己戊丁丙乙, 戊申己酉는 천간에서 지지를 생하는데 식상이 강해져서 酉申未午 巳 식상 대운이 된다.
- 己일간에서 甲은 남편인데 운명성이다.
- 申酉 대운, 申酉년에 몰락했다.
- 말년 식상 대운은 자식은 잘된다. 그러나 본인은 좀 나쁜 편이다.
- 년운 식상은 남편 사업 불길, 남편 사망.

[예·3]

천간	丙	壬	甲
지지	寅	申	戌

- 戊午년에 2명 중 1명은 남편 사망, 1명은 파산.
- 식상년은 굉장히 나쁘다. 사주에 관성이 있으면 나쁘다. 없으면 반감된다.
- 戊戌년은 나쁘지 않다. 戊午년은 戊가 월간지 壬을 극하고 申을 극하니까.
- 식상 년운에 여자는 결혼을 하지 마라.
- 취직도 잘 안 된다.
- 화재, 도난 등 주의.
- 관성이 없으면 오히려 식상년에 발전하는 경우도 많다.

[예·4]

천간	己	丙	庚
지지	卯	戌	寅

- 申酉년에 상담했다.
- 음력 7월, 도적이 침입해서 칼에 찔려 죽었다.
- 7월(丙申) 丙월을 申金에 合이라 움직였다. 그래서 丙 인수(문서, 집)가 움직이면 월지 戌은 비견이 움직여서 손해를 보는 운이다. 즉 집을 사서 손해를 봤다.

4. 천간(天干) 재성(財星)과 지지육신(地支六神)과의 통변론(通變論)

✔ 남자 편

(1) 천간(天干) 재성(財星), 지지(地支) 비겁(比劫)인 남자

인생의 행로에서 부부간, 이성 간에 슬픈 시련이 있을 운명이다.

원래 이런 사주는 돈을 많이 다루거나 만지는 타입이라고 할 수 있다. 아니면 여자를 많이 상대하는 직업을 가지는 경우도 많이 있다. 경제, 금융 분야 등에 종사하는 사람도 많이 있다. 그리고 여자가 잘 따르는 사주이다.

이상하게 여자에게는 돈도 잘 쓰고 기분 좋게 잘 위해 주므로 여자들을 상대하는 직업을 하면 잘된다. 교육계에 종사해도 좋은데 여학교라면 더욱 좋겠다. 공장이면 주로 여자 종업원을 쓰는 일이 좋고 그런 곳에서 일을 하면 좋다. 상업을 하는 사람은 돈이 들어올 때는 잘 들어오지만 나갈 때도 많이 나가는 경향이 있어 돈에 기복이 있는 편이다.

결혼을 하면 미인을 맞이하거나 참으로 좋은 여자를 만날 수가 있다. 여자를 생각하고 즐겁게 해 주는 타입이면서 때로는 의외로 까다로워 스트레스를 주기도 한다. 그러나 이런 사주 중에는 생리사별의 아픈 시련을

겪는 수가 많이 있는데 그럴 경우 재혼을 신중하게 해야 한다.

재혼해서 마음이 맞지 않아 몇 번씩 이혼을 하는 경우가 있다. 가정에 시련이 많은 운명이다. 그러니 아무쪼록 처음에 여인을 잘 보살펴서 천추의 한을 남기지 말기를 간곡히 부탁한다.

이런 사주는 재복이 따를 때는 이상하리만치 돈이 자꾸자꾸 들어온다. 돈이 자꾸 늘어나니 얼굴이 넉넉해 보인다.

또는 여자가 활동을 많이 하는 경우도 있을 수 있으며 여자가 생활을 주도한다든가 처갓집이 파워가 있어 그쪽 말을 듣게 된다든가 처갓집 지역에 산다든가 처가 친척들하고 친하게 지낸다든가 할 수 있다. 더러는 이자놀이를 하는 사람도 있다.

직장인은 진급·승진이 빠른 경우가 많다. 또 돈에 대한 집착도 강한 타입인 경우가 많다. 그러나 돈을 함부로 움직이면 안 된다는 점을 명심해야 한다. 돈을 움직여 이익을 보기 어렵다는 것이다. 재물을 움직여서 재난을 당하는 경우가 종종 있다. 또 부부궁에 풍파수도 있다는 것이니 이 점을 유의해야겠다.

모든 육신은 그 길흉을 단정해서 말하기가 참으로 어렵다. 어떤 육신이든 좋은 작용과 나쁜 작용이 늘 공존하는데 사주에 따라 어느 부분이 더 작용하는가를 분별하는 일이 통변의 능력일 것이다.

▌재성에 비겁 地剋天(下剋上) 예문

천간	庚辛	甲乙	壬癸	丙丁	甲乙	戊己	戊己	壬壬癸癸
지지		申酉		子亥		寅卯		辰戌丑未

· 여자들한테 인기가 있다. 여자를 상대로 장사하면 인기 있다.

- 투자해서는 실패다. 돈 없이 장사를 해야 된다.
- 총각 때가 제일 인기 있다.
- 결혼하면 부인 때문에 무능해진다.
- 남창 사주다. 제비족 행세하면 좋다.
- 재성은 질병이 복부, 비겁은 칼이다.
- 주중 정재가 있으면 본처와 오래 해로하기 어렵다. 부인은 항상 몸이 아프다.
- 庚辛일생은 乙酉는 申酉년에 복부를 수술하는 경우 많다. 생활 여유가 유함으로써 수술을 하게 된다. 생활에 여유가 없는 경우는 수술까지는 안 간다.
- 壬癸일생 亥子년에는 수술 조심. 천간 壬癸가 있으면 훨씬 강력하다.
- 甲乙일생은 천간 甲乙과 寅卯년 조심.
- 丙丁일생은 庚辛 천간과 지지로 午巳 조심, 이하 동등.
- 이런 사주를 부인으로 봐서 남편에게 흐뭇함을 느끼나 남편이 바람둥이(음주가무)이면 활동가이나 보통은 자기 부인만 상대한다. 그래서 무능해진다.

[예·1]

천간	癸	辛辛
지지	酉	卯巳

- 여자 사주인데 申酉년에 이혼했다.
- 남편은 戊土.

◆ 3번째 통변
- 비겁하니 재성이다.
- 빈손으로 타향에 나가면 재가 생긴다. 기초능력을 단단히 쌓아서 해야 한다.

◆ 4번째 통변
- 비겁이 재다.
- 형제에 재가 붙었다.

· 형제간이 잘살아도 구두쇠이다.
· 이 사주는 형제간에는 잘 도와주나 본인이 어려우면 도움을 못 받는다.
· 재성의 특성 중 하나는 쩨쩨하다는 것이다.

[예·2, 남자]

천간	戊己	壬壬癸癸
지지		辰戌丑未

· 지지장간 乙 辛丁 辛乙 戊己일생 남자로 봐서 壬辰이 有하면 辰中 乙木 자식이 있고, 남편이 있는 여자가 나를 좋아한다.
· 정재는 처녀가 따르고 편재는 유부녀가 따른다.
· 壬戌(丁辛)은 재가 있어 돈이 붙는다. 그러나 辛으로 해서 이별수다.
· 식상은 불만이다.
· 戊일 壬辰(乙癸)에서 乙은 식상이라 성 불만, 癸는 비겁이라 방종기가 있다.
· 辰中 戊土는 여자한테 관이라 우월감 때문에 壬의 여자는 우월감 있고, 방종기도 있고, 섹스가 굉장히 강하여 남편에게 불만이 있어 다른 남자를 본다.

(2) 천간(天干) 재성(財星), 지지(地支) 식상(食傷)인 남자

부인한테는 잘하지 못하는 편이지만 자식과 남들에게는 잘하는 특이한 부분이 있는 운명의 소유자이다. 모든 사람들에게 잘하면서 마누라한테만 다르다는 것이다. 남들은 좋은 남자라 부인은 좋겠다고 하는데 사실은 골병든다는 것이다. 왜 그러냐면 재성에 식상이라 마누라만 보면 자신도 모르게 신경질이 난다는 것이며 불만이 솟구친다는 것이다.

이러한 사주는 여자로 인해 지출이 많거나 손재를 당하기도 한다. 그러나 대부분은 처덕을 본다는 운이라 처로 인해 돈을 벌고, 처가 덕을 보고,

그러한 인연으로 인해 안정되고 돈을 벌 수 있다는 것이다. 그러나 처가 너무 착하든가 이해심 많은 것이 흠이 되고 불만일 수 있으니 이것 또한 팔자소관이라고 할 수밖에.

여자가 머리가 좋아 머리를 잘 써서 돈을 벌기도 하는 사주이다. 그런데 이런 사주의 작용에서 일이 잘 풀려나가다가 의외로 일이 나쁘게 풀려나가는 경우가 있을 수 있다. 이 경우는 재성의 흐름이 좋아져 운이 좋아야 하는데 식상의 흐름으로 패턴이 바뀌어 아주 안 좋은 결과로 되어 버릴 수 있다는 의미 때문이다. 처의 능력이나 수완이 좋은 것은 좋은 일이나 이로 인해 재난으로 치닫는 수가 있으니 이를 잘 구분해야 하는데 이를 구분하는 것은 참으로 어렵다. 상대에게 자세히 질문해서 그 흐름을 파악해야 하는데 내방객이 잘 말해 주면 좋지만 그렇지 않으면 곤란하다. 어린 여자를 만나서 사는 경우도 있으며 처가 나이 들어도 나이보다 젊어 보일 수도 있다. 부인이 교육계 일을 하면 좋은 사주이다. 미인을 처로 만나는 사람도 더러 있다.

재성에 식상이라 부인을 보면 불만이 나타난다는 것인데 이상하게 부인한테 신경질을 내거나 못마땅해 한다. 또 처가 조실부모를 하거나 장모가 한이 많거나 하는데 장모가 운이 좋고 장수하면 상처를 하거나 이별을 하게 되는 운명의 특성이 있다.

아주 드문 일이지만 자식이 없어 자식을 기다리는 사람은 큰돈을 써서 기도하면 자손을 두게 된다. 또 크게 실패하거나 실패한 후에 자식을 얻거나 큰 시련을 겪고 자손을 둔다는 의미도 있는데 참고로 알아둘 일이다.

여자로 인해 재난을 당할 수 있으니 이 점은 유의해야 한다.

처가 능력은 좋은데 실속이 적을 수 있다. 이런 사주는 시대감각이 남들보다 월등히 빨라 그 시대에 맞는 직업을 선택할 뿐만 아니라 그때그때 처신을 잘해 평생 부유하게 사는 사람이 많다. 또 위험하든가 모험심이 작용하는 직업을 가지면 더더욱 발전을 잘하는 경우가 많으며 사람에 따라 성공하는 차이는 있으나 성공을 하는 편이다. 여하튼 위험과 투쟁을 해야 성공을 하는 사주이다.

그리고 처는 인자하고 인내력이 있고 근면하고 이해심 있으며 양보할 줄 아는 여인을 만나나 그러한 처를 도리어 못마땅하게 생각하는 사람이 있다. 인정은 하면서도 그렇다. 그러므로 처에 대한 불만이나 스트레스가 있기 때문에 바람을 피거나 방종하는 경우가 있고 심하면 이혼을 하기도 한다. 자식은 똑똑하고 영리하며 애정을 가지고 사랑한다. 그런고로 가능한 한 자식을 출세·성공시키고자 잘살 수 있기를 바라며 돈을 벌어 뒷받침을 하지만 자식은 자식대로 무엇인가 불만을 갖게 된다. 아마도 환경적인 요인일 것이다.

대개는 직업을 기술, 생산, 의사, 약사, 사회사업, 자선사업을 하든가 불우하거나 불행한 사람을 상대하든가 고용하는 일을 하면 돈을 벌 수 있다. 교육자도 좋다. 아니면 드물게 아주 비인간적인 방법으로 돈을 모으는 인간적으로 문제가 있는 사람도 있다. 대체로 재물복은 좋게 타고나서 어디서 무슨 일을 하면서 살든지 간에 돈은 잘 따른다고 본다.

▮재성에 식상 예문

[예·1]

천간	己	丙壬
지지	酉	午申

· 쌍둥이다. 실제 인물이고 여자다.

- 甲이 남편, 丙은 아들, 아들 낳고부터 큰 부자가 되는 사주.
- 丙 아들이며 壬이 丙의 관이다. 그래서 아들을 낳았고 丙과 壬의 조화가 있다.
- 이 사주는 아들을 낳아야 좋아지는 운명이다. 丙午년에 아들을 낳았다.
- 이 사주는 자식을 낳아야 좋다.
- 운명성은 강하게 나타나야 좋은 것이다.

[예·2]

천간	甲	乙己
지지	午	亥丑

- 이 사주는 년주가 甲子년인 경우의 사주보다 己丑이 더 좋다고 본다.
- 운명성은 강하게 나타나야 한다. 己丑은 동주라 강하다.
- 여자는 乙亥 환경이 좋아서 산다.
- 甲午 자신은 불만이다. 그래도 낭비 없고 바람을 피우지 않는다.
- 이 사주가 여자라면 가만히 있어야 한다.

[예·3]

천간	甲	甲己
지지	子	戌丑

- 여자일 경우 비겁에 재는 나쁘다.
- 己丑 여자로 봐서는 甲子 남편은 좋으나 甲戌 환경이 나쁘다.
- 지지장간 중 辛金이 己 상관이라 불만을 참아야 된다.

[예·4]

천간	丁	庚辛
지지	丑	子未

- 인물이 있다.

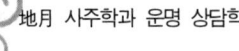

· 비겁 년운에는 재성 있는 사주는 활동을 하면 실패. 丙辰 년운에 크게 실패했다.
· 이 사주는 밭을 복이 있어서 가만히 있으면 되는데 丑이 상관이라 남편 월급만 가지고는 불만이라서 丙辰년운 辰중 癸水가 또 丙을 쳐서 실패다.
· 子가 남편인데 辛未는 인 대 관이라 공무원.
· 여자로 봐서는 작은 월급만으로는 감질이 나고 왕창 벌려고 해서 그렇다.
· 재 대 비겁은 바람을 피운다(여 대 남은 남창).
· 비 대 재는(남 대 여) 자수성가.

[예 · 5]

천간	甲	乙己
지지	子	亥卯

· 이 사주는 卯가 己土(여자)를 극하니까 부인 몸이 약하다.
· 재에 비겁은 바람을 피워야 좋다. 己丑이 낫다.

[예 · 6]

천간	丁	乙
지지		未

· 식상이 밑에 있어서 불만을 품고 있다. 신경질이 있다.
· 인 대 식상은 고집이 나면 항우다.
· 재주는 비상하나 부모 속을 썩이고 부모는 未土가 재라 잘해 주려고 하나 丁火에서 未土는 상관이라 불만이다.
· 자존심이 강하다.
· 乙未는 섹스를 안 한다.
· 늦게 결혼한다. 결혼은 불행이다. 상관은 불행의 별.
· 부모가 나를 안 믿는다.
· 부모는 돈이 야무지다(아버지는 돈이 야무지다).
· 결혼 후 절대 발전이 없다. 식상이 밑에 있어 속에 불만이다. 이럴 경우 비겁

이 좋을 수가 있는데 비겁은 강해야 한다.
· 乙未는 섹스를 잘 안 한다. 여자 사주가 이래도 마찬가지다.

[예 · 7]

천간	丁	乙甲
지지	丑	亥戌

· 고모(甲) 팔자가 사납고 아버지(乙), 어머니(戌)는 팔자가 나쁘다.
· 어머니도 나쁘고 여러 가지를 추론할 것.
· 고모 과부, 불구, 단명. 3가지를 말할 것.
· 비겁 대 재성은 아버지운이 안 좋다, 안 된다.
· 乙이 아버지 甲戌이 비겁에 재성이다. 그래서 좋을 수가 없다는 것이다.
· 甲은 어머니 또는 고모로 통변이 가능하다는 점을 알아야 한다(통변의 묘미를 느낄 수 있는 부분, 옥 선생의 임상 사례에서).

[예 · 8, 여명]

천간	庚	癸己
지지	辰	酉巳

· 잘산다.
· 천간이 인성 대 상관인데 고집은 황우.
· 삐치기 잘하고 재주 믿고 아는 척하고 아는 것도 없으면서 거만하고 이상하게 발전이 없다(얌전하고 온순하고 인물 있어도 발전은 없더라).

[예 · 9, 여명]

천간	壬	庚丁
지지	子	戌丑

· 잘산다.

[예·10]

천간	壬	己庚
지지	午	丑辰

· 부모와 떨어져 살아야 된다.
· 인성 대 상관(년간 庚金 辰중 乙木)은 불평을 참는다. 성을 참는다.
· 결혼생활은 불평이나 만혼이 좋다. 이 경우는 관성이 그래도 강하게 있으니 견딜만하다. 아니면 불행한데….

[예·11]

천간	甲	甲丙
지지	子	子寅

· 己土가 부인, 잘 못산다.
· 비겁은 관, 인성은 식상 또는 재성이 있어야 한다.
· 식상 대 비겁은 자식한테는 인기가 있다.

◆ 3번째 통변
· 비겁 대 식상은 자신이 활동을 해 봐야 제로.
· 비견 겁재는 해 봐야 결과는 식신 상관이라 밑 빠진 독에 물 붓는 격이다.
· 비겁 대 인성은 부지런히 노력해 봐야 공(空)이다. 주머니가 비었다.
· 비겁은 빈털터리고 식상은 없는 것(빈 것)과 마찬가지다.
· 식상은 일명 공망(空亡)으로도 보는 것이다. 식상은 완전 공이다.

[예·12]

천간	甲	甲辛
지지	子	子丑

· 굉장히 좋다. 丑(처)이 子가 財라 좋다.

- 辛은 자식, 辛은 甲이 재라 딸이 출가하면 복이 나간다.
- 아들은 망해도 또 벌 수 있다.
- 辛이 딸이다. 딸이 출가하면 운이 나빠질 수 있다.
- 자식의 재물은 부동산, 마누라의 재물은 현금이다.
- 천간 甲은 庚辛년에 나쁘다. 지지 子는 辰戌丑未가 나쁘다(년운).
- 재가 없는 사람은 비겁년에 활동하는 것이 길하다.
- 재가 있는 사람은 비겁년에 실패. 단, 투자 안 하면 괜찮다. 재에 비겁이 있는 사람은 괜찮다.

재성 대 식상 예문

[예·1]

천간	庚辛	甲
지지		子

- 부인에게 불만(성적으로). 성격상 맞지 않는다.
- 여자가 인수니까, 여자의 마음이 노인 같으니까(성 자체가 노인 같다).

[예·2]

천간	辛	甲戊
지지		子戌

- 이 여자 오고 나서 재산이 생긴다.
- 남자는 식신, 여자는 인성.
- 처한테는 戊戌이 재성이 된다.

[예 · 3]

천간	庚辛	甲戊
지지		子辰

· 이 사주는 초혼해서 대재(大財)했다.
· 상기와 같이 성(性)에 불만.
· 작은 부인을 얻고서 실재(失財).
· 甲은 정재 부인, 돈이니까 큰돈이다.

[예 · 4]

천간	辛	戊甲
지지	酉	辰子

· 평생 잘산다.
· 상기와 같으나 戊가 모친인데 중간에 있으니까 잘산다.
· 戊辰이 중간에 있어 고부(姑婦)가 같이 살며 사이가 좋았다.
· 이 사주는 장남인데 부모와 같이 있어서 오히려 좋았다.
· 년에 위치할 때와 월에 위치할 때에 따라서 차이가 있다.
· 월지 辰중에 乙木이 있고 辰월은 木氣가 만만치 않다.

[예 · 5]

천간	庚	甲戊
지지		子戌

· 이 경우 편재니까 재혼해야 잘산다.
· 戊戌이 아니고 戊寅이라면 인성 대 재성이 되어 庚일주 남자는 직장이 자주 바뀐다.

[예·6]

천간	庚	甲戊
지지		子寅

· 여자는(甲 재성) 土 운명성이면서 재성이 되니 시댁 식구한테 잘한다.
· 여자로 봐서는 재에 비겁이니 살림 망한다.
· 부자에게 시집가면 망하고 가난한 집에 시집가서 여자가 나가 벌어야 한다.
· 운명성이 戊土 인성이라 부지런하고 열심이다.
· 甲 여인으로 봐서는 戊土 재를 寅 비겁이 극을 해서 일을 해야 하는데 寅이 재가 극해서 흉하다.
· 근면해야 되는 여인의 운명이다.

[예·7]

천간	庚辛	甲戊
지지		子午

· 甲 부인, 戊 재성, 子 자식, 午 재성(子水의 財星), 그래서 평생 재물 길하다.
· 첫째 자식의 재산이 평생 재라 길, 부인의 재는 말년 가면 변할 수 있다.
· 失財 즉 관성은 평생의 재물이다. 자식의 재물이기에 그러하다.

[예·8]

천간	庚辛	甲戊
지지		子申

· 申이 있으므로 본인은 흉, 자식은 길하다.
· 인 대 비는 부지런하게 일을 해도 빈털터리다.
· 자식은 관인이라 길하다. 잘산다. 庚辛 본인은 흉.
· 甲—戊—申—子를 생해서 庚은 식상, 甲에서는 인성 흉.
· 庚에 子(癸)는 딸은 길.

· 식상은 입법부, 언론기관, 민법은 관성, 법을 집행하는 것은 식상.
· 申에서 子(癸)는 아들 戊申은 관 대 인이라 오래오래 공무원.
· 甲은 子(癸)의 식상이 戊 관을 극해서 높은 자리에 있게 된다.
· 관성이 강할 때는 식상도 강해야 한다. 戊申은 戊가 강하다.
· 이유는 공무원이라 강하다. 공무원이 아니면 설기(泄氣)되어 약하니 흉.

(3) 천간(天干) 재성(財星), 지지(地支) 재성(財星)인 남자

한마디로 재복이 있는 타입이라고 볼 수 있는 사주이다. 재물 복이 많은 사주라고 본다. 또 재산이 늘어나면 크게 늘어나는 운을 타고났다.

사주에 따라서 여자가 많은 활동을 한다든가 돌아다니는 경우도 있고 또 집에만 있어 살림만 잘하는 사람도 있다. 이는 사주로 구분하여 알기는 쉽지가 않다. 다만 그런 성향이 나타난다는 정도인데 아주 상반된 성향이기에 직접 물어보는 것이 좋은 방법이다. 여자가 모든 일을 주도한다든가 아니면 아주 강하든가 처가 동네에서 산다든가 하는 경우도 종종 있다. 근래에는 점점 늘어나는 추세이다. 월급쟁이는 월급이 잘 올라가는 편이다.

여자의 여자라는 의미가 있으니 여자로 인하여 큰 이익을 볼 수도 있다는 운명이다. 여자와 밀접한 관계가 있는 일이 잘 어울린다는 의미도 있다. 그만한 능력도 있는 것이고 돈에 대한 집념도 있다는 것이다.

이론이 밝고 자신을 잘 알고 있으며 경우가 분명한 사람이다. 시대의 흐름을 잘 파악하여 그에 맞는 일을 잘 알아서 한다. 일확천금을 바라지도 않고 착실하게 점진적으로 다져 나가기 때문에 실수하는 일은 드물다고 본다. 계획적이고 틀림없이 처리하므로 일단 말을 했으면 실천하려고 노력한다.

대개는 세심한 편이라 신경이 예민하기도 하다. 그래서인지 부인은 여걸 중에 여걸이라 모든 일을 부인과 상의를 해서 일을 하면 살림이 늘고 평생 고생을 안 하고 살아갈 수 있는 운명이다.

그러나 젊어서는 부인의 말을 듣지 않고 제 나름대로 일을 한다. 그러다가 실수를 하든지 잘못됐을 때는 속수무책으로 실의에 빠지는 수도 있다. 인간은 신이 아니기 때문에 열 번을 잘하다가도 한 번은 실수를 할 수 있지만 그 한 번의 실수가 일생을 그르칠 수가 있는 것이다.

돈을 많이 벌려고 하면 낭비를 하지 말고, 꺼진 불도 다시 보자는 식으로 돌다리도 두드려 보라는 식으로 살아가면 평생 좋지만 큰돈을 벌려고 분별없이 덤비다가는 돌이킬 수 없는 실수로 허덕이는 경우가 있는데 그럴 때는 서슴없이 부인을 내세워 활동을 하게 되면 고생도 면하고 노후를 편히 지낼 수 있다.

대개 부인이 활동력이 좋고 자존심 강하고 고집이 있는 경우가 많다. 그러나 돈을 함부로 움직이면 크게 손해를 본다. 그러니 돈을 함부로 움직이지 말라는 경고도 있다.

그런데 이상하게 이런 사주들에게서 나타나는 현상 중에 부부 해로가 힘들다는 점이다. 즉 처궁에 재난이 일어난다는 것이다.

모든 육신의 길흉을 정확하게 구분해서 말하기는 어렵다. 다만 그 가능성과 성향을 알 수 있는 것이다. 그러니 어느 부분이 잘 나타나는가를 알아내는 것은 통변의 능력인 경우와 상황을 잘 파악해서 알아내는 것이다.

▌재성 대 재성 예문

[예·1]

천간	甲乙	戊戊己己
지지		辰戌丑未

· 판단을 분명히 하면 이익이 있다.
· 장사하면 이익이 있다.
· 경제하고 경제를 잘하라.
· 2단과 4단은 비견 겁재(기본을 충실하게)하라.

[예·2]

천간	丙丁	庚辛
지지		申酉

· 이런 사람은 한 번에 돈이 모이지 않는다.
· 천간이 재성이고 지지가 비겁이 낫다(돈에 관해서 드문 경우이지만).
· 저축형, 장기적으로 해야 성공한다.

[예·3]

천간	戊己	壬癸	甲	戊己	庚辛	甲乙	壬癸	丙丁
지지		子亥		辰未		寅卯		午巳

· 未土는 부인에게 잘하기도 하고 나쁘게도 한다.
· 여자관계가 복잡하다.
· 未간지는 파란곡절이 있다. 未 없는 간지는 진합태산(티끌 모아 태산).
· 꾸준히 돈을 모으고 부인에게도 잘해 준다.

[예·4]

천간	甲	戊
지지		辰

· 辰중 乙이 있어 기분파다.
· 癸水 때문에 시련이 있다.

[예·5]

천간	甲	己
지지		丑

· 丑중 辛金으로 인해서 구두쇠이다.
· 관성은 재성을 보호하는 특성이 있다.

[예·6]

천간	甲	戊己
지지		辰丑

· 오히려 소극적이다.
· 부인이 비겁으로 부인이 장사를 한다.
· 비겁은 덤벙대지만 재성은 여물고 돌다리도 두들기는 형국이다.

[예·7]

천간	甲	戊辛
지지	子	戌未

· 戊戌未는 재이나 辛은 관인데 戊戌未가 관성을 생하니까 월급을 받는 직장이나 공무원을 해야 한다.
· 여자의 경우 재성은 시가인데 戊戌 己未는 丁火 때문에 시댁 식구와 나쁘다.

[예·8]

천간	甲	己甲
지지	子	丑寅

· 이 사주는 좋은 사주이다. 甲寅 비견 겁재가 있어 좋은 사주다.

(4) 천간(天干) 재성(財星), 지지(地支) 관성(官星)인 남자

이러한 사주는 명예도 좋고 재물도 좋은 부귀를 겸할 수 있는 운명이라고 본다. 국가 공무원, 대기업의 사원 등에 종사하면 제일 좋은 사주이다. 즉 직장인 타입의 사주라고 본다. 관청, 회사, 공공기관을 상대하는 하청업, 납품업 등을 하면 돈을 벌 수 있는 사주이다.

다른 일이라면 안전한 일, 즉 유행이나 바람을 적게 타는 일을 하면 좋고 주택, 토지 등을 이용해서 하는 일도 좋다. 직장생활을 하면 무난하다. 금융계에 종사하면 명예를 크게 날릴 수도 있다. 그러나 일반 사업이나 상업은 불길하다. 현금을 많이 다루는 사업, 물건을 매매하는 일, 일반 장사 등은 거의 실패한다. 그냥 월급생활 하는 정도의 수입을 바라보면 무난하다.

원래 재복을 타고난 운명이라서 어려서는 부모가 고생을 해서라도 자신은 편안하게 해 주려고 무던히 노력을 했다고 보여진다. 성장을 해서는 위에 말한 직업이 아니더라도 부인이 똑똑하여 돈을 잘 벌어 가만히 놓고 있어도 아무 근심걱정 없으니 이 얼마나 좋겠는가. 늙어서는 자식을 잘 둬 출세를 하고 효도를 하니 일생을 통해 경제적인 고통이 없는 운명이다. 돈도 있고 권세도 있다(有財有權)는 사주 구조이다. 돈 주고 취직하고 돈 들여 승진한다는 점도 있는데 그러면 결과가 아주 좋다는 것이다. 또 여자를 만나고부터 재수가 좋아져 안정을 찾을 수 있다. 좀 이상한 말이지만 바람을 펴도 재수가 좋아진다는 이상한 가능성도 있는 것이다. 사주에 따라 바람을 피우면 운이 막혀 버리는 사주도 있다는 것이니 그럴 수가 있다는 것이다.

대부분 결혼 전에도 좋겠지만 결혼 후에 운이 크게 좋아진다는 것이니 어려운 처지의 사람들은 결혼 후에 반드시 발전하는 것이다. 처덕을 참으로 많이 본다는 것이니 부인에게 잘해 주시기 바란다. 또 결혼을 하면 대부분이 빠르다고 할 정도로 자손을 일찍 둘 수 있다. 자손이 생기고 운도 좋아진다.

돈을 쓰고 승진하고자 한다면 잘 될 수 있는 운명을 타고났다. 처와 자손에게 반드시 좋은 일이 있다는 운이다. 처나 처가의 덕이 있는 팔자며 돈만 벌면 여자도 따른다. 드물게 사주의 흐름이 좋지 않은 사람은 여자나 돈으로 인해 크게 손해를 보는 경우도 있다. 그래서인지 여자를 무서워하는 분들도 있다. 평소 건강하던 분이 결혼 후부터 이상하게 몸의 건강 상태가 좋지 않아서 신경을 쓰는 사람도 있다.

가장으로의 권위가 적어 여자나 자녀들이 아버지를 우습게 보는 경우도 있다. 직장에서 억울한 소리를 듣고 밀려날 수도 있다. 음식으로 인해 병이 생기는 경우가 있을 수 있으니 회식, 상갓집, 결혼식, 잔치 등의 모임 때 음식을 늘 조심해야 하는 암시도 있다.

아주 심한 경우 여자가 배신을 하여 큰 한을 안고 살아가는 경우도 있다.

▌재성 대 관성 예문

천간	庚辛	甲乙	壬癸	丙丙丁丁	甲乙	戊己	丙丁	庚辛	戊己	壬癸
지지		午巳		辰戌丑未		申酉		子亥		寅卯
		己戊		辛辛		壬		甲		丙

◆ 1단계 통변

· 돈을 벌려면 관을 상대하라.
· 이익을 위해 청탁(청부)하라. 큰 회사를 상대로 청부하라.
· 물건 매매는 별로다. 관을 끼고 해야 한다.
· 그렇지 않으면 직장생활을 하라.
· 작은 장사는 마누라를 앞세워서 장사하라.
· 첫째 남자는 미남이다. 그래서 여자들이 많이 따른다.
· 남자의 일지에 관성이 있으면 의처증기가 있고 여자는 남자 없이 못 산다.

◆ 2단계 통변

· 부인이 남편을 위해서 희생을 무릅쓰고 갖은 노력을 한다.
· 부인으로 봐서 午 정관이 상관이라 남편을 위해서 희생한다. 그래서 마누라를 잘 만난다. 현모양처다.
· 이런 사주는 애처가보다는 마누라를 앞세워야 좋다.

◆ 3단계 통변

· 관에 재다.
· 관을 상대하면(정관 편관답게 해야) 돈이 생긴다.

◆ **4단계 통변**
- 어질다.
- 인수니까 상관이 되니 잘해 준다.
- 일지재성에서 의처증을 많이 본다.
- 여자는 남편 없이 못 산다.

(5) 천간(天干) 재성(財星), 지지(地支) 인성(印星)인 남자

대기만성! 봄에 씨 뿌린 농부는 여름에 땀 흘림을 당연히 받아들이며 부지런히 일을 한다. 이는 가을의 수확과 겨울의 편안함을 확신하기 때문이다. 고진감래 격이며, 편하게 잘살기를 바라지 말고 시련을 극복해야 성공하는 사주이다. 천천히 꾸준히 장기적으로 노력하면 성공하는 운명이다. 이러한 운명의 소유자는 자수성가해야 좋은 사주이다. 부모덕으로 산다면 다 털어먹는다. 결혼하고 나서 운이 좋아져서 돈을 모을 수 있다는 것이다.

아버지가 어머니 노릇까지 해야 하는 경우도 있다는 것인데 어머니가 문제가 있든가 아버지가 문제를 일으켜 어머니가 없다든가 여러 상황이 있을 수가 있다. 또 아내가 어머니처럼 이해를 많이 해 준다는 사주이다.

이 부분의 오행과 육신의 통변 원리를 이해하고 파악을 하였다면 이미 공부하는 분은 수준 있는 통변을 할 수 있는 내공이 쌓여있다고 자신감을 가져도 된다. 처가의 덕을 많이 보는 사람도 있고, 처가가 몰락한다든가 등 처가가 별로인 사람도 있다. 또 아버지가 어머니한테 꼭 쥐어 사는 사람도 더러 있다. 아버지나 어머니 중에 엉뚱한 짓을 하는 경우도 있다. 즉 정신 나간 짓(방종 등)을 한다는 것이다.

만약 유산이나 재산상속을 많이 받는 사람이라면 교육, 육영, 사회사업, 종교사업 등을 해야 유지·발전하며 그렇지 않으면 모두 털어 버린다. 돈에 애착을 많이 보이고 욕심 있어 보이지만 참으로 청렴한 사람이다.

늦게까지 공부를 하거나 공부를 열심히 해서 머리가 트이거나 나이 들어서 늦은 공부를 하는 사람도 있으며 학문에 늘 미련이 남아 있다. 이런 유형의 사주는 이상하게 금전거래는 늘 손해를 본다.

재주가 아주 비상한 사람, 재치와 지혜가 비범한 사람도 있다. 또는 잔재주에 능한 사람도 있다. 돈에 목을 매면 한심한 인생을 살아간다는 것이다.

이런 사람은 무슨 일이든 적성에 맞는 일을 해야 한다. 공부를 할 때도 제 적성에 맞으면 아주 잘하는데 그렇지 않으면 오히려 바닥으로 떨어져 취미를 놓치는 수도 있다. 그러므로 어릴 때 부모가 적성을 잘 찾아서 선택을 해 줘야 한다. 잠을 적게 자고서라도 열심히 하지만 본인과 맞지 않으면 아주 싫어해서 신경을 쓰게 할 수 있다. 잘못하면 재수, 삼수의 고비를 겪을 수가 있다.

이론에 밝으며 논리가 정연한 타입이라 혹 공부를 많이 하지 못했다 하더라도 지적인 면이 있다. 성격이 아주 차분하고 좋아 보이면서도 급한 (욱) 면이 있으며 경우에 어긋나는 일은 하지를 못하는 성격이다. 조금 까다로운 면이 있다는 말이다.

운명적으로는 공부를 많이 하는 사람보다 적게 하는 사람이 더 많지만 열심히 노력해서 공부를 많이 하든지 기술이나 기능을 습득하여 꾸준하게 오래 일을 하면 반드시 성공을 하는 타입이다. 그렇지 않고 힘 안 들이고 돈을 벌려고 하면 여러 번의 시련을 겪을 뿐만 아니라 말년에 고생을 하게 된다.

돈을 좀 벌면 여관, 주택 임대 등 주택을 이용해 소득을 올리면서 지낸다면 노후에 안전하고 편안하다. 자식이 없는 사람도 있고 있어도 양육이나 교육 등 뒷바라지를 잘해 주지 못했거나 잘못 키워서 노후에는 돈 없이는 안 되는 사주이니 늙기 전에 반드시 경제력을 확보해 두는 것이 중요하다. 젊어 고생은 노후 행복이라는 점을 잊지 말아야 한다. 지독하다 할 정도로 젊어서 돈을 모으기 바란다.

자식 사랑은 대단하지만 잘 키우는 데는 쉽지 않은 운명이다. 말년에 돈이 있어야 하는 운명이다.

이러한 구조의 사주는 개혁 성향이 있다고 본다.

▎재성에 인성 예문

천간	庚辛	甲甲乙乙	壬癸	丙丁	甲乙	戊己	丙丁	庚辛	戊己	壬癸
지지		辰戌丑未		申酉		子亥		寅卯		午巳

· 甲辰, 乙丑 남자는 초혼으로 끝나지를 않고 이별, 재혼의 암시가 매우 높다고 본다(暗藏을 잘 보라).
· 돈을 벌려고 하면 꾸준히 오래오래 장기적인 계획을 가지고 (인성)해야 한다는 점이 강하게 나타나 있다.
· 문서, 학문 기술, 예술이다.
· 장기적 50 이후까지 해야 돈을 번다.
· 초혼이 실패하지 않고 해로를 하고자 한다면 많은 인내와 희생(인성)을 해야 한다. 즉 참아야 한다.

◆ 2단계 통변
· 甲 천간에서 지지 재성이 된다. 즉 결혼하고 돈이 붙는다.

- 인성은 공부를 중단(무슨 일이든 끝마침이 어려움)한다. 천간에서 지지를 극하니까 재성이 극을 하니까 공부 중단.
- 결혼도 부모가 반대하고 본인도 부모 말을 안 듣는다.
- 결혼할 때쯤부터, 결혼 후부터 부모의 운이 나빠지는 경우가 많다.

◆ 3단계 통변
- 인수는 오래오래 해야 재가 된다.
- 정재가 천간에 있으면 판단력이 있어서 변호사보다 말을 잘한다.
- 여자가 잘 따른다.
- 이런 사람은 오래오래 하려고 하지만 직업 변동이 따르게 된다.

◆ 4단계 통변
- 인성에 재성은 인성에서 관성이 된다.
- 지지 부모를 극하니까 부모를 무시한다. 처만 생각한다.
- 인성은 재성한다. 그러므로 50 이후에는 돈을 갖고 살아라.
- 나이 많아서 재를 하라.
- 이런 분은 자식을 낳아서 멀리 보내야 된다.
- 庚辛일 甲辰, 乙未는 아버지가 안 된다.
- 조실부모일 수도 있다.
- 乙이 辰를 극하니까 대개 공부를 못한다(학업운은 요즈음 대체로 적중률이 떨어지고 있다. 그만큼 국가경제와 교육 여건이 좋아졌기 때문으로 파악하고 있다).
- 庚일주 乙丑에서 乙은 본처다.
- 초혼은 실패할 확률이 많다. 그 처는 남자가 있었다. 丑중 辛癸가 있으므로 과거가 있는 것으로 보는 것이다.
- 辛일생 甲戌의 처는 戌중 辛丁이 있으므로 辛金이 있으니(丁이 辛을 쳐서) 과거가 있는 처다.

· 庚일 甲戌, 辛일 乙丑은 유부녀가 잘 따른다.

[예·1]

천간	辛	己乙
지지	酉	丑丑

· 남자 사주인데 5번 결혼했다.
· 여자를 잘 꼬신다.
· 돈 있는 여자가 잘 따른다.
· 각 천간지지 중 지지장간 중에서 천간을 극하니까 나쁘다.
· 유부녀가 잘 따른다.

✔ 여자 편

(1) 천간(天干) 재성(財星), 지지(地支) 비겁(比劫)인 여자

이런 운명은 돈을 잘 다룰 수 있는 능력을 타고났다고 본다. 돈이 많으면 많은 대로 적으면 적은 대로 활용을 잘할 수 있다. 돈을 아낄 때는 인색하다는 말을 들을 정도로 구두쇠처럼 아끼다가도 꼭 써야 할 때는 아낌없이 쓴다. 돈이 잘 따르는 편이다. 무슨 일을 하든 간에 돈을 벌려고 하면 벌 수 있고 돈이 따른다. 그리고 버는 대로 그냥 두는 것이 아니라 이자 놀이 등으로 적은 돈도 진합태산(塵合泰山) 격으로 큰돈을 만든다. 운명적으로는 남의 도움은 없고 자신의 힘으로 절약해서 돈을 모으는 타입이다.

결혼을 하고서는 남편의 수입만으로는 자녀를 교육시키고 집을 장만하는 데 어려움이 있어 자신도 생활 전선에 나아가 돈을 벌어 집도 사고 교육도 시킨다. 그러니 이 사주는 부자가 되고 싶다면 자신이 활동을 하라는 운명이다. 부지런히 돈을 벌려고 노력을 하면 큰돈도 벌 수가 있고 부자 소리도 들을 수가 있다. 그냥 가정에서 살림이나 하고 지내면 몸도 안 좋고 돈으로 고통을 받는다. 그러나 돈놀이를 잘할 수가 있는데 이 사주는 그런 일만은 절대로 하지 않아야 한다. 가능한 한 안전하게 투자를 해야 한다. 돈놀이하다가 잘못될 수 있는 운명적 암시가 있기 때문이다. 집을 사서 세를 놓든가 땅을 사든가 하면 좋다.

시댁에도 잘하고 부모에게도 효도하는 타입이다. 자수성가하는 사주라 남의 도움은 별로라고 본다. 이상하게 힘들게 번 돈이 아주 쉽게 나가는 경우가 있으니 주의해야 한다.

▎재성에 비겁 地剋天 예문

- 돈을 벌려면 자유 활동을 하라.
- 재를 하려면 비겁(준비하고 활동)을 하라.
- 남편이 이해하면 좋다.
- 돈이 많으면 시댁이 몰락한다.
- 가난한 시댁이면 오히려 돈을 벌고 좋다.
- 여성의 도리를 하면 돈이 없어진다.
- 시집에 모든 도리를 하나 결국 좋은 소리는 못 듣는다.
- 없는 시집에서는 며느리가 잘나서 귀여워해 준다.
- 재성에 비겁은 옛 노인들이 좋아하는 복슬복슬한 얼굴형이다.

◆ 3단계 통변
· 비겁에 재성이라.
· 시댁 입장에서 며느리(본인)가 활동을 해야 돈을 벌고 시집이 잘된다.

[예 · 1]

천간	庚	甲乙
지지	辰	申酉

· 여명은 시집가서 몇 년 후 남편 사업 실패. 남편은 丁火이다.
· 壬癸 자녀는 잘산다.
· 癸 아들로 봐서 乙은 자식이요, 酉는 印綬이나 乙 자식으로 봐서는 酉가 官이니까 기쁨이 있다. 그래서 자식(손주)은 잘산다.
· 남편 丁에서 乙은 印이요 酉는 재. 그래서 인 대 재는 직업을 오래 하지 못하는 수가 있다. 즉 직업 변동이 심해서 자연 실패한다.

(2) 천간(天干) 재성(財星), 지지(地支) 식상(食傷)인 여자

재복(금전운)이 많고 부모에게도 잘하는 운명이다. 이러한 운명을 타고 난 여자는 재산이 있는 집으로 결혼을 하든가 재산이 없는 집으로 출가를 하여도 대단히 재수가 좋아서 수년 이래로 집을 장만하고 시댁이 잘되어 가는 금전적 행운이 있는 운명이다.

판단력이 좋아 어떠한 일을 하든 간에 돈이 잘 따라서 부유한 생활을 하는 운명의 소유자이다. 의사, 약사, 교사 등의 직장을 가지면 좋고 다른 일을 해도 좋다. 경우가 분명해서 경우에 어긋나는 일은 하지도 보지도 않는 성격이 있어 이로 인한 스트레스를 많이 받을 수는 있다.

시부모에게 불만이 있을 수 있고 홀시어머니만 있어 잘 대하고 잘해 주어도 시어머니는 달갑게 여기지 않아 마음고생을 많이 하는 경우도 있다. 어쨌든 이런 저런 일로 인해 불평불만이 생길 수도 있다. 시부모 또는 시댁에 불만이 있는 만큼 시댁에 스트레스를 주었다는 점을 알아야 할 것이다. 그러나 비교적 복이 많은 사주이다. 재복이 좋기는 하나 돈이 잘 나갈 수가 있으며 때때로 손재를 보는 경우가 많이 있으니 주의를 해야 한다. 몸의 컨디션이 늘 안 좋다든가 아니면 병원 출입을 자주 하든가 하며 큰 손재 후에 부부 이별을 하는 경우도 있으니 유의하기 바란다.

▎재성에 식상 예문

[예 · 1]

천간	己	丙壬
지지	酉	午申

· 쌍둥이다. 실제 인물이고 여자다.
· 甲이 남편, 丙은 아들, 아들 낳고부터 큰 부자가 되는 사주.
· 丙 아들이며 壬이 丙의 관이다. 그래서 아들을 낳았고 丙과 壬의 조화가 있다.
· 이 사주는 아들을 낳아야 좋아지는 운명이다. 丙午년에 아들을 낳았다.
· 이 사주는 자식을 낳아야 좋다.
· 운명성은 강하게 나타나야 좋은 것이다.
· 壬水가 운명성인데 강하게 나타났다.

[예 · 2]

천간	甲	乙己
지지	午	亥丑

- 이 사주는 년주가 甲子년인 경우의 사주보다 己丑이 더 좋다고 본다.
- 운명성은 강하게 나타나야 한다. 己丑은 동주라 강하다.
- 여자는 乙亥 환경이 좋아서 산다.
- 甲午 자신은 불만이다. 그래도 낭비 없고 바람을 피우지 않는다.
- 이 사주가 여자라면 가만히 있어야 한다.

[예·3]

천간	甲	甲己
지지	子	戌丑

- 여자일 경우 비겁에 재는 나쁘다.
- 己丑 여자로 봐서는 甲子 남편은 좋으나 甲戌 환경이 나쁘다.
- 지지장간 중 辛金이 己 상관이라 불만을 참아야 된다.
- 또한 관성에 비겁이 되므로 좋지 못한 경우가 허다하다.

[예·4]

천간	丁	庚辛
지지	丑	子未

- 비겁 년운에 재성 있는 사주는 활동을 하면 실패한다. 丙辰 년운에 크게 실패했다.
- 이 사주는 받을 복이 있어서 가만히 있으면 되는데 丑이 상관이라 남편 월급만 가지고는 불만이라서 丙辰년운 辰중 癸水가 또 丙을 쳐서 실패다.
- 子가 남편인데 辛未는 인 대 관이라 공무원.
- 여자로 봐서는 작은 월급만으로는 갑질이 나고 왕창 벌려고 해서 그렇다.
- 재 대 비겁은 바람을 피운다(여 대 남은 남창).
- 비 대 재는(남 대 여) 자수성가.

[예 · 5]

천간	甲	乙己
지지	子	亥卯

· 이 사주는 卯가 己土(여자)를 극하니까 부인 몸이 약하다.
· 재에 비겁은 바람을 피워야 좋다. 己丑이 낫다.

[예 · 6]

천간	丁	乙
지지		未

· 식상이 밑에 있어서 불만을 품고 있다. 신경질이 있다.
· 인 대 식상은 고집이 나면 항우다. 자존심이 강하다.
· 재주는 비상하나 부모 속을 썩이고 부모는 未土가 재라 잘해 주려고 하나 丁火에서 未土는 상관이라 불만이다.
· 늦게 결혼한다. 결혼은 불행이다. 상관은 불행의 별.
· 부모가 나를 안 믿는다. 부모는 돈이 아무지다(아버지는 돈이 아무지다).
· 결혼 후 절대 발전이 없다.
· 식상이 밑에 있어 속에 불만이다. 이럴 경우 비겁이 좋을 수가 있는데 비겁은 강해야 한다.
· 乙未는 섹스를 잘 안 한다. 여자 사주가 이래도 마찬가지다.

[예 · 7]

천간	丁	乙甲
지지	丑	亥戌

· 고모(甲) 팔자가 사납고 아버지(乙), 어머니(戌)는 팔자가 나쁘다.
· 어머니도 나쁘고, 여러 가지를 추론할 것.
· 고모 과부, 불구, 단명. 3가지를 말할 것.

- 비겁 대 재성은 아버지운이 안 좋다, 안 된다.
- 乙이 아버지 甲戌이 비겁에 재성이다. 그래서 좋을 수가 없다는 것이다.
- 甲은 어머니 또는 고모로 통변이 가능하다는 점을 알아야 한다.

[예·8, 여명]

천간	庚	癸己
지지	辰	酉巳

- 잘산다.
- 천간이 인성 대 상관인데 고집은 항우.
- 삐치기 잘하고 재주 믿고 아는 척하고 아는 것도 없으면서 거만하고 이상하게 발전이 없다.

[예·9, 여명]

천간	壬	庚丁
지지	子	戌丑

- 잘산다.

[예·10]

천간	壬	己庚
지지	午	丑辰

- 부모와 떨어져 살아야 된다.
- 인성 대 상관(년간 庚金 辰중 乙木)은 불평을 참는다. 성을 참는다.
- 결혼생활은 불평이나 만혼이 좋다. 이 경우는 관성이 그래도 강하게 있으니 견딜 만하다. 아니면 불행한데….

[예·11]

천간	甲	甲丙
지지	子	子寅

· 己土가 부인은 잘 못산다.
· 비겁은 관, 인성은 식상 또는 재성이 있어야 한다.
· 식상 대 비겁은 자식한테는 인기가 있다.

◆ 3번째 통관
· 비겁 대 식상은 자신은 활동을 해 봐야 제로.
· 비겁 대 인성은 부지런히 노력해 봐야 공(空)이다.
· 주머니가 비었다. 비겁은 빈털터리고 식상은 없는 것(빈 것)과 마찬가지다.
· 식상은 일명 공망으로도 보는 것이다. 식상은 완전 공이다.

[예·12]

천간	甲	甲辛
지지	子	子丑

· 굉장히 좋다. 丑(처)이 子가 財라 좋다.
· 辛은 자식, 辛은 甲이 재라 딸이 출가하면 복이 나간다.
· 아들은 망해도 또 벌 수 있다.
· 辛이 딸이다. 딸이 출가하면 운이 나빠질 수 있다.
· 자식의 재물은 부동산, 마누라의 재물은 현금이다.
· 천간 甲은 庚辛년에 나쁘다. 지지 子는 辰戌丑未가 나쁘다(년운).
· 재가 없는 사람은 비겁년에 활동하는 것이 길하다.
· 재가 있는 사람은 비겁년에 실패. 단, 투자 안 하면 괜찮다. 재에 비겁이 있는 사람은 괜찮다.

[예 · 13]

천간	庚辛	甲
지지		子

· 부인에게 불만(성적으로). 성격상 맞지 않는다.
· 여자가 인수니까, 여자가 마음이 노인 같으니까(성 자체가 노인 같다).

[예 · 14]

천간	庚辛	甲戊
지지		子戌

· 이 여자 오고 나서 재산이 생긴다.
· 남자는 상관, 여자는 인성.

[예 · 15]

천간	庚辛	甲戊
지지		子辰

· 이 사주는 초혼해서 대재(大財)했다.
· 상기와 같이 성(性)에 불만.
· 작은 부인 얻고서 실재(失財).
· 甲은 정재 부인, 돈이니까 큰돈이다.

[예 · 16]

천간	辛	戊甲
지지	酉	辰子

· 평생 잘산다. 상기와 같으나 戊가 모친인데 중간에 있으니까 잘산다.
· 戊辰이 중간에 있어 고부(姑婦)가 같이 살며 사이가 좋았다.
· 이 사주는 장남인데 부모와 같이 있어서 오히려 좋았다.

· 년에 위치할 때와 월에 위치할 때에 따라서 차이가 있다.

[예 · 17]

천간	庚	甲戌
지지		子戌

· 이 경우 편재니까 재혼해야 잘산다.
· 戌戌이 아니고 戌寅이라면 인성 대 재성이 되어 庚일주 남자는 직장이 자주 바뀐다.

[예 · 18]

천간	庚	甲戌
지지		子寅

· 여자는(甲 재성) 土 운명성이면서 재성이 되니 시댁 식구한테 잘한다.
· 여자로 봐서는 재에 비겁이니 살림이 망한다.
· 부자에게 시집가면 망하고 가난한 집에 시집가서 여자가 나가 벌어야 한다.
· 운명성이 戌土 인성이라 부지런하고 열심이다.
· 甲 여인으로 봐서는 戌土 재를 寅 비겁이 극을 해서 일을 해야 하는데 寅을 재가 극해서 흉하다.
· 근면해야 되는 여인의 운명이다.

[예 · 19]

천간	庚辛	甲戌
지지		子午

· 甲 부인, 戌 재성, 子 자식, 午 재성(子水의 財星), 그래서 평생 재물이 길하다.
· 첫째 자식의 재산이 평생 재라 길, 부인의 재는 말년 가면 변할 수 있다.
· 失財 즉 관성은 평생의 재물이다. 자식의 재물이기에 그러하다.

[예 · 20]

천간	庚辛	甲戊
지지		子申

· 申이 있으므로 본인은 흉, 자식은 길하다.
· 인 대 비는 부지런하게 일을 해도 빈털터리다.
· 자식은 관인이라 길하다. 잘산다. 庚辛 본인은 흉.
· 甲—戊—申—子를 생해서 庚은 식상, 甲에서는 인성 흉.
· 庚에 子(癸)는 딸은 길.
· 식상은 입법부, 언론기관, 민법은 관성, 법을 집행하는 것은 식상.
· 申에서 子(癸)는 아들 戊申은 관 대 인이라 오래오래 공무원.
· 甲은 子(癸)의 식상이 戊 관을 극해서 높은 자리에 있게 된다.
· 관성이 강할 때는 식상도 강해야 한다. 戊申은 戊가 강하다.
· 이유는 공무원이라 강하다. 공무원이 아니면 세기(설기)돼 약하니 흉.

(3) 천간(天干) 재성(財星), 지지(地支) 재성(財星)인 여자

재물복을 잘 타고난 운명이라고 본다. 이러한 운명의 소유자는 관찰능력도 있고 판단능력도 있으며 매사를 분명히 하는 성격이며 옳고 그름을 잘 구분하며 까다로울 정도로 분명함이 있다.

깨끗하고 단정하며 때로는 쌀쌀하기도 한다. 그러나 속마음은 아주 따뜻한 여성이다. 경우가 분명하다 보니 다소 냉정해 보일 뿐이다. 앞뒤를 잘 살피므로 실수하는 일이 드물다. 사람이 좋다가도 한 번 틀어지면 고집이 대단하다. 한 고집 한다는 타입이기도 하다.

경제적인 면에 타고난 복이 있어서 쓸 돈은 잘 쓰지만 쓸데없이 낭비하지 않는 타입이다. 운명학상 재물복이 있어서 부모가 잘사는 집에 태어나든가 본인이 태어나서부터 부모의 운이 좋아서 생활이 좋아진다. 그러나 결혼을 하고부터는 시댁은 잘 되는데 친정은 좋지 않다. 없는 살림도 금방 불어난다. 남편은 근면하고 성실하며 맡은바 책임을 다하고 날로 좋아져 살림이 늘고 집 사고 땅 사서 부자 소리를 듣게 된다. 판단력이 좋기에 매사를 분명히 하고 형제나 친척들 간에는 인색하거나 냉정하다는 말을 듣는 경우도 있다. 부부 갈등도 가끔은 생길 수 있다고 본다.

▌재성 대 재성 예문

천간	甲乙	戊戊己己	丙丁	庚辛	戊己	壬癸	庚辛	甲乙	壬癸	丙丁
지지		辰戌丑未		申酉		子亥		寅卯		午巳

· 판단을 분명히 하면 이익이 있다.
· 장사하면 이익이 있다. 경제하고 경제하라.
· 2단과 4단은 비겁하라.
· 이런 사람은 한 번에 돈이 모이지 않는다.
· 천간이 재성이고 지지가 비겁이 낫다(약 40% 정도).

[예 · 1]

천간	甲	戊己
지지		辰未

· 未는 부인에게 잘하기도 하고 나쁘게도 한다.
· 여자관계가 복잡하다.
· 未간지는 파란곡절이 있다.
· 未가 없는 간지는 진합태산. 꾸준히 돈을 모으고 부인에게도 잘해 준다.

[예·2]

천간	甲	戊
지지		辰

· 辰중 乙이 있어 기분파다.

[예·3]

천간	甲	己
지지		丑

· 丑중 辛金으로 인해서 구두쇠이다.

[예·4]

천간	甲	戊己
지지		辰丑

· 오히려 소극적이다.
· 부인이 비겁으로 부인이 장사를 한다.
· 비겁은 덤벙대지만 재성은 여물고 돌다리도 두들기는 형국이다.

[예·5]

천간	甲	戊辛
지지	子	戌未

· 戊戌未는 재이나 辛은 관인데 戊戌未가 관성을 생하니까 월급 받는 직장이나 공무원을 해야 한다.
· 여자의 경우 재성은 시댁인데 戊戌 己未는 丁火 때문에 시댁 식구와 나쁘다.

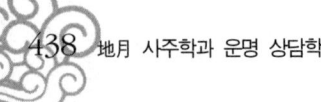

[예·6]

천간	甲	己甲
지지	子	丑寅

· 이 사주는 좋은 사주이다.
· 甲寅 비견 겁재가 있어 좋은 사주다.

(4) 천간(天干) 재성(財星), 지지(地支) 관성(官星)인 여자

남편을 잘 만나며 부귀를 겸할 수 있는 운명이다. 이러한 운명을 타고 난 여인은 판단력도 좋고 매사를 분명히 하는 성격이다. 특히 결혼 시기에 너무 고르는 수가 있는데 이런 점 때문에 신경을 많이 쓸 수도 있겠으나 일단 결혼을 하면 아주 좋은 인연과 짝을 맺는다.

결혼을 하면 재복이 좋아지는 운명이라서 비록 가난하고 별수 없어 보이는 사람을 남편으로 정했을지라도 하는 일마다 잘 풀리고 재산도 늘어 수년 이내에 집도 사고 땅도 사는 운명이다. 남편이 직장인이면 승진도 잘된다. 그러므로 운명학상 가장 좋은 운명의 구조라고 할 수 있는 사주이다. 즉 오복이 다 구비되어 있는 운명이다. 남편, 자식, 사위, 며느리, 손주들까지도 잘된다는 운명이다. 직장생활이든 다른 일이든 하다가 남자를 만나는 경우가 많다. 즉 돈 벌다가 남자를 만난다는 운이 있다.

이런 사주 중에 건강하던 사람이 결혼 후부터 이상하게 몸의 상태가 좋지 않은 사람도 종종 있으며 돈이 따르고 어느 정도 안정이 되면 그때부터 몸이 좋지 않거나 갑자기 병이 드는 경우도 있다. 음식으로 인한 질병을 조심해야 하는 암시가 있으므로 늘 음식에 신경을 쓰는 것이 좋으며 회식, 모임, 잔칫집에서 먹는 음식으로 병이 되는 경우가 있으니 가려 먹고 잔치 음식, 상가 음식 등을 조심하라는 점도 있다.

▎재성 대 관성 예문

◆ 1번째 통변
- 재성의 관이다.
- 시집에서 사랑을 받는다. 시부모에 관이라 시부모에게 기쁨이 있다. 시부모가 며느리에게 잘한다. 사랑을 받는다.
- 단 한 가지, 남편을 고르는 데 무척 신경을 쓴다. 남편에게 굉장히 까다롭다(건설적으로). 남편을 잘 만난다.
- 시집을 가면 좋은데 시집가기까지 눈이 높아 혼기를 놓치는 경우도 있다. 나이 들기 전에 시집가는 것이 좋다. 그렇지 않으면 오히려 부모 걱정을 끼친다. 未子는 극을 하니까 부모 속을 썩인다. 남편을 고르는데 눈이 높은 것인지 자신을 모르는 것인지….
- 밑에서 위에는 인수이니까 남자가 박력이 없어 보이고 여자는 천간 재성이라 똑 소리가 나니 문제다. 이론에 밝고 논리적이라 이것이 장단점을 함께 가지고 있게 된다.
- 시집을 적기에 가면 좋다. 늦게 가는 것은 안 좋다.
- 재와 인이 있어도 문제인데 관까지 있으면 이론적으로 시집가기 전에 부모 속을 썩인다.
- 위에 재, 밑에 인은 까다롭다(중요한 부분).

◆ 3번째 통변
- 관이 재니까 가정적으로 있으면 남편이 재가 유하니 남편이 돈을 벌어서 주니까 좋다.
- 돈 벌어주는 남편을 잘 만났다. 남자는 여자를 잘 만났다.

[예·1]
- 辛일생에 乙巳가 있으면 巳중 戊를 극해 아들이 없다. 딸은 있다. 아들이 있게 되면 유산한다.
- 초혼에는 없다. 재혼하면 있다.
- 庚일생에 甲午도 위와 같다.
- 壬癸일생 丙戌(辛) 丁丑(辛)은 딸이 없다.

[예·2]
- 甲乙일주 戊申(壬)
- 丙丁일주 辛亥(甲)
- 戊己일주 壬寅(丙)
- 이상 여자의 운명은 아들이 없다
- 재년에는 돈의 융통이 잘돼 사업 활동이 왕성하며, 관년에는 잘못돼 부도를 낸다. 그래서 관년에는 억제하라.
- 재년에는 매사를 분명히 하라.
- 재성이 인성을 극해도 인성이 식상을 극해도 자녀 문제가 있다.

(5) 천간(天干) 재성(財星), 지지(地支) 인성(印星)인 여자

이러한 운명을 타고난 여인은 재물복은 있으나 자녀로 인한 고뇌가 있는 운명이다.

판단력이 좋고 결단력도 있다. 한번 결정을 했으면 실천으로 옮기는 성격이다. 그러나 사람은 신이 아닌 이상 아무리 잘한다고 해도 잘못되는 수가 있고 실수를 할 수 있는 것이다. 인생에서 이러한 경우에는 아차 싶어 어물어물하다가 보면 인생은 저물고 만다. 그러나 이런 사주는 아니다 싶을 때는 단호하게 박차고 누가 뭐래도 듣지를 않고 새로운 길로 향하는 장점이 있다.

운명적으로는 부모의 덕이 있는 사람보다 없는 사람이 더 많고, 공부도 끝까지 하기보다는 중도에 그만두는 경우가 더 많다. 스스로 돈을 벌어서 공부를 하는 경우도 있다. 다시 말해서 부모의 경제적 도움이 적을 뿐이지 부모는 참으로 좋으며 돈이 없어 잘해 주지 못하는 것이지 성의가 없는 것은 아니다. 자식에 대한 사랑은 대단했을 것이다.

사회에 나와서는 기술이든 다른 무엇을 하든 간에 열심히 노력하고 아껴서 돈을 모아 부모에게 효도를 하는 타입이다. 생활이 좋아지면 결코 부모에게 소홀히 하는 성격이 아니다. 이런 사주의 특징은 부모가 이 세상에 계실 때는 돈이 잘 따르지만 부모가 세상을 떠나면 이상하게 돈이 잘 안 벌린다.

결혼에 있어서 대개는 연애결혼을 한다. 남자를 잘 만난 사람은 자식을 못 낳아 걱정하거나 자식으로 인한 고뇌가 따르고, 남자를 잘못 만나면 속을 썩어 걱정이다. 자녀가 성장해서는 딸이 시집을 못 가거나 시집갈 나이인데도 시집갈 생각을 안 한다거나 본인 자신이 그러는 경우도 있다.

정신적으로 효도를 하면 물질적으로 불효를 한다든가 물질적으로 효도를 하면 정신적으로 불효를 하는 운명적 요인이 있다. 즉 물질적으로는 부모한테 잘해 효녀 소리를 듣지만 정신적인 면에서는 걱정을 끼치게 된다.

어떻게 보면 똑똑한 것 같고 어떻게 보면 바보스럽기도 하고 특이한 경우에는 정신이 돌지 않았나 싶을 정도의 이상한 행동을 하는 경우도 있다. 욱하는 성격이 있어 조금만 마음에 거슬리면 막무가내로 앞뒤 안 가리고 퍼붓든가 한판 싸워야 속이 풀리는 사람도 있다. 그러므로 이 점을 생각해서 살아가야지 이로 인해 일생을 망치는 경우도 종종 있다.

사람이 한없이 좋아 보이면서도 의외로 까다로운 면이 있다. 인정이 많으면서도 까다로운 사람이다. 때로는 아주 쌀쌀하다.

◆ 1번째 통변
- 재성은 시가다.
- 정재 시아버지는 너무 엄격하고 까다롭다. 그래서 참아야 한다.
- 시집가서는 참지 못할 어려움을 겪어야 한다.
- 부모가 반대하는 결혼을 하는 경우가 많다.
- 인성은 보수적, 옛날식, 재성은 현대적이다. 그래서 부모 속을 썩인다.
- 제 마음대로 결혼하면 실패다.
- 연애를 해도 상대에게 무슨 일이 있으면 꼬치꼬치 따진다. 인물과 돈 같은 것을 따진다.
- 시부모와 사사건건 충돌한다. 시집하고 살려면 참아야 한다.

◆ 2단계 통변
- 시집 식구들은 재를 깔고 있으니까 욕심이 많으며 마누라야 죽건 말건 아랑곳하지 않는다.
- 자식이 없는 경우가 있다.
- 나이 들어서는 돈 가지고 살아라.

[예 · 1]

천간	庚	乙甲
지지		未戌

- 남편은 丁인데 甲乙이 未와 戌을 극하니까 무자식이다.
- 인성은 남편의 자식이다.
- 인수는 사위이다.

[예·2, 여명]

천간	丙	辛辛
지지	子	卯巳

· 자식이 없다.
· 정관에서는 자식이 없다.
· 재혼에서는 자식이 있다.
· 위 사주 중에 만약 자식이 있으면 공부는 잘한다.
· 자식과 멀리 떨어져 살아야 한다. 그렇게 하지 않으면 잔병치레한다.

✔ 년간 대 월간 육신론

▍년간 재성과 월간 육신과의 운명 (남자)

① 년간 재성, 월간 비겁인 남자

이런 사주를 타고난 사람은 대개 미남형이다. 여자들도 많이 따르지만 자신 역시 여자들한테 잘한다. 돈을 벌기도 잘하지만 쓰기도 잘한다. 친우를 좋아하고 주색잡기도 좋아한다. 그래서 낭비가 많을 수가 있다.

직업으로는 여자를 많이 상대하는 직업이 제일 좋고 다음으로 여자들이 좋아하는 직업이 좋다. 의사, 약사, 운동가, 미용실, 의류점, 연예인, 음식점 등이 좋다.

② 년간 재성, 월간 식상인 남자

이러한 운명의 소유자는 영리하고 판단력이 좋고 깊은 사고력도 있다. 일이나 문제에 대한 예측력이 있다. 또한 천재적이라고 할 수 있을 정도로 하나를 보면 열을 파악할 수 있는 능력이 있다. 대단한 두뇌의 소유자가 많다. 돈이 잘 따르는 사주라 사업을 하면 아주 빠른 속도로 돈을 잘 벌 수 있다. 특히 기술을 가지고 일을 하면 더욱 좋다. 어린 사람을 상대하는 일이면 무슨 일이든 간에 좋다. 자선사업도 좋고, 의사라면 소아과가 좋겠다.

③ 년간 재성, 월간 재성인 남자

재복이 좋고 부자도 될 수 있는 운명이다. 판단력과 결단력이 좋으며 이론에 밝다. 미남형이고 여자들이 잘 따르는 사주이다. 경제력이 강하여 돈을 아끼고 잘 안 쓴다. 재복이 있어 평생 돈 걱정을 안 하고 살 수 있는 운명이다. 판단력이 있어서 한 번 생각해서 결정을 했으면 그대로 행동으로 옮기고 돈도 잘 따르는 관계로 많은 재산을 소유할 수가 있다. 자신이 돈을 많이 벌든가 그렇지 않으면 남의 돈이라도 많이 만진다. 기업에 직원으로 있으면 기업주가 돈을 잘 번다.

④ 년간 재성, 월간 관성인 남자

이런 사주는 처덕이 좋은 사주이다. 미남형이라기보다는 여자로부터 호감을 많이 산다. 결혼 전에 열렬히 사랑을 하든가 사랑을 받는다. 그리고 경우에 어긋나는 행동은 절대로 하지 않는 타입이다.

재복이 좋아서 평생 돈 걱정 없이 살 수 있는 운명이다. 부모가 잘살아서 성장 시 잘 자랐거나 본인이 태어난 후 집안이 좋아지고, 결혼 후에는 부인이 잘 벌든가 받을 복이 있는 여인이 들어와 집안의 생활이 좋아지거나 여자가 잘 벌어 자신은 뒤나 보아주고 지낸다.

늙어서는 자녀가 출세를 하거나 잘살아서 걱정 없이 지낸다. 직장인은 일생이 좋지만 사업, 상업, 자영업자는 기복이 있으니 부인을 앞세워서 일을 하면 좋다.

⑤ 년간 재성, 월간 인성인 남자

이러한 운명의 소유자는 판단력이 좋고 결단력이 좋다. 자신이 마음먹은 대로 실천에 옮겨 출세·성공을 할 수 있다.

대체로 부모덕이 적은 사람이 많고 부모덕으로 공부하는 데 벅찬 상황이다. 그러나 자신이 하려고 하면 고학을 해서라도 공부한다. 여하튼 소신대로 목표를 세웠으면 끝내 목표를 달성하는 성격이다. 난관을 극복하고 성공하는 타입이다. 부모의 재산으로는 성공하기 쉽지 않으므로 자수성가하는 것이 좋다. 사법 계통이 잘 맞는데 상공업을 해도 돈을 잘 번다. 인정 많고 친절하면서도 아주 냉정한 면이 있으며 욱하는 성격이 있는데 이 점은 유의하는 것이 좋다.

┃재성 남자, 이런저런 이야기
· 처, 처제, 처남, 애인, 모든 여성, 판단, 분명, 계획, 경제, 단정, 결단,
· 집념, 융통성이 없다.
· 재성에 인수가 있으면 나쁘다.
· 일지가 재성이면 너무 깨끗하고 단정하디. 애처가, 의처증.
· 재성이 천간에 있으면 인성은 어질고 재성은 까다롭다. 이론가, 판단가.
· 지지에 있으면 물욕이 강하다. 주지도 받지도 않는 성격이다.
· 실수가 없고 여물고 야무지다. 판단이 분명하다.
· 운명성이 되면 좋은 처를 만난다. 처덕이 있으며 마음씨가 좋다. 그

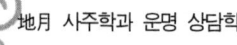

러나 부자는 드물다. 여자복은 있다. 착한 사람을 만난다. 마음이 어질어서 탈이다. 욕심이 적다. 끊고 맺음을 잘하라.
- 장애성이 되면 악질분자(여자)를 만난다. 부자가 많다. 욕심이 너무 강하다. 돈을 번다. 그 대신 물욕이 강한 여자가 따른다. 간사하든가 요사한 여자가 붙는다.
- 초년 대운 재성은 90%가 불길. 부모가 무능하다. 심하면 조실부모.
- 甲일생 癸가 있으면 모친이 좋다. 재운도 좋다. 壬이 있으면 부친 불길, 재운 불길. 인성이 있으면 90%가 잘산다. 주중에 비겁은 활동력이라 좋다.
- 중년 대운 재성은 자신의 운인 동시에 처의 운이다. 70%가 좋다. 본인이 잘 판단하고 시대감각이 예민하여 돈을 번다. 단 주중에 비견 겁재가 있어야 한다.
- 말년 대운 재성은 늦복이 있다. 자식이 크기 때문에 최상의 吉은 아니다.
- 년운 재성은 주중에 재성 유하면 재운에 불길. 판단력이 좋다. 그러나 욕심이 앞서면 실패한다. 재성년은 처로부터는 비겁이다.
- 재성은 머리(판단력, 결단력)이므로 돈 있는 자는 절대 신규사업을 하지 마라. 즉. 직업 변동을 하면 안 된다. 돈이 없는 자는 오히려 발전한다.
- 재물이 있는 자와 없는 자의 운이 천지차이다.
- 재년에는 부모님이 안 좋은 경우가 많다. 돌아가시는 경우도 있다.
- 庚일생 壬戌년 壬이 戌을 쳐서 나쁘다. 그리고 지지에 亥子가 있으면 戌이 亥子를 쳐서 나쁘다.
- 천간 壬, 지지 亥子는 처가로도 본다. 그리고 壬(아들)에 나쁠 수도

있고 처가 나쁠 수도 있다.
- 甲일주 壬戌년은 壬은 문서, 戌은 재, 戌이 壬을 쳐도 壬(머리, 집, 부동산)이다. 머리 썩는 일이 있다. 집은 안전하다.
- 월운 재성에는 돈 있는 자는 실패수가 있다. 집을 사는 것은 좋다. 돈이 없는 자는 재수가 좋다.

[예·1]

천간	丁	己乙
지지	亥	丑未

- 다방 레지 여명. 인수 운명성은 나쁘다.
- 乙이 인수, 未는 상관, 乙이 未를 극하니 참을성이 적고 거기에다가 己丑 엄동설한에 乙木이 자라지 못함.
- 亥중(甲壬)은 유부남과 동거(일시적)로 구설. 여러 개의 土가 상관(섹스).
- 일운 재성은 재수는 좋다. 그러나 시비수가 있다(분명히 하고자 하기에).

▌년간 재성과 월간 육신과의 운명 — 여자

① 년간 재성, 월간 비겁인 여자
이런 사주는 매사에 경우가 밝고 판단력이 있어 자신의 앞날을 계획성 있게 처리하고 행동한다. 재물복이 많아 활동을 하면 할수록 많은 돈을 벌 수 있다. 대개는 30 전후에 기반을 닦아 놓거나 큰돈을 버는 사람이 있다. 그러나 살림이나 하고 있으면 재정권을 맡아서 지내야 하고 그렇지를 않으면 장사라도 해야 한다. 연예계로 나가면 인기도 얻고 이름도 빨리 나고, 그렇지 않으면 먹는장사, 유흥업을 하면 단골이 잘 생겨 돈을 번다. 맏며느리감으로 모든 사람에게 잘하는 편이다.

② 년간 재성, 월간 식상인 여자

이러한 운명은 판단력이 있으며 경우가 밝고 눈치가 빠르며 순발력도 좋다. 무슨 일이든 가부를 예측할 수 있는 능력이 있다. 재복이 좋아서 평생토록 돈으로 큰 고통을 받지 않는 사주이다.

부모에게 사랑을 받고 성장해서 결혼하면 남편의 사랑을 받으며 말년에는 자식이 잘돼 물질의 구애 없이 일생을 지낼 수 있는 사주이다. 살림도 잘하고 알뜰하며 깨끗하고 물 한 방울도 낭비하지 않고 절약하고 아끼는 타입이다. 음식은 솜씨가 있어 아무나 먹어도 맛이 있다.

경우가 분명해서 경우에 어긋나는 행동은 하지도 않으며 그런 행위를 하는 사람을 상대하려 하지도 않는다.

③ 년간 재성, 월간 재성인 여자

이러한 사주는 참으로 판단력이 있고 결단력이 있다. 인연을 맺기도 잘 하지만 끊기도 잘하며 분명히 한다. 한 번 마음먹었으면 어떠한 일이 있어도 실천을 하는 특성이 있다. 깨끗하고 단정하며 인정이 많으면서도 쌀쌀할 때는 아주 쌀쌀해서 함부로 농담을 하기가 좀 그렇다. 이론이 밝고 아주 논리적이며 경우를 너무 따지는 것이 흠이라면 흠이다.

돈이 잘 따르는 사주라서 무엇을 해도 돈이 잘 따르며 또 경제적 관념이 좋아 함부로 낭비하지 않는다. 그러나 꼭 써야 할 때는 아낌없이 쓰는 타입이기도 하다. 돈을 많이 벌 수가 있고 누가 보아도 궁해 보이지가 않는다. 신용이 분명한 성격이라 돈을 빌려도 날짜를 확실하게 지킨다. 그러므로 융통이 잘되고 빚을 지지 않으면서 살아가려고 애쓴다.

머리를 잘 써서 장사하면 부자 소리를 듣는다. 중년에 대개 경제력을 확보한다.

④ 년간 재성, 월간 관성인 여자

부모도 잘 만나고 남편도 잘 만날 수 있는 운명의 소유자이다.

이런 사주는 머리도 좋고 판단력도 있으며 경우가 분명하다. 단정하고 깔끔해 보이며 믿음직스럽고 자신의 일은 책임감 있게 잘하며 남의 일에는 관심을 기울이지 않는 아주 바른 성품의 소유자이다. 그러므로 때로는 쌀쌀해 보이기도 한다.

운명을 잘 타고나서 부모를 잘 만나고 부모의 사랑도 많이 받으며 결혼할 때는 좀 까다롭게 고르는 타입이지만 일단 결혼을 하면 아주 잘되는 사주이다. 남편이 무일푼일지라도 수년 이내에 집도 사고 안정된다. 다시 말해서 받을 복이 많은 사주이다. 돈도 많은 데다가 행복까지도 따르는 운명이라서 운명학상 가장 좋은 사주라고 한다. 이런 사람을 부인으로 삼으면 복덩이가 굴러온 격이라 남편이 잘해 준다.

⑤ 년간 재성, 월간 인성인 여자

이러한 사주를 타고난 사람은 판단력이 좋고 시대감각이 있다. 인정이 많고 인상도 좋지만 천상 여자 같으면서도 의외의 면이 있다. 보수적이면서도 시대 적응능력이 있기에 개혁 성향도 있다고 본다. 앞으로 어떻게 살 것이며 어떠한 일을 할 것인가를 생각하며 행복한 삶을 살아가기 위해 노력을 한다. 운명을 개척하고자 하는 특성이 있다고 보는 것이다.

부모의 복은 많지 않지만 부모에게 효도한다. 특히 친정을 생각하고 평안하기를 바라는 마음이 대단하다. 친정 동생이나 오빠한테 아주 잘한다. 비록 딸이지만 아들보다 월등하게 효도하는 타입이다. 자신도 남들이 부러워할 정도로 잘산다.

▎재성 여자, 이런 저런 이야기

- 재성이 주중에 있으면 여물고, 천간 재성은 깔끔하고 재물이 잘 따른다.
- 연애는 잘 안 한다.
- 경제적이다.
- 재성이 있는데 비겁이 있으면 나쁘다.

[예·1]

천간	甲	丁己
지지	子	丑未

- 매사가 분명하고 평생 돈 걱정 없다. 잘산다.
- 천간에 있으면 단정, 청결, 사람이 깔끔하다.
- 년간 재성은 까다롭다.
- 너무 고르기 때문에 연애를 안 한다.
- 사람이 분명하다. 이런 사람은 돈이 잘 따른다.
- 재성은 천간에 있어야 돈이 붙는다.
- 지지의 재성은 욕심만 많다.
- 천간은 겉을 따지고 지지는 내용을 따진다.
- 여자는 재성이 있어야 한다.
- 천간에 있든 지지에 있든 돈이 있다.
- 재성이 운명성인 여자는 정재가 시아버지, 편재가 시어머니, 시댁 식구, 시가.
- 재성이 운명성인 사람은 인간적으로 좋은 사람을 만난다.
- 정재가 운명성이면 시아버지, 편재가 운명성이면 시어머니가 인간적으로 좋다.
- 주중 재 유무, 유는 길, 무는 주의.
- 시집갈 때는 잘 따져보고 가라. 남녀 다같이 끼리끼리 잘 알아서 시집가라. 속단하지 마라.

- 甲일주 亥, 子월생은 戊己 재성 운명성인데, 주중에 재성이 없으면 잘못하면 재를 실패한다. 있어도 주의하라.
- 나이 많아서는 자식에게 주지 말고 재를 가지고 살아야 한다. 남편과 자식 몰래 돈을 갖고 있어라.
- 甲일주 亥, 子월생은 재가 운명성인데 주중에 없으면 어리석다. 주중에 있으면 똑똑하다.
- 재성이 기신이면 너무 욕심이 많아서 탈이다.
- 甲일주 4, 5월생은 壬이 운명성, 戊가 기신(재성).
- 인수 운명성은 재성이 장애성으로 너무 신경을 쓴다. 참고 살아야 한다. 너무 까다롭고 너무 신경을 쓴다. 남편 때문에 참고 살아야 한다.
- 인성은 밤이다. 그런데 머리(인성)를 쓴다. 참고 살아야 하는데 참지를 못한다.
- 밤은 휴식기이므로 신경을 쓰면 안 된다.
- 시댁과 안 좋다. 이런 사주는 시집 식구가 많은 데는 가지 마라. 특히 장남은 더 안 좋다.
- 재성 운명성은 시댁 식구가 많아도 좋다. 마음이 대범해야 한다. 이런 사주는 보따리 싸는 사람이 많다.
- 대운 초년 재성은 남자와 같이 90%가 불길. 주중에 재성이 있어야 좋다. 그리고 운명성이면 더 좋다.
- 중년 대운 재성은 시집이 잘된다. 빈자라도 부자가 된다. 남편은 근면성실하고 부지런한 사람이다.
- 甲일주 戊己. 辛(남편) 성실하다. 나이 많아서 재하라.
- 나이 들어서 돈으로 살아라. 자식에게도 주지 마라.
- 인성에 재 있는 분은 자식 때문에 고생(속 썩음)한다.
- 중년 관은 남편 좋고, 말년 재는 잘산다. 중년 식상은 고생이다.
- 말년 대운 재성은 초년에 고생이나 말년이 좋다. 자식 잘되고 남편 좋다.
- 년운 재성운 여자는 좋다. 남자도 좋다. 시집식구 주의, 건강 주의.
- 재년에 미혼자는 불길. 미혼자는 가출 아니면 건강 나쁨. 부모 속 썩는다. 부모 아니면 본인이 사업 부진, 시험 불합격 등으로 나쁘다.

· 기혼자는 재수 좋다. 시부모 건강 주의.
· 미혼자는 시집을 잘 간다. 중매가 길, 연애는 불길.
· 주중에 인성이 많은 분은 재년에 시집가라.
· 재성이 많은 분은 비겁운에 시집가라.
· 대개 재년에 시집을 가는데 재성이 많은 사람은 비겁년에 시집을 가는 것이 좋다. 재성은 따진다. 원래 재년에 시집가는 것이 좋다는 이유다.
· 기혼자는 인성, 운명성인 자는 재년에 이혼한다. 재년 재월에 이혼 확률이 높다.
· 월운 재성이 제일 나쁘다. 미혼자는 가출, 건강 주의.
· 일운에는 재수 좋다. 시비구설 주의. 따지지 마라.
· 甲일주 壬戌년 머리를 잘못 쓴다.

5 천간(天干) 관성(官星)과 지지육신(地支六神)과의 통변론(通變論)

✔ 남자 편

(1) 천간(天干) 관성(官星), 지지(地支) 비겁(比劫)인 남자

공무원이나 직장인은 인기도 있고 성공할 수 있으나 독립해서 사업하면 손해를 보는 운명이라고 본다. 좋은 직장이 친구나 친지, 동료 때문에 그만두게 되는 경우가 있을 운명이므로 이 점을 유의해야 한다.

직장도 공직이라면 더욱 좋다고 본다. 공직으로 이름나고 공직으로 재난을 당한다는 것이나 길흉이란 늘 함께 한다는 부분도 있는 것이 운명인 것이다. 형제 중에 공직운도 있으나 액운도 따른다는 것이다. 형제 중에 불행하거나 공직생활을 하는 사람도 있을 운이다.

이런 사주는 대개 조부 때 처세를 잘했거나 아니면 성공을 해서 살아온 경우가 많으며 아버지 대에서는 처세를 잘못했다든지 능력이 미치지 못해서 어려운 생활을 했을 가능성이 많은 사주이다. 그러므로 조부가 손자의 고생을 안 하게 해 주려고 애를 쓰는 형국이다. 그러므로 직장생활이 좋다는 것이다.

성장기에 장난이 심하거나 위험한 고비를 넘기므로 부상, 교통사고 등

을 주의해야 하는 암시가 있다. 아니면 형제 중에라도 그럴 가능성이 있다고 보여진다. 심한 사람은 장애를 갖게 되는 수도 있다. 어려서 소아마비, 커서는 사고, 말년에는 중풍 등을 주의해야 하는 운명이다.

하체가 약한 운명이기 때문에 하체를 건강하게 할 필요가 있다. 중년기에 신경통이 있을 수 있고 말년에는 중풍 등을 유의해야 한다.

직장인, 공무원 등을 직업으로 가지면 능력을 인정받고 어느 정도의 출세와 부를 소유한다. 그러나 본인이 직영사업을 하면 실패한다. 정년퇴직 때까지 직장생활을 하는 것이 제일 좋다. 자영업이나 사업을 할 때는 관청을 상대로 납품 등의 일을 해야 한다.

▍관성 대 비겁 예문

천간	甲乙	庚辛	丙丁	壬癸	戊己	甲甲乙乙	庚辛	丙丁	壬癸	戊己
지지		寅卯		午巳	戊己	辰戌丑未		申酉		子亥

◆ 1번째 통변

· 관성에 비겁, 편관 조부, 자식.
· 중소기업이 좋다.
· 할아버지, 할머니에게 인기가 있다.
· 관성 직장 상사, 주인에게 인기가 있다.
· 중소기업같이 기업 규모(구멍가게)가 작으면 입사 후부터 회사가 번창한다. 기업주, 사장, 주인이 번창한다.
· 지지가 천간의 재가 된다.

◆ 2번째 통변
· 주인의 돈이 잘 벌린다. 그래서 주인은 그 사원을 잘해 준다.

◆ 3번째 통변
· 비겁하면 관성한다.
· 천간 관은 직장생활이다.
· 비겁은 평생 직장, 월급생활이다.
· 본인이 독립하면 안 된다. 실패한다.

[예 · 1]

천간	戊己	甲乙
지지		戌丑

· 특히 甲戌, 乙丑 등은 지지장간이 천간을 극하니까 더 나쁘다.

◆ 4번째 통변
· 지지가 극을 당하니까 활동을 할 수 없다. 억제를 당한다. 그래서 독립이 안 좋다. 비겁은 활동 능력, 독립인데 독립이 안 된다.
· 첫 결혼은 실패. 대개 그렇다.

[예 · 2]

천간	戊	乙
지지		丑

· 첫 부인은 사별(자식 낳다가 혹?). 다음은 과부와 결혼해야 한다. 처녀 결혼은 안 된다.
· 乙木은 딸이나 여자, 딸이나 며느리 때문에 재산을 탕진한다.
· 남자가 성이 굉장히 강하다.

[예 · 3]

천간	戊	甲
지지		辰

· 戊일주 甲辰은 癸水가 극을 당해서 상처하고 아들이 속 썩인다.

[예 · 4]

천간	庚辛	丙丁
지지		申酉

· 대개 초혼 실패.
· 정관 대 비겁은 초혼 실패. 편관 대 비겁은 재혼 실패한다.

(2) 천간(天干) 관성(官星), 지지(地支) 식상(食傷)인 남자

이런 사주를 타고난 사람은 공무원, 직장인으로 종사하면 윗사람의 신임을 받아 승진 · 영전이 잘되어 불과 수년 이내로 과장, 국장의 자리까지 올라갈 수 있는 사주이다. 즉 관으로 돈 생기고 관으로 패가망신할 수도 있다는 것이다. 이는 자신의 처세상의 문제이다.

그렇지만 이런 사주는 승진 · 성공이 빠른 반면에 오래 가지 못하고 윗사람 또는 나를 잘 봐 주던 사람이 떠나게 되면 자신도 그 영향을 받아 사직하거나 물러날 수 있다. 대개는 윗사람을 잘 모시는 사람으로 상사나 측근의 신임을 받는다.

운명학상 자녀 걱정을 많이 하는 암시가 있다. 아들이 잘되면 며느리가 안 된다든가 아니면 생리사별을 하거나 여하튼 간에 자녀의 걱정을 하게 된다. 자식복이 적다고 해야 할까. 심한 경우는 자녀가 성장하여 결혼 전 후에 세상을 떠나 천추의 한을 남기게 되는 수도 있다.

장년 후 50대 후부터는 고혈압이나 성인병에 주의해야 한다.

▌관성 대 식상 예문

천간	甲乙	庚辛	丙丁	壬壬癸癸	戊己	甲乙	庚辛	丙丁	壬癸	戊己
지지		午巳		辰戌丑未		申酉		子亥		寅卯

◆ 1번째 통변
· 직장생활에 불만이 많다.
· 비서직이 제일 좋다.

◆ 2번째 통변
· 관에 관이다.
· 철저히 아부파는 승진하고, 반대파는 안 된다.

◆ 3번째 통변
· 식상에 관성.
· 자녀(아들) 때문에 기쁨이 있다. 공부를 잘해서 기쁠 수도 있는 등. 딸이면 딸, 아들이면 아들 때문에 기쁨이 있다.
· 부하의 기쁨이 있다.

[예·1, 문선명의 사주]

천간	癸	戊庚
지지	丑	寅申

· 이런 사주를 보면 아들 때문에 기쁨이 있다. 딸 때문에 기쁨이 있다.
· 부하(아랫사람, 신도) 때문에 기쁨이 있다.

◆ 4번째 통변

· 식상으로 볼 때 재성이 되니까 아들과 딸이 똑똑하고 판단력이 좋다.
· 요령, 판단력, 집념, 끊고 맺음이 분명하다.

[예·2]

천간	庚辛	丁
지지		亥

· 지지장간에 따라서 庚辛일생 丁亥에서 丁은 관, 亥는 식상, 甲은 재성이라 좋다.
· 질병은 고혈압 주의.

[예·3]

천간	丙丁	壬
지지		辰

· 丙丁일주 壬辰은 乙木이 있는데 인수라서 괜찮다.

(3) 천간(天干) 관성(官星), 지지(地支) 재성(財星)인 남자

사회운이 아주 좋으며 특히 관운이나 직장운이 좋으며 사업이나 자영업 등은 그 다음으로 좋으며 처복이 좋은 운명을 타고난 사람이다. 사주학상 처복이 제일 좋은 사주일 정도이다.

　이런 사주는 일생 직장생활을 하는 것이 좋다. 공직에 있으면 높은 지위까지 오를 수 있어 이름을 크게 떨칠 수 있으며 회사에 근무하면 지위가 높아 우대를 받을 수가 있고 보통 중소기업에 근무해도 좋은 자리에 있게 되고 이름을 날릴 수 있는 사주이다.

　또 직장생활을 하다가 사업을 하는 사람도 꽤 있다. 돈의 융통도 잘 되는 편이다. 직장에서 여자를 만난다는 의미도 있다. 아들이 돈을 벌어준다는 의미도 있으니 자식 복을 많이 본다는 말이다. 아들로 인해 여자가 생기는 운도 있는데 이는 아주 드문 일이다.

　매사가 역으로 꼬이다가도 결과는 좋아지고 순리로 풀리는 격이니 결국 운이 좋아서이다. 그러나 사업을 할 때는 관청을 상대해서 납품이나 관련을 갖는 것이 좋으며 하청을 받아 제조 등을 하면 이익을 볼 수가 있는 운명이다. 돈도 많이 벌어 부자가 될 수 있는 운명이다.

　그 외에는 주택, 토지 등 안전한 곳에 투자해 이익을 보는 것은 좋겠으나 돈을 가지고 투기나 일반 사업을 하면 거의 모두 실패하는 운이니 주의하기 바란다. 실패를 하면 재기가 굉장히 어려우며 잘못하면 평생 고생하는 운명으로 전락한다. 그러나 대개 받을 복이 많아서 부모 복 아니면 형제, 친지 등 귀인의 덕이 있는 운이라 공부도 무난하게 할 수 있으며 결혼을 하면 부인을 잘 만나서 처복이 유난히 많은 사주이다.

　만약에 직장을 그만두고 사업하다 실패하면 부인이 일을 해서 근심걱정 없이 행복을 누릴 수 있는 운명이다. 처는 현모양처로 자신은 고생을 해도 남편과 자식은 고생을 시키지 않으려고 희생을 하는 여자가 들어온다. 운명학상 처복이 가장 좋은 운명이라고 본다. 직장생활을 하지 않으려면 가급적 처가 장사나 기타 일을 할 수 있는 직종을 골라 처를 활동하게 하고 뒤에서 밀어주는 것도 좋다.

[예 · 1]

천간	戊	丙甲
지지		寅子

· 丙 아버지는 돈을 벌었다. 甲 할아버지도 돈을 벌었다.

[예 · 2]

천간	戊己	乙甲
지지		亥子

· 甲은 할아버지, 아들, 딸이 된다.
· 戊일주에 亥는 지지만 봐도 관에 재다. 관에 정재가 붙었다.
· 그래서 직장생활이 좋다. 관을 상대해서 이익이 있다. 돈을 크게 번다.

◆ 1번째 통변
· 직장생활이다. 관을 상대해서.

◆ 2번째 통변
· 장사는 실패한다.
· 관이 인수를 깔고 있으니까 주인이 노상 참고 산다.

◆ 3번째 통변
· 재성에 관성이다.
· 장사하게 되면 관에 막혀서 실패. 재에 관이다.

· 마누라에 기쁨이 있다.
· 직장생활을 해야 한다. 장사는 실패다.

◆ 4번째 통변
· 재성에 식신, 남편은 식신을 위해 희생하니까 남편은 잘났다.

[예 · 3]

천간	庚辛	丙丁
지지		寅卯

· 직업 1 : 복덕방.
· 직업 2 : 마누라 앞세워 뒤에서 장사.
· 직업 3 : 운명감정사.
· 부인의 기쁨이니까 부인 앞세워 장사하라.

[예 · 4]

천간	壬癸	戊己	甲乙	庚庚辛辛	丙丁	壬癸
지지		午巳		辰戌丑未	申酉	

· 庚의 寅은 재성. 庚의 丙은 관성.
· 첫째 본인이 인물이 괜찮다.
· 관이 위에 있어서 우월감, 거만함도 있다.
· 처복이 있다.

[예 · 5]

천간	甲乙	庚辛
지지		戌未

· 甲乙일주의 庚戌, 辛未는 처복이 별로. 戌중 辛金, 丁火, 未중 乙木, 丁火가 있

어서 그렇다.
- 여자의 경우 정관에 재가 붙어 있어서 참 좋다.
- 남편은 성실하고 이해력이 있고 참 좋다. 그 대신 박력은 적은 편이다.
- 시집을 가기만 하면 좋으나 시집가기 전에 고르다가 노처녀가 되는 수도 있다. 너무 고른다.

[예 · 6]

천간	戊己	乙甲
지지		亥子

- 지지에 水가 없어도 천간에 癸水가 있어도 좋다.
- 한 번 마음먹으면 부모가 반대해도 소용없다.
- 이런 사주의 남자나 여자나 좋은 사주이다.
- 재성이 있어 분명히 하려고 한다.

◆ 3번째 통변
- 재성은 시가 식구다.
- 시아버지는 무척 사랑을 한다. 시집 식구는 다 잘한다.

◆ 4번째 통변
- 편재는 시어머니, 팔자가 그리 좋은 편이 아니다.
- 여자는 정재가 시아버지다.

[예 · 7]

천간	壬癸	庚
지지		戌

- 壬癸일주 여자의 명에 庚戌이 있으면 반드시 초혼 실패한다(여자만 해당).

[예·8]

천간	乙	庚
지지		辰

· 乙일생 庚辰이 있으면 재혼이 좋다.
· 처녀 총각과 결혼하면 실패한다.
· 유부남하고 연애하는 수도 있다. 그러므로 재취로 가면 액땜이 돼서 좋다.
· 그러나 진을 극하는 甲寅乙卯일주는 괜찮다.

[예·9]

천간	甲乙	庚
지지		戌

· 여자는 甲乙일생 庚戌 있으면 실패.

[예·10]

천간	甲乙	庚辛
지지		戌未

· 남녀 甲乙일생 庚戌, 辛未는 부부 중 사별, 여자도 같다.

[예·11]

천간	甲乙	辛
지지		丑

· 남녀 甲乙일생은 辛丑만 괜찮다.

[예 · 12]

천간	己	甲甲
지지		戌申

· 여자 사주인데 나쁘다.

(4) 천간(天干) 관성(官星), 지지(地支) 관성(官星)인 남자

부귀를 겸전할 수 있는 운명의 소유자이다. 이러한 운명은 국가 사회에서 크게 이름을 떨칠 수 있는 팔자이다. 명예가 최고로 나타날 수 있는 운명의 길이 있다는 것이다. 그런데 관에 관이라 변화를 시도해도 수준은 늘 그 수준이라는 점도 있다.

어느 분야로 진출을 하더라도 그 분야에서 정상의 자리에 오를 수 있는 운세를 타고났다. 지극히 좋은 운세를 타고났다. 자신의 힘이 아니더라도 부모의 힘이나 귀인의 힘으로 행복하고 명예를 얻게 되는 운명이다. 관직에 있으면 고관이 되고 만인의 존경의 대상이 될 수 있는 운명이다. 사업을 해도 같은 위치에 있게 된다. 조상을 빛나게 하고 가문을 빛나게 하고 각 분야에서 머리 노릇을 한다. 아무리 못난 사람이라도 사장 소리는 듣는다.

┃관성 대 관성 예문

천간	壬癸	戊戊己己	甲乙	庚	丙丁	癸	戊己	甲	庚辛	丙丁
지지		辰戌丑未		申		亥		寅		午巳

· 평생 직장생활 하면 인기가 있고 기쁨이 있다. 직장생활을 해야 좋다. 오래 하

면 더 좋다.
- 지장간 乙은 직장생활에 불만이 생겨 오래 못하는 수도 있다. 그래서 불길.
- 甲乙일주 庚申, 甲乙일생 장간 壬이 인성이므로 직장생활을 오래 하니까 좋다.
- 여자는 남자와 반대로 未는 불만(식상), 참아야(인성) 한다. 남편하고 살려면 그렇다.
- 丙丁일주 癸亥. 남자는 식상이 불만이고 여자는 참아야 되므로 나쁘다.
- 戊己일주 甲寅. 여자는 가장 나쁘다. 그러나 자식의 기쁨 하나는 있다.

[예·1]

천간	壬癸	戊己
지지		辰未

- 지장간의 乙木.

(5) 천간(天干) 관성(官星), 지지(地支) 인성(印星)인 남자

한 직장에서 오래 일을 하면 나중에 출세하고 좋은 운명의 소유자이기 때문에 대기만성형이라고 한다. 직장생활 하면서 공부하는 사람도 있고 직장에서 공부시켜 주는 경우도 있는 운이다. 즉 직장 다니면서 공부를 더 할 수 있는 운이다. 언제든지 윗사람한테 인정받고 신임을 받을 수 있는 사주이다. 그러므로 직장생활을 오래 하면 반드시 영화를 본다는 것이다.

성격이 비교적 온순하고 원만하며 양보심도 많다. 인내력도 있어 어떠한 일도 참고 할 수 있는 점이 있다. 모진 비바람에도 잘 견디는 나무와 같이 꿋꿋한 점이 있다. 마음이 착하기에 남에게 조금도 손해되는 일은 하지를 못한다. 그러기에 남들도 자기의 마음과 같을 줄로 믿다가 크게 손해를 보든지 사기를 당하는 수도 있다. 어쩌면 사회를 바라보는 안목이 너무 순진하거나 어수룩하다는 말이다.

직업은 공무원이 제일 좋고 사무직이나 기술을 습득하여 직장에 봉직하는 것이 좋다. 기술 사업을 해서 크게 성공하는 사람도 많다. 대체로 부모 복이 좋은 사람이 많고 그렇지 않더라도 그 부모는 자손을 위해 어떻게든 착하게 살고 올바른 처세를 했다고 본다.

운명학상 어려운 시련이 닥쳐도 잘 견디어 나갈 수 있으니 직업이 마음에 들지 않더라도 묵묵히 참고 오래 하다 보면 반드시 좋은 결과를 볼 수 있을 것이다. 명예와 행복을 누릴 수 있다고 본다.

▎관성 대 인성 예문

천간	戊己	甲乙	庚辛	丙丙丁丁	壬癸	戊己	甲乙	庚辛	丙丁	壬癸
지지		午巳		辰戌丑未	申酉		子亥			寅卯

◆ 1번째 통변
· 직장생활은 오래하라. 공무원이 좋다.
· 개인 회사는 오래 있지 못한다. 사장이 망한다.
· 甲의 밑에 午火가 상관이라서 나쁜 것이다.

◆ 2번째 통변
· 주인이 안 된다.

◆ 3번째 통변
· 아버지의 기쁨이 있다. 편인은 아버지, 관성은 기쁨이니까.
· 부모 복으로 공부도 하고 덕도 받는다.

◆ 4번째 통변
- 부모는 성실하고 열심히 한다.
- 자식한테도 잘한다.
- 己일생은 甲午(丁己丙) 있으면 딸도 나쁘고 며느리도 나쁘다.
- 자연적으로 아들도 나쁘다. 며느리가 좋으면 아들도 좋다.
- 戊일생 乙巳는 아버지에 관이라 아버지는 좋다.
- 巳중에 丙이 아버지다.
- 己에서 甲은 정관(딸, 며느리).
- 재년에 잘못해서 관년에 부도낸다. 상관년에도 부도를 잘 낸다.
- 甲일생이면 甲년에는 비겁년이라 활동력이 왕성하다. 그러나 丙丁년은 식상년이라 부도를 많이 낸다.

관성 대 인성 여자 예문

◆ 1번째 통변
- 관에 인이 붙어서 남편하고 살려면 많이 참아야 한다.
- 남녀 간에 마음씨는 착하다.
- 남편이 무능하거나 성불구이거나 하는 일이 안 되므로 무능하다.
- 남편보다 친정을 의지하고 산다.

◆ 2번째 통변
- 부모의 별에 관이니까 부모는 잘살아서 친정살이를 할 수 있다.
- 또는 인수는 부모니까 부모하고 남편하고 같이 산다.

◆ 3번째 통변
- 인수에 관이라 아버지 같은 사람에게 시집가면 좋다.
- 재취 자리가 좋다. 나이 들어서 가는 경우에는 더욱 그렇다.

- 참고로 남자는 식신을 깔고 있으니까 나이 젊은 여자를 좋아한다.
- 젊은 남편은 고생한다.

◆ 4번째 통변
- 부모(친정 부모)는 딸에게 무척 잘한다.
- 재년에는 상처하는 수가 있다(남자).
- 甲일주 壬戌년이나 戊戌년은 인수를 극하는 운이다.
- 인수는 머리, 머리를 잘못 쓰는 운이다.
- 또 동시에 마누라에서 볼 때 비겁년이라 마누라 주머니가 텅텅 비는 운이다. 재년에는 머리를 잘못 쓴다.
- 재년에는 정리하고 변동하는 해이다. 그러므로 재년이나 관년에는 조심해야 한다.

✔ 여자 편

(1) 천간(天干) 관성(官星), 지지(地支) 비겁(比劫)인 여자

이런 사주는 어떤 의미로는 애교가 많다. 성격은 아주 온순한 것 같기도 하고 억세 보이기도 한다. 대개는 외모가 예쁜 사람이 많고 남자들에게 호감을 잘사는 타입이다. 애교나 매력이 있어 인기가 있다는 것이다.

운명상으로는 조부 대에서 양자로 내려왔거나 외도를 해서 적자나 서자가 있을 수 있다. 그렇지 않으면 자신이 조상의 권위를 손상시키든가 조상에게 불효한 일을 하거나 어쨌든 가문에 별로 안 좋은 문제가 있는 경우가 있다.

결혼은 중매이든 연애이든 간에 초혼에는 실패하는 경우가 많다. 즉 부부간에 생리사별을 면할 수 없는 운명이다. 차라리 재취 자리로 결혼을 하면 면할 수도 있으나 총각 결혼은 운명적으로 남편이 잘하고 정이 좋으면 사별을 하고 그렇지 않으면 남편이 첩을 두거나 엉뚱한 짓을 해서 속을 썩게 하는데 그 꼴을 안 보려고 이혼을 하면 자신이 그런 신세로 전락하는 경우가 있다. 어쨌든 간에 삼각관계가 있을 수 있는 사주이다. 친구, 친지 등 아는 사람한테 남편을 애인을 빼앗기는 경우도 있다. 남편이 돈을 잘 쓰는 사람인 경우도 있다. 남편이 친구 같은 점도 있다. 남편으로 인해 친구가 생긴다는 운도 있다.

형제 중에 공직자 있을 수 있고 형제 중에 액운을 당하는 사람도 있다는 것이다. 약혼했다가 파혼하거나 결혼 직후 이혼하거나 하는 경우가 종종 있다. 그리고 물장사를 하는 사람이 많다.

이런 사주는 남녀 모두가 내가 남의 집에서 일을 하면 손님도 많아지고 수입이 좋아 주인에게 대우를 받는데 자신이 경영을 하면 이상하게 손님도 적고 영업이 안돼 손해를 보는 기현상이 벌어진다. 월급 생활이 제일 좋다는 운명이라 자신이 사업을 할 때는 운을 잘 봐야 한다.

┃관성 대 비견 예문

· 주인은 잘되고 독립은 실패한다.

[예 · 1]

천간	戊己	甲甲乙乙
지지		戌辰丑未

- 乙丑 남자 있으면 초혼 실패. 과부와 재혼한다.
- 남자들한테 인기가 있다. 특히 가오마담 격이다.
- 취직하면 고객에게 인기가 있다.
- 유부남에게 인기가 있다. 총각은 아니다. 지지에 깔고 있기 때문에 유부남에게 인기가 있다.
- 말도 잘하고 수단도 있다.
- 재를 밑에 깔고 있으니까 애교가 좋다.
- 결혼하면 남편에게 인기가 좋다.
- 본인이 독립적인 일을 하면 실패한다. 비겁에 관성이라 관에서 극을 하니까 그렇다.
- 지지장간 중에서 천간을 극하는 지지는 남편이 나쁘다. 남편하고 길게 살 수 없다.
- 정관성은 초혼 실패. 심한 경우에는 사별한다.
- 통변성에서 정관은 첫 남편이다.
- 편관성을 극하면 재혼을 몇 번 해도 실패한다. 그러니까 초혼은 싫어도 꾹 참고 억지로 살아라.

[예·2]

천간	庚辛	丙	壬癸	己	甲乙	庚	丙丁	壬癸	戊己	甲乙
지지		申		亥		寅		午巳		戌丑

- 지지장간의 申중 壬, 亥중 甲, 寅중 丙, 巳중 戊, 午중 己, 戌丑중 辛 있어 남자가 직장생활을 안 한다. 직장생활을 오래 못한다.
- 未는 남편이 안 된다.
- 초혼 실패. 남편과 오래 못 산다.

◆ 4번째 통변

- 형제간에 단명한 사람이 있다. 불우한 사람이 있다. 만약 죽지 않으면 불구나

불행한 형제가 있다.
- 甲戌, 乙丑 같은 것은 남편운이 평탄하지 못하다.
- 비겁이 밑에 있으므로 하체가 부실할 수 있다. 소아마비, 다리 부상 등 주의.

(2) 천간(天干) 관성(官星), 지지(地支) 식상(食傷)인 여자

이러한 운명을 타고난 사람은 사랑을 받기보다는 자신이 좋아하고 사랑하는 사람을 선택한다. 인물이 좋거나 자신이 존경할 수 있는 점이 있어야 그를 좋아한다. 비교적 남성들한테 인기가 좋으며 잘 따르는 편이다. 아마 바람을 많이 피우고자 한다면 진짜 바람둥이가 될 수도 있다.

매력이 있고 인물도 좋고 어디를 가도 남자들이 처다보는 그런 여인이다. 그러나 그런 사람들이 말을 걸어와도 처다보지도 않는다. 그러다가 자신의 마음에 드는 사람이 나타나면 그때는 아주 정열적으로 사랑을 한다. 남편이 어린아이 같은 부분이 있는 사람을 만나는 암시도 있다.

엉뚱한 짓을 해서 고생을 하는 경우도 종종 있다. 좋은 자리 다 싫다며 나쁜 자리로 시집가는 경우도 있다. 남편이 속을 썩이거나 남자를 잘못 사귀어 고생을 한다. 남편이 인정상 어쩔 수 없이 돈을 써 버리는 경우가 있으니 이를 잘 살펴야 한다. 사업을 할 때도 잘 살펴야 한다. 남편이 사업하다가 실패하는 경우도 종종 있다. 연하의 남자를 알게 되는 경우도 있는데 주의 바란다. 결과가 좋지 않다.

얌전한 듯하면서도 대담하고 인정이 많으면서도 아주 냉정하고 쌀쌀한 면이 있다. 일단 마음에 들어 좋아하게 되면 누구의 말도 듣지를 않는다. 심지어 자신의 살을 떼어 주더라도 아까워하지 않을 정도로 좋아하고 잘

대한다. 열녀 중에 열녀라고 봐야겠다. 그러나 그렇게 잘해 주고 사랑하고 믿고 의지하지만 운명은 이상하게 불행의 눈물을 전해 준다. 좋은 시절은 길지 못하고 생리사별이라는 슬픈 시련을 겪게 되는 운명이다.

어떤 사람은 재수가 없거나 직장에서 나오게 되든가 장사하는 사람은 장사가 안 되든가 몸에 질병이 생겨 고생을 하는데 이럴 경우 여자 자신이 직접 생활에 뛰어든다. 그렇게 해서라도 남자에게 잘하려고 엄청 노력한다. 그러므로 차라리 늘 떨어져서 사는 사람한테 시집을 가는 것이 이러한 액운을 면하는 길이 될 것이다. 군인, 경찰, 소방관, 등대지기, 원양어선 종사자, 비행사, 해외 근무자 등이면 도리어 행복한 생활을 할 수 있다. 만일 지금 아무런 문제가 없이 좋은 사람이라면 가능하면 몇 년간 해외라도 가서 일을 하는 것이 좋다.

이 사주의 집안에는 기독교인이 많고, 그렇지 않으면 조상 중에 객사를 한 경우도 있고, 산소도 모르거나 제사를 소홀히 하는 경우가 많다. 대개 한이 있는 조상이 있다. 그러므로 조상을 잘 위해 주는 것도 아주 좋다.

내연의 관계를 갖지 마라는 경고도 있고, 부정 임신 가능성이 있다. 자손으로 인해 큰 시련이 있을 운이기도 하다. 불행한 사고를 조심하라는 경고가 있다. 늘 기도하는 사람이 되길 부탁드린다.

◆ 1번째 통변
· 겉보기는 화려하나 속으로는 불만이다.
· 고급 화류계 여성의 사주인 경우가 많다.
· 자기 이익을 위해서 수단방법을 다 써서라도 남자를 유혹한다.
· 낮에는 남자가 있고 밤에는 없다.
· 가정주부는 남편에게 정말로 잘해 주나 남편이 잘 안 된다.

[예·1]

천간	己	甲甲
지지	未	戌申

· 여자의 사주인데 남자에게 잘해 주는데 남자가 잘 안 된다.

◆ 2번째 통변
· 남자를 흐뭇하게 잘해 준다.

◆ 3번째 통변
· 자식의 기쁨이 있다. 자식을 낳아야 한다.
· 남편에게 기쁨이 있으면 자식의 불만이나 불행, 자식의 기쁨이 있으면 남편에게 불행.
· 대개의 경우 남자는 좋으나 여자는 나쁘다. 남편이 나쁘니까.

(3) 천간(天干) 관성(官星), 지지(地支) 재성(財星)인 여자

이런 운명을 타고난 사람은 성실한 남자를 만나 잘사는 복 있는 사주이다. 결혼 적령기에 오면 상대를 너무 골라서 조금 문제가 있을 수 있겠으나 일단 결혼을 하면 남편을 잘 만나 일생을 행복하게 살아갈 수 있는 운명이다. 남편 만나고 부자가 되는 운명이다. 즉 남자로 인해 재산이 늘어난다는 것이다. 남편은 가정적인 사람을 만난다는 것이다. 그런데 여기에서 문제점이 있는데 여자는 남편을 돈으로 본다는 것이다. 남자보다는 돈이 우선이라는 것이다.

자손운도 좋다. 자손으로 덕을 많이 본다는 것이다. 남편은 이해심 많고 성실하고 이해력 있는 사람을 만난다. 유재유권(有財有權), 최상의 사주배열이라고 본다.

관성 대 재성 예문

[예·1]

천간	戊己	甲乙
지지		子亥

· 관성에 재성이다.

[예·2]

천간	戊	丙甲
지지		寅子

· 丙 아버지는 돈을 벌었다.
· 甲 할아버지도 돈을 벌었다.

[예·3]

천간	戊己	乙甲
지지		亥子

· 甲은 할아버지, 아들, 딸이 된다.
· 戊일주에 亥는 지지만 봐도 관에 재다. 관에 정재가 붙었다. 그래서 직장생활이 좋다. 관을 상대해서 이익이 있다.
· 돈을 크게 번다. 첫째 직장생활이다. 관을 상대해서.
· 장사는 실패한다. 관이 인수를 깔고 있으니까 주인이 노상 참고 산다.

◆ 3번째 통변
- 재성에 관성이다. 장사하게 되면 관에 막혀서 실패. 재에 관이다.
- 마누라에 기쁨이 있다.
- 직장생활을 해야 한다. 장사는 실패다.

◆ 4번째 통변
- 재성에 식신, 남편은 식신을 위해 희생하니까 남편은 잘났다.

[예 · 4]

천간	庚辛	丙丁
지지		寅卯

- 직업 1 : 복덕방.
- 직업 2 : 부인의 기쁨이니까 마누라 앞세워 뒤에서 장사.
- 직업 3 : 운명감정사.

[예 · 5]

천간	壬癸	戊己	甲乙	庚庚辛辛	丙丁	壬癸
지지		午巳		辰戌丑未		申酉

- 庚의 寅은 재성, 庚의 丙은 관성.
- 첫째 본인의 인물이 괜찮다.
- 관이 위에 있어서 우월감, 거만함도 있다.
- 처복이 있다.

[예 · 6]

천간	甲乙	庚辛
지지		戌未

- 甲乙일주 庚戌, 辛未는 처복이 불리. 戌중 辛金, 丁火. 未중 乙木, 丁火가 있어서.
- 여자의 경우 정관에 재가 붙어 있어서 참 좋다.
- 남편은 성실하고 이해력이 있고 참 좋다. 그 대신 박력은 적은 편이다.
- 시집을 가기만 하면 좋으나 시집가기 전에 고르다가 노처녀가 되는 수도 있다. 너무 고른다.

[예 · 7]

천간	戊己	乙甲
지지		亥子

- 지지에 水가 없어도 천간에 癸水가 있어도 좋다.
- 한 번 마음먹으면 부모가 반대해도 소용없다.
- 이런 사주는 남자나 여자나 좋은 사주이다.
- 재성이 있어 분명히 하려고 한다.

◆ 3번째 통변
- 재성은 시가 식구다. 시집 식구는 다 잘한다.
- 시아버지는 무척 사랑을 한다.

◆ 4번째 통변
- 편재는 시어머니, 팔자가 그리 좋은 편이 아니다.
- 여자는 정재가 시아버지다.

[예 · 8]

천간	壬癸	庚
지지		戌

· 壬癸일주 여자가 庚戌이 있으면 반드시 초혼 실패한다(여자에게만 해당).

[예 · 9]

천간	乙	庚
지지		辰

· 乙일생 庚辰이 있으면 재혼이 좋다.
· 처녀 총각과 결혼하면 실패한다.
· 유부남하고 연애하는 수도 있다. 그러므로 재취로 가면 액땜이 돼서 좋다. 그러나 辰을 극하는 甲寅, 乙卯일주는 괜찮다.

[예 · 10]

천간	甲乙	庚
지지		戌

· 여자는 甲乙일생 庚戌 있으면 실패.

[예 · 11]

천간	甲乙	庚辛
지지		戌未

· 남녀 甲乙일생 庚戌, 辛未는 부부 중 사별, 여자도 같다.

[예 · 12]

천간	甲乙	辛
지지		丑

· 남녀 甲乙일생은 辛丑만 괜찮다.

[예·13]

천간	己	甲甲
지지		戌申

· 여자 사주인데 나쁘다.

(4) 천간(天干) 관성(官星), 지지(地支) 관성(官星)인 여자

이러한 사주를 타고난 사람은 대개는 가문이 좋은 집안에서 태어난 경우가 많다. 예의 바르고 남을 존경할 줄 알고 자신의 인품을 잘 갖춘다.

운명학상 부모를 잘 만나 부모의 사랑을 많이 받고 귀여움을 많이 받는다. 하는 짓이 참으로 예쁘고 귀엽다. 또한 부모가 장래에 대한 염려를 많이 해 준다.

결혼할 때 부모가 정해 주는 대로 시집을 가면 남편의 사랑을 받고 평생을 행복하게 잘살 수 있다. 그러나 부모의 반대를 뿌리치고 연애로 결혼을 하면 도리어 부모에게 걱정을 끼치는 수가 있다. 일시적인 사랑을 받기는 하나 장기적이지는 않다. 다시 말해 부모가 나를 행복하게 해 줄 수는 있으나 자신이 자신을 행복하게 하지는 못한다는 말이다.

인물이 좋고 애교가 있어서 남자들로부터 유혹을 많이 받기에 대부분 연애로 결혼하는 경우가 많고, 부모가 반대하는 경우가 많아 부득이 친정과 멀어져 있는 경우가 있다. 남편을 잘 만나 행복할 수 있는 운명인데 이러한 점을 유의 바란다.

일부종사를 못하는 여인도 많이 있다. 또 남편은 늘 바쁜 사람이다. 남편이든 자신이든 관성 대 관성은 일복이 많다는 것이다. 이러한 구조가 흉운으로 흐르면 남편과 자식으로 인해 나 자신만 힘들고 병들고 고생하는 운도 있다. 남편과 자식이 나를 힘들게 하고 어렵게 하기도 한다는 것이다. 때로는 남편을 무서워하는 사람도 종종 있다.

▌관성 대 관성 예문

[예·1]

천간	癸	戊戌己己
지지		辰戌丑未

· 평생 직장생활을 하면 인기가 있고 기쁨이 있다. 직장생활을 해야 좋다. 오래오래 하면 더 좋다.
· 지장간 乙은 직장생활에 불만이 생겨 오래 못하는 수도 있다. 그래서 불길.

[예·2]

천간	甲乙	庚
지지		申

· 甲乙일주 庚申, 甲乙일생 장간 壬이 인성이므로 직장생활을 오래하니까 좋다.
· 여자는 남자와 반대로 未는 불만(식상), 참아야(인성) 한다. 남편하고 살려면 그렇다(예문 1 己未).

[예·3]

천간	丙丁	癸
지지		亥

· 丙丁일주 癸亥. 남자는 식상이 불만이고 여자는 참아야 되므로 나쁘다.

[예 · 4]

천간	戊己	甲
지지		寅

· 戊己일주 甲寅. 여자는 가장 나쁘다. 그러나 자식의 기쁨 하나는 있다.

[예 · 5]

천간	庚辛	丙丁	壬癸	戊己
지지		午巳		戌丑

· 壬癸일주 戊戌, 己丑은 辛金이 상관이다.

(5) 천간(天干) 관성(官星), 지지(地支) 인성(印星)인 여자

대기만성형의 운명 소유자. 이러한 사주를 타고난 여인은 용모도 좋고 마음씨가 아주 곱다. 인내심과 양보하는 마음도 넉넉하고 강인한 정신력이 있어 어려운 시련이나 고난도 이겨낼 수 있는 정신력의 소유자이다.

마음이 참으로 순진하고 착해서 남에게 조금도 손해를 끼치지 않는다. 그러니 남들도 자신의 마음과 같은 줄로 믿어 손해를 보는 경우가 있다. 믿는 관계로 손해를 보는 수가 있다. 대개는 종교인이 많고 종교를 안 믿어도 그에 못지않은 마음의 소유자이다.

운명상으로는 결혼을 해서는 불만족스러운 환경에 처한다. 남편이 나를 학생처럼 가르쳐 주고 이끌어 주는 경우도 있다. 친정과 남편이 잘 화합되며 친정 부모를 모시고 사는 경우도 있다. 그러나 남편과 자신을 위해 오래오래 참아야 한다는 점도 있다.

남편은 인정이 있고 자신을 사랑하고 아껴주나 활동력이 부족하거나 수입이 신통치 않아서 생활이 넉넉하지를 못한 점 때문에 힘들 수 있겠다. 남편으로부터 행복을 온전하게 다 받지를 못해 불만일 수 있고, 많이 양보하고 참아야 하는 입장일 수 있으며, 자신이 생활전선에서 돈을 벌어야 하는 경우도 있다.

매사를 참고 희생한다는 각오로 꾸준하게 묵묵히 살다 보면 반드시 좋은 시절이 온다. 공직생활이든 직장이든 오래오래 하다 보면 반드시 결과가 좋다는 것이다. 자손이 효도하는 운명이기도 하다.

◆ 1번째 통변
- 관에 인이 붙어서 남편하고 살려면 많이 참아야 한다.
- 남녀 간에 마음씨는 착하다.
- 남편이 무능하거나 성불구이거나 하는 일이 안 되므로 무능하다.
- 남편보다 친정을 의지하고 산다.

◆ 2번째 통변
- 부모의 별에 관이니까 부모는 잘살아서 친정살이를 할 수 있다.
- 또는 인수는 부모니까 부모하고 남편하고 같이 산다.

◆ 3번째 통변
- 인수에 관이라 아버지 같은 사람에게 시집가면 좋다.
- 재취 자리가 좋다. 나이 들어서 가는 경우에는 더욱 그렇다.
- 참고로 남자는 식신을 깔고 있으니까 나이 젊은 여자를 좋아한다. 젊은 남편은 고생한다.

◆ 4번째 통변
- 부모(친정 부모)는 딸에게 무척 잘한다.
- 재년에는 상처하는 수가 있다.
- 甲일주 壬戌년이나 戊戌년은 인수를 극하는 운이다.
- 인수는 머리, 머리를 잘못 쓰는 운이다.
- 또 동시에 처에서 볼 때 비겁년이라 부인의 주머니가 텅텅 비는 운이다. 재년에는 머리를 잘못 쓴다.
- 재년에는 정리하는 데 변동하는 해이다. 그러므로 재년이나 관년에는 조심해야 한다.

관성 대 인성 남자 예문

천간	戊己	甲乙	庚辛	丙丙丁丁	壬癸	戊己	甲乙	庚辛	丙丁	壬癸
지지		午巳		辰戌丑未		申酉		子亥		寅卯

◆ 1번째 통변
- 직장생활은 오래 하라. 공무원이 좋다.
- 개인회사는 오래 있지 못한다. 사장이 망한다. 甲의 밑에 午火가 상관이라서 나쁜 것이다.

◆ 2번째 통변
- 주인이 안 된다.

◆ 3번째 통변
- 아버지의 기쁨이 있다. 편인은 아버지, 관성은 기쁨이니까.
- 부모 복으로 공부도 하고 덕도 받는다.

◆ **4번째 통변**
- 부모는 성실하고 열심히 한다. 자식한테도 잘한다.
- 己일생은 甲午(丁己丙) 있으면 딸도 나쁘고 며느리도 나쁘다.
- 자연적으로 아들도 나쁘다. 며느리가 좋으면 아들도 좋다.
- 戊일생 乙巳는 아버지에 관이라 아버지는 좋다.
- 巳 중에 丙이 아버지다.
- 己에서 甲은 정관(딸, 며느리).
- 재년에 잘못해서 관년에 부도낸다. 상관년에도 부도를 잘 낸다.
- 甲일생이면 甲년에는 비겁년이라 활동력이 왕성하다. 그러나 丙丁년은 식상년이라 부도를 많이 낸다.

✔ 년간 대 월간 육신론

┃년간 재성과 월간 육신과의 운명 (남자)

① 년간 관성, 월간 비겁인 남자
 이러한 사주를 타고난 사람은 공무원, 직장인이 제일 좋다. 군인이나 정치가도 좋다. 상관의 신뢰와 관심을 받아 승진이 빠르다. 동료보다 훨씬 빠른 성공을 할 수 있는 운명이다. 사업을 하는 사람도 남들보다 빨리 출세해 상류에 속하는 생활을 하게 된다. 운명학상 아주 좋은 구조의 사주로 본다.
 형제가 있으면 형제도 잘되지만 대개는 형제가 없거나 드물다. 혹 형제가 많으면 일찍 사별하거나 장애가 있거나 멀리 떠나거나 하는 경우도 있다.

② 년간 관성, 월간 식상인 남자

이러한 사주의 소유자는 점잖고 예의도 바르다. 그러면서도 불굴의 의지력을 갖고 있다. 자존심이 아주 강하고 정의를 주장하며 아부하기를 싫어한다. 그러므로 남의 밑에서 일을 하는 데 애로가 많다. 적응이 잘 안 되므로 대개는 독립된 일을 하려고 하며 독립하면 성공할 수 있다. 모험과 도전을 재산으로 삼아 밀고 나간다면 성공하는 운명이다. 또한 의사, 약사, 군인, 사법경찰, 검사 등도 좋다.

한 가지 주의할 것은 정의도 좋고 경우도 좋지만 너무 고집을 부리다가 사람들로부터 소외당할 수 있으니 유의해야 한다. 잘 도와주고 인정도 많지만 자신이 힘들 때는 아무도 쳐다보지 않는다. 이것은 자신의 인간관계에 문제가 있다고 봐야 할 것이다.

③ 년간 관성, 월간 재성인 남자

이러한 운명의 소유자는 부귀를 겸할 수 있는 사주이다. 점잖고 입이 무거우며 말 한마디를 해도 생각한 후에 하는 사람이기 때문에 여간해서는 실수를 하지 않는다.

공무원으로 있으면 높은 지위에까지 도달하며 사업을 하면 사장, 회장까지도 가능한 사주이다. 보통 사람일지라도 중산층 이상의 상류층으로 살아갈 수 있는 운명이다. 대개는 잘사는 사람이 많고 사주학상 아주 좋은 사주라고 본다.

④ 년간 관성, 월간 관성인 남자

이런 사주는 성격이 원만하고 자제력도 있고 느긋한 점이 있다. 직장생활을 하면 상관의 눈에 들어 승진하여 많은 사람들에게 존경을 받고 신망이 두터우며 크게 발신한다. 정상의 자리에 오르는 운명이다. 사업을 하면 사장, 회장의 자리에 도달하는 귀한 명조자(命造者)이다.

워낙 조심성이 많고 절제력이 있어 어느 정도 수준에서 생활이 안정되면 만족하고 더 이상의 발전이 없는 경우가 있다. 생각을 많이 하는 타입이랄까, 조심성이 많아서일까. 그러나 한 번 했다 하면 결코 실수를 하지 않는다. 일생 동안 좋은 기회를 여러 번 놓치는 수가 있는데 그로 인해 후회하는 사람도 있다. 이러한 사람을 부하 직원으로 두면 자신이 아주 좋아지며 사업주는 성공을 한다.

⑤ 년간 관성, 월간 인성인 남자

이러한 운명의 소유자는 입이 무겁다. 또 점잖고 깊이가 있어 보인다. 겸손하고 예의가 바르고 논리정연하게 이야기를 잘한다. 조직력이 아주 뛰어나고 무슨 일을 맡겨도 빈틈없이 잘한다.

대개는 부모의 덕으로 학업을 무난하게 마칠 수 있다. 그러나 부모의 덕이 없는 경우는 기술 분야로 나가면 아주 좋다. 직장생활을 하면 남보다 더 인정을 받고 대우를 받는다. 종교가라면 크게 발신한다.

┃년간 관성과 월간 육신과의 운명 (여자)

① 년간 관성, 월간 비겁인 여자

이러한 운명은 예절이 바르고 정숙하고 인물도 좋다. 입이 무겁고 경솔한 언동은 삼갈 줄 안다. 인물이 좋든지 매력이 있어 이성의 유혹이 많다. 또 젊어서는 이성에게 인기가 많다. 그러므로 연애로 결혼하는 경우가 많다. 그러므로 판단을 잘못하거나 제대로 알아보지 않는 등의 일로 인해 결혼했다가 실망하는 수가 많다. 그렇기 때문에 중매로 결혼하는 것이 더 좋다.

때로는 삼각관계로 인한 애정에 대한 고뇌가 따를 수 있다. 그러기에 생리사별을 면하기가 어렵다. 이별 후에는 다방, 요정 등을 경영하거나 취직하는 사람도 많이 있다. 옛날에는 기생 팔자라 했고 요즈음은 물장사 팔자라고 한다. 그러나 직접 경영을 하면 잘 안되고 남의 밑에서 일을 하면 인기도 있고 주인도 잘되고 자신도 잘된다.

② 년간 관성, 월간 식상인 여자

이러한 사람은 매력이 아주 많다. 인물이 좋거나 매력이 있고 아주 애정적이고 정열적이다. 사랑을 받기보다는 사랑을 할 수 있는 상대를 골라 제 마음에 들면 물심양면으로 모든 것을 다 바쳐서 사랑을 하고 정성을 다해 알뜰하게 잘한다. 음식도 잘하고 의복도 잘 어울리게 하는 능력이 있다. 그러나 운명은 이 사람을 행복하게 살 수 없도록 한다. 기쁨과 행복함은 적고 불행과 슬픔으로 살아가도록 시련을 준다. 좋은 시절은 열 손가락 안에 꼽힐 정도이다. 부모도 잘 만나 유독 사랑을 많이 받지만 그도 잠시 뿐이다.

결혼할 때쯤 되면 매력 있고 인물이 있기에 따르는 사람은 많으나 팔자 좋고 출세할 사람은 멀리 가고 나에게 불행을 줄 사람은 가까이 오니 늘 고독하고 눈물을 흘리면서 살아가게 된다. 이런 사주는 차라리 혼자 살면 돈을 벌어 즐겁게 살 수 있다. 늘 떨어져 사는 남자면 좋겠다.

스님, 수녀가 아주 많다. 행복하려야 행복할 수 없는 운명의 작용이 강한 사주이다.

③ 년간 관성, 월간 재성인 여자

이러한 운명의 소유자는 원만하고 예의가 바르고 경우가 분명하다. 인물도 좋고 똑똑하며 귀부인 격으로 운명학상 가장 좋은 운명이라고 한다.

어려서는 부모 복이 좋고, 결혼하면 남편 복이 좋고 남편이 성실하고 근면하다. 아무리 볼 것 없는 남편을 만나도 급속도로 살림이 늘고 집 사고 재산이 늘어 부유하고 행복한 평생을 지낼 수가 있으니 참으로 좋은 팔자라고 할 수 있다.

결혼할 때 남자를 고르고 요모조모 따지는 것이 흠이라면 흠이겠으나 일단 결혼을 하면 살림 잘하고 알뜰하고 신붓감으로는 최상이다(다소 까다로운 점이 있기는 하지만).

④ 년간 관성, 월간 관성인 여자

이러한 사주는 인물이 좋고 화려해 보인다. 이성으로부터 호감을 받을 수 있다. 화장이나 액세서리 같은 화려함도 좋아한다. 화장을 안 해도 인물이 좋다.

대개는 어려서 부모 복이 있는 사람보다 없는 사람이 더 많고 출생해서 얼마 되지 않아서 양친 가운데 한 분과 사별하거나 사이가 안 좋거나 부모 이별 등으로 불우한 운명을 겪는 경우도 있다. 또는 자신이 신병을 있어 고생을 하는 경우도 있다.

인물이 좋아서 많은 남성들로부터 유혹이 따르기도 한다. 아주 바람을 많이 필 마음이면 대단한 바람둥이가 되는 수도 있다. 그러나 그런 경우는 드물고 결혼해서 생이별을 하는 경우도 많다.

타 이성을 주의하라는 암시도 있다. 그러므로 연애결혼은 하지 말고 중매로 일찍 결혼해서 살면 행복한 생활을 할 수 있다. 그러나 이 사주는 연애결혼을 많이 하기 때문에 불행해지기 쉽다.

⑤ 년간 관성, 월간 인성인 여자

이러한 운명은 마음이 비단결같이 착해서 양보 잘하고 이해심이 깊어 누구와도 원만하게 지낸다. 자신의 마음이 착하기에 다른 사람도 착한 사람으로 생각해서 손해 보는 경우도 있다. 그러다가 자칫 잘못하면 좋은 사주가 작용을 못해 평생 불행에 허덕이는 경우도 있다.

운명으로는 성실하고 근면한 부모에게 사랑을 많이 받고 성장을 한다. 결혼 후에는 한이 많다. 많이 참고 희생을 해야 하기 때문이다. 그러나 참고 인내하면 나중에는 기쁨이 오고 행복이 온다. 그러므로 이러한 사주는 힘이 들어도 나중을 생각해서 참고 살아가야 한다. 늦게 좋아지는 운명이기 때문이다.

6 천간(天干) 인성(印星)과 지지육신(地支六神)과의 통변론(通變論)

✔ 남자 편

(1) 천간(天干) 인성(印星), 지지(地支) 비겁(比劫)인 남자

이런 사주는 부모에게 효심이 많다고 본다. 부모에게 불편을 주지 않으려고 노력하는 사람이다. 그러나 부모가 나보다는 다른 형제에게 더 잘해 준다는 점도 있다. 어머니든 아버지든 아니면 다른 어떤 문제로 처와 화합을 하지 못해 처가 외로워질 수 있다는 점이 있으니 잘 살펴보기 바란다.

부모가 친구 같고 의논하고 상의하면 참 좋다. 부모로 인해 문서상 손해 볼 수 있는 운명의 암시가 있으니 주의해야 한다. 투자나 매매는 잘해야 하는 경고가 있다. 매매해서 손해 보는 일이 종종 있으므로 신중하게 판단해야 한다.

열심히 노력하고 성실한데 결과는 그저 그런 팔자이다. 즉 일한 만큼의 소득이 따르지 못하는 경우가 있다는 것이다. 용두사미 격으로 시작은 좋았으나 그 나중은 별로라는 의미이다. 노다공소(勞多功小)의 의미도 있다.

글, 그림, 예능에 소질이 있을 수 있는 운명이다. 작가, 출판계, 신문사 등에 종사해도 잘살 수 있는 운명이다.

대체로 성실하고 착하게 살려고 노력하는 사람이다. 큰 부자는 없으나 남에게 욕 안 먹고 편안하게 살 수 있는 소박하면서도 알찬 사주라고 본다. 그러나 노력한 만큼의 성과는 오지 않는 격이라 근면 성실과 절약, 저축을 생활화해서 살아가는 것이 좋다.

▌인성 대 비겁 예문

[예 · 1]

천간	丙丁	甲乙	甲乙	壬癸	戊己	丙丙丁丁
지지	(午중 丁己丙)	午巳 (巳중 戊庚丙)		寅卯		辰戌丑未

천간	庚辛	戊己	壬癸	庚辛
지지		申酉		子亥

◆ 1번째 통변

· 어머니에게 인기가 있다. 아버지에게 인기가 있다. 누구보다 효심이 있다.
· 편인이 더 좋다.
· 글재주가 누구보다 좋다. 문장술과 서화에도 능하다.
· 공부는 비록 못했어도 공부한 사람보다 낫다.
· 남보다 잘살아 보려고 노력한다.
· 말로는 잘 표현하지 못해도 글로는 잘한다.

◆ 2번째 통변

· 부모가 단명하지 않으면 팔자가 사납다.

[예 · 2]

천간	丙	乙
지지		巳

- 丙일주 乙巳(戊庚丙)는 아버지 조실, 어머니는 과부다.
- 아들 조심. 아들이 먼저 죽는다.
- 종신자식(終身子息)이 없다. 아들은 커서 죽는다. 객사하는 수가 많다. 화장실, 병원 등.
- 丁일생 乙巳일주 여인 4형제 중 3형제 다 죽었다. 1명 남았다.
- 이런 여인은 과부가 된다(여자 四柱라면).
- 丙일생 乙巳가 있으면 어머니의 팔자가 사납고 아들도 나쁘다. 자신도 팔자가 나쁘다.
- 인수에 비겁은 나이 많아서 젊어진다.
- 돈이 싹 없어진다.
- 나이 많이 들면 객지로 돌아다녀라.
- 부인과 같이 있으면 재수가 없다.
- 호주머니에 돈이 항상 없다. 애는 쓰는데 돈은 없다.
- 나이 많아서 인기 있다.
- 인성 대 비겁은 부지런하나 돈이 없다.

◆ 3번째 통변

- 비겁 대 인성
- 젊을 때는 나이 많은 행동을 한다.
- 마음이 착하다.
- 50대가 되면 오히려 젊어지고 50 전에는 자주 아프다. 그러나 나이 들어서는 오히려 안 아프다.
- 누구보다도 마음씨가 착하고 노력가다.
- 돈을 좀 벌었다 해도 나이 들어 50이 되면 홀딱 없어진다.

◆ **4번째 통변**
- 착한 사람만 상대한다. 친구를 사귀어도 나쁜 사람은 상대를 안 한다.
- 丙丁일생으로 乙巳는 庚辛이 부인인데 부인으로 봐서 乙은 재성, 巳는 관성 남편이므로 좋은 남편을 만난다.
- 아들은 참으로 착하다. 아들은 공무원 생활을 한다. 아들은 성실하다.
- 丙丁 본인으로 봐서 乙巳는 아들이 단명한다(본인이 오래 살기에).

[예·3]

천간	甲	戊戊
지지	午	午午

대운	乙甲癸壬辛庚己
	丑子亥戌酉申未

- 水인성 운명성인데 인성이 없는 사주이다. 戊가 장애성인데 운명성 인성이 없으므로 장애성 작용을 하지 않는다.
- 마누라한테 불평불만이 많다.
- 마누라는 인성을 깔고 있어서 마음씨가 착하다. 남편한테는 앙숙이다.
- 인수 운명성은 오래오래 부지런히 노력하라는 운명이다. 그래야 좋다.
- 식상은 신경질이 많고 불평불만이 많다. 성격은 불같다.
- 재성이 있어 참을성이 없다. 마누라한테 까다롭다.
- 甲午가 甲子가 될 경우는 아주 좋은 사주이다.
- 사주에 운명성이 없을 때는 운명성운에 극심한 파동이 온다.
- 말년 비겁은 동가식서가숙하고 떠돌아다닌다.
- 관년에는 직장인은 승진, 사업가는 실패.
- 재년은 돈 있는 사람은 손재, 돈 없는 사람은 재수가 좋다.
- 정리, 변동운도 있다.
- 비겁운은 토대(土臺). 식상은 아이들 걸음마운.
- 재년은 판단을 여물게 하라.

- 관년은 억제하라는 운. 조부(祖父)처럼 하라.
- 자식복도 없다.
- 운명성은 반드시 실천하고 그 길을 가야 한다.
- 운명성이 인성이고 보조운명성은 비겁인데 평생을 통해서 중년 비겁은 길, 말년은 흉.
- 중년 관성은 놀고먹어서 이 사주는 나쁘다.
- 子라면 인성이 있으므로 사주가 180도 달라진다.
- 甲에서 午는 딸인데 午에서 子는 관이다.
- 甲 아버지의 기쁨이라 결국 아버지의 기쁨은 딸도 좋다.
- 戊가 甲은 손자가 甲은 조부이고 子는 재이니까 손자 대까지 재물이 상속된다.
- 남자 관년운은 부인으로 봐서 상관이라 과부운이다.

[예 · 4]

천간	丙丁	甲
지지		午

- 아버지가 다른 형제한테 가 있다. 장남이라도 부모를 모시지 않는다.
- 己일생은 丙戌이면 아버지가 상처하거나 바람나거나 재혼한다.
- 戊일생은 丙戌이면 아버지가 상처하거나 다른 형제한테 가 있다.
- 戊일생 丁丑은 어머니가 딸한테 가 있다.
- 말년 대운 비겁은 동가식서가숙으로 호주머니가 텅텅 비어 있으니 활동을 해야 한다. 심한 자는 거지가 된다.
- 사주에 운명성이 없을 때는 운명성운에 큰 파동이 생긴다.
- 관성 운명성은 직장생활을 해야 좋다.
- 관운에는 직장인은 승진, 사업가는 파란이 생긴다.
- 재년에는 돈 있는 사람은 실패, 돈 없는 사람은 운의 흐름이 좋다.

(2) 천간(天干) 인성(印星), 지지(地支) 식상(食傷)인 남자

본래 능력이 있는 사주이다. 즉 발전할 수 있는 사주이다. 한때 허송세월할 수 있으니 작게 살아가면 좋다.

이런 사주는 일단 재주가 좋은 사주로 본다. 머리도 어느 누구보다도 좋고 영리하다. 열 가지 재주를 가진 사람이 한 가지 재주 가진 사람보다 어렵다는 말이 있는 것처럼 한 가지 특기나 능력을 살려서 살아간다면 걱정과 근심 없이 잘살 수 있다. 그러나 재주, 능력이나 다른 믿는 곳(부모, 부인, 기타)이 있어 자존심을 앞세워 남 보기에 그럴 듯한 일만 하려고 하면 부인을 고생시키게 되고, 심하면 폐인이 되는 수도 있으니 미리미리 주의해야 한다.

없으면서도 있는 체하고, 좀 있으면 남 주기 좋아하고, 쓸데없는 일만 골라서 하고 안 될 일만 골라서 하여 발전도 못하고 무위도식하는 사람도 있다. 그러므로 이런 사주의 소유자는 자존심이고 체면이고 다 버리고 무슨 일이든지 열심히 한다면 발전도 잘하고 처자식 고생 안 시키고 잘살 수 있는 사주이다.

가급적 의존하는 마음도 버리고 자존심도 버리고 살아야 발전하는 사주이다. 자식이 없는 사람도 있고 또 낳아서 키우더라도 많은 신경을 써야 하는 경우도 있는 운명이라 자녀를 키우는 데 신경을 많이 쓰는 사주이다. 그러나 일단 자녀가 성장하면 크게 성공을 하는 사주가 분명하다.

그리고 생활에 여유가 있는 사람은 주변에 도와줘야 할 사람이 있어 도와주나 정작 자신이 힘들 때는 아무도 쳐다보지 않는 시련이 있을 수 있으니 유의해야 한다. 말하자면 인덕이 없다고 해야 되겠다.

적게 배워서 크게 사용하는 암시가 있다. 큰 공부해서 적게 쓴다든가 적게 공부하고서 크게 쓰는 운명적으로 쌍곡선을 타는 경우가 있는 운명의 소유자이다. 문서로 인해 손해를 보는 경우가 있는 운명이다.

▌인성 대 식상 예문

천간	丙丁	甲甲乙乙	戊己	丙丁	庚辛	戊己	壬癸	庚辛	甲乙	壬癸
지지		戌辰丑未		申酉		子亥		寅卯		午巳

- 甲戌, 乙丑은 첫 결혼 후 생리사별한다.
- 인성 대 식상은 장기적, 인내, 희망, 발전의 특성이 있다.
- 근면 노력하고 장기적으로 해야 희망이 있고 발전한다.
- 한 가지를 꾸준히 해야 한다는 운명. 중도에 포기하면 안 된다.
- 어머니의 식상은 불만이다.
- 편인 아버지는 사랑해 주시나 자식은 불평불만이다.

◆ 2번째 통변
- 재를 깔고 있다. 아버지나 어머니가 너무 구두쇠다.
- 아들에게 잘 못해 준다. 자식을 믿지 않는다.
- 자식을 못 믿어서 이 사람 자체가 허풍을 떨거나 아들이 없는 경우도 있다. 丙일생 甲戌, 甲辰일 때.
- 부친 본인은 쓰고 자식에게 주지 않는다. 아들은 믿을 수 없는 행동을 하니까.
- 어머니나 아버지는 재산을 깔고 있어서 또 판단을 분명히 하기 때문에 자식은 불만이다(부모는 원래 자식에게는 어리석다).
- 식상은 손재주, 비상 식상은 투지인데 극을 당해서 투지 약화.

◆ 3번째 통변
- 식상에 인성이다.

· 식상은 머리가 비상하고 재주가 많다. 그러나 한 가지도 완전하게 잘하지 못하는 경우도 있다.
· 자존심이 매우 강하다.
· 너무 재주를 믿고 공부를 안 한다.
· 자존심이 강하기 때문에 밑바닥 생활을 하려고 한다.
· 발전이 없는 짓을 하려고 한다. 희망이 적은 것을 하려고 한다.
· 투지(식상)가 극을 당했다. 土가 木으로부터 극을 당하기 때문에 투지력이 적다.
· 쓸데없는 희망을 가진다.
· 손재주, 글재주가 아주 좋을 수 있다.
· 未자는 지지장간이 천간을 극해서 더 안 좋다.
· 인성은 50이 지나서 말년이 외롭다.
· 아들 덕이 없다. 종신자식(終身子息)이 없다. 불만이다.
· 나이 많아서 외롭다. 부모 속이 푹푹 썩는다.

[예·1]

천간	丙丁	甲甲乙乙
지지		辰戌丑未

· 인성에 식상.
· 부부생활에 지장이 있다. 남녀 다 같다.
· 늦게 결혼한다. 결혼해도 성격상 불만이다.
· 여자 丙일생 甲戌은 모친이 과부, 丁일생 甲戌은 부친이 파란곡절.
· 부모를 원망하고 불만이 있다.
· 95% 이상 적중률로 직업도 여러 번 바꾼다.
· 첫 부인 甲戌(辛)하고는 못 산다. 생사이별이 있다. 乙丑도 같다.
· 부부간에 성생활을 중단한다. 장기간 떨어져 살면 괜찮다.
· 거의 여자가 죽는다.
· 남자의 성이 강하면 여자의 성이 약하고, 여자가 강하면 남자가 약하다.

· 丙일주 甲戌, 乙丑.
· 부모에게 불효(정신적 · 물질적)하나 자식에게는 잘한다.
· 여자는 자식이 영리하나 성장할수록 멍청해져 늙어서 덕이 없다.
· 남자든 여자든 속이 고집쟁이다.

[예 · 2]

천간	丙	甲乙
지지		辰丑

· 첫 결혼은 실패.
· 그 외는 참지 못할 고비가 있다. 이혼단계까지 가는 경우도 있다.

(3) 천간(天干) 인성(印星), 지지(地支) 재성(財星)인 남자

이러한 운명의 소유자는 차분하고 온순한 듯하면서도 욱하는 성격이 있다. 인정이 많으면서도 때로는 굉장히 냉정하다.
집념이 강한 점이 있어 한 번 하고자 할 때는 전심전력으로 몰두하지만 반면 싫어지면 급속히 싫어져서 포기를 한다. 아무리 아까워도 포기할 때는 마련 없이 포기한다. 어쩌면 끈기가 부족하다고 해야 할 것이다.
개혁 정신이 강하고 권위나 전통을 확 뒤집어 버리는 정신도 강하다. 공부를 해서 직업을 갖거나 기술을 갖고 생업에 종사하는 것이 좋고 일단 일을 하면 남보다는 빨리 일어나는 운이 있는 사주이다.
종교가라면 이런 사주를 가진 분이 하면 참으로 진실하고 거짓 없는 종교가가 될 수 있다. 왜냐하면 기존의 문제점을 과감하게 개혁할 수 있는 능력을 가진 운명이기 때문이다. 그러나 너무 지나쳐서 맹신자가 된다면 안 되겠다. 때로는 이상성격자에 가까울 정도로 행동하는 경우도 있기 때문이다. 예능이나 역학인 중에 이런 사주가 많은데 부적이나 기도로 효능을 많이 볼 수 있는 운명이다. 말하자면 끼가 있다는 것이다.

부모에게는 결혼 후 물질적, 정신적으로 잘하지만 결과적으로는 불효를 한다는 암시가 있으니 깊이 생각해야 할 문제이다.

주색이나 오락에 빠지면 아주 몰두하는 경우가 생기니 아주 조심해야 한다. 심하면 이성을 상실하고 행동하는 수가 있다. 가정파탄까지 가는 사람도 간혹 보인다. 부인을 아주 힘들게 하거나 못살게 구는 사람도 있다. 어찌 됐거나 이런 운명을 타고난 사람은 어떤 직업을 잡으면 일생 동안 변동 없이 꾸준히 노력하면 대길하다.

또한 말년이 좋지 못한 경우가 많은데 말년은 자녀의 운이고 자녀의 덕이 있으면 노후 걱정은 할 필요가 없는 것이다. 그러나 이 사주는 자녀가 없거나 자녀가 있어도 불효해서 실망을 많이 한다.

여하튼 돈이 있어야 행복한 운명이니 젊은 시절에 노후를 대비해 돈을 모으고 재산권을 끝까지 쥐고 있어야 한다. 노년까지 일을 할 수 있으면 좋고 그러한 직업을 잡으면 더욱 좋겠다. 무엇이든 돈 주고 사면 이익을 볼 수 있는 운명적 암시가 있다.

아버지든 어머니든 간에 유산이 있는 경우도 있는데 이 사주는 그러면 별수 없는 것이다. 자수성가해야 좋은 운명이다. 어머니와 처와 사이가 좋은 경우가 많다. 어머니가 살림을 해 주는 경우도 있다.

공부를 해도 돈이 따르는 공부하는 사주이다. 즉 돈이 되는 공부를 해야 하는 사주이다. 학문에도 돈이 따른다. 학업을 끝까지 못하는 경우도 많이 나타나고 있다. 전통, 보수를 좋아하면서도 개혁 성향도 아주 강하다. 자수성가하는 것이 제일 좋다.

돈과 여자를 잘 대하라는 운명의 경고도 있다. 더러는 정신 나간 사람처럼 엉뚱한 일을 벌여 고생을 하는 경우도 있다. 길게 장기적으로 보고 말년을 생각해서 행동하고 처세해야 한다. 속성속패, 속전속결. 모두 결과가 좋지 않다.

부부간 액운, 풍파수가 있어 이별하고 눈물 흘리는 사람도 종종 있다. 혼자 우는 두견새의 신세를 누가 말하는가. 외로운 사주이기도 한다.

말년 빈궁은 자신의 처세에 문제가 있어서이다.

▌인성 대 재성 예문

천간	甲乙	壬壬癸癸	丙丁	甲乙	戊己	丙丁	庚辛	戊己	壬癸	庚辛
지지		辰戌丑未		申酉		子亥		寅卯		午巳

· 어떤 일이든 오래 50대 이후까지 지속해야 돈이 된다.
· 이런 사람이 직업 변동이 많아서 힘들게 사는 경우도 있고 꾸준하게 열심히 노력하면서 끈기를 가지고 일을 하지 못하는 사람도 많다. 혹은 한 가지 일을 3년도 못하고 변동하는 경우도 있다.
· 직업 변동이 여러 번 있을 수 있다. 이상하게 변동을 하게 된다.
· 구시대의 양식(보수적)을 고수하든지 어려서 늙을 때까지 꾸준하게 한 가지를 열심히 하면 재성(돈)이 살아난다.
· 부모의 말을 따라서 살면 좋다. 대개 부모가 그런 위치에 있지 못하다.
· 물질적으로는 부모에게 잘해도 정신적으로는 불효한다.
· 물심양면으로 잘해도 불효(부부, 자녀 문제)를 하는 경우도 있다. 혹은 공부도 안 하고 건강도 안 좋아서 부모 걱정을 시킨다. 결혼도 부모의 말을 안 따르는 경우가 많다.
· 겉보기는 어질고 착실해 보이고 어른다워 보이나 속은 급한 성격, 욱하는 성격으로 의외로 성격이 까다롭다. 더러는 미친 사람처럼 행동하는 사람도 있다.

- 일은 안 하고 일확천금을 노리는 사람도 있다.
- 비우살 좋고(반대도 있음) 엉뚱한 짓을 하고 천간 인성, 지지 재성이라 종교가가 되면 광신적일 수 있다.
- 늙어서 치매 주의.
- 문서(학문)와 특수한 분야가 좋다. 그러므로 역술가가 되면 잘된다. 부적이나 기도에 신기한 능력을 보인다.
- 나이 많아서는 자식이 속을 썩이는 등의 문제로 돈을 가지고 살아야 하는 운명이다.
- 혹은 본인이 정신이상 등으로 비참한 입장에 놓일 수 있다.

[예·1]

천간	甲	己壬
지지	寅	酉戌

- 수억의 재산이 있고 아들 하나인데 정신이상으로 고생이다. 그래서 아이 낳는 수를 제한해야 한다.
- 아들은 낳지 마라. 인성은 산아제한하라.
- 甲乙戊己일생 남녀는 금년 壬戌년에는 산아제한하라. 불구자가 생길 수 있다.
- 甲일생 壬戌년은 골치 아프다. 본인은 머리 아프고 己土 부인으로 봐서는 겁재와 재성이라 재가 없어진다.
- 丙火 아들로 봐서는 직장생활로 불만이 따른다.
- 丁火 딸로서는 壬水 남편하고 심각한 문제가 생길 수 있다. 골치 아프다.

◆ 3번째 통변
- 재성 인성은 결혼 후 재산이 생긴다.

◆ 4번째 통변
- 지지로 천간에 재성이다.

[예·2]

천간	甲乙	壬癸
지지		辰未

· 본처와 이별수가 있다.
· 甲 壬戌(丁辛)은 작은 마누라한테 불구 자식 생기고, 戌에는 壬이 재인데 돈을 많이 써서 죽을 지경이다(예문 1).
· 乙 壬戌(丁辛) 본처도 위와 똑같다.
· 인성에 재성은 직장 변동이 심하다. 안정이 잘 안 된다.
· 丙丁일에 甲申(壬), 戊己일에 丁亥(甲), 庚辛일에 戊寅(丙), 壬癸일에 庚午(己), 辛巳(戊) 등은 비교적 양호하다.

[예·3]

천간	辛	乙丙
지지		未寅

· 조모가 장수, 부는 단명, 조모의 사랑을 받는다.
· 인 대 재는 자식복 없다.
· 인성을 극해서 공부 못했다.
· 초년 불길.
· 부인은 寅木에 비겁이라서 노력하고 활동해서 돈을 벌었다.
· 재성에 관성 있는 사람은 절대 투기하면 안 된다.
· 편인(未)은 토지, 문서, 주택.
· 편재(乙)는 집으로 부자. 중년은 부자다.
· 丙火 조모는 청상과부, 딸도 과부, 며느리도 과부.
· 辛의 癸는 아들인데 癸의 부인은 丙火(며느리)다.
· 未는 부친, 년의 寅이 극해서 부가 단명했다.
· 辛의 부인 寅은 丙火 관 때문에 辛이 외박을 안 했다. 그래서 乙이 있어도 필요 없다.

- 癸亥년 寅 부인은 성 중단, 壬戌년 성생활 중단(참고사항임).

[예 · 4]

천간	丙	乙
지지		未

- 천간 인성이 지지 식상을 극하면 장래가 없다. 水火기제다.
- 재성 대 인성 흉.
- 50대 이후 자식 때문에 속 썩으므로 재를 갖고 살아라.

[예 · 5]

천간	癸	辛
지지		巳

- 이혼하면 잘살고 안 하면 죽는다. 인성, 즉 명줄이 아주 극이 심해서.

[예 · 6, 남명]

천간	甲	己壬
지지	寅	酉戌

- 자식(酉) 때문에 재(戌)가 壬을 극하기 때문에 실재(失財).
- 나이 들어서는 돈을 갖고 살아라.
- 인 대 재. 이 명은 土년 흉.

[예 · 7, 남명]

천간	戊	戊壬
지지	子	申戌

- 7, 8월에 자식 낳으면 불구 심하다. 그 외에도 불구다.

- 甲乙戊己일생은 壬戌년 자식 낳으면 흉하다.

[예 · 8, 여명]

천간	己	甲甲
지지	未	戌申

- 년(年)은 전반 운인데 여러 번 과부다. 일(日)은 후반 운.
- 여자 관성 운명성은 남편을 잘 만난다.
- 늙어 비겁운과 인성운은 거지다. 말년 식상은 길(반길).
- 인성 운명성에 재성 장애성이 신기(神氣)다. 무당, 예능 등 결국 안 좋은 사주다.

[예 · 9]

천간	癸	辛辛
지지	酉	卯巳

- 영기 있다.
- 총명하고, 노력은 적게 하고 이익을 많이 취하려고 함.

[예 · 10]

천간	壬	戊庚
지지	辰	寅寅

- 아들 대 인물, 30세 전 자식은 속 썩인다.
- 장자는 속 썩이고 차자는 좋다. 인성 대 재성이기 때문에.
- 인성 대 재성도 신기나 영기가 있다.

[예 · 11, 여명]

천간	乙	辛辛
지지	丑	卯巳

- 관에 비겁이므로 직장인은 주인이 잘된다.
- 가오마담인데 재혼해도 번번이 실패.
- 사고 당한다.
- 관성 대 비겁은 직장생활을 오래해야 하는데 암장이 천간을 치는 지지는 요주의.
- 여자는 남편을 잘 만난다.

[예·12]

천간	戊己	甲	壬癸
지지		辰	

- 천간의 관 대 비는 따진다.
- 직장생활을 오래 해야 하는데 재(壬癸)가 있으면 참지 못한다.
- 재(壬癸)가 있으면 주인은 길하다.
- 인성(丙)은 주인에게 이익이 없다.
- 丙子는 흉. 子가 戊에서 재가 인(丙)을 극해서 흉. 丙戌은 무난하다. 甲에서 戊은 재성이다.
- 戊에서는 인기. 比, 傷으로 세기 흉. 즉 比 대 傷이 즉생이면 흉.
- 관성이 강할 때는 상관은 하나여야 한다.
- 식상이 많을 때 관성이 하나면 평생 불행.
- 식상 운명성은 정조를 안 지키는데 식상 장애성은 정조를 지킨다.
- 壬戌년에는 亥子가 흉, 재나 관성은 흉, 관성은 관재이나 무난하다.
- 비겁이 식상으로 누기(漏氣)해도 흉, 인극이면 부모 흉, 비겁극이면 형제 흉.
- 자신의 인성은 부인에게는 재성이다. 본인 인성 흉, 부인 재성 흉.

[예·13]

천간	丙	壬甲
지지	寅	申戌

- 여자 사주인데 戊午년 대흉.

- 戊가 남편 壬을 극하고 午가 辛 재성을 극했다.
- 2명 중 1명은 남편 사망, 1명은 재산 파탄.
- 만약 남자의 경우 寅이 부인의 재성이니까 申酉년 대흉, 庚辛년 대흉, 巳午년은 소흉.
- 甲戌은 본부인이 자식을 낳지 못해 丙寅 여인과 재혼했다.
- 壬申은 남편, 丙寅은 본인.
- 甲戌이나 丙寅이나 본부인이 될 수 있고 재처일 수도 있다.

[예·14, 여명]

천간	庚	乙丁
지지	辰	巳丑

- 집에서 살림해라.
- 남자가 乙巳는 인성 대 비겁이라 노력은 많이 하나 辰과 丑이 식상이라 나쁘다.
- 巳는 비겁, 丑辰 식상을 생해서 나쁘다.
- 辰은 딸, 乙이 사위다.
- 巳 관으로 좋다.
- 남자도 여자에게 불만, 여자는 남자에게 불만.
- 庚金 본인이 乙에서 巳는 좋은데 辰丑 인성을 관인 巳火가 생해서 나쁘다.
- 친정(비겁)에 비명이 있다.
- 丑중 辛金을 丁이 극해서 흉, 巳중 庚金이 乙을 극해서 흉.

[예·15, 여명]

천간	甲	癸丙
지지	午	巳申

- 癸水 인성 운명성인데 巳중 戊土 정재가 인수를 극해서 재혼해서도 흉했다.
- 여자 인수 운명성은 흉명. 남자 인수 운명성은 길명.
- 戊土 정재가 癸水 인성을 동하게 했다.

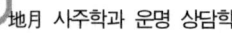

· 인성이 있으면 욕심이 많아진다. 인성이 있으면 재가 발동해 욕심이 발생한다.
· 오래 하지를 못한다. 인성과 재가 있으면 재가 인을 극한다.
· 재가 있으면 욕심이 많아진다. 그러나 재가 있어도 관이 있으면 기운이 세기 (설기)돼 욕심을 적게 낸다.
· 관이 있으면 외도하지 않는다. 관이 없으면 외도한다.

[예 · 16, 여명]

천간	壬	庚丁
지지	申	子酉

· 아버지(丁火)가 재 대 관이라 아버지는 너무 깨끗하고 잘나서 壬 본인은 시집을 가지 않으려고 할 정도다.
· 재성이 사주에 아무리 있어도 비겁년은 무방하다.
· 사주에 비겁이 있는 사람은 재대운에 길, 그러나 재년은 흉, 대운과 정반대.
· 남자 사주에 재에 관이면 여자가 좋아하는 타입이다. 己丑년은 강하니까 좋다.
· 己未는 未중 乙목이 극을 해서 흉, 己亥년은 亥중 甲木이 극해서 흉이다.
· 丁火(庚金 인성, 모친으로는 관) 재는 아버지로부터 子水는 관이요, 庚辛酉는 재, 丁 아버지는 직장생활인인데 상관이 없어 모험심은 적은 편이다.
· 丁 아버지는 庚 재, 子 관으로 잘났다.
· 남편 己土는 金, 식상으로부터 子水 재로 설기돼 길명이고 아버지는 子 관성이 있어 경제적이고 가정을 위하고 판단력이 좋고 경우가 분명하고 공무원, 직장생활을 한다.
· 庚 부인(본인의 어머니)은 丁의 재성으로 子는 관(庚金의 식상)이요 辛金 동주로 친정과 밀착돼 있다.

[예 · 17, 남명]

천간	辛	乙己
지지	亥	亥卯

- 아버지(己土, 편인)가 乙卯 관에 재성이 있어 일제 때 공무원을 했고 현재는 의사이다. 비교적 유복했다.
- 辛金 본인으로부터는 영리하고 투쟁하고 꿈, 희망, 의지, 투지는 있으나 마음은 소심하다. 불평불만이 있다.
- 인수 운명성에 己 인수로 부모에게 효도, 卯 재로 길, 辛의 부인은 亥중 甲木인데 亥는 자식이요.
- 모친은 甲년, 己년 중 己亥년이나 己未년 중에 사망.
- 甲乙년 흉(재가 있는 자는 비겁년 흉), 부인의 재성 흉, 운명성 인성을 극하니 흉.
- 己 인수는 머리, 노이로제.
- 丙丁년 길, 인성 있는 자는 재년 흉.
- 재성 장애성은 돈 번다.
- 戊己년 중 戊년 길, 己년 흉,
- 甲子, 乙丑년은 운명성을 극해서 대흉, 庚辛년 흉, 壬癸년 길, 火土운 길, 水년 길. 상기 사주에서 재년도 흉. 따라서 인성년도 흉, 수운은 생재라 길.
- 재성이 장애성이고 己土 운명성을 극해서 己 인수는 머리이고 밤인데 밤에 잠을 자지 못하고, 亥는 상관이라 머리 영리하고 연구심 강하여 너무 신경을 써서 밤잠을 자지 못해 庚辛, 申酉년에 발병했다.
- 재가 있으면 비겁년 흉, 인성이 있으면 재년은 흉하다.

(4) 천간(天干) 인성(印星), 지지(地支) 관성(官星)인 남자

참으로 양심적이며 원만한 성격의 소유자이지만 남에게 잘 속는 점이 있다. 이 점을 유의하면 참으로 좋은 운명의 소유자이다.

이렇게 타고난 운명은 사람이 착실하고 성실하며 희생정신도 있다. 근면하고 부지런한 성격이고 가정적이며 마음씨가 좋아 남을 조금도 속일 줄을 모른다. 자신의 마음이 그러하니 남들도 그럴 줄 생각하고 신뢰하다 속는 수도 있으니 주의해야 한다. 법 없이도 살아갈 수 있는 사람이다.

공부를 많이 하거나 기술을 갖고 직장생활을 하면 중산층으로 살 수 있고 비교적 행복한 삶을 산다. 그리고 무슨 일이든 한 번 잡으면 평생직업으로 생각하고 꾸준하게 오래하면 부귀를 누릴 수 있다. 욕심을 내지 않고 항상 장기적으로 하나하나 이뤄 나가면 대길하다. 지나친 욕심을 낸다든지 속전속결로 성공하려고 하면 도리어 중도에 좌절되는 시련을 겪게 된다. 대체로 착실한 좋은 부모 밑에서 성장한다. 아버지, 어머니가 좋은 분이며 집안을 잘 이끌어 가신 분으로 본다. 이는 인성은 부모의 별인데 부모의 별에 관성이 있어서이다.

또 공부하면 출세한다는 것이니 공직이든 직장에서든 좋은 자리에서 근무한다는 것이다. 공직이 제일 좋고 일반 직장도 좋고 사업을 하는 사람은 국영 관련이면 더욱 좋다. 열심히 살아서 승진도 잘된다. 형제가 많아도 자신은 유난히 사랑을 많이 받고 자란다. 종교가가 많고 종교를 안 믿어도 종교인 못지않다.

그러나 운이 흉하게 흐를 경우 아버지나 어머니로 인해 어려운 시련을 겪는 수가 있다. 부모가 나를 행복하게 해 주기보다 어렵게 하는 경우도 있다는 것이다.

보증 서고 손해 보고 돈 빌려 주면 손해 보고 문서상으로 손해 보고 구설수도 따를 수 있다. 또 이사하고 운이 막힌다. 병이 생긴다. 그러므로 문서상의 문제는 늘 심사숙고해야 하며 약속을 함부로 하면 안 된다고 본다.

▌인성 대 관성 예문

[예·1]

천간	丙丁	甲乙
지지		子亥

· 丙일생 甲은 아버지. 아버지 관의 관 기쁨이 있다.
· 잘살아서 아들은 좋다.
· 정인은 어머니, 사랑은 마음뿐이고 경제적으로 고통당한다(편인 아버지의 별에 관이 있으니까 기쁨).

◆ 1번째 통변
· 인성은 노인성이니 참을 일도 많고 잘 참아내야 좋아지는 사주다.
· 인성은 장기성을 상징하므로 대기만성형으로 본다. 그러면 금전도 풍부해지고 행복도 따른다.
· 인성에 관성이므로 기쁨은 문서이기 때문에 집이나 땅 등으로 크게 재미를 볼 수 있다.
· 종교, 학문, 문서 등에서도 행복이 따른다고 본다. 인성에 관성이니까.
· 사람이 성실하고 인자하며 원만한 타입이 많다.
· 공무원 하면 좋은데 오래 해야 좋다. 정년까지 하면 반드시 기쁨과 보람이 따른다.

◆ 2번째 통변
- 아버지는 참 부지런하고 착하고 인자하고 부모에게 효도하고 자식에게도 참으로 잘하고 고생시키지 않게 한다.
- 아버지(편인)는 고생을 해도 좋아지지만 어머니(정인)는 고생이 많다.
- 어머니는 아버지가 무능이라 고생이 많다. 그래서 아버지는 무능하다.

◆ 3번째 통변
- 관성에 인성이라 직장생활은 오래 장기적으로 해야 좋다.
- 공무원은 오래할 수 있지만 기업은 오래 하지 못한다. 시시한 회사에서 이런 사람 고용하면 실패한다.
- 주인이 노상 찡그린다.
- 이거 하나만 보아도 설명이 얼마나 복잡한지를 잘 파악하라.

◆ 4번째 통변
- 상기 사주로는 장기 공무원이다. 회사는 나쁘다.
- 주인이 노상 찡그린다.
- 부모의 사랑과 종교심이 있고 착하므로 승려 중에 이런 사주가 많다. 부처를 믿어라. 그러나 안 믿어도 착하다.
- 아버지 사랑이 많고 직업은 장기적(농업, 공무원)인 것이 좋다.

(5) 천간(天干) 인성(印星), 지지(地支) 인성(印星)인 남자

이런 사주는 조직력과 기획력이 있는 사주이다. 나이가 어려도 어른답고 무엇이든 아는 것이 많고 경험이 많은 사람으로 보인다. 비록 공부를 못했다 해도 많이 한 사람 못지않게 유식하고 지적이다.

종교를 믿는 사람이 많고 안 믿는다 해도 믿는 사람 못지않게 선하고 성실하고 근면하다. 아무리 악한 사람을 만나도 이 사람 앞에 서면 선해진다는 것이다.

설득을 하거나 아니면 느낌이나 행동으로 좋은 사람을 만들 수 있는 천부적인 능력을 타고났다. 준비력, 기획력이 있어서 어려서부터 일생의 이정표를 만들어 일사불란하게 꾸준히 행동하고 실천을 한다.

자신의 이익과 영화도 중요하지만 남의 이익도 소홀함이 없이 행동을 한다. 자신이 조금 손해를 보더라도 참고 양보를 한다. 그러다 보니 크게는 종교가, 사회사업가로서 세파에 시달리고 방황하는 사람들의 마음에 의지를 심어주기 위해 노력하는 사람도 있고, 교육가로서 이바지하는 사람도 있다. 또한 한 가정의 가장으로서 부모, 형제, 처자의 뒷바라지를 하기 위해 온갖 고생을 감수하고 뼈가 가루가 되더라도 힘들어하지 않고 열심히 살아가는 사람이다. 그러므로 중년이나 그 후부터는 거의가 튼튼하게 안정 기반을 구축하고 결코 무너지지 않는 안정된 생활 터전을 만든다.

대체로 존경받고 대우받는 자리에 서서 살아간다. 문서를 잡으면 늘어나고 집을 사면 나중에는 빌딩을 사게 되는 운명이라는 것이다. 집안에서 어머니의 힘이 강력한 암시도 있다. 집, 땅 등 여러 개의 문서를 가질 운명이다. 학업 중에 전학을 자주 갈 팔자다. 그렇지만 공부 운이 너무 좋아 잘하는 사람이다. 문서가 좋다 하니 공부해서 출세하라는 운명이다. 어디를 가더라도 귀인이 따른다는 운명이기도 하다.

▌인성 대 인성 예문

천간	庚辛	戊戊己己	壬癸	庚辛	甲乙	壬癸	丙丁	甲乙	戊己	丙丁
지지		辰戌丑未		申酉		子亥		寅卯		午巳

· 근자위덕(勤者威德)이다. 노력하고 참고 또 참으면 성공한다.
· 부모에게 효도하고 형제간에 우애 있고 어떤 곤란이고 참아서 성공한다.
· 여자는 일복이 많다. 未중에 乙이 있어 재성이니까 나쁘다.
· 乙은 공부도 안 하고 부모 속을 썩인다. 부모 속을 썩이면 팔자가 나쁘다.
· 장간 辛金은 마누라의 재니까 남자한테는 좋다.
· 乙자는 재지만 부인으로 봐서는 비겁이니까 빈털터리다. 돈이 없으니 나쁘다.
· 남자는 재성보다 인성이 좋다.
· 대개 재성은 안 좋고 인성이 좋다(참고사항).

[예·1, 남명]

천간	壬癸	庚辛
지지		申酉

· 참 좋다.
· 庚申은 壬이 장간에 있어 壬癸일생은 부인이 丙丁인데 丙丁으로부터 庚은 財이고 壬은 관이니까 재도 있고 관(기쁨)도 있다.

[예·2]

천간	辛	己戊
지지	未	未子

· 연대 졸업한 남자.
· 유부녀로 인해 정신분열증이 생겼다. 장간 乙이 나쁘기 때문이다.

✔ 여자 편

(1) 천간(天干) 인성(印星), 지지(地支) 비겁(比劫)인 여자

부모와의 사이가 좋고 부모 역시 나를 귀여워한다. 공부도 잘하며 잘하려고 노력한다. 글재주나 예능에 소질이 있어 주위에서 칭찬을 많이 받는다. 부모는 돈보다도 마음으로 자신에게 잘할 뿐만 아니라 친구처럼 대한다. 나를 사랑하는 마음이 대단하여 나이 먹어서도 부모의 애정을 그리워하고 잊지 못한다. 그러므로 부모에게 효심이 많다. 그러나 반대로 다른 형제를 더 생각하는 경우도 있다. 이 부분이 일생 동안 스트레스로 남아 있는 것을 종종 본다. 용두사미 격으로 처음은 좋으나 나중은 나쁠 수 있으니 처세를 잘해야 한다.

┃인성 대 비겁 예문

[예 · 1]

천간	丙丁	甲乙
지지		午巳 (丙庚戊)

· 부모에게 인기가 있다.
· 丙일생 甲午는 어머니 팔자가 나쁘다. 과부다.
· 아들도 먼저 죽는다. 모친이 단명할 수 있다.
· 丁일생 乙巳는 어머니 팔자가 나쁘다. 과부다. 아들이 먼저 죽는다.

[예·2]

천간	戊己	丙丙丁丁
지지		辰戌丑未
	(辰중 乙癸) (丑중 癸)	(戌중 辛丁) (未중 乙)

· 식상을 직접 깔고 있어서 나쁘다.
· 참고로 식상은 애교로도 본다.
· 식상이 있으면 남편의 직업이 군인, 경찰 등이면 좋다.
· 식상이 탐생망극(貪生忘剋), 주중에 관성이 무하면 관년에 흉하다.
· 戊일생 丙辰과 己일생 丁丑은 남편(어머니). 해석이 두 갈래.
· 己일생 丙戌은 아버지가 상처, 재혼한다.
· 未 지장간 등은 자식이 앞질러 간다.

[예·3]

천간	庚辛	戊己
지지		申酉 (申중 壬)

· 식상을 깔고 있으면 파란곡절이 많다. 즉 불행을 깔고 있는 것이다

[예·4]

천간	丁	己戊
지지	亥	未申

· 상관 많으나 재(申)가 있어서 亥가 살았다(탐생망극의 묘미).
· 식상은 애교가 있는 반면 불행이 있다.

[예 · 5]

천간	癸	辛丁
지지	巳 (巳중 戊庚丙)	亥酉 (亥중 戊甲壬)

· 처녀 사주.
· 어머니가 과부되어 새로 시집 와서 이 처녀를 낳았다.
· 辛金이 어머니, 亥水가 丙火를 친다.

(2) 천간(天干) 인성(印星), 지지(地支) 식상(食傷)인 여자

온순하고 성실하고 인내력이 있다. 어려서 부모의 슬하에서 성장할 때는 총기가 있어 무엇을 가르쳐도 잘 이해하고 기억력도 좋으며 공부도 잘해서 부모와 할머니, 할아버지의 사랑을 많이 받는다. 후일 잘될 것이며 잘살 것이라는 기대도 많이 한다.

그러나 이상하게 이런 운명은 총기도 능력도 차츰 줄어든다. 나이가 50대쯤 가면 옛날의 총기도 거의 사라지고 멍청하게 되는 수가 있다. 그만큼 빨리 늙을 수 있다는 것이다. 그 이유는 그만큼 운명적인 시련을 많이 겪는다는 말이다. 결혼을 하고부터는 고생길로 접어든다고 할 수 있다.

좋아봤자 잠시뿐이고 맏며느리로 들어가 시집살이로 지치는 사람, 시댁 식구(시부모, 시동생, 시누이) 때문에 고생하는 사람, 자식을 낳으면 자식한테 문제가 있어 잠시도 돌보지 않으면 안 되는 사람, 자식을 못 낳아서 남편이 외도해서 이혼하고 재혼하지만 전처의 소생을 돌보느라 고생하는 사람 등 수많은 시련으로 인해 고생하고 그 중 자식으로 인한 고뇌가 제일 많다.

그래서 총기는 사라지고 멍청하게 되는 수가 있으며 인생살이가 고달프고 일도 많다. 이렇게 고생은 많이 하지만 결과는 참으로 허탈하고 외롭고 쓸쓸하다. 차라리 일찍이 출가하여 수도나 하고 중생을 위해서 기도하면서 살아갈 것을….

여하튼 운명학상 가장 고생이 많고 인간 세상의 즐거움이 적은 운명이라 내세(來世)가 있으면 반드시 좋은 삶을 누릴 것이다.

아버지나 어머니가 젊다는 것이므로 나이보다 젊다는 의미도 있다. 즉 젊은 아빠, 젊은 엄마 격이라는 것이다.

본인도 일찍 자녀를 두거나 한다. 즉 결혼하면 그때 바로 임신이 되어 출산을 한다는 것이다. 꼭 일찍 결혼한다고 말하기는 좀 그렇다. 그러나 일찍 결혼하는 부분도 고려는 해야 한다.

여자의 경우 부모의 의사대로 해야 좋은데 그렇게 하지 않는다. 부모의 말을 잘 안 듣는다. 꼭 중매결혼을 해야 한다. 그래야 희망이 있다. 특히 식상 운명성은 반드시 수절해야 한다.

[예·1]

천간	丙丁	甲乙
지지		辰丑

· 성관계 요주의.
· 첫 결혼 실패.

[예·2]

천간	甲乙	癸
지지		巳

- 乙일생 癸巳는 절대 해로하지 못한다. 특히 연애하면 결혼생활을 못할 수도 있다.
- 丙일생 甲戌이면 어머니 팔자가 세다. 과부다.
- 丁일생 甲戌이면 아버지의 인생에 파란곡절이 있다.
- 남자와 같이 항상 부모에게 불만이 있다.
- 부모가 딸들을 봐서 똑똑하지 못해 자식을 잘 대해 주지 않는다.

◆ 3번째 통변
- 식상에 인성이라 자식에게 인성한다.
- 자식에게는 온갖 정성을 다 바친다.
- 어릴 때는 굉장히 똑똑하다. 크면서 멍청해진다. 사회생활은 멍청하게 한다.
- 주기만 했지 받지 못한다.

[예 · 3]

천간	甲	
지지	辰	

◆ 4번째 통변
- 진에서 甲이 관이니까 자라면서 멍청해진다.
- 고집이 항우 같다.
- 끝은 점잖으나 속이 식상이라 애들같이 잘 토라진다.
- 본인이 자식한테 잘했는데 자식이 성장해서 멍청해지니까 불만이다. 남편이나 기타 이유로 속을 썩으니까 멍청해진다. 식상이 다른 데 또 있으면 괜찮다.
- 여자는 남편에게 참고 순종하라.
- 남자 甲戌일생은 부모 재산 다 까먹고 나서 남녀 다 같이 전망이 없다.

[예·4]

천간	丁	甲壬
지지	未	辰午

· 남자의 성이 강해서 가정이 파탄인데 식상이 또 있으면 괜찮다.
· 이 원리는 옥 선생의 연구 내용이다.

(3) 천간(天干) 인성(印星), 지지(地支) 재성(財星)인 여자

급한 성격을 잘 조절하면 행복한 일생을 지낼 수 있는 운명이다. 이러한 운명을 타고난 여인은 마음이 착하고 노력하는 타입이다. 한 번 하고자 하면 꼭 하고 만다는 집념도 있다.

부모에게 효심이 있어 딸이지만 아들 못지않게 부모에게 잘한다.

집념이 강한 것인지 신경이 예민한 것인지 한 번 무슨 일을 하거나 생각하면 잠도 자지 않고 생각해서 머리가 굉장히 아플 수가 있다. 성격은 참을 때는 잘 참지만 한 번 욱하는 성격이 일어나면 무서울 정도로 앞뒤를 가리지 않고 행동한다.

운명학상 특기가 있을 수 있고 필적이 좋거나 공부를 잘하는데 부모의 덕이 약한 편이라 부모의 덕으로 공부하는 경우가 드물고, 자신의 힘으로 공부하거나 타인의 도움으로 공부하는 사람도 간혹 있다.

결혼을 해서는 대개 불행한 사람이 많다. 부부간의 불화, 무자식, 질병 등으로 부모의 속을 태운다.

물질적으로는 자신의 부모에게 효도를 하지만 정신적으로는 불효를 하는 운명이다. 그리고 나이가 들어서는 돈으로 살라는 운명이니 자식운이 튼튼하지를 못하다는 의미이다. 즉 자식복이 별로이므로 미리미리 돈을 가지고 있어야 한다. 늙어서도 수입이 있는 일을 하면 더욱 좋겠다. 남의 도움 없이도 스스로 살 수 있는 능력을 가지라는 말이다.

부부 액운, 이별, 눈물을 조심하라.

▎인성 대 재성 예문

· 인성은 자식도 해당(남편의 자식성이므로).
· 부모의 말과 연장자의 말을 복종해야 행복하다.
· 나이 20년 이상 차이 나는 연장자에게 시집가면 행복하다.

[예 · 1, 여명]

천간	丁	甲乙
지지	丑	申酉

· 초등학교 시절 결석 대장이었다고 함.
· 여러 번 결혼해서 파란곡절이 많다.
· 부모 말에 불복종해서 인생의 낙오자가 됐다.
· 남자라면 사업에 여러 번 실패.
· 이런 사주는 역술가가 적당한 직업이다.
· 인수는 머리라서 머리를 충한 격, 두통이나 중년에 폐병, 말년에 노망, 잘 살펴보면 미친 짓을 한다.
· 너무 집념이 강하다.

[예 · 2]

천간	丙	壬甲
지지	寅	申戌

· 여자 사주인데 戊午년 대흉.
· 戊가 남편 壬을 극하고 午가 辛 재성을 극했다.
· 2명 중 1명은 남편 사망, 1명은 재산 파탄.
· 만약 남자의 경우 寅이 부인의 재성이니까 申酉년 대흉, 庚辛년 대흉, 巳午년은 소흉.
· 甲戌은 본부인이 자식을 낳지 못해 丙寅 여인과 재혼했다.
· 壬申은 남편, 丙寅은 본인, 甲戌이나 丙寅이나 본부인이 될 수 있고 재처일 수도 있다.
· 甲戌은 흉, 戊寅은 길, 식상은 지지보다 천간에 있어야 길하다.
· 식상은 생해 주면 흉, 천간에 있는 식상(불행)을 극하면 길.
· 천간에서 지지 식상을 극하는 것은 나쁘다. 참아야 되기 때문에.

[예·3, 여명]

천간	庚	乙丁
지지	辰	巳丑

· 집에서 살림해라.
· 남자가 乙巳는 인성 대 비겁이라 노력은 많이 하나 辰과 丑이 식상이라 나쁘다.
· 巳는 비겁, 丑辰 식상을 생해서 나쁘다.
· 辰은 딸, 乙이 사위다. 巳 관으로 좋다.
· 남자도 여자에게 불만, 여자는 남자에게 불만.
· 庚金 본인이 乙에서 巳는 좋은데 辰丑 인성을 관인 巳火가 생해서 나쁘다.
· 친정(비겁)에 비명이 있다.
· 丑중 辛金을 丁이 극해서 흉. 巳중 庚金이 乙을 극해서 흉.

[예·4, 여명]

천간	甲	癸丙
지지	午	巳申

- 癸水 인성 운명성인데 巳중 戊土 정재가 印을 극해서 재혼해서도 흉했다.
- 여자 인수 운명성은 흉명. 남자 인수 운명성은 길명.
- 戊土 정재가 癸水 인성을 동하게 했다.
- 인성이 있으면 욕심이 많아진다. 인성이 있으면 재가 발동해 욕심이 발생한다.
- 오래 하지를 못한다.
- 인성과 재가 있으면 재가 인을 극한다. 재가 있으면 욕심이 많아진다. 그러나 재가 있어도 관이 있으면 기운이 세기(설기)돼 욕심을 적게 낸다.
- 관이 있으면 외도하지 않는다. 관이 없으면 외도한다.

[예·5, 여명]

천간	壬	庚丁
지지	申	子酉

- 아버지(丁火)가 재 대 관이라 너무 깨끗하고 잘나서 壬 본인은 시집을 가지 않으려고 할 정도다.
- 재성이 사주에 아무리 있어도 비겁년은 무방하다.
- 사주에 비겁이 있는 사람은 재대운에 길, 그러나 재년은 흉, 대운과 정반대.
- 남자 사주에 재에 관이면 여자가 좋아하는 타입이다.
- 己丑년은 강하니까 좋다.
- 己未는 未중 乙목이 극을 해서 흉, 己亥년은 亥중 甲木이 극해서 흉이다.
- 丁火(庚金 인성, 모친으로는 관) 재는 아버지로부터 子水는 관이요, 庚辛酉는 재.
- 丁 아버지는 직장생활인인데 상관이 없어 모험심은 적은 편이다.
- 丁 아버지는 庚 재, 子 관으로 잘났다.
- 남편 己土는 金, 식상으로부터 子水 재로 설기돼 길명이고 아버지는 子 관성이 있어 경제적이고 가정을 위하고 판단력이 좋고 경우가 분명하고 공무원, 직장 생활을 한다.
- 庚 부인(본인의 어머니)은 丁의 재성으로 子는 관(庚金의 식상)이요, 辛金 동주로 친정과 밀착돼 있다.

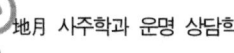

[예·6, 남명]

천간	辛	乙己
지지	亥	亥卯

- 아버지(己土, 편인)가 乙亥 관에 재성이 있어 일제 때 공무원을 했고 현재는 의사이다.
- 비교적 유복했다.
- 辛金 본인은 영리하고 투쟁하고 꿈, 희망, 의지, 투지는 있으나 마음은 소심하다. 불평불만이 있다.
- 인성 운명성에 己 편인으로 부모에게 효도, 卯 재성이라 좋다.
- 辛의 부인은 亥중 甲木인데 亥는 자식이요, 모친은 甲년, 己년 중 己亥년이나 己未년 중에 사망.
- 甲乙년 흉(재가 있는 자는 비겁년 흉), 부인의 재성 흉, 운명성 인성을 극하니 흉.
- 己 편인은 머리, 노이로제.
- 丙丁년 길, 인성 있는 자는 재년 흉. 재성 장애성은 돈을 번다.
- 戊己년 중 戊년 길, 己년 흉.
- 甲子, 乙丑년은 운명성을 극해서 대흉, 庚辛년 흉, 壬癸년 길, 火土운 길, 水년 길. 상기 사주에서 재년도 흉. 따라서 인성년도 흉, 수운은 생재라 길.
- 재성이 장애성이고 己土 운명성을 극해서 己 인성은 머리이고 밤인데 밤에 잠을 자지 못하고, 亥는 상관이라 머리 영리하고 연구심 강하며 너무 신경을 써서 밤잠을 자지 못해 庚辛, 申酉년에 발병했다.
- 재가 있으면 비겁년 흉, 인성이 있으면 재년은 흉하다.

(4) 천간(天干) 인성(印星), 지지(地支) 관성(官星)인 여자

이러한 운명은 마음씨가 참으로 착해 남에게는 조금도 안 좋은 일을 하지 못하는 천성이 착한 사람이다. 그러기에 남들도 자신과 같이 생각하여 속는 수도 있고 손해를 보는 경우도 있다. 공직생활에 잘 어울리는 사주이다. 부모가 비교적 가정을 잘 이끄는 분이라고 본다. 친정과 남편이 자신에게 잘 맞는 격이고 남자를 만나는 데도 아버지나 어머니가 도움을 주는 운이 있다. 이사 가서, 변동해서, 멀리 가서 남자를 만나는 운도 있다. 또 공부 중에 좋은 남자를 만나는 부분도 있다.

운이 나쁘게 흐르면 부모로 인해 재난이 생기기도 하며 문서로 인해 시비구설에 말려드는 운이기도 한다. 이사하면 운이 막히고 병이 생기는 등의 경우가 허다하다. 그러니 함부로 보증을 서지 말고 돈거래 조심하고 인정상 도와주면 결과는 좋지 않다.

운명학상 참고 견디기 힘든 시련의 고비가 있는 경우가 있는데 본성이 착하고 인내하고 희생하는 마음이 강해서 어려운 시련기라도 굳게 자신을 지키며 역경을 극복한다. 경제적인 어려움이 따를 때는 직접 생활 전선에서 가정을 돌보고 부모로서 할 의무를 다한다.

아마도 전생에 공덕을 많이 닦았거나 금생에 좋은 일을 많이 해야 하는 운명의 경고가 있을 것 같은 사주이다. 보살과 같이 좋은 마음으로 세파에 시달리고 방황하는 사람들에게 의지처와 따뜻한 보금자리가 되라는 운명을 가지고 있는 것이다. 크게는 이 사회와 모든 사람을 위해서 기도하고 도와주고 나눠주라는 운명이라서 아무리 열심히 해도 돌아오는 공덕이나 복은 많지 않다. 이 또한 운명의 소치이다.

그러므로 일단 결혼을 하면 남편을 위해, 자식을 위해, 기타 친척을 위해 정성과 노력을 다 바쳐 물심양면으로 도와주고 열심히 한다. 그러면 고진감래(苦盡甘來) 격으로 늙어서 편안하고 행복한 운이 온다.

대개 종교가 많다. 종교인처럼 희생하고 살아야 한다는 의미이다. 참고 희생해야 행복이 오는 운명이다.

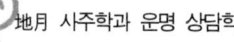

인성 대 관성 예문

[예·1]

천간	丙	乙
지지		亥

· 어머니의 사랑이다. 어머니는 고생이 많다.
· 여자의 경우 인수에 관이 있으면 아버지가 잘살았다.
· 친정이 잘살았다.
· 여자의 경우 마음씨가 착하다. 보살 같다.
· 나이 많아서 기쁨이 있다. 그러나 젊어서는 고생을 한다.
· 모든 것을 참아야 한다. 그래야 행복이 따른다.
· 인수는 아들이니 아들이 잘산다. 아들이 나이 많아서 기쁨을 누린다.
· 아들이 근면성실하고 노력파, 가정적임.

◆ 3번째 통변

· 관에 인성이다.
· 남편이 아닌 자식을 보고 산다. 자식복 있다.
· 남편은 무능이다. 남편이 불평불만으로 속을 썩인다. 참고 살아야 한다.
· 남편이 외도한다. 남편이 잘 안 된다.
· 남자의 경우 주인이 잘 안 된다.
· 편인은 딸, 인수는 아들(여명), 식상은 희망, 남편은 행복, 자식은 희망이다. 희망이라고 잘된다고 볼 수는 없다.
· 丙일생 甲子 있으면 아버지가 관이 있어 아버지의 기쁨, 행복. 아버지가 잘산다. 재산 상속도 한다.
· 편인은 아버지의 사랑(금전적), 인수는 어머니의 사랑(애정). 이런 차이가 있다.

[예·2]

천간	丙丁	甲乙
지지		子亥

◆ 1번째 통변
· 인성에 관성이라 성격은 어질다.

◆ 2번째 통변
· 아버지는 애를 많이 썼다. 희생이다.

[예·3]

천간	戊己	丙丁
지지		寅卯

◆ 3번째 통변
· 관성에 인성이라 장기적인 직업이 좋고 성실하고 근면하다.

◆ 4번째 통변
· 직접 식상이다.

[예·4]

천간	壬癸	庚
지지		辰

◆ 2번째 통변
· 인수는 희생, 근면성실.

- 乙 재가 실속 차린다. 그래서 100% 희생은 아니다.
- 부모의 덕을 크게는 기대할 수 없다.
- 일지가 가장 강하다.
- 일지가 아닌 천간이 지지를 깔고 앉아도 인수.

[예·5]

천간	壬癸	庚
지지		戌

- 丁 관이 있으므로 노력 부족. 평안함을 원함. 100% 희생 아님.
- 아버지 건강이 좋지 않을 수 있다.
- 부모에게 속 썩게 했다.

[예·6]

천간	壬癸	辛
지지		丑

- 丑중 辛金은 비겁이라 노력해도 돈이 벌리지 않는다.
- 癸水는 식상.

[예·7]

천간	壬癸	辛
지지		未

- 乙木 아버지도 어릴 때 속 썩이거나 단명.
- 丁火가 辛金을 극하니까 丁은 장기적이지 않다.
- 庚戌, 辛未는 부친이 건강하지 못하고 단명하든가 본인이 그럴 수 있다.

[예·8]

천간	壬	戊庚
지지	寅	寅戌

· 다른 성을 쓴다.
· 미아다.
· 년의 지지가 천간을 극한다.
· 월도 지지가 천간을 극한다.

[예·9]

천간	壬癸	庚辛
지지		戌未

· 未土는 초혼 실패. 壬일에 辛未와 癸일에 庚戌은 초혼 실패.
· 여명에 庚戌, 辛未 다 있으면 결혼 상대자가 번번이 죽는다.

(5) 천간(天干) 인성(印星), 지지(地支) 인성(印星)인 여자

 부모에게나 형제, 친지, 남편, 자식 등 모두에게 참 잘하는 운명의 소유자이다. 참을성도 많고 온순하고 인자하고 자애롭고 부지런하다. 바라보면 참으로 순진하고 착하다고 느낄 정도이다. 윗사람을 공경할 줄 알고 공부도 잘해 어려서 부모에게 칭찬도 많이 받는다.
 결혼을 해서는 남편에게 정성껏 잘한다. 그리고 어떠한 난관과 시련이 닥쳐도 이를 극복할 수 있는 인내력이 있고 자식에게도 헌신적으로 잘한다. 희생정신이 강하여 뼈가 가루가 되는 한이 있더라도 남편과 자식을 위해서는 자신은 입지도 쓰지도 못해도 불편해하지 않는 대단한 사람이다.

인정이 많고 자애로워서 누군가가 불쌍하든지 안돼 보이면 마음 아파하고 도와주려고 한다. 없으면 남의 돈을 빌려서라도 상대의 어려움을 보살피는 마음을 지닌 여인이다. 그러나 좋은 일을 해도 받을 수가 없으니 후회한들 무엇 하리. 마음을 단단히 먹고 다시는 그런 일을 안 해야지 하다가도 막상 닥치면 인정에 흔들리니 이 또한 팔자소관이다.

이런 사주는 시대감각이 둔하거나 너무 순진해서 남 때문에 손해 보는 타입이다. 인생행로는 참으로 참아야 할 일이 많은 운명이다. 시련과 풍파를 겪을 수 있다는 말이다.

남자는 '가까이 하기에는 너무 먼 당신'이라는 말처럼 독수공방의 의미도 있고 남자운이 시드는 경우도 있다. 남편의 운이 시드는 경우가 의외로 많이 나타나고 있다.

▌인성 대 인성 예문

천간	庚辛	戊戊己己	甲乙	壬癸	丙丁	甲乙	戊己	丙丁
지지		辰戌丑未		子亥		寅卯		午巳

· 노력하고 참고 또 참으면 성공한다.
· 부모에게 효도하고 형제간에 우애 있고 어떠한 곤란도 참아서 성공한다.
· 여자는 일복이 많다. 未중에 乙이 있어 재성이니까 나쁘다.
· 乙은 공부도 안 하고 부모 속을 썩인다. 부모 속을 썩이면 팔자가 나쁘다.
· 장간 辛金은 남편의 재니까 남자한테는 좋다.
· 乙자는 재지만 부인으로 봐서는 비겁이니까 빈털터리다. 돈이 없으니 나쁘다.
· 남자는 재성보다 인성이 좋다.
· 대개 재성은 안 좋고 인성이 좋다(참고사항, 남자의 경우).

[예·1, 남명]

천간	壬癸	庚辛
지지		申酉

· 참 좋다.
· 庚辛은 壬이 장간에 있어 壬癸일생은 부인이 丙丁인데 丙丁으로부터 庚은 財이고 壬은 관이니까 재도 있고 관(기쁨)도 있다.

[예·2]

천간	辛	己戊
지지	未	未子

· 연대 졸업한 남자.
· 유부녀로 인해 정신분열증이 생겼다.
· 장간 乙이 나쁘기 때문이다.

✔ 년간 대 월간 육신론

┃년간 인성과 월간 육신과의 운명 (남자)

① 년간 인성, 월간 비겁인 남자

성실하고 근면하며 부모의 사랑을 많이 받는다. 또한 부모에게 효도하려고 노력한다. 특히 학교 다닐 때는 잘하는 특기가 있을 수 있는 운명이다. 공부도 잘할 수 있는 사주이다. 머리가 좋다는 의미겠다.

종교계에서 종사하면 아주 유능한 전도사, 포교사가 될 수 있는 사주이다. 교육자, 공무원, 기술직도 잘 어울린다.

② 년간 인성, 월간 식상인 남자

온순한 듯하지만 자존심이 강하다. 머리는 영리하고 총명한데 남에게 지기를 싫어하기 때문에 불평불만이 많고 매사에 신경질적이고 마음에 차지 않아서 불만이 있는 사주이다.

문서를 다루거나 기술을 익혀야 장래가 좋다. 그렇기 때문에 공부를 많이 해서 교직에 있으면 좋고 특수 기술을 갖고 오래 일을 하면 아주 좋다. 그러나 젊은 시절에는 오래 있을 수 있는 직장은 마음에 안 들어 불만이 있다 보니 그로 인해 고생하는 수가 있으니 가능한 한 장기적으로 할 수 있는 직업을 택해서 오래 일하면 좋은 운명이다.

③ 년간 인성, 월간 재성인 남자

온순한 듯하면서도 욱하는 성격과 급한 성격을 가지고 있다.

부모에게 효심이 지극해서 물심양면으로 효도를 한다. 부모는 잘사는 사람이 적고 못살든가 팔자가 안 좋은 사람이 많다.

공부도 자신이 마음을 먹으면 침식을 잊을 정도로 열심히 해서 우등생, 장학생이 되는 수도 있다. 공부를 잘해서 출세하거나 기술로 돈벌이를 잘 하여 부모에게 잘한다.

여하튼 결혼 후에는 부모에게 잘하는 운명이다. 그러나 물질적인 효도는 하지만 정신적인 불효를 하는 사람도 더러 있다.

④ 년간 인성, 월간 관성인 남자

인내력이 있으며 근면하다. 공부를 잘하거나 재주가 있어 부모의 사랑을 많이 받는다. 또한 부모의 덕이 많은 사주라고 본다. 최고학부까지도 바라볼 수 있다. 공부도 자신이 하고 싶은 만큼 할 수 있고 외국 유학까지도 바라볼 수 있는 사주이다. 그리고 부모의 덕으로 명예도 얻을 수 있는 사주이다.

예를 들어 부모의 사업을 이어받거나 대를 이어 어떤 일을 한다든지 대개는 부모의 재산을 물려받는 수도 있다. 없다 하더라도 부모의 덕으로 살아가는 데 큰 덕을 보는 사주이다. 그리고 부모가 살아 있을 때가 가장 좋을 때이다. 부모가 타계하면 운이 많이 쇠퇴한다. 그러므로 부모가 오래 살아 있을수록 좋다. 부모에게 잘해야 하다.

종교로 성공하는 사람도 있다.

⑤ 년간 인성, 월간 인성인 남자

마음이 곱고 착하며 근면하다. 남을 속일 줄 모를 정도로 마음이 정말 착하다. 종교가 못지않다. 대체로 사회 경험이 어수룩하고 현대 감각에 어둡다(좋은 의미로). 자신의 마음이 착하기에 남들도 착한 줄 알거나 인정에 끌려서 손해를 보는 수도 있다.

공무원, 직장인이나 기술을 가지고 살아간다면 성공할 수 있다. 주택을 이용하거나 문구점, 서점, 식료품, 잡곡상회, 가구점, 의상실 등도 좋다.

▌인성 남자, 이런 저런 이야기
- 특성은 부모, 생각(머리), 반골, 밤(夜), 휴식, 부동산, 문서, 기도, 조직, 종교, 희생, 인내, 근면, 성실. 편인은 기초, 부친, 장인, 사위.
- 인수는 울타리, 어머니, 어머니의 자매, 외가.
- 인성은 극을 하지 말아야 한다.
- 옛것을 좋아하고 시대감각이 둔하고 어리석다. 장기적이고 50 이상 팔자에 이것이 있어야 좋다.

- 극을 당하면 부모의 도리를 하지 못한다. 부자가 많다.
- 일진에 있으면 조직적이다. 인성이 정재보다 낫다.
- 甲일주에 壬癸. 己는 처의 재. 처로부터는 재성. 丙丁 자식으로부터는 관성. 亥子 편인 부모가 더 좋다.
- 편인은 아버지, 사위. 甲의 딸은 丁, 사위는 壬이다. 편인을 중점으로 보고 편인을 생해야 한다. 극이면 불가.
- 일지에 있어야 한다. 어릴 때는 부모에게 효도하고 늦게는 자식에게도 잘한다.
- 庚辰일주는 辰중 乙木이 辰을 극한다.
- 辰은 庚의 부친, 癸는 辰의 처, 乙은 癸의 아들, 辰 부모에게 불효하나 처(癸)와 아들(乙)은 굉장히 사랑한다.
- 천간에 인성이 있으면 첫인상이 어질다.
- 가장 좋은 것은 년간, 다음 순위는 월간이다(년간 정재는 까다로우나 월간에 있으면 사귀고 보면 참 좋다).
- 지지에 있으면 속마음씨가 좋다.
- 운명성에 있으면 첫째 부모 말을 잘 듣고 결혼도 부모의 의중(연애는 나쁨)대로 하고 자식을 적게 낳아라. 노후를 생각해라.
- 인성 운명성은 재성이 장애성이다.
- 문서니까 학자, 종교인이다. 그러므로 재성(여자)의 유혹에 약하므로 이를 물리쳐야 한다. 첫째는 금전을 탐하지 마라.
- 인성은 참 똑똑하다.
- 장애성의 경우는 부모가 원수, 부모가 나를 행복하게 해 주지 못한다. 잘살든 못살든 간에 너무 착하다.
- 요령은 부족, 미숙하고 완고하고 원칙론자이다.

- 인성 초년 대운은 길, 부모 복은 좋은 운이며 잘산다. 단 생을 해야 하고 극은 불가.
- 壬戌, 癸未처럼 지지에서 천간을 극하는 운은 본인 질병이나 부모 등으로 불길. 壬申, 癸酉는 참 좋고 壬子, 癸亥도 좋다.
- 인성 중년 대운은 길, 부모, 본인, 사위의 운이 좋으며 지지에서 극하면 불길, 인성 말년 대운은 불길.
- 甲일 壬戌에서 戌은 재지만 壬을 극한다. 즉 재만 탐하고 부지런하지 않다. 그래서 불길.
- 甲일로 처는 己로서 壬癸는 정재, 처의 재물이니 甲일 본인은 富한다.
- 甲일은 壬癸에서 丙은 자식, 병한테 壬癸는 관이니까 직장생활을 하니 사주학에서는 무능으로 본다. 본인은 죽어라 일을 해야 한다.
- 특히 일찍 낳은 자식은 더 불길.
- 딸은 잘된다. 딸은 丁, 壬은 사위니까 사위가 잘되고 아들은 나쁘다.
- 생이나 극이나 말년 인성은 같다.
- 인성 년운에서 변동은 불길, 장기적인 것은 좋으나 단기적인 것은 불길.
- 인성 년운에서 甲乙일 壬癸가 인성이다. 壬戌년이면 戌이 壬을 극하니까 불길하다.
- 甲은 己가 처, 乙은 戊가 처인데 戌은 戊己로부터 오는 비겁이니까 신규사업이나 금전거래 등이 나쁘다.
- 돈을 빌려도 재수가 좋은 사람 것을 빌려야 갚을 수가 있다.
- 亥子년월일 있는 사람은 戌년에는 土극水 하니까 불길, 壬戌, 癸亥는 丙丁이 있으면 불길, 심하면 사망.
- 甲일은 丁이 딸인데 壬戌년은 戌이 壬을 극해 이혼하거나 크게 충돌

한다.
- 丁은 딸, 壬은 사위, 戌중 丁이 딸이다.
- 인성 월운에서 이런 달을 제일 조심.
- 壬戌년의 壬월, 丁월도 불길. 壬戌년은 甲일생의 경우 부모운 주의.
- 본인도 뇌일혈, 뇌진탕 주의.
- 戊申, 己酉월도 안 좋다. 壬戌을 극하니까.
- 壬戌년 甲일은 싸움을 하니까 좋지 않고 심하면 관재도 있다.

■ 년간 인성과 월간 육신과의 운명 (여자)

① 년간 인성, 월간 비겁인 여자

　진실하고 성실하며 인내력도 있다. 예체능이나 기술에 소질이 있을 수 있는 운명이다. 마음이 순수하고 착하기에 올바르게 살려고 노력하며 효심이 있어 어떻게든 부모에게 잘하려고 한다. 형제와 친지한테까지도 잘하는 사람이다. 인정이 있고 인간적인 면이 있어 주위 사람들로부터 칭찬을 듣는 편이다.

　종교가가 많고 종교가가 아니라도 그에 못지않은 마음을 가졌다. 활동력이 있기에 무엇이든 간에 부지런히 노력해서 인심을 얻고 행복한 시절을 보낼 수 있다. 부모나 친정 형제에게 잘하는 사주라고 본다.

② 년간 인성, 월간 식상인 여자

　이런 운명은 성실하고 착하고 인내력이 있고 변함없이 한결같은 마음이 있다. 영리하고 총명하지만 똑똑한 티를 내지 않고 양보하고 이해하면서 산다.

부모 밑에 있을 때는 비교적 괜찮으나 결혼 전후부터는 불행으로 가기 쉽다. 중매로 결혼하면 자식으로 인한 고뇌가 있는 팔자라 자식을 낳고부터 운의 기복이 심해져 운이 막힌다. 다른 걱정은 없으나 병으로 고통, 부부간에 생리사별, 결혼식도 없이 자식을 낳는 등의 문제로 고통을 받는다. 여하튼 자식 때문에 고통이 따른다. 그러나 자식이 크면 잘되는 운이니 부디 잘 키우시기 바란다.

③ 년간 인성, 월간 재성인 여자

성실하고 진실하며 인내력이 있는 것 같으면서도 급한 성격을 지녔다. 머리가 좋아 학문, 기술이 남보다 월등한 능력을 타고났다고 본다. 공부를 잘해 출세하거나 기술을 가지고 돈을 벌든가 여하튼 무슨 일을 하든 간에 성공을 한다.

재주와 능력은 좋으나 부모 운이 좋지를 못해 양친 중에 한 분을 일찍 여의든가 그렇지 않으면 부모의 운이 안 좋아서 부모복으로 공부를 하기가 쉽지 않으며 부모의 덕이 많지를 못하다. 그러나 결혼을 하면 상대를 잘 만나서 그때부터 부모에게 효도를 한다.

결혼에 있어 너무 늦게 가지 말고 성장을 하면 일찍 결혼을 하는 것이 좋다. 그렇지 않으면 혼기를 놓쳐 부모의 마음을 애태우게 하는 수도 있다.

④ 년간 인성, 월간 관성인 여자

온순하고 정숙하며 인내심이 있다. 예의가 있고 도리와 체면을 지킬 줄 안다. 마음이 참으로 착하고 남에게 조금도 속이지도 못하고 불편하게 하지 않는다. 희생심이 많고 인정으로 대하는 타입이라 남들도 자신과 같이 생각하다 속거나 손해, 손재 보는 수가 있다.

대체로 부모를 잘 만나 부모는 나의 미래를 걱정해서 유산이라도 남겨 주려고 신경을 쓴다. 그러나 부모가 자식을 위해서 그러는 경우도 있지만 반대로 자식이 병이나 장애, 혼자 힘으로는 살 수 없는 등의 이유로 부모가 늘 걱정해야만 하는 경우도 있으니 어린아이의 사주가 이렇다면 예방에 신경을 써야 한다.

⑤ 년간 인성, 월간 인성인 여자

이런 사주는 온순하고 정직하며 인내력이 있고 인정이 많다. 그러나 착하기는 하지만 세상 물정에는 어수룩하다고 본다. 보수적인 타입이며 자신의 생활습관이나 사는 방법이 한 번 길들여지면 그대로 살아갈 줄만 알고 과감하게 변화시키지는 못한다.

나이가 어릴 때는 나이 든 사람과 같이 언어 표현과 행동을 하는 사람도 있고 어른다운 데가 있으며, 나이가 들어서는 더욱 착해지고 온순해져서 호인 소리를 듣는다.

희생심도 많고 양보하고 이해하면서 산다. 그러나 운명적으로는 자신에게는 손해가 많고 이익이 적다. 그러나 현재는 힘들고 손해가 되더라도 나중에는 이익이 될 수 있으니 걱정을 안 해도 된다.

여하튼 인생을 정직하고 올바르게 살므로 비록 파란곡절이 있어도 운명이려니 생각하고 부지런히 살아가면 좋은 전형적인 한국의 여인상이라고 볼 수 있다.

▎인성 여자, 이런 저런 이야기

· 인성은 순수해서 어리석은 점이 있다. 그래서 여자의 자녀성이라고 하는 것이다.

- 甲일생 辛은 남편, 癸는 아들(남편의 아들). 甲일생 丁은 아들, 辛은 남편, 丁 상관은 여자의 아들, 식상은 성욕이다.
- 사주에 인성이 없으면 반대다. 어른을 존경할 줄 모르고 부지런하지 못하다.
- 인성은 지지에서 극을 하지 말아야 한다. 그러면 옛것을 무시(반골)하고 무엇이든지 제멋대로다.
- 부모에게 물질적인 효도는 할지 모르나 정신적으로 불효한다.
- 甲子일주 丙子년, 壬子월은 길하나 甲子일주 壬午년, 壬子월은 식상의 천간은 좋으나 지지는 불길하기 때문에 불길하다.
- 인성이 천간에 있고 극이 없으면 부드럽다.
- 년간에 인성, 월간에 재성이 있으면 첫인상은 좋은데 사귀고 나면 까다롭다. 급하고 신경질적이다. 년간 재성, 월간 인성은 반대이다.
- 운명성이 인성이면 똑똑하다.
- 길보다는 불길이 많다.
- 중매결혼 길, 연애결혼 흉. 그러나 연애결혼이 많다.
- 여명에 운명성은 나쁘다.
- 참으면 노년에 자식복을 본다(산아제한하라).
- 식상은 성생활인데 참아야 한다.
- 인성은 문서니까 자녀 교육을 시켜야 한다.
- 인성 운명성이 사주에 있는 사람은 운명성년에 나쁘다. 대운보다 년운에 더 나쁘다.
- 인성 운명성이 사주에 없는 사람은 재성이 인성을 극해서 정재년이 나쁘다.
- 인성 운명성은 종교를 믿어라.

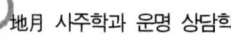

- 장애성의 경우 너무 참아서 도리어 나쁘다. 부모가 나쁜 소리를 해서 부모 때문에 나쁘다. 심청이의 경우다. 그래도 장애성 쪽이 좋다. 식상이 운명성인 사주는 인성이 장애성이다.
- 戊일주에 辛巳년, 乙卯월생은 나쁘다. 결혼식도 않고 산다. 辛은 상관, 巳는 편인.

제7장

궁합론(宮合論)

보통 일반적으로는 궁합을 보아 좋으면 부부이별이 없고 돈도 잘 벌고 자녀 운도 좋으며 가정이 편안하고 행복한 삶을 살아가는 것으로 생각을 많이 하고 있다. 그러나 이는 궁합에 대하여 너무 막연한 생각이다.

사주가 좋지를 않아 고생을 할 운명이라도 궁합이 좋으면 고생하는 중에서도 서로 마음이 맞아 정말 동고동락하는 정신으로 비록 힘들고 어려워도 이를 잘 인내하고 서로 위하고 소중하게 여기면서 살아갈 수 있다. 이것이 궁합의 위력이며 힘인 것이다.

1 궁합론

　운명학상 궁합은 아주 중요한 분야 중의 하나이다. 그중에서도 사주학적 궁합론이 가장 큰 비중을 차지하고 있는 것으로 나타나고 있다.
　궁합이라고 하는 것은 그 범위가 광범위하여 막연할 수도 있는데 여기에서는 음식궁합이라든가 하는 것까지 다루는 것이 아니고 남녀 간의 만남과 부부간의 궁합, 아주 가깝게 인간관계를 유지하면서 살아가야 하는 사람들과의 궁합을 다루고자 한다.
　만물의 영장인 인간은 아주 원시적인 시대에는 모르겠으나 공동생활을 하고 문화라는 것이 생기고 나면서부터는 얼마 지나지 않아 결혼문화라는 것도 발생하였을 것으로 생각한다. 결혼문화가 생기어 시간이 지나면서부터 자연발생적으로 궁합에 대한 문화도 나타나게 될 수밖에 없었을 것이라고 생각된다.
　어떤 사람들은 '사람이 우주선을 타고 달나라에 가는 일이 어제오늘의 일이 아닌데 궁합을 이야기하고 운명을 이야기한다는 것이 얼마나 우스꽝스러운 일인가? 인터넷으로 못할 일이 거의 없을 정도로 무섭게 변하는 세상에, 핸드폰으로 천리 아닌 수천수만 리 밖에서도 자유롭게 대화를 하는 세상에, 네비게이션으로 못 찾을 길이 없는 세상에 궁합타령을 한다는 것이 말이 되는가?' 등등의 말을 서슴없이 하며 사주학을 비하하고 미신으로 규정하여 매도하는 일이 비일비재하다.

  그러나 사람이 사람을 만나서 결혼하는 일이 수학적으로 계산하여 만나고 그 잘난 과학으로 따지고 분석하여 만나고 결혼하는 걸까? 과학이 이렇게 발전·발달하고 더 좋은 세상이라고 하는 현시대에 왜 무엇 때문에 이혼율이 증가하고 인간관계가 더 각박하고 복잡하여지는 것일까? 과학 과학 하는데 인간세상에서 삶의 다양한 문화가 모두 과학으로 설계되고 만들어진 세상일까?

  뭘 좀 배웠다는 분들은 툭하면 과학적이라고들 하는데 그것은 너무 무식하고 편협한 사고에 매여 있어서 아는 것이 그것밖에 없기에 하는 말이 아닌지 스스로 살펴보라고 하고 싶다.

  맞다. 사주학이나 궁합론은 과학이 아니다. 과학적이지도 않다. 그렇지만 그게 어떤가? 무슨 문제가 있는가?

  첨단 장비와 많은 기상학자를 가지고 있는 기상대에서 일기예보를 하는 기관이 과학적으로만 구성되어 있어서 정확하게 예측을 하는가? 첨단 과학을 가장 많이 사용한다는 현대 의학이 인간의 질병을 모두 치료하는가? 그들이 자료 수집하여 발표한 바에 의하면 현대의학이 치료할 수 있는 질병이 30%를 넘지 못한다고 한다.

  사주학이나 궁합론은 어떠한가? 30%의 정확한 예측력도 못 가진 너무 부족한 학문인 줄 생각하나 본데 그렇게 시시한 학문이 아니다. 어느 정도 역학 공부를 하면 누구라도 30% 이상의 예측능력을 보유한다.

  여기서 말하는 예측능력이란 예측력뿐만 아니라 운명에 관여할 수 있다는 의미도 포함된다. 운명에 관여한다는 것은 타고난 운명도 전문가와 상담을 통하여 많은 변화를 줄 수 있다는 것이다. 즉 보다 더 나은 인생을 살아갈 수 있도록 도와줄 수 있다. 분명히 운명은 바꿀 수 있으며 어느 정도는 개척하고 만들어 갈 수 있다는 것이다.

사람이 우주선을 타고 달나라를 가든 은하계를 가든 운명이라는 것은 존재하는 것이고, 궁합의 길흉이라는 것도 엄연히 존재한다는 사실이다. 과학이 발달하고 더 발전하여 은하계에 궁전 같은 도시를 건설하여 산다 하여도 부부문제는 있을 것이며 자녀문제 등 인간사의 길흉화복은 엄연히 존재할 것이 아닌가? 그런데 말하기 좋아하는 사람들이 자신의 과학적 지식만을 가지고 인생에 대한 모든 것을 평가하려 하는 것은 무지한 자들의 행동이라고밖에 달리 생각이 안 든다.

궁합은 과학은 아니다. 궁합을 과학적으로 측정할 수는 없다. 왜 궁합을 과학적으로 측정하고 평가해야 하며 과학이라는 잣대로 평가를 받아 인정을 받아야 하는가? 그래야 하는 이유가 특별히 있는가?

궁합은 궁합론만이 가지는 독특한 준거의 틀이 있다. 이는 많은 시간과 역사 안에서 수없이 증명되어진 내용들이다.

과학적 사고방식이, 그 방법들이 인간을 행복하게 해 준다는 근거가 있는가? 수십 년 전 항생제를 개발한 후 약학자들은 지구상에서 염증성 질환은 영원히 사라진다고 말했다. 그런데 지금 인간에게서 염증성 질환이 사라졌는가?

자동차 문화 홍수 속에 사는 현대인이 걸어서 학교 다니고 출근하고 퇴근하던 세대에 비해 더 행복한가? 과학적으로 더 행복해졌다는 근거가 10%라도 있는가?

말도 안 되는 몇 가지 재주를 가지고 비난하고 오만을 떠는 그들을 필자는 경멸한다. 필자는 단언한다. 인류가 살아있는 한 운명학에 대한 사회적 문화는 살아 있을 것이며 궁합론 또한 살아있을 것이라고. 미래의 꿈을 가지고 살아가는 사람들이 존재하는 한 궁합론은 함께할 것이다.

(1) 궁합의 정의

궁합보는 방법은 참으로 많으며 매우 다양하다. 그러나 다양한 이론만큼이나 통일된 정설이 없는 것 또한 문제이다.

필자는 궁합을 '만나서 살아가는 부부가 어떻게 하면 보다 행복한 삶을 살아갈 수 있는가를 알아보는 전문적 방법이다'라고 정의를 내렸다. 물론 좋은가 나쁜가를 알아보는 것도 포함되어 있다.

궁합을 본다면 선남선녀가 만나서 잘살 수 있는지 어떤지를 알아보는 것으로 궁합의 역할이 다 되는 줄 아는데 이는 참으로 문제가 있는 생각이다. 물론 처음에는 그렇게 궁합을 보겠으나 좀 더 깊이 들어가자면 함께 사는 부부가 궁합을 더 많이 반복해서 보아야 한다는 게 필자의 입장이다. 어떻게 서로 잘 맞추면서 보다 행복하고 보람 있게 살아갈 수 있겠는가를 알아보고 도움을 받는 것이 궁합을 보는 중요한 목적이 되어야 한다고 본다.

보통 일반적으로는 궁합을 보아서 좋으면 부부이별이 없고 돈도 잘 벌고 자녀 운도 좋으며 가정이 편안하고 행복한 삶을 살아가는 것으로 생각을 많이 하고 있다. 그러나 이는 궁합에 대하여 너무 막연한 생각이다.

부귀하고 장수하는 사람은 사주에 달려 있는 것이지 궁합과는 관계가 없다. 사주가 별로인데 궁합이 좋으면 이를 보완하여 운이 좋아지는 것으로 이야기를 하는 경우도 있고, 사주가 좋아도 궁합이 나쁘면 운이 나빠지는 것으로 생각하고 또 그렇게 보아주는 철학관들도 많이 있는 줄 안다. 그러나 이는 전혀 잘못 파악하는 것이다. 그러면 사주론 자체가 필요 없어지는 것이 된다.

이는 아무리 팔자가 나빠도 궁합만 좋으면 모든 게 다 해결된다는 결론으로 갈 수가 있다. 또 사주가 아무리 좋아도 궁합이 나쁘면 운이 나빠지는 것이 된다. 그러면 사주라는 게 참으로 아무것도 아닌 것이 되어 버린다.

이 같은 궁합론은 이는 궁합이 무언지 잘 모르는 데서 오는 결과이며 궁합만능론에 빠지는 오류를 범하게 된다. 궁합은 궁합일 뿐이다. 또 궁합은 그렇게 보는 것이 아니다.

사주가 좋지를 않아서 고생을 할 운명이라도 궁합이 좋으면 고생하는 중에서도 서로 마음이 맞아 정말 동고동락하는 정신으로 비록 힘들고 어려워도 이를 잘 인내하고 서로 위하고 소중하게 여기면서 살아갈 수 있다. 이것이 궁합의 위력이며 힘인 것이다.

아무리 가난하고 힘들어도 원망하지 아니하고 서로를 소중하게 위하면서 살아간다면 이것이 얼마나 소중하고 바람직한 인생인가? 반대로 궁합이 나쁘고 사주는 좋은 경우에는 경제적으로는 잘살고 여유가 있지만 늘 원망하고 싸우고 불화가 자주 있고, 남자는 남자대로 여자는 여자대로 행동하면서 살아간다면 이런 부부는 불행한 사람들이라고 할 수가 있겠다. 궁합을 보는 법은 아주 많이 있는데 모두 문제점이 많아서 다 버리고 가장 합리적이고 타당한 궁합론만을 정리하고 연구해서 소개를 하고자 한다.

여기서 한마디 묻겠다. 남자든 여자든 부부이별을 할 팔자가 궁합이 좋으면 해로할 수 있는가? 이는 결코 그럴 수는 없다. 아무리 연구하고 임상을 해 보아도 부부풍파의 운명은 그 풍파를 면하지 못한다. 그러니 궁합이 좋다고 하여 모든 것이 좋아지지는 않는다는 것이다. 이 점을 알고서 궁합론에 접근하기 바란다.

결혼관이나 결혼의 의미는 시대와 지방에 따라 크게 다를 수가 있다. 그러나 궁합은 변하지 않는다.

(2) 궁합을 보는 방법

옥 선생은 궁합을 보는 데 년 대 년을 20%, 월 대 월을 30%, 일 대 일을 50%의 비율로 작용을 한다고 했다. 그러나 필자가 보는 바로는 년 대 년은 5%, 월 대 월은 10%, 시 대 시는 5%정도 작용을 하고, 일 대 일이 80%를 작용한다고 본다. 그러니 일 대 일에 중점을 두어 궁합을 보는 것이 중요하다. 년 월 시가 궁합이 좋지를 않아도 일 대 일만 좋다면 궁합은 좋다고 보아야 하는 것이다.

일반 궁합론에는 합(合)이나 충(沖) 등을 아주 중요시하는데 필자의 궁합론에는 충이나 합이나 살 등은 전혀 보지 않는다. 오직 일주와 일주 간의 상호작용만을 보는 것인데 일주의 궁합을 보는 법이 두 가지가 있다. 첫째는 일간 대 일간을 보는 것이며, 두 번째는 궁합의 핵심이라고 보는 일주를 바꿔 보는 법이다.

그러면 이제 그 구체적인 내용을 살펴보겠다.

■ 일주 천간 대 일주 천간으로 보는 궁합의 방법

① 남자 일간으로 봐서 여자 일간이 비견 겁재일 때

친구와 같은 궁합이요, 파트너와 같은 궁합이며, 동반자적 관계의 궁합이다. 이런 궁합 인연은 친구와 같은 궁합으로 무난한 궁합이다.

부부의 뜨거운 애정보다는 친구와 같고 형제와 같은 인연으로 서로 이해하면서 잘 지낸다. 그러나 사이가 나빠지거나 다툼이 일어나면 욕설이 오고갈 수 있는 사이로 다투는 궁합이다.

이러한 궁합은 대체로 부부 사이가 좋지만 간혹 이혼으로 결말을 내는

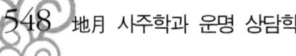

경우가 종종 있다. 이혼을 할 때는 아주 간단하게 해 버린다는 것이다.

② 남자의 일간으로 여자의 일간이 식상일 때
　이러한 궁합은 아버지와 딸과 같은 인연이라 하여 어른이 아이를 대하는 것과 같은 인연이다. 즉 남편이 아내를 대할 때 딸을 대하듯 사랑하고 아끼고 웬만한 잘못은 이해하고 보호하고자 하는 정신이 생겨난다는 것이다.
　여자도 남편이 워낙 잘 대해 주기 때문에 시간이 지날수록 남편에게 잘해 주고 잘하려고 노력한다. 남편에게 잘하려고 하니 자연히 귀엽게 보이고 부부 사이가 살아갈수록 사랑이 깊어지는 인연이다.
　그러나 처음에는 남편이 많이 참고 수고를 많이 하고 어린아이를 대하듯이 감싸주고 사랑을 해야 된다.

③ 남자 일간으로 보아 여자 일간이 재성일 때
　인연이 좋은 궁합이라고 본다. 천생배필이라는 말이 어울리는 궁합이다.
　남자는 여자를 사랑하고 여자도 남자를 사랑하고 존경하는 인연이다. 서로 아끼는 인연이라 잘살 때는 물론이려니와 어려운 일이 있다 하여도 원망하거나 헤어지는 일 없이 잘 지낼 수 있는 인연이다.
　혹 남자가 바람기가 있다 하여도 오래가지를 못한다. 또 결혼 전에 바람을 잘 피우던 남자일지라도 결혼 후에는 바람을 피우지 않는다.
　부부간의 정도 아주 좋은 인연이다. 궁합이 가장 좋다는 인연이다.

④ 남자 일간으로 보아 여자 일간이 관성일 때
　이러한 인연으로 만난 사람은 남자가 온순하든가 혹은 무능하든가 무능

해 보여 여자가 주장을 하는 경우가 많다. 여자의 말을 잘 듣는다고 해야 할까. 또 여자의 말을 들어도 손해 보는 일이 없다는 궁합이다. 무난하게 부부 해로할 수 있는 궁합이다.

그러나 자존심이 강하고 활동능력이 좋은 남자일 경우는 의견대립이 심하여 불화가 있을 수 있으며 심한 경우는 이혼을 하기도 한다. 결혼하여 살고 있는 사람일 경우 여자가 가급적 언어 표현에 주의하고 남자를 존경할 줄 아는 마음가짐이 요구되는 인연이다.

⑤ 남자 일간으로 보아 여자 일간이 인성일 때

이러한 인연으로 만난 사람들은 어머니와 아들과 같은 궁합이라 하여 여자가 많이 양보하고 참아주는 편이며 남편을 많이 도와주는 궁합이다. 정신적으로나 물질적으로나 도와주고 양보하고 인내하면서 살아가는 인연이다.

오직 남편만을 위해 주고 남자가 혹 잘못을 하여도 이해하고 참아주면서 살아가라는 것이다. 그러면 자연히 남편도 마음이 돌아서서 여자에게 잘하게 되는 궁합이다. 여자가 잘하므로 남자도 잘하게 된다는 인연이다. 처음에 여자가 많이 참아야 할 것이다.

▎운명성으로 보는 궁합법

남자든 여자든 자신의 운명성이 일간인 상대를 만나면 좋은 궁합 인연으로 본다. 이렇게 되면 다른 부분이 잘 안 맞는다 하여도 궁합이 좋은 것으로 봐야 한다. 이런 경우는 부부 화합이 잘되어지고 명예를 얻고 부부 해로할 수 있다는 인연이다.

■ 장애성으로 보는 궁합법

남녀 간에 자신의 장애성인 상대 일간을 만나면 궁합이 좋지 않다. 이렇게 만나면 다른 부분이 잘 맞아도 흉한 궁합으로 본다. 보통 일상에서는 문제없으나 일생을 살아가는 데 시련이 있다든가 어려운 일이 있을 때 부부가 화합하지를 못하고 서로 다른 주장이나 하고 다투고 결국 이혼을 하는 경우가 허다하다. 좋기보다는 나쁜 경우가 많은 궁합 인연이다.

■ 사주의 일주를 가지고 보는 궁합법

이 방법은 상대와 결합이 되었을 경우 운명이 어떻게 변하는가와 궁합의 길흉 또 상대에 따라 자신의 운명이 어디까지 바뀔 수 있는가를 알 수 있는 중요한 척도이다. 궁합상 가장 정확한 부분이며 이 방법을 언제나 판단의 기준으로 삼아야 한다.

이 궁합법은 궁합론의 역사상 어느 누구도 시도하지 못하였고 옥 선생이 처음 연구 발표한 것으로, 필자가 아는 바로는 이 이상의 궁합 이론은 아마도 심리학 쪽이 아닌 경우로는 없을 것으로 본다(필자는 심리학적 궁합론이 더 정확한 예측력을 갖는다고 확신하는 입장이다). 부디 잘 파악을 하고 숙지하여 궁합을 보는 데 큰 도움이 되기를 기원한다.

이는 궁합뿐 아니라 가족관계, 대인관계 등에서 많은 활용이 가능하리라고 본다. 사람은 수많은 관계 속에서 살아간다. 이러한 관계 속에 좋고 나쁜 일이 얼마나 많겠는가. 이런 것을 미리 알고 대처할 수 있다면 참으로 큰 도움이 될 수 있을 것이다. 그러면 그 내용을 살펴보겠다.

✔ 남자 편

▌년간 월간에 관성이 있는 인연
　여자의 사주에 일주를 빼고 남자의 일주를 넣은 후에 년간 월간이 관성으로 나타나면 이러한 결합은 가정이 원만하고 행복과 명예와 부를 소유하고 누릴 수 있는 좋은 인연이요, 좋은 궁합이라고 본다.

▌년간 월간 중에 관성이 있고 다른 천간에 인성이 있는 인연
　아주 성실한 부부 인연이 되는 궁합이다.
　여자 사주의 일주를 빼고 남자 사주의 일주를 넣어 년간이나 월간이 관성이 되고 다른 천간에 인성이 있으면 가정이 아주 좋으며 성실하고 건실한 가족관계가 이루어진다. 부모와의 관계도 좋으며 특히 장남으로 더욱 좋다(부모를 모시는 경우에 좋다는 의미). 아주 성실한 부부 인연이 되는 궁합이다.

▌년간 월간 중에 관성이 있고 다른 천간에 비겁이 있는 인연
　형제간의 사이가 나빠지든가 형제 등으로 인하여 속상한 일이 발생한다. 즉 형제간에 사이가 좋지 않게 된다는 것이다.
　여자 사주에 남자의 일주를 넣어 년간이나 월간에 관성이 있고 다른 천간에 비겁이 있을 경우 형제간의 사이가 나빠지든가 형제 등으로 인하여 속상한 일이 발생한다. 즉 형제간에 사이가 좋지 않게 된다는 것이다. 아니면 도와주어야 하는 등의 불만이 있을 인연이다.

┃년간 월간 중에 관성이 있고 다른 천간에 식상이 있는 인연

자녀의 근심이나 걱정이 생기는 인연이다.

여자 사주에 남자의 일주를 넣어 년간이나 월간에 관성이 있고 다른 천간에 식상이 있으면 자녀의 근심이나 걱정이 생기는 인연이다. 자녀의 건강문제라든가 아니면 잔병치레를 많이 한다든가 혹 실패하는 사람도 있고 불행한 자녀를 두는 경우도 있다. 집안에 불만이나 불평이 늘 따라다닌다.

┃년간 월간 중에 관성이 있고 다른 천간에 재성이 있는 인연

처덕이 많으며 처로부터 사랑을 많이 받는 인연이다.

여자의 사주에 남자의 일주를 넣어 년간이나 월간에 관성이 있고 다른 천간에 재성이 있으면 여자를 잘 만난 것이요, 그 덕을 많이 본다는 궁합이다. 혹 자신이 능력이 부족하여 돈을 잘 벌지 못한다 하여도 아내가 고생을 해서라도 돈벌이를 하여 자녀교육을 시키고 남편에 대한 불평불만을 갖지 않으며 성실하고 꿋꿋하게 가정을 이끌어간다.

┃년간 월간 중에 인성이 있고 다른 천간에 관성이 있는 인연

부모에게 효도하고 가정이 원만하다.

여자 사주에 남자의 일주를 넣어 년간이나 월간에 인성이 되고, 다른 천간에 관성이 있으면 결혼 후 부모에게 효도하고 가정이 평안하다. 혹 결혼 전에 부모 속을 썩이던 사람일지라도 여자를 만나고부터는 착실하고 성실해진다. 사람이 성실해지고 착실해지니 자연히 운도 좋아져서 가정이 편안해진다.

■년간 월간 중에 인성이 있고 다른 천간에 비겁이 있는 인연
　부모, 형제, 친지와 사이가 좋아지는 인연이다.
　여자의 사주에 남자의 일주를 넣어 년간이나 월간에 인성이 있고 다른 천간에 비겁이 있으면 부모님에게 물심양면으로 효도하고 형제, 친지들에게도 잘하여 사이가 좋다.
　부모님 마음을 상하지 않게 하려고 무던히 노력을 한다. 형제간에도 잘 따른다. 장남으로 이런 궁합이 되면 가정이 편안하고 친인척과도 사이가 좋다.

■년간 월간 중에 인성이 있고 다른 천간에 식상이 있는 인연
　자녀에게 좋지 않은 인연이다.
　여자 사주에 남자의 일주를 넣어 년간이나 월간에 인성이 되고 다른 천간에 식상이 있으면 자녀를 걱정하는 인연이다. 식신이 있으면 아들 문제, 상관이면 딸 문제로 신경을 쓰며 아예 출산을 하지 못하는 경우도 있다.
　상관만 있으면 비교적 괜찮다고 보는데 이는 아들은 있고 딸은 없어도 된다는 관습 때문이다. 요즘은 해당이 안 되는 문제일까?

■년간 월간 중에 인성이 있고 다른 천간에 재성이 있는 인연
　부모를 잘 모시지 못하는 궁합 인연이다.
　여자 사주에 남자의 일주를 넣어 년간이나 월간에 인성이 있고 다른 천간에 재성이 있으면 부모가 안 계시거나 모실 일이 없으면 문제가 없지만 장남이거나 부모를 모실 입장이라면 부모하고는 떨어져 사는 것이 좋다. 그러면서 도와주면 무난하다.
　만약에 꼭 모셔야 할 입장이라면 부모님 몸수가 안 좋아진다든가 이들

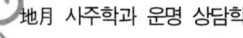

부부로 인하여 부모가 근심걱정을 하게 되는 인연이다. 혹 부부 사이가 좋으면 몸수가 좋지 않아져서 부모님에게 걱정을 끼치는 경우도 있다. 어찌되었든 함께 사는 것보다는 따로 지내는 것이 좋은 인연이다.

▮년간 월간에 모두 비겁이 있는 인연

가정이 활기차고 활력이 있어지고 좋아지는 인연이다.

여자 사주에 남자의 일주를 넣어 년간 월간에 비겁으로 되면 가정이 활기와 생기가 넘치게 되고 용기와 자신감이 있어 자신들의 힘으로 가정을 행복하게 편안하게 하기 위해 잠시도 쉬지 않고 열심히 활동을 하는 인연이다. 그러니 가장의 힘도 생기고 온 가족이 다 좋아하고 비교적 평안한 가정이 된다. 다만 독선적으로 또는 자기고집을 너무 부리는 단점이 나타날 수도 있다. 이 점은 유의해야 한다.

▮년간 월간에 비겁이 있고 다른 천간에 식상이 있는 인연

자녀들만 알고 형제, 친지들과는 사이가 나빠지는 인연이다.

여자 사주에 남자의 일주를 넣어 년간이나 월간에 비겁이 있고 다른 천간에 식상이 있으면 어느 부부보다 자식 사랑을 많이 한다. 자녀 이외는 아예 나 몰라라 할 정도로 한다. 그러니 부모, 형제, 친지들에게 불평불만이 많아지고 아무리 돈을 잘 벌어도 보태줄 생각은 하지 않는다.

부모 형제 등이 없는 독신이든가 분가하여 별도로 살든가 하면 괜찮은 인연이다. 장남 궁합으로는 좀 그렇다. 즉 형제들과 사이가 멀어진다는 것이다.

▌년간 월간에 비겁이 있고 다른 천간에 재성이 있는 인연
돈벌이는 잘하지만 부부 사이는 멀어진다는 인연이다.
여자 사주에 남자의 일주를 넣어 년간이나 월간에 비겁이 있고 다른 천간에 재성이 있으면 활동력이 좋고 돈도 잘 따른다. 그러나 돈을 벌면 주색잡기에 빠지기 쉽다는 것이다. 그러다 보니 부부간에 다툼이 일어날 수 있고 불화가 있게 된다. 심하면 부부 이별도 한다.

▌년간 월간에 식상이 있고 다른 천간에 재성이 있는 인연
여자와 자녀에게 잘하는 인연이다.
여자 사주에 남자의 일주를 넣어 년간이나 월간에 식상, 다른 천간에 재성이 있으면 여자가 성실하고 부지런하고 내조든 외조든 아주 잘하기에 남자는 오직 아내만을 생각하고 자녀만을 생각하는 사람이다. 어떠한 고생이나 어려운 일이 있어도 이를 돌파할 수 있는 강력한 운이 따르며 열심히 돈 벌어 처자식 고생 안 시키려고 열심히 살아가는 사람이다.

▌년간 월간에 모두 식상이 있는 인연
불평불만이 많은 인연이다.
여자 사주에 남자의 일주를 넣어 년간이나 월간에 식상이 다 있게 되면 연애하는 사이거나 연인 사이라면 대단히 사랑하고 열렬히 사랑을 하겠다. 이것은 어디까지나 연인일 때의 이야기이다.
또 사랑하지만 결혼을 해서 살 수 없는 슬픈 사랑일 수가 있다. 왜냐하면 고뇌와 시련이 따를 인연이기 때문이다. 만약 이런 인연으로 부부가 되었다면 물질적으로나 정신적으로 많은 장애와 시련이 따라서 부부 해로하기가 매우 어렵다. 즉 맺어져서는 안 되는 인연이라는 것이다.

┃년간 월간에 모두 재성이 있는 인연

부부 사이가 좋은 인연이다.

여자 사주에 남자의 일주를 넣어서 년간 월간이 재성으로 되면 부부금슬이 좋아 천상배필이라는 칭호를 들을 수 있다. 살림이 늘어나고 재산이 늘어나고 금전운이 아주 좋다.

그러나 장남이거나 부모를 모셔야 할 사람은 따로 살면서 도와주는 것이 좋다. 같이 살면 부모와 사이도 나빠지고 불효자가 되는 수가 있다.

✔ 여자 편

┃년간 월간에 모두 관성이 있는 인연

남편이 출세하고 가정이 행복한 인연이다.

남자의 사주에 여자의 일주를 넣어서 년간 월간이 관성이 되면 결혼 후에 남편의 운이 열리고 출세 성공을 하며 시댁이 날로 좋아지는 좋은 인연이다. 돈과 명예가 함께 따르는 인연이다.

┃년간 월간에 관성이 있고 다른 천간에 인성이 있는 인연

남편은 좋으나 일이 잘 풀리지 않는 인연이다.

남자 사주에 여자 일주를 넣어서 년간이나 월간에 관성, 다른 천간에 인성이 있으면 많이 참고 인내하면서 살아야 한다는 인연이다. 물질적으로나 정신적으로 많이 참아가면서 살아간다면 반드시 결과는 좋다. 비교적 괜찮은 인연으로 본다.

■ 년간 월간에 관성이 있고 다른 천간에 비겁이 있는 인연

남편이 돈벌이는 잘하나 다른 곳에 눈을 돌릴 수 있는 인연이다.

남자의 사주에 여자의 일주를 넣어서 년간이나 월간에 관성이 있고 다른 천간에 비겁이 있으면 결혼 후에 남편의 운이 좋아져 수입도 좋으며 재산이 늘어난다.

그러나 남자는 여자가 잘 따르는 경우가 있으므로 언젠가는 탈선을 할 가능성이 있는 인연이다. 남편이 그럴 수 없도록 평소에 잘하여 그런 풍파를 미리 방지하시기 바란다.

■ 년간 월간에 관성이 있고 다른 천간에 식상이 있는 인연

남편과 사이가 나쁘고 불평불만으로 사이가 좋지 않은 인연이다.

남자 사주에 여자의 일주를 넣어서 년간이나 월간에 관성이 있고 다른 천간에 식상이 있으면 남편에 대하여 불만이 많아지고 속상한 일이 많다. 이런 인연은 주말부부라든가 직업상 많이 떨어져 지내는 경우라면 오히려 좋은 인연일 수가 있다.

■ 년간 월간에 관성이 있고 다른 천간에 재성이 있는 인연

남자가 성실하고 부귀를 겸할 수 있는 인연이다.

남자 사주에 여자의 일주를 넣어서 년간이나 월간에 관성이 있고 다른 천간에 재성이 있으면 결혼을 한 후에 운이 좋아지고 재수도 좋아지고 사회적으로 출세·성공도 하며 자손이 잘되는 그야말로 부귀를 겸하는 인연이다. 행복한 인연이라는 것이다.

■ 년간 월간에 모두 인성이 있는 인연

물질적·정신적으로 힘들고 고생하는 인연이다.

남자 사주에 여자의 일주를 넣어 년간 월간이 모두 인성이면 많이 참고 인내해야 하는 인연이다. 속상하고 힘든 일이 종종 있다는 것이다.

남편이 돈벌이가 시원치 않다든가 또는 성격이 문제가 있다든가 아니면 엉뚱한 짓을 한다든가 여하튼 간에 속을 많이 썩어야 하는 인연이다. 살려면 많이 참고 희생하고 인내하면서 살아가라는 인연이다.

■ 년간 월간에 인성이 있고 다른 천간에 비겁이 있는 인연

여자가 활동을 많이 해야 하는 인연이다.

남자 사주에 여자의 일주를 넣어 년간이나 월간에 인성이 되고 다른 천간에 비겁이 있으면 여자가 활동을 하게 된다는 인연이다. 혹 남자가 잘 번다 해도 여자가 활동을 하여 돈벌이를 해야 집안 살림이 늘고 자녀 교육도 시킬 수 있다. 남편만 믿고 살림만 하다가는 안 된다는 것이다.

여자가 일복이 많다고도 본다. 열심히 살아도 결과가 그저 그렇다는 인연이며 집안을 여자가 이끌어 나가라는 인연이기도 하다.

■ 년간 월간에 인성이 있고 다른 천간에 식상이 있는 인연

자녀에게 좋지 않은 인연이다.

남자의 사주에 여자의 일주를 넣어 년간이나 월간에 인성이 있고 다른 천간에 식상이 있으면 자손에게 좋지 않은 인연이다.

식신이면 딸이 되니 괜찮다고(여자는 출가외인 사상) 보고, 상관이면 아들이니 아들을 못 낳든가 낳아도 문제가 있든가 약하든가 중도에 잃어버리든가 어쨌거나 신경을 쓰게 된다는 것이다.

▌년간 월간에 인성이 있고 다른 천간에 재성이 있는 인연
참을 수 없는 고통을 겪어야 하는 인연이다.
 남자 사주에 여자의 일주를 넣어 년간이나 월간에 인성, 다른 천간에 재성이 있으면 참을래야 참을 수 없는 힘든 고난을 당한다는 인연이다. 경제적으로든 정신적으로든 모두 나이 든(대부분) 사람으로 인하여서 시련을 겪고 참아내야 늙어서 행복이 온다는 인연이다.
 어쨌거나 참아내기 어려운 인연이라고 본다. 부디 잘 참아서 말년의 보람을 누리실 것은 권한다. 아예 일찍이 이별하는 것도 좋다.

▌년간 월간에 모두 비겁이 있는 인연
여자가 활동을 해야 하는 인연이다.
 남자 사주에 여자의 일주를 넣어서 년간이나 월간에 모두 비겁이 될 때는 결혼을 하고부터는 남편보다는 여자가 돈을 벌면 더 잘 번다는 것이다. 여자가 가정에서 모든 사람에게 잘하며 가정을 이끌어 가는 입장이 된다고 본다. 또 누구나 모두 좋아하는 사람이라 집안을 행복하게 잘 가꿀 수 있는 인연이다.

▌년간 월간에 비겁이 있고 다른 천간에 식상이 있는 인연
젊어서 고생하나 나이 들어 좋아지는 인연이다.
 남자 사주에 여자의 일주를 넣어 년간이나 월간에 비겁이 되고 다른 천간에 식상이 있으면 젊어서 한때의 고생은 참으로 소중한 경험이요, 나중에 옛이야기를 하면서 살아갈 수 있는 것이다.
 바로 이러한 인연이 그러하다. 부부가 함께 열심히 노력하고 살아가며 그러니 재산이 늘어나고 자녀들은 모두 잘되어 효도하고 하니 나이가 들

어 옛이야기하면서 즐거운 인생을 살아갈 수 있다는 것이다.

┃년간 월간에 비겁이 있고 다른 천간에 재성이 있는 인연
부부가 모두 활동하는 인연이다.
 남자 사주에 여자의 일주를 넣어 년간이나 월간에 비겁, 다른 천간에 재성이 있으면 부부가 다 같이 활동을 해서 돈을 모은다. 남자가 혼자 벌어서 먹고살고 자녀교육을 시키는 데는 한계가 있는 경우가 많아서이기도 하지만 그렇지 않더라도 여자가 활동을 하면 많은 재산을 모을 수 있는 인연이다. 남자보다 여자가 더 잘 벌 수 있다는 인연이기도 하다.

┃년간 월간에 모두 식상이 있는 인연
불평불만이 많고 부부 해로하기 힘든 인연이다.
 남자 사주에 여자의 일주를 넣어 년간 월간이 모두 식상이 되는 경우 속상하고 답답한 일이 많다. 한 가지 걱정을 해결하면 또 걱정이 생기고 하여 속상할 때가 많은 인연이다. 근심걱정이 떠날 때가 없다는 슬픈 인연이다. 많이 울면서 살아간다는 것 이다. 그러므로 매사가 불만이요 불평이라 부부 언쟁이 자주 있을 수 있다. 부부 해로하려면 힘든 과정을 많이 겪어야 한다.

┃년간 월간에 식상이 있고 다른 천간에 재성이 있는 인연
부모가 인자후덕하고 자녀가 잘되는 인연이다.
 남자 사주에 여자의 일주를 넣어 년간이나 월간이 식상이고 다른 천간에 재성이 있으면 시부모의 사랑을 많이 받는다든가 남편의 사랑을 받는다든가 도움이 있는 인연이며 자신이 시부모에게 참 잘한다. 후일 자녀가 잘

되어 보람을 느끼는 인연이다. 재물복도 많아 받을 복이 있다는 것이다.

▍년간 월간에 모두 재성이 있는 인연
재산이 많아지고 부부가 화합하는 인연이다.
 남자 사주에 여자 일주를 넣어 년간이나 월간에 재성이 모두 있으면 결혼을 한 후에 세월이 갈수록 재산이 늘어나 아무 근심걱정 없이 잘사는 좋은 인연이다. 집안이 화목하고 부부 정이 좋고, 자녀가 잘되는 좋은 인연이다. 금전운이 아주 좋다.

제8장

사주학과 운명 상담학

운명 상담의 목적은 운명학적으로 문제 있는 요인을 찾아서 그 문제를 잘 파악하여 개개인의 운명의 한계 내에서 최선의 방법을 알려줄 뿐만 아니라 좀 더 나은 인생을 살아갈 수 있게 하는 것이다. 그러나 운명학적으로 나타난 요인(문제)을 칠판의 글씨를 지우듯이 제거할 수 있다면 재론할 여지도 없지만 대부분이 그렇게 하지 못한다는 한계를 상담가는 알아야 한다.

1. 사주학과 운명 상담학

▌사주학으로 운명 상담을 하는 목적

역학인이라고 불리고 있는 운명 상담가들은 인간의 운명 상담을 왜 하는가, 어떤 목적으로 하는가에 대해 자신 있게 '이것이다'라고 말하기란 무척이나 어려운 일 중의 하나일 것이라고 생각한다. 필자 자신도 이러한 것을 스스로 되물으면서 인간적인 갈등을 수없이 되풀이했다.

인간은 운명적 요인으로 인해 인생살이에서 만족을 느끼지 못하는 경우가 너무나 많이 있다. 인생이 만족을 위해 사는 것만은 아니겠으나 운명이라는 굴레가 수많은 문제를 안겨주는 일이 허다함은 여러 방법으로 증명이 되고도 남음이 있는 것만은 분명한 현실이다.

어찌 됐든 간에 인간은 너무나 많은 행과 불행의 경계를 넘나들면서 살아가고 있다는 사실을 어떠한 이유로도 부정할 수 없는 사실임을 운명 상담가는 알고 있을 것이다. 이에 운명 상담의 목적은 운명학적으로 문제 있는 요인을 찾아서 그 문제를 잘 파악하여 개개인의 운명의 한계 내에서 최선의 방법을 알려줄 뿐만 아니라 좀 더 나은 인생을 살아갈 수 있게 하는 것이다. 그러나 운명학적으로 나타난 요인(문제)을 칠판의 글씨를 지우듯이 제거할 수 있다면 재론할 여지도 없지만 대부분이 그렇게 하지 못한다는 한계를 상담가는 알아야 한다.

비 오는 날 길을 걸어야 할 일이 있다면 우리는 우산을 쓰고 목적지에 가게 된다. 그러나 비 자체를 내리지 않게 하고 갈 수는 없다는 사실에 주목해야 한다. 운명 상담에서도 마찬가지이다. 그 예로 수술이 아무리 잘 되어도 원래의 몸만은 못하듯이 운명 상담을 하는 분들은 이 한계를 확실하게 알고 상담에 임하는 것이 바람직하다.

운명 상담의 목적은 운명학에서 다룰 수 있는 부분만을 다루어야 한다는 점이다. 운명 외적인 부분을 운명 상담에서 다루게 될 때는 조심성과 자신의 한계를 분명히 알고 접근해야 하며 가능한 한 그 분야의 전문가나 전문기관을 연결해 준다든지 의뢰하는 것이 좋을 것이다.

운명 상담의 목적이 성인군자나 완전한 인격자가 되게 하는 일은 아니다. 사람은 누구를 막론하고 생의 과정에서 자신의 운명을 받아들일 줄 알아야 하나 상담하는 사람이나 상담을 받는 사람이나 그렇지 못하다.

운명 상담가를 정확한 예언력을 가진 전인적 인격자나 도사처럼 인간의 모든 문제를 해결할 수 있는 능력이 있는 사람쯤으로 생각하고 찾아오는 내방객이 허다한데 세상에는 운명학적으로 상담할 수 없는 일이 너무나 많다. 그러므로 운명 상담에서 좋고 나쁘고, 옳고 그르고, 어떤 문제에 대한 해답만을 요구하며 그 해답에서 운명적인 문제를 해결하고자 하는 내방객은 자신의 운명의 한계와 자신이 해야 할 일이나 삶의 길을 바람직한 방향으로 도움을 주는 운명 상담에 실망할 것이다.

▎누가 상담을 받으러 오는가?

현재 우리는 엄청난 사회적 변혁을 맞이하면서 사회적 적응 면에서 많은 변화를 느끼고 있다. 운명 상담실을 찾아오는 사람들은 사회적으로 비난이나 질책을 받는 예가 많다.

우주선이 달나라에 가고, 컴퓨터로 안방에서 세상 돌아가는 것을 다 알 수 있는 세상에 운명은 무슨 운명이냐는 말도 가끔은 들려온다. 그렇지만 많은 사람들이 찾아오고 있는 것을 보면 퍽 놀라운 일이다.

운명 상담실을 찾아오는 경위를 알아보면 대개는 소개나 소문을 통해 오게 되며 자발적으로 찾아오는 경우는 드문 현상으로 나타나고 있다. 요즘은 인터넷을 통한 상담도 많이 있는 추세이다. 사주 카페, 전화 운세 상담 등 활발한 활동으로 영역을 많이 넓혀 놓은 것으로 보인다.

이 책을 통해서 내방객의 고민을 풀어주고 바람직한 길을 제시하는 바람직한 의의나 목적으로 사용하지 않고 어떻게 하면 잘 맞혀서 능력을 인정받고 소득을 올릴 수 있는가에 더 관심이 많은 역학인이라면 필자의 옥문관 사주학에서 실망만을 하게 될 것이다.

본론으로 들어가서 일단 내방객들은 자신의 문제를 정확히 알아맞히고 그 결과까지 예언해 줄 뿐만 아니라 자신의 문제를 해결해 줄 것을 기대하고 상담실을 찾아오는 경우가 제일 많고, 이런 경우는 중산층이나 상류층보다 서민층에서 더 많이 나타나고 있다.

그러나 상담실을 찾는 사람은 계층에 관계없이 찾아오는 것으로 나타나고 있다. 교육 수준이나 지적 수준이 낮을수록 신통하게 맞히는 것에 더 많은 비중을 두고, 교육 수준이나 지적 수준이 높을수록 자신의 문제를 솔직하게 개방하고 운명적인 도움을 받고자 하는 경향이 많다.

이들의 공통적 특징은 본인 자신의 문제가 운명적 요인이 있는 문제라고 인식하거나 이해하려 하지 않고, 운명적 문제인 것으로 미루고서 문제를 해결하려고 한다. 그러므로 자신의 문제, 즉 사회적 태도, 성격, 행동 양식, 부부 문제, 자녀 문제 등 자신의 운명적 상황이 어떻게 되어 있어서 그러한가를 지적으로만 알고자 하며, 바람직한 변화를 시도하려 하지 않고 신비적인 방법으로 해결하고자 하는 경우가 가장 많다.

■ 운명을 상담 받는 내방객들은 불안을 느끼는가?

내방객들은 운명 상담을 받으러 올 때나 상담이 진행되는 과정에서 의식적으로나 무의식적으로 불안감과 함께 많은 것을 기대하는 심리 상태가 지속되는 것으로 나타나고 있는 데 주목해야 한다.

내방객은 상담가가 자신의 모든 문제를 잘 표현하고 알아맞히기를 기대할 뿐만 아니라 자신의 문제 중 은밀한 것을 표현하는 것을 불안해한다. 또한 자신의 생활 방법이나 인간적인 모든 면에서 현재까지 살아왔고 앞으로도 자신이 바라는 목표에 대한 중대한 변화를 요구하는 게 아닌가 하는 불안감도 있는 것이다. 그러므로 상담가는 내방객의 불안한 상태를 최소화하도록 전문적 기법을 익혀둘 필요가 있다.

■ 내방객들은 무엇을 기대하는가?

모든 상담 분야에서 나타나고 있는 일이지만 특히 운명 상담에서 더욱 두드러지게 나타나고 있는 것은 내방객은 상담가로부터 예언, 조언, 가르침, 적극적인 지지 등을 기대하고 있다. 그러나 본인 자신은 어떤 노력도 하지 않고 신비한 도술이나 비법 같은 것으로 간단히 변화되기를 바라는 경향이 많다.

내방객은 상담가가 준성인(準聖人), 도사, 때로는 행불행을 움직일 수도 있는 초인적 존재쯤으로 생각하고 있는 경우가 많은데 이는 내방객도 문제지만 상담을 하는 많은 역학자들이 그렇게 풍토를 만들어 놓는 경우도 있다. 이는 상담가 자신을 위해서나 내방객을 위해서 참으로 경계해야 할 부분이다. 어떤 내방객은 자신의 문제가 운명적으로 증명되기를 바라고 있는 경우도 있다는 점을 알고 있어야 한다.

심지어는 내방객과 외도를 해서 심각한 가정적 문제를 일으키면서 이것이 자신의 팔자에 있어서 어쩔 수 없다는 식으로 변명을 하는 사람도 있으며, 남편을 두고 외간 남자와 바람을 피우면 좋다는 말을 하는 역학인도 있는 것으로 알고 있다. 이는 사회적으로 엄청난 문제를 발생시킬 수 있음에도 불구하고 책임은 팔자로 돌려 버리는 매우 큰 문제가 있는 행동들이다.

제9장

운명 상담기법에 대한 기본적 관점

해석의 예언적 요소를 포함한 현실 문제가 어떻게 작용될 것인가는 내방객 자신의 문제를 운명학적 해석 결과를 통해 얼마나 활용하는가와 상담가의 해석과 평가를 내방객이 만족해하느냐에 따라 좌우된다. 만약 상담가와 내방객의 견해 차이가 나타났다면 해석은 큰 도움이 되지는 못한다. 이 모든 작용에 상담가의 영향력은 언제나 크게 작용하고 있다는 것도 알아야 한다.

1 운명 상담기법에 대한 기본적 관점

'운명 상담'이라는 기법이 따로 있는 것이 아니다. 심리 상담 전문가들이 가장 보편적으로 사용하는 기법을 운명학적 특수성에 비추어 타당성 있는 것들만 채택하여 운명 상담이라는 이름으로 사용하게 된 것이다.

1988년도 초, 서울대학교 이장호 교수의 흔쾌한 이해와 허락으로 이러한 내용을 만들 수 있게 된 점에 대해 감사드리고 그 고마운 마음이 참으로 크다는 점을 먼저 전한다.

일단 정리했으면 하루 빨리 출판할 것을 권유하시면서 부족한 점은 증보판을 내면 된다고 해서 준비를 했는데 개인적인 일로 인해 수년간 책장에 꽂아 두었다가 근래에 다시 마음을 가다듬어 출판을 하게 되었다. 여기서는 구체적 이론은 생략했다. 그것은 다음에 시간이 되면 강의를 통해서 충분히 전달될 것이다.

상담에 대한 이론이나 기법은 무척 많이 있다. 그러나 어느 특정 이론에만 매여 있지 않고 각 이론이나 기법들 중에서 필요한 것들을 발췌하여 통합하는 시도를 했다. 필자는 인간의 삶 자체가 바로 운명이라는 전제 하에 어떠한 경우라도 인간을 중심으로 상담이 진행돼야 하며 이 원칙은 반드시 지켜져야 한다는 입장이다.

▎우리가 넘어야 할 문제

운명학이라고 하면 일면 간단해 보일 것 같지만 그 안으로 들어갈수록 보통 복잡한 게 아니다. 세상의 모든 일과 인간관계가 복잡한 만큼이나 어렵고 힘든 학문이라는 것을 느끼게 된다.

예를 들어 운명학에 '명리학'이라는 분야를 보더라도 다양한 이론과 해석이 있어 동일한 사주가 전혀 다른 해석을 하게 되는 경우가 있을 수 있다. 그러나 갑이라는 이론이 을이라는 이론보다 못하다고는 볼 수 없다. 갑의 이론에서 취하는 입장과 을이라는 이론에서 취하는 입장을 이해하고 그 이론들을 종합적으로 통합하거나 갑의 이론만을 지지하는 경우에는 을의 이론이 있다는 점을 염두에 두고 있어야 한다.

어느 특정한 이론을 알고 있다고 해서 무슨 신비한 비법을 알고 있는 것처럼 생각을 한다면 그는 중대한 실수를 저지르게 된다. 운명학이란 인간학으로 그 기능과 역할을 하는 것이지 어떤 신비성에 속하는 학문이 아님을 모르고 있다면 상담할 때 실패한 상담이라는 쓴맛을 보게 된다. 오직 잘 맞고 잘 맞힌다는 데에만 매력을 갖고 지내게 될 것이다.

운명학의 각 분야는 어느 한두 가지만으로는 결코 충분하지가 않다. 많은·이론을 학습해야 하며 학습된 내용을 통합하여 운명에 대한 평가나 해석, 예언력을 전문적 수준에 머물 수 있도록 해야 할 것이다.

한 가지 예를 더 들면 명리학에서 '신살론'이라는 분야가 있다. 그 신살론에서 논한 신살에 의한 문제가 A라는 사람에게 나타났다고 한다면 운명의 모든 문제가 신살 때문에 일어나는 것이므로 신살 작용의 특성을 완화시키는 행동이나 수정만으로 운명의 변화를 가져올 수 있다고 말한다면 이것은 굉장히 위험한 발상이라고 본다. 그것은 제약회사에서 만든 소화제가 있는데 이 약만 복용하면 모든 소화 장애가 치료된다고 하는 것과 같은 표현이라고 한다면 극단적일 표현일까?

운명학은 거의 대부분이 음양오행학을 근본으로 다양한 이론의 양상을 띠고 있다. 그러나 이 모든 이론들은 음양오행학이라는 이론을 바탕에 두고 추론적 영역을 벗어날 수 없는 특수성과 한계성을 가지고 있다. 사주학에서의 음양오행사상은 상식적인 세계관과 상식적인 진리관이 주류를 이루고 있다는 사실을 잊어서는 안 된다.

여하튼 현재까지 소개되고 있는 모든 운명학 저서들은 해석, 감정, 평가, 정보 제공, 신비적인 이야기 등의 방법들이며 이 방법들에 의한 면담 수준에 머물고 있는 것이 현실이다.

이러한 운명학과 상담 심리학의 기법을 통합함에 있어 철학에 뿌리를 둔 운명학과 철학의 범주에서 과학에 그 뿌리를 옮긴 심리학과 심리학에 뿌리를 두고 있는 상담 심리학과의 통합은 결코 쉬운 일은 아닐 것이다. 하지만 두 학문 모두 인간의 모든 문제를 바람직한 방향으로 해결하려는 공통된 면이 있음을 감안할 때 운명학에는 아직 이렇다 할 기법이 미미한데 반해 심리학은 눈부신 발전으로 훌륭한 기법들이 많이 있기에 운명 상담학이라는 분야를 개척하는 데 결정적 도움을 줄 수 있다는 확신을 하는 입장이다. 이러한 일들이 운명학의 각 분야에 도약의 계기가 될 수 있기를 기원한다.

상담의 이론은 다양하다. 그러나 우선 상담 면접의 기본적 방법을 소개하고자 한다. 상담 심리학에서 일반적으로 사용하는 방법이 있는데 이것은 상담의 목적과 관계없이 모든 상담 장면에서 공통적인 방법이라고 말할 수가 있다.

① 수용

내방객의 이야기나 표현 동작 태도를 '아', '네', '으음' 등의 긍정적인 언어 표현을 해 주는데 표정, 몸짓 등의 표현도 포함된다. 이때 언어의 어조와 억양에 세심한 주의를 요한다.

② 탐색

내방객에게 필요한 정보를 얻거나 내방객의 사고를 미리 지도·지시하거나 내놓은 문제를 정리하거나 정교화하는 의미를 말한다.

③ 경청

경청은 인간관계에서 참으로 중요한 부분이다. 상담가가 말은 하지 않으면서 상담에 적극적으로 참여하는 것이다.

침묵의 효과적인 처리 방법으로서 내방객이 적극적으로 상담 과정에 참여케 하고 내방객 자신의 이야기에 대해 생각할 여유를 주고 스스로 정리하고 알아차릴 수 있는 기회를 제공한다.

④ 안심화

넓은 의미에서 지지를 보장해 주는 것이다. 내방객의 현재 사고방식이나 지식 체계, 신념 체계에 상담을 맞춰 주고 내방객의 의견이나 생각에 동조해 줌으로써 불안한 마음을 완화시키고, 내방객의 표현에 대해 인정을 해 주어 상담 장면이 아닌 장소에서의 활동 상황을 예측하거나 추후 기록하는 방법이 있다.

⑤ 공감

상담 장면에서 내방객이 말한 경험이나 감정을 상담가는 정확히 공감하고 이해함을 말한다. 공감은 동감이나 동정과는 다르다. 즉 내방객의 입장이 되어 내방객이 경험하고 느끼는 감정을 같이 느끼고 이해하면서도 상담가는 자신의 주관적 입장을 유지시키는 것을 말한다. 그러므로 상담가는 내방객의 경험이나 감정을 내방객의 입장에서 이해하고 느낄 뿐만 아니라 이해하고 느끼는 감정을 내방객에게 언어와 표정으로 전달해 주어야 한다. 이로써 내방객은 상담가를 신뢰하고 자신을 다 드러내 보여 자기 자신의 탐색과 자신을 더 잘 아는 이해의 길로 들어서게 되므로 상담은 잘 진행되는 것이다.

⑥ 반영

내방객에 의해 표현되는 기본적인 태도와 주요 감정, 생각을 참신하고 새로운 말로 부연해 주는 것을 말한다. 내방객의 말을 그대로 되풀이하거나 내용을 그대로 반영하는 것이 아니라 그 밑바탕에 흐르고 있는 감정을 파악하는 것이 중요하다.

상담가는 반영을 할 때에 내방객의 어떤 감정과 어떤 태도를 반영해야 할 것인가를 신중히 선택해야 한다. 이 선택의 기준은 내방객이 표현한 말에 담긴 감정과 생각 중에 가장 중요하고 가장 강한 것이 어떤 것인가에 따른다. 중요한 것은 상담가는 내방객이 말로 표현한 것 이상으로 깊이 들어가지 않는다는 것이다. 내방객이 분명하게 표현하지 않은 것을 말하는 것은 명료화나 해석이 되는 것이다.

반영에는 느낌 반영, 감정 반영, 태도 반영 등이 있다. 단 삭제나 증감하지 말 것을 잘 이해해야 한다.

⑦ 명료화

내방객의 표현된 말(뜻)을 명확하게 요약해 주는 것인데 이것은 내방객의 감정을 밀어붙이지 않고 그 방향이나 흩어진 반응들을 단순화해 줌으로써 자각 능력을 촉발시켜 주는 것이다.

내방객에게 언급해 주는 내용이나 그 의미와 관계는 어디까지나 내방객의 표현 안에 포함돼 있다고 상담가가 판단한 것이다. 즉 명료화는 내방객 자신은 미처 자각하지 못하는 의식과 관계인데 내방객이 모호하게 느끼고 있는 내용이나 문제를 상담가가 언어로써 표현해 준다는 점에서 내방객은 자신이 이해를 받고 있고 상담을 잘하고 있다는 감정을 갖게 된다. 뿐만 아니라 내방객 자신이 미처 생각지 못한 면까지도 느낄 수 있게 된다.

상담가는 내방객의 입장에서 경청하고 그러면서도 객관적인 입장을 유지하는 것이 명료화의 전제조건이라고 한다. 명료화는 내방객의 문제나 갈등을 분명하게 하며 문제나 갈등에 연관된 내부적 사실을 분명케 한다.

⑧ 구조화

구조화란 상담가의 입장에서 상담 진행의 특성, 조건, 제한점, 목적 등을 제시하는 것이다. 즉 내방객에게 상담의 진행 방향이나 전체적인 형태를 제공하는 것이다.

예를 들면 시간, 행동, 역할, 비밀 보장 등의 제한 범위를 분명히 함으로써 효과적인 상담을 수행하는 방법이다.

⑨ 직면

직면은 두 가지가 있다고 본다.

첫째, 내방객이 의식할 수 있고 살필 수 있는 것을 지적해 주고 그것이 내방객 자신의 문제와 어떻게 관련되는지를 생각해 보도록 하는 것이다.

둘째, 내방객이 모르고 있거나 인정하기를 거부하는 생각이나 느낌을 주목할 수 있게끔 하는 것이다. 즉 내방객이 모르고 있는 것과 과거의 일과 현재의 연관성, 행동과 감정 간의 유사점이나 차이점 등을 지적해 주목하도록 하는 것이다.

⑩ 해석

여기서 말하는 해석은 의미가 조금 다를 것이다. 물론 운명의 감정과 풀이 결과를 알려주는 것도 일종의 해석이라고 하겠으나 그것은 단순한 정보 제공의 면담 수준이라고 말하는 것이다.

여기서 말하는 것은 운명 감정이나 평가는 1차적인 것이고 이 1차적 평가와 상담 진행 과정에서 내방객이 드러내는 문제를 통합해 설명하는 것을 해석이라고 한다. 즉 내방객의 문제가 운명학적으로 보면 그 이유와 원인이 분명한데도 이를 의식하지 못하거나 깨닫지 못할 때 그것을 설명을 통해서 이해시키는 기법이다.

해석은 내방객이 자신의 문제를 부분적으로 이해하고 있고 자신이 자신의 운명적 모습을 직면할 준비가 됐을 때라야 효과적으로 받아들여지고 이해와 자각을 증진시킨다. 한 번에 여러 가지를 해석해도 효과적이지 않다는 점도 알아야 한다. 특히 운명 상담에서의 해석은 매우 중요한 부분이다.

1차적으로 운명 감정에 의한 검사적 해석(분류적 해석 포함)이 이루어지고 나면서 2차적인 해석을 유보한 채 상담으로 이어질 수 있는데 어떠한 경우든지 내방객 중심으로 이어지는 것이 바람직하다고 하겠다. 그렇지만 현재의 운명 상담의 역할이나 일반적 기대치가 지시적 상담을 해야 하는 실정이므로 운명의 분석적 통합 해석과 지시적 상담에 내방객 중심의 상담기법을 조화롭게 응용해서 상담에 응하는 것이 바람직하다고 본다.

내방객이 표현하는 문제들 중에서 상담가는 가장 중요한 문제를 간파하여 그 문제를 중심으로 상담을 진행하는 것이 내방객을 위해서나 상담가를 위해서도 바람직할 것이다. 평가적 해석은 상담가가 어느 운명학의 이론을 사용하느냐에 의해서 그 내용이 다를 수도 있겠으나 해석이나 감정에 의해서 운명적 참고사항을 전달시킨다는 측면에서는 같다고 본다.

해석의 예언적 요소를 포함한 현실 문제가 어떻게 작용될 것인가는 내방객 자신의 문제를 운명학적 해석 결과를 통해 얼마나 활용하는가와 상담가의 해석과 평가를 내방객이 만족해하느냐에 따라 좌우된다. 만약 상담가와 내방객의 견해 차이가 나타났다면 해석은 큰 도움이 되지는 못한다. 이 모든 작용에 상담가의 영향력은 언제나 크게 작용하고 있다는 것도 알아야 한다.

제10장

운명 상담의 원리와 촉진적 관계

운명 상담 전문가로서 일을 하게 되면 문제를 가진 다른 사람들을 도와준다는 사실 때문에 보람을 느낄 수 있을는지도 모른다. 그러나 진정한 기쁨과 보람을 느끼기 위해서는 여러 가지의 수련과 준비가 필요하다.

흔히 오랜 경험이나 경력을 가진 분들과 대화를 해 보면 처음보다 오히려 더 어려울 때가 많다는 말들을 많이 한다. 도움을 줄 수 있는 대화, 충고, 운명에 대한 평가·조언으로 상담이 잘 이뤄질 것 같지만 실제로는 그렇지 않을 때도 많다.

 # 운명 상담의 원리와 축진적 관계

(1) 운명 상담의 원리

상담의 원리는 무엇일까?

상담이 일상적인 대화와 다르고 운명, 감정, 평가와 다르다면 어떤 전문성을 띤 원리가 있어야 할 것이다. 많은 원리와 기법이 있기는 하지만 여기에서는 여러 원리의 이론 설명을 생략하고 기초 원리에 치중했음을 미리 밝혀 둔다.

첫째, 내방객의 모든 행동과 표현은 이유와 목적이 있다는 사실에 주목해야 한다. 지극히 상식적인 것 같지만 운명 상담의 원리로서 결코 간과할 수 없는 것이다.

운명 상담에서는 내방객의 태도나 표현을 정확히 이해해야 한다. 왜냐하면 내방객의 행동 하나하나가 내방객의 문제를 이해하고 해결해 주는 데 필요한 중요 자료가 될 수 있기 때문이다. 또한 상담가는 내방객을 자주 만날 수 없기 때문에 상담 중에 보이는 내방객의 행동과 표현 하나하나에 주목하고 그 의미나 이유를 생각해야 한다. 대개의 운명 상담소의 경우 내방객이 처음 제시한 문제만을 가지고 상담을 하거나 정보 제공만을 하고 있는데 그러나 내방객의 행동 표현의 의미를 생각함으로써 내방객의 운명적 특성과 심리적 특성을 파악하게 되어 결과적으로 상담가가 내방객의 문제를 더욱더 정확하게 볼 수 있는 것이다.

다음은 필자의 상담 사례에서 예를 들어 보겠다.

내방객 1 : 제 남편의 팔자가 어떤지 좀 봐 주세요.
상담가 1 : 남편 운명의 어떤 점이 알고 싶으신가요?
내방객 2 : 그냥 다 봐 주세요. 나오는 대로.
상담가 2 : 네, 나오는 대로 다 봐 달라고 하셨는데 사실 사주를 본다고 해서 운명의 모든 것을 알기는 쉬운 일이 아닌데요. 그렇지만 예를 들어 직업이나 사업에 관한 일이 궁금하다든지 자녀 문제나 부부 문제라든지 구체적인 말씀을 해 주시면 운수를 보는 데 더 정확히 봐 드릴 수가 있겠습니다.
내방객 3 : (망설이다가) 제 남편 팔자에 바람피우고 작은 여자 운수가 있는지 좀 봐 주세요.
상담가 3 : 네, 그러니까 남편 되시는 분의 팔자에 여자관계로 부인을 속 썩이는 운이 있는지를 알고 싶다는 말씀이신가요?
내방객 3 : 네.
상담가 3 : 현재 그런 일로 무척 신경을 쓰시고 계신가 보군요.
내방객 3 : 네.
상담가 3 : 누구나 그런 문제가 있으면 정말로 괴롭고 자존심도 무척 상하게 됩니다. 남편의 사주를 보면 그런 운세는 그리 강하게 나타나지 않고 있습니다. 사주학적으로는 가정적이고 부인과 자녀를 생각하면서 사는 사람으로 보여집니다.
내방객 3 : (잠시 침묵)
내방객 4 : 네, 그래요. 속은 썩여도 무척 잘하거든요. 인정도 많고.
상담가 4 : 그런 남편을 보면 화가 나기도 하면서 괴로우시겠군요?
내방객 5 : 네, 왜 그 사람이 그러는지 모르겠어요.

상담가 5 : 그러니까 남편 팔자에 그런 운이 있어서 어쩔 수 없이 그러는 것인지 궁금하고 또 답답해서 여기에 찾아오시게 됐는가 보군요.
내방객 6 : 네, 그래요.
상담가 6 : 그런데 사주에는 그런 운이 있다는 말씀을 드릴 수는 없습니다. 다만 작년과 올해의 운이 판단 착오, 즉 돈이나 여자에 대해서 판단 착오를 일으킬 가능성은 조금 보이는데 몇 달만 지나면 연말쯤부터 그러한 문제로부터 벗어날 수 있는 운이 있습니다. 그렇게 된 남편도 무척 힘들고 괴로울 겁니다. 따라서 부인도 같은 입장이겠구요. 이것은 사주학 용어로 재성과 인성이 함께 나타나서 상호작용에 의한 것인데 그리 강력하지를 못하기 때문에 이 고비를 잘 참아내신다면 되리라고 보입니다.
내방객 7 : 그럼, 어떻게 해야 하나요?
상담가 7 : 저의 말씀을 들으시니 더욱 답답한 느낌이 드시나 보네요?
내방객 7 : 네.
상담가 8 : 부인께서는 어떻게 해야 한다든지 어떻게 하고 싶다든지 생각을 하신 적은 없으신가요?
내방객 8 : 생각이야 별의별 생각을 다 해 봤어요. 그렇지만 그건 생각뿐이고 제 팔자가 기구해서 그런가 보다 하고 체념할 때도 있어요.

이상의 사례에서 본인은 내방객의 문제를 처음에 간파했지만 그 의미를 확실하게 하기 위해서 상담 2, 3의 내용에서 내방객의 문제와 그 감정(의미 포함)을 확실히 추정하는 데 성공했다. 그냥 신수를 봐 줬다면 이 상담은 단순한 정보 제공에 불과했을 것이다. 물론 이 상담은 수준급은 못 된다. 보통 수준이라는 평가를 받았던 내용 중 일부이다.

둘째, 내방객의 반응 중 즉시 관찰되는 것뿐만 아니라 관찰될 수 없고 지연된 반응이 있음에 유의하고 가능한 한 정확히 예측하는 것이다. 먼저 내방객의 반응은 상담에서 관찰 가능한 것, 관찰 불가능한 것, 즉각적으로 나타나는 것, 지연돼서 나타나는 것으로 구별해서 생각하는 것이 중요하다. 다시 말하면 상담 중 내방객의 반응은 이 4가지 유형의 배합으로 집약된다고 볼 수 있는 것이다.

즉각적으로 관찰될 수 있는 반응, 즉각적이면서 관찰될 수 없는 반응, 지연된 것이면서 관찰될 수 있는 반응, 지연된 것이면서 관찰 불가능한 반응이다.

가령 상담가가 내방객에게 "남편이 늦게 들어오신다고 불평을 하시지만 사실은 부인께서는 남편이 늦게 들어오기를 바라고 계시는 것 같은데요?"라고 했을 때, 내방객이 보일 수 있는 반응은 다음과 같이 네 가지 반응으로 나타낼 수 있다.

반응 1 : 그래요. 제가 그런다는 사실을 정확히 말씀하시네요.
　　　　⇒ 즉각적인 관찰 가능
반응 2 : (마음속으로만) 이분은 내 마음을 잘 알고 이해할 분이구나.
　　　　⇒ 즉각적이나 관찰 불가능한 반응
반응 3 : (내방객이 다음에 와서) 집에 가서 생각해 보니 선생님 말씀이 사실인 것 같아요. 저는 그이가 일찍 오지 말기를 바라고 있는 것 같아요.
　　　　⇒ 지연된 관찰 가능한 반응
반응 4 : (내방객이 집에 가서나 상담 후에 생각해 보니) 그 선생님 말씀이 맞구나. 사실 내가 남편이 늦게 들어오기를 마음속으로 바라고 있으니까.
　　　　⇒ 지연된 관찰 불가능한 반응

운명 상담의 성패는 이렇게 여러 가지로 분류될 수 있는 내방객의 반응

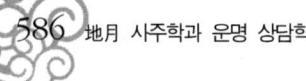

을 정확히 예측하고 이해할 수 있는 능력에 영향을 많이 받는 것이다.

상담가가 말한 것에 대한 내방객의 반응은 뒤늦게 나타나거나 당장 알 수 없는 지연된 관찰 불가능이 의외로 많이 있다. 특히 미래를 예언하는 경우에는 지연된 관찰 가능한 일이 되므로 이런 경우 참으로 상담이 어렵고도 힘든 과정 중의 하나일 것이다. 초보자들은 이러한 반응들을 정확히 이해하기가 힘들 것이다. 그러나 내방객이 당장 반응을 보이지 않았다고 해서 효과나 의미가 없는 것이 아니라는 점을 명심하는 것이 중요하다. 즉각적인 반응이 없으면 반드시 지연된 반응이 있을 수 있고 뒤늦은 반응도 쉽게 나타나지 않는 경우가 있는 것이다. 또한 내방객 중에는 상담가의 예언 능력을 의심해서 반응 없이 듣기만 하는 경우도 종종 있다는 것을 알아야 한다. 드물게는 상담가의 실력이 어느 정도인지를 시험하는 듯한 행동을 보이는 일도 있다.

필요에 따라 상담가는 내방객에게 이렇게 탐색적 질문도 해야 한다. "지금까지 이야기한 내용을 어떻게 느끼시는지 말씀해 주시겠습니까? 운명의 해석이나 그 풀이는 100% 정확한 경우는 흔치 않습니다. 그렇기 때문에 느낌을 말씀해 주신다면 좀 더 정확한 풀이를 할 수 있겠습니다."

이렇게 상담 내용을 내방객이 어떻게 받아들이고 있는지를 확인해 보는 것이 좋다. 가능한 한 내방객의 반응을 정확히 이해하고 예측을 하면 할수록 상담은 훨씬 효과적으로 진행될 수 있는 것이다.

상담가의 자질 요건 중 중요한 하나는 흔히 말하는 예언 능력이 아니라 감수성, 즉 자신의 행동 표현이 타인의 행동 표현에 미치는 능력을 정확히 감지하는 능력으로 그 의미를 해석할 수 있다. 이 고도의 감수성은 부단한 자신 개발과 전문적 수련이나 교육에 의해서 개발이 가능한 것이라는 사실에도 주목해야 한다.

(2) 운명 상담의 촉진적 관계

인간은 태어나면서부터 무덤에 이르기까지 타인과의 관계 안에서 살아간다고 할 수 있다. 부모와 자녀와의 관계, 선생과 학생과의 관계, 남편과 아내의 관계, 친구와 친구, 의사와 환자, 윗사람과 아랫사람, 상담가와 내방객 등이 모두가 인간관계인 것이다.

이러한 인간관계를 잘 맺느냐 못 맺느냐에 따라서 행과 불행이 결정되는 것이라고 말할 수 있는 것이다. 그리고 이러한 인간관계의 형성과 성패는 상대방을 어떻게 보고 어떻게 평가하며 어떻게 서로 교류하느냐에 달려 있는 것이다. 다시 말해서 인간관계는 상호작용이며 또 이 상호작용은 상대방에 대한 지각, 평가, 태도에 따라서 영향을 받기 마련이다.

여기서 가장 중요한 것은 운명적 요인이다. 운명이라는 이 엄청난 틀은 인간관계 자체에 알게 모르게 그 위력을 발휘하고 있는 것은 중명이 되고도 남음이 있다. 그 운명이라는 틀 안에서 우리는 울다가 웃다가, 그리고 결국은 자신의 날개를 접는다는 것을 겸허히 받아들일 때 인간의 삶은 훨씬 바람직한 방향으로 나간다는 것이 운명 상담에서 중요한 역할을 한다는 사실을 알아야 하는 것이다.

이러한 것들을 염두에 두고 운명 상담에서 촉진적 관계도 상담가와 내방객이 서로 상대방을 어떻게 보며 어떻게 받아들이는가는 지각과 태도의 차원에서 이해될 수 있다. 촉진적 관계의 구성 요소는 상담가가 내방객에게 전달하는 인상과 태도와 상담가에 대한 내방객의 지각과 감정을 포함하는 것이다.

촉진적 관계를 위해 필요한 상담가의 바람직한 태도, 행동, 특징은 공감적 이해, 수용적 존중, 일관적 성실, 전문적 능력으로 집약된다. 이러한 상담가의 행동과 특징이 내방객에게 느껴지고 전달될 때 내방객이 편안하게 자신을 개방할 수 있고 상담가와 효과적으로 교류할 수 있는 것이다.

　이들 네 개의 상담가의 촉진적 태도에 대해 내방객은 아래와 같이 받아들인다고 요약할 수 있다.

　① 상담가의 태도가 공감적 이해를 했을 때
　내방객은 "선생님은 내가 어떻게 느끼는가를 알고 있구나!"

　② 상담가의 태도가 수용적 존중을 했을 때
　내방객은 "선생님은 나를 부드럽게 대하고 현재의 나를 그대로 받아들이고 있구나!"

　③ 상담가가 일관적으로 성실성을 유지할 때
　내방객은 "선생님은 위선적이지 않고 가식적이지도 않으시구나. 나를 정말 순수한 마음으로 대하시는구나!"

　④ 상담가의 전문적 능력이 보일 때
　내방객은 "아, 선생님은 내 문제를 도와줄 수 있는 능력과 방법을 갖추고 계시구나!"

　이런 내용을 그냥 보고 지식으로 알고 있는 것은 의미도 없고 도움도 될 수 없다. 전문적 수련에 의해 자신의 것으로 만드는 것만이 전문가의 자질을 갖출 수 있게 되는 것이다.
　현재 철학관이나 카페, 전화 상담 등 많은 역학인들이 과연 이러한 것들을 어느 정도 활용하고 있는지 이제는 깊이 생각해 볼 시기가 됐다고 본다.

▎공감적 이해

　공감적 이해란 상담가 자신이 직접 체험하지 않고도 내방객이 느끼고 있는 감정을 거의 같은 정도로 이해하고 있음을 말한다. '공감'이란 내방객이 표현하는 내용(관찰될 수 있는 것)뿐만 아니라 감정, 태도, 신념, 가치관 등 잘 관찰될 수 없는 것에 대해 의미를 정확하게 포착하는 것이라고 풀이할 수 있다.

　내방객을 공감적으로 이해하기 위해서 상담가는 내방객의 의사, 결정, 문제, 불안, 좌절, 환경적 압력 등에 관해 내방객의 입장에서 느낄 수 있도록 노력을 해야만 하는데 이때 상담가 자신은 내방객이 아니고 그런 문제들이 내방객의 것이라는 사실을 결코 잊어서는 안 되는 것이다.

　또한 상담가는 내방객의 신념, 가치관, 감정 등의 내용을 아는 것만으로는 충분치가 않다. 상담가가 느끼고 추론된 것을 내방객에게 전달하는 것이 더욱 중요하다.

　예를 들면 한 내방객이 남편이 실직했다고 이야기했을 때 이런 경우 내방객의 걱정과 불안, 경제적 위기감, 남편의 장래 문제 걱정 등을 아는 것만으로는 충분하지가 못하다. 상담가는 이러한 내용을 내방객에게 전달하기 위한 반응을 해야 한다.

　가령 "남편의 실직으로 매우 충격을 받으셨겠습니다. 경제적인 문제와 남편의 장래가 어떻게 될 것인지 등의 여러 가지로 매우 난감한 기분이 드시겠네요"와 같은 상담가의 반응은 내방객 자신의 감정과 현실적 상황에 대한 자각을 촉진해 줄 것이다.

만약 상담가가 내방객을 이해하지 못했을 경우에는 이와 같은 반응은 하기 어려울 것이다. 그러므로 상담가는 상담 장면에서 보통 이상의 예민한 감수성과 이해심이 뒷받침돼야 한다. 이러한 공감적 이해를 바탕으로 한 상담가의 반응은 내방객에게 매우 긍정적인 영향을 줄 수가 있다.

위의 예처럼 상담가가 공감적 이해와 반응을 하게 되면 부인에게는 자신의 괴로운 문제와 답답한 감정을 이해할 수 있고 같이 대화할 수 있는 분이겠구나 하는 생각이 들 것이다. 즉 이 상담가와 상담을 함으로써 많은 도움을 받을 수 있겠구나 하는 생각을 하게 된다. 일단 이렇게 기대와 신뢰가 이루어지면 앞으로 어떻게 해야 할는지에 대한 상담이 순조롭게 진행될 수 있다.

상담가의 공감적 이해 능력에는 두 가지 기초적인 요소가 있다.

첫째, 상담가가 내방객의 말 속에 깔려 있는 중요한 감정, 태도, 신념, 가치, 기준을 감지하는 것이다. 이것은 감수성의 차원이다.

둘째, 상담가가 내방객의 외적 측면뿐만 아니라 내적 측면까지 이해하고 알게 됐다는 것을 내방객에게 알려 주는 것이다. 이것은 전달과 소통, 즉 커뮤니케이션 차원이다. 아마도 두 번째의 전달 과정보다는 첫 번째의 감수성의 차원이 상담가로서는 더 어려운 부분일 것이다.

그러나 이 감수성의 차원이라는 것은 그리 간단한 문제가 아니다. 내방객이 말하고 느끼는 것, 전반적인 생활 상황, 그리고 내방객의 현재와 미래에 관련된 의미를 이해하는 것은 단순한 과정이 아니다.

우선 내방객이 경험하고 있는 감정을 감지하고 인식하는 데는 어떤 단서가 있으면 내방객을 이해하는 데 도움이 될 수 있다. 내방객을 이해하는 데는 내방객의 말과 행동에서 찾을 수 있다. 말은 감정을 전달하는 수단이기 때문이다. 그렇기 때문에 상담가는 우선 내방객의 감정과 경험을 나타내는 말의 강도를 자세히 들음으로써 내방객의 감정에 초점을 맞출 수가 있다.

어떤 단어와 문구는 무척 불안한 감정이 분명히 표출되기도 한다.

내방객이 "우울하다", "화가 났다", "신경이 날카로워졌다", "죄책감을 느껴요"와 같은 말을 사용했을 때는 감정을 분명히 표현한 것이다. 유능한 상담가는 이런 말을 잘 듣고 그런 감정의 내용을 이해하고 있음을 전달하기 위해 반응을 보여 줘야 한다.

감정의 기본 성질은 같지만 여러 가지로 표현이 된다. 가령 "신경이 쓰여요", "화가 나서 미치겠어요", "불안하거든요" 등은 감정의 방향은 같지만 강도가 다르다. 따라서 상담가는 "신경이 많이 쓰이시나 보네요", "약간 불안한 느낌이 드시겠어요", "굉장히 화가 나겠어요"라는 식으로 감정의 강도를 이해하고 있음을 전달하는 것이 바람직하다.

말의 억양도 감정을 나타내는 또 다른 단서이다. 화가 났을 때(큰 소리로), 불안할 때(더듬는 듯), 의기소침할 때(가라앉은) 등의 내방객의 표현과 동작도 때로는 중요한 단서가 되는 경우가 있다. 즉 얼굴 표정, 눈의 초점, 손의 움직임, 우물쭈물하는 것 등 모두가 내방객의 감정을 이해하는 데 중요한 것들이다.

여기서 주의할 것이 있는데 내방객에 따라 같은 감정이라도 그 표현 방법이 목소리의 억양이나 동작, 태도 등이 감정과는 다른 방향으로 나타낼 수가 있다. 즉 화가 났는데도 낮은 목소리로 한다든지 그냥 눈동자만 굴리고 있는 경우도 있다.

그리고 본인의 성격이나 감정을 이야기해 주면 부인해 버리는 방어 심리적 작용을 나타내는 내방객도 있다. 또 부모나 배우자 등에게 증오심을 품고 있는데도 자신은 전혀 그렇지 않다고 부인하는 경우, 자기 자신이 누구를 증오한다는 그 감정을 용납할 수가 없기 때문에 그러는 경우도 있다. 이때 상담가는 내방객에게 증오심을 나타내는 것에 대한 죄책감을 느끼고 있는지도 모른다는 가정은 해 볼 수 있다. 따라서 당장은 부인을 하더라도 상담가의 공감적 이해 반응은 좋은 결실을 맺게 된다.

▌수용적 존중

상담가는 내방객에게 언제나 따뜻하고 모든 점에 수용적이어야 한다. 상담가는 이러한 자세를 말로써 전달할 뿐만 아니라 음성의 억양과 태도, 특히 얼굴 표정으로 성의를 다해 전달해야 한다.

상담가는 "당신의 입장과 심정을 이해하고 또 앞으로 분명히 나아지는 운과 좋은 일이 있을 것과 내가 보는 입장과 당신의 생각과 다른 점은 있지만 그 점을 충분히 이해한다"는 식으로 뜻이나 말로 행동으로 내방객에게 전달하는 것이 중요하다. 즉 내방객의 의견이나 행동에 대해서는 동의하지 않을 수 있지만 내방객을 한 인간(인격체)으로서 존중할 수 있어야 한다.

그렇다고 거부나 이의 제기는 수용적 행동이 아니라는 생각으로 내방객의 말을 무조건 받아들여서는 안 된다. 다만 반대 의견을 전달할 필요가 생겼을 때는 부드러운 음성과 온화한 태도로 인격적 수용을 내방객에게 전달할 수 있어야 한다. 다시 말하면 상담가와 내방객 간에 의견이 일치하지 않는 것과 내방객을 수용치 않거나 거부하는 것과는 구별돼야 한다.

이렇게 상호 간 구별이 확실히 이해되고 있다면 반대 의견을 표현하더라도 인격적으로 존중하고 있다는 태도를 전할 수 있는 것이다. 만약 이런 구별이 확실하게 이루어지지 않을 경우 상담의 촉진적 관계를 위해서 반대 의견이나 다른 의견을 표현하기 전에 이 구별을 내방객에게 확실하게 가르쳐 주어야 한다. 반대 의견의 표현과 인격적 거부는 서로 다르다는 점을 내방객이 알아차릴 수 있게 하는 것 그 자체가 내방객을 좋은 방향으로 촉진하는 일이 된다.

　상담가의 중요점은 반대 의견을 표현할 때에는 온화하고 따듯한 감정과 태도를 표현해야 한다는 점이다. 만약에 반대 의견을 표현할 때 권위적, 강압적, 너무 논리적으로 표현을 하면 내방객은 협박을 받는 느낌, 추궁 당하는 느낌을 받게 되어 조심스럽고 자유롭지 못한 자신을 개방 못하고 방어를 하게 되며, 결국 이미 이루어졌던 촉진적 상담 관계도 결렬되고 말 것이 분명하다.

▎일관적 성실성

　상담가가 내방객에게 꾸준하게 성실하고 정직하게 대하는 것은 매우 힘든 일이다. 그렇게 하기 위해서 상담가 자신은 자신이 솔직해야 한다. 그리고 자신 자신의 가치관이나 인생관과 신념이 무엇이며 자신의 태도와 가치관이 내방객에게 어떠한 영향을 주고 있는지 항상 예민하게 파악하는 것이 중요하다.

　많은 초보 상담가들은 "솔직하게 말하는 것이 내방객에게 좋지 않고 자기 자신에게도 좋지 않은 결과를 가져온다"고 말하는데 그것은 사실과 전혀 다르다. 상담가가 성실하지 않고 정직하지 않다면, 그리고 이것을 내방객이 알게 됐다면 오히려 나쁜 결과를 가져다주는 경우가 많다. 이렇게 되면 과거(지금까지)에 아무리 좋은 영향을 주었다 하더라도 촉진적 관계는 깨어져 버리고 만다.

　여하튼 상담가를 믿고 찾아와서 많은 것을 묻고, 주위 사람들한테 이야기하지 않은 것까지도 믿고 말하고 있는데 솔직하지 않은 점을 발견하게 되면 어떻겠는가? 그렇기 때문에 상담가는 좋지 않은 결과를 가져오리라는 예측 아래 거짓말을 하거나 사실을 회피하는 것은 솔직히 말해 주는 것보다 오히려 좋지 않은 결과를 초래하게 된다는 것을 알아야 한다.

▎전문적 능력

수많은 내방객들은 상담가에게 도움을 받고자 찾아온다고 할 수 있다. 이에 내방객으로서는 상담가가 자신을 도와줄 수 있는 전문적 능력과 훈련을 받은 사람이라는 것을 인식하는 것이 매우 중요할 것이다. 상담의 효과는 상담가가 자신을 도와줄 수 있고 정확한 운명 감정 능력을 갖춘 사람이라는 희망이나 믿음을 내방객이 갖느냐에 따라 많이 달라진다고 본다.

내방객에 따라 운명 상담에서 확신을 필요로 하는 경우가 있다. 만일 내방객이 확신을 요구한다든지 상담가가 그렇게 느낌을 받았을 경우 다음과 같이 자연스럽게 알려줄 수 있다.

"우리는(제가) 당신을 도울 수 있다고 생각합니다. 당신의 운명을 평가·분석할 수 있으며 같이 대화를 하면서 상담을 해 보면 좋은 해답이 나올 수 있습니다. 그러므로 자신의 궁금한 점을 제게 말씀해 주시겠습니까? 그러면 더 정확하고 확실한 대답을 해 드릴 수 있습니다."

운명 상담에서 내방객이 말하는 내용은 사적이고 비밀스러운 내용도 있다. 즉 내방객이 말하는 내용은 일상생활에서는 사람들에게 전혀 표현하지 않는 내용일 경우가 많다. 그렇기 때문에 훌륭한 상담이 되기 위해서 상담가는 공감적 이해를 전달해 주어야 한다. 즉 상담가는 내방객이 일상생활에서 만나는 사람과는 다른 신념을 보여주고, 객관적이고도 전문적 이해를 전달해 주어야 하는 것이다.

┃촉진적 관계의 목표와 평가 기준

촉진적 관계는 그 자체만으로는 상담의 최종 목표가 아니다. 촉진적 관계는 상담을 원만하게 진행시키고 내방객의 문제 해결을 돕기 위해 우선 도달해야 할 최초의 목표인 것이다. 이 촉진적 관계가 성립된 후 다음의 사항을 검토함으로써 상담을 효과적으로 이끌어갈 수 있는 것이다.

첫째 : 지금까지의 상담에서 내방객은 무엇을 얻고자 하는가?
둘째 : 어떤 것이 내방객으로 하여금 도움을 청하게 만들었는가?
셋째 : 내방객으로 하여금 어떤 방법으로 환경을 변화시키는 것이 가장 좋을까?
넷째 : 상담의 최종 목표와 관련지어 볼 때 내방객이 이제부터 무엇을 받아들이고 어떤 변화를 시도해야 할까?

상담가는 촉진적 관계가 잘 이루어지고 있는가를 평가하는 기준에 따라 검토해야 하며 상담가로서 촉진적 관계를 평가하는 아래의 기준을 숙지해야 한다.

1. 내방객이 말하는 것을 잘 이해하고 있었는가?
2. 상담가가 이해하고 있는 것을 내방객이 알았는가?
3. 내방객의 문제를 내방객의 관점에서 보았는가?
4. 내방객은 상담가가 수용적으로 대하고 있음을 아는가?
5. 상담가는 내방객에게 따뜻하고 관심 있게 대했으며 그것을 행동으로 보여주었는가?
6. 내방객은 상담가가 따뜻한 관심을 나타낸 것을 전달받았는가?
7. 내방객에게 말하기를 꺼려하는 것이 있는가? 있다면 그것이 이 상담에서 무엇을 의미하는가?
8. 어떤 측면에서 내방객의 가치관, 신념, 의견 등이 나와 다른가? 그러한 차이

때문에 내가 수용적으로 대하는 데 지장은 없는가?
9. 상담 중에 나 자신에게 솔직했고 내방객을 성실하게 대했다고 볼 수 있는가?
10. 나는 적절하게 전문적 태도로 내방객에게 도움을 주었는가? 그리고 자신을 도울 수 있는 전문적 상담가로서 내방객이 나를 받아들였는가?
11. 나는 운명학에 대한 전문적이고 체계적인 지식 체계를 가지고 상담에 임했는가?

▌상담가의 태도

상담에 관한 강의나 책을 통해 배우는 것과 실제 상담과는 차이가 나타나게 마련이다. 특히 상담을 처음 하게 되는 사람에게는 과거에 가졌던 생각이나 지식이 상담 장면에 거의 응용되지 않고 여러 가지 실제적 문제에 부딪치게 된다.

운명 상담 전문가로서 일을 하게 되면 문제를 가진 다른 사람들을 도와준다는 사실 때문에 보람을 느낄 수 있을는지도 모른다. 그러나 진정한 기쁨과 보람을 느끼기 위해서는 여러 가지의 수련과 준비가 필요하다.

흔히 오랜 경험이나 경력을 가진 분들과 대화를 해 보면 처음보다 오히려 더 어려울 때가 많다는 말들을 많이 한다. 도움을 줄 수 있는 대화, 충고, 운명에 대한 평가·조언으로 상담이 잘 이뤄질 것 같지만 실제로는 그렇지 않을 때도 많다는 것이다.

운명 상담을 하는 사람은 타인의 복됨을 위하고 문제를 해결해 주고 싶은 동기를 많이 갖고 있다고 본다. 그러므로 타인을 도와주면 보람을 많이 느낄 것으로 기대하는데 이러한 기대가 항상 충족되지는 않는다.

어떤 경우는 남의 마음을 잘 이해하거나 운명 감정을 잘하거나 운명학의 이론적 연구가 풍부해서 상담도 잘할 것으로 기대하며 착각을 하는 수가 있다. 또 어떤 상담가는 인간의 모든 행동에 너무 많은 관심을 갖는 경향이 있다. 그리고 어떤 상담가는 자신의 정서적 문제를 해결하는 노력의 일환으로 운명 상담을 하는 경우도 있다.

이와 같이 상담을 하기 전에 갖는 태도나 기대, 타인으로부터의 평가가 상담을 하는 데 반드시 도움을 준다는 보장은 없다. 예를 든다면 남에게 도움을 주고자 하거나 남으로부터 좋은 평가를 받고자 하는 욕망, 남을 지배하고자 하는 욕망이 강한 경우에는 내방객의 욕구를 충분히 이해하지 못하고 내방객에 대한 적절한 대처를 제대로 할 수 없게 된다.

어떤 상담가들은 너무 열심히 남을 돕고자 하는 욕망이 앞서기 때문에 내방객 스스로 문제를 탐색하고 결정하는 기회를 막아버림으로써 내방객의 의존심을 높이는 오류를 범하기도 한다. 또한 자신이 과거에 경험한 사실이나 지식(운명학적)을 토대로 내방객의 감정을 알고 있다고 미리 짐작하는 경우가 허다한데 이러한 짐작은 대개 어긋나는 경우가 많다. 그러므로 내방객의 고유한 갈등이나 당면한 문제의 측면을 이해하지 못한 채 자신의 경험이나 지식을 토대로 판단해 버리고 성급한 조언을 하는 오류를 범한다.

예를 들면 상담가 자신의 개인적 경험에 비추어 내방객이 얼굴을 정면으로 대하지 못하는 것은 수줍음이 많은 것으로 판단해 버린다든가 상담 중에 어설프게 웃는 것은 흔히 그러는 것이라고 그냥 지나쳐 버릴 수 있다. 또한 내방객이 과거에 친구를 별로 사귀지 않고 지내온 사실을 알게 됐는데도 다른 사람들도 흔히 그렇다는 식으로 별것 아닌 것으로 넘겨 버릴 수도 있다. 그러나 이러한 측면들을 종합해 보면 이러한 내방객은 운명적으로 신경이 예민하거나 신경증적 요인이 있는 경우가 있다.

다시 말해서 내방객의 어떤 행동이나 특징을 상담가 자신의 일상 경험이나 판단에 비추어 너무 중요하게 생각하거나 대수롭지 않게 여기면 내방객을 정확하게 이해하지 못하게 되고 결과적으로 내방객을 도와주지 못하는 결과를 초래하게 될 것이다.

상담이란 일상생활에서 이루어지는 대화나 우정어린 면담 같은 인간관계에서의 여러 가지 접촉 상황이 포함돼 있다고 본다. 그래서 친지와 이해를 주고받는 대화나 면담이 상담일 것으로 생각될 수 있으나 상담에서는 친구 관계와 달리 친숙하지 않은 상태에서 면접부터 시작되는 것이다.

친구 관계에서는 어느 한쪽에서 전문적인 권위를 띨 수 없지만 상담 면접은 어느 한쪽이 상대를 도와주는 전문가와의 관계에서 이루어지는 점이 다르다. 그래서 친구 사이에는 상대방의 문제에 대해 농담을 해도 상관이 없지만 상담에는 그러한 농담이 심각한 부정적 영향을 줄 수 있다. 또한 친구 사이에서는 흔히 있을 수 있는 우정적인 충고도 상담관계에서는 내방객이 받아들이지 않고 저항하는 수도 많다.

다시 말해서 충고를 한다는 것은 자신을 이해해 주기보다는 무언가 방향제시, 그것도 자신에게 적합하지 않은 방향제시라는 생각을 불러일으킬 수 있다. 그리고 아무리 적절하게 주어진 충고라고 할지라도 상담 목적에 꼭 부합된다고는 할 수 없는 것이다.

이와 같이 상담에 임할 때 자신 나름대로의 경험이나 지식을 바탕으로 내방객에게 반응을 해서는 안 된다. 또한 친구 사이에서와 같은 솔직한 이야기가 내방객에게 반드시 좋은 영향을 미치는 것은 아니라는 것을 기억해야 한다.

상담에 임하는 상담가는 상당한 긴장과 불안을 갖기 마련이다. 이 긴장과 불안은 대부분 내방객에게 어떻게 반응해야 하고 내방객의 문제를 어떻게 풀어 해결해야 하는지 막연할 수 있기 때문이다.

예를 들면 내방객이 자신의 운세나 여러 가지 문제나 갈등을 호소해 온 경우 필요한 조언과 정보를 제공했으나 내방객은 여전히 답답해하고 고민스러워하는 경우가 많다. 이때 상담가는 달리 적절한 말을 할 수도 없는 상황에서 마음속으로 긴장과 불안을 느끼게 된다. 이와 같은 상담 장면은 초보자들에게 빈번하게 나타난다. 물론 권위적이고 지시적인 상담가는 오히려 더욱 고압적이거나 권위적으로 대처하는 경우도 있는데 이는 상담이라고 볼 수 없다.

내방객의 문제가 무엇이든 간에 그의 이야기를 다 듣고 필요한 대답과 반응을 보여 주었는데도 상대방은 아무런 반응 없이 여전히 난색을 표명할 때 상담가는 자신을 무능력하다고 생각하거나 내방객 측이 상담가를 무능력한 사람으로 여기지나 않을까 걱정을 하게 되는 경우도 있다.

사실 면접 기술이 충분치 못한 것은 상담을 처음 시작하거나 경험이 많지 않은 사람들에게는 극히 당연한 일이다. 그래서 상담가로서 충분치 못한 것 같은 불안감과 내방객의 문제를 아직도 분명하게 파악하지 못했다는 모호한 감정 때문에 흔히 자신의 입장에 대해 불필요한 초조감과 자책감을 갖게 되는 것이다.

이러한 불필요한 긴장의 순간에도 대체로 의젓한 상담가의 역할을 하려고 애쓰거나 불필요한 정도의 인간적인 모습을 보여주려고 애쓰는 두 가지 양상을 나타내게 된다. 이것은 내방객이 혹시 자신을 무능력하다고 보지 않을까 하는 염려 때문에 상담가로서 뭔가 확실한 태도를 보여야 한다는 잘못된 인식에서 출발된 것이라는 점을 알아야 한다.

그러나 상담가라고 해서 모든 상황에서 반드시 완전한 능력을 보일 수는 없고 내방객에게 어떻게 보여야 한다는 일반적인 법칙이나 모형 같은 것은 더욱 없다. 사람들은 내방객이 던지는 모든 질문에 모두 대답하지 않아도 괜찮다는 사실을 잘 이해하지 못하는 것 같다. 내방객이 제시하는 요구나 기대에 즉각적으로 반응을 하지 않아도 된다는 사실을 받아들이거나 믿으려 하지 않는다. 다시 바꾸어 말을 하자면 내방객이 제시한 문제에 대해 상담가가 어느 정도 생각할 여유를 가지는 것이 당연하고 경우에 따라서는 상담의 효과를 위해 답변을 일부러 늦출 수도 있는 것이다.

상담가는 상대방에게 좋지 않은 인상을 주지 않을까 하는 불안이나 공포감과 관련된 것으로써 내방객을 혹시 놓치지 않을까 하는 불안감이 있는 것이다. 그래서 처음 상담을 시작했을 때 상담을 만족스럽게 진행하기도 전에 내방객이 도중하차했다는 사실에 대해 좌절감을 느낄 수도 있다. 그러나 내방객이 상담을 종결하는 데는 여러 가지 이유가 있는 것이다. 또한 상담이 빨리 진행되지 않는다고 불안해하는 사람도 있다. 즉 빨리 해답을 속 시원하게 해 줘야 한다고 불안해하는 상담가도 있다.

"아, 이 내방객은 골치 아픈 사람이야. 도무지 잘 보이지도 않고 진전이 잘 되지를 않아!"라는 푸념이 나오는 때도 의외로 많이 있다.

이렇듯 상담에서 효과가 금방 간단하게 나타나지 않는 경우는 많이 있다. 그런데도 초심자들은 진전이 신통치가 않으면 자신의 실력이 부족하다거나 무능력하다는 자책감을 갖기 쉽고 또한 내방객의 문제가 너무 복잡하다, 성의가 없다는 식으로 투사(投射)하는 경우가 있는 것이다.

이상에서 상담가들이 갖기 쉬운 동기, 기대, 태도, 상담 내용에 대한 불안감 등을 살펴보았다. 상담 시에 자주 부딪치게 되는 문제들로써 경험을 통해 상담가 스스로 정리해 나가야 하고 불필요한 기대나 공포는 제거해야 할 문제이다.

운명 상담가의 책임

① 상담 전문가로서의 책임

운명 상담에서 이론이나 기법은 매우 중요하다. 그러나 여기서 강조하는 것은 윤리적인 문제를 소홀히 해서는 안 된다는 것이다. 왜냐하면 내방객을 만나는 순간부터 어떻게 대하고 내방객을 위해서 어떻게 행동해야 하는가 하는 윤리적인 문제가 대두되기 때문이다.

예를 들자면 첫 상담에서 내방객의 모든 문제를 어떻게 지켜줄 것인가를 충분히 검토해야 한다는 점이다. 내방객의 모든 점에 대해 비밀을 보장한다는 것은 상담가의 윤리적 책임 중에서 가장 중요한 것이다.

전문적인 책임에 대해 우선 강조해 두어야 할 점은 상담을 처음 시작하거나 경험이 없는 상담가들은 자신의 상담 능력과 운명학에 대한 지식이 한계가 있고 완전하지 못하다는 점이다. 이러한 사실을 바로 인식해야 한다. 충분하지 않은 기법이나 경험은 실제 상담 경험을 통해서 선배 상담가나 전문적 소양과 능력이 있으면서 운명학적 지식에 대한 이론 체계를 확실하게 습득한 분들에게 자문이나 조언을 얻음으로써 보완될 수 있는 것이다.

그러므로 운명 상담가가 되려는 분들은 전문적인 교육과 수련 등을 마치고 난 후 실습 지도를 받을 책임이 있는 것이다. 이는 상담가 자신을 보호할 뿐만 아니라 내방객에게 도움이 되기 위해서도 반드시 거쳐야 할 과정이다.

또한 상담에 대한 충분한 기록을 만들어 두는 것도 상담가의 책임에 포함된다. 왜냐하면 상담 후 기록을 남겨두지 않으면 다음 상담에 지장이 있을 뿐만 아니라 연구 자료의 손실이라는 뼈아픈 후회가 남기 때문이다.

아직은 그런 예가 거의 없지만 전문가의 소양을 갖춘 운명 상담가들의 수가 늘어난다면 이 상담 기록은 의뢰된 문제를 다른 상담 전문가에게 부탁을 하게 되는 경우 그동안 상담된 자료를 제공해 줌으로써 내방객의 문제에 대한 상담에 중요한 역할을 해 줄 수 있는 기회를 잃게 된다는 점이다.

사주학이든 관상학이든 역학이든 운명학에 대한 조잡하거나 분명하지 않은 이론을 학습하여 엄청난 문제를 안겨주는 역학인이 대다수라는 점이 참으로 안타깝다. 뿐만 아니라 운명학 자체를 불신하게 하며 엉뚱한 비법이니 신비의 방법이니 하는 황당한 책이나 주장하는 사례가 있으니 운명 상담 전문가적 수준에 있는 분이 탄생되기가 참으로 어려운 현실이 큰 문제라고 본다.

② 운명 상담 전문가는 어떻게 비밀을 보장해야 하는가?

내방객의 말이 어떤 내용이든지 간에 내방객 자신은 자신의 이야기가 어느 정도 비밀이 보장되는지에 대한 관심을 갖고 있다고 봐야 한다. 그러므로 상담가는 내방객이 비록 묻지 않더라도 상담 중에 이야기한 내용에 대해서는 철저하게 비밀이 보장된다는 것을 설명하고 재확인해 둘 필요가 있다. 내방객들은 자신에 관한 많은 이야기를 하고 싶어도 비밀에 대한 확신이 없기 때문에 망설이는 경우가 있다. 즉 상담 중에 나온 내용은 내방객의 양해나 승인 없이는 결코 공개해서는 안 되는 것이며 그 비밀을 유지시킬 책임이 있는 것이다.

그러면 공개할 수 있는 특별한 경우는 언제인가? 그것은 노인, 아동, 기타에서 그 가족이나 보호자가 설득이나 조언에 응하지 않고 심각하게 부당한 일이 진행될 때 사법 당국이나 관련 기관에 통보해 줄 수 있다. 즉 내방객이 자살, 방화, 살인과 같은 중대한 문제행동이 임박했다고 판단되는 경우 이런 사실을 관계 기관이나 가정 등에 연락하지 않으면 안 되는 상황일 때 이것을 이야기한 후 당국이나 가정에 알려야 한다.

그러나 사주 사례 분석이나 토론에 공개하는 것은 결코 바람직한 일이 못된다. 그럴 경우 사전에 양해를 받는다든가 아니면 연구 모임에서 반드시 다른 장소에서 공개하지 않는다는 전제 하에 토론이나 연구 자료로서 사용할 수는 있겠으나 반드시 비공개 장소로 한정해야 한다.

상담 내용에 대한 후일의 충분한 검토 자료로써 전문가의 조언과 연구를 위해 필요한 경우가 많다. 아직은 여건이나 현실적인 어려움이 있는 것이 사실이겠지만 가능하다면 상담 시 그 내용을 녹음하는 것이 좋은 방법이다. 가장 좋은 방법은 비디오 촬영을 한다면 더욱 좋겠다.

필자는 1980년대 후반부터 상담 내용을 녹음해서 이를 연구와 검토 자료로 사용한 적이 있다. 그러나 이는 내방객의 양해와 이해를 얻은 다음에 해야 한다. 이러한 자료는 역학을 하시는 분들의 전문가적 자질을 위해 반드시 거쳐야 할 과정이라는 점을 분명히 말한다. 이러한 과정 없이 단순하게 사주나 봐 준다면 이는 일생을 이 일에 종사한다 해도 전문가의 수준에 오를 수 없다는 점을 기억해야 할 것이다.

상담가는 상담 내용에 대한 내방객의 모든 문제는 반드시 그 비밀이 보장돼야 하며 사법 기관의 영장이나 이에 준하는 기관의 명령 없이는 공개할 수 없다는 점을 알아야 한다. 다만 내방객의 동의나 학술연구 모임에서의 연구, 토론 목적으로는 아주 조심스럽게 자료를 공개할 수 있지만 이는 그럴 만한 자격이 있는 수준 있는 분들의 모임에 한해야 한다. 의사가 의료 행위와 환자의 문제를 일반에 공개하는 경우 심각한 사회 문제가 야기될 수 있듯이 운명 상담 내용도 이에 준해야 한다는 점을 상담가는 명심해야 한다.

제11장

상담가의 준비

운명 상담은 일반 심리 상담과 다르게 일회성인 경우가 너무나 많다. 그러므로 첫 상담이 아주 중요하다. 다음에 오게 됐을 때는 같은 문제를 반복해서 상담하기보다는 다른 문제를 상담하는 경우가 더 많다. 즉 운명학에 대한 공부를 철저하고 깊이 있게 하여 높은 수준과 능력을 가지고 상담에 임해야 한다는 점을 한시도 잊어서는 안 되는 것이다.

1 상담가의 준비

▎상담가의 첫인상과 자신에 대한 소개

첫째, 내방객이 상담가에게 갖는 첫인상이 매우 중요하다. 복장이나 상담실의 분위기 등이 일반적인 요인에 의해서 결정되는 경우도 많이 있다. 상담가는 일상적인 옷이든 특별한 옷이든 간에 정장을 하고서 내방객을 맞이해야 한다. 내방객들도 정장을 한 상담가를 원하고 있다는 점을 알아야 한다. 이는 많은 경험을 한 상담가들의 공통된 의견이다.

둘째, 내방객을 만났을 때 상담가가 자신을 어떻게 소개하는가이다. 비록 소개를 받고 왔든 전화 통화를 하고 왔든 상담가는 내방객에게 자신을 분명하게 소개함으로써 내방객이 만나야 할 사람을 만났다는 확신을 갖게 해야 하는 것이 중요하다.

▎상담에 대한 준비

상담이 시작되기 전에 내방객에 대한 사전 지식을 알고 있으면 좋다. 내방객의 인적 사항이나 과거의 생활, 배경 등을 알 수 있으면 더욱 좋다. 그러나 대부분의 상담이 사전 지식 없이 임하게 되는 경우가 많은데 이때 내방객의 과다한 요구나 상담의 중점적인 문제가 내방객의 의중과 어긋남으로써 정신적으로 위축되는 경우가 허다하다. 이로 인해 객관적 입장을 잃는 경우도 많이 있다는 점을 알고 있어야 한다.

상담 기록서나 신청서를 작성하여 내방객의 교육 수준, 환경, 상담할 내용 등을 기록하면 상담에 도움이 될 것이다. 또한 이러한 정보들을 상담에서 어떻게 활용할 것인가를 미리 생각해 보는 것이 상담에 도움이 된다. 그러나 이러한 모든 것들은 고정적인 것이 아니라 신축성 있게 변화시킬 수 있는 것이다. 상담 신청서에 기록된 자료, 내방객의 행동이나 태도, 내방객의 상담 경험 유무 등은 상담에 중요한 참고 자료로 활용할 수 있는 것이다.

(1) 상담에 대한 준비

▎첫 상담의 중요성

흔히 첫 면접이나 상담에서 내방객이 상담을 받으러 오게 된 문제에 대한 감정, 평가, 조언 등으로만 충분할 것으로 생각하는 경우가 많다. 또한 감정 평가와 지시로 마감하는 상담가가 허다한데 이것은 상담의 의미를 너무나 모르는 것으로 중요한 오류를 범하고 있는 것이다.

물론 해답만을 필요로 하는 상담이 없는 것은 아니지만 그렇다고 해서 간단하게 감정 평가만으로 그쳐서는 안 된다. 또한 내방객이 자유롭게 자신의 생각을 말하도록 해야 하며 상담에 대한 긍정적인 생각이나 기대를 갖도록 해야 한다.

첫 상담을 효과적으로 진행하려면 첫째, 내방객이 자유롭게 말할 수 있도록 수용적 분위기를 만들어 가는 능력이 필요하고, 둘째, 운명 감정의 정확성이 요구되며, 셋째, 이러한 상황에서 내방객의 문제를 정확히 파악

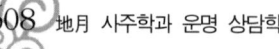

하기 위해서 계속적인 노력을 해야 한다. 즉 내방객에 따라서 각기 다양한 문제를 다양하게 표현하기 때문에 상담 중에 예상 밖의 이야기들이 나오기도 하며 중요한 것 같지도 않은 문제들이 길게 나열될 수도 있다. 이럴 때 상담가는 노련한 기술로 중요한 문제를 집약해서 상담을 이끌어 가야 할 책임이 있다.

▌내방객의 불안과 기대

내방객은 불안감, 두려움, 긴장감을 갖고 상담실에 온다. 이것은 여러 가지 요인이 있겠으나 우선 상담가에게 말을 어떻게 꺼내야 할지, 어떤 방법으로 도움을 요청해야 하는지를 부담스러워하며 상담가의 예언 능력이나 자신에 대해 얼마나 알아내는지에 대해 관심이 많다고 보기 때문이다. 또한 상담가가 자신을 약한 사람, 의존적인 사람으로 생각하지 않을까 하는 불안감도 갖게 되기 때문이다.

물론 처음 보는 상담가에게 자신의 개인적인 비밀을 이야기하기가 쉽지 않고 또한 개인적인 문제의 비밀 유지와 자신의 문제가 남에게 알려지는 게 아닌가 하는 불안도 있다. 그리고 상담을 받으면서도 상담 자체에 대한 신뢰감이 확보되지 않은 상태가 오래 지속된다는 점도 알아야 한다. 더구나 상담가가 젊은 사람이거나 초보자임을 알면 그의 실력까지도 의심을 갖는 경우가 많다.

한편 내방객은 처음 상담에서 자신의 문제를 상담가가 금방 파악해서 해결의 실마리를 찾아주기를 기대한다. 즉 상담가가 어떤 신비스럽고 권위적인 방법으로 짧은 시간에 감정, 평가, 조언, 해결 등을 할 수 있을 것으로 기대하는 경우가 많다.

내방객의 이러한 불안과 기대는 상담가에게는 늘 부담이 되는 부분이다. 특히 초보 상담가에게는 많은 영향을 준다.

내방객의 이야기를 듣다 보면 상담가의 능력을 의심받거나 실력이 부족하다는 생각을 줄지 모른다는 것과 문제를 즉각적으로 이해하고 파악해서 꼭 해결해 줘야겠다는 압박감을 가지게 될 수 있다. 이와 같이 내방객의 문제를 빨리 이해하고 해결의 방향을 제시해 줘야 한다는 생각이 들게 되면 효과도 없는 충고나 안심시키는 말이나 하게 되고 내방객의 행동 방향을 너무 조급하게 제시하기 쉬운 것이다.

초보자는 상담 초기에 다음과 같은 개인적인 불안을 경험하게 된다.

- 내방객에게 능력이 없는 것으로 보이지 않을까에 대한 불안감
- 상담을 제대로 이끌지 못할 것 같은 불안감
- 무슨 말을 해야 할지 망설여지는 불안감
- 비협조적이거나 말을 잘 안하는 데서 오는 불안감
- 내방객의 적대적인 태도에 대한 불안감
- 해결하기 어려운 문제를 내놓는 경우의 불안감
- 예언 능력의 자신감 결여로 인한 불안감

초보자는 내방객의 태도나 문제의 복잡성과는 별 상관없이 이상과 같은 불안한 경험을 하기 쉽다. 이러한 불안감과 내방객의 비현실적인 기대와 무리한 요구 등의 요인으로 효과적인 상담을 진행시키지 못하는 경우가 많이 있다. 따라서 내방객의 비합리적인 점과 상담가 스스로 느끼는 불안, 긴장 등을 스스로 통제할 수 있도록 항상 노력해야 한다.

▎상담가의 긴장

위에서 말한 불안감과 긴장감을 해소하는 방법을 일률적으로 말하기는

힘들 것이다. 어떠한 상담가라도 처음에는 그러한 긴장감과 불안을 다소는 겪게 마련이다. 하지만 상담의 경험이 쌓일수록 점차 줄어들게 된다. 또한 선배 상담가의 경험담을 참고한다거나 정기적으로 상담을 하기 전에 전문가의 협조를 구하여 도움(조언)을 받는 것도 긴장을 해소하는 데 도움이 된다.

이러한 전제 하에 일반적으로 말할 수 있는 긴장 해소법을 간추려 보자.

첫째, 상담실의 좌석을 잘 배치해서 상담실의 구조와 환경에 친숙해지도록 한다. 상담가 자신이 늘 사용하던 방을 떠나서 특별히 마련된 방에 처음 들어가 상담을 하거나 남의 방을 빌려서 내방객을 대하면 아무래도 긴장을 하게 된다.

둘째, 내방객을 직접 안내하고, 격의 없이 자신의 신분을 밝히고, 내방객이 앉을 자리를 권해 주는 등 적극적인 태도를 취함으로써 상담가는 상담 진행을 통제할 수 있다는 자신을 가지게 되고 동시에 긴장감을 많이 줄일 수 있다.

셋째, 상담 중 중요한 것은 내용을 메모하거나 기록하는 것이 불안을 덜어 줄 수 있다. 기록을 하는 것이 상담에 도움이 되려면 내방객이 말하는 내용을 놓치지 않을 정도로 경청을 하면서 동시에 기록을 해야 한다. 특히 상담가는 기록을 함으로써 긴장을 덜 수는 있을지 모르나 상담을 위한 질문, 문제의 탐색, 내방객의 행동에 대한 관찰을 소홀히 하기 쉬우므로 이 점을 유의해야 한다.

넷째, 상담가 나름대로 자유롭게 이끌어 나간다는 태도를 취하면 마음이 편안해질 수 있다. 예를 들면 내방객의 질문마다 모두 다 대답해 줄 필요는 없고 이미 대답을 했거나 말한 것은 나중에 얼마든지 수정할 수 있다는 마음가짐이면 긴장을 덜 수 있다. 또한 묻고자 했던 질문을 잊어

버린 경우라도 나중에 할 수 있으며 분명하지 않은 이야기를 명확하게 하기 위해서 얼마든지 물어볼 수 있다.

다섯째, 내방객의 침묵을 불안해하지 않는다. 내방객이 말을 하지 않고 있다고 해서 반드시 상담이 잘 안 되고 있다고는 볼 수 없다. 왜냐하면 침묵 속에서 내방객은 자신의 과거를 돌이켜 보거나 자신 문제를 깊이 생각해 볼 수 있기 때문이다.

여섯째, 상담가가 혼돈을 일으키는 문제에 부딪쳤을 때 당황한 태도를 보이는 것은 지극히 자연스러운 일이다. 다른 상담가의 의견을 듣거나 처리 방법을 알아보기 위해서 상담실을 잠시 비우는 것도 긴급 상황에서는 필요한 일 중의 하나이다.

일곱째, 상담을 어느 방향으로 이끌어 나가야 할지를 잘 모를 경우 내방객 스스로 계속 말을 하도록 기다릴 필요가 있으며, 했던 말을 다시 반복하게 한다든지 내방객 스스로 말을 보태어 자세히 이야기하도록 요청할 수 있다.

요컨대 상담의 경험을 많이 쌓아야만 상담가로서 자신감과 능력을 확고하게 느끼게 될 것이다. 그러나 위에서 말한 것만 준비해도 초보자는 보다 편안함을 느끼게 될 것이다.

내방객이 내놓은 문제가 지금까지 배우고 지도받았던 문제와 다르기 때문에 잘 처리해 나갈 수 없을 것 같다는 생각에 매어 있을 필요는 없다. 동료나 선배, 지도 선생님과 의논하면 해결할 방법이 있다.

▎첫 상담의 진행 요령

상담가는 상담을 받는 내방객에게 미리 몇 가지를 이야기해 줘야 할 것이 있다. 예를 들면 녹음하는 것에 대해 설명해 주고 동의를 받아야 하며 상담 내용에 관해서 이해시키는 것이 필요하다. 이러한 이야기를 한 후에 "어떻게 해서 오시게 됐습니까?", "어떤 일이 궁금해서 오시게 됐는지를 말씀해 주시겠습니까?" 등을 질문하면서 상담을 시작할 수 있을 것이다.

이렇게 해서 상담이 시작되면 내방객은 자신의 문제에 대해서 이야기를 하는 것이 보통이다. 그렇지만 실제로 모든 내방객이 말을 잘하는 것은 아니다. 그러므로 내방객이 자신의 문제에 대해 구체적으로 이야기를 하도록 부드럽게 유도해야 한다.

그러나 어떤 내방객들은 다른 사람의 문제에 대해서만 이야기하거나 자신의 생활사를 너무 장황하게 이야기하거나 상담 문제와는 전혀 관계없는 이야기를 이것저것 하는 경우도 있다. 그러므로 내방객이 자신의 문제 영역을 벗어나서 이야기하지 않도록 하기 위해서는 상담가는 필요한 통제를 하면서 이끌어 나가야 하는 경우도 많이 있다. 그러한 경우에 사용하는 지시적인 말의 예를 들어보자.

"당신의 이야기로 다시 돌아갔으면 합니다."
"지금 말한 것이 당신이 상담을 받으러 온 문제와 어떤 관계가 있을까요?"
"갈피를 잡을 수가 없군요. 제가 당신을 도와줄 수 있기 위해서는 당신의 문제에 대해서 구체적으로 알아야 하겠습니다."
"당신이 자라온 생활 배경에 대해 알고도 싶지만 우선은 ○○에 대해서 자세히 말해 보세요."
"처음에 이야기한 문제에 대해서 우선 초점을 맞춰 이야기하시는 것이 필요합니다."

내방객의 성격과 행동에 대한 핵심적인 정보는 아주 쉽게 얻어질 수도 있고 한참을 지나서 겨우 얻어질 수도 있다. 어떤 내방객은 상담가가 별로

거들지 않아도 자신의 문제를 스스로 잘 파헤치면서 이야기하기도 한다.

이렇게 해서 어떤 문제 영역에 대해서 만족스럽게 이해됐으면 다음과 같은 말을 해서 화제를 돌릴 수 있다.

"그 문제에 대해서는 어느 정도 알았으니까 이제는 당신 운명(생활)의 다른 면에 대해서 알아보도록 하는 것이 어떨까요?"
"당신이 왜 여기 왔는지 이해할 수 있겠군요. 이제 ○○것은 어떤 건지 말해 주시겠어요?"
"그밖에 누구누구에 대해서 어떻게 생각하시는지 알고 싶어요?"
"우선 신수를 나오는 대로 봐 드릴까요?"
"신수를 보는 데는 나오는 대로 보는 것을 원칙으로 하고 있습니다. 그런데 특히 궁금한 것은 미리 말씀해 주시면 그 부분은 더 심도 있게 보도록 하겠습니다."

어떤 내방객은 자신이 왜 정신적으로 괴로워하는지를 알지 못하면서 상담실을 찾아오는 경우도 있다. 이런 내방객은 눈물을 잘 흘리거나 생각이 혼란스럽거나 두려워하며 자주 침묵을 지키는 경우가 많다. 이와 같은 상담 상황에서는 먼저 상담가가 내방객을 이해하려 하고 있으며 관심을 갖고 인격적으로 수용해 주고 있음을 보여줌으로써 내방객의 불안과 긴장을 진정시켜 줄 필요가 있다.

얼마 전에 한 부인이 찾아왔는데 상담이 시작되자마자 눈물을 흘리며 말을 제대로 잇지 못했다. 잠시 후 그 분은 죄송하다고 하면서 또 눈물을 흘렸다. 그때 필자는 이렇게 말했다. "울음으로 감정을 표현한다고 해서 잘못된 것은 하나도 없다"라고 말하자 진정이 되는지 자신의 이야기를 하기 시작했다. 남편이 외박을 했는데 그것 때문에 말다툼이 있었다고 했다. 그 일이 하도 분해서 그만 눈물이 자꾸 나온다고 했다.

이렇게 상담을 시작하자마자 우는 경우는 가끔 있는 일이다. 이런 때는 내방객이 마음을 가라앉혀서 정신을 차릴 때까지 이해하고 격려하며 수용해 주는 태도를 보이는 것이 중요하고, 곧바로 내방객의 문제를 건드리지 않는 것이 좋다.

▎내방객의 불안 처리

불안을 느끼는 화제를 피하고 개방적이지 못한 태도를 하고 있는 내방객이 있다. 이럴 때 상담 문제에 대한 정보 수집은 거의 불가능에 가깝다. 그러한 경우라도 다정하고 따뜻한 관계를 가질 수 있다.

여기서 적정 수준의 불안이라는 개념을 생각해 보기로 하자. 즉 내방객이 과도한 불안 때문에 이성을 잃을 정도는 아니지만 자신의 미숙한 현실 대처 행동을 드러내기에는 충분한 정도의 불안 상태를 말한다.

상담가는 내방객의 문제 영역을 골고루 자상하게 탐색하면서도 내방객의 불안이 통제될 수 있는 적정 수준에 머물러 있도록 노력해야 한다는 것이다. 유능한 상담가는 우선 내방객 입장에서 불편한 문제가 있는 영역을 시사하는 말이나 행동을 민감하게 파악해야 한다. 상담가는 그러한 내방객의 마음과 행동의 의미를 알아본 후에 안심을 시키는 것이 필요하며 가능하다면 곧바로 내방객을 안심시켜야 할 경우도 있다. 예를 들면 다음과 같은 말들이 내방객을 안심시킬 수 있을 것이다.

"사람들은 살다 보면 많은 문제에 부딪치게 됩니다. 그럴 때는 운명에 대해 궁금해 하기도 합니다. 그럴 때는 전문가에게 도움을 받을 생각을 갖게 마련이죠."
"당신을 만나게 되어 기쁩니다. 당신은 ○○에 대해서 신경을 많이 쓰는 것 같군요. 당신의 문제를 해결하려면 우선 그런 이야기를 충분히 거쳐야 합니다."

"초면인 사람에게 그런 개인적인 일을 이야기하는 데는 상당한 용기가 필요했을 것입니다."

이러한 표현으로 내방객의 감정이 순리적이고 또 이해될 수 있다는 상담가의 생각이 내방객에게 자연스럽게 전달되는 것이다.

이와 같은 수용적인 관심의 표현 외에도 내방객이 큰 불안 없이 자신의 문제를 말하도록 하는 방법은 여러 가지가 있을 수 있다. 예를 들면 상담가가 원하는 정보의 종류를 명백하게 세부적으로 이야기해 주는 것도 내방객의 불안을 상당히 감소시킬 수 있다. 또한 내방객이 원하는 것을 명백하게 세부적으로 평가, 감정을 해 줘야 하는 경우도 있다. 또한 화제를 부드럽고 명료한 것으로 바꾸는 것도 도움이 될 수 있다. 그리고 상담가가 들은 내용을 명료하게 요약해 주면 내방객은 상담가에게 자신의 이야기를 잘 전달했다는 느낌을 갖게 되어 안심하게 될 것이다.

이상적인 것은 내방객이 분명한 방향 감각을 갖고 상담실을 떠나는 것이 바람직할 것이다. 특히 불안해서 안절부절못하는 내방객들은 상담에 대한 이해와 문제에 대한 명료화를 통해 안도감을 느낀다. 다시 말해서 자신의 괴로움을 숙련된 경청자에게 이야기한다는 것은 그 자체가 불안을 덜어주기 때문이다. 상담가가 이해하고 있다는 의사를 전달할 수 있는 표현의 예는 다음과 같다.

"당신의 ○○한 문제를 이해할 것 같군요."
"당신이 ○○에 대해 가장 괴로워하는 것 같은 인상(느낌)을 받았습니다."
"당신이 지금 말하는 것을 충분히 알아듣겠습니다."
"다 이해하겠는데 ○○에 말한 것에 대해서는 이해를 못하겠군요. 그 문제에 대해서 더 이야기를 해 볼까요?"

"그 문제는 충분히 알겠고 운명적 요인도 알아냈는데 그것은 많은 시간을 두고 생각해 봐야 할 문제이기 때문에 ○○게 하시는 것이 좋다고 봅니다."

불안감을 갖고 상담실을 찾아온 내방객을 진정시키려는 의도에서 상담가는 말을 적게 하고 들어줘야 한다고 생각할지 모른다. 그러나 이런 방법은 솔직히 털어 놓기를 원하거나 상담가의 판단, 방향 제시를 원하는 내방객에게는 오히려 불안감만 더 일으키게 된다.

상담에 대한 내방객의 불안이 심화되는 것 같은 느낌이 오면 즉시 화제를 바꾸거나 대화 방법을 바꾸거나 상담을 느리게 하거나 빨리 진행시켜야 한다. 경우에 따라서는 예정보다 상담을 빨리 끝내는 것도 좋다.

내방객이 불안해 보이는 긴장된 자세로 앉아 있거나 안절부절못하고 계속 시선을 이리저리 옮기면 불안감이 고조되어 그런 것이라고 볼 수 있다. 이러한 짐작이 갈 때는 내방객에게 사실 여부를 확인해 보는 것이 좋다.

예를 들면 "당신은 지금 긴장하고 있는 거 같군요?" 라든지 내방객의 침묵이나 불안한 태도 때문에 상담가가 당황하고 긴장을 느낄 때는 그러한 느낌이나 감정을 내방객과 이야기하는 것이 좋다. 계속 그럴 경우에는 표현 방식을 바꾸거나 화제를 바꾸어 가며 상담을 진행해야 한다.

간혹 겉으로 보기에는 조금도 괴로워하는 기색이 없는 내방객을 만나는 경우도 있다. 이럴 때는 내방객에게 어떤 문제가 있어서 상담을 받으러 오게 됐는지 알 길이 없다. 이런 경우 내방객이 어떤 문제에 대해서 어떻게 알고 싶은지 그 이유를 잘 이해하지 못하겠다고 말하거나 문제의 원인일 것이라고 생각되는 측면이 확실해질 때까지 물어가며 탐색해 볼 수 있을 것이다. 그러나 전문적 상담 수준에 이르지 못한 상담가는 전문가의 자세한 지도를 받음으로써 효과적으로 실천할 수 있을 것이다.

▎첫 상담의 내용

처음 상담에 임했을 때 주요 관심사는 내방객이 어떤 문제를 가지고 있으며 무엇을 알고자 하는가에 있을 것이다. 초심자들은 내방객이 찾아온 이유를 간단히 듣고 지나가도 되는 것으로 생각할 수 있으나 대부분 간단히 듣고 지나갈 수 없는 경우가 많다.

첫째, 상담가는 문제의 형성 과정을 이해한 후 내방객이 왜 이제야 찾아왔는지를 알 필요가 있다.

둘째, 상담가는 내방객이 생활 과정에서 직면하고 있는 어떤 불안이나 임박한 위기의식이 발견될 때는 전문가나 의료기관에 안내해야 한다.

셋째, 내방객의 문제를 올바르게 평가하기 위해서는 내방객이 자신의 문제를 어떻게 생각하고 어떤 태도를 갖고 있는지 평가해야 하며, 이러한 과정에서는 내방객 자신에 대해 이야기한 내용과 이야기 도중에 내방객이 보이는 정서 상태가 서로 부합하는지를 관찰해야 한다.

또한 내방객의 생활환경이 현재의 문제와 어떻게 상호작용 되는가를 철저히 분석해야 할 것이다. 또한 내방객의 운명적 요인이 현재의 문제와 어떤 관련성이 있는지 확실한 검토가 필요하다. 그리고 문제를 해결하거나 상담해 나가는 데에 대한 내방객의 희망이나 기대가 무엇인지 알아보는 것도 중요하다.

넷째, 내방객의 문제가 얼마나 심각한지, 내방객의 문제 해결 능력이 어느 정도인지를 이해하기 위해서는 내방객의 배경 정보가 필요한데 여기서는 가능한 시간 내에서 내방객의 가족관계, 사회적·신체적·정신적인 부분을 알아보고 과거의 상담 경험, 기타 정보를 수집하기 위해 2~3시간을 쉽게 보낼 수도 있으나 그렇게 천천히 할 필요는 없다. 무엇보다 주어진 시간 안에 내방객이 자신의 문제를 어떻게 보고 있느냐에 대해 세부적인 이야기를 듣는 것이 중요하다.

예를 들면 "○○께서 최근에 문제가 됐던 것을 한 가지만 이야기해 주시겠습니까?"라는 식으로 시작을 해도 좋다. 이렇게 하면 내방객의 문제와 관련된 생활 장면 중 가장 두드러지게 기억되는 경험을 이야기하게 되는 것이다.

예를 들면 내방객의 이야기에서 내용적으로 모순을 보이든가 상담가의 질문에 답하면서 억양이나 말하는 속도가 변하는 경우가 있다. 이런 경우가 더욱 깊이 탐색할 필요가 있는 갈등이나 밝혀지지 않은 문제가 있음을 시사하는 단서들이라고 할 수 있다. 이런 모든 것에서 언제나 근거가 명확한 운명학적 이론 배경을 참고함은 한시도 잊어서는 안 되는 것이다. 일반적으로 말해서 선배 전문가와의 협의를 통한 수련이나 상담 경험의 폭이 넓어지기 전까지는 상담의 시간이 허용하는 한 내방객의 모든 영역을 자세히 알아볼수록 유익하다고 볼 수 있다.

▎첫 상담의 끝맺음

초보자나 상담의 참뜻을 바로 파악하고 있지 않은 상담가는 상담을 잘 해내고 싶다는 욕심과 진행 내용에 대한 불안이나 자신감 때문에 내방객이 중요한 의미를 가진 문제를 소홀히 대하는 경우가 많다. 또한 내방객이 상담실을 찾아온 것 자체가 매우 중요한 의미를 가진다는 사실을 잊어버리는 경우가 있다.

운명 상담에서 처음이나 나중을 포함해서 내방객은 자신의 문제를 타인에게 최초로 밝히는 기회일 수 있고, 상담 결과가 내방객 자신의 이해와 행동 방향에 따른 중대한 영향을 주게 될지도 모른다. 또한 내방객들은 자신이 상담을 잘하고 있는지 상담가의 도움을 받을 수 있는지 상담

과정에서 무엇이 어떻게 돌아가고 있는지에 대한 인상이나 이미지를 중요시한다. 그러므로 상담이 끝날 무렵에 이러한 내방객의 관심사를 이야기하도록 기회를 주는 것이 중요하다. 그럴 경우 내방객이 열을 내서 이야기하는 것을 간섭하지 말고 열기가 식을 때까지 계속 말하도록 하는 편이 좋을 것이다.

상담이 끝날 무렵에는 내방객이 이야기한 관심사를 요약해 주고 이것이 내방객과 일치하는지를 확인해 보는 것이 바람직하다. 처음 상담의 종결 부분에서 내방객에게 문제의 해석, 평가를 해 주는 것이 어렵다고 생각할지도 모르겠지만 그래도 운명적, 일반적 해석, 평가, 조언, 예언 등을 해 주는 것이 내방객을 안심시켜 주는 효과가 있다. 또한 희망과 만족감을 어느 정도 충족시켜 주는 것이 좋다.

예를 들면 다음과 같이 말할 수 있을 것이다.

"그러니까 당신은 ○○에 대해 걱정이 되고 있군요. 거기에 신경을 쓰다 보니 일의 집중력이 떨어지고 있는지도 모르겠군요."
"그러나 당신은 ○○을 이렇게 하는 것이 운세로 가장 좋다고 생각이 되는데 어떻게 생각을 하시는가요?"
"당신의 운세나 당신의 입장에서는 ○○일을 어떻게 해야 할지 답답한 것이 충분히 이해가 되는데 이렇게 상담실을 찾아와 의논하는 것이 아주 현명하고 적극적인 태도(행동)라고 봅니다. 앞으로 점점 나아진다는 운명적 증거가 나타나고 있으므로 비록 걱정은 되겠지만 가까운 시일 내에 변화가 나타날 것입니다."

이와 같이 요약이나 일반적 해석을 해 준 후에 상담의 다음 단계나 그 외의 방법(기도 등)을 안내, 설명해 주는 것이 필요하다. 즉 다음에 만나서 어떤 문제에 대한 상담을 하는 것이 필요한지, 상담가로서 내방객에게 전해 줄 이야기를 상세히 알려준다.

내방객이 상담이나 상담가의 역할에 대한 인식이 잡히고 자신의 문제나 걱정거리를 비교적 충분히 털어놓았고 의문점이나 긴장감이 어느 정도 풀렸다면 상담은 성공적이라고 본다. 여기에 운명 감정, 해석이 중요한 부분을 차지하고 있음은 명백한 사실이다.

운명 상담은 일반 심리 상담과 다르게 일회성인 경우가 너무나 많다. 그러므로 첫 상담이 아주 중요하다. 다음에 오게 됐을 때는 같은 문제를 반복해서 상담하기보다는 다른 문제를 상담하는 경우가 더 많다. 즉 운명학에 대한 공부를 철저하고 심도 있게 해서 높은 수준과 능력을 가지고 상담에 임해야 한다는 점을 한시도 잊어서는 안 되는 것이다.

(2) 상담 목표의 설정

▌상담의 목표

전문적인 운명 상담가는 '내방객이 상담을 통해 무엇을 기대하고 있는가? 상담은 어떤 도움이 되고 있는가?' 등 이와 같은 질문에 대한 답을 찾을 필요가 있을 것이다. 상담가가 이러한 질문에 해답을 해야 할 때는 내방객의 기대와 아울러 그 자신의 상담 목표에 대해서도 고려해 보지 않으면 안 된다. 그러므로 상담 목표는 두 가지 측면에서 유추된다고 말할 수 있다.

그 중 하나는 상담에 대한 상담가 자신의 이론과 철학이다. 상담을 보는 견해, 그의 가치 체계, 그의 인간에 대한 믿음은 상담 목표의 설정에 중대한 영향이 있을 것이다. 다시 말하면 전문적인 운명 상담가는 그가 내방객과 같이 상담을 진행시키는 방향을 제시할 수 있는 몇 가지 일반적인 목표를 가지고 있다. 그러나 궁극적으로 상담의 목표는 내방객의 생활 환경에 적합한 입장에서 형성돼야 하는 것이다.

상담 목적의 두 번째 근거는 내방객에게서 근거한다. 즉 내방객의 요구와 기대가 바로 그것이다. 개인이 다른 사람을 향해서 표현하는 목표와 목적들은 우리가 그 목적의 대상이라고 여겼던 사람들의 요구를 반영하는 것이라고 하기보다는 그 목적을 표현하는 사람들의 요구를 반영하는 것이다. 전문적인 운명 상담가는 먼저 내방객의 요구와 내방객의 만족을 고려해야 하며 상담가 자신의 만족을 고려해서는 안 된다. 이런 점이 매우 중요하다는 것을 알아야 한다.

가장 중요하게 고려해야 할 것은 내방객이 무엇을 결정하는가가 아니라 이 결정이 내방객을 위한 최상의 것인가 하는 것이다. 상담가가 그 자신의 개인적인 그리고 전문적인 철학에 의해 명백히 이루어 놓은 상담의 이론적인 목표들은 상담가가 특정한 내방객과 상담을 진행시키면서 특별한 목표를 설정하는 기초로서 기여하게 된다.

┃상담 목표의 설정

운명 상담에 있어서 내방객과 상담가와의 모든 행동은 목표 지향적이다. 그리고 상담의 결과적 목표(문제 해결 등)를 달성하려면 우선 과정적 목표(효과적인 상담 관계의 형성 등)를 성취해야 할 것이다.

상담 목표의 설정, 상담 방법의 확인, 합의 단계에서 고려해야 할 것은 다음 네 가지 요소들이 있다는 것을 알아야 한다.

첫째, 상담의 최종 목표, 결과적 목표 설정
둘째, 상담가의 노력에 영향을 줄 내방객의 특성 확인

셋째, 결과적 목표에 도달하기 위해 필요한 과정적 목표에 대한 충분한 고려
넷째, 설정된 목표를 성취하는 데 필요한 상담 방법이나 내방객의 행동 계획의
　　　결정

① 상담 목표 설정의 의미
　상담의 목표는 일반적으로 자신 탐색, 자신 이해, 운명적 이해와 탐색, 이로 인한 보다 넓은 자신 인식, 그리고 이러한 것을 토대로 한 자신 실현이라고 말할 수 있겠다. 그러나 이러한 용어들은 모호하고 불분명하며 구체적이지 않기에 만족스럽지는 못하다. 그러므로 상담의 결과적 목표는 행동적인 용어로 기술돼야 한다. 다시 말해서 관찰할 수 있는 행동의 변화가 일어날 때만 상담이 성공했다고 말할 수 있는 것이기 때문이다.
　가령 내방객이 상담의 결과로 기분이 좋아졌고 자신감이 생기고 자신과 자신의 주변 상황에 대해 더 잘 이해하게 됐다고 말했다고 하자. 실제로 이런 정도의 변화는 일어날 수 있지만 이것은 상담의 성공적인 증거가 되지는 못한다.
　반면에 어떤 내방객이 다음과 같이 말했다고 하자.
　"나는 상담을 받은 후에 요즘 매우 편안한 하루하루를 보내고 있습니다. 전과는 달리 남편과 충돌하지 않게 됐고 화가 나는 일이 있어도 참는 데 크게 어렵지 않을 뿐만 아니라 혼자 우는 버릇도 없어졌어요. 가만히 생각해 보면 제가 철이 든 후로 요즘이 제일 즐거운 것 같아요"와 같은 표현을 하는 내방객은 상담에서 성취하려고 했던 행동의 변화가 나타났다고 할 수 있다.
　물론 이런 결과만이 상담의 결과라고 단정 지을 수는 없겠으나 적어도 바람직한 변화가 일어났으며 이 변화가 상담을 통해서 이뤄졌을 가능성

이 매우 높은 것이다. 이렇게 상담의 성공 여부는 내방객의 행동 변화의 정도로 기술돼야 한다는 점을 주목해야 한다.

운명 상담가들은 주로 내방객의 행동 방향의 결정, 미래 계획을 도와준다. 내방객들은 결국 생활 과정에서 자신이 취해야 할 가장 최선의 행동 방향, 의사결정, 미래의 운명적 작용과 본인의 행동 방향을 찾기 위해 상담가를 찾는다. 그러므로 상담가는 내방객의 미래 생활에 가장 이익이 되는 행동 과정을 선택하는 것을 도와줘야 한다. 그러나 상담의 성공 정도는 어떤 종류의 행동 변화가 일어났느냐에 따라 기술돼야 하는 것이다.

흔히 상담가의 역할이 내방객에게 주로 자신의 운명이 어떠한가를 알도록 평가해 주는 것으로 믿는 경우가 있다. 이런 경우는 내방객이 그러한 목표를 위해 상담가를 찾아왔을 때만 가치가 있을 것이다. 상담가의 역할은 그 본질에 있어서 어떤 운명(틀)을 맞히려는 것뿐만 아니라 발전하도록 도와주는 것이다.

상담의 효과는 다음과 같은 내방객의 말에서 나타날 수도 있다.

"선생님과 이야기를 한 결과 제가 어떻게 해야 하는 것이 가장 좋은 것인지를 알게 됐습니다."

그러나 의사 결정의 성공적인 준거는 내방객이 도달한 결정을 말할 뿐만 아니라 선택한 것을 이루기 위해 실제 행동을 취하고 그 후에 자신의 행동이 자신이 할 수 있는 가장 현명한 것이었다고 말할 때 최종적으로 나타나는 것이다.

흔히 상담가의 역할이 내방객에게 운명의 틀이 어떻게 될 것인가, 생활 태도, 성격에 대한 조언 등이라고 믿는 경향이 많다. 이러한 것은 내방객이 그러한 것에 목표를 두고 찾아왔을 때에 한해서만 가치가 있을 것이다. 경우에 따라서 어떤 내방객에는 이것이 필수적이고 가치 있는 과정일 수 있다.

요컨대 상담가는 내방객이 찾아온 목적을 성취시키도록 돕는 데에 가장 유용한 방법을 써야 한다는 것이다. 만일 운명의 구체적인 요인들을 분석해 보는 것이 내방객의 목표가 아니라면 아닌 것에 초점을 맞춰 상담을 진행해야 할 것이다.

② 목표 설정과 상담가의 선도적 반응

상담가는 상담의 목표는 구체적이고 바람직하게 설정되도록 내방객에게 요령 있는 선도적 반응을 나타내야 한다.

상담가의 반응은 대체로 상담 과정에서 상담의 진행을 촉진하는 데 특별한 수단이 된다. 선도적 반응은 내방객의 개념적 반응을 좀 더 특정한 용어로 토의하도록 돕거나 중요한 행동, 사건을 환경적 상황과 연결시켜 생각하도록 하는 것이 목적이다. 다시 말해서 상담가의 선도 반응을 통해서 내방객의 말을 구체화시키며 새롭고 보다 정확한 의미를 부여하도록 돕는 것이다.

내방객은 흔히 자신이 상담을 받는 목적을 정확히 모른다. 내방객들은 대체로 불행하다는 느낌이나 긴장, 재난 등을 덜기 위해서 상담가에게 찾아온다. 그러나 내방객들은 자신의 어려움이나 문제를 일반적으로 막연(애매)하게 관념적으로 생각하기 때문에 상담의 목표를 구체적으로 말하지 못하게 된다.

내방객의 불만족스러운 행동이 어떤 특정한 상황에서 생긴다고 보면 행동 변화를 촉진하기 위해서는 그 불만족스러운 행동이 일어나는 상황의 종류를 알아야 한다. 예를 들면 어떤 내방객이 "요즘 들어 자꾸 불안하고 불길한 예감이 듭니다"라고 말했다면 이 불안하고 불길한 예감이 든다는 말의 의미와 가장 불길한 예감이 드는 상황이 규명돼야 할 것이다.
　이런 목적을 성취하는 좋은 수단이 상담가의 구체적 선도 반응이다. 즉 "어떤 상황이 불안하고 좋지 않은 예감을 느끼게 됩니까?"라는 식으로 묻는 것이 선도적 반응이다. 이러한 반응은 내방객의 그 다음 말에 따라 다음과 같이 상담가의 선도적 반응이 계속될 수 있다.

[예문]
　내방객 1 : 요즘 불길한 예감이 듭니다.
　상담가 1 : 어떤 생각을 하게 되면 불길한 느낌을 받게 되나요?
　내방객 2 : 남편이 늦게 들어올 때마다 그래요.
　상담가 2 : 최근에 늦게 들어올 때의 상황을 말씀해 주실 수 있습니까?
　내방객 3 : 며칠 전 늦도록 들어오지를 않아서 혹시 무슨 사고가 난 게 아닐까? 혹 여자를 만나고 있는 것은 아닐까? 하고 자꾸 불안한 예감이 들어서 무척 괴로웠어요.
　상담가 3 : 네, 그러니까 남편께서 늦게 들어오게 되면 그렇게 사고나 당한 게 아닐까? 교통사고라도 난 것은 아닐까? 아니면 다른 여자하고 함께 있는 것은 아닐까 하는 생각이 드는데 그런 생각이 들면 불안해서 견디기가 힘이 든다는 말씀이신가요?

　위의 예에서 세 차례의 선도적 반응을 통해서 내방객의 불안이 어떻게 나타나고 있는지, 불길한 예감이 드는 경우 어느 상황에서인지가 드러나기 시작했다. 뿐만 아니라 남편과 자신의 문제(내방객 3) 쪽으로 상담을 해야겠다는 방향이 나타났다. 즉 상담가의 선도적 반응에 의해서 목표 설정을 할 수 있다는 것이다.
　상담가의 구체적인 선도적 반응과 목표 설정 관계는 다음 네 가지로 요약할 수 있다.

· 상담가나 내방객이 사용하는 용어를 명확히 하고 구체화시킨다.
· 구체적인 경험에서 내방객의 주요 행동을 명료화시킨다.
· 과거의 중요 경험을 언어화시킴으로써 내방객의 주요 행동과 감정을 구체적으로 이해시킨다.
· 내방객이 구체적인 반응을 나타내도록 하고 여러 생활 장면(조건)에서 자신의 행동(감정)을 비교·검토하도록 한다.

[예문]

내방객 : 그이가 늦게 귀가하면 도무지 잠을 잘 수가 없어요. 화가 나서 어찌할 줄을 모르겠어요. 그래서 들어오면 말도 안 하게 되고 어떻게 하면 신랑을 더 화나게 만들까 하고 생각하다가 가장 독한 말을 하게 돼요. 그래서 다투게 되죠.

(가) 비선도적 반응

상담가 : 남편이 늦게 돌아오게 될 때는 무조건 화가 나서 싸움을 하게 된다는 말이군요?
내방객 : 네, 화가 나서 미치겠어요.

(나) 선도적 반응

상담가 : 화가 나서 어찌할 줄 모르겠고 남편의 자존심을 상하게 하는 말을 하게 된다는 것이 무엇 때문에 그러는지 말씀해 주실 수 있으신가요?
내방객 : 글쎄요. 그냥 화가 나죠. 그러니까 여자는 하루 종일 자신을 기다리고 있는데 남자는 그것도 모르고 퇴근 후 곧장 집으로 오지는 않고 어디서 친구들과 어울려 놀고. 뭐, 여하튼 손해를 보는 것 같아서 화가 나죠!

(가)에서 내방객은 화가 난다는 이야기에서 그쳤다. 그러나 (나)에서는 상담의 목표 설정에 중요한 자료인 "손해를 보는 것 같다"에서 화가 나는

내용에 관한 것을 내방객이 이야기하도록 했다. 상담에서 상담가는 내방객에게서 일어나고 있는 일의 구체적인 상황에 대해서 이야기하도록 하는 것이 중요하다. "아무도", "언제나", "화가 난다" 등의 일반적이고 모호한 관념을 명료화하는 것이 구체적인 상담 목표의 설정을 촉진시키는 것이다.

상담에서 상담가가 해야 할 주요한 역할을 내방객이 좀더 보상받는 행동을 하도록 하고 어려운 상황을 효과적으로 다루는 생활 태도를 배우도록 하며 특정한 상황에서의 비적응적 행동을 수정하도록 도와주는 것이다. 따라서 내방객과 상담가가 다같이 새롭고 보상받는 행동이 이루어질 수 있는 상황과 조건이 무엇인지를 분명히 이해하는 것이 중요하다.

다시 말해서 내방객이 보다 효과적으로 반응하고 행동을 바람직하게 할 수 없는 상황과 할 수 있는 상황을 이해시켜 주는 것이 상담의 중요한 과정이라고 보겠다. 상담가의 선도적 반응은 이런 과정적 목표를 달성하는 특별한 수단이라고 말할 수 있다.

(가)
　내방객 : 나는 항상 불안을 느끼나 봐요. 왜 그런지 친구들과 모여 놀아도 늘 집이 걱정이 되고. 그래서 친구들이 그래요. 너는 도대체 무엇 때문에 그렇게 신경을 쓰느냐구요.
　상담가 : 어디를 가도 집에 대해서 불안하고 걱정이 된다는 말이군요.
　내방객 : 네, 편안치를 못해요.

(나)
　상담가 : 집을 나와 어디를 가도 집이 걱정된다고 하셨는데 집을 나와서 친구들과 모여 있을 때 집의 어떤 점이 걱정되고 불안하신가요?

내방객 : 그러니까 음… 그런 것 같아요. 집을 나와 친구들을 만나면 주로 농담이나 일상적인 잡담을 많이 하게 되는데 그러다 보면 많이 떠들고 많이 웃게 되잖아요. 그런데 남편이 그 점을 무척 싫어해요. 그리고 집에 대한 불안이 생기기 시작한 것이 습관이 됐나 봐요.

(가)에서는 밖에 나가면 불안하다는 이야기에 그쳤으나 (나)에서는 상담 목표 설정에 중요한 자료인 불안의 내용에 관해 내방객이 이야기하도록 했다.

[예문]
내방객 : 제가 아무리 열심히 노력을 해도 다른 사람이 보기에는 형편없이 보이는가 봐요. 언제나 내가 한 일이나 행동을 비판해요. 아무도 내가 하는 일이 얼마나 힘든지를 알아주거나 이해해 주지 않아요.

(가) 비선도적 반응
상담가 : 주위에서 당신의 노력을 인정하지 않는군요.
내방객 : 네, 그래서 어떤 일도 마음대로 할 수 없고 포기하게 돼요.

(나) 선도적 반응
상담가 : 최근에 누가 당신의 행동을 비판하거나 좋지 않게 말한 경우가 있으면 한 가지만 말씀해 주시겠어요?
내방객 : 어제 시장에 갔다가 이것저것을 사고 집으로 왔는데 신랑이 하는 말이 도대체 시장을 갔으면 살 것 사고 집에 오기 전에 전화도 못하느냐고 하더군요. 그래서 시장 가는 거 알고 있으면서 일일이 전화를 하느냐고 했더니, 사람이 그 모양이냐 라고 말하면서 화를 내더군요. 나는 날씨가 몹시 더워서 최대한 빨리 시장을 보고 왔거든요.

(가)의 경우 내방객이 하고 싶은 일을 마음 놓고 할 수 없는 상태에 관해 이야기하도록 했다. (나)의 경우는 내방객에게서 일어났던 구체적인 상황에 관해 이야기하도록 했다.

요컨대 상담가의 선도적 반응은 생활 과정상의 구체적인 상호관계, 사건, 일, 감정 등에 관해 내방객이 이야기하고 생각하도록 촉진하는 것이다. 이렇게 함으로써 내방객의 욕구, 내방객 자신과 생활공간에 대한 지각 내용을 더 잘 이해할 수 있을 뿐만 아니라 상담의 과정적 목표와 방향을 설정하는 데 크게 도움이 된다.

(3) 내방객의 요인 평가

상담의 목표를 정하기 위해서는 내방객이 상담 과정에 투입하는 신체적·심리적·운명적 자질에 대한 평가를 해야 한다.

내방객의 요인 평가는 상담의 목표에 따라 그 필요성과 범위가 결정되기 마련이다. 예를 들면 직업 선택이나 사업 변동에 대한 상담은 1년 신수, 운세, 이사 운 등의 문제를 다루는 경우보다 더 심도 있는 평가가 필요할 것이다. 또한 상담가의 교육 수준, 교육 배경, 그리고 경험에 따라 평가 과정에서 다양한 운명 평가 방법이 사용될 수 있을 것이다.

┃신체적 평가

내방객이 어떤 신체적 이상이나 장애 때문에 상담의 목표를 달성하기 어렵다고 생각이 들 때는 전문 의사에게 의뢰해 의학적 도움을 받도록 해야 한다. 예를 들어 이야기하자면,

① 신체적 이유로 내방객이 상담 과정에서 필요로 하는 노력을 하기 힘들다고 판단되는 경우
② 내방객의 문제가 신체적(기질적) 장애에 관련돼 있을지도 모른다고 판단되는 경우
③ 내방객의 문제가 의학적 치료로 더 잘 해결될 수 있다고 판단되는 경우

드문 일이지만 상담가들 중에는 상담의 효과를 기대할 수 없는 문제인데도 영기가 있다느니 신기가 있다느니 기도나 비방을 하면 해결된다는 등 황당한 상담을 하며 내방객을 곤경에 빠뜨리는 경우가 있는데 이는 매우 경계해야 하는 일이다.

▌심리적 평가

평가란 내방객의 특성이나 속성을 기술하는 과정이다. 평가는 내방객의 행동 관찰과 운명적 관찰을 토대로 한다. 내방객의 행동에 대한 관찰은 상담의 과정에서 비공식적으로 진행되기도 한다. 즉 상담가는 내방객의 이야기를 들으면서 내방객의 언어와 행동을 자료 삼아 추리하게 된다.

예를 들면 내방객이 "저는 친구를 잘 사귀지 않아요. 부모님은 내가 하는 일을 늘 못마땅하게 봐요. 직장을 바꾸고 싶지만 자신이 서지 않아요"라고 말했을 때 이 경우 상담가는 내방객이 열등감이나 자신감, 성취 욕구가 많지 않은 게 아닌가 하고 추론할 수 있다.

경우에 따라서는 관찰과 추리가 운명 감정에 의해서 보다 구체적으로 나타날 수 있다. 관상학을 알고 있는 경우 많은 도움이 될 수 있을 것이다.

▌지적 발달 수준의 평가

많은 역학에 개인의 지적인 면에 대한 논의는 있지만 표준화된 방법은

없는 것 같다. 그러나 상담 장면에서 내방객이 쓰는 어휘, 문법의 정확성, 개념적 사고 능력 등을 참고로 해서 지적 발달 수준을 추론한다. 상담의 종류나 내방객에 따라 지적 발달 수준의 평가는 다양하게 참고 자료로 활용할 수 있다.

▎정서적 상태의 평가

정서는 인간 행동의 중요한 요인이므로 상담 과정에서 주요 요인이 된다. 상담에서는 내방객의 주요한 경험이나 상황에 관한 감정을 좀 더 완전히 이해하도록 도와주는 것이 필수적인 과정적 목표일 때가 많다. 따라서 내방객이 표현하는 주된 감정과 내방객이 강한 감정을 느끼는 상황을 예민하게 파악하는 것이 매우 중요하다.

상담가가 특히 예민하게 파악해야 하는 주요 감정에는 불안, 공포, 분노, 적개심, 증오, 공격심, 우울, 슬픔, 죄의식 그리고 행복감, 기쁨, 만족감이다. 내방객의 정서 상태를 이해하기 위해 상담가는 마음속으로 다음과 같은 것을 생각해 보는 것이 필요하다.

① 내방객의 생활 과정에서 가장 특별한 감정이 있는가? 예외적으로 왈칵 성을 내거나 우울하게 되는 경향이 있는가?
② 내방객이 강한 정서적 반응을 보이도록 하는 특별한 상황이 있는가?
③ 인간의 생활공간에는 정서 유발 상태가 많이 있다. 이 내방객은 이러한 주요 정서 유발 사태에서 어떻게 반응하는가? 예를 들면 내방객은 권위적인 지위에 있는 사람의 비판에 어떻게 반응하는가?
④ 정서는 약한 강도에서 강한 강도의 차원으로 분류될 수 있다. 예를 들면 욕구 좌절에서 다른 사람은 약간 난처해할지 모르나 이 내방객은 어느 정도로 반응할 것인가?

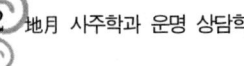

상담가가 내방객의 감정에 예민해한다는 것은 특별한 종류의 정서뿐만 아니라 정서의 강도에도 반응하는 것을 말한다. 또한 내방객의 정서는 언제나 명백하게 관찰될 수 있는 것은 아니므로 상담가는 관찰할 수 있는 정보로부터 내방객의 정서 상태를 추론해야만 한다.

  예컨대 내방객이 어떤 일에 실패한 것을 말한다면 내방객은 그런 상황에서 분노, 불안, 우울, 답답함 등의 정서로 반응했을 것이라고 상담가는 가정하게 될 것이다. 또한 내방객이 파산 직전의 이야기를 하고 있을 때는 흔히 공포의 감정이 수반된다. 그리고 내방객이 주요한 도덕적, 윤리적 규범을 깨뜨렸다고 간주되는 상황을 말하고 있다면 죄의식을 느끼고 자신을 합리화할 명분을 갖고자 할 것이라는 가정을 할 수 있을 것이다.

  이와 같이 내방객의 정서에 대한 상담가의 반응 능력은 얼마나 정확하게 그 정서 상태를 추론하느냐에 달렸으므로 정서 상태에 대한 평가는 상담가의 주요 활동이 될 수밖에 없다.

▎자아개념에 대한 평가

  상담가가 자주 평가하게 되는 또 다른 측면은 내방객 자신이 자신에 대해서 무엇을 어떻게 믿고 있는가 하는 신념, 즉 자신에 대한 태도이다. 바로 내방객의 자아개념인 것이다.

  내방객의 자아개념을 이해하는 데는 다음과 같은 초점이 포함될 것이다.

① 우선 자신에 대한 믿음이 긍정적인가 혹은 긍정 외적인가?
② 내방객이 이상적으로 바라는 것이 자신에 관한 현실적인 믿음과 어느 정도로 차이가 나는가?
③ 내방객의 적응 능력과 자아개념 간의 차이가 어떤 의미를 갖고 있는가?

자아개념에 대한 이러한 이해 방향은 자아개념이 긍정적으로 변화하면 보다 바람직하고 보상받는 행동에 참여하게 되는 이론에 근거를 두고 있다.

흔히 내방객이 자신상을 변화시키도록 도와주는 것이 상담의 적절한 전략인 경우가 많다. 자아개념이 긍정적·적극적으로 변하면 정서 측면에서도 긍정적인 영향을 줄 수 있다.

▎대인관계 특성의 평가

인간 행동의 많은 부분이 대인행동이라는 점에서 대인관계가 내방객들이 제시하는 문제의 주요 근원이라고 볼 수 있다. 대인행동의 차원을 여러 가지 개념으로 정리할 수 있을 것이다. 그중에 포함되는 것이 신뢰 대 불신, 솔직성 대 비솔직성, 긴장형 대 이완형 등 세 가지이다.

내방객의 대인관계가 어느 정도로 신뢰적(불신적)이고 솔직한가를 이해하는 데는 다음과 같은 점이 포함될 것이다.

① 상담가를 포함한 주위 사람들에 대해 신뢰하는가, 혹은 임의로 불신하는가?
② 내방객이 주위의 인물 중에서 신뢰할 만한 사람과 그렇지 않은 사람을 명확히 구별하고 있는가?
③ 대인관계에서 솔직하게 자신을 드러내는가, 혹은 좋은 인상을 주기 위해 외면만을 제시하는가?
④ 내방객이 대인관계에서 외향적인가, 혹은 위축되는 편인가?
⑤ 내방객이 대인관계에서 긴장하는 편인가, 혹은 이완하는 편인가?
⑥ 어떤 대인관계 상황이 내방객에게 특별히 중요한 의미를 가지는가?

▎내방객의 기대 평가

상담의 과정에서 내방객은 나름대로 가지고 있는 기대치가 있다. 이것은 자신에게는 어떠한 상황과 무슨 일이 어떻게 일어날 것인가에 대한 예측이다. 내방객의 기대는 상담 과정에 대해 내방객이 예측하는 개념이라고 볼 수 있다.

내방객의 기대는 비현실적이거나 부적절한 경우가 많으므로 상담가가 노력해야 할 중요한 측면은 내방객의 이런 부적절한 기대를 수정하는 것이 된다. 또한 상담 과정에서는 중요한 생활 조건에 관한 내방객의 비현실적인 기대도 수정하도록 도와주게 된다.

예를 들면 지난해에 경제적 손실이 크고 가정적으로도 편치 않은 경험을 한 내방객이 새해 운세에 대해서도 불안감을 갖고 있는 경우, 상담가는 내방객이 자신의 불안감과 운세에 대한 어떤 공포감이 근거가 없다는 사실을 직시하도록 도와줘야 한다는 것이다. 그렇게 해야만 자신감을 갖게 되며 스스로 격려와 지지를 자신한테 보낼 수 있고 생활에서 보다 나은 행동을 할 수 있게 된다.

상담 과정에서 필요한 내방객의 신체적 심리적 · 운명적 · 환경적 요인을 평가한 후에는 설정된 목표에 따라 내방객의 성장과 발달을 촉진하는 상담의 방법을 대략 계획할 차례가 되는 것이다. 그러기 위해서는 먼저 설정된 목표가 현실적이고 성취 가능한 것이며 내방객에게 가치가 있다는 확신에 도달해야 할 것이다.

내방객이 바라는 도움이나 목적이 상담가의 능력으로 가능한 것이고 전문가적 윤리에 어긋나지 않는 것이라면 상담가는 내방객을 돕고 설정된 목표에 도달하기 위한 방법을 생각해야 할 것이다. 그러나 내방객이 바라는 도움이 상담가의 능력 밖이라면 내방객에게 그 사실을 밝히고 다른 전문가를 찾도록 권해야 한다. 이는 매우 중요한 부분이라는 점을 알아야 한다.

이렇게 다른 사람을 찾아가도록 하는 과정을 '의뢰'라고 한다. 만일 의뢰할 상대가 마땅치 않으면 상담가는 자신이 할 수 있는 범위 내에서 내방객을 계속 도울 수도 있을 것이다. 다시 말해서 내방객의 문제의 성질이 상담가의 능력 밖이고 윤리적인 측면에서 상담가가 받아들일 수 없는 것을 요청해 올 경우에는 다음과 같은 절차를 밟는 것이 바람직하다.

우선 내방객을 왜 도울 수 없는가를 내방객에게 솔직하게 설명해 준다. 그리고 처음에 바라던 목표가 달성되지 못하더라도 상담을 계속하고 싶은지를 스스로 결정하도록 한다. 그리고 내방객의 처음 희망과는 다르지만 상담가로서 도와줄 수 있고 내방객에게 유익하다고 생각되는 상담의 방향이 무엇인가를 알려주고 이에 대한 내방객의 의사를 확인한다.

(4) 목표에의 접근방식과 내방객의 교육

▌상담 방식의 고려

상담 방식은 상담 과정에 대한 하나의 계획을 말하는 것이다. 즉 상담을 적절하게 이끌어 나갈 접근 방식을 생각하는 것이다. 여기에는 상담가가 내방객에게 어떻게 행동할 것인가를 생각하는 것도 포함된다.

물론 내방객에게 구체적으로 무엇무엇을 어떻게 언제 말할 것이라는 식으로 자세히 계획하거나 내방객과의 관계에서 일어날 일들을 다 예측하고 통제하는 것을 의미하지는 않는다. 그러나 상담 장면에서 무엇이 일어나고 어떻게 진행되느냐에 대한 일반적 흐름에 대한 책임은 상담가에게 있는 것이다.

상담가의 신축성과 자발적인 행동은 이러한 기본적 책임의 테두리 안에서 충분히 가능한 것이다. 이러한 점에서 상담가는 스스로 다음과 같은 질문을 제기하여 생각해 볼 필요가 있다.

① 내방객과의 합의된 결과적 목표를 최대한도로 성취하려면 상담을 어떻게 진행해야 하는가?
② 나의 어떤 행동이 이런 목표의 달성 과정을 방해할 것인가?
③ 상담이 성공적이려면 우선 성취해야 할 일, 즉 과정적 목표가 무엇인가?
④ 상담의 최종적 목적(결과적 목적)을 달성하기 위해 활용될 수 있는 수단과 전문적인 노력(과정적 목표)은 무엇인가?

상담 목표의 성취는 상담가가 내방객과의 상담에서 어떻게 행동하느냐에 직접적으로 관련돼 있다. 다시 말해서 상담가 자신의 상담 중의 행동, 특히 언어 행동이 중요하게 마련이다. 요컨대 상담가의 어떤 행동이 어떤 내방객에게 어떠한 상담 과정에서 어떻게 영향을 주게 되느냐가 초점인 것이다. 그리고 상담가의 전문적 숙련도는 내방객에 대한 자신의 영향력의 내용을 정확히 예측할 수 있는 능력과 그러한 영향력을 발휘하기 위해 적절히 행동할 수 있는 능력에 직접 관계가 된다고 말할 수 있다.

▎내방객에게 상담 절차에 대한 설명과 소개(교육)

상담의 목표를 효과적으로 달성하기 위해서는 상담의 절차가 어떻게 되는지를 알려줘야 할 필요가 있다. 즉 내방객이 상담의 절차와 내용, 또한 어떤 절차를 선택한 이유, 자신이 바라는 상담 목적의 달성이 무엇을 의미하는지 등을 가능한 한 분명히 아는 것이 중요하다.

이런 것들에 대한 내방객의 이해를 촉진시키기 위해 상담가는 설명을 해 주거나 관련 자료를 읽어보게 할 수도 있다. 단 상담을 받아본 경험이 있는 경우에는 생략할 수도 있다.

내방객을 만났을 때 내방객의 자질이나 내방객이 바라는 목표에 대해 평가하고 내방객이 앞으로 진행될 절차나 기본적인 상담 방식에 참여할 책임을 갖도록 하는 것이 필요하다. 내방객들은 대개 여러 가지의 문제나 화제를 가지고 와서 상담가를 만난다. 상담가는 이러한 여러 가지 문제 중에서 가장 먼저 해결하거나 의논하여 알고 싶은 것을 선택하도록 한다.

내방객이 "○○의 문제를 알고 싶다"고 선택하도록 하는 것이 상담가의 뜻대로 묵시적으로 합의한 듯한 상담을 시작하는 것보다 더 참여 의식을 갖게 한다. 그리고 문제를 효과적으로 다루기 위해서 내방객이 취해야 할 노력이 무엇인가를 다시 확인하여 이행하도록 하는 것이 바람직하다.

▎성공적인 목표 설정의 기준

마지막으로 상담의 목표 설정, 진행상의 방식이 효과적이었는지, 덜 효과적이었는지를 검토해 볼 필요가 있을 것이다.

다음은 상담가가 스스로 참고해야 할 기준이다. 이는 절대적인 기준은 아니라는 점을 알기 바란다.

① 내방객이 구체적으로 이야기하도록 도와줬는가?(용어의 정의, 구체적인 생활 경험, 주요 생활 경험에 수반되는 감정적 반응, 여러 생활 장면에서의 행동 비교 등)
② 내방객이 생각하는 상담의 목표를 말하도록 했는가?
③ 이러한 목표가 행동적 용어로 표현됐는가?
④ 상담의 목표를 달성하는 데 장애가 될 만한 요소(내담자의 신체적 장애, 무감각 등)가 없다고 확신되는가?
⑤ 바람직한 상담 목표를 검토하는 데 필요한 자료를 운명 감정 등에서 얻었는가?

⑥ 내방객이 바라는 목표가 현실적이며 성취 가능한 것(운명학적으로)이었는가? 그렇지 않다고 생각됐을 경우 그에 따른 적절한 조치를 강구했는가?
⑦ 능력의 한계 때문에 당초의 목표를 달성하지 못할 것으로 생각됐는가? 그렇게 생각됐을 경우 다른 전문가에게 의뢰하거나 목표를 재조정하는 등의 필요한 조치를 취했는가?
⑧ 상담가의 전문적·윤리적 차원에서 내방객이 바라는 목표에 도달하도록 도왔는가? 그렇지 않았을 경우 상담가로서 적절한 행동이나 조치를 취했는가?
⑨ 선택된 접근 방식이 적절하고 상담가 자신의 능력으로 가능한 것이었는가?
⑩ 내방객 측에서 상담의 접근 방식과 절차를 충분히 이해했는가?
⑪ 내방객이 상담의 방식과 절차에 참여 의식과 책임감을 갖도록 했는가?

이상으로 상담 목표의 설정 과정을 대략 기술했다.

이 과정은 한 번의 상담이 아니라 여러 차례의 상담에서 더 효과적이다. 즉 상담 과정에 대해 충분히 준비하는 단계라고 말할 수 있다. 그러나 운명 상담은 거의가 1회로 종결짓게 된다는 점을 감안해서 상담가는 이상과 같은 방법을 유효적절하게 활용해야만 하는 어려운 문제를 안고 있음을 인식해야 할 것이다.

내방객이 상담가의 도움에 힘입어 가장 바람직하다고 생각되는 결정을 하게 되면 효과적인 상담이라고 할 수 있다. 그러므로 상담직에 종사하려는 분들은 전문적인 교육과 훈련을 철저히 받은 후에 상담에 임해야 한다는 것을 명심해 주시기 바란다.

(5) 운명 상담의 주요 방법과 그 구체적인 활용법

　상담의 주요 방법에 대한 것은 두고두고 강의가 진행돼야 할 것이다. 여기에 그 구체적 활용에 대한 방법을 소개하려고 한다. 순서상으로는 많은 내용을 강의한 후에 소개가 있어야 하는데 그러자면 적어도 2학기 정도의 수준 있는 강의가 이뤄져야 한다. 그러나 현재 옥문관 사주학에 관심을 가지신 분들의 역량으로는 충분히 소화해 낼 수 있는 내용이기에 소개를 해 본다.

　우선 운명 상담을 하려는 분들이나 관련 업종에 종사하시는 분들은 반드시 전문적인 교육과 훈련을 철저히 받은 후에 상담이라는 일을 하셔야 한다는 것이다. 사주를 좀 볼 줄 안다든가 관상, 성명학, 육효, 타로 등 운명학에 관한 책 몇 권 보았다거나 몇 개월 강의를 받았다고 운명 상담을 할 수 있는 것으로 안다면 이는 참으로 위험한 일이다.

　의학서적 몇 권 보고 나서 의료 도구를 구입하여 환자를 진료한다면 어찌 되겠는가? 혈액검사나 소변검사 하는 방법을 알았다고 해서 질병에 대한 진료 행위를 한다면 어떻게 되겠는가? 운명학으로 운명에 대한 상담을 직업이든 아니면 취미로 하는 경우 법적인 제재나 자격 기준 등의 제도가 없다고 해서 이를 아무렇게나 해도 책임이나 제재가 없으니 괜찮다고 한다면 어찌되겠는가?

　전문적인 의료 종사자들은 환자를 진찰한 후 진단에 대한 이야기를 할 때 의학적 근거를 확실히 한 후 검사상의 한계 내에서 진단을 한다. 그러면서도 향후 진료 과정과 치료 효과에 대한 소견을 말할 때에도 참으로 조심스럽게 접근을 하며 의학적 한계가 있는 경우 그 사실을 반드시 설명해 준다.

그들의 전문적 교육과 훈련 과정을 합하면 적어도 10여 년의 세월이 소요된다. 그래도 그중에 우열이 있고 때로는 의료사고 등의 문제가 나타나고 있으며 그러한 문제들을 최소화하려고 엄청난 투자와 노력과 연구를 하고 있다.

그런데 돌이켜서 역학을 하시는 분들을 보자. 대답을 할 필요조차 없을 정도로 문제가 많다. 독자 여러분은 어떻게 생각을 하는가? 너무나 문제가 많아서 일일이 열거를 할 수가 없다. 그러나 그런 문제점만을 지적하고 탄식만을 할 때가 아니다. 이제부터라도 우리 모두는 이 분야에서 일대 혁신을 해야 한다.

도사라는 허황된 망상에 빠진 분들은 100년 동안 사주를 공부한다 해도 구제 불능에 가깝다. 자신이 공부한 분야 이외의 것은 인정을 안 할 뿐만 아니라 문제점 찾기에 바쁘다.

어떻게 하면 잘 맞힐까? 귀신처럼 집어낼 수 있을까? 더 좋은 비법은 없을까? 도사가 되고 잘 맞히고 족집게처럼 집어내면 무엇 하겠는가? 그렇게 되려는 목적이 무엇인가? 내방객의 감정은 아랑곳하지 않고 몇 가지 맞히면 온갖 헛소리하고 나중에는 협박에 가까운 짓을 하지 않는가?

독자 여러분은 명심하시기 바란다. 이 세상에 비법이란 존재하지 않는 것이다. 특히 도사란 존재할 수가 없다. 이런 모든 것이 과감히 청산돼야 할 문제점이다. 그리고 사주 보는 것이 무슨 법원의 판사가 판결하듯이 할 수 있는 일이 아니다. 시냇물에 그물을 쳐 놓고 무슨 고기가 걸리든 일단 걸리면 고기 잡았다고 하는 식으로 이것저것 가져다가 꿰어 맞추는 식의 사주학은 과감히 정리해야 한다.

사주학의 암적 부분이 바로 이것이다. 귀에 걸고 귀걸이, 코에 걸면 코걸이식 사주학! 그리고는 자신들이 도사요, 전문가요, 책을 저술한 사람이요 하면서 무슨 일들을 하는지 알 수가 없다. 심지어는 사회의 도덕적 규범까지 깨뜨리는 말을 해대는 자칭 대가도 있다.

말을 하다 보니 엉뚱한 데로 흘러갔다. 어쨌든 사주학에 관심 있는 분들이 옥문관에 오셨다는 점에 감사드리고 가까운 시일 안에 한 번 만나서 좋은 대화도 나누고 사주학에 대한 깊이 있는 토론도 하는 좋은 만남의 시간을 가질 수 있기를 바란다.

이제 본론으로 들어가서 주요 방법과 구체적인 활용법에 대해 이야기하기로 한다. 단, 상담의 주요 기법의 활용은 기본적으로 상담가의 자질과 태도, 여러 방법의 바탕이 되는 이론적 배경을 충분히 이해한 후에 활용돼야 한다. 특히 운명학에 대한 자신의 전공(사주학 등)에 대한 전문적 실력이 없이는 결코 운명 상담을 해서는 안 되는 것이다.

이러한 전제조건이 충족되지 않은 채 운명을 보는 방법 몇 가지와 상담의 기법만을 함부로 사용한다면 만병통치약에만 집착하는 돌팔이 의사나 오직 남의 운명을 족집게처럼 찾아 헤매는 사람들과 다를 게 없다고 하겠다. 특히 상담의 기법은 상담가의 개성과 상담 상황에 따라 다양할 수밖에 없다. 그러므로 여기에 소개되는 것들은 가장 인정받고 있는 기법들이므로 사주학이든 관상학이든 기타 운명학, 즉 자신의 전문 분야에 수준 있는 학습과 수련 과정을 거치신 분들만이 사용해야 한다는 점을 분명히 밝혀 둔다.

▌운명 상담의 시작은 어떻게 하는가?

상담가가 내방객을 만날 때의 첫 과제는 신뢰감을 형성하는 일이 가장 중요하다. 처음부터 기법의 적용보다는 우선 수용적이고 온화한 태도로써 내방객에게 부드럽게 관심을 나타내 보이는 것이 무엇보다 중요한 것이다. 이렇게 상담가의 태도가 내방객에게 보여져야만 내방객도 상담가를 믿고 편안한 기분으로 이야기할 수 있게 됨은 물론이고 자연스러운 상담을 할 수 있는 것이다.

여기서 문제가 되는 것은 내방객은 상담가를 준성인이나 도사급으로 생각하고 자신의 운명을 모두 이야기해 주고 나서 무슨 일로 왔는지까지도 알고 있을 것이라는 생각을 하고 있는 경우가 허다하다. 이러한 생각을 가진 내방객을 상담하게 됐을 때 상담가는 참으로 곤혹스러운 입장에 처할 수가 있는데 다행히 경험이나 어떤 영감 등으로 그 일을 이야기할 수 있는 경우라면 다행이지만 그렇지 못하면 별로 실력도 없는 사람으로 생각하지나 않을까 하는 불안감이 생길 수도 있는데 이는 크게 염려할 필요가 없다.

① 상담은 대개 개인적으로 불안하거나 힘들거나 어떤 문제 등을 다루는 경우가 가장 많다

내방객이 처음부터 자신의 문제나 중요한 점을 충분하게 표현하기 힘들며, 경우에 따라서는 자신이 무슨 일로 왔는지까지 알아맞힐 뿐만 아니라 문제를 해결해 주기를 기대하는 내방객도 있다. 여하튼 아직 확실한 신뢰감이 서지 않은 상담가 앞에서는 더욱 그러할 것이다. 그러므로 상담가는 이런 상황에 있는 내방객을 편안하게 해 줌으로써 상담실에 들어와서 느끼게 되는 어떤 압박감 등을 풀어 주는 것도 중요하다.

예를 들면 가벼운 정도로 날씨 이야기나 오실 때 차량 혼잡 등의 이야기, 상담실의 사진이나 액자, 기타 물건에 시선이 쏠려 있을 때 약간의 설명을 주고받는 정도는 내방객의 불안을 덜어 주는 데에 도움이 될 수 있을 것이다. 이런 식의 이야기를 상담가가 먼저 꺼냈을 때라도 상담가는 길을

터 주고 길을 안내하는 일은 할 수 있어도 그 길을 가는 사람은 본인 자신이라는 것을 알려주는 것이 필요하다.

그러나 이런 이야기들은 길게 하지는 말도록 신경을 써야 한다. "어떤 일이 궁금하셔서 오시게 됐습니까?"라고 서두를 꺼낼 수도 있을 것이다. 이러한 첫말은 상담가의 기호에 따라서 다양하게 나타나겠다.

② 상담에서의 중요한 요인 중의 하나가 상담실의 구조이다.

책상을 사이에 두고 상담을 하게 될 때에 정면으로 마주 보게 되면 형사가 취조하는 것 같은 분위기가 될 수 있다. 그렇다고 너무 가까이서 마주 보게 된다면 내방객은 불편한 감정에 놓일 수가 있다. 그러므로 상담가는 가장 효과적인 상담실의 배치가 필요함을 알고 구조를 잘 맞춰야 할 것이다.

내방객이 햇빛이나 전등불이 마주 보이는 자리에 앉지 않도록 해야 하고 창문으로 밖을 내다보는 곳도 피해야 하며 가능하면 커튼으로 창문을 가리는 것도 좋을 것이다. 또한 내방객의 의자를 편안한 의자로 하는 것이 좋다. 상담가는 안락한 회전의자에 앉고 내방객은 딱딱한 의자에 앉히는 우를 범해서는 안 되는 것이다.

③ 상담가, 특히 운명 상담가는 사람을 도울 수 있는 특별한 능력이 있다는 인상을 주기 쉽다

이것은 효과적인 상담에서는 방해가 될 수도 있기 때문에 이는 탄력성 있게 해야 한다. 때로는 도인이나 준성인에 가까운 존재로 보여져야 할 경우가 분명히 있다. 그러나 그건 아주 특별한 상황일 때에 한해서이다.

가능하면 상담은 자연스러운 대화 관계에 의해서 이루어지며, 다른 점

은 문제 해결과 인간 운명에 대해 고도의 전문성을 띄고 있기에 그 사람을 위해 할 수 있는 일이 있다는 점이다. 즉 그 사람의 운명에 많은 도움을 줄 수 있다는 점이다. 이는 어떤 형태로든 이 일을 해 보신 분들은 알고 있는 일이다.

그렇기 때문에 상담에 대한 내방객의 기대나 생각을 물어보고 필요에 따라서는 상담이 신비한 것도 없으며 운명의 평가와 감정, 생각의 탐색, 정리, 자신과의 직면 등을 하도록 도와주는 전문적 과정임을 알기 쉽게 이야기해 줄 필요가 있다.

④ 흔히 운명 상담 후에 그 내용을 서로 주고받으며 일반 장소에서 실례로써 이야기하는 경우가 많다

이것은 참으로 어이가 없는 일이며 만약에 당사자가 알았을 경우 참기 어려운 일일 것이다. 여하튼 비밀은 보장돼야 하며 상담가는 내방객에게 개인적인 모든 내용은 비밀에 붙여지고 있다는 사실을 처음부터 말해 주는 것이 좋을 것이다.

상담 내용을 공개하는 경우는 없어야 하며 전문가들의 연구 모임이나 학술 자료로 사용하게 될 경우 아주 신중하게 익명을 사용해야 하며 어떠한 이유로도 평가 연구 자료를 일반 공개를 해서는 결코 안 된다. 통계 자료나 임상 자료를 공개하는 경우는 전문가 수준의 학문 연구 시 조심스럽게 사용할 수는 있겠다. 단 학문 연구 모임에서 연구 자료로 사용해도 좋다는 동의가 있다면 공개 토론을 할 수는 있겠으나 이러한 때에도 신중해야 한다.

▎반영

내방객에 의해서 표현된 기본적인 태도나 주요 감정을 새로운 용어로 정리해 주는 것이다. 내방객의 말을 그대로 되풀이하거나 그 내용을 반영하는 것이 아니라 그 밑바탕에 흐르고 있는 감정을 파악하는 것이 중요하다.

반영에는 느낌 반영, 감정 반영, 태도 반영의 세 가지가 있다.

① 느낌의 반영

내방객의 느낌을 반영한다는 것은 언어에서 표현된 기본적인 태도, 주요 감정의 내용을 상담가가 새로운 용어로 부연해 주는 것이다. 이렇게 함으로써 내방객 자신의 이해를 도와줄 뿐 아니라 내방객 자신이 이해를 받고 있다는 감정을 갖게 된다. 이때 주의할 것은 내방객이 한 말을 그대로 반복하는 식으로 반영해 주면 내방객은 자신의 말이 어딘가 잘못된 부분이 있지나 않을까 하고 생각할 수 있으며 상담가의 그러한 표현에 오히려 부담감을 느끼게 될 것이다. 그러므로 다른 말을 사용하여 관심을 가지고 이해한다는 태도를 보여야 한다.

사람의 감정에는 표면 감정과 내면 감정이 있는데 이것은 강물과 같다고 할 수 있다. 그러므로 상담가는 내방객의 감정을 반영함에 있어서 강물결처럼 표면의 물결(감정)과 물 속의 흐름(감정)을 정확히 파악하여 내방객에게 전달해 줘야 한다. 이렇게 내방객의 말 속에 있는 주요 감정을 놓치지 않고 반영해 주려면 상담가의 수준 높은 감수성이 요구되는바 이것은 감수성 훈련을 통해 자질을 길러야 하는 것이다.

내방객은 자신의 감정을 "그런 것 같다", "그런 것처럼", "사람들이" 등의 표현을 사용하며 자신과 분리된 것처럼 말하는 것이 보통이다. 이렇게 자신의 느낌의 소재를 애매하게 표현하는 경향은 하나의 방어기능을 나타내는 것이고 상담 초기에 흔히 나타나는 현상이다.

이러한 자신의 느낌에 대한 회피는 자신에 대한 이해를 방해하는 커다란 느낌을 반영해 줄 필요가 있다. 가령 "당신은 ○○을 느끼고 있는 것 같군요?", "당신은 ○○을 생각하고 있는 것 같습니다"라는 식으로 내방객이 표현한 느낌이나 생각이 바로 자신의 것으로 생각되도록 이끌어 주는 것이 필요하다. 이것이 바로 반영의 초점인 것이다. 이와 같이 반영은 정보제공이나 해석이 시작되기 전인 상담 초기에 많이 사용되는 기법이다.

상담가는 바람직하지 못한 행동들을 변화시키려는 내방객의 노력을 돕는 것이라는 사실을 잊어서는 안 된다. 이러한 변화의 노력은 주로 내방객의 느낌을 탐색하고 명료화하는 데서 시작된다고 볼 수 있다.

그런데 느낌은 개인적인 생각이나 지각과정에 의해서 생긴다. 다시 말해서 내방객이 어떻게 느끼느냐를 결정한다고 말할 수 있다. 이런 생각과 지각 내용은 자신의 경험, 감정과 운명적 요인에 의해서 영향을 받는다. 이런 것들은 다시 생각이나 지각에 영향을 많이 준다. 때문에 반영적 기법은 느낌뿐만 아니라 경험, 생각, 행동도 그 대상으로 삼게 마련이라는 것이다.

② 감정 반영

상담가들이 반영적 기법을 익히기 위해서 인간의 주요 감정을 분류해서 생각하는 것이 크게 도움이 된다. 대체적으로 인간의 느낌이나 감정은 크게 세 가지의 범주로 나눌 수 있다. 그것은 정적인 것, 부정적인 것, 그리고 정·부정의 병존적인 것으로 나누어진다.

· 정적인 느낌은 개성을 발휘하는 방향의 것이다.

· 부정적인 느낌은 일반적으로 개성을 구속하거나 자기 파괴적인 성질의 것이다.
· 정·부정의 병존적인 느낌은 같은 시간, 같은 대상에게 둘 혹은 그 이상의 대조적인 감정들이 공존하는 경우이다.

상담을 하다 보면 내방객의 대인관계 감정 속에 이러한 모호하고 양면적인 느낌이 깔려 있는 사례를 많이 접하게 된다. 상담가는 이렇게 서로 일치하지 않는 감정 상태를 반영하여 내방객에게 반영해 주는 것이 중요하다. 그럼으로써 내방객은 같은 대상에게 갈등적인 감정과 태도가 있음을 자각하도록 반영해 줌으로써 내면적 긴장의 원인을 덜어주게 되는 것이다.
다음은 정적인 느낌과 부정적인 느낌을 나누어 본 예문이다.

〈정적인 느낌〉
행복, 자존심, 안심, 사랑, 만족, 낙관주의, 자신감, 온정 등이다.

〈부정적인 느낌〉
죄의식, 혐오감, 후회, 반항, 공포, 거절, 우울, 적대감 등이다.

상담가로서는 이상과 같은 내방객의 일상적인 느낌을 관찰하고 그 미묘한 차이까지 느낄 수 있는 것이 바람직한 것이다. 그러나 이러한 능력은 역시 감수성과 공감능력의 문제인 것이다.

③ 태도(행동) 반영
상담가는 내방객이 말로써 표현하는 것뿐만 아니라 자세, 몸짓, 목소리의 어조, 눈빛 등에 의해 표현되고 있는 것도 반영해 주는 것이 필요하다.

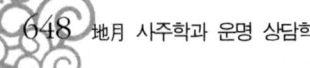

특히 내방객의 언어 표현과 행동 단서(태도)에서 차이나 모순이 보일 때는 다음의 예와 같이 반영해 주는 것이 바람직하다.

상담가 : 당신은 지금 괜찮다고 말하고 있는데 나에게는 초조하게 보이는군요.
상담가 : 당신은 그 여자를 사랑한다고 말하고 있는데 당신은 그 여자에 대해 말할 때 주먹을 꼭 쥐는 것 같은데요.

이와 같이 상담가는 상담 중에 표현된 내방객의 느낌뿐만 아니라 내방객의 행동에서 발견된 것까지 반영할 수 있어야 한다.

④ 반영에서의 문제점

◆ 문구의 사용 문제

상담가가 "당신은 ○○라고 느끼는군요"와 같은 문구를 자주 사용하면 내방객의 귀에 거슬리게 되거나 상담에 대해 염증을 느낄 가능성도 있다. 그래서 다음과 같이 다양한 표현을 사용하는 것이 필요하다.

"그때 당신은 화가 났었겠군요", "당신은 ○○라고 생각하는 것 같습니다", "당신은 ○○라고 믿나 봅니다", "내가 이해하기에는 ○○라고 느껴집니다", "내가 다른 말로 하자면…", "나는 ○○라고 추측이 되는군요", "○○겠군요, 그런가요?" 등과 같이 다양한 표현의 사용 외에도 억양이나 느낌의 정도를 부각시키는 것이 중요할 때도 있다.

내방객 : 어머니한테 질책을 받는 것이 매우 억울했습니다.
상담가 : 어머니한테 추궁을 받고 잔소리(꾸중)를 듣는 것이 정말 억울했다는 말이군요.

◆ 반영의 적절한 시기

그렇다면 언제 어떻게 반영을 하는 것이 가장 적절한가?

상담 초보자들은 내방객의 말이 다 끝나기를 기다렸다가 반영을 하는 경우가 많은데 반드시 그럴 필요는 없다.

상담이 진전됨에 따라 내방객으로부터 많은 느낌이 계속 쏟아져 나오게 된다. 이때 그냥 듣고만 있으면 주요 감정을 지나칠지도 모르기 때문에 의미 있는 느낌에 초점을 맞추기 위해서는 내방객의 말을 중단시켜야 할 필요가 있다. 단, 내방객의 말을 너무 빨리 막아서 내방객의 감정의 흐름을 중단시킬 위험도 있음을 알아야 한다.

◆ 반영할 느낌의 선택

내방객이 표현한 느낌 중에서 상담가는 어떤 느낌을 정확하게 선택해서 적절하게 반영해 주는 것이 문제이다. 만일 반영적 기법을 무분별하게 써서 정확하게 느낌을 반영하지 않았거나 정확하게 반영은 했어도 내방객이 적절하게 처리하지 못하면 상처를 받는 수가 있다.

다음은 상담가가 반영할 때 피해야 할 네 가지 오류를 지적하고자 한다.

첫 번째로 범하기 쉬운 오류는 반영 내용에 관한 것으로 내방객이 사용하는 것과 근본적으로 같은 표현으로 반영시켜 주는 경우를 말한다. 내방객은 이러한 맹목적인 반복을 받아들이지 않고 거부할 가능성이 크다는 것이다.

[예문]

내방객 : 아버지께서는 저에게 늘 판사가 되어 출세를 해야 한다고 말씀을 하셨기 때문에 저는 오래 전부터 법학과를 생각했습니다.

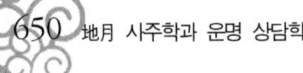

상담가 : 그러니까 아버지께서 자네는 판사가 되어 출세를 해야 한다고 하셨기 때문에 법학과를 가기로 생각했다는 말이지요?

이런 식의 반복적인 반영은 내방객에게 거부감을 불러일으켜 상담을 오래 지속할 수 없게 만드는 요인이 된다. 이러한 경우 반영 기법에 익숙한 상담가라면 다음과 같이 적절하게 했을 것이다.

상담가 : 자네는 아버님 생각에 결코 반대할 생각이 없었기 때문에 아버님 말씀에 그저 따르고 있는 게 아닌가?

이 반영에서는 상담가가 감정의 표면에서 더 들어가 저류에 접하려는 시도를 하고 있는 것이다.

두 번째로 범하기 쉬운 오류는 반영의 깊이에 관한 것이다. 어떤 상담가는 반영을 하는 데 너무 피상적으로 일관하고 또 어떤 상담가는 너무 깊게만 하는 경향이 있다. 반영은 가능하면 내방객의 말에서 표현된 만큼만을 반영하는 것이 바람직하며 너무 깊이 반영을 하면 해석이나 해독이 되고 만다.

[예문]
내방객 : 저는 해외 취업을 가고 싶습니다. 그런데 약혼녀와 약 4년 동안 떨어져 있으면 여러 가지로 힘들 것 같습니다.
상담가 : 당신은 호주로 취업을 할 계획인데 또한 결혼을 하고 싶어 하는 것이지요.

이러한 반영은 너무 피상적이다. 좀더 정확한 표현은 다음과 같다.

상담가 1 : 그러니까 약혼자 없이는 4년 동안이나 일할 수 없다는 이야기이지요.
상담가 2 : 그러니까 약혼자 없이는 4년이 긴 고역이겠군요.

이러한 반영은 너무 깊은 것이어서 내방객 측에서 부인을 하거나 다른 화제로 바꾸기 쉽다.

세 번째 범하기 쉬운 오류는 의미에 관한 것이다. 요컨대 내방객의 말에서 표현된 의미를 첨가하거나 삭제하지 말아야 한다.

[예문]
내방객 : 나는 경리부에서 타자를 치는데 하루 종일 책상에 앉아서 그 일을 계속 할 수가 없어요.
상담가 1 : 당신은 매일 반복되는 일만 하는데 그 일을 좋아하지 않나 보군요.
상담가 2 : 당신은 실내에서 일을 하는 것을 좋아하지 않나 보군요.

첫 번째 반영은 내방객이 말한 의미를 더 첨가한 경우이고, 두 번째 반영은 내방객이 말한 의미를 깎아내린 경우라고 말할 수 있다. 이와 같이 적절한 의미를 적절하게 반영하는 것은 그리 쉬운 일이 아니다. 위의 예처럼 내방객의 참조 체제보다는 자신의 판단 기준에 의해서 반영을 하기 쉬운 것이다.

네 번째 범하기 쉬운 오류는 반영의 문제점으로 지적되는 반영에 사용되는 언어 문구이다.

[예문]
내방객 : 저는 사람들 앞에 서면 말을 잘할 수가 없어요.
상담가 : 그런 열등감은 특히 사람들 앞에서 할 이야기가 있을 때 나타나겠군요.

이 같은 반영은 반영에서 느낌이 없다는 점과 서투른 해석의 지성적 판단인 것이다. 또한 여기서 중요한 점은 내방객에게 상담가가 그를 이해하려고 노력한다는 것을 지각할 수 있도록 이야기하는 게 좋다는 것이다. 이러한 점에서 상담가 쪽의 애매한 표현이 오히려 상담의 진전을 가져오게 할 수 있다.

[예문]
　상담가 : 그래서 당신은 남편이 그렇게 한 것에 대해 화가 난 것인지도 모르겠군요.
　내방객 : 아, 아닙니다. 나는 오히려 그것 때문에 남편이 더 좋아지는 것 같습니다.

▌수용

내방객의 이야기에 주의를 집중하고 있고 수용하고 있다는 것을 보여 주는 기법이다. 내방객이 자신의 문제를 진술할 때 주로 많이 나타내는 "음", "네", "예, 계속하십시오", "이해가 갑니다", "그렇겠군요" 등의 긍정적 언어 표현과 함께 몸짓이나 표정 등의 비언어적 요소도 포함된다.

반영은 "네, 안심하고 말씀하세요", "당신이 실제로 느끼는 바를 표현하는 것은 결코 부끄러운 일이 아니다"라고 말해 주는 셈이 되고 상담가의 수용적 태도를 전달해 주는 셈이다.

수용의 기법은 상담 초기 단계에서 많이 사용하지만 내방객이 자신을 깊이 탐색하고 의미 있는 자료를 고통스럽게 진술하는 상담의 종반기에서도 사용되는 경우가 있다.

◆ 수용의 4가지 요소

수용에는 4가지 요소들이 있으며 이들은 다 관찰될 수 있는 상담가의 행동 단서라고 볼 수 있다.

첫 번째 요소는 내방객에게 시선을 주는 주목 행동이다. 내방객에 대한 지속적인 시선은 상담가가 내방객을 수용하며 주의를 기울이고 있다는 사실을 암시적으로 전달하는 것이다.

두 번째 요소는 상담가의 안면 표정과 고개를 끄덕이는 행동이다. 상담가는 자신 얼굴에 진실한 관심을 나타내야 한다. 관심이 있는 척 가장을 한다면 예민한 내방객들은 상담가의 관심이 가식임을 금방 알아차리게 될 것이다.

세 번째 요소는 상담가의 어조와 억양이다. 내방객은 상담가의 어조와 억양을 단서로 자신의 이야기를 받아들이고 있는지 아닌지 알아차린다. 여기서 중요한 것은 말의 속도인데 내방객이 따라가기 어려울 정도로 빨리 말한다면 무관심하다는 인상을 주게 된다. 혹은 상담가가 거드름을 피우는 목소리로 이야기를 한다면 감수성이 둔하다는 인상을 내방객에게 주거나 상담을 자신 마음대로 이끌고 통제한다는 인상을 줄 수도 있다.

네 번째 요소는 내방객은 상담가의 작은 행동에 대해서도 예민하다는 것을 잊지 말아야 한다. 가령 상담가가 하품을 하거나 다리를 꼬았다 풀었다 하거나 의자를 꽉 잡는 것 등은 내방객에게 거절이나 무관심의 표현으로 전달되기 쉽다.

이와 같이 수용 기법들은 극히 사소한 것처럼 보이지만 결코 무시해서는 안 될 중요한 요소들이다. 만약 앞서 말한 것들을 소홀히 한다면 상담 진전에 장애를 초래할 것이다.

▎구조화

구조화라는 것은 상담가의 입장에서 상담 진행의 성질, 조건, 제한점, 목적 등을 제시하는 것이다. 즉 내방객에게 상담의 방향이나 전체적 형태를 제공하는 것이다. 예를 들면 시간, 행동, 역할 등의 제한 범위를 분명히 함으로써 효과적인 상담을 수행하는 것(방법)이다. 이러한 의미에서 상담이 하나의 여행이라면 구조화는 그 여행의 방향을 알리는 노선 표시에 비유될 수 있다. 내방객은 자신이 지금 어디에 있는지 상담가가 어떤 사람인지 그리고 자신이 왜 현재와 같은 방식으로 이야기를 하고 있는지 분명히 이해할 필요가 있다.

상담의 구조화에는 2가지 종류가 있다고 볼 수 있다.

첫째는 암시적인 구조화로서 이미 알려진 상담가의 역할과 내방객이 처해 있는 상황이 자동적으로 상담 관계에 어떤 구조를 가하게 되는 것이다.

두 번째 것은 정규적인 구조화로서 내방객에게 상담과정에 의도적으로 설명하고 제약을 가하는 것이다. 상담에서는 내방객이 자유롭게 자신의 행동과 결정을 하는 게 원칙이지만 어느 정도의 참조 체제가 필요한 것이다. 요컨대 구조화는 상담에서의 성취 가능한 범위와 제한점에 관해 내방객을 교육하는 것이라고 볼 수 있다.

구조화의 일반 원칙은 첫째로 상담가와 내방객이 서로 편안하도록 최소한도로 줄여야 하며, 둘째로 구조화는 적절한 시점에서 이루어지되 결코 내방객을 처벌하는 식이 돼서는 안 되고, 셋째로 면담시간 약속, 내방객의 행동규범에 관해서는 구체적으로 정해져야 한다는 것이다.

① 충분하지 못한 구조화는 어떤 작용을 일으키는가?

상담관계는 분명 하나의 전문성이 개입된 특별한 사회적 상황이다. 그러므로 정서적으로 편치 않고 불안한 내방객은 상담에서 자신의 공개, 자신의 이해 문제의 직면 등에 대해 불안감이나 방어적인 태도를 곧잘 취한다.

이러한 상황에서 상담가가 적절한 구조를 제공하지 않으면 내방객은 상담가를 지나치게 의존하거나 또는 상담가가 자신의 문제에 적극적이지 않다는 느낌을 갖게 된다. 결국 자기 자신에 대한 방어와 문제만 노출될 것이라는 생각에 상담을 꺼리게 되고 다음에는 상담실을 찾아오지 않게 될 것이다. 그렇기 때문에 구조화는 상담이 족집게처럼 알아맞히는 것이라거나 신비적 비법이 있다거나 즉각적으로 도움을 주고 부드럽게만 진행되는 대화라거나 정확한 평가와 해결책을 줄 것이라는 식의 내방객의 기대를 바로잡아 주는 작용은 구조화에 의해서 이루어져야 한다.

구조화는 그 방법이 상담의 목적은 아니며 상담을 잘 이끌어 가고 방향 설정을 하는 데 필요한 방법으로써 그 의미가 있음을 알아야 한다.

② 구조화에서 시간제한은 필요하다

상담에서 처음에 시간과 요금을 조심스럽게 내방객에게 알려주는 것이 좋다. 그러면 주어진 시간 내에서 내방객은 자신의 문제를 가능한 한 많은 것을 해내려고 할 것이다.

또 한 가지는 장기적 상담이 필요한 경우 충분히 사전 협의가 필요하며 이때 상담 결과에 대해서 미리 말해 준다든지 어떤 약속을 하는 것은 상담가의 윤리에도 어긋날 뿐만 아니라 오히려 내방객은 그러한 기대를 계속하게 됨으로써 상담에 장애가 될 수 있다는 것을 알아야 한다. 그러나 상담가는 긍정적인 태도로 자신감을 갖고 상담에 임하는 것이 좋으며 이것은 상담 과정을 촉진하는 요인이 된다.

상담에서 상담가는 자신의 역할에 대한 구조화가 필요하며 내방객의 역할에 대한 구조화도 알려 줘야 하며, 과정이나 목표에 대한 구조화도 필요한 것이다.

▎경청

말을 하지 않으면서 상담에 적극적으로 참여하는 것이다. 침묵의 효과적인 처리로써 내방객이 적극적으로 상담과정에 참여하게 하고 또 자신의 이야기에 대해서 생각할 여유를 주고 통찰의 기회를 제공한다.

상담가가 내방객에 대해 경청을 한다는 것은 간단하거나 쉬운 일이 아니다. 먼저 상담가의 경청 행동의 구성 요소를 살펴보자.

첫째, 시선을 통한 상담가와 내방객의 접촉을 들 수 있다. 다른 사람을 주목하는 것은 그에게 관심을 가지고 있음을 알리는 효과적인 방법이다. 그렇다고 고정적으로 응시할 필요는 없다. 상담가는 내방객에게 진지한 관심을 가지고 자연스럽게 눈길을 보내면 되는 것이다. 즉 상담가는 내방객에게 보내는 눈길에서 "당신을 이해한다"라는 뜻을 전달해야 하는 것이다.

이때 상담가는 내방객에게 어느 정도의 거리를 두는 것이 좋은가를 고려할 필요가 있다. 그러므로 내방객과 너무 가까이서 시선이 교환되면 내방객이 불편해 하는 경우가 있다. 그렇기 때문에 내방객이 시선을 받을 때 불편해 하거나 긴장을 하는지 살펴야 한다.

둘째, 상담가의 자세이다. 일반적으로 상담가는 편안한 자세로 내방객 쪽으로 약간 몸을 기울이는 것이 좋다. 상담가의 자세가 이완돼 있지 않고 긴장돼 있으면 내방객을 주목하지 못하고 상담가 자신을 더 의식하게 될 수 있다. 또한 상담가의 긴장은 내방객에게도 긴장을 유발할 가능성이 크다.

셋째, 상담가의 몸짓이다. 상담가는 몸짓을 통해 내방객에게 뜻을 전달한다. 만일 상담가가 손을 거칠게 흔들거나 팔짱을 낀다면 내방객에게 거만하게 비칠 수 있다. 상담가는 자신의 자세와 몸짓이 어떤 의미를 전달하는지 주목하고 이것이 자신이 의도한 것인지를 분명히 파악해야 한다.

넷째, 상담가의 언어 행동이다. 상담가의 언어 행동은 내방객의 진술의 흐름에 따라야 한다. 경청을 함으로써 빗나간 질문을 하거나 내방객의 뜻과는 다른 방향으로 대화를 이끌지 않게 된다. 또한 내방객이 표현한 의미에 새로운 것을 덧붙이지 않게 된다. 대신 내방객이 말한 의미를 언급하거나 구절을 반복하여 표현해 줌으로써 내방객의 생각을 확인하고 거기에 초점을 맞추도록 한다.

가령 "당신이 말하고 있는 바를 알겠습니다", "당신이 어떤 일을 겪었는지 이해하겠습니다", "그 점이 결국 문제였군요" 등의 말은 상담가가 경청하고 있었음을 내방객에게 확인시켜 주는 것이다.

내방객의 말과 행동에 경청을 하는 것은 상담을 성공적으로 이끄는 중요한 요소이다. 내방객은 상담가가 경청하는 것을 좋아한다. 경청은 내방객이 생각이나 감정을 자유롭게 표현할 수 있도록 북돋워 주며 자신의 방식으로 문제를 탐색하며 상담에 대한 책임감을 느끼게 한다. 그리고 일상 대화에서의 경청과 다른 점은 선택적이라는 점이다. 즉 선택적으로 주목함으로써 내방객이 특정 문제에 대해 탐색하도록 한다.

예컨대 내방객이 과거 경험을 장황하게 늘어놓는 경우 과거의 사건들에 대한 지금의 느낌에 주목하도록 하는 것이 바람직하므로 내방객이 자신의 감정에 대해 말을 할 때는 경청을 하고 다른 때는 주목하지 않는다.

효과적인 경청 기법을 요약하면,

① 내방객이 말을 할 때 눈길을 보냄으로써 그와 함께 하고 있음을 알린다.
② 상담가가 관심이 있음을 나타내는 자연스럽고 이완된 자세를 취한다.

③ 내방객의 말을 가로막는다든가 내방객의 발언 중에 질문을 던지거나 새로운 문제를 제기하지 않도록 한다.

▌요약

운명 상담에서의 요약은 심리상담에서의 요약과는 차이가 있다. 운명 상담에서의 요약은 상담 중에 나타난 운명 감정에 대한 요약과 상담 중 내방객에 의해서 나온 말의 내용뿐만 아니라 감정, 그가 한 말의 목적, 시기, 효과에 대해서 주의를 기울여 상담이 끝날 무렵 하나로 묶어 정리하는 것이다. 요약의 기본은 그동안 나타난 운명적 부분과 대화의 내용과 감정들의 요채 그리고 일반적인 줄거리를 잡아내어 정리하는 것이다.

운명적 요약은 현재 내방객은 어떠한 운명적 작용에 의해서 어떻게 되어 왔으며, 현재는 어떠하고, 앞으로 어떻게 될 것이며, 어떠한 문제들이 나타날 가능성이 있는가 등을 알 수 있다. 이러한 것에 대해 "내방객의 감정이나 느낌은 ○○하다고 했으며, 앞으로 어떻게 해야겠다고 했는데, 운명적으로 나온 부분과 본인의 생각과 ○○러 하네요" 등의 식이다.

요약의 주목적은 내방객이 미처 의식하지 못한 점을 학습시키고 문제 해결의 과정을 밝히면서 자신의 생각과 느낌을 탐색하도록 돕는 것이다.

상담 시작부터 끝까지의 내용을 요약하는 것은 상담의 연속성을 확실하게 한다. 가능하면 내방객이 스스로 요약(하도록 돕는 것)하는 것이 좋다. 내방객이 스스로 요약을 하면 내방객이 이 상담에서 얼마만큼 이해를 했는가를 알 수 있으며 요약을 함으로써 더욱 자신에 대한 책임감을 느낀다.

예를 들면 "지금까지 말한 것을 종합해 볼까요(보시죠)?", "오늘 상담에서 서로 대화한 것을 다시 보도록 하죠. 전체적으로 어떤 이야기를 했다고 생각하시는가요?" 등으로 내방객이 요약을 하도록 요청할 수도 있다.

요약의 과정에서,

첫째, 내방객의 말 중에서 중요한 내용과 감정에 주의를 기울인다.

둘째, 파악된 주된 내용과 감정을 종합해서 전달한다.

셋째, 상담가 자신의 새로운 견해를 보충하지 않고 상담가가 요약하는 것이 좋을지 내방객이 요약하는 것이 좋을지를 결정한다.

넷째, 운명을 감정한 내용을 이야기할 때 가장 주목했던 부분과 감정의 표현이 있었던 부분을 요약해야 한다. 요약은 해석의 전 단계라고 말할 수 있으며 요약과 해석은 병행되는 경우가 많다.

(6) 상담 시의 질문

운명 상담 시에 상담가들은 때때로 전혀 질문 없이 내방객의 운명을 잘 알아맞히고 현재 내방객의 심정까지도 알아내는 경우가 있다. 그러나 이것은 극히 드문 예이고 상담을 진행하면서 질문은 여러 차례 나오게 되는 것이다. 또 어떤 상담가는 상담 시에 질문을 통한 탐색에 의해서 더 깊이 알고 이해하고 문제 해결을 하는 것으로 알고 있는 경우도 많다. 그러나 어떤 질문을 어떻게 하느냐가 매우 중요한 것이다. 상담에서의 여러 가지 질문은 반드시 유용한 것은 아니다. 즉 질문의 효과는 한계가 있는 것이다.

우선 상담가가 너무 많은 질문을 하면 내방객은 오히려 불안감이 생기며 위축감을 느끼게 된다. 어떤 경우는 내방객이 대답할 수 없는 질문을 하거나 심지어는 답변을 원하지도 않으면서 질문을 해놓고 답변할 때는 듣지도 않는다면 커다란 문제인 것이다. 원칙적으로는 질문에 대한 답변을 얻는 식으로 상담을 시작하거나 더 많이 질문을 함으로써 더 많은 답변을 얻겠다는 식으로 상담을 하는 것은 전혀 내방객의 문제 해결에 도움이 되지 않는다.

많은 질문은 자칫 내방객에게 어떤 방향이나 좋은 해결책 등을 제기하지 않은 채 상담가는 질문만을 하고 내방객은 답변만 하는 식으로 생각하게 만들 수 있다. 즉 내방객은 질문을 받으면 답변을 하고 상담가의 질문이 없으면 입을 열지 않게 되는 상황이 생길 수 있다는 것이다. 이렇게 되면 내방객의 감정과 마음이 열리는 것이 아니라 닫혀버리고 말 것이다.

또한 질문 답변의 형식을 취함으로써 상담가는 보다 높은 위치에 있는 사람이며 또 많이 아는 것만이 중요한 것으로 내방객에게 잘못 알려 주게 되는 셈이다. 내방객이 이런 굴욕적인 대우를 달게 받을 이유가 있다면 그것은 단지 자신의 문제를 상담가가 해결해 주기를 바라고 있거나 상담가가 자신을 도와줄 방법은 오직 질문과 답변의 형식일 뿐이라고 믿고 있기 때문이다. 그러나 실제로는 내방객에 대한 상담가의 탐색 욕구나 좋게 보아서 이해하고자 하는 동기가 겨우 충족될 뿐이다.

그리고 꼬치꼬치 질문을 하고 또 많은 답변을 얻고 나서도 내방객을 도울 수 없다면 애당초 상담가가 질문을 할 하등의 권리와 자격이 있는지조차 의심스러운 것이다. 내방객의 답변을 들은 상담가는 문제에 대한 해결안을 제시하고 상담가 자신의 판단을 말해 줘야 할 의무를 느껴야 한다.

설혹 상담가가 하는 여러 가지 질문을 내방객이 참고 견딜 준비가 되어 있다고 할지라도 이러한 질문 답변 형식이 결코 바람직하다고 할 수 없다. 그 이유는 질문 답변 형식이 따뜻하고 긍정적인 관계가 발전될 수 있는 분위기나 내방객 자신의 장단점을 발견하여 보다 성장할 수 있는 기회를 조성할 수 없기 때문이다.

그러면 어떠한 때에 질문을 해야 효과적일까?

첫째, 상담가는 우선 자신이 질문하고 있다는 사실을 의식하고 있어야 한다.

둘째, 상담가는 자신이 질문하는 것이 과연 바람직한 것인지를 재고해야 한다.

셋째, 상담가 자신이 할 수 있는 여러 가지 질문이 무엇이며 그 중에서 스스로 즐겨 쓰는 질문의 유형을 검토해야 한다.

넷째, 다른 방법으로 질문을 할 수 있는지 연구해야 한다. 또한 상담가는 자신이 기탄없이 질문을 하고 있는지 혹은 자신의 질문이 내방객에게 어떤 의미를 전달하는지 파악해야 한다.

▍개방적 질문과 폐쇄적 질문

상담에서의 질문에 대해 구체적으로 논해 보기로 하자. 먼저 개방적 질문과 폐쇄적 질문을 알아보기로 하자.

개방적 질문은 보다 포괄적인 데 반해 폐쇄적 질문은 범위가 좁고 한정돼 있다. 개방적 질문은 내방객에게 모든 길을 터놓고 있는 데 반해 폐쇄적 질문은 내방객에게 어떤 특정한 답변을 요구한다. 개방적 질문은 내방객의 시야를 넓히도록 하는 데 반해 폐쇄적 질문은 그렇지 못하다. 개방적 질문은 내방객의 관점, 의견, 사고, 감정까지 끌어내는 데 반해 폐쇄적 질문은 오로지 명백한 사실만을 요구한다.

다시 말하면 개방적 질문은 촉진 관계를 열어 놓는 반면 폐쇄적 질문은 그것을 닫아놓게 되는 것이 보통이다.

[예시]
개방 : 시험이 끝나고 나서 기분이 어땠습니까?

폐쇄 : 자네는 시험이 끝나서 기분이 좋았지? 안 그래?
개방 : 지난주에 무슨 일이 있었습니까?
폐쇄 : 오늘은 지난주와는 달리 기분이 안 좋아 보이는데 혹시 기분 나쁜 일이 있었습니까?
개방 : 당신의 친정 동생이 무척 귀여워 보이던데 당신은 그 동생을 어떻게 생각하십니까?
폐쇄 : 내 생각에는 당신이 친정 동생을 좋아할 것 같은 생각이 드는데 그렇습니까?

이상의 질문들 중에서 상담가는 자신의 경우라면 어느 쪽 질문에 더 대답하고 싶은지를 생각해야 할 것이다.

다음 문제는 내방객이 하는 답변의 방향을 암시하고 있는 질문이 있다. 이런 형태의 질문은 내방객에 대한 정보를 얻는 데 방해가 된다. 왜냐하면 내방객이 할 답변을 상담가가 함부로 만들어 주는 식이 되기 때문이다. 그래서 폐쇄적 질문보다도 더 바람직하지 못하다.

폐쇄적 질문은 내방객에게 적어도 답변의 내용을 암시하지는 않는 데 비해 여기서는 질문 속에 이미 답변의 방향이 제시돼 있으므로 내방객 스스로 생각하고 답변을 하기가 힘들어지는 것이다.

[예시]
"어머니도 그런 이야기를 들으시면 분명히 나같이 느끼실 거예요?"
"그렇지 않을까요?"
"그런 친구들과 사귀지 않는 것이 좋을 거야."
"누구나 그 학생들의 품행이 어떤지 알고 있을 정도니까. 안 그래?"

이러한 질문은 일정한 답변을 요구한다는 점에서 폐쇄적 질문과 비슷하기는 하지만 미묘한 차이가 있다. 이런 질문은 내방객이 상담가에게 동의하도록 유도하고 있는 것이다. 만약 내방객 쪽에서 상담가의 권위나 감정에 맞설 준비가 되어 있지 않은 경우에는 별수 없이 상담가의 유도 질문에 동의하게 된다.

[예시]
"아버지에 대한 이야기는 진심이 아니지. 자네도 아버지가 자네를 사랑하고 있다는 것을 잘 알고 있지. 안 그래?"
"학생이 말은 그렇게 하지만 기성세대들을 다 싫어하는 것은 아니겠지. 그렇지 않나?"
"우리들은 연령의 차이가 있을 뿐이지 모두가 한 핏줄이니까. 그렇게 생각 안 해?"

이와 같은 질문이 우스꽝스럽게 들릴지도 모른다. 그러나 우리는 이런 질문을 흔히 듣고 있다. 심지어 이런 질문이 바람직하지 못하다는 것을 아는 상담가들까지도 자신도 모르게 이런 질문을 한다.

▎직접 질문과 간접 질문은 중요하다.

직접 질문과 간접 질문을 구분할 필요가 있다.

문자 그대로 간접 질문은 넌지시 물어보는 것임에 반해 직접 질문은 직선적으로 물어보는 것이다. 앞에서 말한 개방적 질문을 간접적으로 이야기함으로써 개방적으로 만들 수 있다. 간접 질문은 끝에 물음표가 없는 것이 보통이다. 그럼에도 불구하고 분명히 질문을 하는 것이고 내방객의 답변을 구하고 있는 것이다.

다음은 직접 질문이 간접 질문으로 바뀌어진 예이다.

"낮에 일하고 밤에 공부하는 것은 고된 일이다. 그렇지 않습니까?"
"낮에 일하고 밤에 공부한다는 것은 확실히 고된 일일 겁니다."

"당신은 그런 상황에 대해 어떻게 생각하십니까?"
"당신이 그런 상황에 대해 어떻게 생각을 하시는지 궁금합니다."

"지금까지 상담을 시작해서 ○○한 것을 이야기했는데 지금까지 한 이야기 말고 하고 싶은 이야기가 더 없습니까?"
"우리가 지금까지 함께 ○○한 것에 대해서 이야기했는데 그밖에 다른 것에 관해 하고 싶은 이야기가 있을 것 같은데요."

"회사 측의 그런 방침에 대해서는 어떻게 생각을 하십니까?"
"회사 측의 그런 방침에 대해 여러 가지 생각이 드실지도 모르겠군요."

위에 인용된 간접 질문의 일부 혹은 전부가 질문이라고 할 수 없을지도 모른다. 그러나 질문이 질문처럼 느껴지지 않을수록 더 좋은 질문이며 간접 질문은 관심을 보여주면서도 질문처럼 들리지 않는다는 점에서 가치가 있는 것이다.

▎이중 질문을 하지 말아야 한다

이중 질문은 상담에서나 다른 면담 관계에서도 결코 도움이 되지 않는다. 이중 질문은 기껏해야 내방객에게 양자택일을 하게 할 뿐이고 최악의 경우에는 흔히 두 가지 질문을 동시에 포함하고 있기 때문에 내방객 쪽에서 두 질문 중 어느 쪽 답변을 해야 할지 모르게 된다. 그리고 상담가 쪽에서도 내방객의 답변이 어느 질문에 대한 반응인지 모르게 되는 경우가 생긴다. 이중 질문의 예를 들어보기로 하자.

"운명 감정만 하겠습니까? 아니면 상담을 받으시겠습니까?"
"차를 드시겠습니까? 아니면 커피를 드시겠습니까?"
"어머니와 아버지 중 어느 분과 더 대화가 잘 됩니까?"
"오늘 공부 문제와 교우 문제 중에서 어느 쪽을 이야기하고 싶습니까?"

이런 식의 질문은 내방객이 더 이상 선택할 여지가 없다고 판단될 때에는 무방하다고 여겨질 수 있다. 그러나 상담가의 그런 판단은 내방객을 잘 알기 때문에 가능한 것이더라도 결코 타당하다고는 할 수 없다. 왜냐하면 내방객 쪽에서 다른 것을 선택할 여지가 없기 때문이다. 또 내방객이 이미 마음을 바꿨거나 바꾸고자 할 수도 있기 때문이다.
다음의 예문들이 이중 질문을 피해야 하는 이유를 잘 입증해 주고 있다.

상담가 : 너는 어젯밤 숙제를 끝내지 않고 TV를 보았니? 아니면 어머니가 네 방에 돌아가 계속 공부하도록 지시했니?
내방객 : 어머니는 어젯밤에 아버지와 외출을 했었습니다.
상담가 : 나와의 상담이 도움이 된다고 생각하나? 그리고 네 자신에 대해 더 많이 이해하게 됐다고 믿니?
내방객 : 뭐라고 말씀드릴 수가 없는데요.
상담가 : 어제 오후 학생들 간에 조직적인 움직임이 있었지? 자네도 거기에 참가했었나?
내방객 : 몇몇 친구 녀석들이 저를 찾아왔더군요.

이상의 예들은 너무 극단적인 것인지도 모른다. 그러나 상담가로서는 결코 두 개의 질문을 통해서 충족시킬 만한 내방객의 답변을 얻을 수 없음을 명심해야 할 것이다.
두 가지 이상의 질문을 모두 물어볼 필요가 있으면 하나씩 따로따로 물어봐야 할 것이다. 그렇게 하지 않으면 내방객은 아무것도 대답하지 않거나 위의 예에서 볼 수 있듯이 제멋대로 답변을 하게 될 것이다.

▎질문 공세의 문제점

질문 공세는 앞에서 말한 이중 질문보다도 더 불합리하고 상담을 그르치게 하는 것이다. 때로는 상담가의 질문 공세가 내방객을 향해 휘두르는 흉기로까지 잘못 사용되기도 한다. 설사 지나치게 사용되지 않는다 하더라도 상담의 신뢰 관계나 서로 터놓고 문제를 검토할 수 있는 면담 분위기를 조성하지는 못한다. 극히 드문 예이기는 하지만 내방객의 문제가 잘 파악되지 않음으로써 생긴 자신의 당혹감이나 불안을 감추기 위해서 질문 공세를 펴는 경우도 있다.

"어째서 왜 대답을 안 하지요?"
"생각할 시간이 더 필요한가요?"
"뭐라고 더 할 말이 없습니까?"
"나의 뜻을 분명하게 밝히지 않았던가요?"
"내가 지금 사태가 어떻게 되고 있는지 모른다고 생각하십니까?"
"물어 보는 걸 그만 둘까요? 잠시 혼자 있고 싶습니까?"

이런 경우 상담가는 자신이 불안해서가 아니라 대답을 잘 하지 않는 내방객이 반응하도록 하려는 것이라고 변명을 할지도 모른다. 그러나 이런 식의 질문 공세가 내방객을 도와주는 데 별로 효과가 없음이 분명하다.

다음은 위와 같이 한꺼번에 질문 공세를 편 것이 아니라 여러 번에 걸쳐서 질문 공세를 한 경우이다.

상담가 : 그래, 졸업을 못하고 학교를 떠나게 됐다지. 앞으로 어떻게 할 작정인가?

내방객 : 잘은 모르겠다. 선생님도 짐작하시겠지만….

상담가 : 무슨 직업을 가져야 한다는 생각은 안 해 봤나?

내방객 : 글쎄요, 이것저것 생각해 봤습니다만 신통한 게 없어요.

상담가 : 그래, 운전을 배우거나 자동차 기술학원 같은 데를 다녀볼 생각은 해 봤나?

내방객 : 저는 용접기술을 배워볼까 생각한 적이 있습니다. 그런데….

상담가 : 좋아요. 그러면 지금 흥미를 갖고 있는 게 뭐지?

내방객 : 장사를 하는 것이 어떨까 하고 생각 중입니다만….

상담가 : 지금 나이는 어떻게 되지?

내방객 : 스물입니다.

상담가 : 양친은 모두 살아 계시지. 부모님들과 함께 지낼 작정인가?

내방객 : 그래야 하겠어요. 왜냐하면 처음에는 아무래도 혼자 떨어져 살기는 힘들 거예요.

상담가 : 나중에 학교로 다시 돌아와 졸업장을 받고 싶은가?

내방객 : 그랬으면 합니다. 그러나 가까운 시일 안에는….

상담가 : 장사의 어떤 점이 마음에 들지?

내방객 : 상품을 사고파는 것이라든가 사람들을 접촉하는 것이 그리 어렵지 않게 생각됩니다.

상담가 : 장사 말고 무슨 일이 마음에 드는가?

내방객 : 글쎄요, 아버지께서는 삼촌의 농장에 가 있으면서 농장 일을 도왔으면 합니다.

상담가 : 삼촌은 어떤 농장을 갖고 있나?

내방객 : 양돈장과 채소밭을 경영하십니다.

상담가 : 그래, 큰 양돈장인가 보지? 그런가?

이상의 상담 내용에서 상담가는 내방객의 진로를 탐색하기 위해 온갖

힘을 기울이고 있는 것 같이 보인다. 즉 상담가는 도우려 하고 있고, 내방객 역시 자신의 장래 문제에 대해 상담가의 도움을 받고자 하는 것처럼 보인다.

그러나 상담가의 너무 지나친 질문 공세로 아무런 도움도 받지 못하고 있는 것이다. 다시 말해서 상담가는 내방객의 생각과 감정을 탐색해 보기는커녕 내방객에게 자신을 충분히 표현할 수 있는 기회조차 준 적이 없다. 상담가는 내방객이 어떤 해결책에 이르도록 격려하거나 해결책을 스스로 찾게 해 줘야 한다.

| 후 기 |

 이 책은 미완성의 책이며 반드시 증보판을 만들 계획이다. 또한 미진한 부분이 많으며 일년신수론, 색채론, 건강론 등 많은 내용들이 있는데 정리되는 대로 옥문관 사주학에 관심이 있는 분들에게 모두 전해 드리고 싶다.
 본서의 내용 중 육신통변론 중에 중복된 부분이 몇 장 들어 있다. 이는 공부하시기에 도움이 될까 해서 그렇게 했다. 그리고 상담 사례와 실제 감정 내용은 일반에 공개하지 않았다. 상담 사례에 대한 내용은 이 책을 구입하신 분들에게 따로 준비하여 연구 토론의 기회를 갖도록 할 것이다.
 운명 상담학은 서울대학교 이장호 교수의 저서 〈상담심리학 입문〉에서 교수님의 승낙을 받은 후에 필자가 발췌하여 만든 것이라 부족함이 많다. 그러나 이것이 계기가 되어 보다 나은 운명 상담학이라는 분야가 발전될 수 있기를 간절히 바란다.

 처음 원고를 쓰기 시작한 것은 1988년도 가을이었다. 필자의 게으름과 가정적인 문제, 1994년도에 아내와 사별 등의 시련으로 이렇게 시간이 흘렀다.

병술년 겨울 갑자일에 〈옥문관 사주학〉이라는 이름으로 인쇄하여 지인들에게 일부 소개를 하기도 했다. 그러나 이제 정식으로 출판을 하게 되었다. 후에 증보판을 만들 때에는 이 책으로 공부한 분들에게 한정적으로 상담 사례를 소개할 예정이다.

필자는 이 책을 인연으로 만남의 인연이 많아지기를 기대해 본다.

무성산 계월암에서